추천의 글

"이 책을 읽는다는 것은 구글이 아닌 다른 회사에서 SRE가 어떻게 SRE 전략을 구현했는지, 그 도전과 성공에 대해 토론하는 자리에 함께 있는 것과 같다. 기술 분야의 모든 사람이 반드시 읽어야 할 책이다."

— 토마스 A 리몬첼리Thomas A. Limoncelli, 스택 오버플로(Stack Overflow, Inc.) SRE 매니저, 전 구글 SRE

"구글Google, 넷플릭스Netflix, 드롭박스Dropbox, 사운드클라우드SoundCloud, 스포티파이Spotify, 아마존Amazon 등의 엔지니어가 제공하는 놀라운 SRE 통찰력과 원칙을 얘기하는 책이다. 이 책은 우리가 모두 알고 사용하는 가장 인기 있는 프로덕트의 고가용성과 내구성에 대한 비밀을 공개한다."

— 태미 버토우Tammy Butow, 그렘린(Gremlin) Principle SRE

"독자 여러분이 좋아하는 모든 SRE와 함께 매우 큰 디너 파티에 초대했다고 상상해 보길 바란다. 여러분은 그 파티에서 밤새 SRE들이 서로 얘기하는 것을 듣게 될 것이다. 무슨 내용이었을까? 이 책이 바로 그 내용을 담고 있다. 콘퍼런스 사이 또는 점심 식사 때 자연스럽게 이루어지는 대화가 있다. 우리가 늘 접하는 (때로는 생동감 있지만 항상 원칙에 입각한) 토론이다. 이 책은 SRE들의 식탁 위에 놓여 있을 것이다."

— 데이브 렌신Dave Rensin, 구글 CRE 담당 이사

"구글의 두 SRE 책은 IT 업계에서 좋은 영향력을 발휘했지만 주로 구글이 결정한 해결 방법의 문맥이어서 SRE 이야기가 주된 내용이다. 따라서 모든 회사와 조직에서 SRE를 운영할 수 있고 한편으론 운영하지 못할 수 있다. 그런 점에서 이 책은 구글이 지지하는 SRE 핵심 원칙에 충실하면서도 다양한 회사와 조직의 다양한 문맥에서 SRE 원칙을 어떻게 채택(또는 조정)할 수 있는지 보여주는 훌륭한 책이다. 또한 복원력 있는 시스템을 구축하는 데 필요한 여러 인프라 패러다임 이면에 있는 이론적 근거와 기술적 토대를 제공하며, 성공적으로 구성할 수 있도록 필요한 문화적 발판을 강조한다. 그 결과, 독자 여러분이 이런 변경 사항을 기존 인프라와 조직에 도입하는 시기, 이유, 방법에 대한 충분한 정보를 바탕으로 실행 가능한 청사진을 얻을 수 있을 것이다."

— 신디 스리다란Cindy Sridharan, 분산 시스템 엔지니어

Seeking SRE

**Conversations About Running
Production Systems at Scale**

세상을 바꾼
빅테크 SRE 챌린지

세계적인 기업들의
SRE 사례집

데이비드 N. 블랭크-에델만 엮음

김용환 · 박지현 옮김

Beijing · Boston · Farnham · Sebastopol · Tokyo

CONTENTS
차례

| INTRODUCTION | 소개의 글 004 |

PART 1   SRE 구축

CHAPTER 1	SRE 관점에서 문맥과 통제 010
CHAPTER 2	SRE 인터뷰 022
CHAPTER 3	그래서 SRE 팀을 구성하고 싶은가? 030
CHAPTER 4	장애 측정 지표를 사용해 SRE 개선하기 036
CHAPTER 5	외부 업체와 협력해 일을 제대로 진행하기 044
CHAPTER 6	전담 SRE 팀 없이 SRE 원칙을 적용하는 방법 064
CHAPTER 7	SRE 없는 SRE 문화: 스포티파이(Spotify) 사례 연구 078
CHAPTER 8	대기업의 SRE 도입 106
CHAPTER 9	시스템 관리자와 SRE 간의 차이 118
CHAPTER 10	SRE 문화 바로 세우기 140
CHAPTER 11	데브옵스가 사랑하는 SRE 패턴 166
CHAPTER 12	데브옵스와 SRE: 커뮤니티의 목소리 176
CHAPTER 13	페이스북의 프로덕션 엔지니어링 194

PART 2   새로운 SRE 직무

CHAPTER 14	태초에 혼돈이 있었다 218
CHAPTER 15	신뢰성과 프라이버시의 교차점 230
CHAPTER 16	데이터베이스 신뢰성 엔지니어링 242
CHAPTER 17	데이터 내구성을 향상시키는 엔지니어 258
CHAPTER 18	SRE를 위한 머신러닝 소개 274

PART 3   SRE 베스트 프랙티스 및 기술

- CHAPTER 19   더 좋은 문서 만들기: 엔지니어링 워크플로우에 문서 통합 306
- CHAPTER 20   능동적인 교육과 학습 324
- CHAPTER 21   SLO 기술과 과학 336
- CHAPTER 22   성공적인 문화를 가진 SRE 346
- CHAPTER 23   SRE 안티패턴 360
- CHAPTER 24   불변 인프라와 SRE 384
- CHAPTER 25   스크립트를 사용할 수 있는 로드밸런서 392
- CHAPTER 26   서비스 메시: 마이크로서비스의 조련사 408

PART 4   SRE의 인간적인 면

- CHAPTER 27   SRE의 심리적 안전 426
- CHAPTER 28   SRE 인지 업무 436
- CHAPTER 29   번아웃 이겨내기 458
- CHAPTER 30   온콜에 대하여: 반론 474
- CHAPTER 31   복잡한 시스템을 위한 애가 494
- CHAPTER 32   운영과 사회활동의 교차점 502
- CHAPTER 33   맺음말 518

INDEX   찾아보기 520

INTRODUCTION

소개의 글

데이비드 N. 블랭크-에델만 David N. Blank-Edelman, 큐레이터·편집자

시작하며

대화. '대화'는 이 책의 제목에서 가장 중요한 단어다. 그래서 이 책의 첫 번째 단어와 마지막 단어를 만들어 보여주고 싶었는데 여러모로 부족함을 느낀다. 양해를 바란다. '대화'가 왜 그렇게 중요한가?

이 책의 원제목인 『Seeking SRE』에서 'Seeking'이 앞에 위치한다. 사이트 신뢰성 엔지니어링(SRE) 분야에서 내가 존경하는 사람들은 모두 현장 자체가 여전히 진화, 확장, 변화, 발견되고 있다고 믿는다. 또한 어떤 면에서 여전히 SRE를 찾고 있다.

내 경험에 비추어 보면 SRE 분야는 실제 현장에서 사람들이 서로 대화하며 일할 때 가장 잘 성장한다. 사람들을 모으고 이야기하고 토론하고 웃으며 사람들의 경험(성공과 실패)과 풀리지 않은 문제들을 나누는 등 공유하는 자리가 중요하다. 똑똑하고 친절하며 다양하고 포용하면서 상호 존중하는 대화를 하는 공동체는 다른 어떤 분야를 만나도 협력할 수 있다.

유래

이 책은 SRE 커뮤니티의 모임 중 하나인 SREcon16 유럽에서 시작되었다. (나는 SREcon의 공동 창립자 중 한 명이다.) 오라일리(O'Reilly)에서 출간한 구글의 『사이트 신뢰성 엔지니어링(Site Reliability Engineering)』, (https://landing.google.com/sre/books/)이라는 책은 훌륭할 뿐더러 상업적으로도 성공을 거뒀고 이에 오라일리는 더 많은 SRE 콘텐츠를 출판할 방법을 찾고 있었다. 이와 관련해 오라일리 편집자인 브라이언 앤더슨(Brian Anderson)과 이야기하던 중 SRE를 위해 존재하지 않은 것이 있다는 것을 깨달았다. 이제까지 그 어떤 책도 SREcon에서 진행되는 것처럼 생생하고 흥미로운 대화의 현장을 그대로 전하는 것은 없었다. 특히 다음과 같은 토론을 보면서 책으로 잘 전달하고 싶어졌다.

- 그동안 책에서 소개한 적 없는 새로운 SRE 구현 방법. SRE는 서로 다른(때로는 다시 개발하는) 상황에서 뿌리를 내렸기 때문에 새롭고 흥미로운 방법으로 꽃을 피웠다.
- SRE 문화를 실천하는 방법을 배우는 혁신적인 방법
- SRE를 채택하는 데 방해가 되는 것
- SRE를 채택하고, 적응하고, 운영하면서 발견한 베스트 프랙티스
- SRE 분야가 아직은 새로운 분야이지만 곧 일반화될 것이고 매우 빠르게 보편화 될 것이다.
- 마지막으로 사진 속 사람들은 무엇(아마도 가장 중요한 것)을 하고 있는가? SRE는 사람들에게 무엇을 하는가? 정말로 자동화가 필요한 운영상의 문제일까 아니면 짧은 의견일 뿐일까? SRE는 단순한 운영뿐 아니라 성능까지 개선할 수 있는가?

이렇게 해서 이 책의 원제목인 'Seeking SRE'에 대한 아이디어가 탄생했다. 감사하게도 현장에서 일하고 있는 전 세계 40여 명의 작가가 이 아이디어를 환영했고 기꺼이 함께 해줬다. 나는 그들에게 진심으로 감사할 따름이다.

목소리

나는 이 책이 여러분에게 부드럽게 다가가기를 바란다. 그리고 이 책을 함께 쓴 훌륭한 저자들의 말을 여러분에게 잘 전달하고 싶었다. 여러 명의 저자가 쓴 책이기 때문에 일관된 목소리를 낼 수는 없을 것이다. 그러나 마치 재료를 믹서기에 넣은 것처럼 천편일률적인 "기술 도서 기록부"와 같은 책은 만들고 싶지 않았다. 그래서 의도적으로 서로 다른 기고자들의 다양한 목소리를 담으려고 했다. 이 책을 시작하면서 저자들에게 다음과 같이 부탁했다.

> SREcon과 같은 콘퍼런스에서 점심을 먹는다고 생각하면 좋겠습니다. 서로 잘 모르지만 현명한 SRE들과 함께 빙 둘러앉은 테이블에서 어느 한 명이 여러분에게 말을 겁니다.
> "안녕하세요. 무엇을 하는 분인가요? 요즘 일하면서 어떤 점이 흥미로운가요?"
> 여러분은 그 질문에 대답하시면 됩니다.
> 그리고 그 내용을 이제 적으면 됩니다.

이 방향으로 더 나아가 데브옵스(DevOps)와 SRE 간의 관계에 대한 크라우드 소싱(12장)을 작성했다. 나는 이 질문에 다양한 답변이 있을 수 있고 어디에도 분명한 정답이 없음을 깨달았다. 그래서 나는 SNS에 질문을 올렸다. (해당 질문은 SNS에서 공유되고, 널리 전파됐다.) 먼저, 질문을 공유하고 답변해준 모든 분에게 감사의 마음을 전한다. 그리고 재미를 위해 기고자들이 보내준 "나는 '이럴 때' SRE 임을 깨닫는다."라는 내용을 이 책 곳곳에 넣어 두었다. (익명을 약속했지만 감사한 마음을 표현하고자!)

다양한 목소리 외에도 여러 의견과 관점이 있기 때문에 이 책의 내용에 모두 동의하지 않기를 바란다. 동의만 하는 대화는 정말이지 지루하지 않은가? 각 장이 끝날 때마다 적어도 한 사람 이상은 다른 의견을 제시하는 용감한 이들이 있기를 기대한다. 나는 SRE 커뮤니티가 가진 '존중'하는 문화를 수년에 걸쳐 높이 평가해 왔는데 여러분 또한 이 문화에 기꺼이 호응해줄 것을 알고 있다.

이 책의 편집자이자 큐레이터이고, 이 일을 자랑스럽게 여기는 사람으로서 한 가지 아쉬운 점을 얘기하고 싶다. SRE 분야는 다양성과 잘 드러나지 않은 소수자를 포용하는 부분에 실질적인 문제가 있다. 모두가 함께 있을 때 의미 있고, 중요한 대화를 할 수 있기 때문에 최대한 이런 부분의 부족함을 해결하고 싶었지만 깊이 있게 다루기에는 한계가 있었다. 이 실패에 대한 모든 책임은 나에게 있다.

모든 방향으로 전진![01]

SRE에서 흥미로운 대화가 하나만 있을까? 결코 아니다. 한정된 시간에 여러 대화를 책으로 모은 것이기 때문에 이 책을 다 읽고 나면 뭔가 내용이 빠졌다고 생각하는 것들이 당연히 있을 것이다. 여러 이유로(시간, 저자의 가용성, 아무도 그때 생각하지 못한 것들 등) 이 책에 포함되지 않은 많은 챌린지가 있을 것이다. 나는 이 책에서 누락된 것, 즉 여러분이 이 책에 담겨야 한다고 생각하는 것이 무엇인지 알고 싶다. 이 책이 많은 사람에게 알려지고 향후 계속 출간된다면 우리의 대화는 앞으로 계속될 것이다.

마지막으로 여러분이 이 책을 적당하게 읽는다면 여러분의 성향에 따라 부분적으로 성공 또는 실패할 수 있다. 즉, 서비스 수준 목표(SLO, Service-Level Objective)를 달성하지 못할 것이다. 그러나 이 책을 초대장으로 여긴다면 언제든지 대화에 참여할 수 있다. 그러면서 현장을 발전시키고 앞으로 나아갈 수 있는 것이다. 이것이 바로 이 책과 여러분이 함께 달성하게 될 "목표"이다.

이 대화에 함께 하게 된 것을 환영한다!

감사의 말

돌을 연못에 떨어뜨리면 아름다운 잔물결이 밖으로 쫙 퍼졌다가 다시 가운데로 돌아온다. 한 권의 책으로 아이디어를 세상에 던지면 똑같은 일이 일어난다.

그리고 내가 감사해야 할 사람들이 이 동심원에 있다고 생각한다. 여기에는 이 프로젝트에 시간, 에너지, 명석함을 기꺼이 모아준 기고자들이 있다. 그들에게 진심으로 감사하다.

---

[01] Apologies to 3 Mustaphas 3: 3 Mustaphas 3 밴드(1982년 결성된 영국 세계 음악 밴드)에 사과한다. 음악적 다양성을 추구하기 위해 3 Mustaphas 3 밴드가 내놓은 슬로건이 "모든 방향으로 전진!(Forward in All Directions!)"이었다.

저자들은 멋진 콘텐츠를 작성했고 이후 기술 검토자는 더 나은 콘텐츠로 의미가 잘 전달되도록 도와줬다. 패트릭 케이블(Patrick Cable), 수잔 파울러(Susan J. Fowler), 토마스 A 리몬첼리(Thomas A. Limoncelli), 제임스 멕클(James Meickle), 니얼 리차드 머피(Niall Richard Murphy), 아미 느규엔(Amy Nguyen), 그레이스 피테고르스키(Grace Petegorsky), 요나탄 중거(Yonatan Zunger)에게 감사하다.

다음으로 오라일리 편집자들에게 감사를 전한다. 오라일리 편집자들은 이 책을 기꺼이 받아들였고, 여러 저자가 마감 내에 글을 완성하느라 다소 혼란스러워진 문장들을 맵시 있게 다듬어줬다. 이 일이 쉽지 않다는 것을 잘 알고 있다. 브라이언 앤더슨(Brian Anderson), 버지니아 윌슨(Virginia Wilson), 크리스텐 브라운(Kristen Brown), 멜라니 야브로(Melanie Yarbrough), 닉 애덤스(Nick Adams), 니키 맥도날드(Nikki McDonald)에 감사하다. 교정자인 밥 러셀(Bob Russell), 레이첼 모나건(Rachel Monaghan), 카렌 몽고메리(Karen Montgomery)와 책 표지에 귀여운 동물을 제공해준 오라일리 디자인 부서에도 감사하다. 이제 내 책장에 있는 바다 수달에게 새로운 친구가 생겼다.

마지막으로 신디(Cindy)와 엘리야(Elijah), 가족과 늘 응원해준 나의 친구들에게 감사하다. 이들은 내가 처음에 돌을 연못에 떨어뜨릴 때 진심으로 응원해 준 고마운 사람들이다.

PART I

SRE Implementation | **SRE 구축**

- 사람들에게 필요한 문맥을 제공하면서 SRE 실제 사례를 구축할 수 있을까?
- 좋은 SRE를 어떻게 찾고 채용할 수 있을까?
- SRE 팀을 어떻게 구축할까?
- 측정 지표를 통해 팀 자체를 개선하는 것이 가능한가?
- 자체 시스템을 소유하지 않으면 SRE 작업을 어떻게 할 수 있는가?
- 전담 SRE 팀이 없어도 조직에서 SRE 원칙을 구현할 수 있는가?
- 시간이 지날수록 SRE 구현은 다른 방식과 달리 어떻게 발전하는가?
- 대기업의 쉽지 않은 개발 환경에서 SRE를 성장시키려면 무엇이 필요한가?
- 시스템 관리자에서 SRE로 어떻게 직군 전환 할 수 있는가?
- SRE를 수행할 때 조직에서 제거해야 할 것은 무엇인가?
- 데브옵스(DevOps) 세계는 SRE에 대해 어떻게 생각하는가?
- 데브옵스와 SRE는 무슨 관계인가?
- 매일 수십억 명의 사람들에게 서비스를 제공하는 조직에서의 SRE 정체는 무엇인가?

토론.

나는 '이럴 때' SRE임을 깨닫는다.

··· 자녀가 숙제하는 중에는 귀찮게 하지 말아 달라고 하면서 다음과 같이 말한다.
  "난 SLO를 달성해야 하거든!"

··· 운영^{Ops}, SRE, 데브옵스^{DevOps} 등의 차이를 설명할 때 종종 혼동할 때가 있다.

··· 스스로 하는 첫 번째 질문은 종종 이것이다.
  "어떻게 이걸 측정할 수 있지?"

··· 내 말투에서 '비난'이 사라진다.

CHAPTER 1

SRE 관점에서 문맥과 통제

마이크로소프트의 코번 왓슨Coburn Watson, 이전 직장 넷플릭스과
데이비드 N. 블랭크-에델만David N. Blank-Edelman의 토론

데이비드: 우리가 서로를 알아가면서 많은 것들을 얘기하는 즐거움이 있었습니다. 제가 당신에게 들었던 가장 흥미로운 얘기 중 하나는 SRE를 수행하는 방식이었습니다. SRE를 수행하는 방식은 통제 중심의 프로세스를 사용하는 대신 문맥을 제공하는 것에 초점을 맞추고 있습니다(SRE를 수행하는 일반적인 방식은 숙련됨이다). SRE에 좀 더 파고 들어갈 수 있을까요? 문맥과 통제의 의미가 무엇인지, 각각 좋은 예시를 들어 설명해 주시겠어요?

코번: 문맥은 추가 정보를 제공하는 것으로 생각하면 될 것 같습니다. 문맥을 통해 누군가 작성한 특정 요청이나 명세서 뒤의 근거를 잘 이해할 수 있는 적절한 정보를 얻을 수 있습니다. 넷플릭스에서 엔지니어링 팀과 공유한 최고 수준의 가용성 관련 문맥은 마이크로서비스의 추세를 포함한 가용성과 다운스트림 의존성의 가용성을 포함해 원하는 목표와 관련된 방식입니다. 엔지니어링 팀은 도메인별 문맥을 이해해 가용성을 개선하는데 필요한 조치를 취하는 책임(그리고 문맥)이 있습니다.

팀은 통제 기반 모델에서 마이크로서비스 가용성 목표를 알고 있지만, 목표를 달성하지 못하면 징계를 받을 수 있습니다. 이런 조치로 인해 프로덕션에 코드를 푸시(push)하는 기능이 제거될 것입니다. 넷플릭스는 이전 모델을 사용하지 않고 마이크로서비스 수준의 가용성에 대한 문맥을 공유한 다음, 필요할 때마다 여러 팀과 협력해 가용성을 개선시킵니다.

도전 과제는 팀에 충분한 문맥을 제공합니다. 누군가 넷플릭스에서 부적절한 운영 결정을 내릴 때 가장 먼저 물어야 할 질문은 '그 사람은 더 나은 결정을 내릴 만한 충분한 문맥을 갖고 있는가?' 입니다. SRE 팀은 가용성에 대한 타격이 특히 신뢰성과 관련된 불충분한 문맥의 결과라는 것을 종종 발견할 것이다. SRE 팀으로서 전반적인 가용성을 개선하기 위해 해결하고자 하는 것은 격차입니다.

대규모 조직의 경우, 문맥에만 근거해 많은 사람이 원하는 서비스 가용성 목적을 달성하게끔 충분한 문맥을 제공하는 것이 어려울 수 있습니다. 이런 큰 규모의 조직일수록 가용성 목표 달성을

위해 더 많은 프로세스에 의존해야 하는 경우가 많기 때문입니다. 예를 들면, 구글 에러 예산 모델이 있습니다.01 더 많은 통제 기반 모델의 또 다른 예는 생명이 위태로운 경우입니다. 누군가가 비행기 자동 조종 장치 시스템에 안전하지 않은 소프트웨어를 개발할 때, 그 사람(또는 회사)은 주로 문맥 기반의 접근 방식에 대한 내성이 아주 낮을 것입니다. 그 누구도 비행기가 하늘에서 떨어질 때 추가 문맥을 통해 가용성을 개선하는 방법을 함께 알아내길 원하지 않습니다. 문맥 기반 모델과 통제 기반 모델 간의 틈을 찾는 데 있어 (한 가지 요인으로 간주할 만한) 위험의 정도를 결정하는 것은 각 SRE 조직에 달려있습니다.

저는 정보와 문맥 사이에 차이가 있다고 믿습니다. 시스템 모니터링에서 정보는 꽉 찬 대시 보드의 형태로 팀에 이메일을 보내는 수많은 가용성 지표일 수 있습니다. 해당 이메일을 받는 일반적인 엔지니어는 1)서비스의 비즈니스 로직을 개발하고 2)시계열로 표시되는 자원 및 가용성 지표를 요약하고 이해할 수 있는 전문 지식이 부족하기 때문에 이메일을 무시합니다.

넷플릭스에는 수십만 개의 운영 지표가 있습니다. 가용성 개선을 위해 문맥 기반 모델을 지원하려면 데이터와 관련 도메인 지식을 알고 있어야 합니다. 이를 위해서 정보를 가져와 가용성에 대해 이야기를 하는 형태로 변환해야 합니다. 이런 변환 후 특정 마이크로서비스의 가용성 지표를 측정해 필요에 따라 팀에 문맥을 전달할 수 있습니다. 예를 들면, 핵심 가용성 지표는 주어진 마이크로서비스의 의존 서비스의 추세 성공률입니다(클라이언트 쪽에서 측정해 가용성 실패 원인을 기반으로 실패율을 분석합니다).

우리 팀은 가용성이 없기 때문에 계속해서 팀을 개선하고 있습니다. 왜일까요? 누군가는 충분히 자동차에서 타이어를 던져 버릴 수 있기 때문입니다. 팀원이 종종 제게 연락을 합니다. "가용성이 떨어지는 이유를 잘 모르겠습니다. 이에 관한 얘기를 나누고 싶습니다." 이 상황을 살펴보는 동안 누군가 클라이언트 라이브러리를 수정하거나 타임아웃 설정 변경한 것을 발견할 수 있었습니다. 일을 시작할 때 항상 사람은 신중하게 행동하지 않는다는 원칙에서 시작하는 것이 중요합니다. 사람들이 단지 더 나은 결정을 내릴 수 있는 문맥이 부족할 뿐입니다. 또한, 시스템이 지나치게 복잡할 수 있고 장애가 발생하지 않도록 요구되는 운영 기준이 너무 높거나 불필요하다는 것을 잊지 말아야 합니다. 예를 들면, 동적 시스템에서 정적 타임아웃을 조정하는 것입니다.

문맥 기반 모델이 이상적이지만, 반복적으로 장애가 계속 발생하는 팀에서는 통제를 수행할 수 있습니다. 다른 팀과 동일하게 효과적인 가용성 문맥을 제공받지만 가용성이 계속 저하되고 있을 것입니다. 일부 회사에서는 엔지니어의 코드를 바로 프로덕션에 푸시하지 못하도록 통제 방식을 취하고 있습니다. 물론 엔지니어가 코드를 프로덕션에 푸시해야 하므로 코드를 관리하기도 합니다. 저는 넷플릭스에서 엔지니어링 관리자와 함께 "당신은 내 리스트에 있다(you're on my list)"02라는 토론을 주도하고 있습니다. 엔지니어링 관리자는 서비스 가용성에 대한 기대치를

---

01 사이트 신뢰성 엔지니어링: 구글이 공개하는 서비스 개발과 운영 노하우, 4장 참고(https://bit.ly/3ql5ske)
02 (역자주) '저 사람이 너를 기억하고 있어' 또는 '저 사람이 너를 지켜보고 있으니 걱정하지 마라'라는 뜻이 있다.

중심으로 추가적인 레벨 설정을 직접 수행해야 합니다. 엔지니어링 관리자 간의 공통 견해가 있다면, 많은 기능을 개발하고 있지만 가용성 개선에 필요한 변경은 진행하고 있지 않다고 말할 것 같습니다. 저는 "어떻게 해야 당신의 리스트에 올릴 수 있습니까?"라고 묻는 것으로 끝을 맺겠습니다. 제 생각에 이 질문은 제가 정말로 원하는 통제의 정도에 관한 것입니다. 저는 비즈니스에 대한 가용성의 중요성을 인식하고, 해당 가용성에 대한 적절한 노력을 우선시하는 성숙한 개인들이 있는 회사에서 일하게 되어 운이 좋습니다. 이런 유형의 토론이 일반적으로 올바른 방향을 가리킨다는 것을 알게 됐으니까요.

문맥과 통제가 모든 사람이 노력해 달성할 수 있는 유토피아처럼 보기 전에 우리가 비즈니스를 운영한다는 것을 기억하면 됩니다. 우리가 실패하면 이런 추세가 제대로 전달되지 않을 수 있습니다. 우리는 왜 비행기가 하늘에서 떨어지는지, 왜 사람들의 인공 심장기가 멈추는지 알 수 없습니다. 따라서 문맥과 통제 범위 중 우리가 어디에 있는지에 따라 더 많은 유연성을 제공해 줄 것입니다.

데이비드: 그렇다면 문맥 기반 접근 방식이 작은 규모에서는 작동하지만 큰 규모에서는 거의 작동하지 않는다는 의미입니까?

코번: 저는 통제 대비 문맥이 작용하는 "스케일(scale)"이 프로덕션이나 사용자 규모와 거의 상관이 없다고 생각합니다. 이는 조직의 규모와 팀 간 운영 방식에 더 가까운 내용입니다. 조직이 성장하면서 가용성 관점의 문맥을 효과적으로 적용하기 어려울 수 있습니다. 핵심 요소는 회사가 성장함에 따라 일대일 의사소통 또는 직접 대면 시간이 줄어들 수 있다는 것입니다.

저는 넷플릭스의 한 캠퍼스에 일하면서 모든 엔지니어링 팀과 관계를 맺는 사치를 누리고 있습니다. 넷플릭스에서는 어떤 매니저와도 커피를 마실 수 있습니다. 저는 HP와 같은 대기업에서 지구 반대편에 있는 여러 팀과 함께 일한 적이 있습니다. 글로벌 환경에서 저는 여전히 팀에 적절한 문맥을 주지만, 효과적인 문맥을 주기 위해서는 더 많은 노력이 필요합니다. 제가 가정해보기엔 회사가 신경 쓰며 통제하기 시작한다면 그 이유는 주로 규모에 상관없이 프로세스와 통제를 사용하는 것이 훨씬 더 편하기 때문입니다.

데이비드: 인프라가 문맥과 관련해 신뢰성을 유지하는 방법이 있습니까?

코번: 우리는 본질적으로 불변(immutable)이기 때문에 우리의 푸시 모델(push-model) 관점에서 우리 자신이 대단히 큰 신뢰성을 갖고 있다고 생각합니다. 제 생각에 우리는 모두 무언가를 업그레이드하는 회사에서 일하고 있다고 생각합니다. 그러나 실제는 업그레이드를 진행한 부분이 작동하지 않아 사이트 복구를 위해 밤새 장애 처리를 수행하고 있었을 것입니다.

새로운 코드를 프로덕션에 적용할 때 기존 코드 기반에서 새로운 버전의 변경 사항을 코드에 푸시할 뿐입니다. 다들 회사에서 뭐라고 부르든 간에 우리는 푸시를 레드/블랙(red/black) 또는 블루/그린(blue/green)이라 부릅니다. 새로운 버전의 코드를 배포했다가 카나리(canary)에서 문제가 발생하면 즉시 취소하고 롤백(rollback)하거나 전체 배포를 취소합니다. 이런 과정을 통해 복구 시간은 몇 시간에서 몇 분으로 단축됩니다.

불변 코드 배포뿐 아니라 빠른 속성(Fast Property)이라는 것도 있습니다. 빠른 속성은 추후 애플리케이션 속성을 동적으로 업데이트할 수 있는 기능으로 프로덕션에 포함될 수 있습니다. 필요한 경우에 빠른 속성이 불변 모델을 깨뜨렸을 때, 빠른 속성이 남용되고 프로덕션에서 장애가 발생하였음을 알게 됐습니다.

프로덕션에서 발생하는 다른 일반적인 문제들처럼 특정 팀 또는 여러 팀이 동적 프로퍼티 관리 문제로 잘 해결하지 못한다면, 개선된 툴링(tooling)[03]을 사용해 위험을 제거할 방법을 찾습니다. 프로덕션에서 지속적인 배포 플랫폼인 스핀네이커(Spinnaker)를 사용해 장애 영향 범위(blast radius)를 최소화하고 조기에 문제점을 파악하기 위해 동적 프로퍼티를 사용해 스태거드 롤아웃(staggered rollout)[04]를 사용합니다. 일반적으로 이런 전략을 "가드레일(guardrail)"이라고 부릅니다.

우리가 가드레일 전략을 적용했어도 때때로 팀은 빠른 속성 파이프라인을 거치지 않고 수동으로 프로퍼티를 변경하다 프로덕션에 문제가 발생할 수 있습니다. 시간이 지나 같은 문제가 또 발생하면 "좋습니다. 팀에서는 분명히 메시지를 받지 못했으니 '이 버튼을 누르지 마세요'라고 말해야 합니다." 언제든 쉽게 변경할 수 있으므로 버튼을 제거하지 않을 생각이지만 언젠가는 버튼을 삭제합니다.

데이비드: 얘기하다 보니 피드백 루프(feedback loop)[05]에 대한 질문을 하게 되네요. 피드백 신호 중 일부는 "웹 사이트가 다운되었습니까?", "긍정적인 경향이 있습니까?", 또는 수익 관점에서 "기대한 경향이 부정적으로 되었습니까?"라고 말하는 것처럼 보이는데요. 블랙박스 방식으로 시스템을 관찰하고, 보고 있는 지표의 변경 여부를 확인하는 것 외에 팀이 필요로 하는 문맥을 얻었는지 사람들로부터 이해를 구하는 더 직접적인 방법이 있을까요?

코번: 피드백 루프는 회사가 성장하면서 우리가 이룬 발전 중 하나입니다. 넷플릭스에는 2,000명의 엔지니어가 있으며 모든 프로덕트의 도메인을 다룹니다. 내부 UI 툴, 인코딩 엔진, 인프라 구조 스택을 지원하고 더 좋은 권장 사항을 제공할 수도 있습니다. 우리의 노력은 사용자 대면 가용성에 다른 영향보다 더 중요한 영향을 미칩니다. 숫자 관점에서 특정 일에 대해서는 엔지니어 팀의

---

[03] (역자주) 툴링: 수작업을 줄여 위험을 최소화하고 업무를 절감하는 방법을 의미한다.
[04] (역자주) 스태거드 롤아웃: 프로덕션의 위험을 줄이기 위해 완전한 구현을 배포하기 전에 변경 사항을 테스트하는 것을 의미한다.
[05] (역자주) 피드백 루프: 개체의 행위가 인과 관계로 인해 결국 자기 자신에게 되돌아오는 현상을 의미한다.

50% 인력이 프로덕션에서 원하는 모든 작업을 수행할 수 있고 어떤 방식으로든 서비스 가용성에 대한 위험은 없습니다.

처음에는 복도를 다니면서 팬을 두드리며 소리쳤습니다. "모두 이것 좀 보세요. 현재 가용성은 99.9%입니다. 이게 문제입니다!" 이렇게 말하면 메시지의 전달이 희석됩니다. 듣는 사람들의 50%는 "좋아요. 당신은 가용성이 좋지 않다고 말하고 있는데, 제가 담당하는 서비스는 가용성에 영향을 주지 않고 있어요. 제가 무엇을 해야 하나요?"라고 말할 것입니다. 그런 다음 메시지 전달 방식을 변경해 실제로 가용성에 영향을 미치는 팀(전체 팀원의 다른 50% 정도)에 초점을 맞췄습니다. 그래서 이제는 서비스 가용성에 대한 메시지를 올바른 대상에게 전달하고 있습니다. 다음 단계는 각 엔지니어링 팀에 고유한 문맥이고 엔지니어링 팀에 수준 이하의 가용성이 있는지 평가하는 퍼널(funnel)[06] 문맥입니다.

그러나 퍼널 문맥 정보를 제공할 사람을 찾아내는 것은 쉬운 일은 아닙니다. 마이크로서비스 아키텍처에서는 특정 시간에 실제로 마이크로서비스를 실행하는 40개 이상의 팀이 있을 수 있습니다. 즉, 서비스 핵심 경로의 가용성에 영향을 줄 수 있습니다. 예를 들어, 서비스에서 잘 드러나는 기능 중 가용성을 측정해 사용자의 1% 중 1/10이 주어진 시간 내에 영화를 재생할 수 없는 것으로 판단되면 실제로 어느 팀이 영화 재생을 중단했는지 파악하는 것은 정말 어렵습니다. 더 어려운 것은 많은 경우가 외부에서 추진된다는 것입니다. 예를 들어, 외부 서비스에서 특정 타이틀을 재생할 수 있어야 하는 온라인 게임 플랫폼을 생각해보겠습니다. 이런 경우, 저라면 온라인 게임 서비스에 의존하는 넷플릭스의 UI 팀으로 가서 외부 공급업체의 서비스 장애에 대한 복원력 구축이 가능한지 확인할 것입니다.

회사에서 "가용성(availability)"과 "신뢰성(reliability)"이라는 용어를 사용할 때는 분명하게 얘기하는 것이 도움이 된다고 생각합니다. 넷플릭스에서 스트리밍 서비스의 문맥에서 두 용어의 사용방법을 비유할 때 저는 스토리지 영역 네트워크(Storage-Area Network)의 일부인 디스크 어레이(Disk Array)[07]를 얘기합니다. 디스크 어레이가 서비스라면 디스크 어레이의 기본 디스크 드라이브는 마이크로서비스를 나타냅니다.

디스크 어레이를 설계할 때 개별 디스크 드라이브가 고장 날 수 있음을 고려하지만, 디스크 어레이는 계속 데이터를 저장하고 서비스를 제공해야 합니다. 이 모델을 사용해 디스크 어레이(예: 넷플릭스 스트리밍 서비스)가 클라이언트에 서비스를 제공할 수 있는 시간의 백분율로 가용성을 계산합니다. 디스크 어레이에서 드라이브가 고장 나는 속도는 드라이브(예: 넷플릭스 마이크로서비스)의 신뢰성을 나타냅니다.

디스크 어레이를 구성(RAID 구성, 캐싱 등)하는 것과 마찬가지로 마이크로서비스 아키텍처의 운영 패턴을 적용한다면 마이크로서비스의 장애를 대비함으로써 서비스 가용성을 개선할

---

06 (역자주) 퍼널: 사용자가 서비스에 들어온 시점부터 서비스를 나가는 시점까지 구간에 대한 데이터를 분석해 나가는 시점과 이유를 밝히는 분석을 의미한다.
07 (역자주) 디스크 어레이: 각각의 하드 디스크를 하나로 엮어 하나 (또는 그 이상)의 논리 드라이브로 구성하는 기술을 말한다.

수 있습니다. 넷플릭스에서 사용 중인 벌크헤드(bulkhead) 패턴을 기반으로 하는 히스트릭스(Hystrix) 프레임워크를 예로 들 수 있습니다. 벌크헤드 패턴은 다운스트림 마이크로서비스의 장애 발생 시 마이크로서비스 간의 "회로(circuit)"를 개방합니다. 히스트릭스 프레임 워크는 최종 사용자에게 서비스를 제공할 수 있을 때 장애 회피(fallback) 기능을 제공합니다.

결론적으로 마이크로서비스 레벨에서 신뢰성 목표를 설정하고 측정한다는 것은 원하는 집계 서비스 레벨의 가용성 관점으로 본다는 것을 의미합니다. 다른 조직에서는 가용성과 신뢰성이라는 용어를 다르게 사용할 수 있지만 개발 조직에서는 운영 모델에 비추어 정의할 수 있습니다.

데이비드: 그렇다면 코번 씨는 팀에 어떤 종류의 정보를 줄 수 있습니까?

코번: 제가 아는 한 회사에서는 마이크로서비스 가용성 보고서를 작성한다고 합니다. 이 회사는 서비스가 다른 이웃 서비스에 성공적으로 호출하는 비율을 조사합니다. 가입자 또는 회원 정보를 처리하는 특정 서비스가 30개의 서비스와 통신한다면, 특정 서비스의 주요 가용성 측정기준은 서비스 의존에 대한 성공률입니다. 여러 번 강조한 대로 팀은 운영과 실행에 대한 서비스 관점에 중점을 둡니다. 요청을 성공적으로 처리한다고 가용성을 보장할 수 없기에 모든 요청을 측정해야 합니다.

다른 회사의 모델을 생각하면서 넷플릭스 인프라에 마이크로서비스 가용성 모델을 어떻게 적용할 수 있는지 살펴봤습니다. 다행히도 우리는 공통 IPC(프로세스 간 통신) 프레임 워크가 있고, 히스트릭스 및 클라이언트(의존 서비스)의 성공적인 호출 속도를 기록하는 기타 커맨드 지표를 갖고 있습니다. 중요한 마이크로서비스의 모든 정보를 수집/집계해 그 추세를 이전 30일과 비교합니다. 운영을 잘하기 위한 것이기 때문에 실시간으로 비교할 필요는 없으며, 해당 추세를 통해 서비스가 더 좋아지고 있는지 그 반대인지 알 수 있습니다.

특정 팀이 3개의 마이크로서비스를 소유하고 있다고 가정해봅시다. 팀의 목표는 마이크로서비스가 클라이언트 호출에 대한 99.99%의 가용성을 갖는 것입니다. 3개의 마이크로서비스의 가용성이 99.99% 이상이면 팀은 이메일(가용성 보고서)을 받지 않습니다. 이전 21일에 비해 지난 7일 정보를 비교했을 때 부정적 편차가 발생하거나 마이크로서비스의 99.99% 가용성 목표가 실패하면 팀에 보고서가 전송됩니다. 보고서는 현재 기간의 데이터와 지난주 같은 기간의 데이터 차이를 막대그래프로 표시합니다. 녹색은 주어진 일주일 동안 목표를 달성하고 있음을 나타냅니다. 빨간색 또는 노란색은 가용성 목표 달성에 실패했음을 의미합니다. 노란색은 전 주 대비 개선을 의미하고, 빨간색은 성능 저하를 의미합니다. 그래프에서 막대그래프의 특정 막대를 클릭하면 마이크로서비스와 통신하는 업스트림(클라이언트) 서비스의 전체 윈도우 통신 비율과 해당 통신에 대한 가용성을 보여주는 상세 보고서를 제공합니다. 오른쪽 패널에는 다운스트림의 의존 서비스 호출 및 성공률 화면이 있습니다. 패널 정보를 통해 다운스트림 의존성이 마이크로서비스 가용성을 감소시키는지 확인할 수 있습니다.

넷플릭스에서는 패널의 내부 구현을 "마이크로서비스 가용성 스코어카드 프레임워크(microservice availability scorecard framework)"라고 부릅니다. 이때 데이터 분석팀과 함께 작업한 SRE 팀은 소유한 마이크로서비스에 대한 정보 및 특히 넷플릭스 서비스 가용성과 무관한 의존 클라이언트 서비스에 대한 마이크로서비스 가용성 관련 정보를 팀에 제공했습니다. 해당 정보는 매우 실용적인 정보여야 합니다. 대시 보드를 통해 엔지니어에게 지속해서 알리면 엔지니어가 먼저 대시 보드 찾는 일은 없을 것입니다. 넷플릭스의 SRE 솔루션은 팀이 주의해야 할 변경 사항이 있을 때만 스코어카드(scorecard)에 저장합니다.

데이비드: 스코어카드에 대한 반응이 꽤 좋을 것 같습니다. 그렇죠? 코번 씨는 엔지니어에게 스코어카드를 보내면 이미 발생한 일을 미래에는 다르게 볼 수 있다고 보는 거죠? 스코어카드의 사전에 대비할 수 있는 측면은 무엇인가요? 스코어카드를 받기 훨씬 전에 올바른 결정을 내리려고 노력하는 사람을 어떻게 도울 수 있을까요?

코번: 스코어카드에 대한 비유를 하자면 "오른쪽 앞 타이어의 압력이 떨어지고 있다"라는 메시지를 자동차 화면에 표시한 것으로 말할 수 있습니다. 스코어카드는 무엇을 해야 하는지 알려주는 게 아니라 단지 추세가 잘못된 방향으로 가고 있다는 정보를 제공합니다. 저는 사람들에게 최고의 정보를 제공하는 방법을 고민할 때 성능 영역에서 겪은 과거 경험을 활용했고 성능 편차가 큰 것을 발견하는 것에 대해 걱정하지 않았습니다. 상당한 편차가 있는 시스템을 평가하는 카나리(canary) 모니터링[08]이 있으므로 CPU 사용률이 한 번에 20% 이상 뛰면 알람이 울리기 시작합니다. 장기적인 그래프로 보는 것은 6개월 동안 일주일에 5밀리 초씩 증가하는 그래프일 텐데요. 마지막 그래프 모습을 보고 "어머나, 갑자기 서비스 운영에 기본 용량보다 3배나 되는 용량을 사용하고 있었네. 어떻게 된 거지?"라고 말하게 될 것입니다.

스코어카드의 역할은 위험하게 튀는 현상을 발견할 수 있도록 작은 편차를 포착하는 것입니다. 신뢰성 관점에서 작은 편차를 무시하고 사전에 대응하지 않으면 큰 장애가 발생할 수 있습니다.

데이비드: 맞습니다. 그렇다면 코번 씨는 엔지니어가 해당 편차를 포착하는 순간에 올바른 결정을 내릴 수 있도록 문맥 관점에서 무엇을 하나요? 이론상으로 에러 예산 개념은 언제든지 특정 시간 T에서 새로운 버전을 릴리즈하는 것과 같은 일을 해야 하는지 아닌지를 결정할 방법이 있음을 의미하죠. 이때 문맥 관점은 무엇인가요? 사람들이 스코어카드를 보는 동시에 올바른 결정을 내린다는 이론인가요?

---

08 (역자주) 카나리 모니터링: 특정 쓰레드가 CPU를 많이 사용하면 카나리 모니터링은 해당 쓰레드가 더 이상의 CPU를 장악하지 못하게 우선순위를 낮춘다.

코번: 프로덕션에서 사용자가 콘텐츠를 스트리밍할 수 없는 장애가 계속 발생하는 등 실제 프로덕션의 가용성에 큰 영향을 미치는 문제가 있다고 가정해봅시다. 이런 경우에 마이크로서비스의 가용성 스코어 문맥이 해당 문제를 해결할 수 있는 방법이 아닐 수 있습니다. 또한 엔지니어가 가용성 보고서를 받았지만 그 문제에 대응하지 않았을 가능성이 있습니다. 해당 편차 문제의 해결 방법은 많은 사람이 한 공간에 모여 앞으로 나아갈 길을 찾는 것입니다. 그렇다고 해서 코드 푸시를 중단해야 한다는 의미는 아닙니다. 해당 서비스를 다른 서비스가 많이 의존하고 있기 때문입니다.

데이비드 씨는 엔지니어가 편차 문제를 해결하는 더 나은 배포를 결정할 수 있는 실시간 입력에 대해 질문할 것 같네요. 넷플릭스에서는 엔지니어가 작업하는 툴에서 정보를 저장할 것입니다. 이제 스핀네이커(Spinnaker)는 클러스터(AWS 용어로는 Autoscaling Group)에서 가용성 추세 정보를 공개합니다. 엔지니어가 UI를 사용해 가용성 정보를 변경하면 바로 반영됩니다.

가용성을 지속해서 개선할 때 목표는 두 가지 기본 카테고리로 분류합니다. 하나는 유형과 관계없이 모든 장애를 피하는 것이고 다른 하나는 장애 또는 반복된 중단 현상을 유발하는 특정 장애 패턴입니다. 문맥 관점에서 프로덕션에서 장애를 유발하는 일련의 결정을 반복해서 문제를 겪고 있다면 사람이 직접 작성한 보고서와 시스템이 작성한 보고서가 필요합니다.

넷플릭스에서 핵심 SRE 팀이 마이크로서비스 관련 이슈 분석 및 해결할 책임은 없지만 대신 "넷플릭스의 중추신경계"로 여겨지고 있습니다. 중추신경계 비유를 좀 더 살펴보면, 외부/내부/CDN(콘텐츠 전송 네트워크, Content Delivery Network)/네트워크 등의 모든 장애를 파악해 관련 팀에 연락하고 관여 여부를 결정할 책임이 있는 넷플릭스의 유일한 팀입니다.

데이비드: 그럼, 넷플릭스의 신경계 시스템으로 SRE 팀을 살펴 보겠습니다. 특정 영역의 엔지니어가 다른 영역의 엔지니어에게 배울 수 있도록 조직 전체에 정보를 전파하기 위해 어떤 과정(안 좋은 경험을 반복하지 않는 좋은 방법)을 수행하고 있습니까?

코번: 해결하고 싶은 운영 위험의 구체적인 단점을 바탕으로 베스트 프랙티스를 적용할 수 있는 몇 가지 방법이 있습니다. 매월 발행되는 가용성 뉴스레터를 통해 운영 툴(예: 스핀네이커, 카나리 분석)에 필요한 개선 사항을 적용해 모든 팀에 원활하게 노출하거나 제안한 변경 사항을 내부 소셜 미디어에 공유합니다. 경우에 따라 제안한 베스트 프랙티스는 이전에 통합된 툴링 확장 중 하나입니다. 두 가지 방법 모두 집계 방법을 사용해 가용성을 증가시킬 수 있습니다.

툴링에 통합하는 변경 작업을 가드레일이라고 합니다. 구체적인 예는 스핀네이커에 추가된 배포 단계로서 누군가 상당한 양의 트래픽을 처리하면서 모든 클러스터 용량을 제거하려는 시도를 탐지합니다. 가드레일은 엔지니어가 모르는 위험한 행동에 주의를 환기하는 데 도움이 됩니다. 이는 "적시(just in time)" 문맥의 한 방법입니다.

데이비드: 누군가가 히스트릭스와 비슷한 툴 중 하나를 사용하고 해당 툴이 완벽하다고 생각하고 사용했는데 부정적인 결과가 발생한 적이 있을까요? 어떤 툴이 좋다고 하니 해당 툴로 바로 바꿔 보자는 것이 아닙니다. 툴을 사용하면서 알게 된 내용을 조직에 어떻게 전파하나요? 아마도 가용성 보고서를 조직에 공유하는 예시가 아닐까 싶은데요?

코번: 맞습니다. 가용성 보고서는 제대로 해석하기 어렵습니다. 일단 가용성 보고서를 받으면, 실행 가능한 데이터를 얻기 위해 보고서에서 서너 개의 전략적인(종종 숨겨진) 정보를 확인해야 합니다. 이 부분이 데이터를 얻는 데 상당히 큰 장벽입니다. 그래서 사람들이 보고서를 잘 활용하도록 사용방법을 가이드하는 온보딩(onboarding) 튜토리얼 4분 분량의 동영상을 만들었습니다. 물론 이 동영상으로 완벽한 숙지를 기대할 수는 없지만 보고서 활용이 어려운 사용자를 위해 확실히 개선했습니다.

데이비드: 문맥과 통제의 한계에 관해 이야기해 보겠습니다. 문맥 기반 시스템이 프로덕트 및 지표가 넷플릭스보다 더 복잡한 환경에서도 작동한다고 생각하십니까? 넷플릭스 프로덕트의 단순성 때문에 여러분의 업무에 잘 맞는 걸까요?

코번: 먼저 상호 작용 측면에서 볼 때 넷플릭스 서비스는 매우 복잡하다는 점을 말씀드리고 싶습니다. 넷플릭스는 다른 회사에 비해 문맥이 폭넓게 적용될 수 있는 여러 요인이 있습니다. 즉, 엔지니어링 조직은 서비스 구조의 복잡성과 직접 연관되어 있습니다. 넷플릭스의 주요 요인 몇 가지를 보면 다음과 같습니다.

- 넷플릭스는 모든 엔지니어가 한곳에 모여 있습니다. 일반적인 엔지니어링 원칙은 엔지니어들이 쉽게 어울리고 베스트 프랙티스를 통해 내재된 지식을 공유하고 토론하는 것입니다.
- 넷플릭스는 특정 시간에 특정 리전에서 하나의 주요 소프트웨어 버전을 운영합니다. 추가로 해당 소프트웨어 스택을 통제할 수 있고 원한다면 언제든지 소프트웨어 스택을 변경 할 수 있습니다. 참고로 디바이스 애플리케이션을 제외하고는 사용자에게 소프트웨어 스택을 제공하지 않습니다. 넷플릭스에는 장애가 발생해도 사용자에게 서비스를 제공할 수 있습니다.
- 넷플릭스는 장애가 발생해도 사용자에게 서비스를 제공할 수 있습니다.
- 넷플릭스는 훌륭한 문화를 갖고 있으며, 상황이 악화되어도 "나의 일은 문제를 해결하는 일"이라고 말하며 기꺼이 문제에 뛰어드는 SRE 팀이 있습니다.

마지막으로 신뢰성 조직이 가용성을 개선하는 책임이 있다고 하기엔 다소 이해하기 어려울 수 있지만, 동시에 가용성에 영향을 미치는 요소를 완전히 제어할 수 없습니다. 많은 사람이 절대적으로 통제할 수 없는 뭔가를 개선해야 할 책임이 있다고 말하는 것을 불편하게 여깁니다.

프로덕트를 현장으로 배송하는 회사(예: 자율 주행 자동차 소프트웨어)에서는 이 모델이 맞지 않을 수 있습니다. 어쩌면 당신도 "와! 저 차가 길을 벗어난 거 봤어? 에러네. 누가 개발한 거야? 내년에나 타야겠어."라고 주저 없이 말할지도 모르겠습니다. 이와 대조적으로 넷플릭스에서는 생명의 위험 부담 없이 전체 프로덕트 환경을 빠르게 변경할 수 있으므로 통제 대신 문맥을 최대한 활용할 수 있는 상당한 공간을 허용합니다. 제 생각에는 기업들이 처음에는 문맥을 갖고 시작했지만 시간이 지나면서 회사 규모가 확장되고 사용자의 요구와 신뢰성에 따라 통제를 해야 하는 상황이 되었을 것입니다. 이를 일반화할 수 있다면 우리의 관점은 더욱 넓어질 것입니다.

데이비드: 과거에 우리가 엔지니어링 투자 관점에서 문맥과 통제에 관해 이야기한 적이 있었습니다. 관련해서 더 자세히 말씀해주시겠습니까?

코번: 제 기억에는 혁신 속도, 보안, 신뢰성, 효율성(인프라/운영)으로 네 가지 주요 관점에서 얘기했던 것 같습니다. 조직 구조에 따라 하나 이상의 관점을 가질 수 있습니다. 만약 조직을 향한 관점이 없더라도 자신의 공간에서 내린 결정은 다른 관점에 큰 영향을 줄 수 있습니다.

저는 용량 계획도 있어서 신뢰성과 효율성, 최소한 두 가지 관점을 갖고 있습니다. 이 두 관점을 개선하기 위해 팀이 얼마나 열심히 해야 할지 생각할 때, 다른 관점(혁신 속도, 보안)에 대한 부담을 줄이기 위해 가능하면 적게 노력하려고 합니다. 신뢰성과 효율성 관점을 최우선으로 하면 SRE 조직이 다른 엔지니어링 팀에 요구 사항을 전달할 때 좀 더 신중할 수 있게 합니다.

어느 정도 관련이 있다면 다른 관점을 희생해 특정 관점을 개선하는 명시적인 절충안을 만들 수 있습니다. 이전에 혁신 속도 또는 신뢰성을 증가시킬 목적으로 특정 마이크로서비스에 대한 상당히 비효율적인(과도한 프로비저닝[09]) 사례가 있었습니다. 폭발적인 트래픽 때문에 여유 자원을 두 배로 늘려야 하는 서비스라면 비용이 1년에 수만 달러가 들어간다 해도 신경 쓰지 않을 것입니다. 제가 필요한 것은 신속하게 엔지니어링 노력과 시간을 들여 큰 장애를 빨리 예방하는 것이기 때문입니다.

데이비드: 좋습니다. 그렇다면 문맥과 통제를 연결하는 방법은 무엇입니까?

코번: 예를 들어, 신뢰성 관점을 확대하기 위해 코드 푸시 기능을 사용 못 하게 통제한다고 가정하겠습니다. 단기간에 장애는 발생하지 않지만 혁신 속도는 느려질 것입니다. 추구하는 목표는 다른 관점을 강제로 느리게 하는 것이 아니라 더 많은 문맥을 제공하고 특정 서비스 소유자가

---

09 (역자주) 프로비저닝: 사용자의 요구에 맞게 시스템 자원을 할당, 배치, 배포해 두었다가 필요하면 시스템을 즉시 사용할 수 있는 상태로 미리 준비해 두는 것을 말한다.

현재 요구를 고려해 최적화할 관점을 결정하도록 하는 것입니다. 따라서 통제는 다른 관점에 비해 훨씬 많은 부작용이 있습니다.

데이비드: 문맥이 여러 관점에 긍정적 영향이나 부정적 영향을 줄까요? 방금 언급한 대로 통제는 명확하지만 문맥은 무엇을 수행합니까?

코번: 적어도 넷플릭스 경우 문맥은 강한 장점과 좋은 실적을 갖고 있습니다. 지난 5년간 사용자 수 6배, 스트리밍 6배 증가했고, 가용성은 매년 향상됐습니다. 또한 팀 수 및 혁신 속도는 매년 증가하고 있습니다. 따라서 가용성을 개선하기 위해 통제를 적용하지 않고 플랫폼 개선과 함께 문맥을 개선하면 엔지니어의 불필요한 운영 측면(예: 여러 리전에서 코드를 많이 개발할 수 있도록 파이프라인을 설정하는 방법 등 결정하기)에 시간을 적게 소비할 수 있습니다.

데이비드: 통제가 여러 관점에 부정적인 영향을 미칠 수 있다면 문맥도 유사하게 부정적인 영향을 미칠 수 있지 않을까요?

코번: 문맥도 부정적인 영향을 미칠 수 있습니다. 하지만 넷플릭스에서 여러 팀에 제공한 문맥이 실제로 가용성에 부정적인 영향을 줘서 원치 않은 작동을 초래한 경우는 아직 못 봤습니다. 위험 요소가 될만한 영역이 있다면 인프라 효율성입니다. 저희는 팀에 상세한 인프라 비용 문맥을 제공하지만 팀의 클라우드 비용 예산이나 실행에 관여하지 않습니다. 적절한 경우, 엔지니어는 필요한 인프라를 구축하고 매월 비용에 대한 문맥을 제공하는 비용 보고서를 받습니다. 넷플릭스의 특정 팀은 비용 문맥 관점으로 오래되고 조금 신뢰성이 떨어지지만 비교적 적은 비용의 인스턴스 타입을 잘 운영하면서 효율적이고 최적화하려 했습니다. 여전히 성능이 저하되고 신뢰성이 떨어진 인스턴스로 인해 장애가 발생하기도 하고 불완전한 상태로 프로비저닝이 실행되기도 했습니다. 비용 문맥에서 봤을 때 해당 팀은 효율성을 지나치게 높이는 결정으로 인해 신뢰성이 크게 피해를 보았습니다. 넷플릭스에서는 도메인 문제를 명시적으로 해결하는 것을 우선순위에 두는 경우에 신뢰성을 손상시키는 것보다는 덜 효율적으로 운영하겠다는 팀의 판단을 존중하기로 했습니다.

코번 왓슨 Coburn Watson

마이크로소프트의 운영 인프라 엔지니어링(Production Infrastructure Engineering) 조직장으로 근무하고 있다. 코번은 최근 넷플릭스에서 6년간 근무하면서 사이트 신뢰성, 성능 엔지니어링, 클라우드 인프라를 담당하는 조직을 이끌었다. 코번은 기술 분야에서 20년 이상의 경력을 쌓았고 애플리케이션 개발, 대규모 사이트 신뢰성, 성능부터 시스템 관리에 이르기까지 다양한 분야를 경험했다.

CHAPTER 2

SRE 인터뷰

드롭박스Dropbox의 앤드류 퐁Andrew Fong

프로젝트 성공 요인으로 계속 듣는 두 문장이 있다. "엔지니어가 프로젝트를 성공시켰다." 또는 "엔지니어가 불가능해 보이는 프로젝트를 해냈다."

이 책의 내용 대부분은 기술과 문제에 기술을 적용하는 방법에 관한 것이다. 기술은 적임자가 없으면 전혀 쓸모가 없다. 2장은 SRE 채용에 대해 집중적으로 다룰 것이다. 이 채용 인력 모두는 문제를 해결하고 업계에 지각 변동을 일으키며 아무도 생각하지 못한 위업을 달성하는데 사용되는 기술을 구축하고 운영한다.

이 모든 것은 엔지니어로부터 시작된다.

인터뷰 101

SRE 채용에 대한 구체적인 내용을 살펴보기 전에 채용 인터뷰를 일반적으로 어떻게 진행하는지 살펴보도록 한다. 다음 내용은 AOL, 구글(Google), 유튜브(YouTube), 드롭박스(Dropbox)와 같은 회사에서 근무한 경험을 기반으로 정리한 것이다.

누가 참여했나?

일반적으로 SRE 인터뷰는 최소한 3명으로 채용후보자, 채용 담당자, 채용 관리자가 참여한다.

기업과 대학

채용 관리자가 인재를 채용하는 두 가지 유형에는 채용 후보자 프로필, 즉 기업과 대학(석사 및 박사 학위 포함)이 있다. IT 업계 후보자는 다른 회사에서 비슷한 직책으로 업무를 수행한 엔지니어이고, 대학 후보자로는 학생이다. 소프트웨어 엔지니어 채용과 비교해 대학에서 SRE를 채용하는 것은 상당히 어렵고 특수하다. 대학생이 SRE를 지원하기 전에 SRE 역할이 무엇인지 먼저 교육을 받아야 하기 때문이다. 여기서는 기업 후보자 채용에 중점을 두고 살펴보겠다.

편견

인터뷰 내용에 들어가기 전에 우리 모두 사람이기에 편견이 있다는 것을 인식하는 것이 중요하다. 2장에서는 모든 편견을 피하는 방법을 다루지 않는다. 그러나 SRE 팀을 구축하기로 시작한 조직이 편견을 극복하기 위한 두 가지 구체적인 방법을 제시한다.

첫 번째는 블라인드 이력서를 검토하는 것이고, 두 번째는 채용 프로세스를 표준화하는 것이다. 이 두 가지 모두 기존 프로세스에 맞게 간단히 조정하거나 새로운 인터뷰 프로세스를 구축하는 베스트 프랙티스이다. 블라인드 이력서 검토는 이력서 검토 시 편견이 없도록 이력서의 식별 가능한 정보를 숨기는 것이다. 채용 기업의 중요한 요소를 파악하고 이에 따른 블라인드 검토 프로세스를 조정해야 한다.

2장의 목표는 채용 프로세스를 표준화하도록 돕는 것이다. 2장을 마치면 대규모뿐만 아니라 제한된 수의 직책에 대해서 채용후보자를 체계적으로 평가하는 방법을 알게 될 것이다.

2장의 마지막에는 의식적이고 무의식적인 편견에 대해 더 많은 내용을 읽을 수 있는 링크가 있다.

깔때기

대부분 회사는 채용을 채용후보자가 특정 단계에서 탈락하거나 채용 확정이 될 때까지 통과하는 단계별 깔때기(funnel)로 생각한다. 그림 2-1은 전형적인 깔때기 모습을 보여준다.

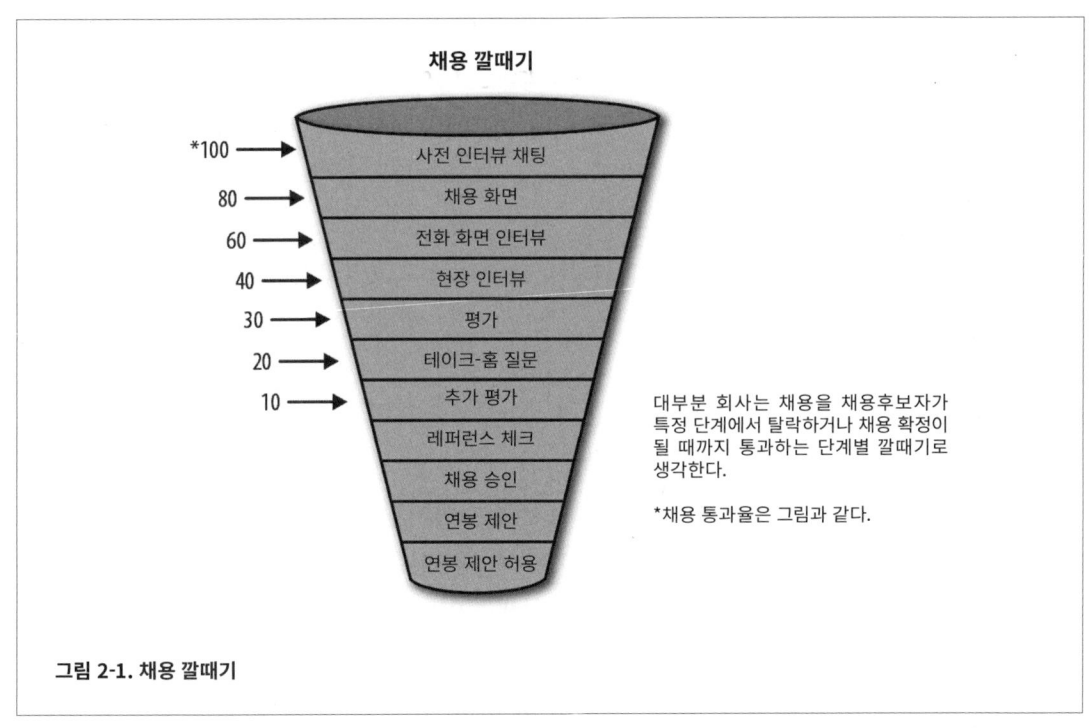

그림 2-1. 채용 깔때기

관련된 개별 단계를 살펴보자.

1. 사전 인터뷰 채팅
2. 채용 화면
3. 전화 화면 인터뷰
4. 현장 인터뷰
5. 평가
6. 테이크-홈 질문(Take-home question)[01]
7. 추가 평가
8. 레퍼런스 체크(Reference check)
9. 채용 승인
10. 연봉 제안
11. 연봉 제안 허용

각 단계는 고유한 목적이 있다. 채용 깔때기의 단계를 측정해 채용 프로세스를 개선하고 세계적 수준의 채용 후보자를 채용할 수 있도록 돕는다. 채용 측정 방법과 측정 내용은 다른 책에서 많이 다루고 있다. 여기서 중요한 것은 깔때기 경로가 존재하고 기본적인 단계를 알고 있다는 점이다.

SRE 깔때기

이제 채용 깔때기가 무엇인지 알았으니 특별히 SRE 채용을 위해 만들어진 세 가지 주요 영역인 전화 화면 인터뷰, 현장 인터뷰, 테이크-홈과 관련된 질문 영역을 보겠다. 이 섹션에서는 각 영역의 목적과 기술 및 문화 영역에 관해 설명한다. 인터뷰 내용과 단계는 조직마다 다르며 관행에 따른 채용 공식이 아니다. 조직 내 인재와 관련된 모든 영역과 마찬가지로 조직에서 필요한 기준을 적용해야 한다.

전화 화면 인터뷰

채용후보자를 기업 현장에 데려오기 전에 동기, 기술 적성, 일반적인 경험 등 기본적인 신호를 파악하는 것이 중요하다. 전화 화면 인터뷰는 깔때기 상단에서 이루어지기 때문에 인터뷰를 통과하지 못하면 채용후보자를 제외할 수 있다. 전화 화면 인터뷰를 통해 나중 단계(엔지니어링 팀의 시간뿐 아니라 채용후보자 시간)에서 큰 비용이 발생하지 않는다. 또한 다양한 주제를 얘기하면

---

01 (역자주) 테이크-홈 질문: 채용후보자가 집에서 진행할 질문

서 채용후보자가 조직에 적합한지를 고려해볼 수 있다. 여기서 확신이 서지 않는다면 전화 화면 인터뷰 단계에서 채용 여부를 고려할 수도 있다.

전화 화면 인터뷰 진행하기

여러 회사에서 전화 화면 인터뷰를 진행해보니 가장 좋은 형식은 채용후보자가 20분 이내에 해결책을 제출하도록 구체적인 질문을 하는 것이다. 예를 들어, 코딩, 프로세스, 문제 해결 질문은 채용후보자의 기술적 폭과 경험을 판단할 수 있다.

회사에서 공유한 온라인 코딩 툴에서 채용후보자가 간단하고 실용적으로 코딩한다면 일반적으로 후보자의 기술적 능력에 대해 긍정적인 평가를 할 수 있다.

코드와 관련 없는 문제 해결 또는 프로세스 질문은 후보자가 어떻게 추론하는지 확인하는 것이 목표이다. 가장 간단하고 중요한 규칙은 역할, 회사, 기대에 대해 10~15분간 토론하고 20분가량 예상되는 2개의 질문을 하는 것이다. 이런 질문 조합으로 보통 1시간 정도의 전화 화면 인터뷰 시간을 채운다.

면접관은 여러 질문이 포함된 툴을 사용해 채용후보자의 경험을 기반으로 전화 화면 인터뷰 질문을 할 수 있다. 이 단계에서는 대화가 계속 진행되도록 쉬운 질문을 하는 것이 좋다.

다음 단계로 넘어가지 못하더라도 채용후보자가 회사에 대해 긍정적인 관점을 갖도록 유지하면서 진행되는 것이 중요하다.

현장 인터뷰

사무실에서 인터뷰 하기 전에 채용후보자에 대해 분명한 기대사항이 있어야 한다. 다음과 같이 정리해볼 수 있다.

- 인터뷰 평가자의 기대치를 설정한다.
- 조직에서 채용하려고 하는 역할이 무엇인지 완전히 이해한다.
- 채용후보자를 공정하게 평가할 수 있는 인터뷰 과정을 만든다.

기대사항으로는 근속 연수, 성장 경로, 리더십 기술이 포함되며 인터뷰 프로세스를 통해 검증할 수 있다. 예를 들면, 다음과 같다.

리눅스 자동화 분야에서 일하는 시스템 엔지니어링 팀은 공식적 또는 비공식적인 기술 리더로 성장하도록 강력한 분산 시스템 지식을 갖춘 선임 엔지니어를 채용해 신입 엔지니어 팀을 구성하려고 한다.

다음과 같은 항목으로 구분이 되면 채용후보자는 팀이 어떤 사람을 찾고 있는지 명확하게 알 수 있다.

- 선임 엔지니어
- 시스템 지식
- 분산 시스템
- 기술 지도력
- 멘토십

이 항목들을 코딩과 같은 다른 기본 요구 사항과 결합하면 역할 관점에서 채용후보자를 정확하게 평가하는 인터뷰 과정을 만들 수 있다. 이 경우 기술 평가를 위해 채용후보자의 리눅스 관련 실무 지식, 분산 시스템 운영 방법, 팀에서 얼마나 잘 멘토링하고 기술 방향성을 설정할 수 있는지, 기본 코딩 요구 수준을 갖추고 있는지 파악해야 한다.

채용후보자를 평가하는 기준에 다음의 내용을 포함한다.

- 시스템 설계의 이해와 관련된 질문 2개(난이도 중의 코딩 질문, 난이도 상의 코딩 질문)
- 심층 토론 또는 아키텍처
- 리더십, 멘토십, 다른 사람들과 함께 일하는 것에 중점을 둔 인터뷰

코딩 및 시스템 질문
코딩과 시스템 지식을 확인하는 좋은 질문은 실제 환경이며 규모가 10배인 조직에 제한되는 질문이 좋다. 예를 들면, 다음과 같다.

특정 패키지를 N개의 서버에 병렬로 배포할 수 있는 시스템을 설계하고 코딩하시오.

아마 채용후보자는 예상 시나리오에서 현실적으로 N을 선택할 것이다. 조직에 서버가 100대 있다면, 10만 대가 아니라 1,000대 증가 할 것으로 예상하는 것이 현실적이다. 여러분은 SRE가 당면한 문제를 해결하기를 기대할 것이기 때문에 현실적인 작업 환경 방식을 질문해야 한다.

심층 분석과 아키텍처 질문
심층 분석과 아키텍처 분야는 채용후보자의 유사한 자질, 즉 기술적 절충에 대한 추론 능력을 테스트한다. 심층 분석은 채용후보자가 질문에 대해 미리 생각할 수 있게 하면 효과가 좋은 편이다. 따라서 문제에 대해 미리 생각해 본 채용후보자와 엔지니어를 동석하는 것이 좋다. 아키텍처

는 사전 준비가 필요하지 않다. 그러나 코딩 질문과 마찬가지로 경계 파라미터를 설정한다. 경계 파라미터의 예는 초기 규모를 지정하고 다양한 단계에서 규모를 증가시키는 것이다. 규모를 작게 시작하면 간단한 해결책과 복잡한 해결책에 대한 편향성과 문제의 각 단계에서 어떻게 균형을 취하는지 생각하는 등 후보자의 자질을 평가할 수 있다.

문화 인터뷰

문화 적합성 인터뷰는 채용후보자가 조직의 문화적 가치 체계에 얼마나 잘 부합하는지 확인하는 방법이다. 단순히 "내가 이 사람과 어울릴 수 있는가?"에 대한 것이 아니다. 오히려 엔지니어가 다른 엔지니어와 함께 일하는 방식을 파고들어 올바른 영역에 중점을 두고 있는지, 문제를 명확하게 설명할 수 있는지를 파악하는 질문을 한다.

    문화 적합성은 조직의 규모와 구조에 따라 채용후보자의 기술적 취약점을 만회할 수 있다. 예를 들어, 대기업에서 적응 못 하는 아주 재능 있는 엔지니어가 합격할 수 있지만 기술적 격차가 조금 있어도 조직 활용을 이해하는 엔지니어가 확장 능력에서 훨씬 가치 있을 수 있다. 특정 프로젝트에 접근하는 방법, 경험에서 무엇을 얻었는지 예시를 묻는 등 채용후보자의 일하는 스타일을 파헤치는 질문으로 문화 적합성을 판단할 수 있다. 준비된 채용후보자라면 일반적으로 자신의 사고 과정의 "이유"를 설명하고 주어진 환경에 따라 무엇을 할 것인지 분명하게 말할 수 있을 것이다.

테이크-홈(Take-Home) 질문

간혹 인터뷰 피드백을 본 후에 추가적인 기술 능력을 알고 싶을 때가 있다. 채용후보자를 다시 확인하고자 또 다른 기술 인터뷰를 하거나 테이크-홈 질문을 할 수 있다. 테이크-홈 질문에는 긍정적인 면과 부정적인 면이 있다. 무엇이 좋은 테이크-홈 질문을 만드는지 검토하기 전에 이 두 가지 측면을 살펴보겠다.

    긍정적인 면은 테이크-홈 질문을 통해 채용후보자가 현실적인 시나리오에서 소프트웨어 개발 능력을 완전히 보여줄 수 있다는 것이다. 채용후보자는 자신의 개발 환경과 선호하는 검색 엔진을 사용해 자신의 속도를 조절할 수 있다. 더 나아가 필요하다면 채용 담당자의 질문을 명확하게 하고 협업과 관련된 부분을 포함해 자신이 이 회사의 적임자라는 확실한 메시지를 전달할 수 있다.

    그러나 테이크-홈 질문의 단점이 있다. 주요 단점은 채용후보자와 기업의 엔지니어 모두에게 필수인 시간 약속에 대한 것이다. 테이크-홈 질문에 대한 일반적인 시나리오는 두 당사자 모두 사용할 수 있는 3일 정도의 시간이 필요하므로 잠재적으로 채용 결정이 3일이 지연된다. 따라서 테이크-홈 질문을 사용할 때는 아주 신중해야 한다.

    좋은 테이크-홈 질문은 첫 인터뷰에서 채용후보자의 능력이 부족한 부분이나 특정 영역에 대한 능력을 보여줄 수 있는 목적으로 진행해야 한다. 채용 깔때기의 테이크-홈 단계에서 채용후보자가 거의 없다면 조직에서 테이크-홈 질문을 조정하는 것은 어려울 것이다. 따라서 테이크-홈 질문이 어떤 능력을 검증할 것인지 기준을 세우는 것이 정말 중요하다. 테이크-홈 질문의 일부 내용이 현장 인터뷰와 같지 않더라도 현장 인터뷰를 무시하지 않는 것이 중요하다. 첫 현장 인터뷰에서 확인하지 못한 내용을 검증한다.

채용 관리자를 위한 조언
채용 관리자 또는 채용을 담당하는 사람은 인터뷰 과정에서 다음의 세 가지 주요 책임을 가진다.

- 능력 검증하기("현장 인터뷰"에서 다룬다.)
- 채용후보자가 기업에 합류하도록 채용후보자를 확신시키고 최종 채용을 승인하기
- 채용후보자의 탈락 시점 알기

채용후보자에 대한 채용 승인
채용 승인이 되면 처음으로 채용후보자와 만나서 이야기를 나눈 때를 잘 기억하고 조직에 적극적으로 알려야 한다. 이를 수행하는 방법은 사람마다 다를 것이다. 채용후보자를 효과적으로 알리려면 다음의 세 가지 질문에 답할 수 있어야 한다.

- 채용후보자의 동기 부여는 무엇인가?
- 채용후보자의 가치 체계는 무엇인가?
- 채용후보자는 어떤 유형의 환경에서 강점을 발휘하는가?

이 질문에 대한 답을 할 수 있을 때 여러분은 채용후보자가 기꺼이 조직에 합류할 수 있도록 확신을 줄 수 있을 것이다.

멀리 걷기
채용후보자를 탈락시키는 것은 인터뷰 과정에서 가장 힘든 일 중 하나다. 채용 담당자, 팀, 조직에서 잠재적으로 채용후보자에게 시간과 정서적인 투자를 들여 진행했을 것이다. 채용후보자를 탈락시키는 것은 인터뷰 최종 단계에서만 결정하는 것이 아니라 인터뷰 단계 진행 중에도 일어날 수 있다.

후보자를 탈락시키는 주된 이유는 조직 적합성에 달려있다. 채용후보자에 대해 새로운 것을 알게 될 때마다 재평가하는 기회가 생긴다. 엔지니어링과 마찬가지로 채용 프로세스는 절충안에 관한 것이다. 흡족한 채용후보자가 기업이 감당할 수 없는 급여를 요구할 수 있고, 완벽한 기술적 능력을 갖추고 있지만 채용 관리자가 찾는 리더십 기술이 없을 수도 있다. 후보자를 탈락시키는 것은 어렵지만 장기적으로는 잘못된 채용이 상황을 악화시킨다는 것 또한 알고 있다. 오탐(false positives)을 피하기 위해 파이프라인을 최적화해야 한다. 위험을 감수할 의향이 있다면 명시적이며 강력한 성과 관리 프로그램이 있어야 한다.

SRE 인터뷰에 대한 최종 아이디어

사람은 조직의 중추이다. 따라서 조직에 가장 적합한 사람을 찾기 위한 인터뷰 프로세스를 사용해야 한다. 짧은 시간에 채용후보자에 대한 모든 것을 알지 못하기 때문에 채용후보자가 조직 내부에 있는 것처럼 대하면서 위험을 감수하며 원하는 방향으로 업무를 수행토록 한다. 이는 완벽한 결과물을 얻기 위한 불완전한 과정이기 때문에 반복돼야 하고 개방적인 태도와 함께 위험을 감수해야 한다.

최종 결정에 따라 채용하지 않기로 했더라도 후보 당사자가 인터뷰 과정이 공정하고 좋은 경험이었다는 느낌이 들도록 해야 한다. 입장을 바꿔보자. 여러분이 채용후보자라면 결과를 떠나서 인터뷰 자체가 좋은 경험이었길 원하지 않을까?

더 읽을거리

- SRE 채용하기 (https://bit.ly/3ixG0U5)
- 채용 과정에서 편견을 줄이기 위한 7가지 실용적인 방법 (https://bit.ly/3D5Ojjv)
- 첫 SRE 채용하기 (https://bit.ly/3JEcuIn)

앤드류 퐁 Andrew Fong

드롭박스의 엔지니어링 부문의 이사로 재직하고 있다. 또한 SRECon 운영 위원회의 첫 번째 구성원 중 한 명이며, 첫 콘퍼런스를 주최하는 데 도움을 주었다. 그는 AOL, 유튜브(YouTube)/구글, 드롭박스와 같은 회사에서 인프라 경력을 쌓았다.

CHAPTER 3

그래서 SRE 팀을 구성하고 싶은가?

구글Google의 루크 스톤Luke Stone

3장은 SRE 업무를 진행해 본 적이 없는 조직 리더를 위한 장이다. 또한 클라우드로 인해 혼란스러운 IT 관리자를 위한 장이며, 매일 점점 더 복잡해지는 운영 이사를 위한 장이다. 그리고 새로운 기술 역량을 구축하고 있는 CTO를 위한 장이다. 어쩌면 여러분이 SRE 팀 구성에 대해 고려 중일 수도 있다. SRE 팀이 기업에 잘 맞을까? 이런 질문에 3장이 도움이 되면 좋겠다.

나(루크 스톤)는 2014년부터 구글 클라우드 플랫폼(Google Cloud Platform)에서 일해왔으며 그동안 적어도 100명의 리더를 만났다. 첫 직장인 구글 입사 당시에는 SRE가 존재하지 않았지만 이제는 기업에서 SRE를 적용하는 클라우드 사용자와 함께 일하고 있다. 나는 SRE 팀이 여러 환경에서 씨앗에서부터 자라는 것을 봐왔고 에너지와 영양분을 찾기 위해 고군분투하는 많은 팀을 봤다. 다음 인용문은 3장에서 다룰 주제를 보여준다.

- "내 친구들은 SRE가 멋지다고 생각해요. SRE 경력이 있다면 제 이력서가 훌륭해 보일 것 같아요."
- "최근에 장애가 발생했을 때 난 소리를 질렀어."
- "우리 회사는 예측 가능한 신뢰성을 원하고 이를 위해 비용을 지불할 용의가 있습니다."

위의 인용문이 미묘한 상황에서는 무례하게 느껴질 수도 있지만 충분히 공감할 수 있는 내용일 것이다. 각 인용문은 기회와 함정을 보여준다. 이 내용을 이해하면 SRE가 기업에 어떻게 적합한지 파악하는 데 도움이 될 것이다. 자, 그럼 각각의 진짜 의미를 살펴보겠다.

올바른 이유로 SRE 선택하기

"내 친구들은 SRE가 멋지다고 생각해요. SRE 경력이 있다면 제 이력서가 훌륭해 보일 것 같아요."

첫 번째 요점은 오해를 피하는 것이다. 기업은 SRE를 더 깊은 수준에서 이해해야 한다. 여러분이 SRE를 멋지다고 생각한다면 제대로 알고 있는 것이다! 에러 예산(Error Budget)[01]과 같은 이론적인 것을 가지고 실제 문제에 적용해 결과를 확인하는 것은 꽤 멋진 일이다. 이것은 과학이고, 공학이다.

그러나 장기적으로 SRE는 현재의 인기를 기반으로 순수하게 기업에서 활성화되지 않을 것이다. 장애가 발생할 때마다 실제 가치를 제공할 수 있는지 SRE 팀의 능력을 시험한다. 그래서 눈에 잘 띄는 팀일수록 일이 잘못됐을 때 신뢰를 쌓으려면 큰 노력이 필요하다. 다행히 SRE가 실제로 잘 설계되어 있고, 상세하며, 테스트할 수 있다. SRE는 조직에서 필요한 신뢰성을 얻기 위한 계획의 기반이 될 수 있다.

물론 SRE의 멋진 부분에만 의지할 수 없다. 잘 운영되는 SRE 팀은 시간이 지나면서 발전하는 문화가 있고, 기업에서 SRE 팀을 시작하는 것은 장기적으로 큰 노력이 필요한 프로젝트가 될 것이다. 아마도 몇 달에서 몇 년까지 걸릴 수 있다. SRE 팀 구성에 너무 많은 시간이 걸린다고 생각한다면 일부 SRE 실제 사례를 채택해 빠른 결과를 얻을 수도 있다. 예를 들어, 주기적으로 포스트모템을 수행해 팀과 함께 검토하는 것이다. 이런 방식이 유용할 수 있지만 SRE 전체 원칙을 채택하는 것과 동일한 영향을 미칠 것으로 기대할 수 없다.

마찬가지로 프로덕션 엔지니어링(Production Engineering)에 대해 SRE 접근 방식을 매일 적용하지 않으면 SRE 팀의 영향받는 것을 기대할 수 없다. 기존 팀에 SRE 라벨 붙이고 직책 몇 개 변경해 첫걸음을 내디딘 것만으로 사람들의 인정을 얻고 싶은 유혹도 있다. 그러나 실제로 시스템 자체에 실제로 변경된 것은 없으므로 인정에 대한 성공 가능성은 거의 없다고 봐야 할 것이다. SRE 팀은 근본적으로 신뢰성 문제를 해결하는 소프트웨어 엔지니어링 팀이기에 기업에서 소프트웨어 엔지니어를 지지하지 않으면 SRE는 의미 없다. 소프트웨어 엔지니어가 있어도 프로덕트 신뢰성에 대한 SRE 접근 방식에 집중하지 못한다면 단지 "SRE 이름만" 적용할 뿐이다.

효율적인 SRE 팀은 특정 환경이 필요하다. 위아래 양옆 할 것 없이 모두의 지지가 있어야 한다. 또한 SRE 팀원 자신, 동료(개발 팀과 기타 SRE 팀), 관리 조직의 동의가 있어야 한다. 고립된 SRE 팀은 성장할 수 없으므로 회사의 핵심 기술에 통합돼야 한다. 의사소통이 쉽게 진행되도록 개발 팀과 실질적인 협력, 고화질 화상 회의에 투자하는 것을 고려해야 한다. SRE는 인력과 중복 인프라의 신뢰성 요구와 투자 수준에 대한 높은 단계의 결정을 내릴 때 필요하다.

SRE 팀 구성원은 서로에게 헌신적이고 신뢰할 수 있어야 한다. 또한 자동화 및 기술 문제 해결에 능숙해야 한다. 실제로 SRE는 팀의 수고를 기반으로 하기 때문에 "영웅은 없다"라는 사실을 상기하면서 꾸준히 서로를 발전시킬 수 있는 관대함을 가져야 한다. 멀리 떨어져 있는 누군가에게서 정보를 얻으려는 팀은 피하는 것이 좋다. 잘 운영 중인 팀의 목적을 재설정해 SRE 팀으로

---

01 (역자주) 에러 예산은 기술 시스템이 계약 결과를 위배하지 않은 채 실패할 수 있는 최대 시간을 의미한다. 99.9% 업타임(uptime)을 지켜야 할 때, 99.95%나 99.99%를 맞추려고 굳이 노력하지 않고 0.1%의 에러 예산을 활용한다.

시작하는 것이 더 나을 것이다.

SRE 팀은 다른 팀 특히 개발 팀과 상호 소통하기에 팀의 활동을 여러 팀에 승인받아야 한다. 예를 들어, 개발자 또는 관리자가 서로를 지적한다면 비난 없는 포스트모템 문화를 만드는 것은 어렵다. 개발 팀이 SRE 팀과 협업 할 때는 파트너십을 구축하기 위해 함께 가치 있는 일을 수행해야 한다. 다음과 같은 예시를 참고하자.

- 팀의 지식 데이터를 구축하기
- 온콜(on-call) 근무 동의하기
- SRE 요구 사항의 우선순위 정하는 메커니즘을 SRE에 제공하기
- 최고의 소프트웨어 엔지니어를 SRE 팀에 보내기

다음은 장애 처리 방식 내용이다. 개발 팀이 SRE 팀에 "고쳐주기"를 기대할 때 SRE는 소프트웨어를 안정적으로 운영할 수 있도록 권한을 부여받아야 하고, 개발 팀은 그 목표를 달성하도록 협력에 힘써야 한다. 예를 들어, SRE와 한 팀을 이루거나 SRE 팀의 운영 업무를 일부 분담하는 등 개발자는 프로덕션 운영에 적극적으로 참여해야 한다. 이를 통해 SRE 팀의 가치를 인식하고 시스템 운영에 대해 직접 입수한 데이터를 얻을 수 있다. 또한 SRE 팀이 "무선 호출기를 돌려주고" 시스템 지원을 중단해야 하면 업무 연속성을 위해 매우 중요하다. 개발자가 프로덕트 엔지니어링 작업 일부분에 책임을 지지 않거나 지지하지 않으면 SRE는 진행하지 않는다.

SRE는 개방적이고 효과적인 의사소통 환경에서 발전한다. SRE 팀이 프로덕트 또는 서비스의 미래 관련 대화에서 제외되면 매우 어려울 것이다. 예를 들어, SRE 팀이 원격으로 일하고 있거나 다른 시간대에서 근무하거나 다른 언어(음성 또는 프로그래밍 언어)를 사용하는 경우에 의도치 않은 마찰이 발생할 수 있다. SRE 팀이 여러 팀과 같은 지역에서 일하고 있는데, SRE 팀의 구성원이 사교 모임이나 행사에서 제외되고 있다면 심각한 문제로 봐야 한다.

여기서 잠깐. 나는 SRE가 분명히 멋지다고 생각한다. SRE 콘퍼런스(SREcon) 참석자 수는 매년 증가하고, SRE 관련 책은 베스트셀러가 되고 있다. 구글에서는 SRE가 멋진 폭탄 재킷을 입는데 재킷에 용이 그려진 로고가 새겨져 있다. 진짜 멋지다!

기업에서 SRE를 성공적으로 운영하고 싶다면 멋지게 만드는 것이 분명히 도움 된다. 그렇다고 엘리트주의를 추구하거나 독점적일 필요는 없다. 개발 팀이 SRE를 이해하지 못하면 SRE 자체를 거부하는 경향이 있으므로 모든 기술 리더가 SRE 개념과 사람을 자신의 팀에 소개하는 것이 아주 중요하다. 개발자와 SRE 팀 간에 교체 프로그램을 시도하거나 개발 팀과 SRE 팀 간에 자유로운 인력 이동 정책을 시도해 볼 수 있다. 이를 통해 개인적인 관계를 구축하고 SRE를 자신과 동등하게 대우하도록 만든다.

더 높은 수준에서 보면 경영진은 SRE 팀이 SRE 원칙에 따라 행동할 때 정말 이래도 되나 싶더라도 기꺼이 SRE 팀을 지지해야 한다. 리더십은 실제 사건을 관리하는 SRE의 의견을 존중해야

하고, SRE는 서비스 수준 목표(SLO, Service-Level Objectives) (https://bit.ly/3wOKcHF)를 달성하도록 노력해야 한다. 즉, SRE는 다운타임(downtime)[02]을 수용 가능한 수준으로 방어하는 책임이 있다. 또한 에러 예산을 적극적으로 시행해야 한다. 에러 예산을 초과할 때 기능 정지 정책을 강제로 시행할 수 있어야 하기 때문이다.

데이터 기반 접근 방식의 방향

"최근에 장애가 발생했을 때 난 소리를 질렀어."

이 인용문은 기업이 사건과 데이터에 의해 주도되어야만 SRE와 양립할 수 있음을 의미한다.

나의 할아버지는 SRE가 아닌 트럭 운전사이자 사업가였다. 할아버지는 1950년대에 사람이 비명을 질러야 꺼지는 알람 시계 같은 기발한 장치에 투자했다. 이 장치는 아침에 모두를 깨우는 데 아주 효과적이다. 나 역시 소리 지를 때 그 장치의 알람이 꺼지는 것을 봤다.

기업이 감정적으로 엔지니어링 문제에 대응한다면 아직 SRE 할 준비가 안 되어있는 것이다. 점점 어려워지는 신뢰성 문제의 진짜 이유를 알려면 냉정함을 유지해야 한다. 보통 사람은 위협을 느끼면 정보를 숨기려고 하지만 SRE는 개방적이고 협력적인 분위기를 활성화한다. 예를 들어, 어떤 팀이 적절한 장애 대응과 포스트모템을 수행할 경우, 장애 발생을 책임지는 구성원에게 처벌이 아닌 상을 수여하는 방법이다.

장기적인 혜택, 점진적 개선, 기존 문제의 인식에 중점을 두는 등 성숙도 신호에 주의해야 한다. 조직의 구성원이 문제를 직면할 경우 비난 없는 포스트모템 문화가 뿌리내릴 수 있다. 조직의 구성원이 개선 속도를 측정하고 싶다면 SLO와 에러 예산이 작동할 것이고, SRE에 투자할 의사가 있다면 자동화는 활발해지고 노동은 줄어들 것이다.

성숙도에 대한 좋은 신호는 객관적인 측정 지표를 기반으로 하는 비즈니스 토론을 유도하는 것이다. 많은 사람이 원하는 측정 가능한 결과에 미리 동의한 다음, 정기적인 검토를 통해 숫자를 확인하고 필요에 따라 조정한다. 누군가의 리뷰가 나쁜 소식으로 가득 차 있고, 도움을 주려는 그룹의 반응이 있다면 그 문화는 SRE에 적합하다고 볼 수 있다.

성숙도의 또 다른 좋은 신호는 조직이 "발사"(예: 새롭고 멋진 툴) 대신 "착륙"(예: 측정의 절감 효과를 제공하는 프로덕션 자동화)에 보상하는 경우다. 귀사의 조직은 유지 보수성과 운영 효율성을 향상하는 중요한 정리와 잡다한 작업에 대해 보상을 하는가?

SRE는 딱딱한 과학과 같이 사실 기반 접근 방식에 의존한다. 장애의 근본적인 원인이나 현재 용량이 불충분한 시점의 분석과 같은 어려운 사실을 파악하는 데 시간이 걸릴 수 있다. 따라서 SRE는 존중받을 가치가 있다는 사실이 정말 중요하다. 정보를 수집하는데 인내심이 있는 사람들을 찾아야 한다. 가정에 의문을 제기하고 확실한 증거를 요구하는 사람들을 찾아야 한다. 복잡한 기술 상황의 진짜 원인을 알아내는 데 집중하지 않거나 관심 없는 사람은 제외해야 한다.

---

02 (역자주) 다운타임: 서비스 중지 시간을 의미한다.

기업의 구성원들은 신뢰성 관리를 위해 선택한 SRE 프로세스를 신뢰해야 한다. 또한 SRE는 프로세스에 충실해야 하고 합의한 신뢰성 목표를 준수해야 한다. SLO와 에러 예산은 성과 목표와 정책과 같다. 장애가 발생했을 때 계약을 지키려면 침착함이 필요하다. 예를 들면, SRE는 "에러가 증가했지만 SLO에 머물렀기 때문에 비상사태가 아니다."와 같이 괜찮다고 말하는 것이 필요하다.

SRE 투입

"우리 회사는 예측 가능한 신뢰성을 원하고 이를 위해 비용을 지불할 용의가 있습니다."

기업은 SRE 팀을 유지하는 데 필요한 관심과 자원을 기꺼이 투자해야 한다.

SRE 운영 비용이 높을 수 있다. 아마도 여러분은 SRE를 통해 무엇을 얻는지 확인하고 싶을 것이다. SRE 팀을 지속해서 잘 운영하려면 에너지가 소진되지 않고, 온콜을 충실히 수행하며 자동화/툴링/기타 프로덕트 엔지니어링 프로젝트 주기에 대응할 수 있는 엔지니어가 많이 필요하다. 또한 서비스의 무수히 많은 운영 요구에 대응하려면 충분한 인력도 필요하다. SRE 팀원이 조금이라도 부족하면 가장 재능 있는 구성원이 먼저 떠나게 되고, 결국 목표를 달성하지 못한다. 시스템 관련 SRE 책임을 수행하는데 필요한 최소한의 팀 규모가 있다. 이는 소규모 시스템에서는 의미 없으므로 SRE 팀의 업무가 적용되지 않을 것이다. SRE 팀이 모든 사람의 문제를 해결할 것으로 기대하지 않는다.

많은 사람이 SRE가 지속해서 신뢰성을 높여서 신뢰도 100%에 가까이 근접할 것이라고 생각한다. 물론 신뢰성이 목표일 수 있지만 어느 시점에서는 자원 대비 수익이 감소할 것이다. SRE는 비즈니스 목표 달성에 방해가 되지 않도록 신뢰성을 관리하는 것이다. 완벽한 시스템이란 없으므로 기업은 100% 미만의 신뢰성을 수용할 수 있어야 한다. 어느 정도의 다운 타임은 예상하고 받아들여야 한다. 이런 현실 직시를 꺼리는 것은 SRE를 채택하는데 가장 큰 장벽이다.

신뢰성보다 더 중요한 목표는 무엇일까? 그것은 기술이 비즈니스의 차별화 요소가 되고 혁신을 중요하게 생각하는 것이다. 이런 경우 여러분은 프로덕트 개발 팀이 가능한 한 빨리 진행하기를 바랄 것이고 SRE 팀은 신뢰성 있는 가드레일을 제공하는 것이 좋다. 예를 들어, SRE는 카나리 서버와 쉬운 롤백을 갖춘 배포 시스템을 제공할 수 있다.

SRE 프로세스를 신뢰할 수 있는 충분한 훈련과정이 있다면 기업에 SRE를 적용할 수 있다. 처음에는 SRE가 또 다른 제약 조건을 세우는 것처럼 보인다. 그러나 실제로 사람들은 SLO와 서로 비난하지 않는 포스트모템(postmortems)과 같은 경험 방식을 채택할 때 자유를 얻는다. SLO는 명확한 기대치를 체계화한 것으로, 내부 조직에서의 최적화를 허용해야 사람들이 의사 결정할 때 신뢰성 영향에 대해 추론할 수 있다. 서로 비난하지 않는 포스트모템은 잘못된 것을 지적할 수 있는 명시적인 허용이다. 이를 통해 신뢰성 문제의 근본 원인을 해결할 수 있다. 이것은 강력한 도구이다. 모든 훌륭한 도구는 물론 SRE 설계 의도와 최상의 목적에 따른 SRE 프로세스 교육과 유지 관리도 필요하다.

SRE에 관한 결정

3장에서 SRE가 기업에 적합한지에 대한 관점을 얻었기를 바란다. 실제로 SRE 팀을 시작하는 단계는 다른 장 또는 다른 책에서도 다룰 수 있다. SRE가 기업에 적합한지 아직 확신이 안 선다면 자세한 정보 수집을 위한 몇 가지 방안이 있다.

- 기업의 영향력 있는 사람들(지도자, 베테랑 등)을 찾아 원래 SRE 서적(https://bit.ly/3LfhCTH)의 처음 몇 장을 읽어보기를 제안한다. SRE에 대한 아이디어가 떠오르는가? SRE가 현실적으로 보이는가?
- 서비스 SLO에 대한 묘안을 찾는다. UX(User Experience, 사용자 경험)를 담당하는 사람들과 함께 테스트한다. 다양한 기간에서 예기치 못한 장애, 특정 기능의 계획된 점검, 서비스 기능 제거 등 시나리오에서 "만약에"를 진행해보길 바란다.
- 어떤 것을 시작해야 할지 성숙하고 중요한 시스템을 생각하길 바란다. 명확한 신뢰성 측정 지표가 있는가? 누가 SLO와 에러 예산을 결정할지 명확한가?
- SRE 팀을 구성했다고 가정하자. 운영을 잘하고 있는지 어떻게 알 수 있는가? 적은 인원으로 더 높은 신뢰성을 제공하는가? 릴리즈 속도가 더 빠른가? 측정할 수 있을 것이다.

이제 기업에서 SRE의 가능성을 평가할 때 도움이 되는 질문들을 이해했다. 데이터를 수집하고 전달할 때 동료와 이해 관계자를 포함해야 한다. 이 결정은 너무 커서 한 사람이 할 수 없다. 함께 협력해 SRE 팀을 시작할 때 현명한 결정을 내릴 수 있다. 행운을 빈다!

루크 스톤 Luke Stone

2002년 애드 센스(AdSense)의 첫 번째 기술 지원 엔지니어로 구글에 입사했다. 루크는 SRE가 처음부터 구글에 미치는 영향을 목격했고, 사용자 신뢰성 엔지니어링(Customer Reliability Engineering) 팀의 창립 멤버로 구글 SRE에 합류했다. 구글 이전에 루크는 학계와 비영리 조직의 시스템 관리자이자 개발자였고, 스탠포드 대학에서 컴퓨터 사이언스를 전공했다.

CHAPTER 4

장애 측정 지표를 사용해 SRE 개선하기

마이크로소프트Microsoft**의 마틴 체크**Martin Check

서비스가 사용자 십여 명을 추가하든 10억 명을 추가하든지 상관없이 서비스 규모가 확장하면서 신뢰할 수 있는 영역에 얼마를 투자해야 하는지의 대화는 결국 하게 된다. 4장에서는 마이크로소프트 애저(Microsoft Azure)의 사례 연구를 통해 장애 측정 지표를 사용해 투자에 집중하는 방법을 살펴보겠다. 애저는 스타트업부터 엔터프라이즈 서비스, 클라우드까지 이르기까지 다양한 서비스에서 얻은 교훈을 서비스 신뢰성에 적용한다. 특히 규모, 성장, 다양한 프로덕트 전달이 일반적인 신뢰성을 높이기 때문에 애저는 매우 훌륭한 사례 연구이다. 데이터와 일부 혁신적인 기술을 사용한 신뢰성 주제에 대한 분석 및 보고가 어떻게 개선을 이끌어 냈는지 4장에서 볼 것이다.

장애 복구 선순환: 측정을 통해 복구하기

우리는 어떤 문제든 관리하려고 노력할 때와 마찬가지로 데이터를 살펴보는 것부터 시작했다. 그러나 막상 뚜껑을 열어보니 수천 개의 데이터 소스, 서비스 측정 지표, 장애 관리 측정 지표, 배포 측정 지표 등이 있었다. 사실 확인해야 할 데이터 소스가 너무 많아서 어떤 데이터부터 보고 어떤 순서로 문제를 다루어야 할지 결정해야 했다. 그래서 IT 업계 최고 수준의 베스트 프랙티스를 살펴보고 전문가와 상의한 결과 그림 4-1처럼 개선 노력을 뒷받침할 수 있는 선순환(the virtuous cycle) 시스템에 착수하기로 했다. 선순환이 장애를 얼마나 빨리 탐지했는지, 근본 원인 분석(RCA, Root-cause analysis) 프로세스 및 보수 작업(repair)을 측정해 장애로부터 얼마나 잘 배우고, 얼마나 빨리 버그를 발견했는지 모니터링 하는 프레임워크를 만들었다. 그런 다음 코드 품질과 배포 속도를 확인해 전체 주기를 얼마나 빠르게 수행했는지 확인할 수 있었다.

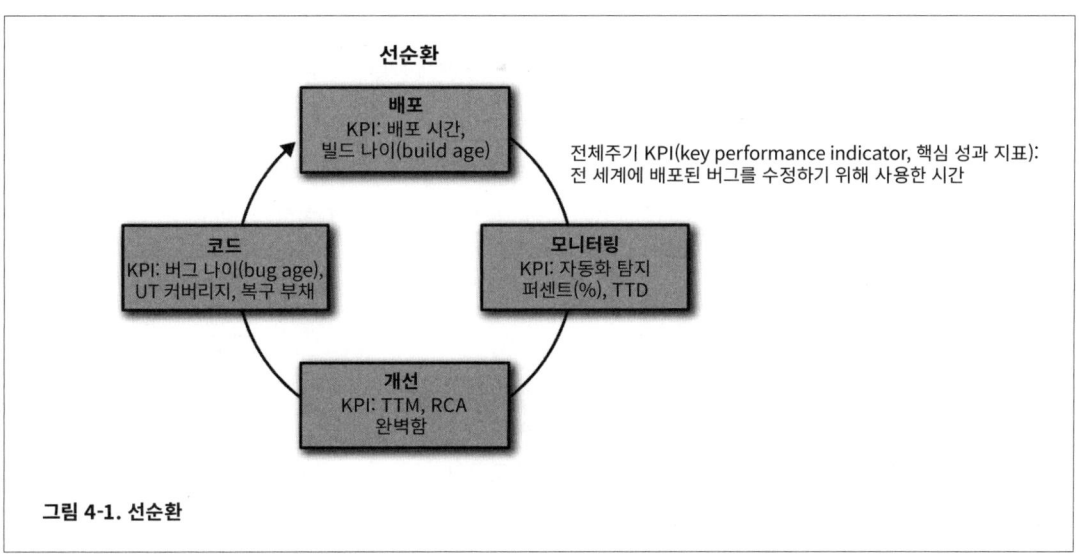

그림 4-1. 선순환

우리는 SRE로서 다운타임의 매 순간이 중요하다는 것을 알고 있었기 때문에 장애 대응과 복구하는 것이 얼마나 효과적인지 알려주는 주요 지표를 찾는 것부터 시작했다. 즉, 먼저 대표 측정 지표를 정의한 다음, 해당 지표의 정의와 시작/종료 시간에 대해 모두가 동의해야 했다. 애저 팀에서 선택한 측정 지표를 살펴보고, 이것을 왜 중요하게 여기는지 그 이유를 보도록 하자.

탐지한 시간(TTD, Time to Detect)

탐지한 시간은 장애 발생 시작 시점부터 운영자가 장애를 발견한 시점까지의 시간이다. 모니터링이 장애를 탐지하지 못해도 장애의 영향이 처음으로 사용자에게 가시화될 때가 시작 시점이다. 이는 종종 서비스 레벨 협약(SLA, Service-Level Agreement)이 위반된 시간과 같다.

TTD는 수동 완화 조치가 필요한 장애에 대한 가장 중요한 측정 지표다. 해당 측정 지표는 모니터링의 품질과 정확성을 결정한다. 애저 팀이 사용자의 어려움을 알지 못하면 복구 프로세스를 시작할 수 없고, 문제에 대응하기 위한 자동화 실행을 하지 않을 것이다. 더 중요한 것은 사용자에게 우리가 문제를 알고 있고, 관련 작업을 하고 있다는 사실을 알릴 수 없다는 것이다. TTD의 도전 과제는 사용자에게 영향을 미치지 않는 이슈에 대해 엔지니어를 지속해서 방해하지 않으면서, 모든 사용자 문제를 빠르고 정확하게 찾도록 모니터링 민감도의 균형을 맞추는 것이다.

장애 확인 시간 (TTE, Time to Engage)

장애 확인 시간(TTE)은 장애를 탐지한 시간부터 엔지니어가 참여할 때까지의 시간이다. 장애 발생 중에는 확인 시간을 결정하기가 어려울 수 있다. 장애를 해결하기 위해 투입된 한 명의 엔지니어가 장애의 전후 상황을 파악하는 것은 어려우므로 현장에서 장애를 처음 발견한 당시의 엔지니어와 함께 작업하는 것이 좋다. TTE는 대응 정보를 효과적으로 모으는 방법을 볼 수 있어서 매우 중요하며, 분류 시간(심각도와 소유권 결정)과 대응자를 확대하고 동원하는 시간 모두 고려한다. TTE를 개선하는 방법은 다음과 같이 많이 있다.

자동 확장, 무선 호출 시스템, 온콜에 대한 명확한 기대, FTS(Follow-the-sun support)[01] 지원 모델, 개선된 모니터링으로 발생한 경고가 처음으로 온콜 엔지니어에게 전달되도록 할 수 있다.

장애 수정 시간(TTF, Time to Fix)

대응자가 문제를 해결하는데 걸리는 시간이다. 모든 측정 지표를 함께 더하면(TTD + TTE + TTF) 그림 4-2처럼 장애에 대한 전체 순환 시간인 TTM(Time to Mitigate)으로 표현할 수 있다.

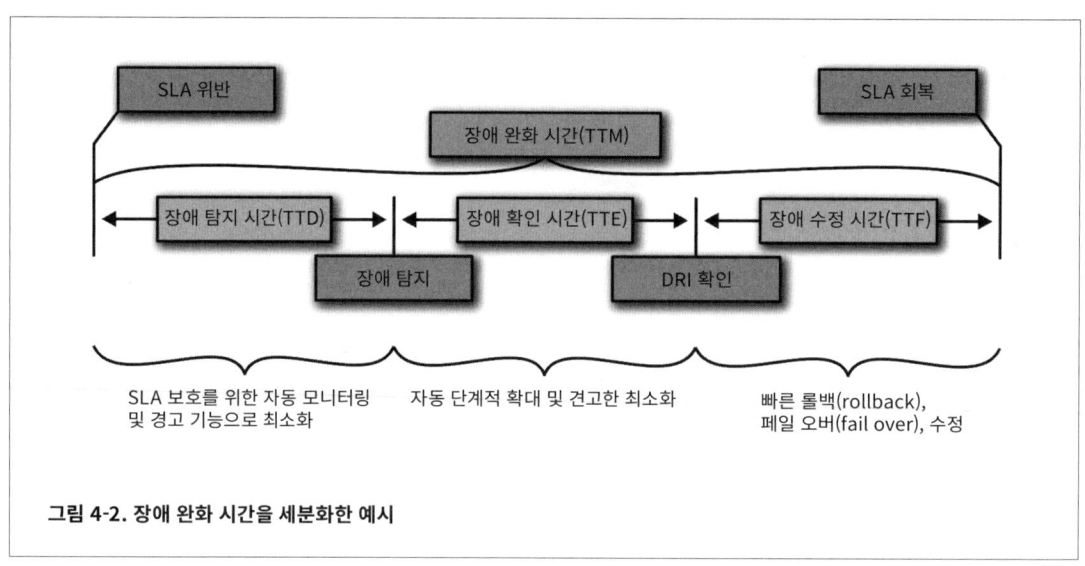

그림 4-2. 장애 완화 시간을 세분화한 예시

여러 지표, 정의, 임곗값이 다를 수 있지만 중요한 것은 기업에서 공통된 분류 체계 방법과 측정에 동의한다는 것이다. 분류 체계에 대한 동의가 특히 중요하다. 장애 완화 이벤트를 동의하지 않으면 장애가 완전히 해결되기 전에 일부 팀이 업무를 해제할 수 있고, 그렇게 되면 더는 문제를 해결하지 못할 수 있기 때문이다. 따라서 장애 이후에 장애 검토 회의를 진행해 개선 가능한 부분을 논의하면서 공통 분류 체계를 보장하는 것이 중요하다.

측정 지표 검토

우리는 측정 지표를 정의한 후 선순환을 추진하는데 중요한 핵심 지표를 살펴보기 위해 엔지니어링 관리자와 함께 모였다. 그런 다음, 진행 상황을 추적하고 통찰력을 이끌어내 목표를 달성하지 못하는 영역에서 실행 계획을 수립했다. 측정 지표를 정의하고 동의한 후 서비스별 데이터 집계를 수집하고 보고해서 실행 방식을 결정, 개선할 영역과 공통 주제를 찾아내 개선의 영향을 측정했다. 그림 4-3은 장애 및 배포 측정 지표를 측정하는 대시 보드의 예시다. 이를 통해 장애 대응 주기에 대한 측정 지표 추세를 추적하고 기능을 프로덕트에 추가하는 방식으로 개선할 수 있었다.

---

01 (역자주) FTS: 지원 모델의 기본 개념은 전 세계 위치한 소프트웨어 개발 팀과 관련이 있는 모델이다. 동일한 프로젝트를 수행하면서 각 지역의 각 팀은 업무가 끝날 때 작업한 것을 세계 반대편에서 업무를 시작하는 다른 팀에 전달하는 구조를 의미한다. 이런 방식으로 작업은 24시간 연중무휴 진행된다.

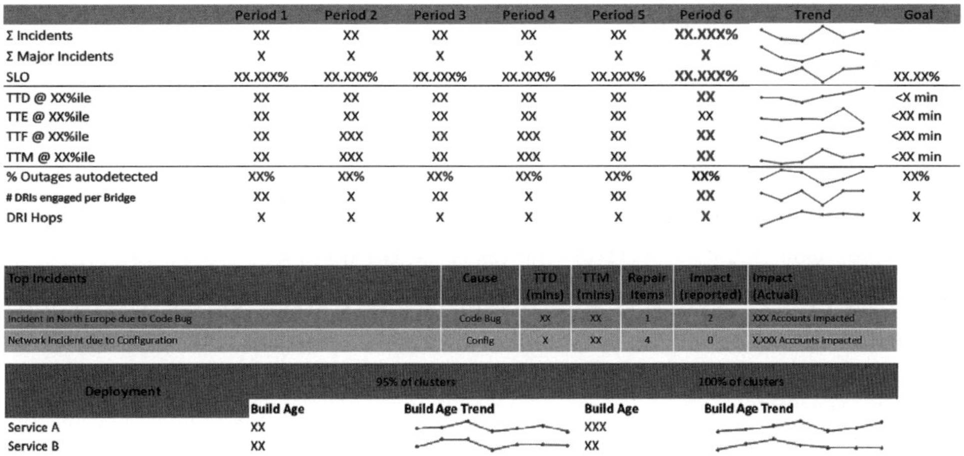

	Period 1	Period 2	Period 3	Period 4	Period 5	Period 6	Trend	Goal
Σ Incidents	XX	XX	XX	XX	XX	XX.XXX%		
Σ Major Incidents	X	X	X	X	X	X		
SLO	XX.XXX%	XX.XXX%	XX.XXX%	XX.XXX%	XX.XXX%	XX.XXX%		XX.XX%
TTD @ XX%ile	XX	XX	XX	XX	XX	XX		<X min
TTE @ XX%ile	XX	XX	XX	XX	XX	XX		<XX min
TTF @ XX%ile	XX	XXX	XX	XXX	XX	XX		<XX min
TTM @ XX%ile	XX	XXX	XX	XXX	XX	XX		<XX min
% Outages autodetected	XX%	XX%	XX%	XX%	XX%	XX%		XX%
# DRIs engaged per Bridge	XX	X	XX	X	XX	XX		X
DRI Hops	X	X	X	X	X	X		X

Top Incidents	Cause	TTD (mins)	TTM (mins)	Repair Items	Impact (reported)	Impact (Actual)
Incident in North Europe due to Code Bug	Code Bug	XX	XX	1	2	XXX Accounts impacted
Network Incident due to Configuration	Config	X	XX	4	0	X,XXX Accounts impacted

Deployment	95% of clusters		100% of clusters	
	Build Age	Build Age Trend	Build Age	Build Age Trend
Service A	XX		XXX	
Service B	XX		XX	

그림 4-3. SRE 측정 지표 대시 보드

그림 4-3을 보면 TTD, TTE, TTF, TTM, 기간별 추세, 서비스 소유자와 설정하고 합의한 목표를 기준으로 측정한 장애 대응 지표를 확인할 수 있다. 데이터가 흩어져 있거나 변동성이 크거나 중대한 이상치를 발견하면 데이터를 백분위 수로 적용해 정상화할 것이다. 그리고 백분위 수를 100%로 끌어올리기 위해 이상치를 더욱 분석한다.

대체 측정 지표

SRE 측정 지표 대시 보드를 자세히 살펴보면 DRI(Directly Responsible Individual) 홉(hop, 장애를 해결하는 데 필요한 온콜 엔지니어 인원)과 자동 탐지(모니터링을 통한 탐지 장애 건수)와 같은 측정 지표를 확인할 수 있다. 이는 대체 측정 지표로서 상위 수준의 측정 지표보다 더 구체적이고 실행 가능한 최상위 수준의 "시간" 측정 항목과 관련된 하위 측정 항목이다. 따라서 성공을 의미하는 것은 아니며, 대체 측정 지표를 사용하면 더 빠르고 내구성이 향상됨을 알아냈다. 여러 팀에게 단순히 "더 잘하라", "더 열심히 하라"고 지시하는 것보다 엔지니어링 관리자에게 특정 작업 항목 및 하위 메트릭을 제공하는 것이 훨씬 효과적인 작업 방법이다.

데이터 탐색은 대체 측정 지표를 찾는 좋은 방법이다. TTE의 예시를 보면, 장애 완화 시간이 긴 장애를 조사한 결과, 많은 엔지니어가 단 하나의 장애를 해결하기 위해 투입되는 것처럼 높은 참여 시간과 관련 있거나 이에 유발된 요인이 있음을 발견했다. 해당 요인은 지식 격차, 측정 방법에 대한 차이, 온콜에 대한 일관성 없는 기대로 인해 발생한다. 이 문제를 해결하기 위해 어떤 장애에 얼마나 많은 DRI를 참여하고 있는지 볼 수 있도록 그림 4-3의 "#DRIs engaged per Bridge" 하위 측정 지표를 추가했다. DRI에 참여하는 처리 인원이 적으면 대응 시간이 길어질 수 있다. 특히 추가 자원을 투입하지 않는 경우는 특히 그렇다. 그러나 TTD와 TTE를 함께 사용하면 모니터링과 진단이 대응자에게 빨리 전달하는데 얼마나 효과적인지 보여주는 좋은 지표다.

우리가 TTD를 개선하려고 노력한 적이 있는데 모니터링으로 장애를 포착하는 것보다 사용자가 장애를 인지하는 것이 10배 이상 높았다. 이를 측정하고자 TTD의 대체 측정 지표로 자동 탐지 비율을 측정했다. 물론 모든 자동 탐지 사고가 양호한 TTD를 가지고 있다는 것은 아니지만, 제대로 된 TTD를 얻으려면 자동 탐지가 필요하다. 대체 측정 지표의 경우와 마찬가지로 자동 탐지가 필요하지만 세계 수준의 TTD를 달성하기에는 충분하지 않다.

다음은 대체 측정 지표의 전체 목록은 아니지만 지표로 시작하기 위한 몇 가지 예시이다.

복구 부채

측정 지표 검토 회의 중에 도출한 최고의 통찰력은 장애 이후 검토 프로세스에서 가져온 것이다. 이미 훌륭한 포스트모템 자료가 많이 있어서 포스트모템 진행 방법을 깊이 다루지 않겠다(포스트모템에 대한 예시가 궁금하다면 4장 후반부의 더 읽을거리를 참고하기 바란다). 측정 지표 검토에서 가장 중요한 부분을 언급한다면, 버그 또는 개선 기회를 발견할 때마다 로그에 저장하고 복구로 추적하는 것이다. 복구 항목은 장애가 반복되는 것을 막거나 장애 시간을 단축하는 기술 또는 프로세스 수정사항이다. 일반적으로 복구 항목은 단기와 장기로 분류한다. 단기 항목은 신속하게 배포(1주일 이내)해야 하며 프로세스, 스크립트, 핫픽스(hotfix)일 수 있다. 장기 항목은 철저한 코드 변경(예: 이슈 있는 클래스 및 인스턴스를 비교하거나 여러 프로덕트 라인에 걸쳐 이슈 있는 클래스 변경), 광범위한 프로세스 변경(예: 여러 조직에 장애 관리 교육을 구축 및 제공), 채팅 봇 또는 자동 확장/완화와 같은 툴을 개발하는 등 더 견고한 변경이다. 복구 항목은 일반적으로 프로덕트 작업 항목을 추적하는데 사용하는 것과 동일하게 작업 관리 시스템에서 추적할 수 있지만 중요한 점은 표준 프로덕트 백로그와 달리 기록할 수 있고, 보고 가능하며, 구별할 수 있다는 것이다.

복구 항목을 추적하면 운영 부채를 표준 엔지니어링 프로세스에 통합하고 기능 작업과 마찬가지로 처리할 수 있다. 그림 4-4는 처음으로 복구를 추적하기 시작할 때 어떤 일이 일어나는지 보여주는 좋은 예시이다. 이전에 알려지지 않았거나 목적이 불분명한 복구 작업이 드러나기 시작할 때 일반적으로 초기 부채가 늘어난다. 그리고 팀은 복구 부채를 정상적인 비즈니스 활동으로 통합하려고 관례를 조정하면 복구 부채가 줄어든다. 이런 문제는 늘 존재하기 때문에 복구 부채 추적이 중요하지만 추적, 측정, 공유가 가능할 때까지는 엔지니어링 팀이 서비스 개선 조치를 취할 수 없었다. 따라서 복구 부채는 기능 개발 작업과 관련해 서비스 신뢰성 작업의 우선순위 지정 방법에 대한 에러 예산과 함께 팀에 신호를 제공하는 데 도움이 된다.

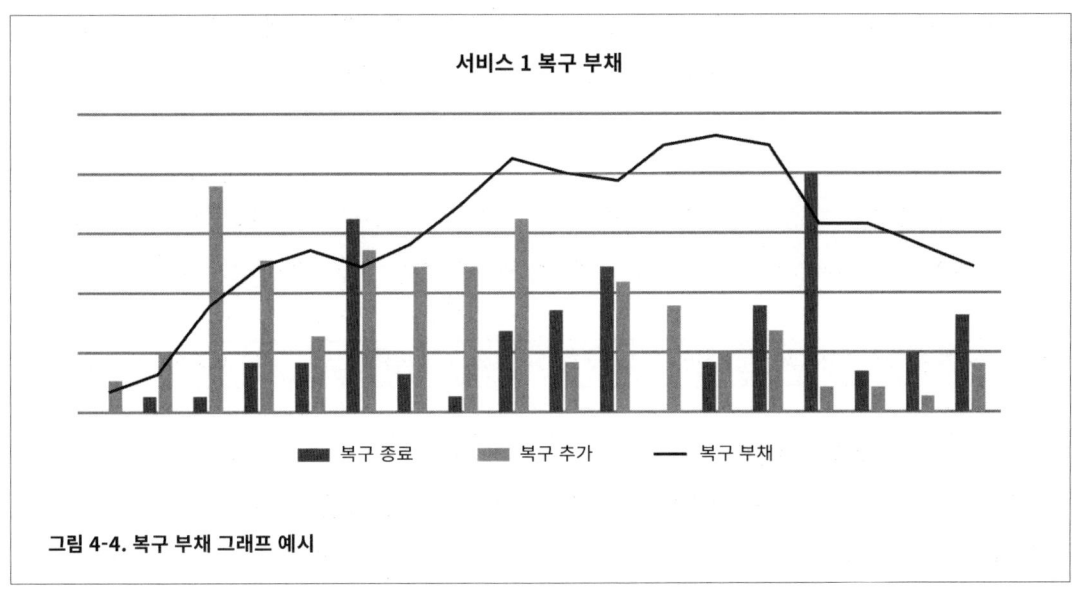

그림 4-4. 복구 부채 그래프 예시

가상 복구 부채: 기계에서 고스트 퇴치하기

모든 영화가 할리우드식 해피엔딩이 아니듯 모든 서비스가 복구 항목 정밀도에서 좋은 결과를 갖는 것은 아니다. 경우에 따라 복구 부채가 안정적이어도 월 단위 신뢰성이 반드시 나아지는 것은 아니다. 어떤 서비스는 복구 부채가 안정적이었지만 신뢰성이 개선되지 않아 당황스러운 적이 있다. 복구 부채가 안정적이고 주의를 기울였는데 서비스는 왜 개선되지 않았을까? 우리는 아직 정리되지 않은 일부 데이터를 분석했고, 결국 놀라운 통찰력을 발견했다. 일부 서비스는 철저한 RCA를 수행하지 않았고, 결과적으로 RCA 완료율이 낮거나 복구가 충분하지 않은 RCA가 있었다. 즉, 복구 항목이 백로그에 포함되지 않았고 서비스를 개선할 기회가 없었다.

이것은 새로운 도전을 가져왔다. 포스트모템의 품질을 어떻게 측정할까? 복구 항목의 수정 여부를 측정할 뿐만 아니라 처음부터 복구 항목이 생성됐는지도 측정해야 한다. 대부분의 포스트모템은 문제를 설명하고 완화하려는 조치 내용을 담고 있다. 우리는 이 문제를 머신러닝에 적용해 의도를 분석하려고 할 수 있다. 그러나 이는 상당한 투자가 필요하고 결정론적이지 않다.

가장 단순한 해결책은 모든 장애와 모든 포스트모템에 가치를 부여할 수 있는 "시간(Time to XXX)" 측정 지표의 형태로 앞에 있는 것이다. 장애 탐지 시간(TTD), 장애 확인 시간(TTE), 장애 완화 시간(TTM) 목표를 놓친 장애는 해당 복구 항목이 있어야 한다. 즉, 우리는 복구 과정에서 분류, 진단, 탐지 정보를 사용해 분류 기준을 정한 프로그래밍 방식으로 "누락된 복구 항목"을 추출할 수 있었다. 그다음 누락된 복구 항목을 모두 사용해 "가상 복구 부채"를 측정했다.

가상 복구 부채를 시각화하면 개선을 이끌어 내는 강력한 툴이 된다. 그림 4-5와 같이 복구 부채를 나타내는 회색 선은 복구 부채를 유지하는 것처럼 보인다. 그러나 누락된 복구를 나타내는 빨간 점선을 추가하면, 가상 부채를 나타내는 검은 가로 선의 복구 항목이 눈에 띄게 커진다. 가상 부채는 기록된 적이 없는 복구 항목의 모음을 나타낸다. 따라서 가상 부채는 서비스를 중단시키는 결과를 초래하기 때문에 매우 중요하다. 가상 부채가 존재한다면 특정 TTD와 TTM 누락을 기록하고 수정될 때까지 TTD와 TTM 누락은 계속 반복된다.

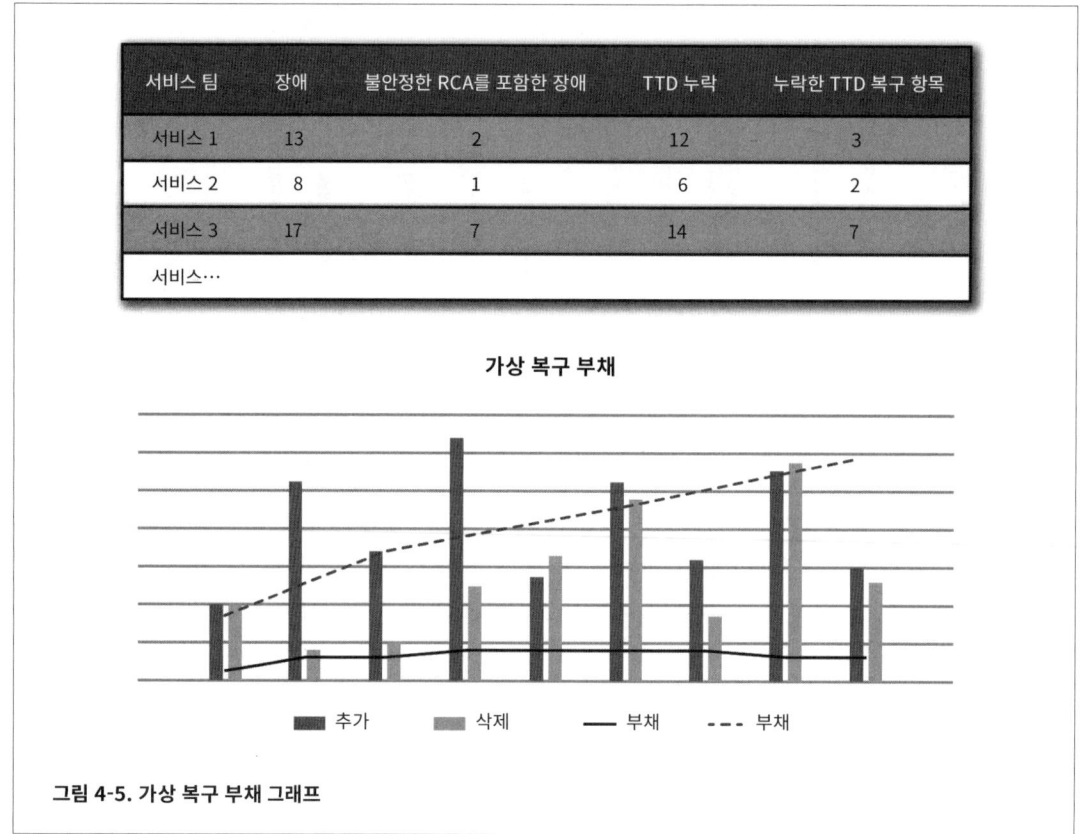

그림 4-5. 가상 복구 부채 그래프

실시간 대시 보드: SRE의 빵과 버터

측정 지표 검토에서 가장 중요한 부분은 측정 지표와 통찰을 실시간 대시 보드에 넣는 것이다. 매월 또는 매주 데이터를 살펴보는 것만으로 신속하게 변경을 이끌어내는데 도움이 되지 않는다. 모든 서비스, 모든 컴포넌트는 수행해야 할 작업, 수행하고 있는 위치, 개선할 수 있는 부분을 실시간으로 볼 수 있어야 한다. 따라서 서비스별, 관리자 별, 작업 항목을 소유한 개별 엔지니어까지 함께 볼 수 있는 대시 보드를 생성한다.

알게 된 내용

4장의 모든 내용을 문장으로 정리하면 다음과 같다. 모든 것을 측정하고, 끊임없이 호기심을 갖고, 올바른 조치를 취하기 위해 데이터가 지저분해지는 것을 두려워하지 말아야 한다. 대부분은 데이터에 대한 통찰력을 얻기 위해 상당한 양의 데이터를 분석해야 한다. 하지만 어떤 측정 지표가 중요한지 이해하면 해당 측정 지표를 측정하고 자동화해 서비스가 개선에 도움이 되는 측정 지표에 대한 가시성을 제공할 수 있다.

더 읽을거리

다음은 서로 비난하지 않는 포스트모템에 대한 글이다.

- 존 올스포(John Allspaw), 엣시(Etsy)의 "비난하지 않는 포스트모템과 공정한 문화" (https://bit.ly/2TdmwrD)
- 구글의 수 루더, 베시 베이어(Sue Lueder and Betsy Beyer)의 "포스트모템 실행 항목: 작업 내용을 계획하고 계획대로 실행하기" (https://bit.ly/3bwA87K)
- 데이브 즈위백(Dave Zwieback)의 "비난을 넘어서 – 실패와 성공을 통해 배우기" (https://bit.ly/2WA9dn6)

다음은 데이터를 사용해 운영 통찰력을 얻는 글이다.

- 파르비즈 데이힘(Parviz Deyhim)과 아르티 가그(Arti Garg), 데이터 파이프(Datapipe)의 "데이터 분석을 사용한 작업 개선" (https://bit.ly/2LvlKIH)
- 구글의 수 루더(Sue Lueder)의 "장애 분석" (https://bit.ly/2zF9cpc)
- 게리 밀러(Gerry Millar, Atlassian)의 "아틀라시안(Atlassian)에서 장애 관리를 성공적으로 측정하는 방법" (https://bit.ly/2y79k06)
- IBM 토스. J 왓슨 연구 센터(IBM T.J. Watson Research Center)의 하이 황(Hai Huang), 레이먼드 제닝스 3세(Raymond Jennings III), 야오핑 루안(Yaoping Ruan), 라멘드라 사후(Ramendra Sahoo), 샘빗 사후(Sambit Sahu), 애니스 샤이크(Anees Shaikh), IBM T.J. Watson Research Center의 "문제 결정 자동화 툴"(PDA: A Tool for Automated Problem Determination) (https://bit.ly/3dXhgAx)

마틴 체크 Martin Check

마이크로소프트 애저 팀의 사이트 신뢰성 엔지니어링 관리자이다. 마틴은 14년 동안 큰 규모의 서비스에서 일했으며 서비스 설계 및 구현, 위기 대응, 문제 관리, 데브옵스/SRE로 전환해 팀을 이끄는 등 다양한 역할을 담당했다. 현재 마틴은 글로벌 SRE 팀의 SRE 관리자로 일하고 있으며, SRE 팀이 데이터 통찰력을 지속해서 활용할 수 있도록 SRE 개선을 주도하고 있다.

CHAPTER 5

외부 업체와 협력해 일을 제대로 진행하기

트래픽traffiq corp.의 조나단 메르세루Jonathan Mercereau, 이전 직장 링크드인

지난 수년간 사이트 신뢰성 엔지니어링으로 SRE의 정의가 발전해 왔지만 가장 쉽게 소화할 수 있는 부분은 주관적으로 "소프트웨어 엔지니어링이 '운영'이라고 불렸던 작업으로 처리될 때 어떤 일이 일어나는가이다."[01] 대부분의 SRE 팀은 "운영"을 자체 인프라에서 실행 중인 애플리케이션으로 간주한다. 요즘은 많은 회사가 외부 업체에 의존해 특화된 상세한 기능을 제공한다. 예를 들면, DNS(Domain Name System), CDN(Content Delivery Network), APM(Application Performance Management), 스토리지, 결제, 이메일, 메시징(SMS), 보안(SSO(Single Sign-On)) 또는 2FA(Two-Factor Authentication), 로그 처리 등이 있다. 해당 자원 중 하나라도 제대로 구현되지 않으면 사이트가 중단될 의존성을 갖고 있다.

외부 업체는 우리가 통제할 수 없는 블랙박스인가? 꼭 그런 것은 아니다. 외부 업체와 협력할 때 엉망이 되지 않도록 동일한 SRE 규칙을 적용하는 것이 중요하다.

구축, 구매, 채택

외부 업체와 협력하는 주제로 들어가기 전에 먼저 솔루션을 구매할지 적용할지 결정하는 논의를 해야 한다. 이 과정에 있는 참여자 수준은 중요도와 이해 관계자의 조합에 달려있다. 중요도를 결정하는 것은 전체 프로세스의 첫 번째 단계이며 비용의 무게, 지원의 무게, 영향 요인, SLA(서비스 수준 계약) 등과 같은 다른 결정 요소의 중요도를 나타낸다.

중요도 수립

프로젝트 또는 통합을 주도하는 SRE가 업무 업체와 협력하는 부분의 중요도를 결정하는 것은 어려울 수 있다. 예를 들어, 웹 사이트의 다음 버전에 사용할 자바스크립트 프레임워크에 대한 결정이라면 의사 결정 프로세스에 많은 이해 관계자가 있어야 하고 데이터 과학, 품질 보증, 툴 등에 많은 영향을 받을 것이다.

그러나 인증 기관(CA) 선택은 전혀 다른 이야기다. 인증서를 선택할 때 "Let's Encrypt[02] 인증서를 사용합시다."라고 말할 만큼 간단하다. 그러나 단일 인증서와 다중 인증서 간의 선택을 넘어서 고려해야 할 외부 회사들이 존재한다.

혹시 난감한 기분이 들어도 괜찮다. 이 부분을 좀 더 살펴보도록 하자.

어떤 SRE 팀에게 인증서는 단순히 보안을 의미할 것이다. 또 다른 SRE 팀에게 인증서는 성능에 미칠 영향에 대해 우려하게 할 것이다. 그러나 이 SRE 팀은 프로토콜 및 암호 프로덕트에 미치는 영향에 의문을 가질 수 있다. 또한 SRE 팀 외에도 장기적인 오너십(ownership), 통합, 요청 프로세스 변경, 워크 플로, 접근 제어, 해지 프로세스, 인증서 교체 등의 문제를 제기한다. 초기에 통합의 중요도를 결정하면 미래에 발생할 기술 부채와 스케일 제약을 피할 수 있다.

이해 관계자 식별

회사가 작을수록 의사 결정 과정이 쉽다. 그러나 기업이 성장하면서 규모에 영향을 주고, 성장이 둔화되며, 생산성은 떨어지는 등 골치 아픈 요인을 고려하는 것이 중요하다. 또한 중요도를 이해하면 의사 결정에 영향을 줄 수 있는 사람을 식별해 관련자를 접할 수 있다.

SRE 관점에서 우리는 협업이 사이트 신뢰성과 직접 연관이 있음을 알고 있다. 구글의 초기 SRE 팀은 소프트웨어 엔지니어링 팀에 포함돼서 스케일에 대한 중요한 통찰력을 제공하고 안정적인 서비스 구축을 위한 운영 방식을 채택했다. 통합의 영향을 고려하면 프로젝트의 전반적인 성공에 핵심인 이해 관계자와 영향력 있는 사람들을 식별하는 것이 합리적이다.

프로젝트의 성공에는 오너십과 중요도가 중요한 역할을 한다. 알다시피 사람들은 예기치 않은 일이나 누가 이래라저래라하는 것을 좋아하지 않는다. 초기에 이해 관계자를 확인하고 협의하면 오너십을 적용하고 프로젝트 성공을 위한 추가 인력 확보는 더 쉬워진다. 다만 역할이 불분명한 이해 관계자에 의해 프로젝트를 시작하고 시간과 에너지를 투입하는 것보다 더 나쁜 것은 없다.

결정하기

중요도와 이해 관계자를 제대로 확인한 후 구축할지 또는 구매 결정할지 평가할 것이다. 구축의 경우는 오픈소스 솔루션 통합에 크게 의존하고 있는데 완전히 새로운 범주로 '채택(adopt)'을 제안하고 싶다. 각 옵션의 차이점은 다음과 같다.

구축(처음부터 자체 개발)

회사마다 요구 사항이 독창적이고 혁신적이어서 다른 회사에서는 사용할 수 없다. 종종 구축된 솔루션은 회사가 안정된 후 오픈소스가 된다. 예시로 링크드인(LinkedIn)의 카프카(Kafka), 페이스북(Facebook)의 리액트(React), 리프트(Lyft)의 엔보이(Envoy)가 있다.

---

01 SRE 책 (https://bit.ly/2Z9rARz)
02 (역자주) Let's Encrypt: 사용자에게 무료로 TLS 인증서를 발급해주는 비영리기관

구매(SaaS, 호스팅, 라이센스가 있는 솔루션)
회사의 요구 사항이 일반적이고 해당 요구 사항을 해결할 수 있는 유료 솔루션이 있다.

채택(오픈소스 솔루션 통합)
회사의 요구 사항이 일반적이고 이에 맞는 오픈소스 솔루션이 존재한다.

구축, 구매, 채택을 선택할 때 비용 지출의 시기와 장소에 대해 주요 차이점이 있다. 오픈소스 솔루션 채택을 고려할 때 자본 비용(CapEx)과 운영 비용(OpEx)을 예측하기란 쉽지 않다. 개념 증명(PoC, Proof of Concept)을 위해 오픈소스 프로젝트를 평가하고 연구하면 상대적으로 저렴하다. 그러나 프로젝트가 대규모로 활용되면서 메모리 사용, 계산 제약, 저장 요구 사항과 같은 문제는 R&D 중에 수집된 벤치마크 수치를 빠르게 넘어설 수 있다. 또한 숙련된 인원은 초기 통합뿐 아니라 지속적인 운영, 개선, 피할 수 없는 업그레이드를 위해 필요하다. 오픈소스 프로젝트에는 심각한 보안 취약점, 메모리 누수, 데이터 손실로 이어질 수 있는 버그가 있다. 경우에 따라 정식 버전 업그레이드를 수행할 때 일부 오래된 기능을 사용 중지하면, 다른 통합과 호환되지 않을 수 있다. 마지막으로 오픈소스 버전 간 마이그레이션을 진행하면 변경 사항을 중단시켜 설정을 다시 작성해야 하고, 이전 버전과 호환성이 사라져서 운영상의 불안정을 일으킬 수 있다. 이런 종류의 문제는 일반적으로 자본 비용(CapEx) 테이블의 단일 항목에 포함되지만 해당 항목은 자체 프로젝트 운영 비용(PrOpEx) 테이블로 확장돼야 한다.

결과적으로 숙련된 프로젝트 관리자와 상의하지 않으면 우리의 예측은 빗나가게 될 것이다. 구매 사례를 보면 낮은 통합 비용으로 자본 지출이 거의 들지 않지만 운영 비용은 일반적으로 높다고 인식한다. 그 이유는 구매 프로덕트와 비슷하고 운영 가능한 독자적인 프로덕트를 만드는 데 소비하는 인력 시간을 종종 고려하지 않기 때문이다. 오픈소스 채택과 관련된 많은 고려사항은 외부 솔루션으로 해결되며 운영 신뢰성을 유지하는 기반이 된다.

또한 솔루션을 채택 또는 구입하지 않아도 문서화, 유지 보수, 모니터링, 로깅, 툴링, 자동화 및 서비스를 정의하는 기타 고민을 하지 않아도 된다. PoC, 기능 프로토타입, 최소의 기능을 가진 프로덕트(MVP, Minimum Viable Product), 높은 운영 무결성을 갖춘 일류 서비스 간의 차이점은 태양과 각 행성 사이 거리만큼이다. 5장 후반부에서 일류 서비스를 정의하는 몇 가지 중요한 측면을 살펴보고자 한다.

우리는 구축, 구매, 채택의 차이점을 살펴봤다. 이제 추가 고려할 사항을 보도록 하겠다.

현실 인정하기

여러분은 멋진 SRE이다. 타고난 리더이며, 훌륭한 코드를 생성하고, 확장성이 자연스럽게 나올 수 있다. 그러나 모든 것을 잘할 수는 없다. 여러분이 솜씨를 발휘할 수 있는 틈새를 찾은 것이다. 흥미롭게도 다음 프로젝트는 처음부터 구축해야 할 것이 아닐 수도 있다. 여러분이 할 수 없기 때문이 아니라 사업상의 의사 결정은 개인적인 이익을 넘어선 명분으로 가득하기 때문이다. 책임

있는 SRE로서 개인적인 이익보다 비즈니스 목표를 우선시한다면 성공으로 이어질 것이다. 다만 현실에서 멋있는 일을 한다는 것이 항상 비즈니스에 적합하지 않다.

이런 현실을 감안해 우리가 평가해야 할 프로젝트 고려사항 몇 가지를 살펴보자.

- 어떤 문제가 해결되고 있는가?
- 이것이 최종 결과에 어떤 영향을 주는가?
- 이것이 프로젝트를 최단 시간, 가장 적은 비용으로 완수하는 절차에 영향을 미칠 것인가?
- 이것이 핵심 역량인가?
- 솔루션의 성숙도는?
- 갖고 있으면 좋은 정도인가 아니면 반드시 있어야 하는가?
- 이것이 계속 채택될 예정인가?
- 어떤 취약점이 노출되는가?
- 자본 비용은 무엇인가?
- 운영 비용은 무엇인가?
- 프로젝트 운영 비용(PrOpEx)은 무엇인가?
- 포기 비용은 무엇인가?
- 사용자는 누구인가?
- 우리는 누구에게 사용자인가?
- 부수 이익을 확인했는가?
- 프로덕션을 시작할 때 지연 시간이 있는가?
- 통합 일정이란 무엇인가?
- 이것을 어떻게 모니터할 것인가?
- 누가 장기적인 책임자인가?
- 단계적 확대(escalation)는 어떻게 보이는가?
- SLA는 무엇인가? SLA가 중요한가?
- 위험/장점은 무엇인가?
- 대비책은 무엇인가?
- 성공을 측정하는 방법은 무엇인가?
- 장애를 어떻게 처리할 것인가?
- 만약에 내가 트럭에 치이면 어떻게 될까?

해당 질문 요점은 구매 또는 채택 여부를 주제로 토론할 때 염두에 둬야 할 고려사항이다. 이 사항들을 팀과 함께 검토하는 것은 통합의 중요성에 달려있다. 우리가 구매 옵션을 검토할 때 미처 고려하지 못한 것을 추가하려면 위의 고려사항을 참고하는 것이 좋겠다.

이것은 핵심 역량인가?

고려 중인 솔루션 및 통합이 개인의 핵심 역량과 회사의 핵심 역량인지 항상 확인하도록 한다.

외부 업체는 전문 솔루션을 제공하고 추가 기능 및 서비스를 구축해 가치 제안을 확장하는 엔지니어 팀을 보유한다. 로그 집계를 위한 SaaS(Software as a Service) 솔루션은 일래스틱서치(Elasticsearch)와 같은 오픈소스 솔루션을 채택하는 것보다 장기적으로 더 효과적일 수 있다. 여러분은 일래스틱서치가 여러분과 여러분의 팀, 여러분의 회사가 집중해야 할 대상인지 결정해야 한다.

통합 일정

통합을 완료하는데 얼마의 시간이 걸리더라도 두 배로 늘려보자. 물론 조금 더 추가될 수 있다. 오픈소스 솔루션의 PoC를 구현하기 쉽다고 해서 프로젝트가 준비된 것은 아니다. SRE에게 있어서 '프로덕션 준비' 정의에는 테스팅(testing) 및 스테이징(staging) 단계, 모니터링, 로깅, 설정 관리, 배포 절차, 장애 복구 등을 포함해야 한다.

CDN, DNS, 모니터링, CA, 메시징 솔루션과 같은 기능을 함께 사용하면 프로덕션 준비 요소 구현이 무척 어려울 수 있다. 또는 경우에 따라 환경 준비가 불가능할 수도 있다. 다행히도 외부 통합, 특히 대기업에서는 다양한 팀이 통합 작업 시 솔루션을 평가할 것이다. 구매 과정에서 법, 보안, 조달 팀[03]이 임무를 수행할 것으로 예상할 것이다. 각 팀은 자체 프로세스를 도입하므로 타사 솔루션을 적용하는 것이 지연될 수 있다.

프로젝트 운영 비용과 포기 비용

프로덕트, 서비스(하드웨어, 소프트웨어, 일회용 라이센스와 같은 자본 지출), 실행 및 유지 비용(월별 서버 비용, 반복적인 서비스 요금과 같은 운영 비용)을 구매하는 초기 비용 고려 외에도 추가 비용 범주는 검토 과정의 일부여야 한다.

프로젝트 운영 비용(PrOpEx, Project Operating Expense)

구현 비용이 솔루션 구매 비용보다 더 나갈 수 있다. 일반적으로 자본 지출 목록 중 단일 품목인 구현 비용은 구축, 구매, 채택하는 결정보다 중요한 요소가 될 수 있다. 고려해야 할 구현 비용에는 법률 비용, 취약점 탐색, 추가 모니터링, 성능 인프라, 전문 서비스, 컨설팅 서비스와 같이 솔루션을 구현할 때 활용될 서비스가 포함된다. 또한 구현 비용은 간과된 운영 비용을 드러나게 할 수 있다.

포기 비용 (AbEx, Abandonment Expense)

포기 비용은 다른 솔루션을 구현하기 위해 특정 솔루션을 포기하는 비용이다. 보통은 마이그레이션(migration) 비용으로 불린다. 오픈소스 솔루션을 채택하면 기능이 많은 SaaS 솔루션 구매를 포기하거나

---

03 조달 팀은 구매 주문 및 하도급 처리 전문가이다. 조달 팀은 프로젝트와 회사에서 세운 계획에 필요한 재화와 서비스를 구매한다. 또한 웹 사이트를 유지하기 위해 청구서를 내고 법적 및 사업적 의무 사항이 충족되도록 확인한다.

그 반대의 가능성이 항상 존재한다. 비용은 포기 시나리오마다 다르다. 채택 후 구매 시나리오에서 프로젝트를 다시 시작하기 위해 발생하는 비용 외에 월별 사용 약정과 같은 계약상 의무를 지불해야 할 수도 있다. 채택 후 구매 시나리오에서 비용은 문제가 되지 않는다. 그러나 시간은 훨씬 더 큰 요소다. 이전 섹션에서 법적, 보안, 조달 프로세스가 프로덕트 적용 시간을 연장할 수 있음을 확인했다. 확인한 대로 계획을 세우고 일찍 포기하는 것이 가장 최선이다.

프로젝트의 전체 주기에서 포기 비용을 염두에 둬야 한다. 외부 업체와 함께 일한다는 것은 구매 포기 시나리오를 고려해야 함을 의미한다. 즉, 외부 업체가 더 저렴하고 견고한 공급업체 솔루션을 사용하도록 하는 하는 것이지만, 주의하지 않으면 외부 업체의 맞춤 솔루션에 의존성이 생기고 궁극적으로 포기 비용이 증가한다. 외부 업체에 대한 강한 의존성은 계약 재협상 시 해당 외부 업체에 유리한 쪽으로 결과에 영향을 줄 수 있다.

사례 연구

링크드인(LinkedIn)은 DNS, CDN, 모니터링, CA 등에 다양한 외부 업체와 협력했지만 외부 업체의 솔루션에 강한 의존성을 갖게 될 것을 우려했다. 경험이 부족한 엔지니어에게 DNS와 CDN은 사용자를 홈페이지로 안내하고 콘텐츠를 빨리 보여주는 간단한 솔루션 정도로 보일 수 있다. 그러나 외부 업체의 세일즈 엔지니어는 종종 독특하고 훌륭한 프로덕트 기능을 보여준다. 이런 기능들이 대개 훌륭하지만 해당 업체의 경쟁 업체에서는 실효성이 낮다. 일반적인 예시로 DNS 공급자가 제공하는 지리적 위치 기반 DNS 서비스 또는 CDN/DSA(Dynamic Site Acceleration) 공급자가 제공하는 ESI(Edge Side Includes)[04]가 있다. 예시를 자세히 살펴보자. ESI를 사용하면 제목 표시 줄, 메뉴, 하단바(footer) 등과 같이 웹 페이지의 재사용 가능한 부분을 연결해 엣지(edge)[05]에 최종적으로 전달할 수 있다. ESI는 페이지 읽는 시간을 약간 줄이거나 원본 서버의 부하를 경감시킬 수 있지만 ESI는 많은 공급자 간의 일관성을 염두에 두지 않고 구현된다.[06] 특정 솔루션과 그 고유한 기능을 사용하기 시작하면 새롭게 진화하는 워크플로우 취소 비용이 경쟁 관계에 있는 타사의 솔루션 비용 및 서버 사이드 인클루드(SSI, Server Side Include)[07], 서버 대체 압축 기술, 클라이언트 사이드 인클루드(CSI, Client Side Include)[08] 및 스크립팅과 같은 대체 솔루션 비용을 능가하기 시작한다.

이제 우리는 모든 솔루션의 위험 요인과 장점을 분석한 후 구매 결정을 내릴 수 있다. 따라서 단순한 설정을 넘어 외부 업체 솔루션 설정 작업이 있다는 사실은 놀랄 일이 아니다. SRE는

---

[04] (역자주) ESI: 인터넷의 Edge에서 웹 애플리케이션의 동적 어셈블리 및 전송을 위한 웹 페이지 구성 요소를 정의하는데 사용되는 간단한 마크업 언어이다.
[05] (역자주) 엣지: 응답 시간을 개선하고 대역폭을 절약하는 데 필요한 곳에 연산과 데이터 스토리지로 구성된 네트워크 컴포넌트이다.
[06] 여러 외부 CDN 제공 업체가 ESI 솔루션을 제공한다. 일부 CDN 공급자는 ESI 1.0 규격 (https://www.w3.org/TR/esi-lang/)을 기반으로 기본적인 ESI 지원을 제공하고, 다른 CDN 공급자는 ESI 1.0을 확장하거나 사용자 맞춤 솔루션을 제공한다.
[07] (역자주) 서버 사이드 인클루드: 특정 웹 페이지 내에서 다른 파일 또는 웹 페이지 내용을 읽어 추가하는 것을 의미한다. SSI를 사용하여 머리글, 바닥글, 탐색 모음 또는 검색 모음과 같은 공통 컴포넌트를 구성한다. 주요 장점은 CSS 또는 자바스크립트 파일을 사용하는 장점이 있고 단일 변경 지점을 제공해 웹 사이트에서 SSI를 사용한 페이지가 안 보일 위험을 줄일 수 있다.
[08] (역자주) 클라이언트 사이드 인클루드: 일반적으로 클라이언트 브라우저가 호출하는 외부 자바스크립트 파일로서 짧은 자바스크립트 함수를 포함한다. 클라이언트 브라우저에는 캐시가 있기에 클라이언트에서 페이지를 자주 읽어야 하는 경우 클라이언트의 브라우저 캐시를 활용해 빠르게 읽을 수 있다.

세계적 수준의 솔루션을 구축해야 할 의무가 있다. 따라서 외부 업체가 사용하는 기술 스택을 부수적으로 여기지 말고 여러분의 기술 스택을 확장하는 베스트 프랙티스로 참고하기 바란다.

외부 업체를 일류 시민으로

많은 회사에서 인증/로그인 또는 광고와 같은 중요한 업무와 관련해 "일류 시민(first-class citizen)"이라는 용어를 사용하고 있다. 한 문장에서 "외부 솔루션"과 "일류 시민"을 함께 쓰는 경우는 거의 없을 것이다. 전반적으로 외부 솔루션의 기술은 기술 스택의 부수적인 것으로 취급되기 때문이다. 충분히 예상되는 정서이긴 하다. 만약 프로덕트, 기능, 서비스 비용을 다른 회사에 지불한다면 SLA를 관리하는 것은 해당 회사의 책임이다. 그러나 최종 사용자는 외부 솔루션 여부를 고려할 필요가 없고 관대하지도 않다. 사실상 외부 솔루션과의 통합은 곧 회사의 확장이다.

외부 솔루션이 종료되면 서비스도 종료된다

외부 솔루션과의 통합은 다양한 형태가 있다. 외부 업체 솔루션과 통합할 때 최종 사용자에게 미치는 영향을 정의하는 것이 중요하다. 그림 5-1을 보면 최종 사용자 환경에 직접 및 간접적인 영향을 주는 외부 솔루션과의 통합점이 있다.

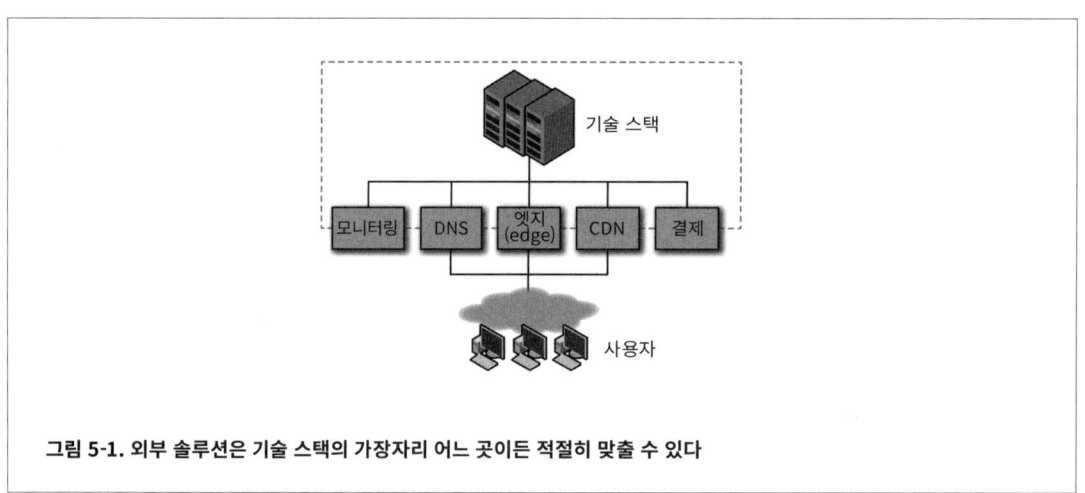

그림 5-1. 외부 솔루션은 기술 스택의 가장자리 어느 곳이든 적절히 맞출 수 있다

직접적인 영향

대개 함께 일하는 외부 솔루션 공급자는 사이트 가용성, 사이트 신뢰성, 성능에 직접적인 영향을 미친다. 사실 외부 솔루션은 전반적인 신뢰성에 확실히 영향을 미친다. 다음은 직접적인 영향을 주는 공급자 목록이다.

- DNS는 최종 사용자가 처음부터 사용하는 시스템이다. DNS가 다운되면 서비스도 다운된다.
- 사이트 액셀러레이터(site accelerator), 광역 방화벽, 포워드 프록시(forward proxy)/로드 밸런서(load

balancer) 등과 같은 최신 프로덕트는 혼잡 이슈(congestion issue), 사람의 설정 에러 및 라우팅 에러를 겪을 수 있다.
- 자바스크립트와 스타일 시트(stylesheet)와 같은 정적 콘텐츠와 관련된 CDN은 사용자 경험에 영향을 준다. 그리고 적절하지 않은 설정은 비효율적인 캐시 효율성이 떨어지고 페이지 로드 시간이 길어져 이탈률이 높아질 수 있다. SPA(Single-Page Application) 프레임워크를 사용하면서 CDN의 성능을 진단하고 구분하는 기능이 점차 복잡해지고 있다.[09]

간접적인 영향

일부 공급자는 명확하지 않게 신뢰성에 영향을 미칠 수 있다. 예전 경험을 바탕으로 기술 스택의 백엔드에서 트랜잭션을 처리하는 외부 솔루션이 이런 경우다. 다음은 간접 영향을 미치는 공급자의 몇 가지 예시들이다.

- 지불 처리 중단(예: API 키 교환 실패 또는 잘못된 결제 코드)으로 사용자 경험이 지연되면 안 된다. 낙관적으로 처리하려면 이전 결제 내역을 사용해 향후 지불 처리 성공을 알려줄 수 있고, 트랜잭션을 큐에 저장할 수 있다.
- 종합 모니터링(SM, Synthetic Monitoring)[10] 및 실제 사용자 모니터링(RUM, Real-User Monitoring)은 측정 시스템이 필요하다. 그러나 두 모니터링을 자동화하려면 사용 시 주의가 필요하다.[11]
- SMS와 이메일은 일반적으로 최종 사용자와 기술 스택 간에 직접적인 접촉점이 없다. 그러나 최종 사용자에게는 SMS와 이메일을 받으면 바로 상황을 알 수 있기에 결제 영수증이 전송되지 않거나 지연된 이중 인증 코드는 회사에 대해 부정적으로 인식하게 할 것이다.

SRE는 제대로 시스템을 잘 작동하는 것을 추구할 뿐만 아니라 전반적으로 일관된 사용자 경험을 추구한다. 매우 중요한 서비스의 이론상 간단한 완화 전략은 중복을 설정하는 것이다.

---

09 SPA 프레임워크를 사용하면 서버에서 페이지를 다시 로딩하지 않은 채 동적으로 현재 페이지를 다시 작성할 수 있다. 즉, SPA는 서버 사이드 렌더링 대신 클라이언트 사이드 렌더링을 사용한다. SPA는 단일 페이지를 로드할 때 HTML, 자바스크립트, 스타일 시트를 로드하고 브라우저에서 해당 콘텐츠를 로컬로 캐싱해 로딩 작업을 수행한다. 그다음 웹 소켓, AJAX 기반 폴링, 서버 전송 이벤트, 이벤트 트리거 AJAX 호출을 통해 콘텐츠를 동적으로 로드한다. 캐싱된 SPA의 경우 내비게이션 타이밍(Navigation Timing) API를 사용하는 전통적인 페이지 로드 타이밍은 매우 낮다. 그러나 동적 콘텐츠가 없으면 페이지를 사용할 수 없다. 최신 브라우저에서 페이지 로딩 시간을 예상한 후에 리소스 타이밍(Resource Timing) API를 실행하면 사용자 경험 이슈를 진단하고 분류할 수 있다.
10 (역자주) 종합 모니터링: 트랜잭션의 시뮬레이션 또는 스크립트를 사용해 수행되는 모니터링 기술이다. 스크립트를 실행해 고객이나 최종 사용자가 사이트, 애플리케이션, 기타 소프트웨어(또는 하드웨어)에서 수행하는 작업이나 경로를 시뮬레이션하기 위해 지표를 수집한다. 기능, 가용성, 응답 시간 측정과 같은 성능 지표를 일정한 간격으로 지속해서 모니터링한다.
11 대기업에서는 모니터링 기반 자동화 활용이 점차 늘어나고 있다. 종합 모니터링(synthetic monitoring) 솔루션은 일정한 간격으로 테스트를 실행하는 광범위한 노드 분산을 활용한다. 테스트가 실행되는 노드에서 연속적인 이벤트 트리거에 의존하는 자동화는 다루기 힘들고, 일관성도 없을 뿐 아니라 특히 지리적으로 먼 거리에 있다면 유용하지 않다. 대신 테스트 노드 간의 이벤트 합의에 기반한 트리거를 사용하면 더 좋은 결과를 얻을 수 있다. RUM은 데이터양이 훨씬 많기 때문에 데이터양이 많은 사이트에서 다루기 힘들 수 있다. RUM 기반 자동화를 수행하려면 전문 자동화 접근 방식을 사용해야 한다.

직접이든 간접이든 매우 중요한 외부 솔루션 통합은 일류 시민으로 취급되고 기술 스택의 다른 서비스처럼 실행돼야 한다.

그러나 외부 솔루션을 블랙박스로 분류하면 데이터 측면에서 많은 것을 기대하지 않는 게 관행이다. 그런데 요즘은 그렇지 않다. 점점 더 많은 외부 솔루션들이 인프라의 코드(infrastructure as code)로 실행할 수 있는 API를 구축하고 있다. 이를테면 설정, 리포팅, 기타 기능을 관리해 타사 프로덕트를 서비스처럼 실행할 수 있게 해준다.

블랙박스를 서비스처럼 실행하기

외부 솔루션은 기술 스택에서 실행하는 서비스와 다르다. 따라서 합의된 관점은 외부 솔루션은 물건을 넣고 꺼낼 수 있는 블랙 박스(black box)라는 것이다. 모든 외부 업체는 각각 가치를 제공하는 일련의 프로덕트와 기능을 제공한다. 외부 업체에 따라 솔루션은 블랙박스가 될 수 있다. 그러나 요즘 많은 외부 업체는 투명성의 필요를 이해하고 있으며 용이한 통합을 위해 API를 구축하고 있다. 따라서 외부 업체를 블랙박스로 여기지 말고 회사의 기준을 정해 외부 업체를 선정할 필요가 있다.

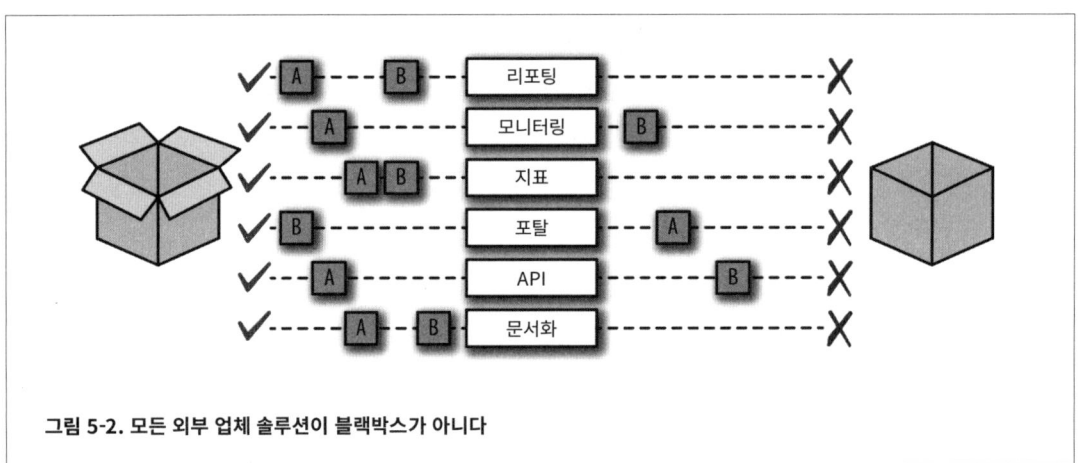

그림 5-2. 모든 외부 업체 솔루션이 블랙박스가 아니다

그림 5-2를 보면 선택 기준을 기반으로 외부 업체를 결정할 수 있다. 두 외부 업체 중 한 업체를 선택한다고 가정하자. 외부 업체 A는 훌륭한 보고 기능, 많은 모니터링 기능, 간단한 설정, 견고한 API에 대한 접근, 셀프서비스(self-service)[12]를 극대화할 수 있는 고도의 설명서를 제공한다. 외부 업체 B는 직관적인 포털 UI를 통해 간단한 설정으로 최상의 솔루션을 제공할 수 있다. 하지만 외부 업체 B를 활용해 자동화 처리 기능을 원해도 제한된 API로 인해 자동화 솔루션을 완전히 구현할 수 없다. 다음 예시를 보면 외부 업체 A는 상당한 오픈 박스(open box)이고 외부 업체 B는 블랙박스에 가까운 닫힌 솔루션이다.

---

12 (역자주) 셀프서비스: 사용자가 서비스 담당자의 지원 없이 스스로 해결 방법을 찾을 수 있도록 리소스에 액세스하는 접근 방식

보통 외부 솔루션 통합 중 어느 부분이 맞춤형 서비스로 취급되는지 판단하기 어렵다. 그래서 반드시 작동해야 하는 최상위 기능을 정의해야 한다. 해당 기능을 잘 이해한 후 통합을 관리하기 위한 활동 명세를 세분화해 예측할 수 있고 실행 가능한 상태를 정의해야 한다. 해당 상태 중 일부는 다음과 같을 것이다.

완벽하게 작동
모든 외부 업체의 운영 작업이 예상대로 작동한다.

작동하지만 성능이 낮음
외부 업체의 솔루션이 작동하지만 성능은 저하된다. 예를 들어, CDN은 콘텐츠를 전달하지만 CDN 콘텐츠는 천천히 전달된다.

작동하고 있지만 제한된 가시성
외부 업체 솔루션이 작동하지만 측정기가 작동 상태를 반영하지 않는다. 외부 솔루션 데이터를 사용해 서비스 상태를 표시하는 경우, 외부 솔루션 통합을 사용하는 예로 API 또는 로그 전송 서비스 장애를 보고하는 경우가 있다.

서비스는 잘 작동하고 있지만 API 통신 불가
외부 업체 솔루션은 작동하지만 해당 솔루션의 설정 API 또는 포털이 작동하지 않는다. 외부 업체는 일반적으로 설정과 작업을 분리한다. 운 좋게 여전히 작동하지만 병목 현상을 일으킬 수 있다.

명백한 서버 다운
외부 업체 솔루션이 작동하지 않는다.

외부 업체의 경우 포털 중단, 처리 지연, 데이터 일관성 이슈, 특정 리전의 성능 저하, 특정 리전의 서비스 중단 등이 추가 상태로 포함될 수 있다. 여러분의 관찰 단계가 해당 상태를 다룰 수 있을 때 성공 여부를 결정할 것이다. 상태를 관리하는데 도움이 되는 사항을 살펴보자.

서비스 수준 지표, 서비스 수준 목표, SLA

서비스 수준 지표(SLI, Service-Level Indicators), 서비스 수준 목표(SLO, Service-Level Objectives), SLA에 대한 언급 없이 서비스 실행을 말할 수 없다. 그러나 자체 기술 스택의 서비스가 외부에서 실행된다면 SLI를 어떻게 정의하는가? 이것이 바로 SRE가 창의적이어야 할 이유다.

블랙박스에서 SLI 정의

자체 기술 스택 내에서 서비스를 위한 SLI는 객관적으로 쉽게 수집할 수 있다. 많은 경우 운영 체제/가상 머신/컨테이너 통계 또는 지표 수집 클러스터에 지표를 저장할 수 있게 수집하는 라이브러리/SDK를 실행해야 한다. 아주 쉽다. 외부 업체는 자체 기술 스택을 기반으로 서비스를 실행하고 일반적으로 서버 수준 지표를 수집하지 않는다. 그러나 외부 업체는 다양한 형태로 풍부한 데이터를 제공한다.

SLI를 알려주는 폴링 API

외부 업체가 강력한 리포팅 API를 제공하지 않는다면 API를 사용하지 않는 것이 좋다. 리포팅 API는 SLI를 구축하기 위한 기반이 된다. 외부 업체의 리포팅 API를 신뢰하거나 실시간으로 사용하지 말아야 한다. 많은 외부 업체는 리포팅 API를 가능한 "실시간"에 가깝게 유지하려고 시도한다. 그러나 항상 처리 지연이 발생한다. 분산형 네트워크를 운영하는 모든 공급자는 리포팅 지연이 발생하기 쉬우므로 유연한 API를 집계, 처리, 제공해야 한다. 다만 이 모든 것이 비용 절감에 항상 도움이 되는 것은 아니다.

실시간 데이터는 SLI를 알려준다

기술이 발전하면서 외부 업체는 Syslog, HTTP POST, SFTP 업로드를 통해 실시간 로그를 제공하기 시작했다. 또한 로그 처리 회사는 통합과 대시 보드의 용이성을 위해 해당 외부 업체와 파트너 관계를 맺었다. 외부 업체 간의 통합을 보면 외부 솔루션을 블랙박스로 보는 것이 아니라 파트너로 여기는 패러다임 변화를 알 수 있다. 데이터를 보유하면 외부 업체에 대한 의존성은 떨어지고 자립성이 더욱 향상될 것이다. 외부 업체가 실시간 데이터를 유료 서비스로 제공하고 있다면 무료로 사용할 수 있는지 요청한다. 궁극적으로 SRE로서 이 문제를 해결할 때 고객 지원 조직의 수고를 덜어줄 것이다.

종합 모니터링은 SLI를 알려준다

신뢰하되 확인해야 한다. 외부 업체는 풍부한 데이터를 제공할 수 있기에 숨길 필요는 거의 없다. 그러나 CDN이나 DNS와 같이 광범위한 범위에서 실행되는 서비스의 경우, 문제를 파악하고 진단하는 것은 정말 어려울 것이다. 종합 모니터링(Catchpoint, Keynote와 같은 APM 솔루션)은 서비스 지표만으로는 알 수 없는 추가 세부 정보를 제공한다. 종합 테스트는 설정 문제, 전달 지연, 캐시 효율성, 압축 처리 등 로그 데이터만으로는 찾기 어려운 상황이 종종 발생한다. CDN과 DNS를 소유하는 SRE의 경우 해당 이슈를 해결하는 것이 매우 중요하게 됐다. 종합 모니터링 공급자가 제공하는 실시간 API와 폴링 API를 참고하면 여러분은 테스트 결과로 더 멋지게 작업을 수행할 수 있을 것이다.

RUM은 SLI를 알려준다

실제 사용자 데이터보다 더 좋은 데이터는 없다. 최신 브라우저의 발전으로 내비게이션 타이밍과 리소스 타이밍 API(클라이언트 측)에서 얻을 수 있는 정보는 풍부하다. RUM은 CDN, DNS, CA, 지불 프로세서, 광고 등 사용자가 외부 업체 서비스를 사용하는 방식에 대한 모든 종류의 정보를 제공한다.

SLO

SRE는 일반적으로 SLO(서비스의 SLI 스펙을 벗어날 수 있는 빈도에 대한 SRE와 프로덕트 소유자 간의 계약)를 충족시키는 것에 중점을 둔다. 공급자와 함께 일하는 SRE로서 SLO는 계산하기 어렵고 정의하는 게 더 어려울 수 있다. 단순히 외부 업체로부터 SLA를 전달받는 것이 아니다. 외부 솔루션과의 통합을 담당하는 SRE는 여러 외부 업체를 동시에 처리하고 결제, 광고, CDN, DNS 경우처럼 광범위한 프로덕트 팀을 지원할 수 있다. 이 시나리오에서 프로덕트 소유자는 SRE 팀의 형제가 된다. 이 시나리오에서 정의한 SLO를 통해 형제 SRE 팀은 위험을 계산하고 에러 예산을 공식화할 수 있다.

외부 업체와의 SLA 협상

처음 외부 업체에 서비스를 신청하면 외부 업체의 모든 프로덕트와 서비스를 다루는 마스터 서비스 계약(MSA, Master Service Agreement)과 SLA를 비롯한 많은 문서에 서명하게 된다. 보통 SRE는 MSA 또는 SLA에 서명하지 않아도 되지만 SRE 역할이 진화하고 업무 범위가 확대되면서 SRE가 합의서에 서명하는 것은 일반적인 일이 됐다. 그렇더라도 조언해 줄 법무팀과 조달팀이 있다면 합의서 서명 전에 해당팀과 상의하기 바란다.

외부 업체 SLA는 계약 종료 조건이 맞지 않을 때 서비스 공제를 제공하는 경우가 종종 있다. 대부분의 SLA에 99.5% 업타임(uptime)을 포함한다. 치명적인 장애가 발생하지 않는 한 해당 SLA 목표를 쉽게 충족할 수 있다. CDN에서 대규모 콘텐츠 전송 처리량, 로그 처리 회사의 색인화 지연 시간, 종합 모니터링 공급자의 지표 정확도와 같은 특정 요구 사항을 충족시키는 SLA를 고려하기 시작하면 상황은 까다로워진다.

동일한 SLI와 SLO를 사용해 외부 업체가 서비스 가용성 및 성능에 대한 책임을 다하도록 SLA에 포함해야 한다. 조달팀은 SRE가 노력한 SLA의 투명성과 검증을 높이 평가할 것이다.

플레이북: 스테이징 환경에서 프로덕션으로

운영 중인 서비스가 많다면 일종의 플레이북(playbook), 즉 프로덕션에서 서비스를 실행하는 방법이 있어야 한다. 플레이북에는 서비스의 목적, 테스트 방법, 배포 방법, 상황에 따른 처리 방법에 대한 자세한 설명이 있다.

테스팅 및 스테이징 단계

분기별 릴리즈는 누구나 알고 있다. 요즘은 CI(Continuous Integration)와 CD(Continuous Deployment)가 표준이다. 또한 코드를 마스터(master)에 커밋하고, 자동화를 통해 단위 테스트를 실행하고 스테이징 환경에 배포한 다음 셀레늄(Selenium) 테스트와 카나리 배포(carary deployment)를 실행한 후 마지막으로 프로덕션에 배포하는 것과 비슷한 배포 파이프라인을 유지하는 것이 익숙하다.

스테이징 환경에서 외부 솔루션과 통합해 기능 테스트를 진행하려면 여러 문제를 발생할 수 있다. CDN, DNS, 인증서, 엣지 프록시 구성이 CI/CD 파이프라인의 일부로 간주될 가능성은 거의 없다. 스테이징 환경이 존재해도 스테이징 환경이 프로덕션과 같을 가능성은 적다. 유감스럽게도 외부 업체 솔루션은 부수적인 것으로 여기기 때문에 해당 솔루션이 배포 단계에서 어떤 역할을 하는지 별로 관심을 두지 않았다.

그러나 CDN, DNS, 인증서, 엣지, APM 공간에 새로운 솔루션이 등장하면서 코드를 통해 각 프로덕트를 설정하고 관리하는 방법이 발전 중이다. 결과적으로 환경 복제의 실현은 더욱 가능해졌다. 또한 일부 외부 업체는 스테이징 환경을 제공한다. 예를 들어, 아카마이(Akamai)는 설정 배포 절차의 표준 컴포넌트로 스테이징 환경을 스테이징 환경은 궁극적으로 테스트 단위, 회귀 테스트, 셀레늄(Selenium) 테스트[13]를 장려한다.

사례 연구

링크드인 CDN 통합의 경우 모든 설정 변경 전후에 실행된 일련의 회귀 테스트를 유지 관리하고 일련의 콘텐츠 프로필(정적 이미지, 자바스크립트, 스타일시트)에 매핑했다. 여러 콘텐츠가 공유 원본 서버[14]와 엣지 호스트 이름/설정[15]을 갖고 있더라도 컨텍스트 경로(context-path)는 다양한 캐싱 헤더를 가진 서로 다른 기본 서비스에 매핑된다. 페이지의 스프라이트(sprite)[16]와 로고는 거의 변경되지 않기 때문에 캐시율이 뛰어나다. 쿼리 파라미터를 무시할 수 있고 긴 사용 기간을 구현하며 엣지 압축을 사용하지 않도록 설정할 수 있다. 반대로 전달 성능을 최적화하려면 자바스크립트 코드를 축소하고 통합해 단일 커넥션에 전달돼야 한다. 또한 자바스크립트의 문자열 합치기 기능에는 캐시 키의 일부가 포함된 쿼리 파라미터, 긴 만료 시간, 엣지 압축 기능이 필요했다.

캐시 저장 기능, 보존 규칙, 네거티브 테스트(negative test, 뭔가 잘못될 때 무슨 일이 발생하는지 확인하는 테스트이다. 예를 들어, HTTP 404 또는 HTTP 500을 테스트하는 경우다.), 에러 처리, 압축, 프로토콜이 각 콘텐츠 프로필마다 다르므로 회귀 테스트를 수행해 유효성을 검증했다. 설정 변경 전후에 회귀 테스트를 실행하는 것 외에 테스트가 정기적으로 실행됐다. 이를 통해 하나의 서버인 것처럼 작동하는 기본 서비스의 수정사항을 감지할 수 있고, 주요 성능 이슈나 신뢰성 이슈를 극복할 수 있었다.

모니터링

외부 솔루션과 함께 고려해야 할 모니터링 범주에는 통합 모니터링(integration monitoring, 통합이 작동하는가?)과 영향 모니터링(impact monitoring, 솔루션이 사용자에게 어떤 영향을 미치는가?)이 있다. 여러분은 분명히 통합 서비스(CDN, 메시지 처리기 등)가 안정적인지 확인하고 싶을 것이다. 따라서 외부 솔루션이 작동하는지 중지되었는지를 조사해야 한다. 또한 통

---

13 (역자주) 셀레늄 테스트: 브라우저의 작동을 자동화하는 자동화 테스트
14 CDN 원본 서버는 단순히 원본 콘텐츠가 저장된 소스이다.
15 CDN 엣지 호스트 이름은 일반적으로 단일 설정/프로토콜 조합으로 매핑된다. 해당 설정에는 원본 서버 및 콘텐츠 규칙에 대한 매핑이 포함된다. 조건부 규칙(예: 요청 헤더 또는 컨텍스트 경로)은 대체 오리진 서버 선택, 캐싱 규칙, 헤더 수정 등을 변경할 수 있다.
16 (역자주) 스프라이트: 웹 페이지의 배경 이미지를 적용할 때 각 웹 페이지 요소에 들어가는 배경 이미지를 개별로 생성하지 않고 비슷한 성격의 배경 이미지를 하나의 파일로 생성한 후에 background-position을 이용해 생성된 배경 이미지를 배치하는 방법이다.

합 서비스가 커넥션을 끊거나 과부하 상태에 있거나 처리 지연이 생기는 시점을 알고 싶다. 일부 외부 솔루션 통합은 전적으로 API에 의존하기 때문에 SMS 또는 이메일 공급자 경우처럼 통합 모니터링은 좀 더 직관적이다.

영향 모니터링은 약간 다르다. 외부 업체에 대한 제어를 포기하면 CDN에서 콘텐츠를 전달하거나 DNS 공급자의 데이터 센터 운영과 같이 외부 솔루션의 영향이 사용자에게 미치는 영향을 모니터링하는 것은 어려워진다. 따라서 중요한 경로 통합이 최종 사용자에게 미치는 영향을 이해하려면 종합 모니터링 또는 RUM을 사용해야 한다.

종합 모니터링 사용하기

종합 모니터링은 정기적인 테스트를 실행하는 노드에 의존하는 최종 사용자 관점의 테스트다. 많은 외부 업체가 해당 유형의 APM 솔루션을 전문으로 한다. 예를 들어, Catchpoint, Keynote, Gomez, Pingdom, Thousand Eyes라는 툴이 있다. 종합 모니터링은 엔드 포인트의 작동 여부를 테스트하는 간단한 작업이나 트랜잭션 워크플로우처럼 복잡한 작업에 아주 유용하다.

다음은 종합 모니터링 사용방법이다.

- 집계 테스트 데이터를 폴링하는 대신 실시간 푸시 API를 사용한다. 종합 테스트를 실행해 집계 지연을 리포팅하다가 실패하면 폴링 API가 MTTD(Mean Mean Time to Detect)의 지연을 유발할 수 있다. 푸시 API를 사용하면 기초 데이터를 얻을 수 있다.
- 각 CDN/엣지 설정마다 종합 테스트를 작성한다. 각 CDN은 동일한 리전에서 다르게 작동할 수 있고, 종합 테스트는 리전의 성능 및 신뢰성 문제를 반영할 수 있다.
- CDN 공급자가 콘텐츠를 처리하는 방법을 더 잘 이해하기 위해 HTTP 에러 코드, 연결 재설정과 같은 콘텐츠 에러, 자식 에셋(asset, 기본 페이지 포함)의 타임아웃을 모니터링한다.
- 권한 있는(authoritative) 이름 서버에 대한 DNS 테스트를 실행해 트래픽 조정과 관련된 문제를 파악한다. 기본 리졸버(resolver)[17]에 대한 테스트는 DNS 공급자 이슈를 격리하지 않는다.
- 트래픽이 많은 지역에서 우수한 테스트 노드 커버리지(coverage)[18]를 보장하고, 최대 테스트 데이터를 보장하기 위해 낮은 테스트 간격을 유지한다. 따라서 더 작은 롤링 윈도우(rolling window)에서 서버 간의 합의를 통해 에러를 표시할 수 있다.

다음은 피해야 할 실수들이다.

- 외부 솔루션의 리포팅 API를 폴링하는 것에 의존하지 말아야 한다. 해당 데이터는 일반적으로 집계된다.
- 비용을 절약하기 위해 테스트 간격을 길게 설정하지 않는다. 긴 테스트 실행 간격은 세밀도를 제한한다. 각

---

[17] (역자주) 리졸버는 웹 브라우저와 같은 DNS 클라이언트의 요청을 네임 서버로 전달하고 네임 서버로부터 도메인 이름과 IP 주소를 받아 클라이언트에게 제공한다.
[18] (역자주) 커버리지: 테스트 수행 결과를 정량적인 수치로 나타내는 방법을 말한다.

노드는 일반적으로 주어진 간격에서 한 번만 테스트하기 때문에 단일 노드에서 연속적인 이벤트를 모니터링하는 것을 에러로 표시하지 않는다. 대신 설정 테스트 간격에 대해 테스트 합의를 진행하는 것이 좋다.

- 정적 페이지 테스트를 실행해 CDN을 모니터링하지 않는다. 종합 테스트 노드는 동일한 CDN 엣지 네트워크 거점(PoP, Point-of-Presence)을 반복적으로 사용해 인위적으로 캐시 효율성을 향상시킨다. 따라서 정적 페이지 테스트는 CDN이 캐시된 콘텐츠를 얼마나 잘 처리하는지 알려준다. 그러나 CDN은 콘텐츠를 원본 서버에서 최종 사용자까지 전달하는 지표로 사용될 수 없다.
- 노드를 선택할 목적으로 노드를 선택하지 않는다. 일부 노드는 아이볼(eyeball) 네트워크(예: Comcast 또는 Time Warner)에 없을 수 있다. 대신 노드는 데이터 센터 또는 피어링(peering)[19] 시설의 백본 네트워크에 위치한다. 백본 네트워크의 성능 데이터는 실제 아이볼 네트워크의 경험을 반영하지 않을 수 있다.
- 실제 사용자와 거리가 먼 노드를 선택하지 않는다. 사용자 대부분이 북미에 있다면 아프리카의 팀북투(Timbuktu) 도시에 있는 노드를 선택하는 것은 논리적이지 않다.

RUM 사용하기

RUM은 최종 사용자 경험 테스팅 범위 내에 있다. 주요 차이점은 RUM이 클라이언트에서 실행된다는 것이다. 브라우저 API가 개선된다는 것은 데이터 리포팅이 향상된다는 것을 의미한다. 대부분의 최신 브라우저에서는 '내비게이션 타이밍(navigation timing) API'(페이지 로드 시간)와 '리소스 타이밍(resource timing) API'(콘텐츠 로드 시간)에 접근할 수 있다. 종합 모니터링 솔루션을 제공하는 외부 업체는 종종 자바스크립트 비콘(beacon)을 지원하는 RUM 보완 솔루션을 제공한다.

다음은 수행할 작업이다.

- 내비게이션 타이밍 API 및 자원 타이밍 API를 모두 사용해 콘텐츠 전달 이슈를 정확히 찾아낸다.
- 외부 업체와 무관한 호스트 이름을 사용한다면, 사용자 정의 헤더를 구현해 어느 외부 업체가 콘텐츠 전달을 담당했는지 식별한다.
- 회사에 데이터 사이언스/성능 팀이 있다면, 실제 사용자 데이터는 이미 데이터 파이프라인을 통해 수집 및 처리되고 있을 가능성이 크다. 해당 팀은 개선된 전달 세부 정보를 리소스 타이밍 API에 포함하도록 데이터 파이프라인을 향상시키려고 할 것이다.
- 보안 및 프라이버시 팀에서 사용할 RUM 비콘에 대해 검수하도록 요청한다. RUM이 개인 식별 정보(PII, Personally Identifiable Information), 쿠키, IP 세부 정보를 노출할 수 있으므로 매우 중요하다. 개인 식별 정보가 RUM에 전달되면 2018년 5월 25일에 발표된 EU의 GDPR(General Data Protection Regulation)[20] 준수 규칙에 위배될 수 있다.

---

19 (역자주) 피어링: 인터넷 서비스 공급자끼리 서로 네트워크를 연결하고 트래픽을 교환하는 것을 의미한다.
20 GDPR은 모든 외국 기업에 적용되며 EU의 모든 거주자에 대한 현행 데이터 보호 규정을 확대하고 있다. 자세한 정보는 https://www.eugdpr.org을 참고한다.

다시 말하지만 피할 수 있는 실수가 있다.

- 바퀴를 다시 새로 만들 필요가 없다. RUM에 대해 우려하는 데이터 사이언스 팀이나 다른 팀이 있다면 이미 많은 곳에서 활용 중인 데이터 파이프[21] 라인을 사용할 수 있다. 마찬가지로 구글, AWS(Amazon Web Services), 기타 다른 솔루션은 메시지 큐 및 스트리밍을 위한 솔루션을 제공한다.
- 외부 솔루션의 API를 사용해 외부 솔루션의 상태를 모니터링 용도로 사용하지 않아야 한다. 외부 업체는 일반적으로 지불된 대가에 대해 탁월하게 작업을 수행해낸다. 그러나 리포팅 API가 항상 외부 솔루션의 핵심 기능은 아니다. 외부 솔루션의 리포팅 API를 사용하는 경우, 데이터가 오래되거나 정확하지 않을 수 있다. 그 이유는 데이터 집계 지연, 처리 지연, 데이터 정리, 데이터의 재-패킹으로 인한 것이기 때문이다. 반면 실시간 로그에서 얻을 수 있는 데이터처럼 최대한 많은 실제 데이터를 사용하고 싶어한다.

사례 연구

많은 대기업에서는 종합 모니터링과 RUM을 조합해 문제를 진단한다. 링크드인의 SRE 팀은 종합 모니터링을 담당해 모든 프로덕트를 다루고 이슈를 탐지하기 위해 15가지 테스트를 진행했다. CDN과 DNS에 대해 다양한 방식으로 콘텐츠 전달 문제를 식별하기 위해 종합 모니터링을 사용했다. 종합 모니터링은 설정 변경 이슈를 식별하는 데 훌륭한 보조 자원이다.

툴링

툴링은 특히 대규모 조직에서 외부 솔루션과 통합할 때 중요하다. 외부 솔루션의 통합을 담당하는 SRE는 가능한 어려운 문제를 피하고 싶을 것이다. 왜냐하면 외부 솔루션에서 API를 통해 제공하는 모든 것을 이용하는 시스템을 구축해야 하기 때문일 것이다. 외부 업체의 API는 외부 솔루션과 통합을 효과적으로 관리하는 데 필요한 툴을 구축할 수 있게 하기에 통합이 쉬워진다. 외부 업체의 API를 사용하면 포기 비용을 고려하고 외부 업체에 의존적인 사용자 맞춤 기능은 사용하지 말아야 한다. 예시로 CDN 제거 API를 들 수 있다. 외부 업체들 일부는 대체 키를 사용하고, 일부는 정규 표현식을 사용하고, 일부는 와일드카드를 사용하고, 또 일부는 일괄 처리를 사용한다. 다른 외부 업체의 솔루션을 교체하거나 추가하는 경우 솔루션의 사용자 맞춤 기능 때문에 일반적인 워크 플로 구현에 문제가 발생할 수 있다.

그리고 골치 아픈 문제 제거에서 더 나아가 접근 제어의 역할을 수행해야 하는 통합을 피하려 한다. 모든 엔지니어의 외부 업체 포털에 대한 접근 관리는 너무 번거롭고 보안 문제와 기술 부채로 이어질 가능성이 있다.

마지막으로 외부 업체의 API를 사용해 툴링을 만들 때 계약 기간에 외부 업체가 포기할

---

[21] 많은 기업이 이벤트를 전송하기 위해 게시-구독(pub-sub) 아키텍처를 따르는 애플리케이션 간 메시징에 데이터 파이프라인을 사용한다. 해당 파이프라인은 종종 페이지 뷰, 애플리케이션 로그, 실제 사용자 데이터와 같은 스트리밍 데이터를 사용한다.

수 있음을 고려해야 한다. 다양한 외부 업체를 지원할 수 있도록 모듈러 아키텍처(modular architecture)를 유지해야 한다. 추상화 계층은 외부 업체를 교체해야 할 때 공급자 추가 및 교체 가능성을 높인다.

> **사례 연구**
>
> 나는 수년간 링크드인 6곳의 CDN 외부 업체와 3곳의 DNS 외부 업체와 일해왔다. 어려운 문제가 발생하지 않도록 지루한 수동 처리 과정을 모든 공급자가 균일하게 구현할 수 있는 툴을 구현했다. 콘텐츠 삭제, DNS 레코드 변경, 리포팅 데이터와 같은 작업은 중앙 집중식 시스템을 통해 처리된다. 요청을 추상화하고 데이터를 정규화해 모든 공급자가 추상화 계층을 구현할 수 있게 한다.

자동화

툴링을 확장해 외부 솔루션의 일부 기능을 자동화하길 원한다고 가정하자. 자동화의 가능성은 끝이 없고, 타사 API 사용방법에 따라 완전히 달라진다. 무엇을 할 수 있을지 다음 예시를 통해 살펴보겠다.

계정 탈퇴 시 콘텐츠 제거 자동화
사용자가 계정을 탈퇴하면 특정 프라이시 법이 적용되며 사용자 PII 정보는 삭제돼야 한다. 그 결과 회사의 데이터 파이프라인(또는 유사한 메시지 큐)을 사용해 이미지 제거 프로세스를 자동화하는 이벤트를 식별할 수 있다. 해당 작업은 GDPR 준수에 필수다.

데이터 센터 / 엔드 포인트 선택 자동화
중요한 서비스가 엔드 포인트 뒤에 있으면 DNS API를 사용해 영향받는 엔드 포인트에서 트래픽을 제거할 수 있다.

인증서 갱신 자동화
인증서가 만료 시기가 되면 인증 기관(CA, Certificate Authority)의 API를 사용해 수동 개입이나 중단에 의존할 것 없이 엔드 포인트에 인증서를 쉽게 재설치할 수 있다.

로깅

리포팅 API는 일반적으로 좋지 않다. 종종 풀(pull) API를 통해 수신되는 리포팅 데이터는 집계, 처리, 제거된다. 풀 API에서 집계 지연은 일반적이며 알림을 발생시키는 데 반드시 사용해야 하는 것은 아니다. SRE는 15분 전의 상황이 아니라 지금 무슨 일이 일어나고 있는지 현재 상황을 알아야 한다. 이를 위해 외부 솔루션과의 통합은 종종 운영에 대한 가시성이 거의 없는 블랙박스로 간주되었다.

그러나 시대가 바뀌었다. 많은 외부 솔루션은 모든 종류의 유용한 데이터를 포함하는 실시간 데이터 피드를 제공한다. CDN은 모든 콘텐츠가 전달됐는지 확인하는 기능을 제공하고 있다. DNS 공급자는 쿼리 데이터를 제공하며, 종합 모니터링 공급자는 세분화된 테스트 데이터를 제공한다.

외부 업체의 모든 가용 데이터를 갖고 있다는 장점은 적합하다고 판단되면 데이터로 구축할 수 있다. 하지만 위험하기도 하다. 데이터를 갖고 있다고 해서 해당 데이터가 완전히 유용하다는 것은 아니기 때문이다. 실시간 로깅 데이터를 활용할 때 문제를 추적하는 방법을 제공할 뿐만 아니라 모니터링 보완 기능도 추가해야 한다. 예를 들어, CDN 로그에는 브라우저 유형, 확장 정보, 클라이언트 IP 세부 정보, 쿠키, 기타 요청 헤더가 포함될 수 있다. 대부분 애플리케이션에는 HTTP 응답 코드 중 리전 격리와 같은 기능은 필요하지 않다.

마지막으로 로깅은 터무니없이 비쌀 수 있다. 일부 외부 업체는 데이터 전송 요금을 청구할 수 있고 회사는 데이터를 저장하면서 데이터 소비, 색인 생성, 처리, 보유에 대한 책임도 지게 된다. 이는 자체적으로 큰 비용이 나갈 수 있으므로 신중하게 접근해야 한다.

장애 대처 계획

장애 대처 계획이 달갑지는 않지만 외부 업체와 협력하는 것은 위험을 고려해야 한다. 플레이북의 일환으로 외부 업체가 부도 날 경우를 대비해야 할 일을 고려해야 한다. 장애 처리 계획에는 외부 업체와 협업을 정리하는 고려사항이 포함돼야 한다. 다음과 같은 고려사항이 있다.

- 추가(액티브(active) 또는 스탠바이(standby)) 공급자 관리하기
- 스스로 요청을 처리할 수 있는 능력 갖추기
- 요청을 큐로 보내 나중에 처리하기

CDN을 제거한다는 것은 일정한 지연 시간이 필요함을 의미한다. 결제 처리기를 제거하려면 좋은 사용자 경험을 보장하기 위한 낙관적인 접근이 필요하다. 이메일의 환영 메시지 또는 결제 영수증의 일부 지연은 최종 사용자가 전혀 느끼지 못할 정도일 수 있다. 전달이 느린 것이 작동 안되는 것보다 낫다는 것을 기억하길 바란다.

통신

외부 솔루션과의 통합에서 사일로(silo)[22]에 있지 않은 것이 중요하다. 솔루션 엔지니어 또는 세일즈 엔지니어와 대화하는 것은 프로덕트 개선 사항을 논의하고 알려지지 않았거나 충분히 활용되지 않은 기능을 발견하며 프로덕트 로드맵을 이해하고 프로덕트 릴리즈와 같은 향후 일정

---

22 (역자주) 사일로: 전체를 보지 않고 자신 또는 자신이 포함된 조직의 이익만을 추구하는 행태를 의미한다.

등을 외부 업체와 함께 준비하는 데 도움이 된다. 또한 우선순위를 맞추려면 양방향 의사소통을 유지해야 한다. 외부 업체는 NDA를 준수해야 한다. 따라서 관계를 바꿀 수 있는 향후 프로젝트를 알리는 것이 좋다.

정기적으로 외부 업체와 주기적인 업데이트 통화가 유용할 수 있지만 모든 SRE에게 항상 이상적인 것은 아니다. 종종 이런 통화는 지루하고 시간이 오래 걸리며 프로덕션 이슈와 충돌이 발생할 수 있다. 또한 여러 외부 업체와 협력할 때는 다른 조직과도 섞일 수 있어야 한다. 이를 위해 프로젝트 매니저 또는 매니저급 사람들과 협력해 정기적인 통화를 하고 자세한 회의 내용을 보관하는 것이 좋다. 프로젝트 관리자의 지원은 외부 업체가 팀과 회사의 우선순위에 맞게 업무를 수행하는 데 도움이 된다.

통신 정리

서비스를 정리할 때가 되면 서비스의 모든 의존성을 확인해야 한다. 외부 솔루션도 마찬가지다. 툴링, 서비스 모니터링, 경고, 데이터 수집 서비스/엔드포인트를 확실히 제거해야 한다. 또한 통합에 중요한 역할을 하는 다른 의존성도 고려해야 한다.

때때로 계약 해지는 "당신을 해고합니다." 문장처럼 간단하지 않다. 계약 해지 조항은 일반적으로 서비스 계약에 명시돼 있다. 재정적인 이유로 계약을 해지해야 한다면 해지 전에 협상할 수 있다. 이 경우 최우선 고객(MFC, Most Favored Customer) 조항이 포함된 계약을 평가할 때는 주의를 기울여야 한다. 이런 계약은 더 나은 거래 협상을 어렵게 만들기 때문이다. 일부 계약은 계약 종료일 전에 자동 갱신을 허용한다. 법률 팀과 조달 팀이 자동 갱신 계약을 막을 수도 있지만 계약서를 살펴보고 계약 해지를 논의하는 것이 중요하다.

의사소통은 분명히 외부 솔루션과 통합하는 데 있어서 구매와 지속적인 관계에서 중요한 역할을 했다. 따라서 의사소통은 계약 해지 시 더욱 중요하다. 예를 들어, 외부 업체와 의사소통한 적이 없는 상태에서 외부 업체가 SLA를 충족시키지 못해서 계약을 해지한다면 해당 외부 업체로서는 매우 공정하지 않다. 그리고 외부 업체의 세일즈 팀에 큰 비용이 들 수 있다.

기술 업계는 규모가 작아서 안 좋은 계약 해지에 관한 이야기는 돌고 돌아 여러분과 여러분의 회사를 괴롭힐 것이다. 해지 관련 내용은 향후 외부 업계와 통합을 진행할 때 중요한 역할을 할 수 있다. 세일즈 조직은 가장 어려운 사용자를 기억하고 세일즈 사원은 특히 동종 업계 내에서 이직한다. 계약 해지 과정에서 의사소통을 충분히 하지 않으면 평판은 나빠지고 향후 관계를 복잡하게 만들 것이다.

불미스러운 일을 피하는 가장 좋은 방법은 최소한 계약 종료일 이전(적어도 3개월 전)에 계약을 종결한다는 의사를 외부 업체에 전달하는 것이다. 이를 통해 외부 업체의 세일즈 팀에 통합 주기 동안 지속된 문제를 해결할 기회를 주는 것이다. 재정을 통해 외부 업체는 변화될 수 있다. 매출이 높은 고객을 잃을 수 있다는 것을 알려 외부 업체가 스스로 입증하도록 자극을 줄 수 있다.

5장을 마치며

많은 SRE는 외부 솔루션을 사용해 작업하는 것을 지적인 도전과 경력 관점에서 실망하곤 한다. 차라리 자체 사내 솔루션을 구축해 큰 문제도 해결하고 전문적인 궤도로 발전할 것을 권유받기도 한다. 그러나 맞춤 솔루션이 회사나 최종 사용자에게 항상 이익이 되는 것은 아니다.

종종 구매 옵션은 구축 또는 채택 옵션만큼 많은 도전이 있다. 외부 업체 솔루션이 창의력을 방해한다는 사고방식을 바꿔야 한다. 대신 타사 솔루션이 최종 사용자 경험과 사이트 신뢰성에 어떤 역할을 하는지 알아야 한다.

외부 업체를 정리할 때는 다음 사항을 고려해야 한다.

- 외부 업체는 기술 스택의 확장이지 보조가 아니다.
- 외부 솔루션이 정말 중요하다면 서비스처럼 취급한다.
- 통합의 주기 내에서 외부 업체가 계약 기간이 끝나지 않아도 동의 없이 통합을 포기할 수 있다는 것을 염두에 둔다.
- 외부 솔루션 통합의 품질은 원활한 의사소통에 달려있다.

조나단 메르세루 Jonathan Mercereau

팀을 이끌면서 DNS, CDN, 인증 기관, 종합 모니터링 분야의 최대 업체와 협력해 탄력 있는 내결함성 및 성능이 뛰어난 솔루션을 설계하는 업무를 수행했다. 넷플릭스의 스트리밍 알고리즘을 여러 CDN에서 최적화하는 작업부터 링크드인에서 수많은 외부 업체 솔루션과 성능 향상에 이르기까지 많은 작업을 진행했다. 조나단은 대기업의 트래픽 엔지니어링 베스트 프랙티스, 오케스트레이션, 광범위한 웹에 자동화 기능을 제공하는 SaaS 벤처 기업인 트래픽(traffiq)을 공동으로 설립했다.

CHAPTER 6

전담 SRE 팀 없이 SRE 원칙을 적용하는 방법

사운드클라우드SoundCloud Ltd.의
비욘 라벤슈타인Björn Rabenstein과 마티아스 램프케Matthias Rampke

대개 중간 규모의 조직에서는 소수의 엔지니어가 비교적 다양하고 많은 기능을 개발하는 경우가 종종 있다.

    사운드클라우드는 정확히 이런 상황에서 성장했다. 모놀리식 아키텍처의 루비 온 레일즈(Ruby on Rails)에 매번 새로운 기능이 코드에 추가되기에 그다음 기능 추가는 더욱 어려워졌다. 그래서 2012년경, 마이크로서비스 아키텍처로 서서히 이전하기 시작했다. 사운드클라우드의 엔지니어들은 마이크로서비스 아키텍처로의 이전을 성공시키기 위해 다양한 과제에 대해 많은 이야기를 나눴다.[01] 6장에서는 현저히 적은 수의 사운드클라우드 엔지니어들이 수백 개의 서비스를 안정적으로 운영해서 얻은 교훈을 살펴볼 것이다.

구해줘요, SRE! (그리고 SRE 실패기)

2012년에 사운드클라우드는 구글 SRE로 있던 엔지니어들을 고용했다. 사운드클라우드의 SRE 규모가 확실히 작지만, 대기업이 한동안 해왔던 업무와 크게 다르지 않은 기술 패턴으로 나아가고 있었다. 또한 구글과 동일한 방식으로 시스템을 운영한다는 확실한 방향을 갖고 있었다. 그 당시는 SRE 관련 도서가 없었지만 요즘 SRE 관련 도서에서 설명하고 있는 SRE를 시도했다.

인원 관점에서 본 규모 이슈

SRE 팀을 구성할 때 합리적으로 가장 작은 규모는 어느 정도일까? SRE가 온콜 업무를 맡기 때문에 팀은 최소한 온콜 교대를 충분히 수행할 수 있는 정도의 규모여야 한다. 온콜 교대에 관한 베스트 프랙티스를 따르면[02] SRE팀의 최소 인원은 8명이다. 사운드클라우드와 비슷한 규모(약 100명의 엔지니어)의 조직에서는 이미 최소 규모의 SRE 팀 하나가 전체 엔지니어링 인원의

---

[01] 사운드클라우드의 백스테이지 블로그(https://developers.soundcloud.com/blog/)는 기술 내용을 배우기에 좋은 시작이 될 것이다.
[02] 사이트 신뢰성 엔지니어링: 구글이 공개하는 서비스 개발과 운영 노하우, 11장 (https://bit.ly/2YqmzU7) 참고

5~10%를 차지할 것이다. 사운드클라우드의 SRE 비율을 두 배, 세 배로 늘릴 수는 없기에 최대한 하나의 SRE 팀으로 제한했다. 이보다 더 작은 규모의 조직이라면 전담 SRE 팀의 인원수 요구 사항은 엄격할 것이다. 구글에서는 일반 개발 조직보다 두 배 많은 SRE 엔지니어가 있고, 제한된 인원수의 개발 팀을 지원하는 검색 또는 광고와 같은 특정 분야를 전담하는 많은 SRE 팀이 있다.03 사운드클라우드에서는 하나의 SRE 팀이 모든 것을 책임지고 있다. 그러나 사운드클라우드는 각각 다른 사용자 그룹에 매우 다양한 기능을 제공해야 한다. 청취자는 음악을 스트리밍하고 받고 싶어 하고, 제작자는 음악 트랙을 업로드 및 관리하고 싶어 한다. 저작권 보유자는 보고서를 원하고 궁극적으로는 돈을 원한다. 광고주는 캠페인을 관리하고 싶다. 사실 사운드클라우드에는 이미 시스템 운영(SysOps) 팀이라는 다목적 온콜 교대 조직이 있었다. 상당히 안정적이고 성숙한 서비스(당시 사운드클라우드의 서비스는 이렇지 않았다)임에도 불구하고 수많은 컴포넌트 때문에 너무 많은 무선 호출기의 호출이 이어졌고, 각 엔지니어 노동 시간의 50% 미만을 유지한다는 목표를 위반했다.04 또한 관련 서비스의 다양성 때문에 온콜 시스템 엔지니어가 특정 페이지에 적절하게 대응할 수 없었다. 특정 페이지를 제대로 대응하는 일반적인 반응은 해당 페이지를 담당하는 팀을 파악하는 것이다. 전담 SRE 팀을 유지하기에 충분한 규모임에도 불구하고, 사운드클라우드의 다양한 기능 때문에 소규모 조직과 다를 바 없는 상황에 처한다는 결론에 이른 사운드클라우드는 구글 SRE 정책을 그대로 따를 수 없었고, 상황에 따라 접근 방식을 조정해야 했다.

개발 팀과 함께 일하는 SRE

사운드클라우드에서는 처음에 시스템 운영 팀의 온콜 부담을 줄이고 SRE 원칙을 적용하려고 SRE를 백엔드 개발 팀에 포함시켰다. 사운드클라우드의 소프트웨어 엔지니어의 강한 문화는 개발 산출물의 배포를 통제했다. 해당 배포 제어는 운영 팀이나 온콜 문화가 없었던 초기부터 자리 잡은 일부 관습이었다. 이 문화는 이후에 기능을 빠른 속도로 배포하게 될 때도 장기적으로 최적화한다는 관리 전략의 일환으로 계속되었다.

개발 팀의 개발자와 함께 일하는 SRE 접근 방식은 수치로 결정된다. 개발 팀이 10명 이하의 엔지니어로 구성되어 있어서 엔지니어의 약 10%가 SRE라는 가정에 따라 각 팀에 할당된 SRE는 최대 한 명이었다.

이 환경에서 SRE는 새로운 서비스의 설계 및 기술적 방향에 영향을 미칠 수 있는 영향력이 거의 없었다. 일부 SRE는 구글의 SRE 개념을 이해했지만 대부분의 다른 엔지니어와 관리자는 구글의 SRE 개념을 이해하지 못했다. 그래서 대부분은 "이제 팀을 위한 SRE가 생겼다"라는 발표와 함께 갑자기 등장한 SRE를 어떻게 대해야 할지 몰랐다. 대부분은 SRE를 무시하거나 또 다른 백엔드 엔지니어로 취급했고 SRE 작업을 신뢰성이나 생산성을 향상할 기회로 여기지 않았다.

---

03 사이트 신뢰성 엔지니어링: 구글이 공개하는 서비스 개발과 운영 노하우, 1장 (https://bit.ly/2YE95UR) 참고
04 사이트 신뢰성 엔지니어링: 구글이 공개하는 서비스 개발과 운영 노하우, 5장 (http://bit.ly/2LQ4XMQ) 참고

또한 같은 팀에서 일하는 SRE는 추후 개발 팀에 힘을 실어줄 수 있는 프레임워크를 제공하는 영향력 있고 전략적인 프로젝트를 함께 할 수 없었다.

개발하고 운영한다

이 시점에서 사운드클라우드는 새로운 것을 시도해야 했다. 이미 존재하는 문화 DNA(개발하고 운영한다.)를 받아들였다. 그래서 별도의 개발 팀과 운영 팀이 없고, 팀 내에서도 개발이나 운영 역할조차 지정하지 않은 진정한 데브옵스(DevOps)가 있었다. 틀림없이 이 방식은 SRE의 기본 철학에 반하는 것이다. 결국 SRE 팀은 소프트웨어 엔지니어의 사고방식과 툴박스로 운영 문제를 해결한다는 전제가 있지만, 어느 정도 수준이 있는 운영 팀이다. SRE 기본 철학을 성공적으로 적용하려면 모든 사람에게 SRE 사고방식을 도입해야 했다.

배포 플랫폼

사운드클라우드는 마이크로서비스로 전환하는 초기에 프로세스와 인프라로 인해 결과적으로 많은 서비스를 준비할 수 없다는 것을 알게 되었다. 각 서비스는 전담 서버, 서버에 대한 설정 관리 코드, 실제로 코드 변경 사항을 서버로 배포하는 절차가 필요했다.

애플리케이션 개발자는 코드를 배포하지만 인프라는 제어하지 않았다. 시스템 운영(SysOps) 팀이 신규 또는 기존 서비스에서 프로비저닝 서버를 전담으로 공급했다. 새로운 서비스가 생성될 때마다 설정 관리 및 배포 스크립트를 작성해야 했다.[05] 이로 인해 새로운 서비스를 제공하거나 기존 서비스를 확장할 때 마찰과 많은 시간이 걸렸다. 예를 들어, 지금까지 가장 큰 단일 서비스였던 레일(Rails) 모놀리스에 더 많은 서버를 추가할 때, 시스템 운영 팀과 백엔드 개발 팀 간에 서버를 프로비저닝하기 위해 여러 차례 회의를 진행해야 했다. 배포, 코드 배포, 설정 관리를 추가/변경하면서 프로세스를 생성했다.

이런 상황을 쉽게 처리할 수 있도록 일부 엔지니어는 모든 개발자가 서비스를 구축, 배포, 운영할 수 있는 컨테이너 기반 배포 플랫폼을 만들기 시작했다. 해당 플랫폼은 설계 관점에서 보면 인기 있는 헤로쿠(Heroku) PaaS(Platform as a Service) 서비스와 얼추 비슷하다. 컨테이너 기반 배포 플랫폼은 'Twelve-Factor 방법론'(https://12factor.net/ko/)을 따르는 애플리케이션을 지원했는데 기존 서비스 입장에서는 큰 도움이 되지 않았다. 새로운 버전을 빌드하고 배포 준비를 끝낸 개발자는 깃(Git) 저장소에 코드를 푸시했다. 설정 관리를 충분히 이해하지 못해도 애플리케이션 개발자가 배포 시스템에 바로 접근할 수 있었다. 컨테이너 기반 배포 플랫폼의 제약 조건은 애플리케이션 설계가 정해진 형태라는 부분이지만 혁신을 방해하지 않으면서 제대로 된 일을 쉽게 수행할 수 있었다.

---

05 주로 루비(Ruby) 프로그래밍 언어를 사용하기 때문에 설정 관리 툴로 셰프(Chef)를 사용했다. 보통 루비 서비스를 카피스트라노(Capistrano)로 배포했다. 루비 온 레일즈(Ruby on Rails) 모놀리스(monolith)의 대안을 실험하기 시작했을 때는 더 많은 기술과 방법론이 등장했다.

엔지니어링 관리팀은 새로운 컨테이너 기반 배포 플랫폼은 물론 모니터링과 같은 "플랫폼 서비스"를 지원하고 발전시키기 위해 전담팀이 필요하다는 사실을 깨달았다. 이것이 바로 플랫폼 팀이 탄생한 배경이다. 새로운 플랫폼 팀은 배포 플랫폼 개발자 외에 이전 개발 팀에서 함께 일하던 SRE와 작업해 소프트웨어 엔지니어링 기술이 뛰어난 엔지니어가 시스템 및 운영 문제를 잘 이해하도록 했다. 우연하게도 플랫폼 팀은 자급자족과 자율적인 개발 팀의 롤모델이 되었다. 처음부터 플랫폼 팀은 모든 서비스에 인프라 지원을 포함한 지원을 제공했다.

기록 참고 사항: 사운드클라우드에서는 배포 플랫폼을 바주카(Bazooka)라 불렀다. 인터넷에서 바주카 관련 기사와 참고 자료를 찾을 수 있다. 당시에는 매우 혁신적인 컨테이너 오케스트레이션 플랫폼이었다. 그 당시에는 도커가 없었고 대부분의 사람에게 컨테이너는 매우 신비스러운 솔루션이었다. 게다가 당시 오픈소스 진영에서 컨테이너 오케스트레이션 플랫폼은 없었다. 따라서 바주카 구축은 필수였지만 NIH 증후군[06] 때문에 구축이 필수는 아니었다. 최근에는 쿠버네티스(Kubernetes)로 완전히 이전했다. 바주카와 플랫폼 팀은 이제 과거의 일이다.

컨트롤 루프 끝내기: 자체 무선 호출기를 갖기

변경 사항을 배포하고 새로운 서비스를 생성하기가 쉽고 빨라졌지만 새로운 병목 현상이 발생했다. 개발자는 언제든지 배포할 수 있지만 시스템 안정화를 위해 무선 호출기를 가지고 다니는 사람을 존중하고 협력해야 했다.

사운드클라우드 초기부터 배포 변경 사항을 적용할 시점을 개발자가 결정한다. 반면 숙련된 시스템 및 네트워크 엔지니어로 구성된 시스템 운영 팀이 기본으로 미리 설치한 모니터링으로 모든 알림과 문자를 수신했다.

이 상황에서 많은 저항이 발생했다. 시스템 운영 팀은 제어할 수 없는 순차적인 코드 배포를 정기적으로 처리했다. 시스템 운영 팀은 바주카에서 실행되지 않는 애플리케이션의 배포 메커니즘에 익숙하지 않았고 어떤 버전을 안전하게 롤백할 수 있는지 잘 몰랐다. 전 세계 트래픽의 피크(peak) 시간은 일반적으로 유럽에서 정규 근무 시간이 끝난 직후에 발생했기 때문에 업무 외 시간에 성능 이슈에 종종 발생했다. 시스템 운영 팀의 온콜 엔지니어는 대부분 이슈에 대해 한 가지만 수행했는데 그것은 바로 성능 이슈를 해결할 애플리케이션 개발자를 찾는 것이었다. 당시에는 체계적인 개발자 교대가 없었기 때문에 때때로 개발자를 찾는 것이 어렵기도 해서 개발자에 대한 요청 부하가 고르지 않게 분산되었다.

최대한 빨리 기능을 배포하기 위해 개발 팀의 독립성을 유지하면서 지속 가능한 온콜 교대를

---

06 (역자주) NIH(not-invented-here) 증후군: 새로운 프로덕트를 구상한 부서에 대해 다른 부서에서 적대시하거나 위협으로 느끼는 것을 의미한다.

하나로 유지하는 것은 사실상 불가능한 일이었다. 그래서 게이트키핑(gatekeeping)[07]이 계속 발생하는 것에 대해 플랫폼 팀이 주도하면서 점점 더 많은 팀이 자체 서비스의 온콜 의무를 대신하기 시작했다.

개발자는 서비스 자체의 상태에서 시작해 데이터베이스 클러스터와 같은 모든 직접적인 의존성에 대한 책임을 점차 확대했다. 플랫폼 팀이 운영 부담을 감당하는 주요 동기는 자율성이었다. 플랫폼 팀은 다른 팀을 기다릴 필요 없이 새로운 기능을 구축하고 배포할 수 있었다.

온콜 경험이 전혀 없는 엔지니어가 쉽게 온콜로 전환할 수 있도록 대화형 학습 워크숍 시리즈를 개발했다. 이 워크숍에서는 모든 엔지니어가 운영 기술을 연마할 수 있도록 모니터링, 장애 대응, 포스트모템과 같은 주제에 대해 설명했다.

시스템 운영 팀에서 확보한 자원을 사용해 개발 팀을 지속해서 지원할 수 있도록 툴링을 꾸준히 개선했다. 그 결과, 소유권과 알람을 더 많이 전달하는 선순환을 만들었다. 시스템과 자동화를 개선할수록 더 빠른 배포가 가능하다.

프로덕션 엔지니어링(ProdEng) 소개

각 팀이 자체 도메인 경계 내에서 작업하기에 전반적으로 가용성이 저하된다. 시스템을 분리하면 특정 시스템 중단으로 다른 시스템에 영향 미치는 것을 예방할 수 있지만, 완전히 문제가 제거되는 것은 아니다. 그래서 어느 시점이 되면 사용자 경험이 모여 전체 영역을 구성하고 도메인 간에 장애가 발생한다. ProdEng 팀의 역할은 이 문제를 해결하고 전체적인 시스템 신뢰성을 유지해 조직 전체에서 지식과 베스트 프랙티스를 교환하는 것이다.

시스템 운영 팀은 일상적인 서비스 운영을 수행하고 이와 직접적인 의존 관계를 매우 잘 처리했으며 서버와 네트워크의 물리 계층을 구축하고 유지 관리하는 일을 주로 담당했다. 시스템 운영 팀의 이런 역할로 다른 팀과 느슨하게 상호 작용할 수 있었다. 이것을 기회로 삼아 시스템 설계에 대한 의견을 수집하고 데이터베이스 이슈를 해결하거나 이와 유사한 문제를 해결하는 다른 팀과 연계했다.

시스템 운영 팀이 기존의 자체 업무를 작업하면서 프로덕션 엔지니어링(Production Engineering, 또는 짧게 ProdEng라고 한다.), ProdEng라는 조직으로 이관됐다. ProdEng는 이전 시스템 운영 팀의 일부 엔지니어가 큰 프로젝트가 대부분 완료된 후에 크게 줄어든 이전의 플랫폼 팀 엔지니어와 합쳐진 형태이다. 따라서 프로덕트 엔지니어는 시스템 엔지니어와 소프트웨어 엔지니어가 SRE 타입으로 다시 혼합된 것이다. 여기서 ProdEng의 목표는 컨설팅과 데이터 센터 운영 기능을 분리해 집중력을 높이는 것이었다.

---

07 (역자주) 게이트키핑: 배포 작업이 빠르게 수행되지 않고 배포 담당자에 의해 거부되거나 선택되는 현상을 말한다.

기존의 운영 팀과 구글 스타일 SRE 팀의 중요한 차이점이 있다. 사운드클라우드의 ProdEng는 에러 예산과 같은 정교한 보호 기능을 포함해 기능 릴리즈를 막는 공식적인 권한이 없다. (사실, 초기에는 트위터에서 사용자가 알리는 에러 비율만 알고 있었다.) 구글 스타일의 SRE 팀과 달리 사운드클라우드의 ProdEng는 사용자가 대면하는 애플리케이션 관련 무선 호출기가 없기 때문에 무선 호출기를 반납하겠다는 엄포를 할 수 없다. 이에 대한 어려움이 있었지만 극복할 수 있었다. 뒤에 자세히 살펴보겠지만, 엔지니어링 문화를 팀의 자율성에 중점을 두면서 사운드클라우드의 조언을 따르는 이른바 "하늘의 결정"은 없었다.

플랫폼 팀의 ProdEng는 배포 플랫폼에 대한 소유권이 있었다. 모든 프로덕션 배포에 필요한 기본 서비스를 제공해 게이트키핑 담당자 없이도 모든 엔지니어링 팀과의 접촉을 유지한다. 밀키 딕커슨(Mikey Dickerson)의 서비스 신뢰성 계층(Hierarchy of Service Reliability)[08]에서 맨 아래부터 맨 위까지 사운드클라우드는 모니터링 지원 및 공통 기술(사용자가 트윗하기 전에 중단을 감지할 수 있게 한다.), 장애 대응 지침을 안내하고 포스트모템을 수행한다. 이미 알려진 SRE 관행을 염두에 둬야 한다.

다양한 경험과 과거의 선택 때문에 개발 팀이 새로운 시스템을 설계할 때 사운드클라우드에게 도움을 요청하는 경우가 종종 있다. 그러나 이 단계는 완전히 선택 사항이다. 개발 팀은 어떤 단계든지 협의 참여 여부를 자유롭게 선택할 수 있다. 도움을 청하는 회의는 비공식적인 경우가 많다. 예를 들어, 비공식적인 대화를 통해 어떤 새로운 기능의 초기 구상이 1시간짜리 브레인스토밍으로 바뀔 수 있다. 정식 검토도 할 수 있지만 특정 서비스를 담당한 팀이 필요하다고 느끼는 경우에만 가능하다. 해당 회의는 사운드클라우드가 제공하는 바람직한 형태의 서비스이지 릴리즈 요건이 아니다. 서비스 수명주기의 어느 시점이든 검토 가능하며 일반적으로 서비스 소유권 변경 때문에 검토한다. 어떤 형태로든 사운드클라우드와의 협의 여부는 개발 팀에 달려있다. 이를 통해 개발 팀의 필요에 따른 기능 개발을 진행할 수 있다.

---

08 사이트 신뢰성 엔지니어링: 구글이 공개하는 서비스 개발과 운영 노하우, 11장 그림 III-1(https://bit.ly/2NdIszC) 참고

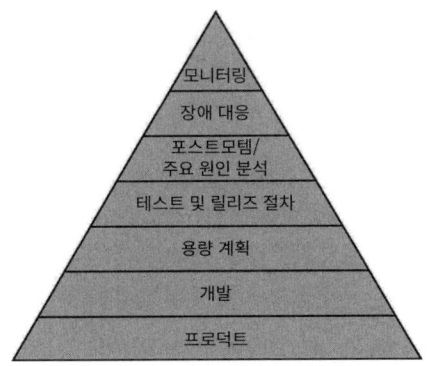

그림 III-1. 서비스 신뢰성 계층구조

같은 그룹에서 개발 환경 및 프로덕션을 지원한다면 자체 조율이 가능하다. 완전하지 않은 기능을 프로덕션에 잘못 배포한 팀은 잘못된 선택의 결과로 속도는 느려지고 추가해야 할 기능 일정마저 지연된다. 너무 많이 생각하고 설계하는 팀이라면 전달이 매우 느릴 것이다. 그러나 각 팀은 연속된 전달물에서 최적의 지점을 발견하고 상황에 따라 일시적으로 벗어날 수 있다.

컨트롤 루프(control loop)[09]를 실행하는 동안 사용자 경험을 과도하게 손상시키지 않는 것이 중요하다. 사용자 경험에 대한 영향을 정량화하고 한계를 설정하는 것은 결코 쉬운 일이 아니다. 명확하게 정의된 높은 수준의 가용성 목표를 세웠지만 일반적인 포스트모템 프로세스에 따라 각 팀이 선택한 결과를 책임을 지도록 했다. 이는 대부분 제한된 규모의 엔지니어링 조직에 적합하고, 사용자와의 강한 공감대 형성에 확실히 도움이 된다.

구현 세부 사항

이번에는 비교적 적은 수의 엔지니어가 비교적 다양한 기능을 전달하는 상황에 맞게 구현을 조정하면서 SRE 원칙은 어떻게 적용했는지 구체적인 내용을 소개하고자 한다. 어떻게 조율했는지 흥미롭고 적절한 예시를 통해 살펴보도록 하겠다.

무선 호출기 vs. 개발자의 생산성과 건강 상태

운영 중인 컴포넌트에 대한 많은 무선 호출을 많은 인원이 수신하게 되면, 해당 직원의 피로도를 급상승시킬 뿐 아니라 제대로 일처리 하는 것을 어렵게 한다. 결국 의욕이 떨어져 무선 호출기 받는 일만 하게 될 것이다. 개발자가 구축한 시스템의 온콜 대응을 준비하면서 아주 소수의 해당 전문가만 돌아가면서 온콜을 진행했다. 처음에는 좋아 보여도 여러 함정에 빠진다.

- "전문가만 대응"한다면 일반적으로 교대 근무 엔지니어가 거의 없음을 의미하며, 일과 삶의 균형을 유지하기 위한 많은 시간이 필요하다(특히 평상시 후속 조치 업무가 옵션이 아니고, 온콜이 정기적으로 밤새 지속되는 경우가 생긴다.).
- 엔지니어가 아주 사소한 일로 인해 호출을 많이 받는 것은 큰 인내력이 필요한데, 이는 업무상 여러 책임을 진 온콜 담당자를 견딜 수 없게 한다. 따라서 진행해야 할 작업의 압박이 커질수록 상황 개선하는 것을 미루려는 안 좋은 습관에 빠지기 쉽다.
- 온콜 교대할 때 전문가만 있으므로 그들만의 "부족 지식(tribal knowledge)"[10]으로 무리 짓게 만드는 나쁜 습관이다. 다른 사람이 이해하기 쉽게 운영 설명서를 작성하거나 알람을 설정하는 등의 적절한 동기 부여를 낮추기 때문이다.

---

09 (역자주) 컨트롤 루프: 시스템이 안정성 기준에 부합하는지 모니터링하면서 새로운 기능을 릴리즈하는 것을 의미한다.
10 (역자주) 부족 지식은 부족 내부에서 알고 있지만, 종종 부족 외부에서는 알려지지 않은 정보 또는 지식을 말한다. 부족은 상식을 공유하는 사람들의 그룹 또는 하위 그룹일 수 있다. 기업의 관점에서 볼 때 "부족 지식 또는 노하우"는 조직의 집단적 지혜이다. 부족 지식은 모든 사람의 모든 지식과 능력을 모두 더한 내용이다.

우리는 부족 지식이라는 함정에 모두 빠졌고 완전히 문서화되지 않은, 종종 무의미한 알람 호출을 받는 2~3인의 온콜 교대를 계속 진행했다. 이런 힘든 시기를 벗어나야 하는 것이 규율과 엄격한 지침의 문제 때문만은 아니다. 적절한 기술(예: 모니터링과 알람을 보낼 수 있는 프로메테우스(Prometheus, https://prometheus.io)은 비전문가에게도 의미 있는 알람을 전달하고, 사고 대응을 용이하게 하는 데 중요한 역할을 했기 때문이다.

적절한 솔루션을 쉽게 사용할 수 있게 하는 전략에 따라 기본 애플리케이션 프레임워크인 Finagle(https://twitter.github.io/finagle/)을 래핑하는 광범위한 프로메테우스 계측을 추가했다. 대부분의 마이크로서비스는 제한된 내부 로직만 사용하는 네트워크 중심의 분산 수집 방식으로 작동한다. 기본 애플리케이션 프레임워크 사용자는 들어오고 나가는 네트워크 호출에 대한 측정 지표를 노출해 반복되는 코드없이 서비스의 상태를 파악할 수 있다. 따라서 해당 애플리케이션 프레임워크를 사용하는 것이 훨씬 매력적이다.

ProdEng 팀은 쉽게 자체 모니터링 개선을 할 수 있었고 일반적인 상위레벨 알람을 추가로 제공했다. 모니터링 개선을 시작점으로 개발 팀은 모니터링을 아예 안 하는 것보다 모니터링을 수행하기가 더 쉬워졌다. 즉, 모니터링 자체를 부담으로 여겨온 인식이 사라지는 변화가 일어난 것이다.

툴이 준비되자, 소수의 전문가만 참여해 번잡한 온콜 교대 이슈를 해결할 준비를 했다. 온콜 시간을 제한하기 위해서 전문가뿐만 아니라 온콜 교대에 더 많은 엔지니어가 필요했다.

일부 소규모 팀들은 온콜 교대를 하나로 통합하기 시작했다. 이는 전담 SRE 또는 운영 팀이 없어도 엔지니어가 직접 개발하거나 담당하지 않은 서비스에 대해 다시 온콜 교대를 진행함을 의미했다. 이는 SRE 관행에 따라 가능해졌다.

여러 팀으로 구성된 온콜 그룹은 온콜 업무에 합류하게 될 다른 팀을 위해 그들의 경험을 문서로 만들어 공유하고 개발한 기본 규칙을 공개했다.

- 통합된 온콜 그룹이 처리하는 서비스를 담당하는 팀은 최소한 한 명의 엔지니어가 있어야 한다. 이런 식으로 팀은 해당 그룹에 이바지하지 않으면 모든 운영 책임을 넘길 수 없다.
- 장애 처리에 대한 모든 운영 작업은 반드시 운영 설명서로 문서화해야 한다. 최소한 모든 알람과 문맥을 설명하는 운영 설명서 항목이 있어야 한다.
- 불필요한 페이지는 제거해야 한다. 통합 그룹의 온콜에 전달되는 모든 페이지는 의미가 있어야 한다. 이후 페이지가 온콜에 전달될 때 작동 가능해야 하지만 작동 불가능한 페이지는 일반적으로 알람을 무시하거나 덜 민감하게 만든다. 이는 실제 이슈 및 즉각적인 이슈와 매우 밀접한 연관이 없으면 원인 기반 알람을 제거하는 추세다.
- 기계적인 처리 작업은 언제든지 자동화돼야 한다.
- 문서가 불충분하거나 문제가 복잡하다면 장애는 서비스 담당 팀으로 전달할 수 있다. 이 작업은 드물게 발생하며 일반적으로 해당팀은 별도의 온콜 교대가 없어도 팀의 모든 엔지니어에게 알린다.
- 근무 기간 동안 온콜 엔지니어는 모든 페이지 처리를 담당하는 서비스 팀에 위임할 수 있다. 따라서 온콜

엔지니어가 현재 이 서비스에 어떤 변화가 일어나고 있는지 파악해야 한다는 부담을 덜어준다.
- 애초에 문제가 발생하지 않도록 서비스를 담당하는 것이 팀의 의무다.

이 모든 것들이 공유된 온콜 교대를 지속하게 하고 서비스를 담당하는 개발자의 생산성과 건강에도 도움을 줄 수 있다. 온콜을 수행하는 개발자는 전담 SRE처럼 지원하기보다는 베스트 프랙티스를 따르는 엄격한 요구 사항대로 수행한다. SRE라 함은 적어도 풀타임으로 근무하는 SRE를 말한다. 이에 반해 SRE 대응 업무를 수행하는 개발자는 적은 시간 동안만 SRE 업무를 수행할 수 있다.

온콜의 부하를 줄이는 노력과 동기 부여를 통해 팀들이 문서화와 모니터링에 투자하는 것은 정말 잘한 일이었다. 언어와 프레임워크 선택과 같은 기능 및 유사한 엔지니어링 문화를 가진 여러 팀이 통합되어 더 많은 온콜 그룹을 형성하도록 했기 때문이다.

특정 기능을 담당하고 있는 팀이 궁극적으로 모든 서비스의 운영에 대한 책임을 갖고 있다는 것은 조직에서 중요한 안전밸브를 담당하는 것을 의미한다. 팀에서는 장기적 유지 보수와 기술 부채 대비 단기적 기능 전달에 대해 비교 검토할 수 있지만 장기적인 유지 보수와 기술 부채를 영원히 무시할 수 없다. 서비스가 설계 한계에 도달하거나 설계가 잘못된 서비스가 생성되면 팀의 운영 부하는 증가한다. 이로 인해 기능 배포가 많이 지연된다. 상황이 심각해져 서비스가 통합 온콜 교대에서 제거되고 특정 팀이 해당 서비스에 대한 온콜을 책임져야 하는 경우가 발생한다.

포스트모템을 사용해 팀 간의 신뢰성 문제 해결하기

최선의 의도, 암시적 계측, 일반적인 알람에도 불구하고 다른 팀이 담당하는 시스템 사이에서 문제가 발생한다. 유지 보수에 예기치 않은 부작용이 있거나 알람이 누락되거나 새로운 기능이 특정 시스템에 크게 의존하는 경우(예: 시스템 담당이 새로운 의존성을 인식하지 못한다.)가 있다.

전사적이고 확고하지만 가벼운 포스트모템 프로세스[11]는 이러한 문제를 해결하기 위한 기반이다. 모든 팀은 심각한 장애를 문서로 만들어서 담당하는 시스템과 다른 시스템과의 상호 작용을 개선하기 위한 노력의 우선순위를 정하고 정당화할 수 있다. 담당하는 시스템의 유지 보수 책임을 가진 통합 엔지니어링 팀은 반복되는 장애 문제를 해결할 강력한 동기 부여를 제공한다. 특히 기능 개발할 때의 노동 시간 또는 장애 응답으로 손실된 시간을 예측하고 보고할 때 더욱 그렇다. 사운드클라우드의 ProdEng는 사운드클라우드에서 발생하는 모든 장애를 검토할 수 있고, 여러 팀 사이에서 발생할 수 있는 이슈 또는 팀 간의 노력으로 해결할 수 있는 이슈를 식별할 수 있다. 포스트모템은 내부 위키에 있는 템플릿인 특정 포맷을 따른다. 기계의 가독성보다 사람의 사용 편의성을 우선시하지만 일부 자동화된 보고서도 추출한다.

---

[11] 사이트 신뢰성 엔지니어링: 구글이 공개하는 서비스 개발과 운영 노하우, 15장 (https://bit.ly/312mK9V) 참고

주간 회의는 최근 장애, 해결책, 향후 개선 사항을 논의하기 위한 포럼이다. 회의에는 의제로 각 장애마다 최소한 한 명의 대표가 참석한다. 사운드클라우드 및 참석을 희망하는 어떤 사람도 참가할 수 있다. 대부분 참석자는 해당 서비스 개발에 직접 관여하는 엔지니어들이다. 참석자들의 넓은 시각은 현재의 장애에 대한 새로운 통찰력을 제공하거나 과거와 현재의 장애를 연결한다.

포스트모템 회의는 장애를 유발하거나 장애가 발생하지 않는 패턴 및 관행에 대한 지식을 전파하고, 장애를 해결하고, 장애의 영향을 완화하는 효과적인 방법이다. 이 부분에 소규모 조직은 대기업에 비해 큰 장점을 갖고 있다. 소규모 조직에서는 회의가 있을 때 정교한 프로세스 또는 관리를 통한 시행 없이 짧은 시간 내에 모든 팀원에게 지식을 전파할 수 있다.

주어진 시간에 토론할 수 있는 장애가 너무 많다면 사운드클라우드는 주목도나 영향도에 따라 장애를 선별한다. 일반적으로 영향도가 매우 큰 장애에 대해 논의하지만 절대적이지 않다. 장애 시나리오를 명확하게 이해하고 잘 받아들이도록 공유하는 것보다 거의 장애로 이어질 뻔한 실수를 분석하고, 장애까지 가지 않은 이유를 설명한 지식 공유가 더 중요하다. 결과적으로 모든 장애 보고서가 장애 건별로 회의 대상이 아니더라도 한 종류 또는 여러 가지 장애에 대한 검토를 거친다. 한 건의 장애만 검토하는 회의는 특별한 경우에만 개최되며 일반적인 포스트모템 회의에서 다룬다.

일반적으로 특히 팀 간의 이슈 발생 시 책임 소재를 다룰 때 어려움을 겪을 수 있다. 포스트모템 가이드 라인은 장애를 초래한 시스템 이슈에 초점을 맞춰서 문제의 범주를 완전히 피하는 방법을 찾고, 원래의 상황과 해당 문제를 어떻게 개선될 수 있는지 이해하려고 노력하는 것을 고려하는 데 있다. 회의에 참석한 엔지니어는 습득한 내용을 다시 팀에 전달한다. 회의는 종종 내부 기술 모임, 문서화, 페어링 세션(pairing session)과 같은 추가적인 지식 공유 수단을 고취시킨다.

일관성 있는 인프라 및 툴링 vs. 자율성 및 혁신

역사적으로 사운드클라우드의 기술 스택은 특히 언어와 런타임이 매우 다양했다. 이는 장점이 있다. 선택의 자유는 개발자를 행복하게 만들고 채용을 더 쉽게 한다. 툴은 진행 중인 프로젝트에서 아주 구체적으로 선택할 수 있다. 그러나 장기적으로는 치러야 할 대가가 있다. 시스템 인수인계는 종종 새로운 담당자가 또 다른 새로운 기술 집합을 배울 필요가 있다는 것을 의미하며 많은 시스템을 반복해서 개발해야 한다. 일반적이지 않은 언어를 사용하는 시스템은 종종 마이크로서비스를 유지 보수하는 데 필요한 정교한 계측 및 클라이언트 측 로드 밸런싱 기능이 부족한 경우가 있다.

사운드클라우드의 기술 방향은 위에서 아래로 결정되기보다는 더 자주 아래에서 위로 나타난다. "루비(Ruby)" 언어 이외에 많은 다른 언어 및 플랫폼 커뮤니티에서 사람을 채용하려 했다. 사운드클라우드의 문화에서는 특정 기술을 사용할 수 있다고 선언되었다고 해도 그 기술이 쉽게 받아들여지지 않는다. 그러나 초창기 기술 폭발로 인해 툴링과 프레임워크에 대한 노력의 유지 보수가 불가능한 단편화가 발생했다. 유지 보수가 불가능한 단편화가 발생하지 않도록 경영진은 JVM(Java Virtual Machine), 스칼라(Scala), Finagle 스택을 선호했고 JVM, 스칼라, Finagle 생태계를 유지관리하는 자원을 할당했다. 그러나 기본 통신 프로토콜로 ThriftMux(https://twitter.github.io/finagle/guide/Protocols.html#mux)와 같이 뛰어난 경쟁자가 사용하는 기술보다 HTTP를 통한 JSON을 선택했다. 서비스 간 통신 규약을 정해 모든 서비스를 재개발하지 않아도 되고 다른 언어와 기술을 실험할 수 있는 여지를 남겼다. 그 결과, Go 언어는 이미 잘 만들어진 스칼라 프레임워크의 장점을 갖지 못하지만, 단순성과 높은 성능으로 많은 곳에서 사용되고 있다.

또한 이런 접근 방법이 언어 선택을 넘어 확장되었다. 일반 관행을 따르는 사람에게는 쉬운 길을 제공해서 개발 팀이 꼭 신기술을 도입해야 한다는 부담을 덜 수 있었다. 물론 신기술의 장점이 개척하는 비용보다 훨씬 능가한다면 신기술을 도입할 수 있다.

이는 데이터 저장소 도메인으로 확장되며, 특정 데이터베이스와 캐시 기술(Percona Server for MySQL(https://bit.ly/2BtcnRu), 카산드라(https://bit.ly/2BsW8Uu), 멤캐시드(http://memcached.org/))은 쉽게 재사용 가능한 공유 컴포넌트로 유지 관리할 수 있었다. 이를 통해 모든 팀은 클러스터를 매우 빠르게 구축하고 광범위하게 사용할 수 있고 잘 이해하도록 기술 스택의 자동화, 문서화, 지원의 이점을 누릴 수 있었다.

조직에서 미리 정해진 환경을 제공할 수 있지만, 팀은 전담 인프라 의존성에 대한 일상적인 온콜과 유지 보수에 대한 전적인 책임을 가진다. 팀은 스키마를 변경하거나 새로운 기능을 생성하기 위해 권한을 요청하거나 누군가와 조율할 필요가 없다. 스키마와 용량 계획에 대한 자문은 자발적이며 자주 필요하지 않다. 부분적으로 이는 물리적 분리 덕분에 가능하다. 각 시스템에 대한 전담 데이터베이스 클러스터는 무분별한 변경 또는 용량 부족의 폭발 위험을 제한한다. 개발 속도의 증가와 자율성으로 인한 예상 가능한 계획 수립은 단일 테넌트(single-tenant)[12] 클러스터의 사용률을 약간 낮췄다.

그러나 때로는 신기술은 문제를 훨씬 잘 해결할 수 있기에 무척 가치가 있다. 각 팀이 스스로 신기술의 도입을 결정한다. 예를 들어, 데이터 플랫폼 팀은 인정받고 있는 RabbitMQ(https://www.rabbitmq.com/) 대신 중앙 이벤트 버스가 강력한 아파치 카프카(https://kafka.apache.org/)를 채택했다. 카프카 구축 이후에 RabbitMQ를 사용하던 여러 팀이 카프카에 관심을 갖게 되었다.

그러나 많은 팀에서 사용하는 일반적인 솔루션을 유지 보수할 때 실제 프로덕트에 중점을 두어야 하는 팀에서는 운영 부담이 될 수 있다. 이때는 일반적인 기술 기반을 유지하는 팀에게 해당 솔루션을 넘겨주는 것이 합리적이다. 전담 팀은 JVM 기반 언어에 대한 공통 백엔드 프레임워크를 지원하기 위해 세워졌다. 모니터링은 ProdEng 팀의 주요 "프로덕트" 중 하나로서 주로 프로메

---

[12] (역자주) 단일 테넌트는 애플리케이션 및 지원 인프라의 단일 인스턴스가 특정 사용자에게 서비스를 제공하는 아키텍처이다. 단일 테넌시는 일반적으로 SaaS(Software-as-a-Service) 제공 모델 또는 클라우드 서비스에서 구현된다.

테우스를 실행하기 위한 템플릿 및 자동화의 형태로 지원한다.

공유 컴포넌트는 먼 길을 갈 수 있게 하며 종종 전담 팀이 서비스로 제공하는 영역에서 팀을 자율적으로 만든다. 얼마나 멀리 가고 싶은지는 여러분에게 달려있다. 사운드클라우드의 경우 모든 팀에 배포 플랫폼을 서비스로 제공한다. 그러나 배포 애플리케이션을 사용하는 것은 의무 사항이 아니다. 특정 애플리케이션은 해당 애플리케이션을 유지보수하는 개발 팀의 선택에 따라 외부에 존재할 수 있다.

지지받기

구글에서는 SRE 사례를 준수한다는 공통 공감대가 있다. "황금률"을 강요하기보다 바람직한 방법은 우수 사례를 따르는 동기 부여 구조를 만들어 엔지니어의 자연스러운 목표와 일치시켜 효율성과 생산성을 향상시키는 것이다. 결과적으로 엔지니어 스스로 조율할 수 있다.

예를 들면, 릴리즈에 대한 SRE 위임 중단 갭보다는 에러 예산[13]의 도입이다. 스스로 조율하는 것이 충분하지 않다면 구글 SRE 팀은 상위 관리자의 개입이 필요하지 않지만 단순히 무선 호출기를 반환하겠다고 엄포할 수 있다. SRE 지원에 대한 특권은 다음 규칙을 따르는 부담보다 크다.

스스로 조율한다는 것은 경영진 지원이 전혀 필요 없다는 것을 의미하는가? 반대로 경영진 지원이 전혀 필요하다는 것을 의미하는가? 에러 예산이나 무선 호출기 자율 규제를 반환하는 "핵폭탄 옵션"이 있지만 SRE 메커니즘을 잘 정착시키려면 매우 강력한 관리 지원이 필요하며 필요할 경우 하향식 결정을 내릴 수 있어야 한다.[14] 개별 엔지니어에게 동기를 부여하는 방법을 해결하기 전에 기존 조직에 SRE 원칙을 도입하면 먼저 다양한 경영진에게 어떻게 SRE 지지를 받을 것인지에 대한 문제에 직면하게 된다.

사운드클라우드의 상황은 약간 특별했다. 개별 팀의 자율성은 처음부터 엔지니어링 문화에 깊이 뿌리 박혀 있었다. 마이크로서비스 아키텍처로의 전환을 합리화할 때 콘웨이 법칙(Conway's law)[15]이 자주 인용되었지만 팀의 자율성을 엔지니어링 접근법에 잘 맞는다고 정당화하기 위해 역으로 사용되었다. 사운드클라우드의 엔지니어링 문화 측면에서 SRE 원칙을 도입했을 때 좋은 점도 있고 나쁜 점도 있었다. 좋은 점은 압도될 만한 저항이 거의 없었다는 점이다. 고위 경영진은 일반적으로 실험에 매우 개방적이었고, 증가하는 신뢰성 문제를 해결하려는 모든 시도를 환영했다. 나쁜 점은 어떤 규칙이나 에러 예산과 같은 프레임워크를 중앙에서 도입하고 적용하는 것이 어렵다는 것이었다. 개별 엔지니어는 말할 것도 없고, 자율을 소중히 여기는 팀 조직장으로부터 지지를 얻는 것이 어려웠다. 이 문제는 SRE 우수 사례에만 제한되지 않았다.

여러분이 자신만의 문화를 좋아하기 때문에 엔지니어링 문화와 상반되는 것을 적용하는 것은

---

[13] 사이트 신뢰성 엔지니어링: 구글이 공개하는 서비스 개발과 운영 노하우, 1장과 3장 (https://bit.ly/2YphCed) 참고
[14] 사이트 신뢰성 엔지니어링: 구글이 상용 시스템을 잘 운영하는 방법, 1장 (https://bit.ly/2YphCed) 참고
[15] (역자주) 콘웨이 법칙: 소프트웨어 구조는 해당 소프트웨어를 개발한 조직의 커뮤니케이션 구조를 반영한다는 내용이다. 1967년에 이 아이디어를 소개한 컴퓨터 프로그래머인 멜빈 콘웨이(Melvin Conway)의 이름을 따서 명명되었다. https://en.wikipedia.org/wiki/Conway%27s_law

일반적으로 좋지 못한 생각이다. 기존 문화와 잘 어울리도록 접근 방식을 변경하거나 보다 성숙한 조직이 되도록 유기적인 문화로 나아가도록 부드럽게 장려하는 것이 훨씬 좋다. 이전에 설명한 개발 팀에서 함께한 SRE 에피소드는 완벽한 사례 연구이다. 아무도 그 아이디어에 반대하지 않았다. 그러나 모든 팀이 해당 SRE를 잘 활용하고자 기존의 증명된 습관을 독립적으로 변경할 것이라는 암묵적인 기대가 있었다. 돌이켜보면 지나치게 낙관적이었다. 플랫폼 팀 시절에도 개발 팀의 엔지니어가 자주 제기한 불만은 해당 엔지니어의 조언이 무시되거나 처음부터 요청조차 없었다는 것이다. 두 경우 모두 변화를 위한 동기 부여 구조가 없다면 변화는 불가능하다는 것을 증명한다.

구글 SRE와 마찬가지로, 엄격한 규칙을 요구하기보다 동기 부여 구조와 자율을 불러일으킬 수 있게 해야 했다. 그렇다고 중앙 집중식 의사 결정과 지침에 의존할 수는 없었다. 오히려 실험과 혁신에 매우 개방적이며 팀의 자율성을 중시하는 문화 환경을 수용해야 했다.

6장에서 다룬 성공 사례에서 새로운 방식(예: 무선 호출기를 사용해 일을 스스로 처리하는 방식)을 따르는 팀의 반복적인 패턴을 볼 수 있었다. 그 결과 기능과 신뢰성 사이에 더 나은 절충안을 만들 수 있다. 공통 배포 플랫폼을 채택함으로써 변경 사항을 매우 신속하게 추진하고 동시에 운영 오버헤드를 줄일 수 있었다. 모니터링 최신 사례를 도입해 장애 감지 및 해결에 도움이 되었을 뿐만 아니라 완전히 새로운 방식의 디버깅과 코드 최적화가 가능해졌다. 모니터링은 많은 곳에서 필요악으로 여겨진다. 사운드클라우드는 사운드클라우드 팀의 도메인 전문가가 직접 지원해 프로메테우스와 같은 툴을 인프라에 잘 통합하는 것을 특권으로 여겼다.

엔지니어링 문화의 다른 유용한 측면은 시간이 지날수록 발전해 왔다.

- "서로에서 배우기"라는 개념이 있는데 때로는 자율에 대한 욕구를 해소하거나 심지어는 이 욕구를 대체할 수 있다. 다른 사람과 도움을 주고받는 것은 사운드클라우드에서 항상 중요한 부분이었고, 시간이 지나면서 더욱 중요해졌다. 내부 기술 모임이나 포스트모템 모임과 같이 배울 수 있는 기회는 경영진의 강요 없이도 잘 받아들여지고 있다.
- 아마도 이전 예시와 관련이 있을 것이다. "성공 사례로 이끄는 것"은 성공이 입증된 후에도 잘 작동한다. 예를 들어, 프로메테우스를 처음 선택할 때 많은 설득이 필요했다. 밀키 딕커슨의 서비스 신뢰성 계층 기반이 가용성을 가시적으로 향상할 수 있을 만큼 충분히 확립되었기에 모니터링 후에야 설득력을 얻었다.
- 여러 회고에서 팀 간의 조정과 협력 부족에 대해 불만이 지속되었다. 어느 시점에서 회사의 집단의식은 일반적인 관행에 대해 일부 동의가 반드시 필요하다는 통찰력을 얻었다. 강한 지지가 SRE 노력을 확실히 도왔지만 사운드클라우드의 엔지니어링의 여러 측면에 훨씬 더 큰 영향을 미쳤다.

결론

구글 개발자 입장에서 SRE 지원을 받는 가장 매력적인 요소 중 하나는 운영 부담이 없다는 점이다. 언뜻 보기에 그 반대 행동을 했는데, 운영 부담을 덜어주는 대신 개발자에게 책임을 맡긴 것이다. 이를 통해 사운드클라우드에서는 SRE의 근본적인 원칙을 더욱 수용했다. "소프트웨어 엔지니어에게 운영 팀을 구축하도록 요청할 때 SRE가 발생한다."[16]

    요약하면 사운드클라우드 시나리오에서 상대적으로 광범위하고 다양한 기능을 담당하는 중간 규모의 엔지니어링 조직이라면 전담 SRE 팀이 의도한 대로 작동하지 않을 수 있다. 그러나 전담 SRE 팀이 없더라도 소프트웨어 엔지니어가 업무 진행할 때 SRE 업무도 해야 하므로 SRE 원칙을 적용할 수 있다. 엔지니어는 포괄적인 모니터링, 의미 있게 전달하는 알람, 제대로 된 운영 설명서를 통해 작업 부하가 줄어들기 때문에 운영 업무를 다른 팀에 맡기지 않아도 기능을 제공할 수 있다. 특정 플랫폼과 일반적인 포스트모템 프로세스를 선호하는 것은 응집력과 지식 교환을 촉진한다. 그리고 협의를 잘하는 팀은 가용성을 유지하기 위한 거부권이 필요하지 않다.

더 읽을거리

- 이런 개발에 대한 초기 자극 중 일부는 전직 구글 직원, 그중 많은 SRE로부터 나왔다. SRE 출처에 대한 문맥은 '사이트 신뢰성 엔지니어링: 구글이 공개하는 서비스 개발과 운영 노하우 (https://bit.ly/3eEnfut)'에서 설명되어 있다.
- 사운드클라우드의 포스트모템 프로세스는 2010년 초 엣시(Etsy)에서 구축된 프로세스를 기반으로 한다. 좋은 출발을 위해 엣시에서 대중화한 블로그 포스트(https://bit.ly/2BOuW2H)를 참고하길 바란다. 또한 그는 "디브리핑 퍼실리테이션 가이드(Debriefing Facilitation Guide) (https://bit.ly/2ZipihH)"를 발표했다. 이 과정의 우리의 버전에서 눈에 띄는 차이점은 모든 장애마다 별도의 회의를 진행하지 않는다는 것이다.
- 기능을 처음 릴리즈할 때 프로덕션의 배포 준비 검토를 분리하는 것은 수잔 파울러(Susan Fowler)의 『마이크로서비스 구축과 운영(Production-Ready Microservices)』, (에이콘 출판에서 2019년 번역)에서 영감을 얻었다. 기능 릴리즈 때까지 부담으로 여기지 않도록 "좋은" 서비스에 대한 정의를 내놓으려고 애썼다. 표준화를 강조하지 않지만 서비스를 구축하거나 담당할 때 고려해야 할 질문들에 좋은 출발점을 제공한다.

비욘 라벤슈타인 Björn Rabenstein

사운드클라우드의 프로덕트 엔지니어(ProdEng)이자 프로메테우스 개발자이다. 이전에 비요르는 구글의 사이트 신뢰성 엔지니어였으며 과학 분야의 수치 분석가였다.

마티아스 램프케 Matthias Rampke

내부 IT 지원을 위해 2011년 사운드클라우드에 합류했다. 시스템 및 프로덕트 엔지니어링 팀의 일원으로 2013년부터 사운드클라우드에서 보유 중인 글루(glue)를 개발, 운영, 디버깅하고 있다.

---

16 사이트 신뢰성 엔지니어링: 구글이 공개하는 서비스 개발과 운영 노하우, 1장 (https://bit.ly/2YphCed)

CHAPTER 7

SRE 없는 SRE 문화: 스포티파이(Spotify) 사례 연구

스포티파이Spotify의
데니얼 프라타 알메이다Daniel Prata Almeida, 사우낙 자이 차크라바티Saunak Jai Chakrabarti,
제프 에크런드Jeff Eklund, 데이비드 포블라도 아이 가르시아David Poblador I Garcia,
니콜라스 구스타브슨Niklas Gustavsson, 마티아스 잔슨Mattias Jansson, 드류 미쉘Drew Michel,
린 루트Lynn Root, 요한네스 루섹Johannes Russek

스포트파이에 SRE 조직이 없다는 사실에 많은 사람이 놀라워한다. 스포티파이는 중앙 SRE 팀 또는 SRE 전담팀이 없지만 SRE 규모를 확장하는 것은 모든 일에 SRE 원칙을 적용할 수 있는 능력에 달려있음을 알았다. 어떤 사람은 이런 특별한 환경을 고려해 다른 회사에서는 스포티파이 모델("Ops-in-Squads")이 어떻게 작동하는지 알고 싶어 했다. 또 어떤 이들은 스포티파이와 비슷한 모델을 채택했다. 7장에서는 스포티파이가 스포티파이 모델을 어떻게 개발하게 되었고, 어떻게 작동하는지에 대해 일부 설명할 것이다. 따라서 해당 모델과 비슷한 아이디어가 여러분이 속한 조직에 적합한지 알 수 있을 것이다.

7장에서 먼저 엔지니어링 문화에 대해 문맥을 어느 정도 공유할 것이다. 스포티파이에서는 작은 규모의 자율 팀으로 조직한다. 모든 팀은 처음부터 끝까지 특정 기능 및 사용자 경험을 알고 있다. 즉, 실제로 단일 엔지니어링 팀이 디자이너에서 백엔드 개발자, 데이터 과학자에 이르기까지 여러 기술을 가진 개발자들, 즉 다양한 스포티파이 클라이언트, 백엔드 서비스, 데이터 파이프라인에서 함께 작업하는 개발자로 구성된다는 것을 의미한다.

서비스 기능 팀을 지원하기 위해 인프라 중심의 팀을 조직했다. 또한 해당 인프라 팀은 규모가 작지만 셀프서비스로 인프라 프로덕션을 제공하기 위해 여러 기술을 갖고 있으며 자율적으로 움직였다. 해당 인프라 프로덕트에 대한 업무 예시로 지속적인 통합, 배포, 모니터링, 소프트웨어 프레임 워크, 가이드라인을 들 수 있다. 스포티파이의 대다수 SRE는 해당 인프라 팀에서 기술과 경험을 사용해 프로덕션을 안정적이고 확장 가능할 수 있게 해서 서비스 기능 팀과 쉽게 작업할 수 있도록 한다. 그러나 SRE에 대한 일부 우려 사항은 범분야의 문제이기도 해서 회사 중앙에서 거버넌스로 다룰 수 있다.

여기에 대규모 계단식 장애로 인한 장애를 포함하며 배포, 장애 관리, 포스트모템에 대한 베스트 프랙티스를 가르치는 것을 포함한다. SRE를 회사 전체의 실무 그룹으로 조직하지만 그렇다고 독점적으로 SRE 자격을 갖춘 엔지니어로 구성되는 것은 아니다. 예를 들어, 중앙 집중식 에스컬레이션 온콜 교대(내부적으로는 Incident Manager On Call 또는 IMOC라고 함) 엔지니어

중 절반만이 SRE이다. 나머지는 다양한 역할을 담당하는 엔지니어이다.

스포티파이는 왜 이렇게 조직을 구성했을까? 이렇게 했을 때 장단점은 무엇일까? 다음 섹션에서는 스톡홀름 아파트에 서버를 두고 시작한 작은 회사 스포티파이가 오늘날 국제적 대기업으로 성장하면서 어떻게 SRE 조직을 구축할 수 있었는지 살펴본다. 이어서 스포티파이가 마찰 없는 개발 환경과 신뢰를 둔 지식 공유 문화를 제공해 모든 엔지니어들이 운영 업무를 기본으로 수행한 것을 조명하고자 한다.

타불라 라사[01]: 2006~2007

- 1명의 운영 엔지니어
- 7명의 개발자, '초대 전용 베타' 릴리즈 당시 약 9대의 백엔드 시스템

서두

스포티파이 초기 당시, 운영 업무에 초점을 둔 계기는 다음과 같다.

운영은 기본으로
처음부터 의도치 않게 운영 업무를 시작했는데 엔지니어링 문화에 좋은 영향을 미치고 미래에 유익하다는 것을 확실히 알게 되었다.

장애를 통해 배우기
당시에 운영에 대한 선견지명이 있었는지 모르겠지만 스타트업이 실패하는 일반적인 함정에 빠지지는 않았다.

스포티파이 운영과 SRE 이야기에 대한 흥미로운 점 중 하나는 6명의 회사 초기 인력 배치에 운영 엔지니어를 포함한 것이다.

많은 스타트업이 첫 번째 사용자는 서비스를 사용하기 시작한 후일 때만 운영 인력을 추가한다. 불행히도 운영 엔지니어는 문서화 되지 않은 스크립트, 화면 세션 내에서 실행되는 서비스, 백업 부족, 단일 장애 지점, 미완성 계층, 좋은 의도 등이 포함된 뒤죽박죽의 백엔드 환경을 발견할 것이다. 이 시점부터 운영 엔지니어는 끊임없이 새로운 기술을 습득하면서 화재를 진압하려고 노력할 것이다.

스타트업 초기부터 운영 엔지니어를 포함해 운영 신뢰성을 확보하려 했다. 더 나아가 마지막 순간까지 동등한 파트너로 운영 엔지니어를 토론에 포함시켰다. 시작부터 개발 팀과 운영 팀은 음악을 전 세계에 스트리밍한다는 공통의 비전을 향해 협력하며 일했다. 이런 초기 운영 방식은

---

01 (역자주) 타불라 라사(Tabula rasa, 라틴어로 "깨끗한 석판")는 인식론에서 한 사람이 태어날 때 정신적인 어떠한 기제도 미리 갖추지 않고 마음이 '빈' 백지와도 같은 상태로 태어나며 출생 이후에 외부 세상의 감각적인 지각 활동과 경험 때문에 서서히 마음이 형성되어 전체적인 지적 능력이 형성된다는 개념으로 위키를 참고(https://bit.ly/2BkH63t)한다. 저자가 스포티파이의 초창기를 설명하기 위해 사용한 단어이다.

협업과 신뢰의 문화로 이어졌고 오늘날에도 계속 번창하고 있다.

원래 계획대로 백엔드를 마이크로서비스 패턴으로 구성했다. 해당 서비스는 스포티파이 클라이언트를 위한 콘텐츠를 함께 제공하는 마이크로서비스이다. 마이크로서비스 자체는 특정 일을 잘 수행해내는 프로그램이다.

초기 2년 동안 개발자와 운영 엔지니어 간의 업무가 다음과 같이 분배되었다. 개발자는 클라이언트 기능이나 백엔드 서비스 형태로 비즈니스 로직을 관리한 반면, 운영 엔지니어는 프로덕션의 문제를 감지하고 처리하는 것을 포함해 모든 자원을 담당했다.

이렇게 시작했고 여러분의 짐작대로 거의 모든 것이 수동으로 수행되었다. 예를 들면, 백엔드 서비스와 데스크톱 클라이언트 롤아웃 배포 등이 있다. 스포티파이가 초기에 성장하면서 부하를 줄이기 위해 툴을 추가했지만, 해당 툴은 수동 작업에만 도움이 되었다. 여전히 사람이 중요한 모든 결정을 내려야 했다.

배웠던 주요 내용

초기 시기에 배웠던 주요 내용 중 일부는 다음과 같다.

- 시작부터 운영 엔지니어를 포함하는 것은 엔지니어링 문화에 영향을 주었고, 스포티파이가 성장할수록 매우 유익하다는 것이 입증되었다.
- 가능한 한 빨리 엔지니어링 문화에 운영 마인드를 도입해야 한다.
- 비즈니스 로직 아키텍처 외에도 가능한 한 조기에 인프라 아키텍처를 구축해야 한다.

베타와 릴리즈: 2008~2009

- 3명의 운영 엔지니어
- 10명 미만의 백엔드 엔지니어
- 1개의 데이터 센터
- 10~20개의 백엔드 서비스
- 4종류의 클라이언트: 윈도우(Windows), 맥(Mac), 아이폰(iPhone), libspotify(타사 개발자가 자체 애플리케이션을 통해 스포티파이 백엔드에 접근할 수 있는 라이브러리)

서두

이 섹션에서는 "운영은 기본으로" 철학이 어떻게 바뀌었고, 핵심 엔지니어링 가치와의 연관성에 대해 설명하겠다.

운영은 기본으로

처음부터 운영을 주제로 개발자와 확장성과 신뢰성에 대한 정기적인 토론을 진행했던 것이 엔지니어링 접근 방법의 기초를 마련하는 데 중추적인 역할을 했다. 운영은 서비스 개발 및 유지 관리 또는 인프라 개선에 대한 본질적인 충동과 상관없이 모든 엔지니어 작업의 초석이었다.

핵심 엔지니어링 가치

엔지니어를 깊이 신뢰하는 것은 기술 조직이 추구하는 가장 일반적인 원칙 중 하나인 자율성의 기초를 마련한다.

스포티파이는 2007년 5월에 "초대 전용 베타"를 도입했으며 2008년 프리미엄(premium)(그리고 "freemium[02]") 옵션을 릴리즈했다. 이 기간에 스포티파이는 빠른 사용자 증가로 인해 성능/안정성을 고도화하는 경험을 얻었다. 규모 면에서 드물지만 대부분 이론적인 고충이 보였다. 백엔드 서비스뿐만 아니라 스택 전체에 다음과 같은 내용을 적용했다.

- 피크 시간대에 백엔드 서비스에서 용량 관련 장애를 발생했다.
- RAID 컨트롤러의 배터리가 고장 났을 때 디스크 I/O 성능 문제가 있었다.
- ZFS[03] 버그가 발생하면 중요한 데이터를 담당하는 서버가 높은 사용률로 인해 응답하지 않게 되었다.
- 랙 작업 및 서버를 랙에 설치하는 작업이 매우 느렸다.

게다가 스포티파이가 새로운 기능을 개발하면서 백엔드 서비스 개수와 복잡성이 증가했다. 시간과 많은 노력을 들여 해당 기술 문제가 해결되었고, 백엔드는 사용자 인원에 따라 계속 확장되었다. 그러나 스포티파이 초기에 운영 엔지니어가 작업한 방식은 확장되지 않았다. 당시에 다음과 같은 업무를 담당한 3명의 운영 엔지니어가 있었다.

- 개발 팀에서 운영 팀에 넘겨준 모든 서비스를 모니터링하기
- 기본 리눅스 서버 설정 유지 보수
- 서비스 중단에 대응
- 사고 재조정이 먼저 이루어지도록 보장하기
- 시스템 보안 유지
- 네트워킹 장비와 설정 유지 관리
- 새로운 스포티파이 데스크톱 클라이언트 릴리즈 및 배포 장애 모니터링
- 조달, 공급업체 관계, 프로비저닝을 포함한 데이터 센터 관리
- 스토리지 유지 관리 및 확장

---

[02] (역자주) freemium: "무료(free)"와 "프리미엄(premium)"이라는 단어를 합성한 단어로 기본적인 서비스와 프로덕트를 무료로 제공하고, 고급 기능과 특수 기능에 대해서는 요금을 부과하는 방식의 비즈니스 모델이다.

[03] (역자주) ZFS(Zettabyte File System): ZFS 파일 시스템은 기존의 유닉스 파일 시스템을 대체하기 위하여 2005년 SOLARIS10에서 처음 소개된 파일 시스템으로 파일 시스템들 가운데 최초로 128비트 파일 시스템을 적용하여 거의 무한대의 용량을 제공한다.

- 데이터 인프라 및 파이프라인 유지 관리
- 사무실 IT 소유 (네트워크, 방화벽, 직원 컴퓨터 및 주변 기기, 구글 앱, LDAP, 삼바(Samba), 커보러스(Kerberos), AFS, 위키(wiki), 프린터 등)
- 모든 동료에 대한 지원 센터 역할을 한다. 예를 들어, 랩톱 설치, 네트워킹 설정, TCP/IP 작동 방식 설명, 동료의 시스템 모니터링 그래프 작업을 돕는 등의 작업을 지원한다.

운영 엔지니어가 하는 작업은 상당히 많았지만, 회사 초기에는 IPv6의 미래를 위해 일부 시간을 들이거나 다양한 자유 소프트웨어 라이센스의 원칙과 이식성과 같은 심도 있는 토론을 진행했다. 그러나 다양한 확장성 이슈에 계속 부딪히면서 무언가 하지 않으면 스포티파이를 계속 실행하는 데 있어 운영이 크게 실패하게 될 것이 분명해졌다.

프론트엔드 확장성 및 신뢰성 제공

이 시점까지 스포티파이에는 확장성 및 신뢰성 이슈를 돕고자 하는 사람들이 많았지만, 궁극적으로 운영 담당자만 해당 이슈에 대한 책임이 있었다. 하지만 운영 팀은 처리해야 할 책임이 너무 컸기 때문에 나머지 조직에 책임을 분산시켜야 했다.

관련된 모든 백엔드 개발자와 최소한 한 명의 운영 엔지니어가 확장성 이슈를 다루는 서비스에 대해 토의하는 주간 회의를 도입했다. 매주 하나 이상의 서비스를 논의했으며, 시스템을 확장하기 위한 개발자의 이야기는 일반적으로 기능 작업보다 우선했다. 이 회의를 통해 운영 엔지니어는 조달해야 할 다음 구매주기에 어떤 서버 타입(디스크 공간, CPU, 메모리가 높음)이 필요한지 정보를 얻을 수 있었다.

개발 팀과 운영 팀이 함께 일하면서 이 모임의 방향은 시간이 지나면서 바뀌었다. 단일 서비스의 확장성 및 신뢰성 문제는 다른 서비스에 대한 의존도가 점점 더 높아지면서 각 서비스를 개별적으로 살펴보는 것만으로는 충분치 않았다. 이에 개발 팀과 운영 팀의 회의 초점 전체적으로 백엔드 생태계로 이동하기 시작했다.

당시 스포티파이에서는 그런 움직임을 잘 알지 못했지만 여러 조직에서 변화가 일어나고 있었다. 점진적으로 시스템 상태를 보장하는 책임감이 운영 엔지니어만 있는 게 아니라 역할과 관계 없이 백엔드에서 일하는 모든 엔지니어와 공유하는 것으로 바뀌고 있었다.

스포티파이 역사의 이 시점에서 백엔드 개발자 중 일부가 루트 접근 권한을 가졌다. 개발자가 루트 접근 권한을 가진다는 것이 얼마나 유용한지 알기 위해 루트 권한을 필요로 하는 모든 개발자에게 권한을 부여했다. 대부분 기업이 개발자에게 루트 접근 권한을 주는 전례가 없다. 데브옵스가 나타난 이후, 요즘은 개발자에게 루트 접근 권한을 주는 것이 일반적인 관행이지만 그 당시에는 그렇지 않았다. 그러나 어떤 개발자가 루트 접근 권한을 이용해서 발생하는 장애는 결코 일어나지 않았다. 스포티파이는 본질적으로 엔지니어를 신뢰했다. 그렇다. 회사는 젊었고 음악 세계를 장악할 것이라는 믿음으로 단합했다.

스포티파이가 베타 버전을 릴리즈할 때까지 새로운 서비스는 다음과 같은 방식으로 아이디어에서 프로덕션으로 전환되었다.

1. 개발자는 서비스를 작성하고 로컬에서 테스트한다.
2. 개발자는 한 대 이상의 프로덕션 서버를 운영 엔지니어에게 요청한다.
3. 운영 엔지니어는 서버를 프로비저닝하고 난 뒤, 개발자는 호스트에 로그인하여 서비스와 의존 라이브러리를 배포한다.

이 새로운 흐름에서 의도하지 않은 장점은 개발자가 이전보다 서비스가 프로덕션에서 어떻게 작동하는지 잘 이해할 수 있다는 것이다. "글쎄, 내 컴퓨터에서는 잘 작동하던데"라고 방어하는 태도는 무시되었다. 이제 개발자는 프로덕션에서 코드가 어떻게 작동하는지 볼 수 있고, 생성된 로그를 보고 실행 중인 프로세스를 추적해서 필요한 경우 운영 체제를 수정할 수 있다.

돌이켜보면 당시 스포티파이는 의도치 않게 SRE의 특수 역할을 능력 있고 동기 부여된 사람에게 이전할 수 있도록 일련의 기술과 책임을 가진 운영 엔지니어 업무로 분리했다. 그 이후로 수년 동안 스포티파이는 범위와 깊이를 더하면서 해당 전략을 여러 번 재사용했다.

그리고 이것은 한동안 효과가 있었다.

배웠던 주요 내용

이 고도 성장기를 통해 얻은 주요 교훈은 다음과 같다.

- 운영을 솔루션 수명주기 일부가 되게 한다. 확장성, 신뢰성, 유지 보수성, 기타 운영 품질에 대해 가능한 한 빨리 논의하고 해결해야 한다.
- 필요한 모든 사람에게 접근 권한(예: 루트(root))을 부여해 마찰을 제거하고 반복 작업을 차단해 속도를 높인다. 신뢰성은 자기 자신을 신뢰하는 것에서부터 시작된다.

성공의 저주: 2010

- 5명의 엔지니어
- 25명 미만의 백엔드 엔지니어
- 2개의 데이터 센터
- 수백 대의 기계
- 20개 미만의 백엔드 서비스
- 7개의 클라이언트(윈도우, 맥, 아이폰, 안드로이드, 블랙 베리, S60, libspotify)

서두

이 섹션에서는 스포티파이가 성장하면서 어떻게 운영 방식을 바꿨는지에 대해 이야기할 것이다.

운영은 기본으로

성장한 스포티파이에서는 개발자와 운영 담당자의 역할을 접할 때, 자연스럽게 기능 개발 문맥에서 운영 부분을 고려하게 되었다.

반복적인 장애 발생

운영 팀의 규모를 빠르게 확장할 수 없었기 때문에 서비스 운영에 대한 책임을 일부 조정해야 했다.

스포티파이는 2010년 내내 계속해서 인기를 얻었다. 이것은 외부적으로 사용자가 많아지면서 동시접속 사용자가 증가했고, 내부적으로 기능 및 해당 백엔드 서비스뿐만 아니라 스포티파이 직원 수가 늘어나는 등 많은 변화가 일어났다.

사용자와 직원, 안팎의 급격한 상승으로 발생한 난제는 운영 팀에 큰 부담을 주었다. 운영 엔지니어 팀원 수가 3명에서 5명으로 늘어났지만 한꺼번에 안 좋은 일들이 겹쳐 소용돌이에 휩싸였다. 사용자 수의 증가로 백엔드에 대한 부담이 가중되어 취약한 부분에 대한 장애 위험이 커졌고, 궁극적으로 더 많은 장애와 교차 서비스 장애가 발생했다. 이때 스포티파이 직원의 증가는 기술과 비기술적 직군으로 균등하게 분배되었다. 그래서 단축된 납기 내 품질 지원에 대한 요구가 높아졌다.

해당 요인 외에도 숙련된 개발자가 늘어나면서 많은 기능이 훨씬 더 빨리 추가되었다. 2009년과 2010년 스포티파이는 5개의 클라이언트를 추가로 배포했다. 따라서 사용자는 아이폰, 안드로이드, 블랙베리, S60 노키아, libspotify(타사 개발자가 자체 애플리케이션을 통해 스포티파이 백엔드에 접근할 수 있는 라이브러리)에서 스포티파이에 접근할 수 있다. 백엔드에 많은 기능을 추가했지만 2010년의 주요 중점안은 확장성과 신뢰성이었다. 모든 시스템은 손쉬운 수평 확장, 캐싱 계층, 수정 또는 완전한 재작성이 가능하도록 개선이 진행되어야 했다.

각 프론트 엔드와 백엔드는 스포티파이 생태계 환경으로 변경되어 새로운 버그와 병목 현상이 발견되었고 시스템의 전체적인 작동 방식이 변경되었다. 클라이언트에 새로운 기능을 추가하면 사용자 행동 패턴이 변경되면서 기존의 수정되지 않은 안정적인 서비스가 갑작스러운 압박을 받게 되었다. 종종 이런 현상은 도미노와 같이 여러 시스템을 넘어뜨리는 원인이 되었다. 복잡한 시스템은 예측할 수 없고 관리하기 어렵다. 특히 당시에는 소수의 사람만 전체 생태계가 어떻게 작동하는지 알고 있었다.

예기치 못한 장애에 대응하면서 엔지니어는 계속 장애 전담으로 업무를 수행해야 했다. 스포티파이에서 백엔드가 불안정할 때 개발자는 종종 운영 엔지니어에게 중요한 지원을 요청해야 했다. 이런 요청은 운영 엔지니어가 작업을 단순화하고 자동화하는 툴을 만드는 작업을 방해한다. 또한 백엔드 개발자에게 운영 업무를 수행하는 스포티파이 모델이 제대로 작동하지 않았다. 개발자는 자신의 시스템을 계속 운영하려 했지만 기능 추가에 대한 압박을 꾸준히 받고 있었다.

압박받는 서비스를 유지 보수하기 위해 비공식적이고 최선의 노력 끝에 오래된 컴포넌트, 유지 보수할 수 없는 라이브러리 이슈, 보안 이슈 등이 종종 발생했다.

당시 개발 팀은 자체 조직 이슈를 처리하고 있었다. 원래 코드를 배포하기 위해 공동 작업 방법을 공유한 소규모 개발자 그룹이 성장해 여러 개발 팀이 되었다. 새로운 환경에서 개발자는 스프린트 약속과 같은 것에 동의하지 않으면 팀 간의 협업이 어렵다는 사실을 알게 되었다. 결과적으로 여러 팀은 각 팀의 약속을 이행하기 위해 더 큰 위기감을 느꼈다. 불행히도 많은 개발자가 서비스를 유지하기 위해 팀 간의 비공식적인 약속을 이행하지 못해 좌절하는 부작용이 생겼다.

이 시점에서 스포티파이의 성공은 수많은 날의 운영 작업으로 이뤄진다는 것을 점점 더 인식하게 되었고, 부하로 인해 발생하는 장애 시스템은 수동으로 잘 처리하고 있었다. 이 모든 것이 실험으로 이어져 궁극적으로 스포티파이가 새로운 현실에 적응하게 되었다.

새로운 담당자 역할 모델
운영 엔지니어 및 개발자 역할 전반에 걸쳐 책임을 명확히 할 필요가 있었다.

개발 담당자 역할
2010년 초 사운드클라우드에서는 개발 담당자 역할을 소개해 운영과 개발 사이의 비공식적이고 최선의 노력을 다한다는 계약을 공식화했다. 각 서비스에는 기능 팀에서 근무하는 담당자가 있었다. 개발 담당자의 책임은 다음과 같다.

- 운영 체제에 최신 업데이트를 적용해 최신 상태로 유지한다.
- 생태계에서 서비스 확장성에 대해 생각한다.
- 성장을 뒷받침할 수 있도록 개발 보장하기

또한 기능을 개발하는 개발자는 스프린트 중에 서비스 유지 보수, 업그레이드, 일반적으로 살펴보는 "시스템 담당자의 날(system owner day)"을 할당받았다. 각 서비스의 개발 담당자는 필요한 경우 우리에게 도움을 요청하게 했고, 이로써 운영에 대한 압박감을 완화시켰다. 이미 많은 백엔드 개발자들이 자체 서비스 유지 보수에 대한 동기 부여가 있었기에 해당 정책은 논란의 여지가 없는 변화였다. 이제는 유지 보수에 전념할 수 있는 시간이 보장된 상태이다.

운영 엔지니어 담당자 역할
개발 담당자 역할은 회사의 가장 큰 엔지니어 그룹에 기본 유지 보수 책임을 분산하는 데 도움이 되었지만, 심각한 문제가 발생하면 여전히 운영 팀이 책임을 져야 했다. 그러나 많은 시스템이 있었고 운영 팀에서는 5개의 시스템만 운영하고 있었다.

중요한 서비스 중 일부는 다른 서비스보다 더 많은 관심을 가져야 하므로 스포티파이에서는 중요한 서비스마다 운영자를 할당했다. 모든 서비스에 개발 담당자가 있고 중요한 서비스에 개발 담당자와 운영 담당자를 모두 할당해 개발자와 운영 엔지니어는 더 나은 서비스가 되도록 집중할 수 있었다.

운영 팀의 모든 엔지니어는 적어도 하나의 서비스 담당자였다. 운영 엔지니어는 우리 서비스의 특성과 일반적인 장애 형태를 알고, 장애 발생 시 낮이나 밤 언제든지 전화를 받을 수 있게 해서 서비스가 정상 상태로 복원할 준비가 되어있어야 했다. 서비스를 재설계할 때 개발자와 운영자는 종종 함께 작업한다.

핵심 서비스 공식화

백엔드 서비스는 서로 긴밀하게 연결되어 있어서 대부분의 장애는 여러 서비스에 영향을 미쳤다. 그 결과 종종 특정 시스템은 다른 시스템을 살릴 수 있도록 희생되어야 했다. 가장 어려운 일 중 하나는 한밤중에 수면이 부족한 상태로 혼자 전체 백엔드 생태계에 부정적인 영향을 미칠 수 있는 결정을 내리는 것이다. 각자 매주 여러 번 "나는 올바른 결정을 내리고 있나? 내가 완전한 그림을 알지 못한 상태에서 결정을 내리면 어떻게 될까?"라고 자문했다. 이로 인해 야간작업이 매우 어려워졌다.

최종적으로 이것이 문제임을 확인했을 때 여러 서비스 계층 구조, 즉 심각한(critical) 서비스, 중요한(important) 서비스, 언제든지 기다릴 수 있는 서비스를 정의했다. 이 과정에서 핵심 서비스 개념이 생겼다. 스포티파이의 목적은 사람들이 음악을 들을 수 있게 하는 것이기 때문에 핵심 서비스는 사용자가 클라이언트 측 오디오 재생에 로그인하는 중요한 경로에 있던 백엔드 서비스로 정의되었다. 핵심 서비스는 소수의 서버에서 실행 중인 소수의 서비스에 해당되었다. 핵심 사용자 대면 서비스 외에도 경계 라우터, 백엔드 네트워크 스위치, 방화벽, DNS와 같은 인프라 시스템이 중요하다고 판단했다.

스포티파이에서는 이렇게 핵심 서비스를 지정해 야간 근로의 부담을 줄였으며 보다 건강한 방법으로 의사 결정을 할 수 있었다.

배포 표준

운영 팀에서 온콜 프로세스를 아직 공식화하지 않았기 때문에 근무 시간 외 배포에 주의해야 했다. 작업 시간 중에 문제가 잘못되었을 때 많은 사람이 도와줄 수 있는 민감한 배포를 수행하는 것이 표준이다. 해당 표준은 대부분의 사용자와 직원이 수면 중에 네트워크 인프라가 변경된 것을 제외하고는 모든 배포에 적용되었다.

- 기능 개발 팀은 금요일에 배포를 피하도록 권장되었다. 이로 인해 기능 개발 팀은 주말 동안 쉴 수 있었다.

온콜과 경고

이때까지 모든 조직에는 온콜 제도가 없었다. 시스템 장애가 발생했을 때 시스템 장애 경고를 자동으로 전송하는 시스템이 운영 팀에 없었다. 한밤중에 서버 및 서비스에 문제가 생기면 누군가 그래프를 확인하고 반응할 때까지 고장 난 채로 있었다. 우리가 미처 알아채지 못한 장애가 발생했을 때 동료는 우리 중 한 명에게 전화를 걸어 문제를 확인하는 작업을 시작했다.

그러다 보니 언제 장애 전화를 받을지 모른다는 이유로 잠을 잘 수가 없었다. 이런 스트레스는 야간 시간의 의사 결정 능력에 영향을 주었을 뿐 아니라 근무 시간 내의 업무 능력이 전혀 좋아지지 않았다.

2010년 초에 운영 팀이 5명으로 늘어났을 때 해야 했던 작업을 마침내 할 수 있었지만 적절한 경고 시스템을 설치하는 작업은 진행할 수 없었다. 시스템 이상과 장애 감지하는 것을 운에 맡기지 않은 것이다.

이제 매주 온콜 교대를 정의하는 것으로 시작해 계획의 다음 단계로 진행할 수 있다. 한 사람이 모든 백엔드 서비스 장애에 대한 온콜을 담당하면 운영 팀의 나머지 엔지니어는 마침내 수면을 취할 수 있었다. 운영 담당자 임무를 수행해야 하는 핵심 서비스에서 장애가 발생한다면 기존의 위험에 반복될 수 있음을 주의해야 한다. 비핵심 서비스에서 발생한 모든 장애는 우선순위가 높지 않으며 한밤중에 문제를 해결할 필요가 없었다. 대신 장애를 이해하기 위해 몇 가지 기본적인 문제 해결을 수행했다. 그다음 해당 근무자가 다음 근무일까지 서비스를 제공한다. 온콜 담당자는 CTO에게 전화할 수 있는 권한이 있었고 CTO는 필요한 경우 회사의 모든 사람에게 전화할 수 있었다.

완전히 고통이 없는 것은 아님

온콜 교대를 정의하고 경고 시스템을 개발했지만 예상치 못한 작업, 이슈, 장애로 인해 매일 놀라움의 연속이었다. 장애 및 문제 해결은 다른 모든 작업보다 우선했다. 온콜은 스포티파이 전체에서 무선 호출기를 갖고 다녀야 함을 의미한다. 그리고 통계상 정적으로 정의된 임곗값 이상이 될 때마다 경고 정보를 보낸다는 의미였다. 온콜 업무 중에 호출되지 않았다면 두 경우 중 하나를 의미한다. SMS 전송 비용이 부족하거나 스포티파이에서 보낸 경고 문자 메시지가 너무 많아서 휴대전화 제공 업체가 차단했을 경우이다.

온콜 담당자의 피로도는 여전했지만 회사 문화와 동지애에 의해 피로도는 완화되었다. 장애 해결 후에 온콜 엔지니어가 휴식이 필요한 상황이면 누구든지 기꺼이 나서서 문제 해결을 돕고자 했다. 또한 전혀 예측할 수 없는 상황에서 발생한 장애를 해결하는 것은 재미있는 일이기도 했다. 실패를 통한 학습은 건강한 엔지니어링 문화의 필수적인 부분이다.

내부 오피스 지원 중단

앞에서 언급했듯이 지금까지 운영 업무의 상당 부분을 차지하는 것이 사내 IT 시스템 유지 보수 및 지원이었다. 스포티파이가 성장하면서 컴퓨터, 전화, LDAP 자격 증명, 이메일, 위키 소개, 일반적인 암호 보안 강의를 담당하는 4명의 인력을 충원했다. 또한 사무실 네트워크 및 공유 파일 시스템의 유지 보수 작업이 필요했다. 비-기술직 직군의 동료를 지원하는 것은 시간과 인내심이 필요했고, 백엔드에 대한 집중력이 떨어지지 않도록 끊임없이 노력해야 했다.

스포티파이는 효율적으로 진행하기 위해 운영 팀을 프로덕션 운영 팀과 내부 IT 운영 팀으로 분리했다. 이를 통해 각 팀은 각자의 작업에 집중할 수 있었다.

남아있는 주요 관심사를 해결하기

이 단계에서 우리가 직면했던 몇 가지 문제점과 개선 방법에 대해 나눠보고자 한다.

긴 리드 타임[04]

내부 IT 지원을 다른 팀에 이관했음에도 불구하고 서비스 유지 보수, 네트워크 문제 해결, 스포티파이 백엔드 통합 방법에 대한 외부 업체와의 조율, 데이터 센터와 하드웨어 공급업체와의 통신 유지 보수 등의 도움이 필요한 개발자를 포함해 매주 수많은 요청을 처리했다.

해당 이슈들은 최선의 노력을 기울여 처리됐지만 이에 따른 리드 타임이 매우 느려지면서 동료와 사용자의 불만은 점점 커졌다.

의도하지 않은 전문화와 잘못된 배치

우연히 도메인 전문가가 된 우리 중 한 사람이 특정한 문제를 해결했다고 치자. 해당 문제 해결을 위해 도움을 요청했던 사람은 비슷한 상황이 발생하면 같은 사람에게 다시 도움을 요청하려고 할 것이다. 다른 사람들도 마찬가지로 해당 이슈에 대해 궁금한 게 생긴다면 '이 사람'을 의지하고 싶을 것이다. 이로 인해 지식 사일로를 만들었을 뿐만 아니라 각자의 접근 방식이 SRE 외부의 어떤 누구와도 일치하지 않았기 때문에 솔루션 영역도 사일로가 되었다. 예를 들어, SRE 외부에서 사용되는 여러 배포 툴이 있었는데 특정 배포 툴을 만든 사람은 다른 사람의 배포 작업을 항상 알 수 없었다.

중간에 훅 들어오는 작업

마지막으로 SRE에게는 중간에 훅 들어오는 업무들이 끊임없이 있었기 때문에 분석, 계획, 구현과 같이 오랜 시간이 걸리는 일상적인 업무 수행하기가 매우 어려웠다.

SRE 조직은 점점 더 큰 규모의 엔지니어 조직이 되었지만 개발 팀과 프로덕트 운영 작업의 밀접한 관계는 여전히 살아 있고, 활발했다. 마치 우리가 하나의 작은 팀이 된 것처럼 많은 작업과

---

04 (역자주) 리드 타임(lead time): 요청한 시간과 요청 대응 완료 시간까지의 경과된 시간을 의미

요청들을 처리해냈다. 도움을 구하거나 가이드를 찾거나 작업을 진행해야 하는 사람이라면 우리가 있는 곳에 와서 두리번거리곤 했다. 이렇게 중간에 들어오는 요청들은 엔지니어가 현재 하고 있는 작업을 수행하는 데 방해가 된다. 물론 환상적인 협업 방식이지만 문제가 무엇인지 파악해야 하고, 필요하다면 토론을 해야 할 수도 있다. 문맥 전환이 많아질수록 개선 작업의 진행속도는 기대보다 훨씬 더 느려진다는 사실을 알아야 한다.

골리앗 역할 소개

이전에 설명한 세 가지 문제를 해결하기 위해 새로운 역할인 골키퍼를 도입했다. 골키퍼는 매주 교체되었고 근무 시간 동안 들어오는 모든 요청에 대해 지정된 피뢰침 역할을 했다. 골키퍼는 유입되는 요청 큐가 너무 낮으면 모든 문제를 스스로 해결하려고 시도하며 때때로 다른 운영자 엔지니어의 도움을 요청한다. 요청 큐가 넘쳐나면 골키퍼는 해당 요청을 우선순위에 맞게 분류하고, 일부 요청은 취하고, 나머지 요청을 적절하게 팀원에게 전달한다. 모든 사람은 가장 일반적인 문제에 노출되어 있어서 골키퍼 역할을 교대하면서 수행하면 지식 사일로를 최소화할 수 있다.

탐정 역할 수행하기

SRE로서 작업할 때 창의적이고 보람이 있는 부분 중 하나는 시스템 이상 현상 이후에 팔을 걷어붙이고 해당 상태를 분석할 때이다. 탐정 작업은 시스템 생태계의 모든 서비스와 그것들이 어떻게 잘 작동하고 있는지에 대한 지식이 있어야 한다. 스포티파이 특정 사용자의 특이한 행동으로 일반적인 조사를 하게 됐는데, 불완전한 백엔드 서비스를 분석하기 시작했다. 해당 백엔드 서비스가 안정화되어서 이 서비스는 문제가 없는 것으로 판명됐다. 그리고 모범 시민과도 같았던 다운스트림은 실제로 해당 시스템으로 인해 일련의 장애가 연속으로 발생했다.

당시 스포티파이는 장애가 많은 혼란스러운 시기를 거쳐 다양한 지식과 경험을 얻었지만, 끊임없이 증가하는 장애 처리 백로그를 기록하지 못해 같은 장애를 계속해서 반복 처리해야 했다. 설상가상으로 새로운 개발자와 새로운 서비스를 릴리즈하면서 장애 발생률은 증가했다. 이에 개발자의 도움을 요청하고 싶었지만 각 서비스의 전문가는 있어도 큰 그림을 가진 개발자는 찾기 힘들었다.

당시에는 소수의 SRE 탐정만 있었고 분석하고 해결해야 할 장애는 계속 증가했다. 스포티파이에 더 많은 탐정이 필요했다.

백엔드 시스템이 어떻게 작동하는지 개발자에게 가르쳐 더 많은 탐정을 만들 수 있는 솔루션이 등장했다. 이 통찰력을 기반으로 "클릭-투-플레이(Click-to-Play)"로 인기 있는 대중 강의가 시작되었다.

강의 초반에는 관심 있는 몇몇 개발자에게 백엔드 시스템과 백엔드 시스템이 어떻게 작동하는지 설명했다. 사용자가 로그인해서 노래가 재생되기 시작할 때까지 관련된 모든 백엔드 시스템을 다루는 시나리오를 따르면, 이것을 가르치고 배우는 일은 쉽다는 것을 알게 되었다. 결국 해당 강의는 스포티파이의 엔지니어를 위한 온보딩(onboarding)[05] 프로세스의 표준 절차가 되었고, 짧지만 비기술적인 내용을 전 세계의 모든 스포티파이 직원에게 계속 가르치고 있다.

배웠던 주요 내용

스포티파이의 빠른 성장 기간에 우리가 배운 내용은 다음과 같다.

- 알람과 온콜은 절차와 기대치가 있어야 한다. 빨리 실패하고 실패를 통해 배워야 한다.
- 가르치는 기술 및 책임은 운영의 필수 부분이다. 전체 시스템이 어떻게 작동하는지 가르치는 것을 이야기해야 한다.
- 가르치는 기술 및 책임은 운영의 필수 부분이다. 전체 시스템이 어떻게 작동하는지 가르치는 것을 이야기해야 한다.
- 하나의 팀이 초기 단계에서 프로덕션과 IT 업무를 처리하는 것은 솔깃하지만 생산적인 SRE 팀이 되려면 분리해야 한다.
- "골키퍼" 역할 및 중간에 들어오는 작업을 처리하는 공식적인 방법은 팀이 작업에 적극적으로 집중하는 데 도움이 된다.

애완동물, 소, 애자일: 2011

- 8명의 엔지니어
- 25명 미만의 백엔드 엔지니어
- 2개의 데이터 센터
- 30개 미만의 백엔드 서비스
- 7개의 클라이언트

서두

이 섹션에서는 어떻게 운영 접근 방식이 더욱 민첩해지고, 우리의 가치가 성장에 어떤 영향을 주었는지 살펴보도록 한다.

민첩한 운영

스포티파이는 "애완동물"처럼 서버를 관리하는 사고방식에서 일하는 "소"처럼 하드웨어 클러스터를 관리하는 방식으로 전환해야 했다. 이는 툴링 및 운영 프로세스에 획기적인 변화를 가져 왔다.

---

05 (역자주) 온보딩: 인사(HR) 조직에서 신입 사원이 새로운 직장에 적응하도록 돕는 것을 의미한다.

핵심 엔지니어링 가치

자율과 신뢰를 지향하는 우리의 성향이 업무수행 방식에 영향을 미쳤다. 그러나 우리가 운영 프로세스에 익숙해지면서 기술 조직에서 더 큰 변화가 진행되어 우리의 접근법을 재평가해야 했다.

과거에는 서비스에 관해 이야기할 때 종종 개별 서버에 대해 "서버 X의 디스크가 꽉 찼다.", "다른 로그인 서버의 부하를 줄이기 위해 CPU가 많은 다른 서버를 추가해야 한다." 등을 얘기했다. 서버마다 고유한 성격과 특성이 있으므로 이런 내용이 중요했고, 이 사실을 알면 실제로 해당 서버를 최적화해서 사용할 수 있다. 또한 잘 작동 중인 각 서버는 모두 사람의 애완동물과도 같았다. 서버가 얼마나 관리되었는지 살펴보면 어떤 서비스가 정상인지 알 수 있다. 예를 들면, /home 디렉터리가 정기적으로 정리되었는지 또는 서비스별 로그가 양호하고 순서대로 저장되었는지를 확인할 수 있다.

당시 스포티파이는 세계는 서비스 중심이 아닌 서버 중심이었다. 이는 대화, 우선순위 지정, 툴을 통해 알 수 있었다.

나쁜 습관 형성

스포티파이에서 처음으로 만든 툴은 서버를 기반으로 구축하고 사용했다. 해당 툴을 서버에 설치해서 서버가 폐기될 때까지 백엔드 서버의 구석에서 계속 실행하도록 했다. 또한 전반적으로 서버를 프로비저닝하는 것은 한 달에 몇 번만 수행되는 이례적인 이벤트가 되리라 생각했다. 따라서 수동으로 서버 설치하는 데 몇 분이 걸리는 것은 허용이 되었다. 처음부터 끝까지 많은 서버를 설치할 때 한 시간에서 하루 정도 걸릴 수 있었다.

2011년까지 예상보다 훨씬 더 자주 새로운 서버를 설치했다. 서버 용도 변경은 알려진 절차였지만 수동으로 설치 작업을 진행하고 수정해야 하는 경우가 종종 발생했다.

이는 소수의 서버를 보유한 작은 기업에 이상하거나 잘못된 일이 아니었지만, 당시 스포티파이는 이미 실시간 트래픽이 있는 두 개의 데이터 센터와 세 번째 트래픽 센터를 보유하고 있었다. 서버가 많이 있었기에 수동 설치는 점점 더 어려워지고 있었다.

나쁜 습관 끊기

패러다임의 변화 분위기가 있었다. 우리 중 일부는 패러다임을 보았지만 실제로 어떤 일이 일어날지, 이용할 수 있는 서비스가 무엇인지 알지 못했다. 결국 패러다임 전환과 부딪혔을 때 간단하고 명백했다. 우리의 의도를 하드웨어에 맞추는 대신, 하드웨어를 우리의 의도에 맞게 조정해야 했다.

우리는 일상 업무가 너무 편하고 익숙했기 때문에 대부분의 사람은 패러다임 변화를 받아들이기가 어려웠다. 사실 패러다임에 대한 사고방식이 완전히 바뀌기까지 몇 년이 걸렸다. 아마도 패러다임 전환하는 것을 가능하도록 툴을 만드는 시간이 오래 걸렸기 때문일 것이다.

2011년 말에 눈에 띄지 않는 또 하나의 변화가 시작되었다. 기능 개발자가 다르게 구성되기 시작했다. 점심을 먹으면서 개발자에게서 자체적인 자율 조직 팀과 해당 개발자가 속한 조직에 관해 얘기하는 것을 들었다. 여전히 개발자들과 서비스 및 사용자에 관해 얘기할 수 있었지만 이제는 프로덕트와 이해 관계자에 중점을 두었다. 전체 개발 부서는 확장 가능한 애자일 조직으로 천천히 전환 중이었고 운영 조직은 옆에서 개발 부서의 전환을 관찰했다.

운영 조직의 관점에서 봤을 때 개발 조직의 변화 중 가장 거슬린 부분은 운영 역할에 미친 부수적인 영향이었다. "개발 팀"에서 자율성과 자기 조직화가 강조되는 "스쿼드(squads)"로 이름이 변경되었고, 우리가 스쿼드에 익숙해지면서 주도적으로 일을 하게 되었다. 이후 스쿼드는 자율성과 자기 조직화의 의도가 있는 소위 "트라이브(tribes)"로 분류되었다.

이제 한 조직과 일하지 않고 여러 트라이브와 일을 하는 상황에 직면하게 되었다. 각 트라이브는 약간 다른 방식으로 구성되어 있었다.

배웠던 주요 내용

이 기간에 배웠던 주요 내용 중 일부는 다음과 같다.

- 사고방식을 서버 중심에서 서비스 중심으로 전환하고 툴링에 반영한다.
- 애자일 매트릭스 조직 모델의 도입으로 운영을 다시 생각하게 되었다.

확장 못 하던 시스템: 2012

- 25명 미만의 운영 엔지니어
- 70명 미만의 백엔드 엔지니어
- 3개의 데이터 센터, 수천 대의 서버
- 50개 미만의 백엔드 서비스

서두

이 섹션에서는 조직과 함께 운영 팀을 확장하면서 발생하는 문제에 대해 설명한다.

"실패를 반복한다"
　확장을 효과적으로 조정하는 일은 계속해서 어려웠고, 개인의 책임을 분산시키는 것으로는 충분치 않았다. 스포티파이에서 운영이 무엇을 의미하는지 재검토해야 했다.

"운영 업무는 기본적으로 수행"
　운영 작업을 수행하는 대부분의 중앙 운영 팀은 규모를 확장할 수 없다. 당시 스포티파이에서는 운영에 대한 책임을 개발자에게 완전히 이관해 개발자가 운영 업무를 기본적으로 하도록 해야 했다.

당시 2012년이었고 스포티파이 사용자가 지속해서 늘어나면서 새로운 확장성과 신뢰성 문제가 대두되었다. 운영 팀은 10명 미만의 SRE로 구성되었다(실제로 SRE라는 단어가 사용된 것은 그 당시였다). SRE가 스톡홀름과 뉴욕 사이에 고르게 배치된 것은 아니었다. 운영 담당자로서 각 SRE는 수십 개의 백엔드 서비스의 운영 책임을 맡아 새로운 버전에 대한 배포, 용량 계획, 시스템 설계 검토, 설정 관리, 코드 검토, 운영 핸드북 유지 등의 여러 일상적인 업무를 수행했다.

백엔드는 현재 세 개의 데이터 센터에서 운영 중이며 운영 및 유지 관리를 위해 4번째 데이터 센터 추가를 준비하고 있었다. 이는 우리가 랙 스위치 설정, 하드웨어 주문, 원격 수리 및 케이블 작업, 서버 수집, 호스트 프로비저닝, 패키징 서비스, 설정 관리 및 배포 담당과 함께 물리적 공간에서 애플리케이션 환경의 일련 작업에 책임이 있음을 의미했다. 이렇게 책임이 확대되면서 스포티파이는 운영 팀과 긴밀히 협력하는 툴링 자동화 개발을 위해 새로운 팀을 구성했다. 해당 팀이 개발한 초기 프로덕트 중 하나는 하드웨어 재고 및 용량 프로비저닝을 위한 설정 관리 데이터베이스(CMDB, Configuration Management Database)였다.

특정 용도의 설정과 불균일성으로 인해 예측 가능성은 어려웠다. 운영 담당자는 서비스 개발 담당자와 긴밀하게 협력해 품질을 향상시키고, 프로덕션 배포 준비 관행을 따르며, 초기 서비스 설계 중에도 운영 표준이 존재하는지 확인하기 위해 정형화된 배포 점검표를 실행했다. 스포티파이에서 정기적으로 점검했던 사항은 다음과 같다.

- 빌드 시스템에 서비스를 패키징하고 빌드하는가?
- 서비스에서 로그를 생성하는가?
- 그래프 작성, 모니터링, 알람이 있는가?
- 백업을 설정하고 정의한 테스트를 복원하는가?
- 보안 검토가 있었는가?
- 누가 서비스를 소유하고 있는가? 해당 서비스의 의존성은 무엇인가?
- 잠재되어 있을 모든 확장성 우려 사항은 무엇인가? 단일 실패 지점(Single Points Of Failure)이 있는가?

수동 작업은 아슬아슬하다

수동 또는 설정 관리를 통해 설정 및 산출물을 끊임없이 배포했지만 지속적인 전달이 이루어지지 않았다. 여전히 수작업으로 작업하면서 동일한 속도로 전달하고 있었다.

서비스 검색은 수동으로 편집 및 유지 보수되는 영역 파일이 있는 정적 DNS 레코드로 구성된다. DNS 변경 사항은 일반적으로 운영 엔지니어가 검토하고 배포했다. DNS 배포 시 IRC에 "DNS 배포합니다." 메시지를 보내고 수동으로 스크립트를 실행해서 상호 배제를 달성했다.

운영 담당자와 개발 담당자는 용량 계획 스프레드시트를 정기적으로 검토해 현재의 사용량 증가를 유지할 수 있게 서비스에 충분한 용량을 제공하게 했다. 접근 패턴과 자원 사용량을 수집해서 현재 성장에 따라 용량 요구를 예측한다. 이것은 수십 개의 서비스를 운영하는 운영 담당자가 많은 용량 계획을 수행해야 한다는 의미이다. 이것은 수십 개의 서비스를 운영하는 운영 담당자가 많은 용량 계획을 수행해야 한다는 의미이다.

2012년 하반기에 동시 사용자 수가 100만 명을 돌파했다. 즉, 100만 명의 사람이 우리의 데이터 센터 3개 중 하나에 직접 연결해서 음악을 듣는다는 것이다. 우리에게 대단히 큰 업적이다. 돌아보면 확장할 수 있도록 설계된 스포티파이 백엔드 아키텍처와 클라이언트/프로토콜/백엔드 최적화를 위한 초기결정과 수익을 내는 훌륭한 구현 덕분이다. 또한 멀티 테넌시가 아니어도 장애 대부분을 쉽게 찾아내고 격리할 수 있다. 모든 백엔드 서비스는 해야 할 일을 올바르게 수행했고 이런 방식을 단순하게 유지했다.

음악을 스트리밍하는 사용자의 수가 기하급수적으로 증가하면서 운영 팀도 예전처럼 동일하게 작업을 수행할 수 없었다. 그리고 중앙 처리 장치와도 같은 운영 SRE 팀이 확장할 수 없는 시스템이라는 것을 알았다.

배웠던 주요 내용

이 기간에 배운 주요 내용 내용은 다음과 같다.

- 시작할 때부터 기본적으로 운영을 하게 한다. 개발 산출물을 구축하면, 해당 산출물을 실행하고 운영한다.
- 운영 책임을 노하우에 가깝게 바꾼다. 특히 개발자에게는 그렇다.
- 서비스 생태계가 확장되면서 운영 작업은 어떻게 확장되는지 다시 확인한다. 어제 잘 작동한 것이 오늘은 잘 작동하지 않을 수 있다.

Ops-in-Squads 소개: 2013~2015

- 50명 미만의 운영 엔지니어
- 150명 미만의 백엔드 엔지니어
- 3개의 데이터 센터
- 60개의 백엔드 서비스
- 스테이징 환경을 위한 하나의 클라우드 제공자

서두

이 섹션에서는 운영에 대한 새로운 접근 방식으로 병목 현상을 줄이고 빠르게 기술 조직이 성장할 수 있었던 방법에 관해 설명한다.

"실패를 반복한다"

"스쿼드 내 운영(Ops-in-Squad)"의 새 모델을 채택함으로써 수동 작업량을 최소화하는 데 집중할 수 있었다.

핵심 엔지니어링 가치

운영을 담당하는 스쿼드는 몸에 배어있는 자율성과 신뢰가 스포티파이의 가치를 유지하는 데 도움이 되었다. 언제든지 광범위한 이슈가 발생할 수 있으므로 운영 엔지니어를 위한 툴과 프로세스가 주어졌다.

그 당시 엔지니어링 조직은 너무 커져서 단일 팀으로 운영할 수 없었다. 백엔드 개발자를 위한 인프라를 제공하고 운영에서 발생하는 확장 문제를 해결하는 데 중점을 둔 홈팀, '인프라와 운영(Infrastructure and Operations)' 트라이브를 구성했다. 인프라와 운영 트라이브의 한 부분을 SA(Service Availability)라고 불렀다. SA는 대부분 이전에 프로덕션 작업을 수행했던 엔지니어들로 구성되었다. 2013년까지 SA는 보안, 모니터링, 서버를 프로비저닝하고 실행하는 데 필요한 인프라 툴링을 작업하는 2개의 스쿼드로 구성되었다. 신규 개발자를 고용하고 새로운 개발 팀을 시작하는 속도를 4개의 SA 팀이 유지하기에는 너무 높았다. 새 서버를 구입하고 랙에 넣거나 푸펫(Puppet) 변경 사항을 검토 및 병합하고 DNS 레코드를 추가하거나 서비스에 대한 알람을 설정하는 속도 때문에 새로운 기능 및 향상된 기능이 점점 느려졌다. 수많은 기능 개발 팀이 사용자에게 변경 사항을 알리기 위해 조바심냈지만 코드 리뷰(code review) 또는 서비스에 하드웨어를 프로비저닝하기까지 기다려야 했다.

당시 스포티파에서는 핵심 서비스에 대한 온콜 제도가 있었지만 쌓인 업무를 처리하느라 서비스의 운영 품질과 신뢰성이 저하되고 있었다. 전체 "운영 백로그(backlog)"는 계속 커지고 있었다.

수동 작업 가볍게 하기

백엔드 엔지니어의 작업데이터와 가장 많이 업무가 중단되는 경우를 점검한 후 최대한 중단되는 일이 없도록 하는 데 집중했다. 개발 팀과 운영 팀은 상호 신뢰를 바탕으로 소규모 공동 작업을 시작하고 기능 개발 팀이 신속하게 반복하면서 프로덕션을 안정적으로 유지할 수 있게 되었다.

가장 먼저 개선해야 할 영역 중 하나가 서버 프로비저닝이었다. 데이터 센터에서 서버를 사용할 수 있을 때 운영 체제를 설치하고 기본 환경을 구성해야 했다. 기본 자동화를 수행할 수 있었지만 해당 프로세스를 시작하기 위해 백엔드 엔지니어는 운영 팀에 필요한 데이터 센터, 서버 수, 서비스를 지정해야 했다. 그다음 골키퍼는 해당 정보를 수집해 내부 데이터베이스 및 커맨드 라인 툴을 사용하여 프로비저닝 프로세스를 시작한다. 약 40분의 자동화 작업 후에 백엔드 개발자를 위한 서버가 준비된다.

프로비저닝 프로세스를 개선하기 위한 첫 번째 시도는 "provisioning gun"의 약자 provgun이라는 툴이다. 운영 팀에게 요청을 하거나 운영 담당자를 찾는 대신 이제 개발 팀은 스스로 프로비저닝을 시작하기 위해 지라(JIRA) 티켓을 열 수 있었다. 잠시 후 크론잡(cronjob)은 열린 티켓을 검색해 이전에 수동으로 실행한 모든 단계를 자동으로 시작한 후 서버가 성공적으로 프로비저닝 되었을 때 티켓으로 다시 보고한다.

이를 통해 운영 팀은 반복되는 다음 시스템 작업, 즉 하드웨어 구성 및 사용 가능한 재고를 확인할 수 있는 사용자 지정 웹 인터페이스에 집중할 수 있었다. 해당 웹 인터페이스에는 아직 처리되지 않은 요청 큐, 서버 위치, 여러 위치의 랙(rack)으로 분산, 데이터 센터의 사용 가능한 서버의 현재 재고를 표시해 개발자가 하드웨어 생태계 구축 방법에 대한 선택의 폭을 넓히고 더 쉽게 이해할 수 있도록 지원한다.

다음으로 다룬 것은 DNS 인프라였다. 당시 서버에 대한 DNS 레코드는 운영 팀에서 수동으로 추가하고 배포했다. 운영 팀이 수행한 첫 번째 작업은 CMDB를 단일 진실 공급원 (Single source of truth)으로 사용해 서버 레코드를 자동으로 영역 파일에 추가해야 하는지 결정하는 것이다. 이렇게 해서 단계별 업무 프로세스 추가하는 것을 잊어버리는 등의 실수를 줄일 수 있었다. 해당 영역 파일이 정확하다는 확신이 충분하면 권한 있는(authoritative) DNS 서버에 자동으로 배포되었다. 이를 통해 많은 시간이 절약되었고, 개발자 만족도는 증가했다.

백엔드 서비스는 DNS SRV 레코드를 사용해 서로를 검색한다. 사용자 친화적인 CNAME을 포함해 수동으로 영역 파일에 추가해야 했다. 이는 운영 엔지니어가 여전히 변경 작업을 검토하고 배포해야 하는 지루하고 에러 발생이 쉬운 작업이었다.

해당 병목 현상을 없애기 위해 검토 및 배포 프로세스의 자동화 방법을 고민했다. "데이터 센터에서 탐색 될 수 있는 재생 목록 서비스인가?"와 같이 검토 단계에서 찾게 될 항목을 보여주는 기본 테스트 프레임 워크(https://github.com/spotify/rspec-dns)를 도입했다. 또한 테스트를 통과하고, 동료 검토를 완료하면 누구나 변경 사항을 병합할 수 있는 봇(bot)을 만들었다.

DNS 추가 작업은 파일 하나만 변경하면 전체 데이터 센터에 영향을 줄 수 있는 무서운 작업이었다. 특정 팀의 잘못된 푸시(push)가 예상보다 장애가 훨씬 커진 초기 사건이 있었다. 그러나 스포티파이의 백엔드 개발자들은 해당 변화에 따른 능력과 책임에 대해 빨리 알게 되었고 실수는 곧 거의 없게 되었다. 이를 통해 운영 팀을 기다리는 시간은 며칠에서 몇 분으로 단축되었다.

DNS와 서버 프로비저닝이 성공한 후, 푸펫(Puppet)을 사용한다. 푸펫은 서버에 모든 소프트웨어를 설치하고 애플리케이션을 배포한 설정 관리 시스템이다. 운영 팀은 푸펫 패치를 받아들이기 오래전부터 모든 커밋을 검토한 후 변경 사항을 병합(merge)했다. 더 큰 커밋이나 복잡한 시스템의 경우, 누군가 검토할 충분한 시간이 생기기 전까지 며칠 동안 검토가 지연될 수 있다.

이어서 DNS 변경 사항을 병합할 수 있는 접근 방식, 즉 DNS 관련 패치를 다른 사람에게서 긍정적으로 검토받는 것을 시도했다. 처음 몇 주 동안 모두들 매우 불안해했고, 병합된 거의 모든 커밋을 모니터링했다. 그리고 곧 그럴만한 이유가 거의 없다는 것을 알게 되었다. 백엔드 개발자에게 변경, 병합, 배포, 문제 찾기, 되돌아보고 다시 수행하기 등 반복 수행하는 피드백 주기를 제공해 우리가 겪었던 공통적인 문제에 대한 통찰력을 높였다. 그리고 코드 품질을 전반적으로 향상시켜서 더 적은 수의 코드를 생성하고 실수를 줄여갔다.

팀에서 운영 책임을 지도록 하는 초반 몇 단계는 성공적이었다. 이제 서버를 확보해서 해당 서버에 대한 DNS 레코드를 추가하고 새로 프로비저닝한 서버에 설정 및 애플리케이션을 직접 배포할 수 있었다. 개발자의 주요 마찰 지점과 대기 시간을 없앴을 뿐만 아니라 "구축 작업"에서 "운영 작업"으로 바뀌면서 서비스의 신뢰성이 향상되었다.

신뢰 구축

그러나 운영 팀에서 이전에 "상태 검사(sanity check)"를 제거하면서 새로운 문제에 직면했다. 운영 팀의 지침이 없으면 백엔드의 엔트로피(시스템의 불확실성 정도)가 폭발적으로 증가한 것이다. 제대로 테스트하지 못한 서비스이지만 간단한 실험을 통해 프로덕션 환경에서 작업을 수행할 수 있었다. 때때로 프로덕션 환경에서 장애가 발생하면 프로덕션 환경에서 실행 중인 서비스 지식이 트라이브 한 온콜 엔지니어에게 호출되기도 했다. 당시 스포티파이는 서비스에 대한 지식과 운영 책임을 알고 있는 적절한 사람에게 호출해 장애를 해결할 수 있도록 해야 했다.

기존의 운영 담당자 방식은 소프티파이가 소규모 조직이었을 때 효과적이지만 기술 및 조직 측면에서 복잡성과 확장성 문제가 있었다. 한 명이나 두 명의 시스템 담당자가 모든 것을 파악하는 것은 불가능한 일이었다. 즉, 운영을 담당하는 문지기 역할은 운영 학습 기회를 전담해서 유지해야 한다는 것을 깨달았다.

운영 책임을 백엔드 팀에 넘기는 것은 논리적인 단계처럼 보였다. 다음 단계는 백엔드 팀에 운영 책임을 넘기는 방법이었다. 따라서 팀을 적극적으로 참여시켜 다른 기술 조직과 함께 발전하는 방법을 찾아야 했다.

우리는 '스쿼드 내 운영(Ops-in-Squads)'이라는 새로운 방식을 도입했다. 본질적으로 서비스에 대한 온콜 교대 및 운영 책임을 개발 팀에 넘기는 데 필요한 모든 것이 포함되어 있다. 이전에는 수동으로 한 많은 작업을 수행할 수 있는 툴을 생성해야 했다. 개발자가 프로덕션 이슈를 해결할 수 있도록 더 나은 문서와 교육이 필요했는데, 이런 변화에는 개발자 스스로 동기 부여되는 것이 중요하다.

개발자와 운영자가 모든 사람과 지식을 공유하고 양방향 의사소통 채널을 열도록 만든 길드(https://bit.ly/3fqbTtN)는 다음과 같은 핵심 사항을 정의하는 데 도움이 되었다.

- SLA(Service-Level Agreement)를 정의하는 표준화 방법(당시 SLI(Service Level Indicator)/ SLO(Service-Level Objectives) 개념을 사용하지 않았다)
- 온콜, 장애 처리, 근본적인 원인 분석 수행, 포스트모템 유지하기 등을 수행하는 방법에 대한 교육 과정
- 용량 계획에 대한 지침
- 모니터링, 알람 설정 관련, 모니터링 데이터 해석에 대한 베스트 프랙티스
- 문제 해결, 시스템 상호 작용, 인프라 툴링 교육

물론 모든 운영 책임을 팀에게 넘기는 것은 장기간에 걸쳐 큰 사업이 될 것이며, 인프라 팀은 여전히 핵심 플랫폼을 지원하고 구축해야 한다. 그러나 핵심 플랫폼에 정확히 무엇이 들어가는지

정의하는 데 어려움을 겪었다. 네트워킹, 모니터링, 프로비저닝과 같은 일부 사항은 명백하지만 다른 시스템은 분류하기가 더 어려웠다. 사용자 로그인 서비스, 재생 목록 시스템, 곡 암호화 키 시스템과 같이 중요한 인프라 스트럭처는 핵심 인프라인가 아니면 다른 백엔드 시스템처럼 처리하면 될까?

우리는 협상을 하고 싶었다. 운영 책임을 기능 개발 팀으로 옮기는 대신 운영 결정 과정과 마찰 지점을 제거하려고 했다. 기능 개발 팀이 금요일에 변경 사항을 반영해야 하는 경우 이를 방지해서는 안되는데, 운영 서비스에 대한 지식이 개발된 곳과 가장 가깝다고 생각하기 때문이다.

운영 책임 이관은 조직 내 모든 사람에게 환영받지 못했다. 기능 개발 팀의 개발 속도에 부정적인 영향을 줄 우려가 있기 때문이다. 기능 개발 팀이 시스템의 유지 보수와 운영 업무를 처리하면 기능과 성장을 제공하는데 충분한 대역폭을 어떻게 확보할 수 있을까? 기능 개발 팀은 SRE가 아닌 개발자로 구성되었다. 기능 개발 팀이 운영 학습과 실무 운영에 얼마나 많은 시간을 할애해야 할까? 사람들이 이러한 책임감을 갖도록 설득하기 위해서는 준비, 프로세스, 툴은 필수다.

스포티파이는 대부분의 팀이 최대한 원활하게 전환할 수 있도록 최고의 툴을 선택하고, 프레임워크 개발 및 홍보, 문서 작성에 계속해서 많은 투자를 했다.

패러다임 전환 촉진

"우리는 누구보다 빨리 실수하는 것을 목표로 한다."
– 데이널 이케이(Daniel Ek), 스포티파이 창립자 겸 CEO

필요한 정보와 툴을 모든 팀에 전달하기 위해 여러 접근 방식을 취했다. 개발자를 위한 프레젠테이션을 개최하고 백엔드 시스템이 어떻게 연동되고 공유 인프라를 사용하는지 논의했다. 우리의 수석 아키텍트는 수십 명의 개발자를 대상으로 연쇄적인 장애로 비롯된 대규모 장애를 처리한 내용을 소개하고 내부적인 포스트모템을 실시했다. 스포티파이는 팀이 중앙 진입점을 가지고 인프라 시스템 관련 문서 및 담당자를 쉽게 찾을 수 있도록 지원했다. 새로운 개발자를 위해 만든 '스쿼드 내 운영 핸드북'은 표준 문서가 되었고, 여기에는 팀이 알아야 할 내용과 정보가 들어있었다. 이를테면 해야 할 일에 대한 조언, 프로세스를 진행할 때 확인해야 할 목록, 기술 기능, 구현할 프로세스 등이 포함되었다. 그래서 짧은 기간 동안 백엔드 팀에 합류해 백엔드 서비스에 대한 온콜을 수행했고, 운영을 잘하도록 도왔다. 그리고 운영을 요구하거나 필요로 하는 팀을 위해 시스템, 배포 절차, 온콜 핸드북 등을 개선하는 작업과 합의를 직접 수행했다. 이런 방법으로 백엔드 팀과 함께 여러 스프린트를 함께 하면서 운영 업무를 진행한 후 온콜 책임을 해당 팀이 받아들이도록 할 것이다.

스포티파이는 2014년에 여러 팀에 운영 엔지니어를 합류시키는 접근 방식을 스쿼드 내 운영 투어'로 확장했다. '스쿼드 내 운영 투어'는 운영 팀의 일부 인원을 여러 팀에 보내 일상적인 운영 작업에 참여하고 어려움을 겪는 모든 작업에 도움을 주는 것이다.

우리가 팀에 합류하는 동안 팀의 아키텍터, 알람 및 모니터링을 살펴보면서 필요 시 개선하도록 도움을 주었다. 또한 온콜을 운영하는 방법, 온콜 일정 교대 시 베스트 프랙티스를 공유하는 방법, 이슈 제기 방법, 포스트모템을 유지하는 방법에 관해서도 토론했다. 특히 포스트모템은 시간을 많이 소비하는 것으로 유명했다. 장애를 많이 겪은 팀은 타임 라인을 수립하고 근본 원인을 파악해 주당 10~20건의 장애 처리를 정의하는 작업이 너무 큰 오버헤드로 여겨져서 종종 포스트모템을 건너뛰었다. 이런 경우는 포스트모템에 대한 다른 대안을 찾는 것이 유용하다. 어떤 주제를 기반으로 장애 내용을 공유하거나 한 번에 여러 장애에 대한 짧은 포스트모템을 진행하는 것이다. 종종 많은 장애는 근본적인 원인이 비슷했다. 정확한 타임 라인은 향후 해당 유형의 장애 가능성을 90%까지 줄일 수 있는 최고의 개선 사항을 파악하는 것만큼 중요하지 않았다. 이 과정에서 우리는 포스트모템을 잘 유지해 실수 때문에 누군가 비난받을 것이 아니라 실수로부터 배우는 것이 중요하다는 것을 강조했다.

배웠던 주요 내용

이 기간에 배운 주요 내용은 다음과 같다.

- 모든 것을 자동화할 수 있도록 노력한다. 수동 단계, 마찰 지점, 차단 장치를 제거하면 프로덕션 환경에서 반복할 수 있는 능력이 향상된다.
- 셀프서비스로 운영 중인 툴이 제대로 잘 작동하는지 안전여부를 확인한다.
- 협업을 통해 운영을 교육하는 것은 조직에서 운영을 "기본"으로 만드는 데 필수적이다.

자율성과 일관성: 2015~2017

- 100명 미만의 운영 엔지니어
- 200명 미만의 백엔드 엔지니어
- 4개의 데이터 센터
- 120개의 서비스
- 여러 클라우드 공급자

서두

이 섹션에서는 스쿼드의 자율성과 기술 스택의 일관성을 어떻게 균형 있게 유지했는지에 대해 이야기할 것이다.

실패를 계속 반복

기술 스택에 일관성을 도입하고자 했던 처음 접근 방식은 의도치 않은 추가 분열을 일으켰다. 계속해서 새롭게 노출되는 우려 사항을 팀에게 전달했지만 팀이 운영 업무를 맡으면서 기능 업무를 하지 못하고 있음을 알게 됐다.

핵심 엔지니어링 가치
기능 개발 팀이 일에 집중할 수 있게 해서 스쿼드의 독립성과 자유를 유지하고 꼭 필요한 인프라 일관성을 도입하도록 했다.

우리는 '스쿼드 내 운영' 모델을 운영하면서 기술 스택 표준화에 집중했고, 분산 운영 모델로 인프라 전체에 일관성을 제공해서 팀 운영 비용을 절감해야 했다. 높은 엔트로피는 비싼 문맥 전환과 불필요한 오버헤드를 의미했다. 그러나 일관성과 자율성의 균형을 맞추려면 신중함과 예지력이 필요했다.

스포티파이의 기술 스택에 여러 형태로 통일성을 구성했다. 비록 지금은 팀에서 서비스 운영을 담당하고 있지만, 올바른 장소에 추상화 계층을 구축하게 한 후 팀을 운영 업무에서 벗어나게 할 필요가 있었다. 추상화 계층의 첫 번째 단계는 provgun 및 DNS를 사용해 마찰 지점을 제거하고 초기의 성공 과정을 반복하는 툴이었다. 추상화 계층의 첫 번째 단계에서 사용된 여러 툴이 있었다. 대역 외(out-of-band) 하드웨어 관리를 위한 moob(https://github.com/spotify/moob), 하드웨어 설치/재사용/재시작 작업 관리를 위한 neep, 사용 중인 모든 서버에 대한 DNS 레코드를 작성하는 배치 잡 관리 툴인 zonextgen 등이 있다.

2015년부터 2016년까지 초반 작업을 기반으로 기능 개발자를 위해 용량 관리, 도커 배포, 모니터링, SLA 정의와 관련된 셀프서비스 툴 및 솔루션을 만들고 반복하는 데 주력했다. 더 이상 개발자는 스프레드시트로 용량을 계획하거나 apt-get 설치를 수행하기 위해 SSH를 통해 서버에 배포할 필요가 없다. 버튼을 몇 번만 누르면 스쿼드는 서비스 배포에 필요한 용량을 확보할 수 있었다.

2015년에 인프라 팀은 명시적으로 지원하고 유지 보수하는 '축복받은' 기술 스택을 구축했다. 해당 기술 스택은 스포티파이에서 백엔드 서비스를 개발, 배포, 모니터링하는 방법에 대한 "골든 패쓰(Golden Path)"가 되었다. '골든 패쓰'라는 용어를 사용해 인프라 팀이 지원, 유지 보수, 최적화하는 일련의 단계를 설명하기 시작했다. 필수 사용 솔루션으로 "축복받은 기술 스택"을 지정하는 것이 아니라 골든 패쓰를 사용하기 쉽게 만들어 다른 솔루션을 사용할 이유가 없도록 하고 싶었다.

골든 패쓰는 개발자를 위한 단계별 가이드로 구성했는데, 환경을 설정하는 방법을 포함했다. 골든 패쓰에는 '단순한 도커를 이용해 서비스를 생성한다. 저장소를 추가하고, 보안을 강화한다. 온콜이 작업할 수 있도록 준비한다. 그리고 사용하지 않는 서비스는 정리한다.'를 포함한다. 우리는 자바 마이크로서비스 프레임워크인 Apollo(https://github.com/spotify/apollo)를 개발했다. 해당 프레임워크는 개발자에게 메트릭(metric) 측정, 로깅, 서비스 탐색과 같은 무료 기능을 무료로 제공한다. 시계열 데이터베이스(TSDB, time series database)인 Heroic(https://github.com/spotify/heroic)과 프론트엔드인 Alien을 사용해 엔지니어가 사전에 패키징된 대시 보드를 생성하고 Apollo 서비스에서 기본 계측 정보를 기반으로 알람을 받을 수 있게 했다. 그리고 Helios(https://github.com/spotify/helios)를 함께 사용해 무중단 제어 방식으로 도커 배포를 롤아웃할 수 있는 지원을 제공했다.

혜택/이득

스쿼드에서 운영 업무를 지속적으로 최소화했기 때문에 기능 개발에 더욱 집중할 수 있었다. 그러나 개발자의 속도만이 인프라 내 일관성을 개선하는 유일한 장점이 아니었다. 스쿼드를 통해 물리 데이터 센터에서 구글 클라우드 플랫폼(Google Cloud Platform)으로 원활하게 이전할 수 있었다. 대부분의 작업은 개발자 관점에서 일어났다. 구글 클라우드 플랫폼에서의 용량 생성 방법은 베어 메탈(bare metal)[06]과 다를 바 없다. 서비스를 배포하거나 모니터링하는 것도 아니었다. 개발자의 관점에서 볼 때 일관된 툴 집합을 사용하면 새로운 스쿼드로 이동하거나 일시적으로 임베딩하는 것이 원활해졌다.

일관성 있고 축복받은 스택의 또 다른 장점은 유행하는 기술의 잠재적 함정에 빠지지 못하게 한다는 것이다. 또한 엔지니어가 사용하는 솔루션에 대한 통찰력과 이해를 통해 프로덕트 개선 방법을 알려준다. 장애 중 혼란으로 이어질 운영상의 복잡성과 단편화가 줄어들고 서비스 운영을 위한 베스트 프랙티스를 규정하고 지속적인 지원을 제공할 수 있다. 우리는 인프라 팀으로서 책임을 줄였지만 운영을 잘 처리하기 위해 노력했다.

보상

기술 스택을 표준화하는 데에 여전히 문제점들이 있었다. 이를테면 기술 스택이 너무 제한적이어서 모든 사용 사례가 해결되지 않을 때는 스쿼드 자치권을 잃거나 실험을 못 하는 등 개발을 방해하는 위험이 있었다. 골든 패쓰는 Apollo 서비스로 정의했지만 레거시와 내부 파이썬 서비스, 프론트 엔드(front end) 애플리케이션, 데이터 파이프라인 및 분석은 명시적으로 지원하지 않았다. 용량을 쉽게 생성하고 제거할 수 있는 기능은 제공했지만, 자동 확장(autoscaling)은 아직 지원하지 못했다. 이렇게 해결되지 않은 사용 사례는 일부 팀이 해결 방법을 찾기 위해 자체 툴을 만들면서 직면했던 단편화에 간접적으로 이바지했다.

어떤 경우에는 외부 지원 툴을 사용하지 않았다. 젯브레인(JetBrain)의 팀시티(TeamCity)는 유일하게 사용된 CI(Continuous Integration) 시스템이었다. 백엔드 서비스 개발자는 팀시티가 너무 번거로워서 젠킨스(Jenkins) 인스턴스를 사용했다. 젠킨스는 스쿼드 구성원 사이에서 매우 빠르게 확산되어 사실상 백엔드 서비스 CI 툴이 되었고, 이는 팀의 자율성과 실험성을 보여주고 있다. 다만 기존에 설치된 젠킨스는 오래된 버전이라서 유지 관리 및 보안이 취약하다는 점을

---

06 (역자주) 베어 메탈: 컴퓨터의 가상화를 구현하는 방법의 하나로 컴퓨터에 설치되는 호스트 운영 체제를 거치지 않고 컴퓨터 하드웨어와 직접 통신하는 방법을 의미한다.

제외하면 우리 팀이 채택한 '스쿼드 내 운영' 모델에 대해 모두 이해하고 받아들였다. 이로 인해 빌드 파이프라인 지원을 다시 고려하게 되었고, 결국 명시적으로 관리형 젠킨스 서비스가 개발되었다. 마찬가지로 우리 팀이 제공하는 툴임에도 불구하고 개발자가 카산드라 클러스터를 유지 보수하지 않는다는 사실도 알게 되었다. 기능 개발 팀이 카산드라 클러스터를 운영하면서 잠재적인 데이터 손실에 대한 압박을 느끼고, 유지 보수 업무까지 수행하는 것은 팀에게 너무 큰 오버헤드였다. 이 때문에 관리형 카산드라 서비스를 직접 운영하고 기능 개발 팀에 관련 지원을 제공하기로 했다.

기능 개발 팀에서 사용할 수 있는 셀프서비스 툴이 많았지만 IO 트라이브는 여전히 사용이 어려운 상태였다. 2017년에는 임시용, 보안, 신뢰성을 우선해서 전체 인프라를 강화하는 데 중점을 두었다. 당시 스포티파이에서는 전체 서버에 대한 롤링 재부팅을 통제할 수 있는 툴을 구축했기에 개발자가 탄력적인 서비스를 개발할 수 있도록 장려할 수 있었다. 그리고 리전 장애 복구 훈련을 자동화해 여러 기능 개발 팀에서 사용하는 모든 리전의 서비스 용량에 대한 가벼운 불일치를 최소화했다. 기능 개발 팀은 빅테이블(Bigtable)과 같은 새로운 클라우드 고유의 스토리지 솔루션으로 전환하는 데 시간을 할애해야 했지만 구글 클라우드 플랫폼 프로덕트 및 서비스에 대한 활용이 진전되면서 더는 인프라를 유지할 필요가 없어졌다.

'스쿼드 내 운영' 모델로 전환하고 자율성과 일관성 사이의 균형을 유지하는 데 성공했지만 여전히 운영에서 생기는 어려움을 없애고자 힘쓰고 있다. 아직 갈 길이 멀다.

배웠던 주요 내용

이 기간에 배운 주요 내용은 다음과 같다.

- 골든 패쓰는 코드에서 프로덕션 환경으로 빠르게 배포하는 방법을 문제없이 제공한다.
- 축복받은 기술 스택을 지원하고 더욱 지원한다.
- 축복받은 기술 스택을 적용하려면 분명한 인센티브를 부여해야 한다(예: 운영 모니터링, 지속적인 배포 파이프라인).

미래: 빠른 확장성, 신뢰성

미래를 생각할 때 기능 개발 팀의 운영 부담이 제로(0)에 가까이 감소할 것이라 상상한다. 이 인프라에서는 수많은 팀의 지속적인 배포 및 빠른 실험을 지원하며 개발자 대부분이 규모 있게 서비스를 운영해도 비용이 거의 들지 않는다. 이것이 우리의 꿈인데 아직 완전히 달성하지 못했다.

수많은 기술 변화로 운영을 전혀 안 해도 되는 꿈이 점차 이루어지고 있다. 해당 전략의 첫 번째는 클라우드로 전환하는 것이다. 데이터 센터 관리 및 하드웨어 구성과 같이 경쟁 우위를 제공하지 않는 작업에 시간을 쓰는 대신 해당 이슈를 클라우드 공급자로 전환해서 규모의 경제 이익을 얻을 수 있다.

해당 전략의 두 번째는 맞춤형 솔루션에서 활발한 커뮤니티가 있는 오픈소스 프로덕트로 전환하면서 클라우드 기본 요소를 채택하는 것이다. 예를 들면, 자체 개발한 컨테이너 오케스트레이션 시스템인 Helios에서 관리되는 쿠버네티스 서비스(구글 쿠버네티스 엔진(Google Kubernetes Engine))으로의 이전이 계획되어 있다. 우리가 자체 컨테이너 오케스트레이션 시스템에 계속 투자하는 대신 쿠버네티스를 채택하면서 오픈소스 커뮤니티의 많은 공헌으로 얻는 이익이 있다. 이 변화로 운영 팀은 조직이 직면한 높은 수준의 이슈에 집중함으로써 더 많은 가치를 제공할 수 있다.

클라우드의 추상화에도 불구하고 운영 팀은 여전히 플랫폼의 가동 시간(uptime)을 담당하고 있다. 우리는 이 목표를 달성하기 위해 3S(빠른 확장성(Speed at Scale), 신뢰성(Safely))를 채택하고 있다. 스포티파이에서 가능한 한 빨리 3S를 반복하면 좋겠지만 안전하고 신뢰할 수 있는 방식으로 하기를 바란다. 클라우드 전환은 3S 메시지와 일치하지만 인프라 및 운영 엔지니어는 더 미묘한 문제에 직면하고 있다. 처음에는 서비스, 데이터 센터, 네트워크, 하드웨어 모두 스포티파이에서 설계, 프로비저닝, 관리를 담당했다. 물론 해당 시스템의 운영 및 지원의 복잡성을 이해했다. 클라우드를 사용해 지속해서 증가하는 확장에 대한 통찰력, 자동화, 커뮤니케이션 채널이 필요하고 99.95%의 내부 가용성 SLO를 충족할 수 있어야 한다. 그래서 스포티파이는 카오스 엔지니어링(Chaos Engineering)[07]부터 서비스의 블랙박스(black-box) 모니터링에 이르는 다양한 영역을 포함하는 프로덕트의 신뢰성에 투자했다.

3S에 대한 또 다른 도전 과제는 우리가 무수히 많은 기술 프로덕트 제공을 통해 기능 개발 팀을 안내하는 방법과 관련이 있다. 혁신의 걸림돌이 되지 말아야 할 뿐만 아니라 플랫폼의 신뢰성도 보장해야 하는데, 신뢰성이 핵심일 경우 일관성 보장이 중요하기 때문이다. 따라서 올바른 툴링, 순응 엔지니어링(conformity engineering)[08], 엔지니어의 필요에 따른 적절한 프로덕트를 찾을 때 사용하는 강력한 개발자 플랫폼, 공동 교육 및 지지하는 노력이 필요하다.

이를 위해 '스쿼드 내 운영' 모델도 재평가해야 한다. '스쿼드 내 운영' 구조가 우리에게 도움이 되었지만 오늘날 기능 스쿼드의 운영 부담을 더 줄일 수 있도록 고민해야 한다. 이 변화와 함께 스포티파이는 성장했고 기업의 입장에서 과거에 적용된 성공을 위한 측정기준이 향후 동일하게 적용되지 않을 수도 있다는 것을 알고 있다. 따라서 최상의 솔루션을 찾기 위해 민첩하고 면밀한 실험은 계속될 것이다. IMOC 구조는 영향력이 큰 문제를 신속하게 대처할 수 있는 중요한 메커니즘이었지만 전 세계적으로 인력이 늘어나면서 IMOC 호출 시기와 보다 일반적으로 팀 온콜 처리 방법을 잘 이해하지 못했다. 이런 경우 조직 전반의 운영 베스트 프랙티스에 대한 교육을 개선해야 하고, 이를 수행하는 방법(운영 품질을 옹호하는 방법)은 '스쿼드 내 운영'에 대한 원래 생각을 조정할 수 있어야 한다.

---

07 (역자주) 카오스 엔지니어링은 프로덕션 서비스에서 장애가 발생할 때 시스템의 신뢰성을 확보하기 위한 계획된 실험을 진행하는 분야이다.
08 (역자주) 순응 엔지니어링은 프로덕션 환경에서 최상의 조건뿐 아니라 예상치 못한 조건에서도 잘 작동할 수 있게 하는 기술을 의미한다.

마지막으로 기술 환경이 변화하면서 사이트 신뢰성 요구도 변한다. 우리가 탐색하고 있는 분야 중 하나는 머신러닝이다. 수천 개의 가상 머신 인스턴스 및 물리 머신, 100개가 넘는 교차 기능 개발 팀을 통해 머신러닝이 끊임없이 성장하고 복잡한 마이크로서비스 생태계 시스템을 효과적으로 찾을 수 있게 하고 있다. 또한 클라우드 용량 요구 사항에 대해 "적절한 크기"를 지정하거나 장애가 발생하기 전에 큰 장애를 탐지하는 등 과거에 수동으로 설정했던 작업을 혁신할 기회가 있다. 기회는 많다. 또한 장애를 예측할 뿐만 아니라 자체적으로 장애가 해결되는 서비스나 신뢰할 수 있는 상태로 자동 장애 복구를 제공해 장애를 완화할 수 있다.

고려해야 할 다른 인프라 트렌드가 있다. 예를 들어, 서버리스(serverless) 패턴을 채택하면 모니터링부터 배포 및 운영에 이르기까지 서비스 인프라에 많은 도전 과제가 따르게 될 것이다. 또한 조직적이고 기술적인 변화가 나타나고 있다. 스포티파이의 개발자들은 백엔드, 데이터, 모바일, 머신러닝 시스템의 환경 전반에 걸쳐 점점 더 많은 작업과 노력을 기울이고 있다. 종단-대-종단(end-to-end) 전달을 지원하려면 여러 영역에 걸친 원활한 접점이 필요하다. 신뢰성은 더 이상 백엔드 전용 시스템의 견고성에만 초점을 맞출 수 없고 생태계에 부가 가치를 제공하는 데이터 및 머신러닝 엔진 네트워크를 고려해야 한다.

7장을 통해 글로벌 운영 및 인프라 조직을 구축할 때 성공과 실패에 대해 배우고 도움이 되었기를 바란다. 우리는 SRE의 여러 활동을 실험했고 '스쿼드 내 운영' 모델에서 잘 작동하는 구조에만 만족하지 않고 핵심 SRE 원칙을 염두에 두고 변화를 수용하려는 의지가 스포티파이를 성공으로 이끌었다고 생각한다. 기술 환경은 계속 변화할 것이고, 음악 스트리밍이 멈추지 않도록 우리 또한 계속 발전할 것이다.

데니얼 프라타 알메이다 Daniel Prata Almeida

스포티파이의 신뢰성을 높이는 인프라 및 운영 프로덕트 관리자이다. SRE로서 무선 호출기를 들고 복잡한 분산 시스템을 운영했다. 대니얼은 시스템 가동 시간(uptime)을 높이는 방법에 굉장히 빠져 있다.

사우낙 자이 차크라바티 Saunak Jai Chakrabarti

스포티파이에서 미국 인프라와 운영을 이끌고 있다. 사우낙은 분산 시스템에 열정을 갖고 있어서 예기치 않은 문제가 발생하거나 이상하게 작동하는 경우 모두 분석하는 것을 좋아한다.

제프 에크런드 Jeff Eklund

스포티파이에서 근무했고, SRE이자 신비하고 기발한 것에 대한 열정을 가진 기술 역사가이다. 제프는 모든 컴퓨터 이슈를 해결하려면 끈기, 동지애, 라면이 있으면 된다고 믿고 있다.

데이비드 포블라도 아이 가르시아 David Poblador i Garcia

SRE이자 프로덕션 매니저 출신으로 현재 스포티파이의 기술 플랫폼의 엔지니어링을 관리하고 있다. 특히 데이비드는 깊은 기술 지식과 전략을 소유한 친근한 얼굴이라는 소문이 있다.

니콜라스 구스타브슨 Niklas Gustavsson

스포티파이에서 최악으로 작동하던 서비스의 전 담당자이며 현재 스포티파이의 수석 아키텍트로 근무하고 있다.

마티아스 잔슨 Mattias Jansson

개발자, 선생님, SRE, 관리자였으며 현재는 스포티파이의 애자일 코치이다. 마티아스는 실리콘 및 탄소 기반 시스템에 대한 열정을 가진 역사 괴짜이기도 하다.

드류 미쉘 Drew Michel

스포티파이의 SRE로서 혼란에 직면해도 운영을 잘하려고 계속 노력하고 있다. 여가 시간에는 장거리 달리기와 오스트레일리아 양치기 개와 산책하는 것을 즐긴다.

린 루트 Lynn Root

스포티파이의 SRE로서 자신의 성을 시스템의 사용자 이름으로 사용하는 역사적인 논쟁 소지자이자 현재 FOSS(Free and open-source software) 운동의 전도사이다. 린은 PyLadies의 전 세계적인 리더이자 Python Software Foundation 이사회의 전 부회장이었다. 린의 손을 보면 키보드 아니면 대부분 베이스 기타를 들고 있다.

요한네스 루섹 Johannes Russek

공식적으로 스포티파이의 SRE였고 현재는 프로덕트 관리자로 일하고 있다. 조한네스는 비공식적으로 장애가 날 만한 또는 장애 발생 원인을 찾는 것을 좋아하는 소프트웨어 시스템 고고학자이다.

CHAPTER 8

대기업의 SRE 도입

애질런트 테크놀러지스 Agilent Technologies의 스리람 골라팰리 Sriram Gollapalli

8장에서는 대기업에 인수된 SaaS(Software as a Service) 벤처 기업(2006년 설립)이 전통적인 IT, 운영, 지원/품질 팀, 별개의 프로덕트 엔지니어링 부서와의 협업 등 대기업(1930년에 설립)에 SRE를 도입하면서 겪은 도전과 기회에 대한 필자의 이야기를 하고자 한다. 2017년 여름 아일랜드 더블린에서 개최한 SRECon17 Europe에서 발표한 강연을 정리한 것이며, SRE가 조직 및 프로덕트에 필요하다는 것은 알지만 이런 아이디어를 구현하는 방법 결정에 고심 중인 관리자를 대상으로 한다.

> 품질이란 아무도 보는 사람이 없어도 올바르게 일하는 것을 의미한다.
> – 헨리 포드(포드 자동차 설립자)

배경

작은 SaaS 벤처 기업 공동 설립자로서 대기업에 합류하는 것은 나에게 스릴있는 경험이었다. 우리 팀은 지식을 공유하고 비즈니스를 확장하기 위해 대기업이 제공하는 자원과 인프라를 활용하게 된 것을 기쁘게 생각한다. 내가 세운 스타트업에서 기능 및 프로덕트 라인, 양쪽에서 전달하는 관계의 매트릭스 구조가 새로운 패러다임을 도입할 때 유연할 뿐만 아니라 도전적일 수 있음을 알게 되었다.

애질런트 테크놀러지스(Agilent Technologies)는 1930년대 후반부터 실리콘 밸리에 깊은 뿌리를 두고 있다. 애질런트 테크놀러지스는 주로 축소 포장하는 소프트웨어 프로덕트를 생산하는 대형 장비 제조업체이며, 전통적으로 CD 및 DVD를 굽고 12개월에서 24개월마다 릴리즈해 소프트웨어를 제공했다. 사용자가 인터넷을 통해 프로덕트를 전달받는 것이 많아지면서 다운로드 패치와 업그레이드가 도입되었지만 크기 제한이 있어서 배송이 더 효율적일 때가 있다.

애질런트가 SaaS 업체를 인수하고 SaaS 프로덕트를 도입하면서 지속적인 통합 및 배포 파이프라인이 발전하는 전달 통로를 제공했다. 또한 이것은 기존의 프로세스, 조직 구조, 역할에 도전이 되었다. 미국 우정 공사(US Postal Service)와 FedEx와 같은 조직은 우리의 소프트웨어 프로덕트 릴리즈의 신뢰성을 제공하는 유일한 공급처였다. 클라우드를 통한 프로덕트 전달이 보편화 될수록 우리는 공급자가 되어야 했고, 이것은 곧 브랜드 약속 및 사용자 경험의 필수 구성 요소가 된다.

SRE 도입

근본적으로 SRE는 사용자 지향 프로덕트의 상태를 유지 및 개선하고 소프트웨어 엔지니어링 속도를 높이는 수단임을 이해하는 것이 중요하다. 이 메시지는 임원진의 마음을 사로잡고 전담 SRE 자원을 옹호하는 데 도움이 된다. SRE를 도입하기 위해 그림 8-1과 같은 접근 방식을 사용했다.

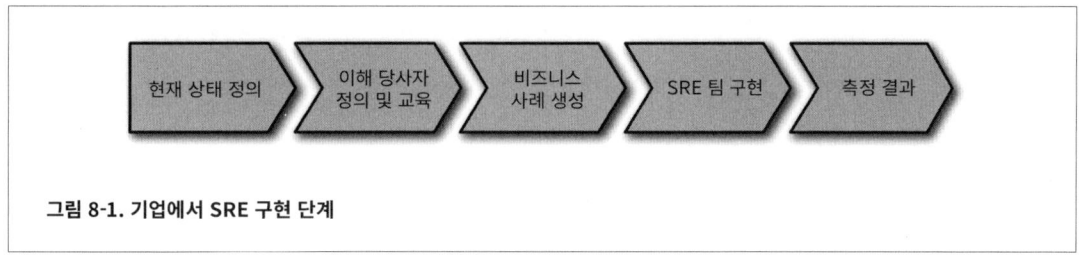

그림 8-1. 기업에서 SRE 구현 단계

현재 상태 정의

SRE가 향후 어디에 적합할지, 리더십에 비즈니스 사례를 어떻게 제시할 것인지 결정하려면 먼저 조직 구조를 이해해야 한다. 현재 기능 및 잠재적 차이를 평가할 때 고려해야 할 많은 구성 요소가 있다.

전체 환경을 이해하려면 조직의 전통적 기능의 역할과 책임을 정의하며 시작한다

일반적인 기업은 다음과 같은 주요 기능이 있다.

- 정보 기술/중앙 IT/정보 시스템/헬프 데스크(help desk)
- 프로덕트 지원 및 서비스
- 글로벌 운영

우리는 비슷한 대기업에 다니는 동료들과 함께 비공식 설문 조사를 진행했다. 기업 내 그룹이 항상 분명한 위치에 있는 것은 아니다. 최고의 조직 구조를 결정하려면 리더십 직책에 있는 리더와 임원을 파악해 운영 경험 및 운영에 대한 새로운 접근 방식을 수용하려는 욕구를 파악해야 한다. 이것은 추후 SRE 교육 및 비즈니스 사례 공유에 중요하다. 역할 예시로 CIO, 운영 부사장, 지원 부사장, 엔지니어링 부사장, 클라우드 부사장이 포함될 수 있다. 해당 그룹 중 하나가 SRE 팀을 성장시키는 데 논리적으로 적합할 수 있다.

함께 일할 사람을 파악하기 위해 인정받은 SaaS 프로덕트를 살펴봤다. 갑자기 SaaS 프로덕트를 이용할 수 없을 경우를 가정해 장애를 추적해서 어떤 역할과 그룹이 영향을 받는지 알아보았다. 이를 통해 전통적인 프로덕트 지원 및 IT 지원이 필요하다는 결론을 냈다. 더 중요한 것은 프로덕트를 포괄적으로 관리하고 모니터하기 위한 명확한 담당자 또는 확립된 프로세스가 없다는 것을 알게 되었다.

비즈니스 사례를 준비한다: 신뢰성을 담당하는 엔지니어 자원을 확보하는 데 드는 비용을 개인화하고 평가한다

스프린트에 완료, 정리된 백로그(backlog), 승인 테스트(acceptance test)에 대해 일관된 정의와 잘 계획된 스토리의 시나리오가 있다고 가정하자. 이는 계획되지 않은 사건/사고에 대한 충분한 버퍼를 사용해 쉽게 처리할 수 있도록 계획한 스프린트이다. 화요일 오후에 집중 코딩 세션에 뛰어들 준비가 끝났는데 지원팀에게서 다음과 같은 연락을 받았다. "사용자가 장바구니에 상품을 추가할 수 없다는 문의가 있습니다. 확인해 주시겠어요?"

이런! 이게 무슨 일인지 알아내느라 스프린트의 목표와 속도를 달성하려는 희망이 멀어져 간다. 익숙한 상황인가?

작업을 진행할 때 문맥 교환이 효율성을 점점 감소시킨다. 비즈니스 사례의 첫 번째 요소는 SRE 자원 없이 기존 엔지니어링 자원이 비즈니스 우선순위가 높은 프로덕트에 대한 향상 및 개선에 집중할 수 없다는 사실에 초점을 맞출 수 있다.

지원 팀, 영업 팀, 마케팅 팀, 기타 사용자 대면 팀에게서 엔지니어링이 프로덕트를 더 효율적으로 완성할 수 있었던 방법, 장애와 비슷한 사건을 조사하는 시간에 대한 높은 수준의 추정치에 관한 이야기를 모은다.

비즈니스 사례를 준비한다: 유사한 중복 작업을 수행하는 자원의 비용을 계산한다

여러 프로덕트(클라우드 및 기타)를 포함하는 대규모 회사에서는 SRE와 같은 책임을 지닌 여러 자원 또는 팀이 있을 수 있다. 해당 자원으로 협업할 때 중앙 집중식의 노력으로 지식을 공유하고 비용을 절감할 수 있다. 회사 전체에서 서로 다른 자원이 비슷한 프로세스와 툴을 정의하고 개발할 수 있다. 해당 자원을 확인하고 중복 작업에 대한 노력 비용을 추정한다.

프로덕트 SRE가 어느 프로덕트를 책임질 것인지 로드맵 구축을 위해 현재 인프라 환경을 조사한다

우리는 SRE 참여로 이득을 얻을 수 있는 프로덕트를 식별하기 시작하면서 개발된 프로덕트의 기술 스택에 대한 정보를 수집했다. 그리고 스노우 플레이크(Snowflake)[01] 서버(https://martinfowler.com/bliki/SnowflakeServer.html)를 이미 배포해 클라우드 릴리즈 준비가 완료된 프로덕트부터 복잡한 윈도우 아키텍처, 장애 이력과 취약한 생태계 시스템(지원되지 않는 운영 체제 버전, 제한된 외부사 지원)의 의존성까지 다양하게 살펴봤다. 기존 환경 운영에 대한 복잡성을 과소평가하지 말고 자신의 평가 내용에 포함한다.

이해 관계자 식별 및 교육
현재 환경을 이해하면 대화를 시작하고 SRE가 조직에 미칠 수 있는 영향과 영향에 관한 이야기를 작성한다.

조직의 리더와 대화를 시작한다
이전 섹션에서 확인한 것처럼 리더는 CIO, 운영 부사장, 지원 부사장, 엔지니어링 부사장이 포함될 수 있다. 우리는 조직에서 겪은 현재의 책임과 문제점을 이해하기 위해 일대일 대화로 시작했다. 이 시간을 활용하여 SRE가 각 기능 영역을 어떻게 향상할 수 있는지에 대한 이야기를 확인하고 조정했다.

우리가 이번 과제에서 프로덕트가 차지하는 공간을 이해했기 때문에 현재 상태와 이질적인 프로덕트 제공 모델(그림 8-2)에 대한 높은 수준의 분석을 대화로 공유하기 시작했다. 이 기회에 클라우드 전달 개념과 기존의 포장지 계약(shrink-wrapped)[02] 소프트웨어와 다른 점을 도입했다.

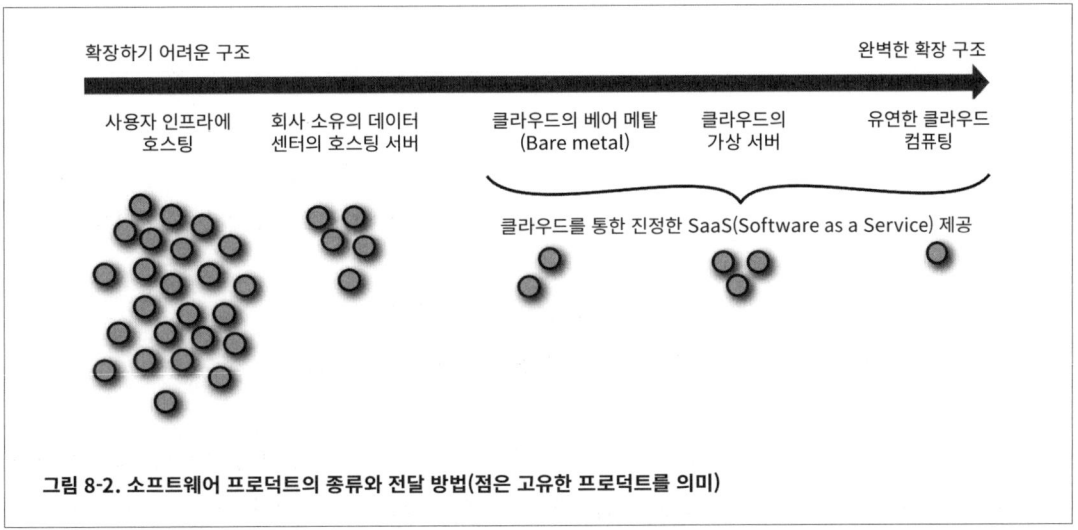

그림 8-2. 소프트웨어 프로덕트의 종류와 전달 방법(점은 고유한 프로덕트를 의미)

이와 같은 문맥에서 일반적으로 중앙 집중 IT 부서에 있는 기존 시스템 관리자로 시작된 전달 및 운영 모델의 진화에 대해 다뤘다. 애질런트가 차세대 SaaS 유니콘 회사 또는 하이퍼 소셜 미디어 프로덕트가 되기를 열망하지는 않았다. 그렇지만 구글, 넷플릭스 등의 사례를 사용해 IT 업계

---

01 (역자주) 스노우 플레이크: 이미 설치한 서버에 설정 및 패치를 지속해서 적용하는 업데이트를 적용하는 서버를 의미한다.
02 (역자주) 포장지 계약: CD와 같이 개별 포장된 채로 제작된 소프트웨어를 구입하면 포장지 겉면에 계약조건이 인쇄되거나 동봉되어 있다. 패키지 포장을 개봉하는 것이 계약의 승인이 되는 계약을 포장지 계약이라 한다.

의 전달 모델이 엔지니어링 조직과 함께 잘 통합되는 방식으로 어떻게 변화하고 있는지 보여주는 배경을 제공하는 데 도움이 되길 바랬다(그림 8-3 참고). 그리고 전달 모델을 통해 전통적인 운영 패러다임의 차이점과 엔지니어링 조직에 명확한 결승점이 없다는 점을 강조했다.

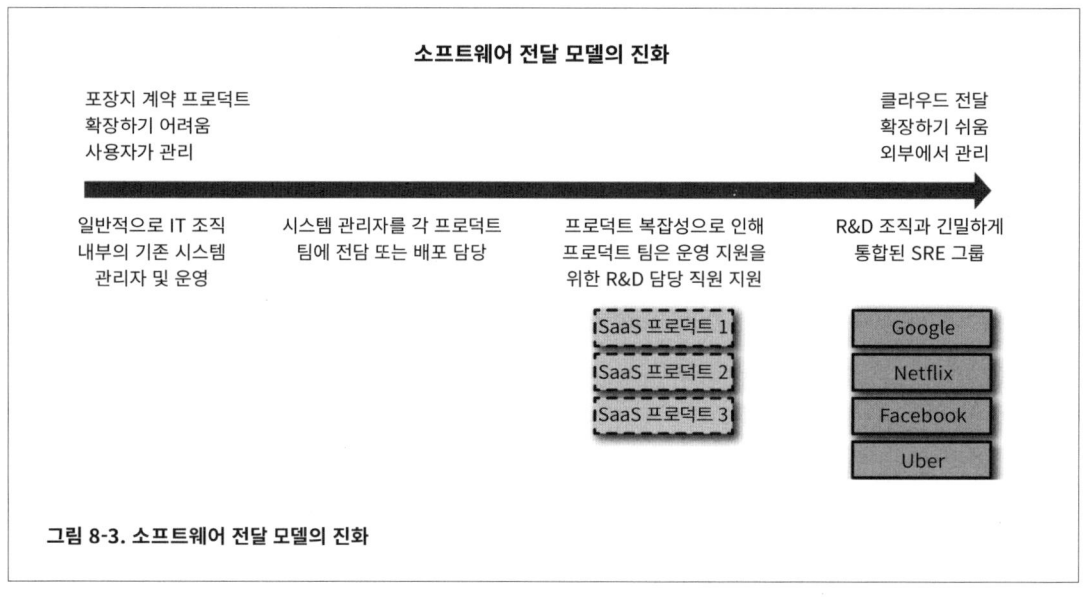

그림 8-3. 소프트웨어 전달 모델의 진화

SRE 정의

애질런트에 적용된 SRE의 주요 개념이 세워졌다.

- SRE 팀은 내부 또는 외부의 사용자를 위해 운영되는 관련 시스템인 프로덕션 서비스를 운영하고 궁극적으로 프로덕션 서비스의 상태를 책임진다.
- 서비스를 성공적으로 운영하려면 다음과 같은 다양한 활동이 필요하다.
  - 성능, 가용성, 대기 시간, 효율성을 위한 모니터링 시스템 개발 및 구현
  - 용량 계획, 서버 관리, 재해 복구
  - 비상 장애 대응, 장애 발생에 대한 근본 원인 파악
  - 릴리즈 관리에 대한 프로덕트 팀과의 긴밀한 협력
  - 가용성 목표 설정 및 충족
- SRE가 특정 서비스에 관여할 때 특정 요소(장애 응답 해결 시간이 향상되고 가용성이 향상)를 기반으로 해당 서비스를 개선해 서비스의 프로덕션 환경을 쉽게 관리하는 것이 목표이다.
- SRE는 소프트웨어 프로덕트가 항상 안정적이고 실행되고 있다는 사용자의 관심을 나타낸다.

처음에는 SRE 신조 중 일부가 직관적이지 않고 기존 기능(예: IT 인프라 지원 및 프로덕트 지원)과 겹치는 것처럼 보였다. 그러나 많은 대화를 통해 SRE가 기존의 엔터프라이즈 지원 그룹보다

훨씬 더 밀접하게 소프트웨어 엔지니어링 그룹 및 자원과 상호 작용하는 고유한 기능임이 분명해졌다.

 대화를 진행하는 동안 모든 사람은 엔지니어링 자원이 프로덕트를 잘 유지하게 하는 역할 수행에 동의했다. 또한 엔지니어링 자원에 대한 혼란뿐 아니라 비즈니스 우선순위에 대한 작업을 방해했다는 점에 동의했다. 초기에는 SRE 책임을 포함하도록 운영 팀 범위를 확장하려 했다. 그러나 필요한 기술 능력과 운영 관점에서 유사한 요구 사항이 다른 프로덕트에도 정의되면서 프로덕트 그룹과 가깝게 있으면서 운영 마인드를 갖춘 전담 프로덕트 엔지니어링 경험이 필요하다는 것이 명확해졌다.

게다가 현재의 역할 수행 시 정상적인 경험을 지원하는 데 필요한 세부적이고 전혀 다른 프로덕트를 수용할 수 있는 능력이나 기술적 지식이 없었다.

이렇게 SRE 역할을 정의하고 요약하면서 각 리더와 일대일 미팅을 예약하고 각 리더에게 SRE 개념과 기본 사항을 설명했다. SRE 교육은 팀에 투자하고 앞으로 나아갈 수 있는 비즈니스 사례를 제시하는 데 핵심적인 임무를 수행했다.

비즈니스 사례 발표

우리는 이해 관계자와 함께 그동안의 노력과 시도들을 요약하고 비즈니스 사례로 제시하는 대규모 그룹 회의를 통해 이 단계를 마무리했다. 그리고 다음과 같은 내용을 중심으로 발표했다.

- 현재 당면한 과제/비즈니스 문제
- 비슷하지만 비응집 기능에 소비되는 현재 노력/비용
- 기술적 리더십에서 SRE 기능을 배양하는 방법에 대한 설명
- 운영 신뢰성에 대한 긍정적인 영향
- 투자 대비 수익(Return On the Investment) 달성을 위해 제안된 일정 및 이정표

SRE 팀 구성

이 시점에 비즈니스 사례와 "왜" 우리가 SRE를 하고 있는지에 대해 알아야 한다. 이제 "어떻게" SRE를 하고 있는지 살펴볼 차례다. 먼저 SRE 목표를 설정해서 팀을 구성하는 것으로 시작하자. 여러분이 책임지고 있는 프로덕트에서 이미 SRE 작업을 수행하고 있는 자원의 종류를 식별하고 엔지니어링 의무에서 별개의 그룹으로 구분하여 SRE 책임에 집중할 수 있도록 한다.

목표 설정 및 성공 측정 항목 정의

목표를 설정하고 성공 측정 항목을 정의한다는 것은 조직에서 고유한 팀으로 구성될 가능성이

높기에 일관된 측정 항목 및 업데이트는 정의, 측정 및 이해 관계자에게 보고하는 데 중요하다. 구글의 네 가지 황금 신호(https://bit.ly/331V5oN)는 SRE 구현의 성공 여부를 측정하기 위한 좋은 출발점이다. 이 네 가지는 트래픽(분당 요청 수), 에러(프로덕트 당, 일별 장애/에러 개수), 포화(작동 중인 웹 워커(worker) 수), 지연시간(시간 초과 개수 또는 페이지 로드(page-load) 지속 시간)이다. 해당 모니터링은 전체 프로덕트 가동 시간(uptime) 측정 항목에 영향을 줄 수 있다.

팀을 성장시키기: 내부 인력 사용 또는 외부 위탁?

글로벌 보증 범위, 매우 풍부한 지식, 지원 등을 추가하기 위해 특정 업체와 계약해 프로덕트의 신뢰성과 납품에 집중할 수 있다(여러분의 조직에서 이미 실행 중일 수 있다). 결국 "지원 역할"이라고 봐야 할까? 이렇게 단언하기에는 여러모로 신중하지 않다고 본다.

처음에는 편리하고 위험성이 낮아 보였지만 프로덕트 중 하나가 유사한 지원 기능을 제공하고자 계약한 업체에 너무 의존하는 것을 알게 되었다. 어느 날 계약 업체에서 내부 인사이동이 있어 프로덕트 담당 직원을 교체해 새로운 직원에게 프로덕트 지식을 이전했다. 우리가 계약 업체를 통제할 수 없기에 교체된 계약 업체 직원의 프로덕트에 대한 지식과 이해도가 부족한 이슈는 어려운 문제였다. 더욱 중요한 점은 프로덕트 지원 지식을 완전히 아웃소싱했기 때문에 지원을 이어받을 세부 내용조차 확보하지 못했다는 사실이었다.

따라서 특정 SRE 기능을 구현하기 시작할 때 특정 프로덕트 도메인 전문 지식을 갖춘 전담 직원에게 투자하는 것은 매우 중요하다. 장기적으로 계약 회사를 팀의 핵심 구성원으로 두기 어려운 이유로는 계약 업체의 인사이동, 프로덕션 시스템에 대한 지식 이전 시간 등을 들 수 있다. 처음 시작할 때 계약자는 일관되고 안정적인 SRE 기능을 갖추기 위해 비용과 시간을 추가할 수 있다. 여러분은 아웃소싱 운영 관리에 대해 걱정하지 않고 사내 역량과 전문성을 구축하는 데 집중하고 싶을 것이다.

SRE 작업을 확장하려 할 때 계약 업체에서 작업할 수 있는 작업이 포함되어야 한다. 또한 작업 프로세스를 문서로 잘 만든 후 용량을 추가하기 위한 1단계 분류를 추가해야 한다.

경험이 많은 내부 인재: 엔지니어링 팀 구성원 교대하기

성공적인 SRE 팀 구성원의 한 가지 특징은 엔지니어링 및 개발 프로세스와 밀접하게 연관되어 있다는 점이다. 이런 종류의 경험과 깊이 있는 프로덕트 아키텍처 지식을 통해 현재 엔지니어링 팀 구성원이 자원을 활용할 수 있다. SRE 사고방식을 회사 전체에 전파하면서 자연스럽게 SRE 채용으로 이어지는 한 가지 방법은 기존 엔지니어링 관리 팀과 협력해 엔지니어링 팀원을 SRE 팀으로 이동시키는 것이다. 조직에서 특정 작업에 대한 일정을 알려줘야 하는데, 2~3개월 정도면 일반적으로 괜찮다. 가끔 프로덕트 소프트웨어 부서에서 해당 작업을 진행하기 위한 자원이 이미 존재한다는 사실을 알고 놀랄 수 있다. 중앙 팀에 해당 자원을 전달하면 광범위한 프로덕트 포트폴리오에 더 많이 노출되며 모두에게 지식 공유를 전달할 수 있는 장점이 있다.

개발주기 내의 SRE

SRE 팀을 구성한 후에는 그림 8-4에서 설명한 것처럼 프로덕트 개발 라이프 사이클의 모든 부분에서 프로덕트 팀과 협력하는 것이 중요하다. SRE 기능은 각 프로덕트에 더 빨리 참여할수록 효과적이다. 교육 엔지니어링, 프로덕트 마케팅, 지원 팀에 알린다면 SRE 기능의 성공적인 관계를 구축할 수 있다.

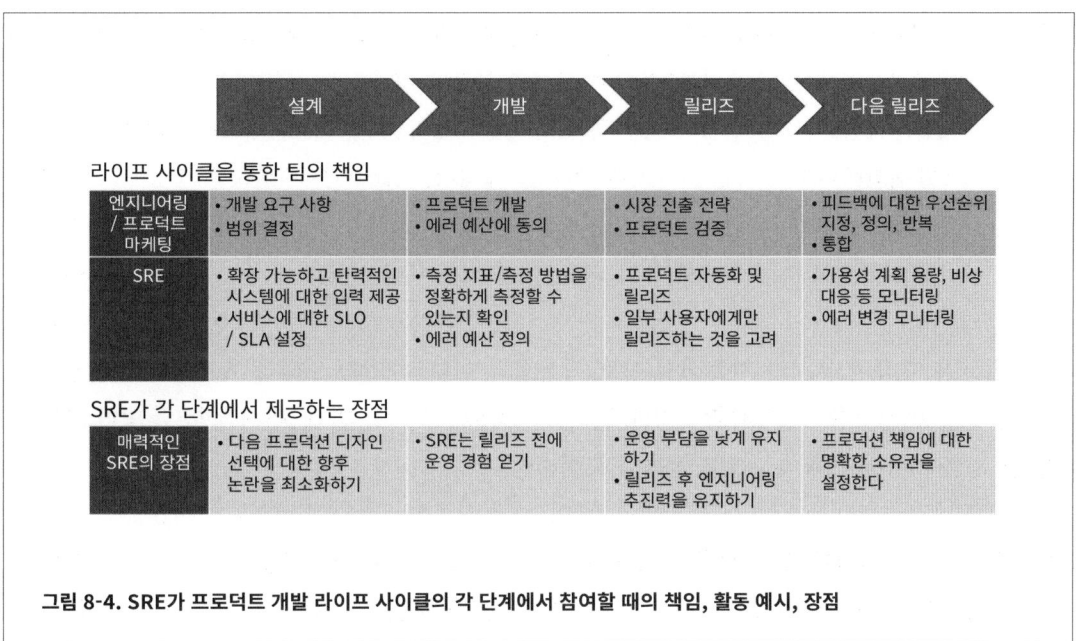

그림 8-4. SRE가 프로덕트 개발 라이프 사이클의 각 단계에서 참여할 때의 책임, 활동 예시, 장점

리프트(Lyft)의 소프트웨어 엔지니어인 맷 클레인(Matt Klein)은 "SRE는 프로덕트 팀에 포함되어 있어야 하지만 프로덕트 팀의 엔지니어링 관리자에게 보고하지 않는다. 이를 통해 SRE는 프로덕트 팀의 팀원과 함께 스크럼을 진행하고 상호 신뢰를 얻고 적절한 견제와 균형을 유지해 신뢰성과 기능의 중요성을 평가할 때 현실적인 대화를 진행할 수 있다."[03]

지원 부서의 역할 정의

SRE를 성공적으로 구현하는 마지막 구성 요소는 SRE가 기업의 기존 부서 및 기능을 어떻게 활용하고, 의존하고, 향상시킬 수 있는지 이해하는 것이다. 다음은 작동할 수 있는 개발에 대한 상호 작용 및 관계 예시이다.

---

[03] 맷 클레인이 작성한 The human scalability of "DevOps"(HYPERLINK "https://bit.ly/3mT6uR7") 참고한다.

- 정보 기술/중앙 집중 IT/정보 시스템/헬프 데스크
    - 이 그룹은 인프라 스트럭처(예: 네트워크, 데이터 센터, 기업 보안), 엔터프라이즈 보안 운영 센터, 네트워크 운영 센터의 운영을 담당한다. 각 그룹의 노력이 중복되지 않도록 주요 연락처와 책임이 정의되어 있는지 확인한다.
- 프로덕트 지원 및 서비스
    - 이 그룹은 대개 사용자 대면 지원, 전화, 정의된 장애 관리 프로세스의 최전선에 있다. 마찬가지로 SRE 팀과 SRE 팀의 능력을 도입하는 데 시간을 투자한다. 해당 그룹은 혼란을 최소화하기 위해 확장 프로세스 및 원활한 전환을 설정할 수 있다. 해당 그룹은 장애 발생 시 사용자 대면 커뮤니케이션을 처리하는 데에도 유용할 수 있다. 성공적인 SRE 구현에 있어 강력한 파트너가 될 것이다.
- 글로벌 운영
    - 이 그룹에 경영진이 이미 검토하고 있는 중앙 집중식 대시 보드가 있을 수 있다. 모니터링 중인 프로덕트의 SRE 측정 항목과 통계를 커뮤니케이션에 반영하도록 통합한다.

여러분은 다양한 부서와 지속해서 상호 작용할 것이다. 타인의 노력과 제도적 지식을 그대로 적용하지 않아야 한다. 기존 자원과 기능을 활용하면 SRE 기능을 바로 시작할 수 있다. 시간을 투자해 SRE 기능을 이해하고 교차점을 찾도록 하자.

교훈

다음은 내가 속한 조직에서 SRE를 도입하는 과정에서 배웠던 교훈이다.

기존의 상황에 도전하라

SRE가 여러분의 조직에 올바른 해법이라는 것이 즉시 명백하지 않을 수도 있다. 다만 직면한 문제를 해결하기 위한 방법론으로 SRE를 도입하는 자체를 두려워하지 않길 바란다. 차세대 프로덕트를 위해 엔지니어링, 운영, IT, 지원 기술을 일관성 있는 프로덕트와 결합하는 독창적인 프로덕트는 의사소통이 복잡할 수 있다. 우리는 새로운 프로덕트 전달 모델을 포용하는 미래 지향적인 사고방식을 가진 리더십에 참여하게 된 것을 다행스럽게 생각한다. 안주하지 않고 기존의 기능 전반에 걸쳐 SRE 책임을 할당하도록 한다. 업계 사례를 사용하고 계속해서 성공 사례를 만든다.

조직 구조를 이해하는데 시간을 투자하기

여러분이 작은 부서에 있든 CIO 옆에 앉아 있든 리더의 관점에서 SRE 기능이 적합한 곳을 정의한다. 이것이 명백하게 안 된다면 리더십을 발휘하여 SRE에 대한 개념을 도입한다. 변경 가능해야 한다. 경영진의 지원을 조율하고 비즈니스 사례를 증명한 후에는 SRE 그룹을 육성할 수 있는 청신호가 있어야 한다. 또한 핵심 리더십과 만나야 한다. SRE를 도입하려면 핵심 리더십의 지원이 필요하다.

비즈니스 사례 구조 중심의 SRE 도입에 대한 체계를 잡기

비즈니스 사례는 경영진의 공감을 불러일으키고 조직의 리더십과 자연스러운 접근 방식을 제공한다. SRE가

조직에서 필요한 이유를 뒷받침할 수 있는 기술적 지식을 갖추는 것이 중요하다. 그렇지만 무엇보다 비즈니스 사례로 만드는 것이 효과적일 수 있다.

경계와 초점을 설정하기

여러분이 그룹을 만든 후에 해당 그룹에서 전달 가능한 가치의 한계를 설정하는 것이 중요하다. 작게 시작하고 여러 프로덕션 시스템의 신뢰성을 향상하는 데 중점을 둔다. 여러분의 그룹이 성공한다면 지식이 공유되는 최고 기관을 구축하고 확장할 수 있다. 다른 그룹들은 우리 그룹을 "신규 조직"이라고 생각했고 시스템의 신뢰성 향상을 위해 우리 그룹에 도움을 청했다. SRE 그룹의 범위에 더 많은 프로덕트를 추가하고 싶었지만 먼저 원래의 우선순위에 집중해야 한다는 것을 깨달았다. 훌륭한 인프라와 검증된 프로세스를 갖추면 자연스럽게 다음 단계는 SRE 그룹의 책임에 더 많은 프로덕트를 추가하고 확장하는 것이다.

구현 예시 로드맵

팀을 구성하고 지식을 축적한 후에 단일 프로덕트를 시작하기 위한 활동 예시가 있다.

- 1분기
    - 전반적인 계획을 대시 보드에 작성한다.
    - 가용성 모니터링 및 에러 모니터링 툴을 결정한다.
    - 장애 관리 툴을 결정한다.
    - 사용자가 이용 중인 사이트를 정의한다.
    - 온콜 교대 계획을 확인한다.
    - 기존 모니터링 툴의 소음을 줄인다(현재 모니터링을 하지 않는다면 해당 없음).
    - 모니터링하려는 SLO를 정의한다.
    - 지속적 개선/지속적 배포 툴을 조사한다.
    - 일주일에 5일 동안 12시간 온콜 교대를 구성한다.
- 2분기
    - 대시 보드에서 실시간 빌드/배포 상태를 파악한다.
    - 프로덕션 환경에서 가용성 모니터링 툴을 구현한다.
    - 일주일에 5일 동안 18시간 온콜 교대를 구성한다.
    - 환경 설정을 표준화한다.
    - 여러 환경에 자동 배포한다.
- 3분기
    - 장애 복구 및 비즈니스 연속성 계획 테스트를 수행한다(복구 시간 목표 및 복구 시점 목표를 문서화하고 테스트한다).
    - 컨테이너 관리 및 컨테이너 오케스트레이션을 실험한다(프로덕트가 마이크로서비스로 인해 더욱 복잡해지기에 컨테이너를 전달 수단으로 이해하는 것이 중요하다).

- 테스트 애플리케이션 배포 기술에 대해서 조사 및 테스트하고 마이크로서비스 배포를 준비한다.
- 주요 인프라 컴포넌트에 대한 탄력성과 고가용성 목표를 충족시키는 환경을 확인한다.
- 그림 8-4에서 설명한 대로 프로덕트 개발 라이프 사이클 프로세스에서 사인 오프(sign-off)를 공식화한다.
- 4분기
  - 로그 분석에서 예측 분석을 위한 툴 조사 및 테스트를 진행한다.
  - 일주일(24시간 7일) 동안의 온콜 교대를 구성한다.

끝맺으며

여러분의 회사에서 SRE 도입한다면 잘되길 바란다. SRE는 소규모 및 대규모 조직 모두에 흥미진진한 미래를 갖고 있다.

더 읽을거리

1. 니콜 폴스그렌(Nicole Forsgren), 제즈 험블(Jez Humble), 진 킴(Gene Kim)의 『가속화: 린 소프트웨어와 데브옵스의 과학, 고성능의 기술을 구축하고 확장(Accelerate: The Science of Lean Software and DevOps: Building and Scaling High Performing Technology Organizations)』(https://amzn.to/3F5AFwS), 오레건 주의 포틀랜드에 있는 IT Revolution Press 출판사, 2018
2. 온콜 구현하기 (https://increment.com/on-call/)
3. 게리 그러버(Gary Gruver)의 도서, 『기업에서 데브옵스 시작과 확장(Starting and Scaling DevOps in the Enterprise)』, (https://amzn.to/3jBloJK), BookBaby 출판사, 2016
4. 측정 항목에 대한 아이디어
5. 성공적인 SRE 팀원을 위한 기술 세트 (https://bit.ly/34oXLxj)
6. 장애 관리 템플릿 (https://response.pagerduty.com/)

스리람 골라팰리 Sriram Gollapalli
15년이 넘게 엔터프라이즈 SaaS 프로덕트 및 솔루션을 설계, 개발, 구현하는 일을 했다. 또한 애질런트가 2016년 여름에 인수한 의료 시장에 중점을 둔 엔터프라이즈 SaaS인 iLab Solutions의 공동 창립자이자 CTO였다. 그전에는 스리람은 딜로이트 컨설팅(Deloitte Consulting)의 컨설턴트로 전략 기술 엔터프라이즈 솔루션 및 인텔에서 시스템 엔지니어로 근무했다. 스리람은 카네기 멜론 대학(Carnegie Mellon University)에서 컴퓨터 과학 학사와 정보 시스템 관리 석사 학위를 취득했다.

CHAPTER 9

시스템 관리자와 SRE 간의 차이

아마존 재팬 Amazon Japan**의 블라드미르 레게자**Vladimir Legeza

> **측정할 수 없다면 개선할 수 없다.**
> – 윌리엄 톰슨(William Thomson, Lord Kelvin)

지난 10년 동안 사이트 신뢰성 엔지니어링(SRE, Site Reliability Engineering)은 많은 기술 회사와 시스템 관리자 커뮤니티에서 잘 알려진 용어가 되었다. 많은 경우 사이트 신뢰성 엔지니어링은 분산 시스템(distributed system) 및 컨테이너화(containerization)와 같은 키워드와 밀접한 컴퓨터 시스템 관리의 새롭고 향상된 기술의 동의어이다. 또한 다양한 회사가 시스템을 대규모 및 비용 효율적으로 실행하고 지원할 수 있는 일련의 프랙티스를 나타낸다.

SRE(Site Reliability Engineer)와 기존 시스템 관리자(System Administrator)를 구별하는 기본 속성은 관점이다. 기존 시스템 관리자는 시스템에 에러가 발생하지 않거나 과부하가 걸리지 않도록 하는 것이다. 반면 SRE는 비즈니스 요구 측면에서 원하는 시스템 상태를 정의한다.

SRE, 시스템 관리자 모두 모든 CPU 코어의 온도부터 상위에 있는 애플리케이션의 스택 추적에 이르기까지 모든 각도에서 서비스를 모니터링하는 수많은 측정 항목을 사용한다. 그러나 SRE와 시스템 관리자가 동일한 측정 항목을 보더라도 아주 다른 결론을 낼 수 있다. 시스템 관리자 관점에서 몇 밀리 초(MS)의 지연 시간 증가는 많은 에러 개수와 비교할 때 그다지 중요하지 않을 수 있다. 반면에 SRE는 완전히 반대되는 결론으로 이어질 수 있다. 에러가 발생할 수 있지만 최종 사용자에게 영향을 주지 않으면 서비스는 정상이다. 물론 미미한 지연 시간 증가라고 해도 사용자에게 어려움을 준다면 심각한 이슈로 다뤄야 한다.

다음의 간단한 예시를 통해 SRE와 시스템 관리자 간의 차이가 어디에서 비롯되는지 자세히 살펴보겠다.

관리자가 새로운 작은 서비스를 생성해줄 것을 요청했다고 가정해보자. "간단한 웹 크롤러이다. 웹 크롤러는 기본 URL을 받아 해당 내용을 다운로드하고 유효성 및 접근 가능 여부에 상관없이 해당 페이지에서 검색된 모든 URL의 목록을 찾아서 반환해야 한다." 이 작업은 다소 단순하다. 일반적인 소프트웨어 개발자는 적은 수의 고급 코드 라인을 사용해 즉시 구현을 시작할 수 있다. 경험이 풍부한 시스템 관리자는 같은 작업을 할 가능성이 크지만 프로젝트의 기술적 측면을 이해하려고 노력한다. 예를 들어, "프로젝트에 SLA(서비스 수준 계약, Service-Level Agreement)가 있는가?", "어떤 부하가 예상되고 어떤 종류의 장애가 발생하면 무엇을 해야 하는가?"와 같은 질문을 할 수 있다. 이 시점에서 전제 조건은 "요청 부하는 초당 10개가 넘지 않으므로 단일 URL 요청에 대해 응답 시간이 10초를 넘지 않으리라고 기대한다."와 같이 간단히 할 수 있다.

이제 SRE를 대화에 초대한다. 첫 번째 질문은 "사용자는 누구인가? 그리고 사용자가 왜 10초 안에 응답을 얻는 것이 중요한가?"이다. 해당 질문을 주로 비즈니스 관점에서 할 수 있지만 이와 같은 정보 공개 질문은 상황을 크게 바꿀 수 있다. 만약 이 서비스가 검색 엔진 결과 페이지에서 콘텐츠 유효성 검사의 필요성을 해결하고 새로운 인덱스가 살아 있는 링크만 제공하는지 확인하는 것이 목적인 "정보 검색" 개발 팀을 위한 서비스라면 어떻게 될까? 백만 개의 링크가 있는 페이지를 다운로드하면 어떻게 될까?

이제 SLA의 우선순위와 서비스 목적의 우선순위 사이의 충돌을 살펴보자. SLA는 응답 시간이 중요하다고 했지만, 서비스는 최종 사용자를 위한 서비스의 가장 중요한 측면으로서 데이터를 정확하게 검증하기 위한 것이다. 따라서 비즈니스 필요성을 충족시키기 위해 프로젝트 요구 사항을 조율해야 한다. 이런 어려움을 해결할 수 있는 방법은 많다. 수백만 개의 링크를 확인할 때까지 기다리거나 처음 100개의 링크만 확인하거나 적절한 시간에 많은 수의 URL을 처리할 수 있도록 서비스를 설계하는 방법이 있다. 마지막 해결책은 실현 가능성이 매우 낮으므로 SLA는 실제 요구를 반영하도록 수정되어야 한다.

SLA를 새로운 차원, 즉 비즈니스 수준으로 끌어올리는 것이다. 사용자는 서비스를 사용하고, 우리는 서비스 뒤에서 작업하고 있다. 서비스의 사용 사례를 이해하고 주요 측면을 파악해 SLA를 수립하고 조정했다. 이제야 제대로 솔루션을 설계할 수 있다. 이는 아마존의 리더십 원칙(Amazon's leadership principles, https://www.amazon.jobs/en/principles) 중 첫 번째, '사용자에 대한 깊은 관심 - 사용자와 함께 시작하고 뒤에서 작업한다.'는 정확한 의미이다. 구글의 열 가지 철학(Google's "Ten Things" philosophy, https://bit.ly/3iNyIvv)의 첫 번째, '사용자에게 집중하면 나머지는 따라온다.'에서도 동일한 아이디어가 있다.

용어를 명확히 하기

이 시점에서 나는 혼동이나 불명확성이 발생하지 않도록 짧게 3자리 용어 해명을 제시하고자 한다. 구글의 사이트 신뢰성 엔지니어링의 4장에서 소개한 것과 같이 다음 용어를 사용할 것이다.

서비스 수준 지표

서비스 수준 지표(SLI, Service-Level Indicator)는 측정 항목에 대한 가치의 의미를 깊이 이해하고 신중하게 선택되는 서비스 작동과 관련해 측정 가능한 단일 측정기준이다. 모든 지표는 서비스의 특정 측면을 다룬다. 자체 이용 약관에 따라 서비스의 모든 측면을 측정할 수 있다. 그러나 일반 상식상 모든 지표는 의미가 있어야 한다.

SLI의 예시 목록은 다음과 같다.

- 가용성(1년당 요청 비율)[01]
- 응답 시간(밀리초)

SLA

SLA는 사용자가 서비스에서 기대하는 전반적인 작동을 정의하는 SLI의 결합된 집합이다. 모든 SLI는 고유한 특정 값 또는 값 범위를 가진다. 가능한 모든 값은 "좋음(good)" 또는 "나쁨(bad)"으로 명확하게 정의되어야 한다. 또한 "좋음"을 "나쁨"으로 또는 그 반대로 모든 경곗값을 정확히 지정해야 한다. 좋은 SLA는 보증 목록을 나타낼 뿐만 아니라 특정 상황에서 발생할 수 있는 모든 제한 사항과 조치를 포함한다. 예를 들어, 주요 데이터 센터에서 장애가 발생할 때 정상적인 성능 저하가 발생하거나 특정 한도가 소진되는 경우가 있다.

SLA 예시: "1년당 모든 요청 중 99%는 200ms에 제공되어야 한다. 요청에는 청크당 최대 2MB의 용량으로 최대 10개의 청크가 포함되어야 한다. 한도를 초과하는 모든 요청은 최선의 노력으로 제공되거나 완전히 거부된다."

이 계약에는 다음 네 가지 SLI가 포함된다.

- 가용성(1년당 요청 비율)
- 응답 시간(밀리초)
- 데이터 청크 크기 제한(메가 바이트(MB))
- 청크(chunk) 개수 제한(요청당 청크)

서비스 수준 목표

서비스 수준 목표(SLO, Service-Level Objective)는 SLA와 절대적으로 동일한 SLI 집합이지만 훨씬 덜 엄격하며 일반적으로 기존 SLA의 기준을 높인다. SLO는 필요한 기준이 아니라 원하는 기준이다. 예를 들면, 이전에 언급한 SLA의 경우 가용성 지표가 99%로 설정된다. SLO의 경우 가용성 지표를 99.9%로 올리면 "한 해 동안 들어오는 모든 요청의 99.9%가 200ms 안에 제공되어야 한다."와 같이 정의될 것이다.

---

01 9장의 예시에서 사용된 모든 백분위 수 값(99.9%)과 계산 주기 기간("연도별")은 조건부이며 데모 목적으로만 제공된다. 실제 서비스에서는 99.999%와 같이 매우 엄격한 요구 사항이 존재할 수 있으며, "분기당"과 같이 더 짧은 기간이 있을 수 있다.

SLA와 SLO의 차이점은 단지 제한 사항의 강도에 있다. 여기에서는 단순화를 위해 SLA 용어만 사용하고자 한다. 그러나 앞으로 논의하게 될 내용은 SLO 용어에도 맞다. 차이점이 명시적으로 언급된 경우를 제외하면 SLA와 SLO는 서로 바꾸어 사용할 수 있다.

사용자의 관점이 기본이라는 원칙은 매우 강력하며 중요한 서비스 측면의 이해로 이어진다. 사용자에게 중요한 것이 무엇인지 안다면 SLA에 최종적으로 해당 가치를 반영해야 하는 가치의 정확한 기대치를 제공한다. 신중하게 제작된 SLA는 프로젝트의 여러 어두운 부분을 밝혀내어 어려움과 장애를 예측하고 예방할 수 있다.

그러나 SLA는 서비스가 얼마나 잘 수행되고 있는지 이해하는 기준점으로 설계되었다. SLA 목적에 부합한 합의를 이루기 위해 사용해야 할 지표를 알아보자. 서비스의 상태를 반영하는 수백 가지 측정 항목이 있지만 모든 서비스가 SLA에 적절한 것은 아니다. SLI 개수는 가능하면 최소화하는 경향이 있지만, SLI의 최종 목록은 모든 주요 사용자 필수 항목이 포함되어야 한다.

조사한 측정 항목을 선택하기에 좋은 후보인지 또는 그렇지 않은지 상대적으로 간단한 두 가지 질문만 긍정적으로 대답할 수 있어야 한다.

- 이 측정 항목을 사용자가 보는가?
- 이 측정 항목은 특정 수준 또는 특정 범위 내에 있어야 한다는 점에서 사용자에게(그리고 서비스 사용자 관점에서) 충분히 중요한가?

특정 측정 항목을 SLA에 추가 시 해당 측정 항목을 얘기할 때 서비스와 사용자 모두에게 해당 항목이 동일한 의미를 가졌는지 확인해야 한다. 빈번한 프로젝트 변경으로 초기 SLA 값을 안정화하는 것이 불가능해 보인다면 포함된 SLI 목록을 재검토하여 모든 지표가 내부 세부 사항을 노출하지 않고 사용자가 측정할 수 있는지 확인할 수 있다.

예를 들어, SLA는 다음과 같이 정의된다.

연간 모든 요청의 99.9 %는 초당 1,000개 이하의 요청으로 200ms에 제공되어야 한다.

언뜻 보기에 SLA는 모두 맞다. 그러나 실제로는 보장할 수 있는 SLA가 있을 수 있지만 반대로 제약이 있는 SLA도 있다. 제약(또는 처리량 SLI)은 근본적인 어려움이 있다. 이를테면 합의 오해, 내부 측정 항목 공개, 자주 바뀌는 측정값 변경으로 이어질 수 있는 부분이 하나 이상 있다.

최종 사용자의 경우 처리량 보고서가 의미 있는 유일한 경우는 해당 사용자가 독점적으로 서비스를 사용하는 경우이다. 따라서 이런 한계는 지정된 처리량이 개인적으로 프로비저닝될 수 있는 처리량이라는 의미로 이해할 수 있다. 그러나 SLA는 명시적으로 설명하지 않으며 사용자는 자신의 이해가 올바른지 추측할 수 있다.

1,000 RPS(requests per second, 초당 요청 수)의 또 다른 해석은 "전체 서비스 용량에

대한 필요한 양"이다. 해당 RPS 수치는 전체 서비스를 설계하고 지원하는 엔지니어에게 의미가 있을 수 있지만 사용자는 쓸모가 없다. 왜냐하면 사용자는 다른 사용자가 얼마나 많은 용량을 사용하고 있고 1,000 RPS 중 얼마를 사용할 수 있는지 결코 알 수가 없다.

마지막으로 1,000 RPS는 현재 서비스 용량을 나타내는 값으로 처리될 수 있다. 서비스 또는 하드웨어의 성능이 변경되면 SLA 값도 이에 따라 업데이트된다.

들어오는 트래픽의 양을 제한한다는 것을 명확하게 표현하고 싶다면 SLA를 약간 조정해 모든 사용자에게 전용 처리 용량을 제공한다고 말할 수 있다.

> 연간 모든 요청의 99.9%는 단일 사용자 계정에서 초당 1,000개 이하의 요청으로 200ms에 제공될 수 있어야 한다.

이제 해당 수치는 사용자 측면에서 측정할 수 있고 하드웨어와 소프트웨어 기능과는 독립적이다. 얼마나 많은 사용자에게 서비스할 수 있는지 계산할 수 있으며 SLA를 건드리지 않고 더 많은 용량과 소프트웨어를 변경할 수 있다.

내부 컴포넌트에 대한 SLA 설정

서비스가 최종 사용자 대면 서비스가 아닌 경우는 어떻게 해야 하는가? 자체 SLA가 있어야 할까? "그렇다"라는 대답을 명확히 하기 위해 다음 네 가지 주요 컴포넌트로 구성된 가상의 메시지 배포 서비스(그림 9-1 참고)를 살펴보자.

데이터 수신기
> 메시지 수락과 등록

데이터 변환기
> 별도의 외부 소스의 데이터로 메시지 내용 조정

배포자
> 여러 엔드 포인트에 메시지 전달

소비자
> "발행-구독" 모델을 통해 엔드 포인트에서 데이터 수신

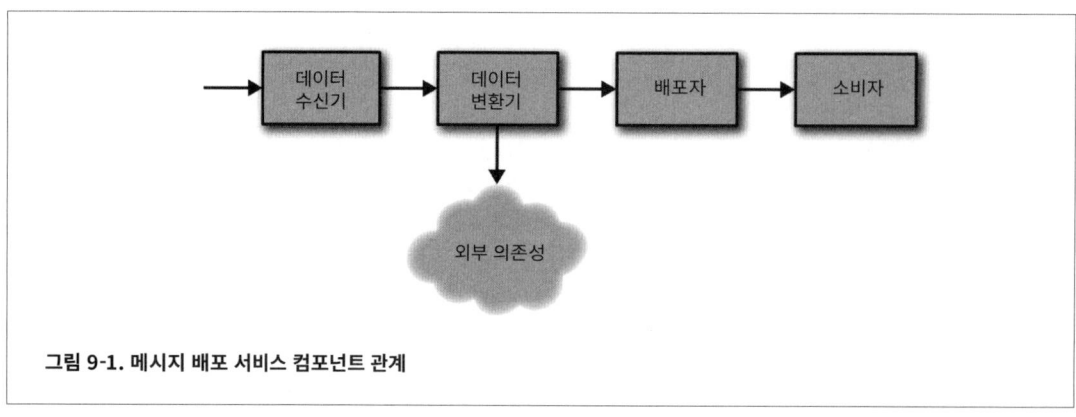

그림 9-1. 메시지 배포 서비스 컴포넌트 관계

현재 이 시스템은 에러가 발생하지 않고 경고를 받지 않을 정도로 잘 작동하고 있다.

어느 날 최고의 프로젝트 관리자 중 한 명이 우리에게 와서 다음과 같이 말할 수 있다. "우리가 지금 작업하고 있는 프로젝트 중 하나에서 '메시지 배포 서비스'를 사용하는데요. 때때로 단기간에 많은 양의 데이터를 보내야 하는 상황에서 이 서비스를 그대로 사용할 수 있을까요? 아니면 새로운 트래픽을 처리하기 위해 용량을 어떻게 조정해야 할까요?"

이제 차근차근 해결해보자. 데이터양에 대한 실제 수치가 있어야 편리하다. 예상 트래픽이 피크 시간(peak time)[02]의 최대 트래픽 값보다 3배 더 높다고 가정해보자. 그러나 이 정보는 트래픽 처리 여부에 대한 명확한 이해를 제공하지 못한다. 이유는 간단하다. 피크 시간대에 현재 서비스에서 관리하는 데이터의 양을 파악해도 예측량과 비교할 수 있는 서비스의 용량 한계에 도달하는 중단점을 알아야 한다.

메시지 배포 서비스에 여러 컴포넌트가 존재한다. 가장 느린 컴포넌트는 전반적인 서비스 용량을 결정하는 컴포넌트이다. 즉, "체인(chain)의 강도는 가장 약한 링크로 결정된다." 이제 성능 테스트 환경을 구축하고 모든 컴포넌트에 대한 중단점[03]을 별도로 식별하고 어떤 컴포넌트가 병목인지 파악해야 한다.

이제 트래픽 처리 가능성(에러 없이 소비할 수 있는 메시지 개수)을 알려주는 데이터를 갖고 있다. 문제가 없다면 변경 하지 않아도 된다고 알려줄 준비가 되어있다. 사전에 트래픽이 증가할 것을 알고 계획을 준비했다면 이것은 대단한 시나리오가 될 것이다. 그렇지 않으면 서비스의 자원을 재조정하지 않고도 3배 더 많은 트래픽을 처리할 수 있다. 서비스가 하나 이상의 호스트(분배할 수 없는 자원 단위)로 구성되어 있다면 지금까지 할당된 모든 리소스의 2/3가 전혀 사용되지 않으므로 비용 효율성에 대한 의문이 제기될 수 있다. 그러나 이것은 다른 이야기이고, 바라건대 사실이 아니다.

해당 서비스에서 테스트 결과와 예측을 비교하면 예상되는 트래픽 크기의 절반만 처리할 수 있음을 알 수 있다. 이제 새로운 요청을 기준으로 처리량은 최소한 두 배로 늘려야 한다.

해당 작업은 비교적 간단하다. 전통적으로 해당 작업을 해결하기 위해 시스템 관리자가 가장 많이 사용되는 CPU, 메모리, 디스크, 네트워크 I/O 등과 같은 중요한 시스템 자원의 투입을 결정한다. 실제로 해당 자원을 두 배로 늘리는 것이다. 이후에 필요에 따라 새 하드웨어를 요청한다. 이 접근 방식에는 아무런 문제가 없다. 다만 그 범위를 벗어나서 계산되지 않은 뭔가가 있다.

SRE의 관점에서 보면 추가될 서비스의 어떤 특정한 제한이 빠져 서비스가 정확하게 확장되지 못했다.

서비스의 이상적인 목표는 합리적인 시간 내에 진입점에서 최종 소비자에게 많은 메시지를 전달하는 것이다. 각 컴포넌트는 다음 컴포넌트로 메시지를 전송하기 전에 각 컴포넌트 내부에

---

02 (역자주) 피크 시간: 요청이 가장 많이 몰리는 시간대를 의미한다.
03 성능 테스트를 수행할 때 점차 트래픽을 증가시킨다. 중단점은 응답 품질이 요구 사항에서 설정한 것보다 떨어지는 값이다. 서비스의 응답이 느려지기 시작하거나 에러를 발생시키기 시작한다.

머무를 수 있는 제한 시간만 있다. 그리고 이게 우리가 얘기한 특정한 제한, 즉 '컴포넌트 당 시간 제한'이다. 해당 제한이 없으면 트래픽이 증가하는 동안 일부 메시지가 중간에 매우 오랜 시간 동안 지연되거나 중단될 수 있다. 이 문제는 눈에 보이지 않는다. 지연된 메시지는 에러를 발생시키지 않으므로 문제가 발생한 것으로 표시되지 않는다. 지연된 기간 중 언제가 "좋은" 것인지 그렇지 않은지 모르기 때문에 에러가 발생하지 않는다.

해당 이슈를 극복하기 위해 전체 전달 시간을 특정 시간 값으로 표현해야 한다. 그다음 특정 부분을 특정 컴포넌트에 지정하고 다시 정확한 시간 값으로 정의해야 한다. 여기서는 성능 테스트 과정의 중단점의 의미를 정정하고 있다. 우리가 필요로 하는 것은 에러 없이 수신할 수 있는 메시지 개수가 아니라 해당 컴포넌트가 정의된 시간제한을 초과하지 않은 채 모든 메시지를 처리할 수 메시지 개수이다. 해당 시간제한을 설정하면 일반적으로 이전에 계산된 처리량이 훨씬 더 감소한다.

컴포넌트별 시간제한은 또 다른 SLI("전달 시간")일 뿐이며 해당 값은 모든 컴포넌트에 대해 개별적으로 결정된다. 그리고 각 컴포넌트에는 "가용성" 및 "응답 시간"과 같은 또 다른 중요한 지표가 있다. 여러 지표를 조합해 컴포넌트별 SLA를 구성할 수 있다.

이제 우리는 두 가지 특성의 SLA를 알고 있다. 첫 번째는 이전에 언급한 SLA로서 전체 서비스를 포괄하며 서비스 사용자에게 노출된다. 따라서 전체 서비스 작동을 관찰할 때는 첫 번째 SLA를 사용한다.

두 번째 SLA는 컴포넌트별 SLA이다. 이 SLA는 서비스의 최종 사용자에게는 제공되지 않는다. 그러나 컴포넌트 간의 관계를 파악하고 전체 서비스에 어려움을 일으킨 컴포넌트를 신속하게 확인하는 데 도움이 되며 컴포넌트를 정확하게 확장하는 데 사용된다. 해당 SLI 값은 성능 테스트 중에 올바른 중단점을 식별하기 위한 경계로 사용한다.

장난감 서비스의 경우, 중단점은 컴포넌트가 다음의 요구 사항을 충족하는 최대 처리량으로 식별된다.

- 요청의 100%가 특정 경계 응답값보다 빠른 응답을 얻는다.
- 에러가 발생하지 않는다.
- 모든 메시지가 시간제한을 충족할 수 있게 메시지의 100%가 다음 컴포넌트로 전송된다.

메시지 전달과 수신은 서로 다른 프로세스에 의해 비동기로 수행될 수 있고, 한 측정 항목의 양호한 상태가 다른 측정 항목의 상태와 같다는 것을 의미하지 않기 때문에 세 가지 기준을 모두 확인해야 한다.

이제 확장으로 돌아가 보자. 앞에서 처리량을 두 배로 늘릴 필요가 있다고 말했다. 이제는 새로운 요구 사항을 추가해 테스트 절차를 변경해서 이전 결과와 동일하지 않을 수 있으므로 확장 내용을 변경해야 한다.

첫 번째 "데이터 수신자" 컴포넌트가 입력을 수신하고 예상 입력 수치를 예상할 수 있다. 예상 트래픽 및 컴포넌트의 성능 측정 항목의 특정 값을 알면 마침내 필요한 용량 조정을 계산할 수 있다. 예상되는 최대 트래픽을 처리할 수 있을 필요 용량을 계산한 다음, 이 둘 사이의 델타를 얻을 수 있다. 그러나 예상 입력 수치는 해당 컴포넌트의 크기만 정의하므로 "데이터 수신자"에게만 해당될 것이다.

예를 들어, 특정 컴포넌트의 처리량을 두 배로 늘린다고 해서 반드시 용량을 두 배로 늘려야 하는 것은 아니다. 모든 컴포넌트가 선형으로 확장되는 것은 아니므로 일부 컴포넌트 경우는 몇 대의 호스트만 추가해도 충분하다. 다른 경우에는 호스트 수를 두 배 이상으로 추가해야 할 수도 있다.

그러나 다음 컴포넌트는 어떤가? 동일한 방법으로 해당 컴포넌트의 현재 용량을 계산할 수 있지만 이전 컴포넌트에서 얼마나 많은 데이터를 받을지 알 수 없다. 트래픽이 이전 컴포넌트에서 입력된 트래픽 크기만큼 증가한다고 가정할 수는 있지만 실제로는 이 가정과 다를 수 있다.

컴포넌트가 어떤 작동을 하는지 알면 컴포넌트의 입력과 출력 사이의 비율을 설정하는 일련의 실험을 수행할 수 있다.

이제 개별 컴포넌트의 입력 데이터양을 원래 예측 입력의 근사치로 얻어낼 수 있다. 예를 들어, "데이터 변환" 컴포넌트의 입력 및 출력 비율이 1:2이고 "데이터 수신자" 컴포넌트의 입력 및 출력 비율이 1:1이라면 "배포자"가 메가바이트 규모의 모든 원본 메시지 2를 얻는다는 것을 의미한다.

다음 단계로 가기 전에 병목 컴포넌트에 대해 좀 더 언급하고자 한다. 우리가 병목 컴포넌트를 추적하는 이유는 병목 현상이 트래픽이 증가할 때 어려움을 겪을 수 있는 첫 번째 컴포넌트이기 때문이다. 즉, 병목 컴포넌트의 처리 용량이 넘는 트래픽이 들어오면 전체 서비스에 문제가 발생한다. 모든 컴포넌트를 필요한 최대 성능과 처리량으로 확장해도 왜 병목 현상이 발생하는 것일까?

두 가지 요인이 있다. 첫 번째는 일부 컴포넌트의 처리 규모가 약간 과장될 수 있다는 점이다. 예를 들어, 단일 호스트에서 분당 100만 개의 메시지를 처리할 수 있다고 하자. 그럴 때 트래픽이 110만 개의 메시지로 들어오면 두 번째 호스트 추가 시 해당 컴포넌트 용량의 9%(또는 전체 45%)가 사용되지 않는다. 그리고 해당 컴포넌트는 트래픽이 분당 200만 개의 메시지가 도달할 때까지 괜찮을 것이다. 반면 대조적으로 해당 서비스의 다른 부분은 이미 같은 용량으로 110만 개의 메시지를 처리하는 용량을 최대 95%까지 활용하고 있을 수 있다. 두 번째 요인은 입력/출력 비율이다. 첫 번째 컴포넌트의 경우 들어오는 트래픽 증가세가 적지만 입력/출력 비율이 높으면 다음 컴포넌트로 들어오는 입력이 많이 늘어날 수 있으므로 주의가 필요하다.

병목 컴포넌트는 현재 부하와 최대 가용 용량 간의 차이가 가장 적은 컴포넌트와 비교해 트래픽 변경에 매우 민감하며 가장 먼저 과부하가 발생하는 컴포넌트이다.

우리의 이야기로 돌아가 병목 현상을 식별하는 방법을 설명하기 위해 예측된 부하의 피크 트래픽이 1,000 RPS라고 상상해 보자. 변경된 컴포넌트의 용량은 다음과 같다.

- 데이터 수신기: 1,300 RPS
- 데이터 변환기: 1,250 RPS
- 배포자: 1,100 RPS

배포자에서 병목 현상이 발생했다. 데이터 수신자 서비스의 성능이 높다 하더라도 배포자의 성능이 예상 피크치에서 가장 가까워 배포자는 부하가 1,100 RPS 미만이 될 때까지만 작동한다. 다음 병목은 현재 병목 컴포넌트와 가장 가까운 컴포넌트이기에 데이터 변환기이다.

그리고 다음과 같은 사실을 알게 되었다.

- 병목이 발생한 위치. 그리고 병목 현상이 현재 위치에서 재배치될 위치를 예측할 수 있다(가장 느린 컴포넌트, 그다음으로 느린 컴포넌트 등을 알고 있음을 의미한다).
- 모든 컴포넌트에 대한 기대치(단일 애플리케이션 인스턴스에서 처리할 수 있는 메시지 수와 메시지가 각 컴포넌트 내에서 처리될 수 있는 예상 시간(문자 그대로 SLA))
- 컴포넌트 당 들어오고 나가는 트래픽 비율. 컴포넌트 간의 트래픽 양을 예측하고 트래픽 양에 따라 용량을 맞출 수 있다.
- 전체 용량 및 컴포넌트 용량과 실제로 사용 중인 용량. 또한 다양한 장애가 발생할 때 용량 저하를 예측하고 그에 따라 자원을 예약할 수 있다.[04]

확장 계산을 예측된 값을 기반으로 한다. 실제 트래픽에는 다양한 특징이 있다는 것을 알기 바란다. 모든 컴포넌트가 SLA 내에 있는지와 사용 가능한 용량을 지속해서 추적한다면 서비스가 "훌륭하게" 작동하는지 명확히 알 수 있다.

실제 시나리오는 더욱 복잡해질 수 있다. 여러 데이터 유형이 있을 수 있고 각 데이터 유형을 다르게 취급해야 할 수도 있으므로 서비스 당 하나 이상의 SLA가 존재할 수 있다(그림 9-2). 우리의 경우 모든 메시지는 우선순위와 처리 제한 시간이 각각 달랐다. SLA가 다른 SLA에 영향을 미칠 수 있기에 SLA마다 우선순위를 염두에 두지 않으면 특정 데이터 유형에서 부하 증가 시 어떻게 해야 할지 말하는 것이 어려웠다.

---

[04] 모든 호스트는 서비스 용량의 일부를 나타낸다. 단일 호스트에서 장애가 발생하면 전체 용량에서 해당 호스트의 용량만큼 감소된다. 관리해야 하는 장애 유형에 따라 미리 여러 호스트를 추가해 장애 발생 중에도 전반적인 서비스 용량을 유지해 트래픽을 합리적으로 처리하게 할 수 있다. 예를 들어, 필요한 용량의 100%가 6대의 호스트라면 데이터 센터에서 중단되더라도 서비스를 안전하게 운영하려면 가능한 해결책 중 하나로 3개의 데이터 센터에 9대의 호스트를 위치해야 한다. 데이터 센터 중 하나가 중단되면 전체 용량에서 3대의 호스트가 처리하는 용량이 줄어들 수 있지만 다른 데이터 센터에 있는 6대의 호스트의 충분한 용량이 남아있게 된다.

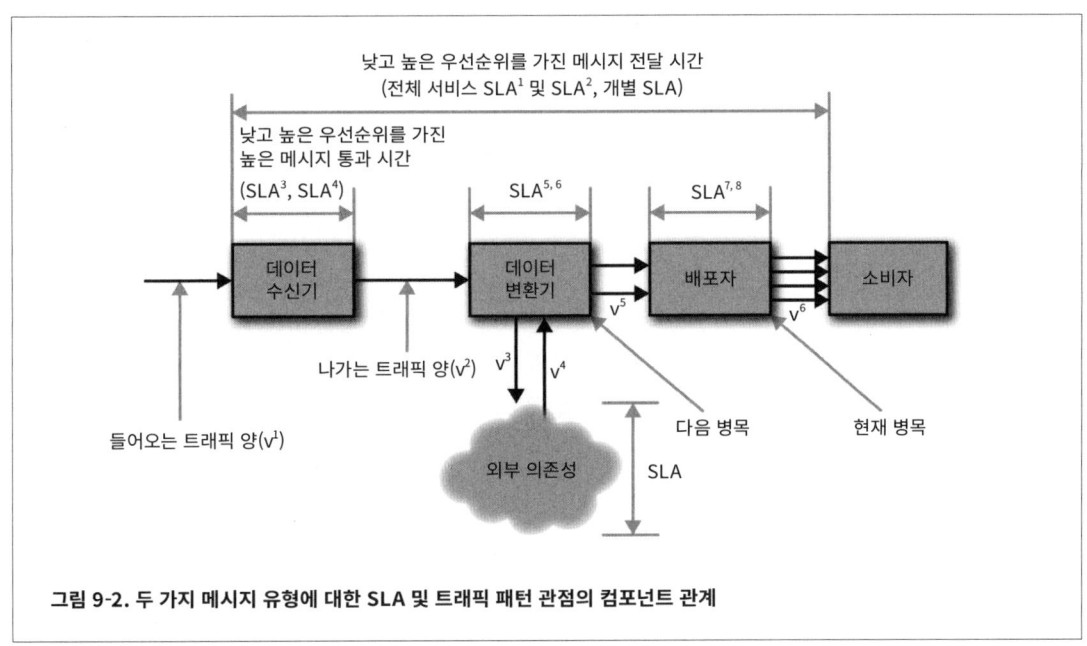

그림 9-2. 두 가지 메시지 유형에 대한 SLA 및 트래픽 패턴 관점의 컴포넌트 관계

다음은 간단한 예시이다. 우선순위가 높은 메시지의 부하가 급증하기 때문에 다른 메시지 전달이 몇 초에서 몇 분으로 느려질 것이다. 그렇다면 핵심 이슈는 "지연이 몇 분이면 받아들일 수 있는가?"이다. "분할 정복법(divide and conquer)" 원칙을 적용해 모든 유형에 대한 특정 기준을 별도로 선언할 것이다. 우리가 정확한 장벽 값을 알고 신속하게 "양호" 및 "불량" 값을 식별할 수 있다면 올바른 조치를 취하는 데 아무런 문제가 없다. 반면 장벽 값을 알지 못한다면 잘 모르는 상태에서 무엇을 해야 할지 짐작만 하게 될 것이다.

내부 컴포넌트에 SLA를 설정하면 내부 컴포넌트 간의 관계를 명확히 하고 상호 작용을 정확히 조율하는 데 도움이 된다. 이는 컴포넌트뿐만 아니라 대규모 서비스에서도 마찬가지이다. SRE는 주로 서비스 효율성과 사용자에게 중요한 것을 추적하는 품질에 중점을 둔다. 사용된 서비스 아키텍처와 특정 애플리케이션은 최소한 서비스가 사용자의 기대에 따라 결과를 제공할 때까지 부차적이다.

그리고 해야 할 이야기가 더 있다!

외부 의존성 이해하기

데이터 작업 과정의 "데이터 변환기" 컴포넌트는 메시지 내용을 별도의 외부 소스에 맞게 변환한다. 해당 소스를 외부 의존성이라 한다. 지금까지 설명한 서비스 컴포넌트와 의존성 간의 차이점은 컴포넌트와 달리 의존성과 의존 관계에 있는 컴포넌트의 작동을 제어할 수 없다는 점이다. 여기에서 "데이터 변환기"는 사용자 임무를 수행하며 해당 외부 서비스는 "블랙박스"이다.

이 관점에서 보면 "외부 서비스가 제공할 수 있는 용량은 얼마나 되는가? 외부 서비스의 한계가 서비스 컴포넌트의 성능과 확장성에 어떤 영향을 미치는가?" 기술적으로 기대할 수 있는 것을 알고 싶고 SLA가 필요하다. 우리가 외부 서비스를 의존성으로 사용할 수 있는지 또는 작업을 위한 다른 솔루션을 찾고자 한다면 이 정보가 필요하다. 제공한 SLA는 사용 가능한 제한(예: 요청 크기), 성능(예: 응답 시간), 가용성에 대한 단서를 제공한다. 그러나 컴포넌트 성능에 어떤 영향을 미치며 요구 사항에 얼마나 적합한가?

우리가 주로 서비스 상태와 부하에 관심이 있고, SLA와 아무 관련이 없는 시스템 관리자라고 가정하자. 어쩌면 SLA는 전혀 존재하지 않을 수도 있다. 어쩌면 이 질문들에 대답하기가 어려울 것이다. 그러나 해당 서비스의 정확한 요구 사항을 알고 있는 우리가 SRE 관점으로 있다면 얘기는 달라진다. SLA 사이의 값을 쉽게 비교할 수 있으므로 답변하는 것이 어렵지 않을 것이다. 함께 살펴보자. 예를 들어, 데이터 변환기 컴포넌트를 통해 메시지를 전달해야 한다는 요구 사항이 50ms일 때, 내부 처리하는 데에만 해당 시간의 절반을 사용할 경우 외부 소스에서 데이터를 요청하는데 25ms가 필요하다. 외부 소스는 응답 시간이 20ms 미만이어야 한다고 명시한 SLA를 갖추면 이 서비스를 의존성으로 사용해도 안전하다고 확신할 수 있다.

또 다른 예시로 의존성이 사용자 계정당 900 RPS만 제공할 수 있다는 명시된 용량 제한이 있을 수 있고, 예상되는 최고 피크 값(1,000 RPS) 여전히 적용된다면 제한을 높이도록 요청하거나 다른 해결책을 찾아야 한다.

마지막으로 언급하고 싶은 사례는 외부의 의존 서비스 성능으로 인해 내부 컴포넌트 처리량이 결정되는 경우다. 내부 컴포넌트에서 의존성이 없다면 데이터 변환기가 초당 2,000개의 요청을 처리할 수 있다고 가정한다. 외부 소스의 성능이 1,100 RPS이라면 데이터 변환기는 외부 소스의 성능과 동일하게 1,100 RPS로 제한된다. 해당 서비스를 그대로 사용할 수 있지만 내부의 컴포넌트의 성능이 내부 성능이나 용량이 아니라 외부의 의존 컴포넌트 성능으로 제한된다는 점을 명심해야 한다. 언젠가 1,100 RPS보다 높은 데이터 변환기의 처리량을 확장한다면 용량 변경은 의미가 없다. 이것은 매우 중요한 포인트이다.

설명한 대로 이제 해당 서비스를 사용할 수 있는지를 말할 수 있을 뿐만 아니라 의존성의 한계에 도달할 것인지도 예상할 수 있다. 그렇다면 어떤 상황에서 발생할 수 있는지 예상할 수 있다.

외부 의존성의 또 다른 측면은 내부 컴포넌트와 서비스 간의 관계가 밀접하다는 것이다. 즉, 외부 서비스의 장애가 컴포넌트 성능 및 가용성에 반영된다. 밀접함(tightness)의 의미를 설명하기 위해 몇 가지 예시를 살펴보겠다.

가장 널리 사용되는 외부 의존성은 DNS(Domain Name System)이다. 컴포넌트가 도메인 이름을 자주 질의하는 경우 DNS가 중단될 수 있다. 따라서 DNS가 완전히 마비되어 전체 서비스에 영향을 준다. 예상이 덜 되는 시나리오는 서비스 일부만 해당 DNS 이슈를 겪을 때이다. 전체 서비스가 영향을 받을 수 있지만 이 경우 문제의 소스를 추적하기가 다소 어려울 수 있다.

두 번째 예시에서는 LDAP(Lightweight Directory Access Protocol)라는 서비스에 대해 설명한다. 서비스가 시작할 때 LDAP를 몇 번 정도 호출한다고 하면 컴포넌트가 잠재적으로

LDAP의 영향을 받을 수 있는 유일한 순간은 서비스가 시작되거나 다시 시작될 때이다.

전반적으로 컴포넌트와 LDAP 서비스 간의 밀접함은 컴포넌트와 DNS 사이의 관계에 비해 매우 낮다. 두 서비스 모두 해당 서비스의 의존성에 영향을 받을 수 있지만 장애가 발생할 경우의 심각성은 크게 다르다.

의존성 관계를 시각화하기 위해 사용 중인 모든 외부 서비스 목록과 SLA 및 잠재적인 중단 효과 목록을 작성할 것이다. 화재와 같은 비상사태 발생 시 신속한 움직임이 중요하다. 그렇지 않으면 비상사태가 일어나도 영향도를 파악하느라 귀중한 시간을 낭비하게 될 것이다. 따라서 새로운 주요 기능이나 새로운 의존성을 추가할 때마다 이를 업데이트해야 한다.

SLA 관점에서 약속된 서비스 수준이 모든 직접적인 의존성 중에서 가장 낮은 수준보다 높지 않도록 해야 하고, 높아져 있다면 SLA를 다운그레이드하거나 차이를 줄이기 위한 기술적인 해결책을 찾아야 한다. 해결을 위해 어떤 경우에는 캐싱이나 복제와 같은 얇은 중간 계층을 개발할 수 있다. 그리고 직접 관련된 의존성만 비교할 수 있고 서비스는 소프트웨어뿐만 아니라 하드웨어, 전원 공급 장치, 네트워크 제공 업체 등에 의존하고 있으며 우리 모두에게 영향을 줄 수 있는 자체 가용성 제한이 있다.

이 시점에서 서비스가 괜찮은지에 대한 이해는 개인적인 관점에 달려있다. 서비스 일부가 차단되는 단일 의존성 서비스 장애가 발생하면 기존 시스템 관리자는 이것을 큰 문제로 취급하지만 SRE는 이를 부분적으로만 영향을 받거나 전체적으로 잘 작동하는 것으로 보는 경향이 있다. 메시징 경우, "데이터 변환" 의존성으로 인해 컴포넌트에서 완전히 장애가 발생할 수 있다(시스템 관리자는 서비스 중단으로 생각한다). 그러나 새로운 메시지를 수신하여 잠시 보관할 수는 있어도 우선순위가 높은 메시지는 전달 시점에서 즉시 영향을 받는다. 반면, 우선순위가 낮은 트래픽은 전혀 영향을 받지 않을 수 있다(SRE는 서비스가 부분적으로만 영향을 받는다고 생각한다). 또한 우선순위가 낮은 메시지에 대한 전달 시간제한을 위반하지 않는 한 해당 컴포넌트에서 장애가 발생할 때 우선순위가 높은 트래픽이 없으면 서비스는 정상적으로 작동한다.

이제 새로운 관점을 통해 현재 서비스 상태를 이해하는 방식을 어떻게 극적으로 바꿀 수 있는지 살펴보겠다. 흥미롭게도 서비스에서 기대하는 아이디어를 적어보고 관련 데이터를 수집해 측정해보니 실제로 서비스가 우리가 생각한 만큼 제대로 작동하지 않았음을 알게 되었다.

SLA가 없다면 누군가가 불평한 이슈 중심으로 볼 수 있기 때문에 측정된 결과를 다르게 해석할 수 있다. 그리고 과거의 몇 건 안 되는 불만이 성공적으로 해결됐다고 보이기 때문에 서비스는 잘 작동하고 있다고 생각할 것이다. 문제는 실제로 존재하는 모든 이슈에 대해 불만을 접수하지 않았고 결국 최종 사용자가 서비스에 불만을 품고 조용히 떠나는 수천 건의 사례가 있을 수 있다는 것이다.

비-기술 솔루션

기술 솔루션은 SLA의 잠재력에 대한 제약이 아니다. SLA는 다른 분야에서도 도움이 될 것이다. 예를 들어, SLA는 새로운 서비스를 지원하기 위해 SRE 팀에 넘겨줄 적절한 시기를 결정한다. 간단하다. "프로덕트가 기대치를 충족하면(즉, SLA를 위반하지 않으면) 프로덕트는 준비된 것이다. 프로덕트가 기대치를 충족하지 못하면 프로덕트는 준비되지 않은 것이다."

프로덕트 인수 절차에 관해 이야기할 때, 가장 먼저 생각해 볼 수 있는 것은 수십 개의 중요 항목을 포함한 큰 체크리스트(checklist)이다. 이것은 아키텍처 결정 및 포괄적인 관리 문서에서 모니터링 경보 및 문제 해결 운영 설명서에 이르는 모든 서비스 측면을 다룬다. 그러나 모든 항목을 확인하지 않으면 인수할 준비가 되었다는 강한 자신감을 얻을 수 없다. 이관 준비를 제외하고 모든 활동을 중단하지 않는 한, 이것은 매우 이례적인 일이다. 당혹스러운 일이 없을 것이라고 100% 확신할 수 없다.

다음을 생각해보자. 모든 새로운 소프트웨어 프로젝트는 아키텍처 리뷰를 통과하고 개념 증명(PoC, Proof Of Concept) 모델이 구축되기 훨씬 전부터 몇 가지 전제 조건을 갖고 있다. 애플리케이션이 공식적으로 실행되어 실제 프로덕션 트래픽을 처리하기 시작할 때 SLA 및 SLO 카운터가 모두 재설정[05]되고 실제 데이터를 수집하기 시작한다. 바로 서비스 상태 측정의 시작점이다. SLA는 시간을 기반으로 하는 명세를 정의하기 때문에(자주 사용되는 기간은 1년) 서비스가 안정적인지 확인하는 충분한 데이터 포인트를 수집하려면 상당 기간(수개월 또는 3개월) 동안 프로젝트가 지속되어야 하고 계약 위반 위험이 없어야 한다.

"예상 도달" 목표에 경고 제한(특정 시간 주기 동안 서비스에 대한 경고 양을 의미한다(예: '2주당 하나 이상의 경고가 없음'))과 함께 추가 체크리스트 목록을 추가하면 훨씬 나아질 것이다. 서비스가 오래전부터 트래픽이 많지 않았다면 개발자 팀은 이 상태를 유지할 수 있고 앞으로 문제를 일으키지 않을 것이라고 더욱 확신할 것이다.

이전 예시와 마찬가지로 SLA 관점으로 작업 또는 아이디어를 추가해 사용자에게 얼마나 영향을 미치는지 파악하고 이에 따라 제대로 처리할 수 있다. 따라서 개선해야 할 사항뿐만 아니라 개선이 필요하지 않은 부분까지 전환하게 될 것이다. 예를 들어, SLA에 99.9% 가용성을 포함하는 요구 사항을 명시했지만 지난 분기에 서비스를 99.999% 가용성으로 훌륭하게 운영했다면 해당 서비스에 대해 더는 작업을 수행할 필요가 없다.

이제 이론과 프랙티스가 만나면 어떻게 되는지 살펴볼 것이다.

가용성 수준 추적

이제 SLA를 성공적으로 정의했다고 가정해보자. 그렇다면 프랙티스 관점에서 SLA 숫자와 백분위 수를 어떻게 추적해야 하는가?

---

05 (역자주) 모든 환경(개발/테스트/프로덕션)에서 SLA과 SLO를 설정할 수 있지만 특정 환경의 조건을 각각 표시한다. 측정 항목은 모든 환경에서 동일하지만 값은 다르다. 서비스를 시작하면 모든 카운터를 재설정하기에 사전 실행 데이터의 영향을 피할 수 있다.

먼저 의미를 명확히 하자. 여기에 모든 계약 위반 조건을 고려해야 한다. 이전에 사용했던 "에러"와 구별하기 위해 계약 위반 조건을 "장애"라고 명명한다. 에러와 장애의 개념 분리는 두 용어를 같은 의미로 사용하지 않겠다는 점을 강조하는 데 필요하다. 장애는 에러뿐만 아니라 다양한 방식으로 가용성 측정 항목에 영향을 주는 다양한 이벤트가 포함된다. 또한 에러가 포함된 범위를 제한해야 한다. 예를 들어, "404 Not Found" HTTP 에러는 서비스 내부에서 발생하는 실제 에러가 아닌 알림 성격에 가까우므로 에러 범위에서 제외해야 한다.

이전 예시로 돌아가서 SLA에서 "메시징 버스" 서비스의 "데이터 수신기" 컴포넌트에 대한 우선순위가 높은 트래픽이 다음과 같이 정의되어 있다고 가정하자.

한 해 동안 99.9%의 비율로 우선순위가 높은 모든 메시지를 10ms 이내에 처리한다.

이 경우 장애 목록에 다음 내용을 포함한다.

- 처리 시간이 10 밀리 초보다 긴 메시지
- 메시지는 내부 서비스 문제로 처리할 수 없지만 잘못된 수신 요청으로 발생한 것은 아니다.

현재 가용성 수준을 추적하려면 수신된 총 메시지 수에서 장애 횟수를 빼야 한다.

여기에서 우리는 전체 "메시지 전달 버스"가 아닌 단일 컴포넌트를 다루고 있다. 결과적으로 컴포넌트의 관점에서 전체 메시지 개수를 내부에서 계산해야 한다. 로드 밸런서의 데이터를 사용해 전체 "메시지 전달 버스" SLA를 추적해야 한다.
에러 카운트도 역시 마찬가지다. 로드 밸런서에서 에러 카운트를 수집하면 실제 사용자가 받는 영향을 명확하게 알 수 있다. 그러나 동시에 컴포넌트 수준에서 발생하는 실제 에러 양을 숨기고 외부에서 드러나기 전에 조치를 취하는 것을 방지할 수 있다.

이제 계산해 보자. 우리의 초기 가용성은 100%이다. 처음 24시간이 지나면 모든 측정 항목을 수집하고 장애 횟수를 계산한다. 그리고 다음 날 새로운 가용성 값을 얻은 후 측정 항목을 다시 수집할 것이다. 마지막 날에는 100만 개의 메시지를 받는데 어떤 이유로든 200개의 메시지가 장애로 표시되면 가용성은 다음과 같이 계산되어 99.98%가 된다.

100% − (200 / 1,000,000 × 100) = 99.98%

이 계산 방법은 어느 정도 잘 작동하지만 몇 가지 문제가 있다. 첫 번째는 가용성 수준이 한 방향으로만 변경되고 한 번 가용성이 감소하면 더는 복구되지 않는다.

두 번째는 "시간 경과에 따른" 배포를 고려하지 않는다는 것이다. 이로 인해 전혀 예상치 못한 급격한 하락이 발생할 수 있다. 예를 들어, 로드 밸런서가 있는 두 호스트가 트래픽을 처리하고 온종일 10개의 메시지만 요청하는 매우 조용한 시간대가 있다고 가정해보자. 하나의 호스트에서 수신된 모든 메시지에 대해 에러가 발생하기 시작하면 통계는 어떻게 처리해야 할까? 10개의 메시지가 모두 연이어 전송되면 호스트 간에 균등한 분산으로 절반은 실패한다. 로드 밸런서가 실패한 메시지를 다른 호스트로 다시 보내서 10개의 메시지가 모두 성공적으로 전달되었다. 계산 관점에서 볼 때 가용성이 크게 저하된다.

$$100\% - (5 / 15 \times 100) = 66.67\%$$

사용자에게 미치는 영향 없이 가용성 33.33% 하락!

마지막으로 분명한 제약 조건은 메시지 양 관점에서 보면 이런 의도적인 중단 시간을 통합하는 방법이 불분명하기 때문에 중단 시간으로 인한 유지 보수를 계획할 수 없다는 것이다.

이로 인해 안전하지 않은 업데이트 릴리즈라는 어려움에 봉착한다. 대규모 변경을 포함한 릴리즈는 소프트웨어가 통과한 테스트 및 카나리[06] 단계(canary stage) 개수와 관계없이 전체 서비스 장애로 이어질 수 있다. 문제는 장애 자체가 아니다. 문제는 장애 이벤트가 SLA를 위반할지를 예측할 수 없다는 것이다. 문제를 발견하고 롤백을 수행하는 데 얼마나 많은 시간이 필요한지 알고 있더라도 롤백 시간을 올바르게 전달하기로 동의한 99.9%를 제외하고 남은 0.1%의 사례와 비교하는 것은 아직 명확하지 않다.

해결책은 "연간 99.9% 사례" 계약을 해석하는 것에 숨어 있다. 여기서 "연간"은 시간 값이므로 99.9%는 시간 값으로 처리될 수 있다. 해당 SLA 계약에 따르면 연간 장애와 유지 보수를 위해 사용되는 시간을 계산할 수 있다. 1년은 525,600분이고, SLA 수준을 초과하는 0.1%는 거의 526분에 해당된다. 구글은 해당 값을 고유한 이름인 에러 예산(error budget)이라 부른다. 서비스가 1년 동안 올바르게 작동한 시간 비율을 일반적으로 서비스의 "가동 시간(uptime)"이라고 하며 SLA에 지정된 "99.9%"는 가동 시간 측정 항목의 허용 가능한 수준이다.

에러 예산을 다음과 같이 해석할 수 있다. 서비스가 지난 365일 동안 단 한 번의 에러도 없다면 SLA를 위반하지 않고 약 8시간 45분 동안 서비스를 완전히 종료할 수 있다.

이제 롤백 타이밍 요구 사항을 에러 예산과 비교해 다음 릴리즈가 가용성 수준을 위험에 빠뜨릴지를 확인할 수 있다.

또한 가용성 수준(가동 시간)이 복구 가능해진다. 이전에는 가동 시간 값만 줄일 수 있었지만 새로운 방법을 사용하면 시간이 지나면서 원래의 100% 수준까지 복원할 수 있다. "1년"은 일정 기간 값이기 때문에 새로운 운영 작업 1분마다 새로운 측정 항목 값을 연간 타임 라인의 앞부분에

---

[06] "카나리(Canary)" 릴리즈는 처음 배포할 때 호스트의 작은 일부분부터 시작해 호스트의 100%까지 여러 단계에 걸쳐 새로운 소프트웨어를 배포하는 방법이다. 모든 단계에서 새로운 프로덕트는 특정 시간 동안 예상대로 수행될 때만 다음 단계로 진행된다.

추가하고 연간 타임 라인의 뒷부분에서는 동일한 양의 데이터를 삭제한다. 하루 단위의 가용성을 계산하려면 1,440분의 데이터로 작업한다. 하루 1,440분에서 모든 장애 시간을 빼면 "일일 가동 시간(daily uptime)"이 된다. 새로운 전체 서비스 가용성을 계산하려면 이전 가용성 값에서 1년 전 일일 가동 시간을 빼고 현재 가동 시간을 추가해야 한다. 예를 들면, 다음과 같다.

- 어제의 서비스 가용성 수준: 525,400 (99.9619%)
- 에러 예산 크기: 326분
- 작년 같은 날의 일일 가용성: 1,400분
- 오늘의 장애 시간: 5분

전반적인 오늘 가동 시간은 다음과 같다.

오늘 가동 시간 = "어제 가동 시간" – "작년 일일 가동 시간" + "오늘 일일 가동 시간"

525,400 – 1,400 + (1,440 – 5) = 525,435 (99.9686%)

다음은 현재 전체 가동 시간과 SLA 수준 간의 차이(분)로 계산된 현재 에러 예산이다.

525,435 – (525,600 – 526) = 361

위 수식과 같이 작년에 1,400분 동안만 올바른 작동을 했다. 즉, 남은 40분이 장애 시간으로 사용되었고 에러 예산에서 차감되었음을 의미한다. 1년 후 해당 40분은 에러 예산으로 되돌릴 수 있다. 그 이유는 장애 시간이 1년의 기간(현재 가용성 범위, 그림 9-3 참고)을 넘어서기 때문이다. 오늘까지 에러 예산이 40분 증가하고 오늘의 장애로 5분 감소했다.

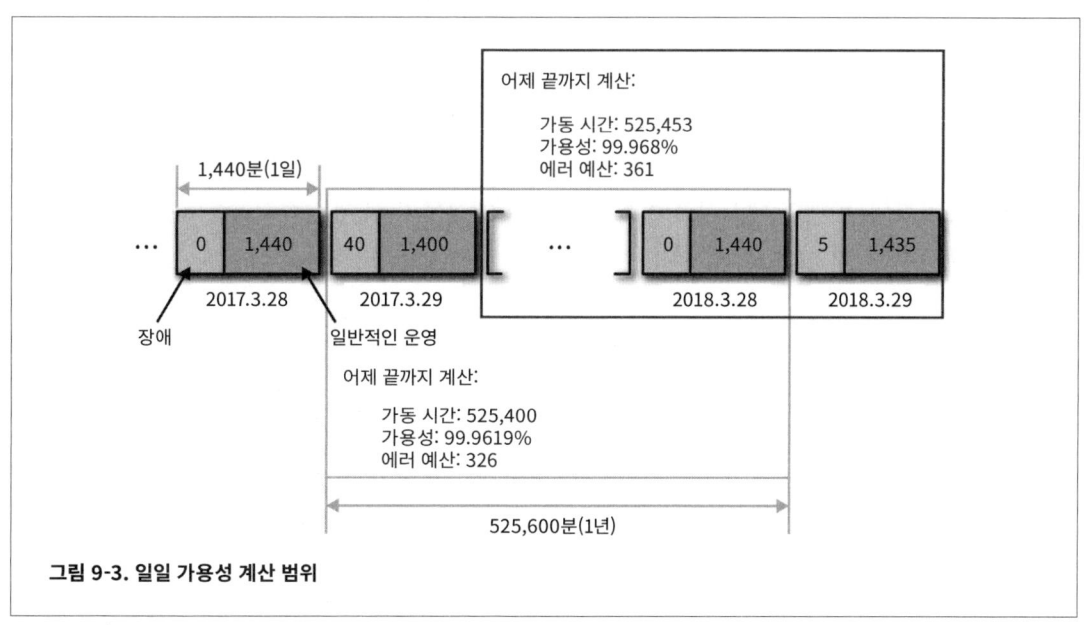

그림 9-3. 일일 가용성 계산 범위

마지막으로 우리가 해야 할 일은 서비스의 장애 횟수를 에러 예산 금액으로 변환하는 것이다.

매우 적은 수의 메시지 때문에 가용성이 33.33%로 하락하는 이전 문제가 발생하지 않게 하려면 단일 데이터 집합이 아니라 최소 지속 시간에 사용 가능한 데이터 포인트 사이의 점차적인 일일 값을 계산한다. 예를 들어, 1분에 한 번 통계를 수집하면 분당 데이터를 분석할 수 있다.

변환 자체는 매우 간단하다. 분석한 모든 분 간격마다 메시지 수와 장애 횟수를 알 수 있다. 한 간격은 시간의 100%를 나타내며 총 메시지 양도 100% 값으로 처리된다. 이를 통해 장애 비율을 얻고 시간 간격에서 같은 양을 추출할 수 있다. 변환된 모든 장애 시간을 더하면 현재 가동 시간 및 에러 예산 값을 조정해야 한다.

"데이터 수신자" 예시에서 모든 컴포넌트가 어떻게 작동하는지 살펴보자. 컴포넌트마다 두 가지 유형의 장애가 있다.

- 에러가 발생했고 메시지가 손실되었다.
- 메시지가 어딘가에서 10ms 이상 멈춰 있었다.

분 단위로 측정 항목을 수집하고 모두 0값으로 생성한다(에러가 없으면 명시적으로 "Errors=0"이라는 측정 항목을 생성한다). 또한 24시간마다 한 번씩 가용성을 다시 계산한다. 매 분마다 세 개의 데이터 버킷이 있다.

- 처리된 메시지 수
- 모든 메시지의 타이머
- 에러 개수

특정 시간 구간에 데이터 포인트가 누락된 경우 요청이 온 메시지에서 정확히 어떤 일이 발생했는지 알 수 없으므로 장애로 표시한다. 마찬가지로 처리된 메시지 수와 에러 수를 기반으로 처리하고 만약 데이터 하나라도 비어 있으면 비어 있는 분을 장애로 표시한다.

2대의 호스트와 10개의 메시지로 이루어진 원래 예시를 다시 계산하고 1분 경계에서 장애가 발생해 24시간 동안 단 10개의 메시지만 발생했다고 가정해보자. 계산은 다음과 같다.

처음 1분

- 메시지 : 10
- 지연 : 0
- 에러 : 5

다음 2분

- 메시지 : 5
- 지연 : 0
- 에러 : 0

처음 1분의 가동 시간은 0.5분(50%)이고 다음 2분의 가동 시간은 1분(100%)이다. 전체 가동 시간 중 중지 시간은 0.5분이다. 총 일일 가용성은 1,439.5분(1,440 - 0.5 = 1,439.5)이 된다. 최악의 경우 이 사건이 장기간에 걸쳐 확산되고 모든 메시지가 지연되면 이전에 봤던 33.33%와는 완전히 다른 20분[07]의 예산만 낭비하게 된다.

사소한 장애 때문에 새로 설정한 에러 예산이 매우 빠르게 소진되고 실제 가용성 수준이 처음에 생각했던 것보다 훨씬 낮더라도 당황하지 말자. 본래 이런 차이를 알리기 위해 SLA를 설정한 것이다.

이 시점에서 다른 이벤트로 장애를 유도할 수 있다. 물론 이것이 단순한 에러가 아니라는 것을 안다. 이런 장애를 SLA 관련 값으로 변환하여 서비스 가용성 수준의 변화를 추적할 수 있다. 또한 에러 예산을 계산하고 사용해 실험 시간을 계획하고 사용자와 위험 계약을 맺지 않고 유지 보수 절차를 수행할 수 있을 것이다.

이제 SLA를 작업할 때 유의해야 할 사항을 알아보도록 하자.

특수한 상황 다루기

SRE를 참여시키고 SLA를 설정하는 것이 다양한 어려움을 해결하는 간단하고 직접적인 이로운 방법이라는 인상을 주지 않기 위해 SLA 그 자체만으로도 몇 가지 복잡성을 초래하는 주목할 만한 사례를 간단히 살펴보겠다.

SLA는 일정하지 않기 때문에 확실한 이점을 얻으려면 SLA를 잘 유지해야 하며 때로는 변경할 필요가 있다. 반면 SLA 설계상 위반해서는 안 된다. 그렇다고 모든 프로젝트에서 엄격한 SLA를 유지하거나 SLA를 유지 관리해야 하는 것은 아니다.

SLA는 사용자뿐만 아니라 가용성 수준을 맞추기 위해 최선을 다하는 개발자, SRE 및 관리 간의 계약이다. 즉, "설정돼야 할 수준이 필요"하다. SLA 위반은 심각한 문제이므로 모든 사람이 정규 업무를 중단하고 서비스의 정상화를 위해 많은 노력을 기울여야 한다.

모든 계약 관련 문제가 에러와 장애로 인해 발생하는 것은 아니다. 그중 일부는 시간이 지나면서 에러와 장애가 조금씩 축적된다. 예를 들어, 이전 6개월 동안 점점 응답 지연 시간이 두 배로

---

07 처음 1분에서 상태가 좋지 않은 호스트에서 10개의 메시지를 받고 다음 1분에만 상태가 좋은 호스트로 해당 메시지가 재전송될 때 모든 메시지는 전체 1분 동안 100% 장애로 계산될 것이다. 다음에 모든 재시도가 지연되면 100% 장애, 즉 10분 예산을 사용하게 될 것이다. 결국 모든 메시지는 1분 간격 정보를 공유하지 않기 때문에 이날은 20분의 중단 시간으로 마무리된다.

증가하고 SLA 제한에 매우 근접한 경우를 생각해보자. 회귀를 책임지는 코드에 커밋이 하나도 없을 수 있지만 수천 개의 작은 변경이 나노초 단위의 지연으로 이어져 결국 응답 지연 시간이 원래 응답 지연 시간의 2배가 될 수 있다. 그렇지만 응답 지연을 책임지는 개발자 또는 팀이 하나도 없을 것이다. 이런 상황을 그대로 둘 수 없다.

이런 상황을 처리할 방법은 두 가지뿐이다. 즉, 기대치를 조정(예: SLA에 포함된 지표 목록 또는 SLI 중 하나 또는 여러 개와 관련된 값)하거나 내부를 이해하고 서비스를 최적화하는 것이다.

첫 번째로, 응답 지연 시간이 길어져도 주의를 기울이지 않는다면 SLA를 잘못 설정했고 수정이 필요함을 의미한다. 스타트업에서 이런 일은 흔하다. 많은 소규모 회사는 측정 항목을 수집/분석하기보다 훨씬 더 중요한 새로운 기능 릴리즈를 중요하게 여기는 일종의 성장기를 갖는다. 스타트업 초기 서비스의 사용자 수는 매우 적어서 새로운 기능을 위해 사용자가 제기하는 사소한 불편은 참작하고 넘어가려고 할 것이다. 여기에 해당한다면 SLA를 SLO 상태로 낮추고 추후 회사가 중요한 사용자를 확보할 때 엄격한 요구 사항으로 돌아가는 것이 좋다. 또 다른 가능성은 우리가 사용자의 요구를 과대평가했거나 이전에 사소하게 취급했던 서비스 작동이 시간이 지나면서 흥미로운 기능이자 서비스의 중요한 부분이 될 것이라는 점이다.

두 번째로, 기술적인 관점에서 해당 이슈를 처리해야 한다. 팀은 문제가 있는 측정 항목을 원래 상태에 가깝게 되돌려 놓아야 한다. 목표는 추가 프로덕트 개발로 인한 지연 증가를 방지하는 것이 아니라 설정된 제한 안에서 응답 지연 시간을 줄이고 유지하는 것이다. 새로운 기능을 추가하면 응답 지연 시간이 늘어날 수 있지만 동시에 이전 컴포넌트를 리팩터링해서 응답 지연 시간을 감소시킬 수 있다. 실제로 한 명이나 두 명의 팀원이 최적화 작업을 수행하는 동안 나머지 팀원들은 진행 중인 프로젝트를 계속해서 진행할 것이다. 2주에서 한 달 후 온콜 교대와 마찬가지로 최적화 작업을 수행하는 팀원과 다른 팀원들의 업무를 교대한다.

 가야 할 정확한 길을 선택하는 것은 기술적인 결정이 아니라 관리적인 결정이다. SLA의 변경은 비즈니스 우선순위의 변경이다. 그리고 비즈니스 우선순위의 변화는 회사를 급속히 성장하거나 곧장 파산으로 이끌 수 있다. 여기에 SRE의 임무는 현재 상황의 명확한 개요와 해결 가능성을 제공해 경영진이 올바른 결정을 내리게 도움을 주는 것이다.

마지막으로 모든 프로젝트에 SRE를 투입해야 한다고 말하는 것은 잘못된 것이다. 고가용성 수준을 요구하지 않는 프로젝트에 굳이 SRE를 참여시킬 필요는 없다. 특정 서비스에서 문제가 발생해 점검 페이지가 걸린 상태인데 개발자가 다음 영업일에 근무해 해당 서비스를 정상화할 때까지 주말 내내 서비스가 중단된다면 어떻게 될까? 적어도 SRE와 개발자가 동일한 가용성 목표를 공유하지 않고 프로젝트를 반대 방향으로 추진하기 때문에 우선순위에 대한 충돌이 발생할 것이다. 개발자의 최우선 순위는 서비스 가용성과 관계없이 가능한 한 빨리 새로운 기능을 제공

하는 것이며 SRE는 프로덕트를 안정화하는 것이 우선이기 때문에 약간 속도를 늦추는 경향이 있다. 이런 프로젝트 경우 초기 설정 및 추가 소프트웨어 유지 보수와 같은 시스템 업무를 지원하는 시스템 관리자가 있으면 충분하다. 따라서 특정 서비스에 SRE 접근 방법을 적용하기 전에 적절한 위치에서 수행할 수 있어야 한다. 그렇지 않으면 많은 시간과 에너지를 낭비할 것이다.

결론

SRE 철학은 관점 면에서 시스템 관리자의 철학과 다르다.[08] SRE 철학은 단순하고 데이터 중심 원칙을 기반으로 개발되었다. 즉, 사용자 및 비즈니스 관점에서 문제를 분석한다. 사용자 관점에서 "프로덕트 품질 관리"에 중점을 두는 경우 비즈니스 관점에서는 "프로덕트 사례를 관리 및 효율화"에 중점을 둔다. 여기서 "데이터 중심"은 "가정을 허용하지 않는다"라는 것을 의미한다.[09] 중요한 모든 데이터를 식별하고 측정하고 비교해야 한다. 모든 것이 이런 작업의 결과이다. 이것이 모든 SRE 프랙티스의 핵심이다.

혹시 어렵거나 복잡하게 느껴진다면 다음과 같은 간단한 지침 목록과 잠재적인 결과를 참고해 시작하기 바란다. 가장 작은 서비스 컴포넌트에서 단계적으로 적용하면 된다.

1. 다음 인용문으로 새로운 프로젝트를 시작해보자.
   "사용자와 함께 시작해 거꾸로 작업하기"
2. 대규모 서비스를 여러 컴포넌트로 나누고 각 컴포넌트를 개별 서비스로 취급한다. 그러면 문제가 발생하는 컴포넌트를 쉽게 식별할 수 있다.
3. 가장 우선해야 할 것이 무엇인지 알 수 있도록 서비스 수준 지표(SLI)를 열거한다. 물론 우리의 신념에만 집중하지 말고 실제 사용자의 경험도 주시해야 한다.
4. 완전한 SLO로 집계되는 SLI는 "양호"와 "불량" 서비스 상태를 명시적으로 표현한다.
5. 현재 여러분이 작업 중인 서비스가 프로덕션 트래픽을 받고 있다면 서비스 가용성에 최대한 가깝게 반영해 초기 SLO 값을 선택한다. 해당 SLO를 기준으로 작업하자. 이런 류의 SLO는 원하는 수준에 맞추기 위해 서비스를 즉각 변경할 필요가 없다. 다음 단계에서 SLO 수준을 올리면 된다.
6. 100% 가동 시간으로 시작한다. 에러 예산을 계산하고 그 크기를 줄일 수 있는 모든 "장애" 조건 목록을 작성한다. 이것은 이슈, 유지 보수, 실험 시간을 추적하는 데 도움이 된다.

---

08 SRE 철학은 "프랙티스"가 아니라 "관점" 면에서 다르다. 관점에서 시작된 SRE 프랙티스를 SRE와 시스템 관리자와 공유할 수 있기 때문이다. 그러나 SRE 프랙티스를 성공적으로 채택했다고 시스템 관리자가 즉시 SRE가 되는 것은 아니다.

09 가정하는 것은 괜찮다. 그러나 데이터가 뒷받침되지 않은 가정은 참이라 할 수 없다. 예를 들어, 서비스가 정상적으로 작동한다고 판단한 경우에 "괜찮다(fine)"가 갖는 측정 가능한 의미가 알려져 있어도 "괜찮다"라는 가정을 지원하는 데이터가 없으면 "괜찮다"라고 말할 수 없다.

7. 모든 의존성과 그 영향을 열거해본다. 이것은 문제의 소스 또는 성과 회귀의 중요한 지표가 될 것이다. 이슈가 서비스 자체의 문제로 인해 발생하는지 아니면 통신하는 서비스로 인한 것인지 고심해야 한다.
8. SLO 장벽 값에 대해 서비스 성능 테스트를 수행한다. SLA 장벽 값은 트래픽과 필요한 용량 간의 관계를 나타낸다.
9. 테스트 중에 애플리케이션이 처리할 수 있는 유입 트래픽 크기와 애플리케이션이 생성하는 외부 서비스에 대한 추가 부하량을 측정한다. 이것은 모든 서비스에 대해 개별적으로 입력과 출력 간의 비율을 대략 계산하고 의존 서비스에 대한 요구 사항을 정확하게 예측한다.
10. 주기적으로 테스트를 반복하고 추세 변화를 추적해 이에 따른 용량을 조정한다. 시간이 지나면서 SLO는 유효 서비스 신뢰성 수준을 표시하고 회귀를 나타내며 문제가 있는 조건에 주의를 기울인다.
11. SLO와 사용자 관점에서 모든 기술적 및 비기술적 결정에 대한 필요성 및 우선순위를 평가한다.
12. SLO를 SLA로 승격시키고 새로운 목표 수준을 설정한 후 다음 서비스로 이동한다.

이제 시스템을 더 정확하게 제어할 수 있고 언제, 무엇을, 왜, 어떻게 조정해야 하는지 분명히 알 수 있다. "사용자에게 초점을 맞추면 다른 나머지는 모두 따라온다." 원칙에 따라 효율을 높이고 비용을 낮추며 전반적으로 긍정적인 사용자 경험에 대한 기준을 높이기 위해 베스트 프랙티스를 개발하고 풍부하게 만들 수 있다.

블라드미르 레게자 Vladimir Legeza

아마존 재팬(Amazon Japan)의 검색 운영 팀의 사이트 신뢰성 엔지니어이다. 블라드미르는 수십 년 동안 비즈니스 컨설팅, 웹 포털 개발, 온라인 게임, TV 방송과 같은 다양한 규모와 비즈니스 영역의 다양한 회사에서 근무했다. 블라드미르는 2010년부터는 주로 대규모의 고성능 솔루션에 집중했고, 아마존 입사 전에 얀덱스(Yandex)에서 검색 서비스 및 플랫폼 인프라를 연구했다.

CHAPTER 10

SRE 문화 바로 세우기

룬덱Rundeck**의 데이먼 에드워즈**Damon Edwards

"SRE가 멋있다고들 하지만 회사에서 SRE를 어떻게 활용할 수 있을까?"

중견기업 또는 대기업에서 일하는가? 이 책을 읽는 동안 위의 질문을 해봤는가? 먼저 여러분이 혼자가 아니라는 것을 알아야 한다. 조직의 운영 방식을 변경하는 것은 회사의 규모에 상관없이 어려운 일이다. 특히 기업에서는 변화하는 도전과 장애물이 극복할 수 없는 산처럼 보일 때가 많다.

툴을 변경하겠는가? 복잡하지만 어떤 크기로도 가능하다.

개인에게 새로운 기술을 가르치겠는가? 어렵고 느린 작업이지만 모두가 따라야 할 경로가 있다.

근본적으로 회사 운영 방식을 어떻게 바꿀 수 있겠는가? 소기업을 제외하고 회사라는 산에 직접 부딪혀야 한다는 것을 의미한다.

걱정 안 해도 된다. 일반적인 회사의 운영 모델에서 SRE 모델로 전환할 수 있다. 여러분이 이 책을 읽는 순간에도 많은 회사에서 SRE 모델로 전환하고 있다.

10장은 기존 운영 조직을 SRE 조직으로 전환하려는 기업의 리더를 위한 장으로 장애물을 식별하고 제거하는 방법을 배울 것이다. 만약 장애물을 해결하지 않은 상태로 둔다면 SRE 모델 전환은 약화될 것이다.

대기업과 협력해 운영 조직을 변화시키는 과정에서 얻은 지식을 모아놓은 이번 장에서 살펴볼 내용은 다음과 같다.

첫째, 나는 여러분의 길을 가로막는 조직의 힘을 살펴볼 것이다.

둘째, 장애물을 제거해 SRE 전환을 시작하고 유지할 수 있는 기술을 살펴볼 것이다.

성공을 어떻게 측정해야 하는가? 개선된 신뢰성, MTTD/MTTR[01] 향상, 개선된 조직 민첩성, 만족스러운 유능한 동료인가? 실패란 무엇인가? 끝내 새로운 "SRE" 직책을 갖게 되었지만 그다지 변화는 없을 수 있다.

노동, SRE의 적

노동(toil)은 SRE의 여정에서 숨겨진 악당이다. 이미 SRE 작업 방식을 내재화한 조직에서 노동을 파악하고 제거하는 것은 자연스러운 일이다. 기존 운영 문화를 가진 조직이 노동을 파악하고 제거하는 것은 종종 배워야 하는 조직 차원의 기술이다.

노동이란 무엇인가? 구글의 비벡 라우의 글(Vivek Rau from Google, https://sre.google/sre-book/eliminating-toil/)에서 "노동은 수동적이고, 반복적이며, 자동화가 가능하고, 전술적이며, 지속적인 가치가 없고, 서비스가 성장하면 비례해서 커지는 프로덕트 서비스 운영과 관련된 일이다."라고 답하고 있다. 이런 속성을 가진 작업이 많을수록 해당 작업이 노동으로 분류되어야 한다고 확신할 것이다.

노동으로 분류된다고 해서 작업이 하찮거나 불필요하다는 의미는 아니다. 반대로 대부분 조직들은 이런 노동을 수행하지 않으면 일이 되지 않을 것이다. 노동의 가치는 종종 기존 기업 운영 팀 간에 혼란스러운 부분이다. 일부 운영 팀에게는 운영 중인 서비스에 대한 수동 개입이 노동이라 생각한다.

사용자에게 가치를 제공하는 작업이 필요하다고 해서 해당 작업이 반드시 부가 가치를 창출한다는 것을 의미하지 않는다. 린(Lean) 제조 원칙에 익숙한 사람들에게 이것은 타입 1 무다[02] (Type 1 Muda, 필수적이고 부가 가치가 없는 작업)와 다르지 않다. 노동이 때때로 필요할 수 있지만 지속적인 가치(예: 사용자 또는 비즈니스의 가치 인식 변화)를 추가하지 않는다.

SRE는 부가 가치가 없는 노동에 시간을 소비하는 대신 부가 가치 엔지니어링 작업에 최대한 많은 시간을 투자하고 싶다. 비렉 라우(Vivek Rau)의 유용한 정의에서 엔지니어링 작업은 사람의 판단이 필요하고, 창의적이고 혁신적인 작업으로 정의할 수 있다. 또한, 지속적 가치가 있고 다른 사람이 이를 활용할 수 있다(표 10-1 참고).

노동	엔지니어링 작업
지속적인 가치 제공 부족	지속적인 가치 창출
기계적, 지루한 반복	창조적, 자동화를 통한 반복
전술적	전략적
규모에 따라 증가	확장 가능
자동화할 수 있음	사람의 창의력이 필요

표 10-1. 노동과 엔지니어링 작업의 특징 비교

---

01 MTTD(Mean Time to Detect, 평균 탐지 시간)는 문제 시작 시각과 문제 발견 시간 사이의 평균 시간이다. MTTR(Mean Time to Repair, 평균 복구 시간)은 문제 발생 시간과 문제 해결 시간 사이의 평균 시간이다. 이 둘은 일반적으로 사용되는 운영 측정 지표지만 논쟁의 여지가 없다. 첫 번째 논점은 MTTD, MTTR 측정 지표를 사용해 운영 성과를 평가할 수 있는 판단의 정확성이다. 두 장애가 동일하지 않다면 평균은 얼마나 유효할까? 또 다른 논쟁은 어떤 측정 항목이 우선순위가 높은 지이다. 빠른 탐지를 통해 시스템을 잘 측정하고 이해할 수 있으므로 더 나은 일관된 해결책과 장애 예방이 가능하다. 빠른 복구는 더 나은 자동화 또는 장애 복구를 의미하며 복구는 모든 장애의 궁극적인 목표이다.

02 워맥(Womack, J. P.), 존스(Jones, D. T.)의 『린 싱킹 낭비 없는 기업의 전략 백신(Lean Thinking: Banish Waste and Create Wealth in Your Corporation)』, 리버 사이드(Riverside)에 위치한 Free Press 출판사, 2010년 번역서로는 『린 싱킹 낭비 없는 기업의 전략 백신』(바다 출판사)이 있다. (역자주) 무다: 린 제조 원칙에서 일본 말로 '낭비'를 의미하며 부가 가치가 없는 모든 활동을 의미한다.

공학적 작업 대비 노동의 비율이 높은 조직에서 일한다는 것은 마치 모든 사람이 목표를 향해 헤엄치고 있는 것처럼 보인다. 이 비율이 낮은 조직에서 일하는 것은 제자리에서 헤엄치는 느낌이지만 최악의 경우에는 그대로 가라앉고 마는 느낌을 줄 것이다.

"노동하지 않는다"라는 목표가 이론적으로는 좋아 보여도 실제로 진행 중인 비즈니스에서는 해당 목표를 달성할 수 없다. 기술 조직은 항상 유동적이고 새로운 개발(예상하거나 예상치 못한 개발은 항상 존재한다)은 항상 노동을 유발할 것이다.

우리가 기대할 수 있는 최선의 방법은 노동을 효과적으로 줄이고 조직 전체에서 노동을 관리 가능한 수준으로 유지하는 것이다. 이미 알고 있지만 노동은 초기에 자동화할 시간이나 예산이 없을 때 비롯된다(예: 반수동 배포, 스키마 업데이트/롤백, 스토리지 할당량 변경, 네트워크 변경, 사용자 추가, 용량 추가, DNS 변경, 서비스 장애 조치). 노동은 수동 개입(예: 재시작, 진단, 성능 조사, 설정 변경)이 필요한 장애와 같이 예측하지 못한 상황에서도 발생한다.

작은 노동은 위험하지 않은 것처럼 보일 수 있다. 개별 장애를 처리하는 노동에 대한 우려는 종종 "바쁜 일을 진행하는 데 작은 노동은 문제가 되지 않는다."라는 반응으로 일축된다. 그러나 확인하지 않는 상태로 둔다면 노동은 개인과 조직 모두에게 독성이 있는 수준으로 빠르게 누적될 것이다.

개인의 관점에서 높은 수준의 노동은 다음과 같은 결과를 낳는다.

- 불만과 성취감 부족
- 번아웃(Burnout)
- 에러가 많을수록 에러를 수정하는 데 많은 시간이 소요됨
- 새로운 기술을 배울 시간이 없음
- 경력 정체(부가 가치 프로젝트를 제공할 기회 부족으로 인한 손실)

조직의 입장에서 높은 수준의 노동으로 다음과 같은 결과를 낳는다.

- 팀 역량의 지속적인 부족
- 과도한 운영 지원 비용
- 전략적인 주도를 진행할 수 없음(모두 바쁘지만 어떤 것도 끝나지 않는 증후군 발생)
- 최고의 인재를 유지하지 못함(그리고 조직이 어떻게 운영되는 내용이 밖으로 알려진 후에야 최고의 인재를 확보할 수 있음)

노동의 가장 위험한 측면 중 하나는 노동을 제거하기 위한 엔지니어링 작업이 필요하다는 것이다. 마지막으로 경험한 홍수와도 같았던 반복적인 노동을 떠올려보자. 지금 이 노동을 수행했다고 해서 다음 노동이 계속 발생하는 것을 막을 수 없다.

노동을 줄이려면 자동화 시스템을 구축해 수동 개입의 필요성을 자동화하거나 시스템을 개선해 처음부터 수동 개입의 필요성을 줄이는 엔지니어링 시간을 들여야 한다.

노동을 줄이는데 필요한 엔지니어링 작업은 일반적으로 외부 자동화(예: 서비스 외부의 스크립트와 자동화 툴) 생성 또는 내부 자동화 생성(예: 서비스 일부로 제공되는 자동화) 또는 유지 보수 작업이 필요하지 않도록 서비스를 향상하는 것 중 하나가 될 수 있다.

노동은 미래의 노동을 줄일 엔지니어링 작업을 수행하는 데 필요한 시간을 단축한다. 여러분이 주의하지 않으면 노동을 중단하는 데 필요한 역량을 갖지 못할 때까지 조직의 노동 수준은 증가할 것이다. 그리고 기술적 부채 비유를 들어 설명한 그림 10-1과 같이 "엔지니어링 파산(engineering bankruptcy)"이 될 것이다.

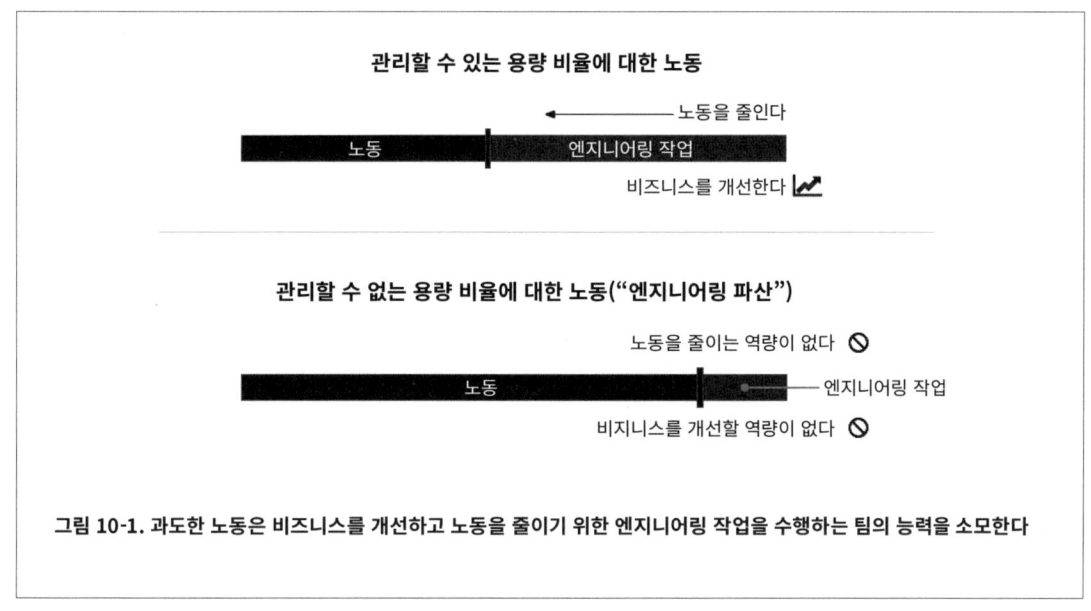

그림 10-1. 과도한 노동은 비즈니스를 개선하고 노동을 줄이기 위한 엔지니어링 작업을 수행하는 팀의 능력을 소모한다

운영 중인 SRE 모델(그리고 그에 수반되는 모든 장점)은 엔지니어링 작업을 진행하는 팀에 따라 달라진다. 노동으로 인해 팀의 역량이 소비되면 SRE 모델을 시작하거나 유지할 수 없다. 노동 속에 영원히 묻혀있는 SRE는 SRE가 아니라 새로운 직함을 가진 기존 시스템 관리자일 뿐이다.

기업의 노동

기업은 노동이 많은 비옥한 땅이다. 첫째, 노동의 개념과 관련해 기존 운영 관리 철학은 맹목적("모두 바빠 보인다. 효율성이 뛰어나다!")이거나 무관심("왜 이런 골칫거리에 대해 불평하는가? 누구든 골칫거리를 처리하면 좋겠다.")이었다. 둘째, 기업에서 발견된 높은 수준의 조직 복잡성은 노동을 유발하고 노동을 줄이기 위한 노력을 방해한다.

논의에 앞서 "기업"의 정의는 상당한 유산(문화, 조직, 프로세스, 기술)을 축적하는데 필요한 역사적으로 성공을 거둔 회사로 하겠다.

기업은 뚜렷한 "외관"을 갖추고 있다. 비즈니스 관점에서 보면 고유한 문맥과 기본 가정을 가진 다른 시대에서 태어나거나 획득한 비즈니스 라인(Business Line)[03]을 찾을 수 있다. 기술 측면에서 보면 여러 세대의 플랫폼과 도구(예: 새로운 브랜드, 오래되었지만 진화하는 브랜드, 잊혀진 브랜드)를 찾을 수 있다. 그리고 모두 연결해 사용자에게 서비스 제공하는 것을 발견할 수 있을 것이다.

기업에서 고립된 것은 아무것도 없다는 것을 기억하는 것이 좋다. 여러분이 작업하는 것은 다른 사람에 의존적이고, 다른 사람이 작업한 것은 여러분에게 의존적이다. 기존 아키텍처에서 해당 의존성은 고정되어 있고 분명하다. 최신 아키텍처에서는 해당 의존성은 종종 동적이며 추상화되어 있지만 여전히 존재한다. 인적 차원에서는 인센티브, 예산, 정책, 신념, 문화 규범 모두 기업의 여러 측면에 얽혀 있다.

이런 상호 연결성은 기업에서 노동을 없애는 것을 훨씬 어렵게 한다. 팀 자체에서 직접 하는 노동은 간단한 엔지니어링 작업으로 제거할 수 있다. 그러나 조직 내에서 다른 팀과 협업할 때 필요한 조건이나 시스템으로 인한 발생하는 모든 노동에 대해서는 어떠한가? 팀의 경계를 넘어 솔루션에 영향을 미치는 경우가 아니라면 해당 노동을 통제할 수 없다. 기업에서 일한 경험이 있는 사람이라면 누구나 알고 있을 것이다.

부분이든 전체든 팀이 노동을 통제할 수 없으면 매우 위험하다. 따라서, 노동이 팀의 모든 엔지니어링 작업을 파산 한계에 몰아넣게 된다. 이는 시스템 관리자 팀이 "SRE 팀"으로 새로 단장하는 안티 패턴(anti pattern)의 일반적인 원인이지만 엔지니어링 능력 부족으로 새로운 팀 이름 외에는 별다른 변화를 못 느끼게 된다.

사일로, 요청 대기열, 티켓

과도한 노동은 기업의 SRE 모델 전환을 방해한다는 사실을 확인했다면 노동을 효과적으로 제어하기 위해 논리적으로 조직의 경계를 넘어서 작업해야 한다는 것을 알아야 한다. 그러나 조직 경계를 넘어 작업하는 것은 IT 회사에서 가장 큰 과제이기도 하다.

회사는 사일로 효과, 요청 대기열, 가장 좋은 모든 IT 운영자, 요청 티켓 등이 결합되어 있기에 조직 경계를 넘어 작업하는 것은 어렵다.

방해하는 사일로

필 엔소(Philip S. Ensor)가 사일로(Silos) 은유를 처음으로 썼다. 필 엔소는 1988년[04] 재직 중인 Goodyear Tire(미국 타이어 제조회사)에서 조직 문제를 설명하기 위해 사일로라는 단어를 사용했다. 그 이후로 "사일로" 개념은 린 제조 무브먼트(Lean Manufacturing Movement)와

---

03 (역자주) 비즈니스 라인: 비즈니스 요구를 충족시키는 제품을 의미하는 일반적인 용어이다.
04 Association for Manufacturing Excellence(AME) 단체의 타겟(Target) 지에 실린 필립 S. 엔소의 '기능적인 사일로 증후군(The Functional Silo Syndrome)' 출처: https://bit.ly/3pFvaNs

데브옵스 무브먼트(DevOps Movement)에 의해 논의되었다. 어떤 사람은 잘 모르는 상태에서 사일로를 팀이라고 생각하지만 실제로 사일로는 조직 구조와 관련이 없다. 사일로라는 개념은 조직 내에서 그룹이 어떻게 작동하는지와 관련이 있다.

그림 10-2와 같이 특정 그룹은 구성원이 다른 그룹과 단절된 방식으로 (다른 그룹이 알든 모르든 간에) 작업할 때 "특정 사일로에서 작업한다."라고 한다. 사일로를 발견하는 시점은 특정 그룹이 다른 그룹과 다른 문맥에서 작업하고 있고, 특정 그룹의 일이 다른 그룹과 다른 곳(즉, 다른 백로그)에서 들어오고, 특정 그룹이 다른 장려책 또는 우선순위(그리고 종종 다른 관리 체인의 일부)에 따라 작업하는 상황을 찾는 경우이다.

이 그룹이 사일로에서 작업하고 있으며 병목 현상, 느린 업무 결과, 잘못된 의사소통, 툴링 불일치, 전달 에러, 과도한 재작업, 충돌(일반적으로 손가락을 가리키는 유형)과 같은 여러 증상을 경험하고 있음이 거의 확실하다.

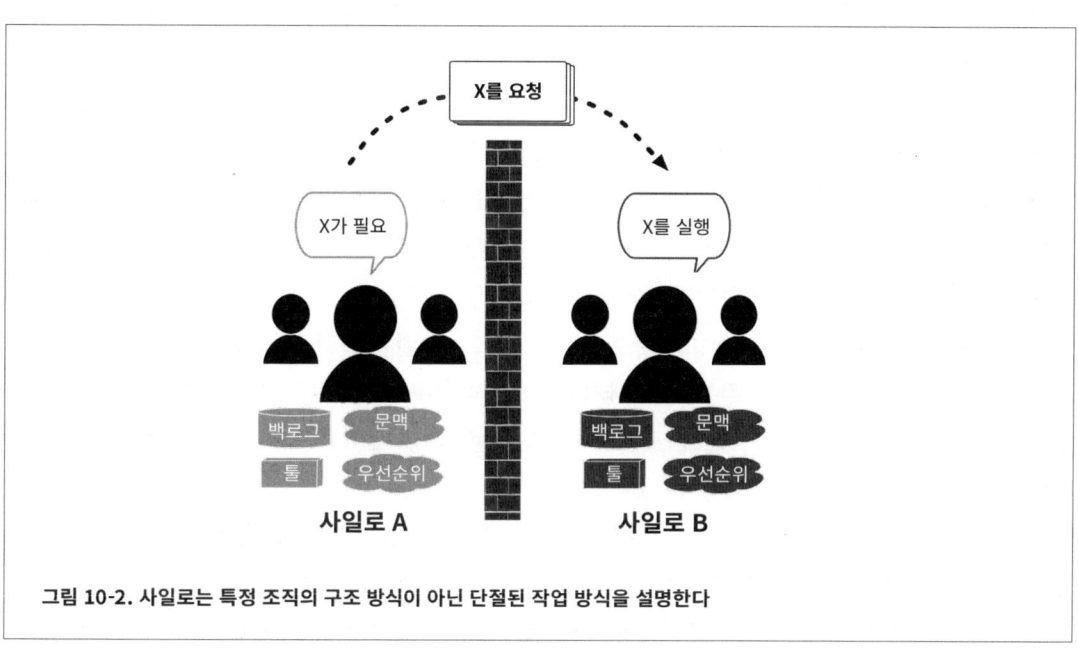

그림 10-2. 사일로는 특정 조직의 구조 방식이 아닌 단절된 작업 방식을 설명한다

여러분이 기업에서 일한 경험이 있다면 그림 10-2를 이해할 것이다. 어떤 사람은 사일로를 "항상 잘 작동하던 방식"이라고 쓸쓸하게 말하기도 한다. 기능적 전문 지식으로 구분된 많은 전문가 팀이 있고 티켓 시스템을 사용하며 업무 조정과 조직 전체에서 업무를 추진하기 위해 프로젝트 관리에 대한 의존도가 높은 전형적인 운영 모델이 내재되어 있다.

운영 팀은 사일로 내에서 작업하지 않으며 사일로 효과로 인한 어려움이 없다. 이는 일반적으로 기능적 전문화에 따라 사람을 분류하고 유사한 그룹으로 분류한 다음, 내부 상태를 보고 최적화하도록 유도해 대규모 노력을 "최적화"해 사람의 자극을 기반한 전통적인 경영 철학의 자연스러운 부산물이다.

사일로 효과로 발생하는 가장 일반적인 문제는 핸드오프(handoff: 너무 느림, 부정확함, 많은 재작업 등)이다. 이는 여러분이 사일로 외부의 누군가로부터 무언가가 필요할 때(반대로 사일로 외부의 누군가가 여러분에게 필요로 하는 게 있을 때)만 문제가 된다는 것을 고려하면 일리가 있다. 그리고 기업에서는 아무도 고립되어 살 수 없다는 것을 기억하자. 중요한 일을 한다는 것은 정보와 작업이 조직의 한계를 넘어선다는 것을 의미한다.

사일로 그룹 사이에서 작업을 수행해야 할 때 어떤 문제가 발생할까? 보통은 정보가 불일치할 때 발생한다(그림 10-3 참고).

정보 불일치
핸드오프 양측의 당사자는 서로 다른 정보로 작업하거나 서로 다른 관점에서 정보를 처리하기 때문에 에러와 재작업(예: 이전 에러로 인한 반복 작업)이 증가한다.

프로세스 불일치
핸드오프 양측의 당사자는 명목상 같지만 다른 접근 방식을 취해 상대방이 예상치 못한 결과를 생성하는 프로세스를 따르고 있다. 서로 다른 사일로에서 발생하는 프로세스 부분 간의 타이밍과 케이던스(cadence)[05] 불일치로 인해 에러 및 재작업이 증가한다.

툴링 불일치
사일로 경계의 양쪽에 있는 당사자들이 원활하게 연결되도록 설정하지 않은 툴링을 사용하면 에러 및 재작업이 증가한다. 특정 툴에서 다른 툴로 정보와 산출물을 일일이 즉석에서 변환해야 할 때 프로세스에 지연, 분산, 에러가 발생할 수밖에 없다.

용량 불일치
병목 현상과 지연은 사일로 경계의 한쪽에서 오는 요청의 양 또는 비율이 요청을 수행하는 요청자의 용량을 초과할 때 발생한다. 요청 수준은 종종 예상치를 초과하거나 미달이 되고 조직의 다른 부분에 대한 계획과 작업 흐름을 방해하는 파급효과가 있다.

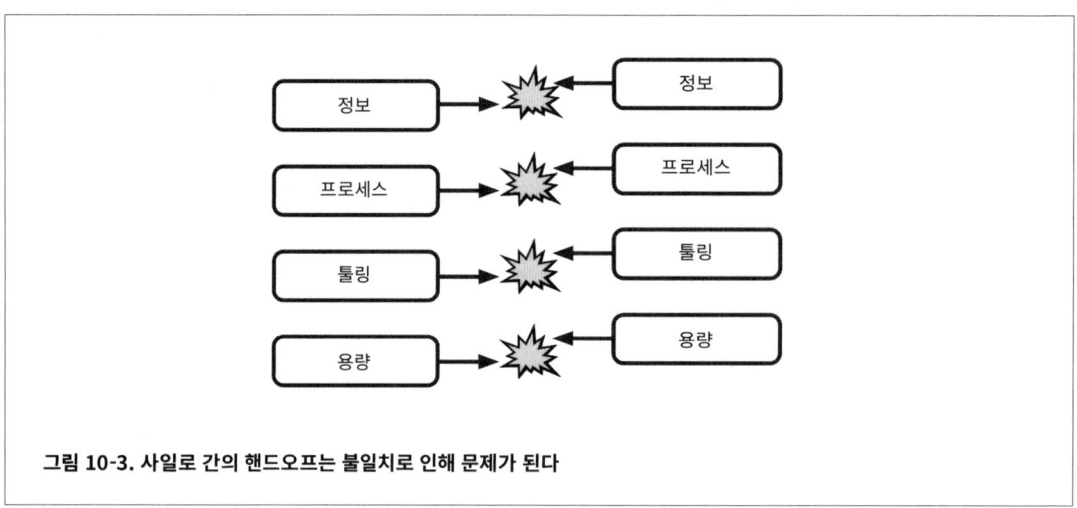

그림 10-3. 사일로 간의 핸드오프는 불일치로 인해 문제가 된다

티켓 기반 요청 대기열은 비싸다

수십 년 동안 사일로로 인한 핸드오프 문제의 해결 대책은 핸드오프를 제어하는 요청 대기열을 추가하는 것(일반적으로 티켓 시스템)이다. 표면적으로 요청 대기열은 구분된 조직을 넘어서 작업을 관리하는 규칙적이고 효율적인 방법처럼 보인다. 그러나 표면을 들여다보면 요청 대기열이 모든 비즈니스의 경제적 낭비의 주요 원인임을 알 수 있다. 요청 대기열의 부정적인 영향을 분류한 유명한 저자 및 프로덕트 개발 전문가인 도널드 G. 라이너트센(Donald G. Reinertsen)이 작성한 다음 목록을 살펴보자(그림 10-4 참고).[06]

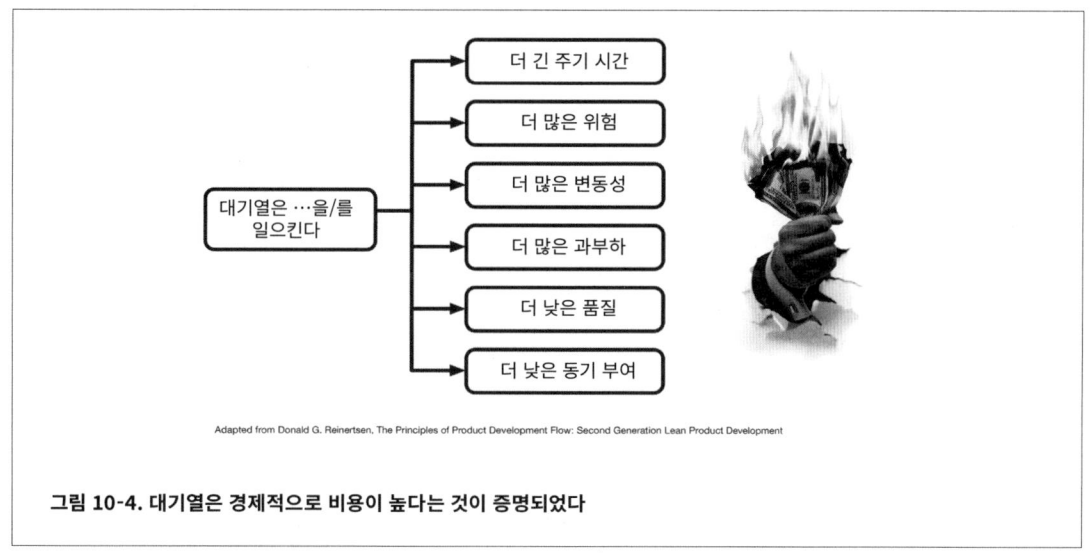

그림 10-4. 대기열은 경제적으로 비용이 높다는 것이 증명되었다

더 긴 주기

작은 대기열보다 큰 대기열의 앞쪽에 도달하는 것이 더 오래 걸리기 때문에 대기열은 주기를 늘인다. IT 기업 조직과 같이 복잡한 상호 의존적 시스템에서는 작은 지연이 기하급수적인 복잡성으로 나타날 수 있다.

더 많은 위험

대기열은 요청과 이행 사이의 시간을 증가시키기 때문에 원래 요청의 문맥이 변경될 가능성(경쟁 조건)이 크다. 문제가 발생하면 요청자는 요청했을 때와 달리 요청과는 다른 작업을 수행하기도 한다.

더 많은 변동성

대기열이 길수록 사용률이 높아지고 사용률이 높아지면서 가변성이 커진다. 따라서 대기 시간이 길어지고 에러가 발생할 확률은 높아진다.

---

05 (역자주) 케이던스: 개발과 검증 과정을 정기적이고 예측 가능한 일정에 따라 진행하는 것을 말한다.
06 Reinertsen, Donald G. (2009). The Principles of Product Development Flow: Second Generation Lean Product Development. Redondo Beach, CA: Celeritas Publishing. 도널드 G. 라이너트센(Reinertsen, Donald G.)의 『제품 개발 흐름의 원칙: 차세대 린 제품 개발 방식(The Principles of Product Development Flow: Second Generation Lean Product Development)』, Redondo Beach, CA: Celeritas Publishing 출판사, 2009년

더 많은 과부하
대기열은 대기열 관리, 상태 보고, 예외 처리를 위한 관리 과부하를 추가한다. 대기열이 길수록 과부하 비용이 심각하게 증가한다.

더 낮은 품질
프로세스의 업스트림에 있는 사람에게 피드백을 지연시키면 대기열의 품질은 떨어진다. 피드백 지연으로 문제를 해결하는 비용은 훨씬 커지고(예: 버그를 빨리 발견할수록 해결하기 쉬움) 첫 번째 부정적인 피드백이 도착하기 전에 기존과 유사한 추가 문제가 발생하는 경우가 많다.

더 낮은 동기 부여
대기열은 요청자의 의욕과 진취성을 약화시켜서 더 긴 대기열일수록 요청자는 즉각적이고 긴급한 작업 특성을 망각하게 된다. 결국 부정적인 결과로 이어진다면 업무에서 단절되고 말 것이다.

조직 전체에 대기열을 추가하는 것은 여러모로 정당화하기 어렵다. 자발적으로 더 긴 주기 시간, 더 느린 피드백, 더 많은 위험, 더 많은 변동성, 더 많은 과부하, 더 낮은 품질, 더 낮은 동기 부여를 조직에 추가하는 것은 의미가 없기 때문이다.

그런데도 IT 운영 조직에서 가장 일반적인 관리 방법은 무엇인가? 티켓 시스템의 형태로 대기열을 요청해보자. 조직이 티켓을 통해 다른 사일로에서 일하는 사람들 간의 상호 작용을 관리하면 직접(대기 시간 증가, 과부하 증가, 연결 끊김 증가, 에러 증가) 및 간접(노동 증가) 모두에서 부가 가치 엔지니어링 작업에 대한 인력의 역량이 약화된다. 더욱이 용량 부족과 노동이 증가한 대부분은 원인은 다른 사일로에 있기 때문에 해결하기는 더욱 어렵다.

다음에는 사일로, 대기열, 티켓을 제거하는 방법과 제거할 수 없는 경우 유해한 영향을 방지할 방법에 대해 설명한다.

지금 실행하기

8장의 초반에 SRE가 레거시 엔터프라이즈 운영 조직에 기본 조건 변경을 요구하는 사례를 봤다. 이제는 SRE 전환할 때 장애물을 제거하는데 취해야 할 단계를 살펴보도록 하겠다.

여느 전환과 마찬가지로 지속적인 개선 접근 방식을 취해야 한다. 조직은 복잡한 시스템이다. 복잡한 시스템을 한 번에 변환하는 것은 위험하며 성공했다는 기록은 그리 많지 않다. SRE로의 전환을 위해 사전 계획을 아무리 세워도 실제로 해보면 다르게 진행될 것이다. 따라서 팀이 지속해서 계획한 것을 수행하도록 격려해야 한다.

다만 이것을 실행해야 할 전제 조건 또는 따라야 할 최종 공식(즉, "진실한 길")으로 간주하여서는 안 된다. 이는 지속적으로 적용할 수 있는 패턴과 교훈이다. 새로운 SRE 팀을 모아야 한다. SRE 작동 방식을 변화시킬 수 있도록 권한을 부여해야 한다. 팀이 조직 경계를 넘어 모든 사람에게 도움이 될 수 있는 개선 사항에 대해 협력하도록 권한을 부여하고 행동과 지속적인 개선을 장려해야 한다.

린 기반으로 시작하기

운영 조직의 업무수행 방식을 변경할 때는 검증된 혁신 지식을 활용하는 것이 좋다. 린 제조 운동은 모든 작업 프로세스의 개선을 위해 적용할 수 있는 풍부한 디자인 패턴과 기술[07]을 생성했다. 특히 도요타 프로덕션 시스템(Toyota Production System)에서 탄생한 카이젠(Kaizen, 대략 "지속적인 개선"을 의미함) 원칙은 혁신을 가속하고 조직의 지속적인 학습 능력을 촉진한다. 조직에 카이젠을 적용하려면 도요타 프로덕션 시스템(Toyota Production System)을 기반으로 하는 카타(Kata)라는 방법이 있다.

카타는 노동, 사일로, 요청 대기열 제거 문제에 적용할 수 있는 훌륭한 방법이다. 카타는 조직이 종단 간 업무 흐름을 관찰하고 원하는 결과에 도달할 때까지 체계적으로 실험할 것을 권장한다. 팀은 자신의 사일로 너머를 보고 문제에 대해 전체적으로 생각하는 것을 권장한다. 카타는 목표 이루는 요소를 식별하고 목표를 향해 반복하면서 일관되게 유지할 수 있도록 도와준다. 카타는 목표 이루는 요소를 식별하고 목표를 향해 반복하면서 일관되게 유지할 수 있도록 도와준다.

카타는 팀이 그들 스스로 향상되도록 한다는 것을 알려주는 것이 중요하다. 지속적인 성과 향상은 일상 업무의 일부이며 문제 해결 방법을 알고 있을 때 가능하다. 일회성 프로젝트 또는 외부 지원은 적당한 시점에 적당한 이점을 제공할 수 있다. 그러나 기업은 가만히 있지 않는다. 크고 작은 새로운 도전은 언제든지 일어난다.

SRE 팀은 엔지니어링 작업을 수행해 시스템의 신뢰성과 운영성을 개선하고 노동을 줄인다(즉, 엔지니어링 작업에 더 많은 시간을 확보해야 한다). 정의에 따라 SRE 팀은 일상 업무의 일부로 문제를 발견하고 수정할 수 있는 학습 팀이어야 한다. 카타는 새로운 SRE 팀이 그렇게 생각하고 일하는 방법을 가르치는 훌륭한 참고서이다.

카타 접근 방식은 이미 개발과 전달 프로세스를 개선하려는 애자일 및 데브옵스에서는 일반적으로 행해지고 있다. 그러나 특히 기존 운영 문화에서는 운영 프로세스를 노력할 가치가 딱히 없다고 보고 있다. 운영 품질은 조직의 다른 품질 측정값과 같아서 운영 프로세스에 대한 이러한 간과는 정말 안타까운 일이다. 임시 업무 프로세스(예: 장애 또는 유사한 유형의 이벤트로 인한 일회성 업무)조차도 연구할만한 가치가 있는 프로세스이다.

SRE 전환을 고려하고 있다면 조직은 이미 운영 업무 개선의 가치를 알고 투자할 의사가 있음을 전제해도 좋다. 그렇지 않다면 회사의 기술 리더와 비즈니스 리더 모두는 이 가치에 관한 대화를 나눠야 한다.

---

[07] https://www.goldratt.com와 https://www.lean.org

카타를 깊이 이해할 수 있는 책들과 프레젠테이션, 자료들이 많이 있다. 그중에 마이크 로더(Mike Rother)[08]와 존 슈크(John Shook)[09]의 책을 적극적으로 추천한다. 그러나 카타의 장점은 카타를 시작할 때 카타의 장점을 얻기 위해 다양한 지식을 얻으려고 노력하지 않아도 된다는 점이다. 다음은 운영 문맥에서 카타 프로세스에 대한 개요이다.

1. 방향 또는 도전을 선택한다. 이것은 높은 수준의 방향성 목표이다. 조직의 입장에서 어디로 가고 싶은가? 극대화할 수 있는 비즈니스 가치는 무엇인가? 회사의 이상적인 운영 상태는 무엇인가?

    비즈니스에서의 운영 가치가 무엇인지, 운영 가치를 극대화하는 데 필요한 성능 및 신뢰성 수준에 대한 합의가 중요하다. 일선 엔지니어에서 조직장까지 전체 조직은 왜 SRE 전환을 하려고 하는지, 비즈니스를 어떻게 개선할 것인지 알아야 한다.

    지나치게 상세한 답변이나 도달 방법이 필요한 것이 아니다. 그러나 진부한 칭찬이나 막연한 사명 선언문 같은 대답이라면 실패이다(예: "매우 유용하고 신속한 서비스를 제공해 사용자를 기쁘게 한다."). 조직이 어디로 가고 왜 가야 하는지, 적절한 개념을 사람들이 알 때까지 계속 노력해야 한다. 측정 가능한 운영 결과(예: 장애 감소, 응답 시간 개선, 변경 빈도 증가)와 원하는 비즈니스 결과(예: 매출 증가, 순추천 사용자 지수(NPS, Net Promoter Score))에 대한 인식이 있어야 한다.

2. 현재 상태를 파악한다. 현재의 업무 작동 방식을 명확히 이해한다. 개선하고 싶은 프로세스에 대해서 철저한 관점을 갖고 실제로 어떻게 작동되는지 파악하도록 한다. 왜 이런 일이 발생하는가? 이를 완성하려면 무엇이 필요한가? 이를 완성하려면 누가 필요한가? 방해되는 요인은 무엇인가? 언제부터 잘못된 것인가?

    조직의 각 작업 유형을 확인한다. 프로젝트 지향 작업은 분명한 선택이다(예: 시스템 엔지니어링, 환경 구축 등). 장애를 보는 것 또한 중요하다(예: 장애 시나리오). 장애를 프로세스로 판단하고 조사한다는 것이 이상하게 들릴 수 있다. 장애는 통신 및 정보 수집 형식을 넘어서는 표준 프로세스를 거의 따르지 않기 때문이다. 그러나 장애를 자세히 살펴보면 일반적인 패턴을 찾을 수 있다. 특히 장애는 조직이 실제 작동하는 방식을 잘 알려주는 시각을 제공한다.

---

08 카타 개선하기(The Improvement Kata): https://bit.ly/3bBW9Wx
09 마이크 로더, 존 슈크의 '가치 흐름 지도 작성법 가치창출 및 낭비제거를 위한 가치 흐름 지도 작성(Learning to See Value-Stream Mapping to Create Value and Eliminate Muda)' (https://amzn.to/3bx61ka), 메사추세츠의 케임브리지에 있는 린 엔터프라이즈 연구소(Lean Enterprise Institute), 2009년
한국린경영연구소에서 '가치 흐름 지도 작성법 가치 창출 및 낭비제거를 위한 가치 흐름 지도 작성'이란 이름으로 번역(https://bit.ly/3q8WQdK)
존 슈크의 '린으로 관리하기: 문제 해결을 위한 A3 관리 프로세스 적용(Managing to Learn: Using the A3 Management Process to Solve Problems)' (https://amzn.to/35z4QNj), 메사추세츠의 케임브리지에 있는 린 엔터프라이즈 연구소(Lean Enterprise Institute), 2010년

사일로가 적이라는 사실을 기억하자. 이러한 종류의 분석을 비공개로 하거나 "전문가" 팀으로 제한해 조직에 최소한의 가치를 제공하는데 기업이 정보를 구분하는 것은 당연하다. 전체적인 프로세스가 실제로 어떻게 진행되는지 아는 사람은 거의 없을뿐더러 안다는 사람들조차 동의하지 않을 것이다. 가장 오래 근무한 직원들조차도 "음, 제가 그동안 알던 방식으로 작동하던 것이 아니었네요." 또는 "그렇게 작동하는지 몰랐습니다." 와 같은 말을 듣게 될 것이다. 그것만으로도 노력할 가치가 있다.

분석을 진행할 때는 공개적으로 수행하고 최대한 많은 사람의 참여를 독려한다. 이바지할 지식이 있는 참여자들과 함께 업스트림과 다운스트림을 살펴본다. 개발자, 프로그램 관리자, 기타 운영 팀을 초대한다. 가능한 많은 사람이 변경해야 할 것에 대해 비슷한 이해를 한다면 SRE로의 전환이 성공할 가능성이 가장 크다.

시각적 분석은 이 분석을 그룹으로 수행한다고 가정할 때 여러 그룹을 정렬하는데 매우 효과적인 방법이다. 린에서는 이를 "겜바로 가기(Going to the Gemba)"라는 단어로 사용하는데 대략 "일이 발생하는 곳으로 이동한다."라고 번역한다. 이는 곧 직접 현장에 가서 작업을 관찰하는 것을 의미한다.

실제로 IT 운영에서는 작업 수행하는 것을 거의 볼 수 없다. 일부 산출물을 제외하고 결과물은 모두 추상적이고 개인적 멘탈(mental) 모델이다. 그래서 "겜바로 가기" 문맥은 사람들을 한데 모으고 프로세스 회고 세션에서 가능한 최선의 멘탈 모델을 정렬하는 경우에만 작동한다. 그림 10-5는 프로세스 회고 세션 중 하나의 결과를 보여준다. 이런 정렬은 개인 멘탈 모델이 조직의 모든 사람이 일상 업무를 평가하고 실행하는 인식이기 때문에 매우 중요하다.

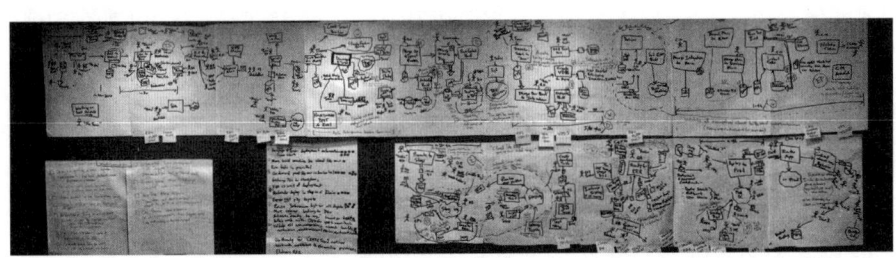

그림 10-5. 프로세스 회고 세션에서 만들어진 시각적 분석의 결과물

그래서 어떻게 할 수 있는가? 시각적 분석은 한 번에 하나의 프로세스를 볼 때 가장 잘 작동한다. 프로세스(프로젝트 작업의 특정 전달 또는 특정 이벤트)를 선택한다. 프로세스에 대한 직접적인 지식(전체적인 정보를 충분히 볼 수 있을 정도)이 있는 사람들을 모은다. 실제로 일어난 일을 그려본다(작업 흐름에 초점을 맞추고 다음 단계의 지원 세부 정보로 사람과 툴을 사용). 마지막으로 참가자가 방해 요소를 확인해서 토론하게 한다. 프로세스가

어떻게 발생하는지, 왜 발생하는지(장애 경우), 방해되는 요소에 대해 논리적인 합의가 있을 때까지 프로세스(또는 관련 프로세스 그룹)의 충분한 인스턴스로 작업을 반복한다.

시각화 및 분석 기술을 개발하는데 사용할 수 있는 다른 자원이 있다. 특히 가치 흐름 지도[10](Value Stream Mapping)와 린 낭비 분류(https://bit.ly/39r3rtk)는 매우 유용하다.

3. 다음 목표 조건을 설정한다. 이 단계에서는 조직에서 도달하려는 다음 개선 목표를 결정한다. 다시 한번 말하지만 그룹에서 목표를 설정하는 것이 가장 좋다. 1단계에서 결정된 방향 목표와 2단계에서 밝혀진 현재 상태에 기반으로 달성하려는 다음 주요 중간 단계는 무엇인가? 이는 조직이 초점을 맞추는 것이 목표이기 때문에 목표 조건이 달성되면 모든 사람이 어떤 모습이어야 하는지 명확히 표현할 수 있어야 한다.

마이크 로더는 "목표 조건 설정은 기존 옵션이나 베스트 프랙티스 중에서 선택하는 것이 아니다. 새로운 성과를 열망하는 것이다. 목표 조건을 설정하고 목표를 달성하려고 시도하면 왜 불가능한지 알게 된다. 그것이 여러분이 하는 일이다."

4. 목표 조건을 향해 실험한다. 조직에 가설 설정(예: "x를 시작/중지할 수 있다면 z 양만큼 또는 y만큼 늘리거나 줄일 수 있다."), 대안 테스트(예: 프로세스, 툴링, 조직 변경), 결과 평가에 대한 반복적인 변화를 적용한다. 결과가 목표 조건에 맞게 이동하면 테스트한 것을 구현하고 다른 실험을 계속한다. 여기에 과학적 방법이 보인다면 맞다. 다음 목표 조건에 도달할 때까지 실험을 반복한다.

이 프로세스 4단계에서는 모든 사람이 현재 상태를 계속 파악하도록 2단계를 다시 논의한다. 또한 다음 목표 조건의 사양을 자주 검토해 모든 사람이 계속 프로세스를 진행할 수 있도록 한다. 목표 조건에 도달하면 1단계("목표는 여전히 유효한가?")를 반복한 다음 2~4단계를 진행한다.

가능한 한 많은 핸드오프를 제거한다

10장 앞부분에서 설명했듯이 사일로와 사일로로 인해 수반되는 문제가 있는 핸드오프 및 비용이 많이 드는 요청 대기열은 조직에 상당한 피해를 준다. 따라서 이 문제를 해결하는 첫 번째 전략은 가능한 많은 사일로와 핸드오프를 제거하는 것이다.

미래 지향적인 조직은 기능 스킬(skill)에 따라 정렬된 전통적인 "수직" 구조에서 가치 흐름 또는 제품에 따라 정렬된 "수평" 구조로 변화하고 있다. 수직 구조는 기존의 기능별 분할 전략(개발자, QA, 운영자, 네트워크 담당자, 보안 담당자 등)으로 이루어져 있다. 수평 구조는 서비스의 전체 종단 간 라이프 사이클을 소유할 수 있는 교차 기능 팀으로 구성된다.

---

10 마이크 로더(Mike Rother), 존 슈크(John Shook)의 '가치를 창출하고 무다를 제거하기 위한 가치 흐름 매핑을 보는 방법 배우기(Learning to See Value-Stream Mapping to Create Value and Eliminate Muda),' 메사추세츠의 케임브리지에 있는 린 엔터프라이즈 연구소(Lean Enterprise Institute), 2003년

교차 기능 팀을 두는 목표는 다른 팀에 작업을 전달할 필요 없이 최대한 많은 라이프 사이클을 처리하기 위함이다. 문맥에서 중요한 핸드오프 또는 중단이 없으며, 공통 우선순위에 따라 정렬된 단일 백로그(backlog)에서 모든 사람의 작업 흐름이 이루어진다. 병목 현상은 거의 없으며, 피드백 루프는 짧아지고, 주기 시간이 빨라진다. 문제가 발생하면 그림 10-6에서 설명한 것처럼 교차 기능 팀이 문제를 빨리 대응하고 해결할 수 있다.

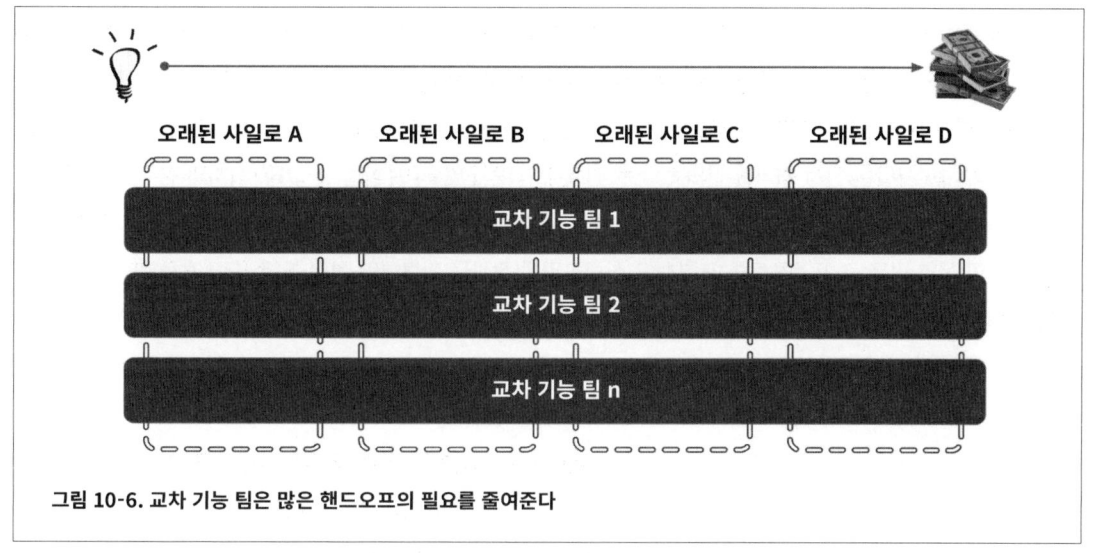

그림 10-6. 교차 기능 팀은 많은 핸드오프의 필요를 줄여준다

교차 기능 팀은 종종 서비스 지향 팀(service-oriented team), 프로덕트 지향 팀(product-oriented team), 시장 지향 팀(market-oriented team)이라고 한다. 이렇게 이름을 붙인다는 것은 팀의 목표가 사용자에게 비즈니스에서 인식할 수 있는 가치(즉, 특정 사용자 식별 서비스)에 맞춰져 있음을 강조한다. 이런 조정을 통해 팀 구성원은 자신의 업무가 비즈니스에 미치는 영향을 이해하고, 기능 효율성보다는 사용자 가치를 극대화하기 위해 팀을 최적화할 수 있다.

교차 기능 팀의 아이디어는 단순해 보이지만 교차 기능 팀을 구성하는 것은 기업의 중요한 구조적 및 문화적 변화이다. 교차 기능 팀이 기업에서 왜 그렇게 중요한 변화인지 이해하려면 다른 데가 아니라 기업 회계 규정을 자세히 살펴보길 바란다. 틀림없이 거의 모든 엔지니어가 기업 회계는 알 필요가 없다고 생각할 것이다. 그러나 회계의 일부 개념은 기업을 형성하는 가장 근본적인 힘을 보게 해준다.

프로젝트 기반 자금은 종종 기업 IT의 주요 자금 흐름이다. 비즈니스 요구를 식별한 후 프로젝트를 정의하고 특정 예산으로 자금을 모으는 프로세스가 있다. 자금 지원이 끝난 후 프로젝트에서 생산 능력을 올리고 완료로 간주될 때까지 IT 조직의 다양한 기능 사일로를 통해 진행된다. 다음 반복은 일반적으로 별도의 예산이 있는 새 프로젝트로 간주된다.

프로젝트 기반 자금 조달은 여러 방법으로 운영에 대한 부담을 가중시킨다.

- **첫째**, 서비스 및 맞춤형 인프라의 확산으로 운영에 상당한 노동이 발생한다. 조직이 프로젝트 지향적일 때 팀은 종종 새로운 소프트웨어와 새로운 인프라의 흔적을 남기고 다른 프로젝트로 이동한다. 팀이 새로운 프로젝트로 이전하면 팀은 운영 피드백으로부터 학습할 수 없게 된다. 또한 새로운 소프트웨어 및 인프라를 지속해서 생성(또한 문서화된 패턴에 따라 구축된 경우도 포함)하면 알 수 없는 조건에서 새로운 기술 부채와 에러가 발생한다. 이렇게 발생한 기술 부채와 에러는 운영 책임을 지는 팀이 지속해서 노동해야 하는 원인이 된다.
- **둘째**, 프로젝트의 최종 단계에 도달하고자 노력할 때 운영에 대한 우려가 프로덕트 적용 전에 늘 적시에 다뤄지는 것은 아니다. 전달 팀이 예산 내에서 프로젝트 제공을 판단한다. 다만 안정성, 확장성, 배포 가능성, 설정 가능성, 관찰 가능성, 관리 용이성과 같은 운영상의 우려가 피상적으로 취급되는 분위기나 촉박한 사안을 먼저 처리하게 되는 것은 어쩔 수 없는 사람의 본성인 것 같다. 최악의 경우, 운영상의 우려는 전혀 고려되지 않는 것이다. 고 부가가치 개발 자원은 신속히 재활용되고 프로젝트에 다시 투입되지만 운영 팀은 각 프로젝트를 포착하고 신뢰성과 확장성을 확보해야 한다. 기존 모델에서 이런 작업은 일반적으로 더 많은 인원 추가가 필요한 연속적인 노동의 흐름이다. 그러나 운영 팀이 SRE 모델에서 엔지니어링 작업을 수행할 수 있는 기술을 갖추고 있다고 가정하더라도 운영 팀은 여전히 영구적인 따라잡기 모드로 움직이고 노동이 너무 많으면 엔지니어링 파산 위험이 늘 있다.
- **셋째**, 프로젝트가 주요 자금 조달 수단이 되면서 운영 예산은 대부분 운영 및 유지 보수 비용 또는 회계 용어인 OpEx(Operating Expense, 운영비)로 간주된다. OpEx는 올해의 수익성에 직접적인 영향을 미치기 때문에 가장 정밀한 조사와 비용 통제를 받는 예산 범주에 있다. 주로 OpEx에서 자금을 조달하는 팀은 기능별 및 효율성 요구 사항에 대한 관리에 영향받기가 쉽고 둘 다 사일로 작업을 장려한다.

노동은 주로 운영 및 유지 보수 작업으로 진행하기 때문에 OpEx이다. 일반적으로 프로젝트 기반 자금은 모두 CapEx(Capital Expenses, 자본 비용)이다. 시스템을 구축하거나 개선하는 엔지니어링 작업은 자산을 개선하고 있으므로 일반적으로 CapEx이다. 그리고 몇 년에 걸쳐 상각할 수 있으므로 금년도 이익에 미치는 부정적인 영향은 적다. OpEx 예산으로 자금을 지원받고 효율성을 위해 관리되는 팀은 종종 중요한 엔지니어링 작업에 참여할 예산(또는 일반 헌장)이 없다.

SRE 모델 전환할 때 우리가 회계 전문가가 될 필요는 없다. 그러나 회사에서 돈의 흐름을 정확하게 알려면 배당금을 지불한다. SRE 모델 전환이 직함 변경 이상이 되기 원한다면 처음부터 SRE 팀이 엔지니어링 작업을 수행하고 서비스 수명 주기(시작부터 정리까지)를 책임지는 팀에 연결되도록 자금을 조달해야 한다. 프로젝트 기반 자금에서 프로덕트 기반 자금(교차 기능 팀 포함)으로의 이전은 이미 애자일 및 데브옵스 모임에서 주목을 받고 있다. 이 아이디어가 조직 내에서 진전을 보이면 SRE 전환에 활용한다.

교차 기능 팀과 SRE를 실험하는 기업에서 두 가지 공통된 패턴이 형성되고 있다. 첫 번째는 SRE(및 기타 기능 역할을 수행)가 전담 프로덕트 팀에 참여하게 한다. 이로 인해 서비스 시작부터 정리까지 서비스를 담당할 수 있는 교차 기능 팀이 만든다. 개발 및 지속적인 운영은 교차 기능 팀에서 이루어진다. 기업 관점에서 이는 종종 기존 조직 모델과는 근본적인 차이로 간주된다. 때로는 이를 "넷플릭스(Netflix)" 모델이라고 한다.

두 번째 패턴은 SRE를 별개의 조직으로 유지하는 것이다. 개발 팀은 SRE 기술을 보유하고 있으며 초기에는 서비스의 전체 라이프 사이클을 소유한다. 서비스가 일정 수준의 성능과 안정성에 도달하면 개발 기술을 갖춘 SRE 팀에 공식적으로 이전된다. SRE 팀은 개발 팀과 체결한 성능 계약에 따라 서비스의 가용성과 확장성을 관리한다.

개발 팀에서 변경한 내용이 합의된 수준 이하로 서비스 성능을 떨어뜨리면 더 많은 운영 책임을 개발 팀에 반환할 수 있는 메커니즘이 있다. 기업 관점에서 이 모델의 일반적인 형태가 가장 친숙한 것 같다. 그러나 이 모델의 작업 수행 방식은 기존 운영 모델과는 근본적으로 다르다. 이 모델을 "구글(Google)" 모델이라고도 한다.

물론 넷플릭스와 구글 직원들은 두 모델에 대해서 훨씬 많은 뉘앙스가 있다는 것을 금방 알 것이다. 그러나 이것은 어디까지나 회사의 고유한 조건에 가장 적합한 모델을 고려해야 할 때 높은 수준의 출발점을 제공한다는 것이 핵심이다.

사용 가능한 옵션은 나머지 회사마다 운영 방식에 따라 제한될 수 있다. 예를 들어, 조직 구조를 프로덕트 조율하는 팀에 완전히 이전하려면 최소한 개발 및 프로덕트 관리(더 광범위한 비즈니스 논의가 필요할 수 있음) 동의가 필요하다. 기존 개발 조직과 분리된 운영 조직을 유지하는 것은 회사의 확고한 정치 구조를 뒤집지 않는다는 장점이 있지만 동시에 이런 정치 구조는 기존 작업 방식을 강화하고 의도와 달리 개선 노력을 약화시킬 수 있다.

카타 프로세스의 2단계에서 설명하는 시각화 기술(현재 상태 파악)은 조직 구조 변경 논의에 도움이 될 수 있다. 시각화는 사람들이 작업 흐름을 이해하는 데 도움을 줄 뿐만 아니라 조직 구조가 작업 흐름에 어떻게 영향을 미치는지 확인하는 데도 도움이 된다.

어떤 모델을 선택하든 기존 개발 전담 팀과 운영 전담 팀 사이의 벽이 무너질 때 문화적 충격은 따라오기 마련이다. SRE는 이전의 개발 전담 팀에게 운영 기술과 경험을 제공할 때 필수적인 역할을 수행한다. 피트니스 계에는 이런 말이 있다. "훌륭한 복근은 체육관이 아닌 부엌에서 만들어진다." 마찬가지로 "훌륭한 운영은 프로덕션이 아닌 개발 환경에서 시작된다." SRE는 이전의 개발 전담 팀에 운영 기술과 규율을 제공하는데 매우 중요한 역할을 수행한다.

남아있는 핸드오프를 셀프서비스로 진행한다

기업에서 필요한 모든 기술과 지식을 교차 기능 팀에 투입할 수 없는 경우가 늘 있다. 실질적, 재정적, 정치적 이유로 상당한 규모로 운영되는 대부분의 회사는 숙련된 전문가 팀을 두려고 한다. 기업에서 네트워크, 플랫폼, 보안, 데이터 관리 분야는 전문가가 충분하지 않거나 통제를 중앙 집중화할 필요성(인식 또는 실제)이 있어 중앙 집중형 팀에 의존하는 공통의 영역이다.

전문가 팀이 존재한다는 것은 조직을 통한 정상적인 업무 흐름 중에 핸드오프를 피할 수 없다는 것을 의미한다. 작업을 완료하려면 두 가지 방법이 있다. 전문가 중 한 명에게 뭔가가 필요하거나 반대로 나에게 뭔가를 필요로 하는 전문가 팀 중 한 명이 되는 것이다.

서비스 간의 의존성(실제로 기업에서의 삶)은 팀이 다른 팀의 서비스를 사용하고 해당 팀에 운영 요청(예: 구성 변경, 상태 확인, 성능 조정, 배포 조정 및 계정 추가)을 요구한다. 이것은 피할 수 없는 또 다른 핸드오프가 발생한다.

핸드오프가 존재하고 작업이 한 팀의 문맥에서 다른 팀 문맥으로 이동해야 할 때마다 사일로 효과가 유지되어 문제가 발생할 가능성이 있다.

모든 핸드오프를 제거할 수는 없고 핸드오프의 부정적인 영향을 완화할 수 있는 기술과 툴링을 적용해야 한다. 티켓 기반 요청 대기열의 기존 솔루션을 배포하는 것은 큰 비용이 들고 조직에는 치명적이기에 최후의 수단이어야 한다.

대신 해결 방법은 핸드오프 시점에 셀프서비스 기능을 배포하는 것이다. 셀프서비스 기능은 요청 대기열(성능 문제 조사, 네트워크 및 방화벽 설정 변경, 용량 추가, 데이터베이스 스키마 업데이트, 재시작 등)의 반대편에서 누군가가 이전에 수행해야 하는 모든 작업에 대한 풀(pull) 기반 인터페이스를 제공해야 한다.

셀프서비스의 핵심은 운영 작업을 완료해야 하는 사람들에게 방해가 안 되게 하는 것이다. 누군가가 티켓을 작성하고 요청 대기열에 앉아 있는 대신 GUI, AP, 커맨드 라인 툴을 사용해 직접 운영 작업을 수행해야 한다. 셀프서비스 기능은 대기 시간 줄이고, 피드백 루프 줄이고, 잘못된 의사소통을 방지하고, 이전에 이런 요청을 처리했던 팀의 노동력을 향상시켜 반복적인 요청에서 해방되고 부가 가치 엔지니어링 작업에 집중할 수 있게 한다.

셀프서비스는 버튼 이상이다

셀프서비스의 개념은 새로운 것이 아니다. 그러나 셀프서비스에 대한 기존 접근 방식은 많은 권한을 가진 운영 팀이 권한이 적은 팀에서 푸시(push)할 수 있도록 다소 정적인 "버튼"을 생성하게 하는 것이다(예: 새로운 war 파일에 대한 푸시 버튼 배포). 정적 접근 방식이 작동하는 시나리오는 많지 않다. 또한 더 높은 권한을 가진 팀은 버튼과 기본 자동화를 구축하고 유지 보수해야 하므로 여전히 병목 현상이 발생한다. 이런 유지 보수 부담은 운영 조직이 드러내는 정적 셀프서비스 기능 개수를 제한한다.

셀프서비스 효과를 극대화하려면 그림 10-7과 같이 자동화 절차를 정의하고 실행할 수 있는 기능을 제공해야 한다. 물론 보안 경계를 강화하고 실수를 방지하기 위해 제약 조건을 제대로 적용해야 하지만 정의 및 실행 기능을 제공하면 가장 큰 가치를 얻을 수 있다.

예를 들어, 아마존 웹 서비스인 AWS(Amazon Web Services)의 EC2(Elastic Compute Cloud) 서비스를 생각해보자. 버튼을 누르고 실행 중인 가상 시스템을 얻는 기능은 흥미롭다. 그러나 AWS에서 머신 이미지(AMI)와 설정을 만들어 스스로 통제하는 능력은 혁명적이었다. 이것은 개인에게 권한을 부여하고 팀이 각자의 속도로 분리하고 이동할 수 있게 했다. 그러나 제한 없이는 사용할 수 없다. 사용자는 AWS와 자체적으로 선택한 보안 정책(https://go.aws/3uIgxgh)

에 의한 보안상의 이유로 제약을 받는다. 또한 사용자는 시스템 사용자가 실수를 저지르거나 다른 사용자의 성능에 영향을 주지 않도록 "난간"을 제공하는 선택에도 제약이 있다. 이 예시에서 자동화를 정의하고 실행하는 기능은 최종 사용자에게 푸시되고 거버넌스는 운영자(이 경우 AWS)와 최종 사용자에 의해 공유된다. 기업에서 셀프서비스의 가치를 극대화하려면 자동화를 정의하고 실행할 수 있는 기능을 조직 내 어느 곳이든 이동시키는 패턴을 반복해 작업 흐름을 개선한다.

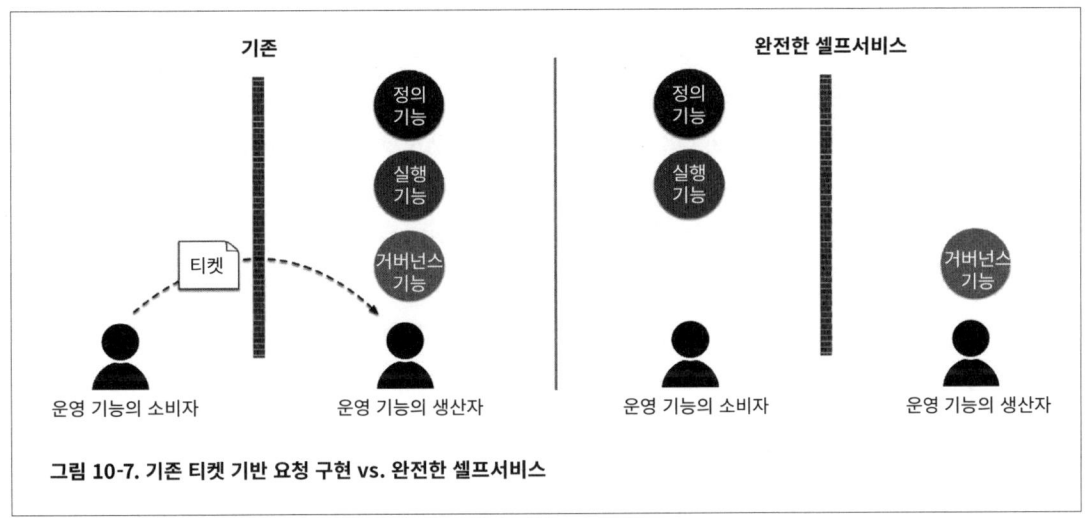

그림 10-7. 기존 티켓 기반 요청 구현 vs. 완전한 셀프서비스

셀프서비스는 다양한 방식으로 SRE를 지원한다

기업에서 효율적인 셀프서비스 기능은 SRE 노력을 향상시킨다. 다음은 효율적인 셀프서비스의 장점들을 정리한 것이다.

노동 줄이기

몇 가지 예외를 제외하고 반복적인 요청을 처리하는 것이 노동이다. 효과적인 셀프서비스 기능을 갖추면 반복적인 요청을 줄이기 위한 신속한 자동화 전환으로 SRE의 노동을 줄이는 데 도움이 될 수 있다. 대개 반복되는 요청은 매번 같은 패턴을 따르지 않아서 재사용 가능한 자동화를 설정하는 SRE 기능을 약화시킬 수 있다. 적절한 기본 요소를 설정한 후 요청자에게 자체 자동화 절차를 생성할 수 있는 권한을 부여하면 광범위한 반복 요청에 대한 셀프서비스를 생성할 수 있다. 구축된 셀프서비스 프로세스를 조사하는 이유는 SRE와 개발자 모두가 향후 개입에 대한 필요성을 줄이기 위해 현재 엔지니어링 노력에 집중해야 함을 일깨워주기 위함이다.

보안 및 규정 준수 우려 완화

보안 및 규정 준수는 기업을 운영한다면 피할 수 없는 현실이다. 과거의 문제로 인해 조직에 흠집을 낸 조직이든, 산업계의 공포에 대한 대응이든, 감사원의 지시 등 SRE 변환은 기존 보안 및 규정 준수 요구 사항 내에서 작동해야 한다. 새로운 운영 모델 도입 후 기존 보안 또는 규정 준수 정책에 대해 의문을 제기하는 것은 권장하지 않는다. 차라리 전투를 선택한다.

셀프서비스 기능은 운영 활동에 대한 기록 시스템과 정책 시행 지점을 제공한다. 팀 내와 팀 경계를 넘어 동일한 셀프서비스 메커니즘을 사용할 수 있다. 이를 통해 규정 준수 요구 사항을 충족시키는 운영 활동을 추적하고 접근 권한 배포를 안전하게 확장할 수 있다. 이렇게 하면 SRE는 이전의 허용 범위보다 더 광범위한 인프라에서 활발하게 움직일 수 있다. 또한 기존에 운영하지 않던 동료가 다른 사람이 대신할 수 있는 티켓을 열지 않고도 운영 작업에 참여할 수 있다. 이렇게 하면 SRE는 이전의 허용 범위보다 더 광범위한 인프라에서 활발하게 움직일 수 있다. 또한 기존에 운영하지 않던 동료가 다른 사람이 대신할 수 있는 티켓을 열지 않고도 운영 작업에 참여할 수 있다.

업무 분리는 대부분 기업의 표준 요구 사항이다. 특정 규정(예: PCI DSS 요구 사항 6.4 PCI DSS Requirement 6.4 (https://bit.ly/3tSp6Gf))을 준수하는지 더 일반적인 규제 제어를 충족시키는지에 상관없이 업무 분리는 서비스 개발, 테스트, 운영에 대한 부서 간 소유권을 확보하려는 팀의 계획을 방해할 수 있다.

셀프서비스 툴링은 개발 역할을 가진 사람이 운영 역할을 가진 누군가가 신속하게 조사하고 실행 가능한 절차를 만들어 주는 메커니즘을 제공함으로써 도움을 줄 수 있다. 또한 권한 있는 운영 역할이 있는 사람은 사전에 승인된 제한된 셀프서비스 기능을 생성할 수 있다. 따라서 권한이 없는 역할(예: 개발 또는 QA 역할) 사람들은 필요하면 해당 셀프서비스 기능을 실행할 수 있다. 운영 역할은 절차를 설정하고 특정 접근 권한을 부여하며 로그 및 사용 알림을 수신하기 때문에 이런 형태의 셀프서비스는 여전히 업무 분리 요구 사항을 충족한다고 감사자(auditor)를 설득할 수 있다.

보안 문제는 노동으로 분류될 수 있는 오늘날의 숱한 반복 요청의 원인이기도 하다. 순전히 보안상의 이유로 지금도 사람들은 강제로 대기열에 들어가 누군가가 나서서 해주길 기다리고 있다. 제대로 실행된 셀프서비스는 요청자 스스로 조치를 취할 수 있는 기능을 제공한다. 세분화된 접근 제어, 전체 로깅, 자동화 알림을 통해 보안 상태를 유지할 수 있다.

장애 대응 개선

셀프서비스 기능은 팀의 베스트 프랙티스를 체크리스트 및 자동화 툴로 결과 생성이 가능해서 유용하다. 장애에 대응할 때 체크리스트는 개인과 팀의 성과를 높일 수 있다. 체크리스트를 자동화 툴로 구성하면 높은 일관성뿐만 아니라 체크리스트를 실행하고 결과물을 보는 그룹 활동을 할 수 있다.

표준 서비스 및 인프라의 가치를 극대화하기

SRE 팀은 엔지니어링 시간을 투자해 표준 인프라(예: 플랫폼 및 환경) 및 운영 서비스(예: 배포 시스템 및 통합 가시성(observability))를 구축하고 유지 관리하는 것을 베스트 프랙티스로 본다. 셀프서비스 기능이 좋을수록 조직에서는 표준 설정 요소와 서비스를 더 많이 활용할 수 있을 것이다.

운영을 서비스처럼 사용하기

SRE 스타일의 운영 방식을 채택하고 다른 회사와 비교해 높은 성과를 얻은 회사를 살펴보면 셀프서비스 기능을 구현하는 맞춤 툴을 구축한 경우가 많다. 넷플릭스의 스핀네이커(Spinnaker)[11], 윈스톤(Winston)[12], 볼트(Bolt)[13] 조합이 그 예이다. 세 개의 툴은 원래 넷플릭스의 집중적이고 목적에 맞게 구축된 조직을 위해 처음부터 개발되었다. 기업은 수십 년간 인수 및 누적으로 인한 이질성을 수용하기 위해 더 일반적인 셀프서비스 기능이 필요하다는 사실을 알게 될 것이다.

OaaS(Operations as a Service)는 일반적인 셀프서비스 운영 기능을 생성하기 위한 것으로 포괄적이고 굉장히 간단한 디자인 패턴이다. OaaS(https://www.rundeck.com/self-service)의 기본 개념은 그림 10-8과 같이 자동화 절차를 정의하고 실행 가능한 기능을 안전하게 배포하기 위한 플랫폼이다.

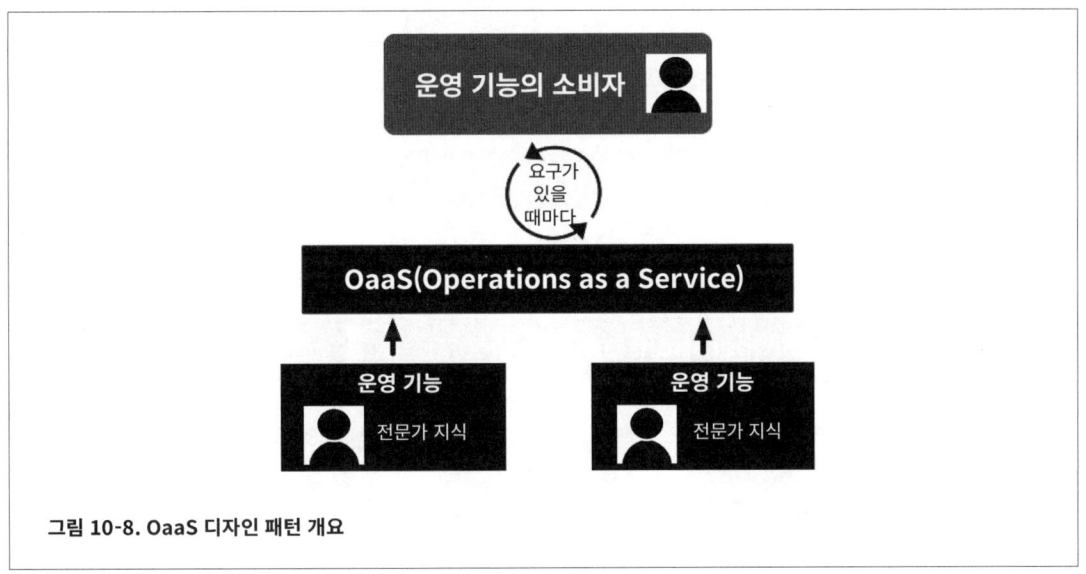

그림 10-8. OaaS 디자인 패턴 개요

OaaS 디자인 패턴이 성공하려면 플랫폼 모두가 경량이어야 하고 널리 사용되는 스크립팅 언어 또는 툴과 함께 작동해야 한다는 요구 사항을 충족해야 한다. 팀이 하나의 언어 또는 자동화 프레임워크로 표준화를 강제하는 것은 요즘 기업의 이기종 특성 때문에 현실적이지 않다. 표준화는 실제로 비현실적일 뿐만 아니라 실제로 조직의 업무 속도를 느리게 할 수도 있다. 팀이 원하는 자동화 언어와 툴을 사용할 수 있어야 하며 여러 툴이 기본 프레임워크와 언어 전반에서 해당 절차를 조율할 수 있어야 한다.

OaaS 디자인 패턴의 성공에는 접근 제어와 이해도가 중요하다. 솔루션이 기업에서 성공하려면 더 높은 수준의 접근 권한을 가진 것으로 간주되는 사람과 팀이 궁극적인 제어를 할 수 있어야 한다.

모니터링 및 관찰 프로젝트가 OaaS 노력과 결합할 때 기대 이상을 보여줄 가능성이 매우 크다. 구현 프로젝트는 자동화에 중점을 두곤 한다. 그러나 프로젝트가 진행되면 많은 조직에서 운영 상태, 상태, 설정에 대한 가시성이 부족하다는 사실을 알게 된다. 마치 사람들에게 어디로

---

11 스피네이커 홈페이지 https://www.spinnaker.io
12 넷플릭스 기술 블로그, "윈스톤(Winston) 소개 - 이벤트 기반 진단 및 업데이트 적용 플랫폼" (https://bit.ly/3nS4B6e)
13 넷플릭스 기술 블로그, "볼트(Bolt) 소개: 인스턴스 진단 및 업데이트 적용 플랫폼" (https://bit.ly/3oQ5iOV)

가는지 볼 수 있는 기능을 주지 않고 자동차 키만 주는 것이다. 이 문제를 피하려면 처음부터 "관점"과 "해야 할 일" 둘 다 중요함을 강조해야 한다.

OaaS 디자인 패턴은 모든 운영 모델과 호환을 할 수 있어야 한다. 여러분이 교차 기능 팀(그림 10-9)으로 이동하든 기존 개발 및 운영 조직 분할(그림 10-10)에 가깝게 있든 조직의 셀프서비스 기능을 개발하면 큰 이익을 얻을 수 있을 것이다.

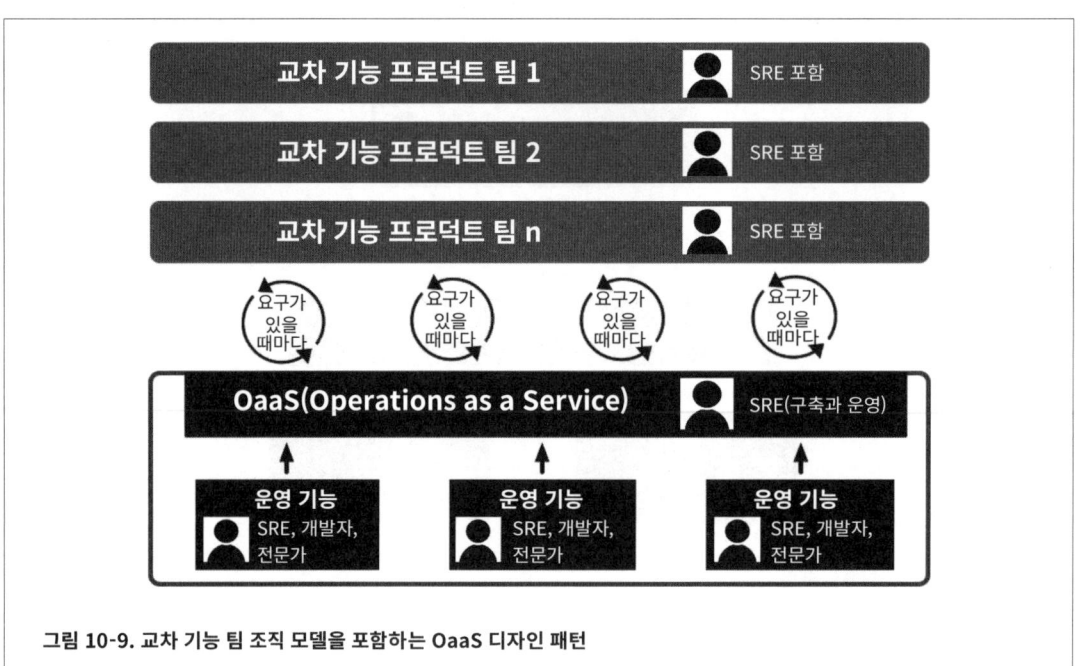

그림 10-9. 교차 기능 팀 조직 모델을 포함하는 OaaS 디자인 패턴

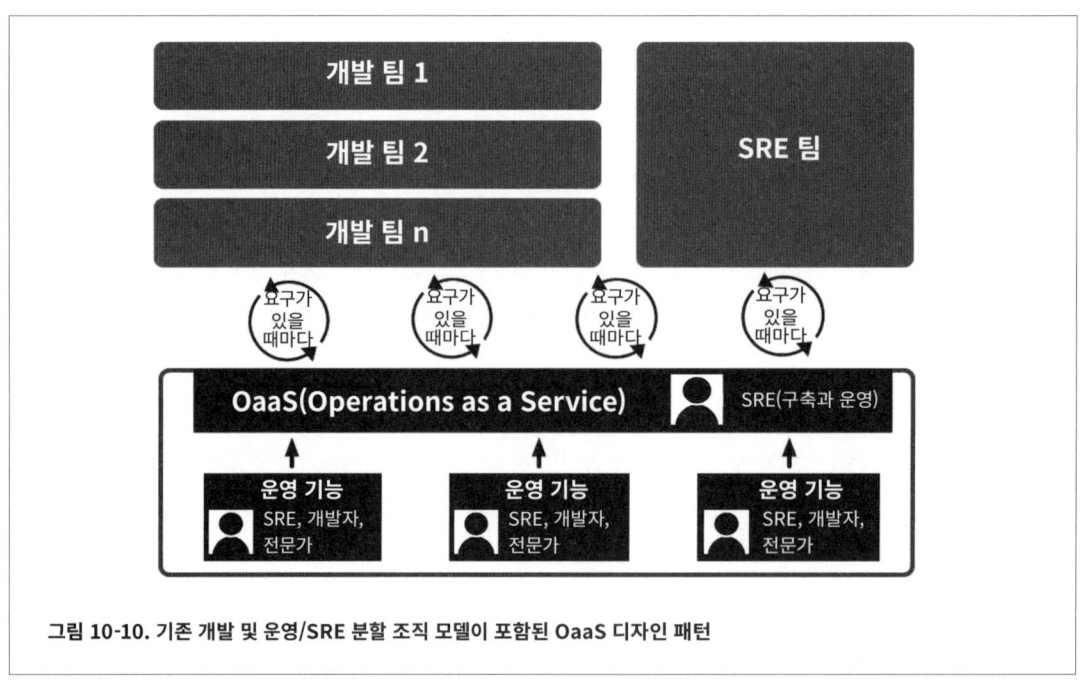

그림 10-10. 기존 개발 및 운영/SRE 분할 조직 모델이 포함된 OaaS 디자인 패턴

인적 역량 강화를 위한 에러 예산, 노동 한도, 기타 툴

SRE의 움직임에서 나온 강력한 발전 중 하나가 운영 활동에 대한 기대를 공식화하도록 관리 개념을 대중화한 것이다. 처음부터 SRE 모델이 있는 회사에서 일하는 사람이라면 다음과 같은 개념을 따로 설명할 필요가 없을 것이다. 기존 기업 IT 운영자에게 다음의 내용은 종종 SRE 모델이 기존 운영 신념과 관행에서 얼마나 벗어났는지 보여준다.

에러 예산

특정 서비스에 대해 얼마나 많은 위험을 감수할 수 있는지, SLO가 충족되지 않으면 누가 책임을 져야 하는지에 대해 조직에서 종종 긴장이 있다. 따라서 전통적인 기업에서는 회사의 프로덕트를 더 빨리 만들도록 유도하고 가동 중지 시간, 기타 성능 문제가 발생하지 않도록 운영을 장려한다. 이는 사일로 형성을 장려하는 것에 일치하지 않는 내용이다. 이해관계를 어떻게 유지할 수 있는가? 모든 역할에 속도와 신뢰성을 투자하게 하려면 어떻게 해야 하는가?

에러 예산은 허용 가능한 위험을 측정하고 활용하기 위한 프레임워크이다. 특히 이론적으로 완벽한 신뢰성과 비즈니스 및 기술 이해 관계자가 동의한 수용 가능한 SLO 간의 차이이다. 에러 예산은 비즈니스와의 협상을 통해 허용되는 에러의 양과 비즈니스 요구 사항을 충족시킬 수 있는 프레임워크를 제공한다.

예산이라는 비유가 사용되는 것은 우연이 아니다. 예산은 지출할 수 있는 돈을 나타낸다. 에러 예산도 마찬가지다. 개발자와 SRE는 예산을 사용해 비즈니스를 발전시킬 수 있다. 서비스의 에러 예산이 적다면 개발자와 SRE는 안정성을 위해 더 보수적이어야 한다. 서비스의 에러 예산이 크다면 개발자와 SRE는 더 적극적으로 속도와 프로덕트 실험을 선호할 수 있다. 다른 유형의 예산과 마찬가지로 협상은 최상의 지출 방법에 관한 것이어서 경우에 따라 전혀 지출하지 않는 경우도 있다(그림 10-11 참고).

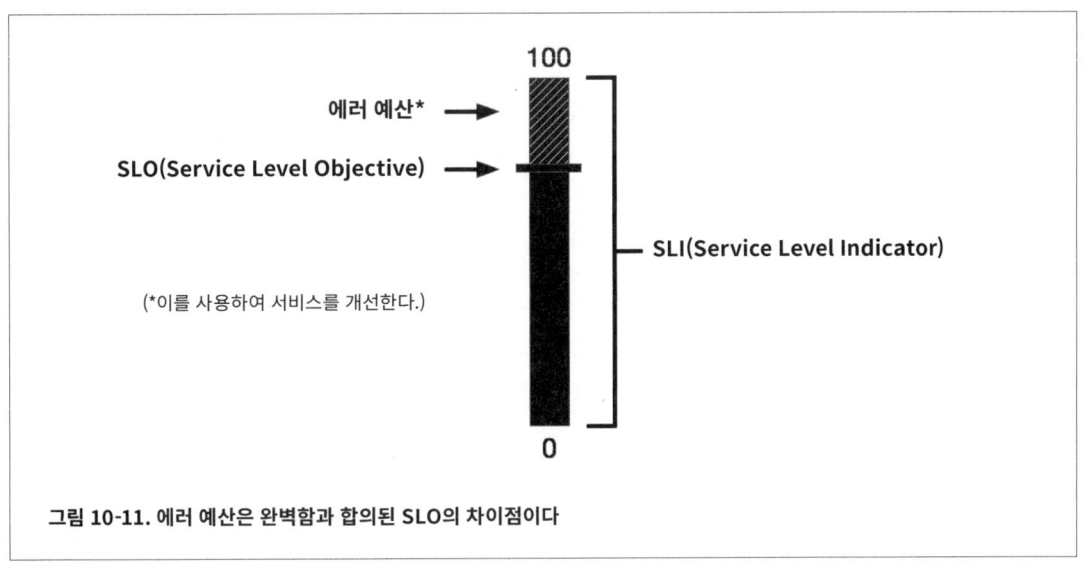

그림 10-11. 에러 예산은 완벽함과 합의된 SLO의 차이점이다

에러 예산을 초과하면 무슨 일이 발생하는가? 에러 예산은 특정 역할이 아닌 서비스에 가치를 둔다. 서비스와 관련된 모든 역할은 예산을 준수해야 한다. 예를 들어, 과하게 적극적이거나 문제가 있는 변경으로 인해 에러 예산이 초과하면 개발자는 자신의 행동을 조정(종종 더 많은 운영 책임을 맡는 것을 포함)하고, 할당된 에러 예산 내에서 수행하도록 서비스 역시 조정해야 한다.

이는 기업 IT 운영에서 볼 수 있는 기존 비즈니스상의 SLA와 크게 다르다. 기존의 SLA가 깨지면 서비스 제공자 임무를 수행하는 운영자에게 위약금이 발생했고, 새로운 프로젝트를 다시 진행해야 하는 일이 벌어졌다. 또한 SLI(정량화 가능한 성능 척도), SLO(성능 목표), 에러 예산(SLO 이상의 현재 양) 개념은 기존 SLA 접근 방식보다 미묘한 차이가 있고 실용적이다. 기본 운영 문화에서 온 팀이 해당 차이점을 제대로 이해하고 있는지 확인해야 한다.

노동 한도

노동의 한도는 기존 운영 사고에 도전하는 또 다른 개념이다. 노동이 왜 SRE 기능을 약화시키는지 앞에서 살펴봤다. 따라서 개별 SRE 또는 팀 모두가 수행해야 할 노동량의 한도를 정의하는 것은 우선순위를 정하고 엔지니어링 작업을 수행하는 개인 또는 팀의 능력을 보호해준다.

또한 노동 한도는 팀 건강의 지표이다. 팀의 노동은 사전 설정된 임곗값(예: 구글에서는 엔지니어의 능력의 50%를 기본으로 제한함)을 초과하면 조직은 상황을 해결하는 방법을 찾고자 노력할 것이다. 에러 예산과 마찬가지로 노동 한도는 SRE가 예상되는 작동에 대해 합의에 도달하고 도움이 필요할 때 명확한 신호를 제공한다. 또한 부가 가치가 없는 반복 작업 때문에 노동이 초과하지 않도록 하는 데 도움이 된다. 기존 IT 운영 문화에서 팀은 이런 유형의 보호를 거의 하지 않는다.

이제는 노동이 높은 수준의 일이지만 노동의 개념이 기존 기업 운영 문화에서는 거의 없다. 현대 SRE 영감을 받은 조직에서 근무하는 사람들에게는 노동은 기분 나쁜 작업으로 다가온다. 노동을 제거할 방법을 찾도록 권고하고 이런 동료의 노력을 지원한다. 기존 기업 문화에서 노동은 기껏해야 "고치기 좋은" 항목일 뿐이며 최악의 경우 그냥 받아들인다.

노동 한도를 정할 때 사람들을 교육해 노동의 개념을 개념화하고 노동이 왜 개인과 조직 모두에게 파괴적인지 이해시켜야 한다.

데브옵스의 기존 열정을 활용하기

데브옵스(DevOps)는 웹 기반의 스타트업에서 유행하던 영역이었지만 이제는 대부분 기업에서 받아들이는 이상이 되었다. 2009년에 탄생한 데브옵스는 "저렴한 비용과 노력으로 세계 수준의 품질, 신뢰성, 보안에 초점을 둔 광범위한 문화이자 전문 영역이다. 기술 가치 흐름 전반에 걸쳐 가속화된 흐름과 신뢰성을 제공한다."[14]

데브옵스와 SRE의 목표는 일부 겹친다. 특히 데브옵스와 SRE의 이론적 토대 사이에는 상당히 겹치는 부분이 있다. 처음 SRE라는 용어를 사용하고 구글의 SRE 사례를 체계화한 구글 리더인 벤자민 트레이너 슬로스(Benjamin Treynor Sloss)는 데브옵스와 SRE가 뚜렷하게 겹친다고 보았다.

> 데브옵스는 다양한 조직, 관리 구조, 인력에 대한 핵심 SRE 원칙을 일반화한 것으로 볼 수 있다. SRE를 특이하게 확장한 데브옵스의 특정 구현으로 볼 수 있다.[15]

기업의 데브옵스는 소프트웨어 개발부터 시작해 서비스 전달 파이프라인(소스 코드 체크인부터 자동 배포까지)을 통한 이동이 제한된 범위에서 가장 많이 적용되기도 했다. 해당 기업에서 데브옵스를 새롭게 변환하고 싶어도 배포 이상으로는 잘 진행되지 않았고, 운영 작업의 대부분은 변경되지 않았다. 이런 경우 SRE는 데브옵스에서 시작한 추진력을 활용하고 배포 이후 나머지 라이프 사이클 동안 데브옵스 변환 노력을 계속할 수 있는 기회이다.

조직 내에서 데브옵스 추진력을 찾고 SRE 변환 작업을 조율하는 것이 좋다. 각각 다른 부분에서 배울 수 있는 교훈이 있다. 데브옵스(개발에서 운영 쪽으로)와 SRE(운영에서 개발 쪽으로) 모두 사용하면 조직을 성공적으로 혁신할 수 있을 것이다.

백로그 통합하고 용량 보호하기

잘 관리된 단일 백로그에서 작업하고 팀의 용량을 보호한다는 개념은 SRE 운동에서 시작된 것이 아니다. 해당 개념은 작업 흐름을 개선하기 위한 기본적인 린 개념이며 애자일 및 데브옵스 커뮤니티 모두에 널리 사용되고 있다. 해당 개념이 기존 운영 문화에서는 일반적이지 않지만 SRE로 전환하는 팀의 작업을 관리하고 보호하는데 매우 유용할 것이다.

SRE 작업은 정의상 계획한 작업과 계획하지 않은 작업을 혼합한 것이다. 이런 혼합 작업 유형이 관리하기 가장 어렵다. 계획한 작업과 계획하지 않은 작업은 서로 다른 작업 모드라서 잘 섞이지 않는다. 작업의 유형마다 백로그가 다르면 상황은 더욱 악화된다. 여러 명의 동시다발적인 요구를 들어줘야 하는 상황이 된 것이다. 이렇게 되면 너무 많은 방향으로 끌려가거나 경쟁적인 수요에 완전히 넘어가기 쉽다.

기존 IT 운영 조직의 엔지니어는 서로 다른 방식으로 관리되는 다양한 작업 원본과 여러 백로그를 가진 경우가 많다. 보통 공식 프로젝트 작업을 수행하는 하나의 시스템이 제공된다. 그리고 팀이 백로그를 유지하고 공식 프로젝트로 진행되지 않는 엔지니어링 작업을 관리하는 또 다른 방법이 있을 수 있다. 그다음에는 장애와 같은 인터럽트 기반의 요청을 처리하는 방법이 있다.

---

14 진 킴(Kim, Gene), 패트릭 데보이스(Patrick Debois), 존 윌리스(John Willis), 제즈 험블(Jez Humble)의 '데브옵스 핸드북(The DevOps Handbook),' 포틀랜드의 IT Revolution Press, LLC, 2017년
   에이콘출판사에서 『데브옵스 핸드북 세계 최고 수준의 기민성, 신뢰성을 갖춘 기술 조직의 비밀』로 번역
15 사이트 신뢰성 엔지니어링: 구글이 공개하는 서비스 개발과 운영 노하우, 1장 (https://bit.ly/3oVqCm9)

각 팀을 하나의 통일된(계획한 작업 + 계획하지 않은 작업) 백로그로 옮기는 것은 강점이 된다. 중요하게 계획한 작업과 필요하지만 계획 안 된 작업 사이의 팽팽한 긴장감이 통합 백로그를 통해 우선순위 결정과 균형이 명확해진다. 통합 백로그를 사용하면 계획하지 않은 작업(실제로 또 다른 유형의 "예산")에 대한 용량을 쉽게 예약할 수 있다.

칸반(Kanban)은 통합 백로그 및 보호된 용량과 같은 아이디어가 특징인 관리 방법론이다. 칸반은 다양한 유형의 업무가 혼합된 조직에서 업무 흐름을 크게 개선하는 것으로 알려져 있다. 칸반의 오랜 전문가이자 칸반을 운영 조직에 적용한 선구자 중 한 명인 도미니카 데그란디스(Dominica DeGrandis, https://ddegrandis.com/)의 글과 프레젠테이션을 참고하길 바란다.

심리적 안정감과 인적 요소

가장 중요한 자산인 직원의 성과를 최적화하는 것이 모든 기술 비즈니스의 성공에 매우 중요하다는 것이 상식처럼 된 것 같다. 그러나 늘 그런 것은 아니다. 오랜 시간 IT 운영 업계에 종사했다면 직원을 상호 교환 가능한 톱니바퀴처럼 취급하는 기존 운영 문화를 보았을 것이다. 톱니바퀴가 마모되면 대체할 다른 바퀴를 찾으면 된다. 기계가 고장이 나도 톱니바퀴 때문이라고 하면 그만이다. 즉, 톱니바퀴는 부품일 뿐이므로 가장 저렴한 톱니바퀴 공급업체를 계속 찾아야 한다.

매우 효과적이고 빠르게 움직이는 조직을 구축하고 싶다면 직원에게 권한을 부여해 합리적인 위험을 감수해서라도 상사에게 나쁜 소식을 알리고 창의력을 발휘해 동료를 지원할 수 있는 문화가 필요하다. 심리적 안정감 및 인적 요소는 IT보다 훨씬 광범위하지만 IT 업계에 제공해야 할 것이 많은 관련 연구 분야이다. 비행기 사고 조사에서 의료 비극에 이르기까지 스트레스가 많고 복잡한 상황에서 사람의 성과를 극대화하는 방법에 대해 정리한 지식체계가 있다.[16]

SRE 운동에 동참하라

우리는 IT 운영 역사에서 유례없는 시기를 보내고 있다. 종종 새로운 기술과 툴을 얻을 때도 있지만 구조, 행동, 운영 문화를 재구성할 기회는 거의 없다. 이는 전 세계 운영 전문가의 업무 생활을 개선하고 고용주의 성과를 향상할 수 있는 기회이다.

SRE는 끊임없이 발전하는 실무자 주도 운동이다. 이 운동의 가장 중요한 부분은 우리 각자가 실무자의 일부가 될 수 있다는 것이다. 온라인이든 회의실이나 만남의 장소이든 상관없이 직접 참여하자.

대부분의 IT와 마찬가지로 얼리 어답터와 옹호자(promoters)는 기업 출신이 아닌 경우가 많다. 이 점 때문에 망설일 필요는 없다. 첫째, 배운 교훈과 논의된 원칙은 여러분이 생각하는 것보다 어렵지 않게 일반적으로 적용할 수 있다. 둘째, 기업은 새로운 관행을 신속하게 채택하지 않을

---

16 https://bit.ly/3LyAayt와 https://bit.ly/3qQvkV4 참고

수 있지만 커뮤니티 수용이 증가하고 있어서 기업은 분명히 채택할 것이다. SRE를 일찍 참여시키는 것은 기술을 준비하는 동시에 회사 경쟁력을 향상시키는 방법이다.

다른 실무자의 경험으로부터 배우든 경험을 공유해 학습 내용을 검증하든 SRE 운동에 참여하는 것은 그동안 쏟은 노력보다 더 많은 가치를 돌려줄 것이다.

이제 소매를 걷어붙이고 일을 시작한다.

데이먼 에드워즈 Damon Edwards

유명한 오픈소스 운영 관리 플랫폼인 런덱(Rundeck)을 만드는 런덱사(Rundeck Inc.)의 공동 설립자이다. 데이먼은 이전에 대기업에 초점을 맞춘 데브옵스 및 IT 운영 개선 컨설팅 업체인 DTO Solutions의 관리 파트너였다. 데이먼은 주기적으로 콘퍼런스에서 발표하고 있으며 작가이자 팟캐스트 진행자이다.

CHAPTER 11

데브옵스가 사랑하는 SRE 패턴

IT 레볼루션IT Revolution**의 진 킴**Gene Kim

2016년 오라일리(O'Reilly)에서 출간한 진 킴(Gene Kim), 제즈 험블(Jez Humble), 존 윌리스(John Willis), 패트릭 데보이스(Patrick Debois)의 『데브옵스 핸드북(DevOps Handbook)』[01]에서 발췌한 것이다.

SRE 지식 체계와 이것이 데브옵스(DevOps) 커뮤니티에 미친 영향에 대해 기고해달라고 했을 때 나는 아주 흔쾌히 승낙했다.

  SRE와 데브옵스가 상호 배타적이라고 주장하는 사람이 있지만 나는 이에 반대한다. 운영 커뮤니티가 조직 목표에 가장 잘 이바지하도록 방법을 구성하고 개발자의 생산성을 향상하는 데 SRE가 미치는 영향을 배제할 수 없기 때문이다. 구글의 벤자민 트레이너 슬로스(Benjamin Treynor Sloss) SRE 부사장은 2014년 SREcon 콘퍼런스 발표에서 "SRE는 소프트웨어 엔지니어가 운영 그룹을 구성할 때 만들어졌다."라고 말한 것으로 유명하다.

  이 유명한 발표에서 트레이너 슬로스는 정확한 자체 균형 시스템(self-balancing system)이라는 놀라운 개념을 소개했다. 이는 조직이 먼저 허용 가능한 에러 예산을 결정한 다음 비기능 요구 사항의 우선순위를 결정하고 배포 및 릴리즈 결정을 내리는 것이다.

  데브옵스 핸드북(The DevOps Handbook, 제즈 험블, 존 윌리스, 패트릭 드보이스와 함께 공저) 집필을 위해 연구하는 동안 우리가 좋아하고 당연한 것으로 받아들였던 데브옵스 패턴 중 얼마나 많은 내용이 구글에서 개척되었는지를 주목하게 되었다.

  다음은 데브옵스 핸드북에서 발췌한 세 가지 패턴으로 SRE 지식 체계를 찾을 수 있다. 거의 모든 조직이 해당 패턴을 일상 업무에 통합할 수 있을 것이다.

---

01 (역자주) 2018년 에이콘 출판사에서 『데브옵스 핸드북 세계 최고 수준의 기민성, 신뢰성, 신뢰성을 갖춘 기술 조직의 비밀』로 번역서 출간

패턴 1: 구글의 자동화 테스트 탄생

자동화 테스트는 불안정한 문제를 해결하는 의미 있는 작업이다. 개리 그루버(Gary Gruver)는 "자동화 테스트가 없으면 코드가 길어질수록 코드 테스트하는 일에 너무 많은 시간과 비용이 든다. 이런 경우가 모든 기술 조직에 있어 완전히 비경제적인 비즈니스 모델이다."라고 말했다.

구글은 규모에 맞게 자동화 테스트를 중요시하는 문화를 보여주고 있지만, 항상 그런 것은 아니다. 마이크 블랜드(Mike Bland)가 구글에 합류한 2005년에는 종종 Google.com 배포에 문제가 있었다. 특히 구글 웹 서버(GWS. Google Web Server) 팀이 이 문제에 직면했는데 이를 두고 블랜드는 다음과 같이 말했다.

> 2000년대 중반, GWS 팀은 구글 홈페이지와 그 외 많은 구글 웹 페이지에 대한 모든 요청을 처리하는 C++ 애플리케이션 웹 서버를 변경하기가 매우 어려웠다. google.com만큼 중요하고 두드러진 GWS 팀에 있는 것이 매력적이지 않은 이유는 다양한 검색 기능을 개발하면서도 각자 독립적으로 코드를 생성하고 있기 때문이다. 빌드 및 테스트가 너무 오래 걸리고, 테스트하지 않은 코드가 프로덕션에 배포되고, 다른 팀과 충돌하는 크고 간헐적인 변경 사항을 확인하는 문제들이 있었다.

이로 인한 결과는 크다. 검색 결과에 에러가 있거나 허용할 수 없을 정도로 느려져 google.com의 수천 개의 검색 쿼리에 영향을 미칠 수 있다. 더 큰 문제는 수익 손실뿐만 아니라 사용자 신뢰도의 손실로 이어지는 것이다.

블랜드는 변화 사항을 배포하는 개발자들에게 어떤 영향을 미쳤는지 다음과 설명했다. "두려움이 마음을 사로잡았다. 새로운 팀원들은 시스템을 이해하지 못한 두려움으로 시스템 변경하는 것을 진행하지 못했다. 그러나 경험 많은 팀원들도 모든 시스템을 너무 잘 이해했기 때문에 어떤 문제가 생길지 잘 알고 이에 대한 두려움으로 섣불리 변경하는 것을 막았다."[02] 블랜드는 이 문제를 해결하기로 결심한 한 그룹의 일원이었다.

GWS 팀의 팀장인 바랫 미드랏타(Bharat Mediratta)는 자동화 테스트가 도움이 된다고 생각했다. 이에 블랜드는 다음과 같이 설명했다.

> GWS 팀은 자동화 테스트를 동반하지 않으면 GWS에 어떤 변화도 받아들일 수 없다는 단호한 정책을 폈다. 지속해서 빌드를 설정하고 위 정책을 기준으로 통과 여부를 결정했다. GWS 팀은 테스트 커버리지 모니터링을 설정하고 시간이 지나면서 테스트 커버리지 수준이 높아지도록 유도했다. 이어서 GWS 팀은 정책과 테스트 가이드를 작성했고, 팀 내외 동료들이 모두 이 가이드를 따르게 했다.

---

02 블랜드는 구글에서 재능 있는 개발자가 너무 많아 성과를 내재화할 수 없는 사람들을 비공식적으로 설명하기 위해 심리학자가 만든 "가면 증후군(imposter syndrome)" 용어를 사용한다고 했다. 위키피디아에 따르면 "가면 증후군을 보이는 사람들은 자신이 가진 능력의 확실한 증거가 있어도 이것은 거짓이며 스스로 성공할 자격이 없다고 단정한다. 또한, 성공해도 단지 행운일 뿐이고 타이밍이 좋았다고 여기거나 자신보다 다른 사람이 훨씬 유능하다고 생각하면서 스스로를 속이는 결과로 가면 증후군이 나타난다."라고 설명하고 있다.

그 결과는 놀라웠다. 블랜드는 다음과 같이 말했다.

> GWS는 신속하게 출시 일정을 유지하면서 매주 여러 팀의 많은 변경 사항을 통합하여 구글에서 가장 생산성이 높은 팀 중 하나가 되었다. 새로운 팀 구성원은 훌륭한 테스트 커버리지와 건강한 코드 덕분에 복잡한 시스템에 생산성 높은 코드를 신속하게 접목할 수 있었다. 궁극적으로는 GWS의 근본적인 정책으로 google.com 홈페이지에서 신속하게 기능을 확장하고, 정신없이 변화하고 경쟁이 치열한 기술 환경에서도 번창할 수 있었다.

그러나 GWS는 규모가 크고 성장하는 회사 대비 작은 팀이었다. GWS 팀은 이런 실례를 조직 전체로 확장하고자 했다. 따라서 조직 전체에서 자동화된 테스트 베스트 프랙티스를 도입하고자 하는 비공식적인 엔지니어 그룹인 Testing Grouplet이 탄생했다. 이후 5년 동안 Testing Grouplet은 모든 구글 제품에 대한 자동화 테스트 문화를 그대로 재현하도록 도움을 주었다.[03]

이제 모든 구글 개발자가 코드를 커밋(commit)하면 수십만 건의 자동화 테스트가 자동으로 실행된다. 코드가 통과되면 자동으로 트렁크(trunk) 브랜치에 통합되어 프로덕션으로 배포할 준비를 한다. 많은 구글 서비스는 시간별 또는 일별로 빌드한 다음 출시할 빌드를 선택한다. 반면 다른 회사는 지속적인 "Push on Green"[04] 전달 철학을 채택하고 있다.

위험은 그 어느 때보다 높다. 구글 단일 코드 때문에 발생하는 배포 에러는 모든 서비스/인프라가 동시에 중단될 수 있다(예: 글로벌 인프라 변경 또는 모든 서비스/인프라가 의존하는 핵심 라이브러리에 결함이 발생하는 경우).

구글 개발자 인프라(Google Developer Infrastructure) 그룹의 엔지니어인 에런 머서리(Eran Messeri)는 "대규모 에러가 가끔 발생한다. 이때 엄청 많은 인스턴트 메시지와 함께 나를 찾는 엔지니어의 문의가 몰려온다. 특히 배포 파이프라인이 깨지면 개발자는 더는 코드를 커밋할 수 없으므로 즉시 수정해야 한다. 따라서 롤백을 쉽게 하도록 만들고 싶다."라고 말한다.

구글에 자동 테스트 시스템을 사용할 수 있게 한 것은 엔지니어링 전문성은 물론 모든 사람이 훌륭한 일을 하고 싶어 하고, 문제를 신속하게 감지해 수정하는 능력을 갖췄다고 가정한 높은 신뢰의 문화 때문이다. 머서리는 다음과 같이 설명한다.

> 구글에는 "10개 이상의 프로덕션 프로젝트가 중단되면 10분 이내에 문제를 해결해야 한다는 SLA가 있다."와 같은 엄격한 정책이 없다. 대신에 팀 간에 상호 존중이 있고, 모든 사람이 배포 파이프라인을 계속 실행하는 데 필요한 모든 작업을 수행한다는 암묵적인 합의가 있다. 언젠가는 실수로 다른 엔지니어의 프로젝트를 의도치 않게 망칠 수 있고 반대로 다른 엔지니어가 내 프로젝트를 망칠 수도 있다는 것을 모두 알고 있다.

마이크 블랜드와 Testing Grouplet 팀이 이룬 성과는 구글 세계에서 가장 생산성이 높은 기술 조직 중 하나로 만들었다. 2013년까지 구글의 자동화 테스트와 지속적인 통합으로 4,000개 이상의 소규모 팀이 공동 작업하고 생산성을 유지하는 동시에 코드를 개발, 통합, 테스트, 프로덕션에 배포할 수 있었다. 모든 코드는 수십억 개의 파일로 구성된 단일 공유 저장소에 있으며 모두 지속해서 빌드 및 통합되며 코드의 50%는 매달 변경된다. 성능에 대한 인상 깊은 통계는 다음과 같다.

- 40,000 코드 커밋/매일
- 50,000 빌드/매일(평일에는 90,000을 초과함)
- 12만 개의 자동화 테스트 제품군
- 매일 7천 5백만 건의 테스트 케이스 실행
- 테스트 엔지니어링, 지속적인 통합, 릴리즈 엔지니어링 툴링(R&D 인력의 0.5%를 차지함)을 사용해 개발자 생산성을 높이는 100명 이상의 엔지니어

패턴 2: 구글의 출시 및 핸드오프[05] 완료 준비 검토

개발자가 일상 업무의 프로덕션과 유사한 환경에서 코드를 작성하고 실행하는 경우, 실제 운영 환경에서 코드가 어떻게 작동하는지 보는 것은 처음이기에 프로덕션 배포를 진행하다 보면 비참한 경험을 할 수 있다. 이런 일은 운영 학습이 소프트웨어 수명주기에서 너무 늦게 생기기 때문에 발생한다.

이 부분을 해결되지 않은 채로 둔다면 운영이 까다로운 프로덕션 소프트웨어가 될 것이다. 익명의 운영 엔지니어는 "우리 그룹에서 시스템 관리자의 대부분은 6개월밖에 견디지 못했다. 항상 프로덕션이 중단되었고, 근무 시간은 엉망이 되었으며, 애플리케이션 배포는 고통스럽기만 했다. 최악은 애플리케이션 서버 클러스터를 페어링(pairing)하는 것이었는데 6시간이나 소요되었다. 매 순간 개발자들이 개인적으로 우리를 싫어하는 것은 아닐까 생각할 정도였다."고 한다.

이는 이미 프로덕션에 배포된 모든 프로덕트 팀과 서비스를 지원할 수 있는 운영 엔지니어가 충분하지 않아서 생기는 문제일 것이다. 그리고 기능적으로나 시장 지향적인 팀 모두에서 발생할 수 있는 일이다.

한 가지 잠재적인 대책은 구글에서 진행한 작업을 수행하는 것이다. 구글의 개발 그룹은 중앙 집중식 운영 그룹이 관리할 수 있는 자격을 갖추기 전에 프로덕션에서 자체 서비스를 관리한다. 개발자가 배포 및 프로덕션 지원을 담당하면 운영을 원활하게 전환할 가능성은 훨씬 커진다.

---

03 Testing Grouplet은 훈련 프로그램을 만들고 화장실에 게시하는 뉴스레터로 유명한 테스팅을 소개한다. 또한, 테스트 인증(Test Certified) 로드맵과 인증 프로그램을 개발했고 팀을 도왔던 여러"fix-it"(즉, 개선 방법을 주도했다. 그래서 Testing Grouplet은 자동화 테스트 프로세스를 개선해 GWS 팀이 달성할 수 있었던 놀라운 결과를 다른 팀에서도 재현할 수 있었다.)

04 (역자주) Push on Green은 안전하고 통제된 방식으로 프로덕션 소프트웨어 시스템을 자동으로 업데이트하는 프로세스이다. 최소한의 수작업과 사용자가 느낄 수 있는 다운 타임을 최소화하고 프로덕션 시스템을 계속 가동/실행하게 한다.

05 (역자주) 핸드오프(hand-off): 프로덕션의 운영 업무를 다른 팀(개발팀 또는 SRE 팀)에 소유권을 넘기는 것을 의미한다.

문제의 소지가 있는 자체 관리 중인 서비스가 프로덕션에 배포되어 조직에 위험이 되지 않게 하려면 서비스가 실제 사용자와 상호작용해야 한다. 따라서 실제 프로덕션 트래픽에 노출되도록 충족해야 하는 시작 요구 사항을 정의해야 한다. 또한, 운영 엔지니어는 프로덕트 팀을 돕기 위해 컨설턴트로 임무를 수행하고 서비스를 프로덕션 배포 준비 상태로 만들어야 한다.

출시 지침을 작성해 모든 프로덕트 팀이 전체 조직의 누적 및 집합 경험, 특히 운영의 혜택을 누릴 수 있도록 지원한다. 시작 안내 및 요구 사항에는 다음과 같은 항목을 고려해 작성한다.

결함 수 및 심각도
애플리케이션이 설계된 대로 작동하는가?

무선 호출기 경고 유형/빈도
애플리케이션이 프로덕션에서 지원할 수 없을 만큼의 많은 경고를 생성하는가?

적용 범위 모니터링
무언가 잘못되었을 때 서비스를 복원할 정도로 모니터링 범위가 충분한가?

시스템 구조
프로덕션에서의 잦은 변경과 배포를 지원할 수 있도록 서비스가 느슨하게 결합되어 있는가?

배포 프로세스
프로덕션에 코드를 배포할 수 있도록 예측할 수 있고, 결정적이고 자동화된 프로세스가 있는가?

프로덕션 상태
다른 사람이 프로덕션 지원을 관리할 수 있도록 좋은 프로덕션에 대한 충분한 프랙티스가 있는가?

표면적으로 이런 요구 사항은 과거에 사용했던 기존 프로덕션 체크리스트와 유사해 보인다. 그러나 주요 차이점은 효과적인 모니터링이 필요하고, 배포가 안정적이고 결정적이어야 하며, 신속하고 빈번한 배포를 지원하는 아키텍처가 필요하다는 것이다.

검토 중에 결함이 발견되면 담당 운영 엔지니어는 기능 팀이 문제를 해결할 수 있도록 지원하고, 필요하다면 프로덕션에 쉽게 배포하고 관리할 수 있도록 서비스 재설계에 도움을 주어야 한다. 현재 서비스가 규제 준수 목적에 부합하는지 또는 앞으로 서비스할 수 있을지의 여부를 알고 싶을 것이다.

- 서비스가 상당한 매출을 창출하고 있는가? (예: 미국 상장 기업에서 총 매출의 5%를 초과한다면 2002년에 통과한 사베인스-옥슬리 법[SOX] 제404조에 따라 "중요한 계정"이며 규정을 준수해야 한다.)
- 서비스에서 사용자 트래픽이 높거나 장애/손상 비용이 높은가? (예: 운영 이슈로 인해 가용성 또는 평판 위험이 발생할 수 있다)
- 서비스에 신용 카드 번호와 같은 카드 소유자 정보, 사회 보장 번호, 환자 치료 기록과 같은 개인 식별 정보를 저장하는가? 규제, 계약상의 의무, 프라이버시, 평판 위험을 일으킬 수 있는 다른 보안 문제가 있는가?

- 서비스에 미국 수출 규정, PCI-DSS, HIPAA 등 이와 관련된 기타 규제 또는 계약 준수 요구 사항이 있는가?

이 정보는 서비스와 관련된 기술적 위험뿐만 아니라 잠재적인 보안 및 규정 준수 위험을 효과적으로 관리할 수 있도록 도움을 준다. 또한 프로덕션 제어 환경을 설계할 때 필수적인 정보를 제공한다. 그림 11-1, 그림 11-2에서 출시 준비 검토(LRR: Launch Readiness Review) 및 핸드오프 준비 검토(HRR: Hand-Off Readiness Review) 예를 참고한다.

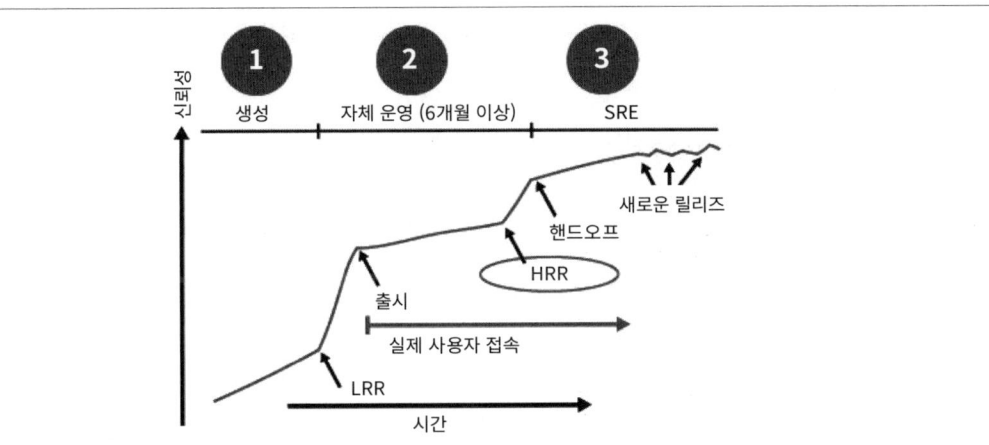

그림 11-1. 구글의 핸드오프 준비 검토(출처: 2012년 1월 12일, USENIX에서 게시한 유튜브 비디오, 45분 57초, "SRE@Google: Thousands of DevOps Since 2004 (2004년부터 수천 명의 데브옵스) (https://www.youtube.com/watch?v=iIuTnhdTzK0)"

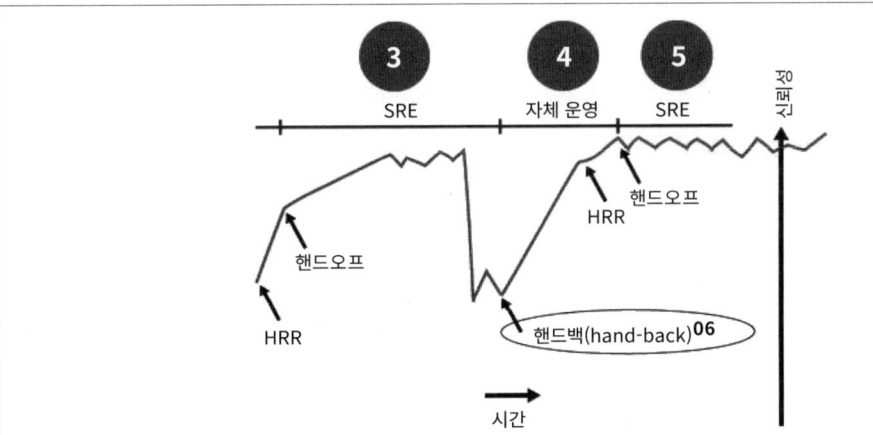

그림 11-2. 구글의 핸드오프 준비 검토(출처: 2012년 1월 12일, USENIX에서 게시한 유튜브 비디오, 45분 57초, "SRE@Google: Thousands of DevOps Since 2004 (2004년부터 수천 명의 데브옵스) (https://www.youtube.com/watch?v=iIuTnhdTzK0)"

---

06 (역자주) 핸드백: 원소속으로 운영 소유권을 넘김.

2002년에 애디슨-웨슬리 출판사에서 출간한 『클라우드 시스템 관리 관행(The Practice of Cloud System Administration』(https://amzn.to/39Ox8ok)의 공동저자이자 사이트 신뢰성 엔지니어인 톰 리몬첼리(Tom Limoncelli)는 콘퍼런스에서 "최상의 경우 프로덕트 팀은 LRR 체크리스트를 가이드 라인으로 사용해 서비스 개발과 병행해 필요할 때 도움을 받기 위해 SRE에 요청한다."라고 언급했다. 또한 리몬첼리는 2016년에 나에게 다음과 같이 말했다.

> HRR 프로덕션 승인이 가장 빠른 팀은 초기 설계 단계부터 출시까지 SRE와 가장 먼저 협력한 팀이다. 그리고 훌륭한 점은 프로젝트에 도움을 주기 위해 SRE를 요청하기가 쉽다는 점이다. 모든 SRE는 초기에 프로젝트 팀에 조언을 제공하는 것이 가치가 있다고 여기며 이를 위해 얼마든지 자원할 것이다.

초기에 프로덕트 팀을 돕는 SRE 관행은 구글에서 지속해서 강화하고 있는 중요한 문화 규범이다. 리몬첼리는 "프로덕트 팀을 돕는 것은 일종의 장기 투자이며 출시 시기가 되면 머지않아 성과를 거두게 될 것이다. '훌륭한 시민 정신'과 '커뮤니티 봉사'가 결합해야 가능하며 SRE를 평가할 때 중요하게 고려되는 부분이다."라고 말했다.

패턴 3: 공유 소스 코드 저장소 생성하기

전사 공유 소스 코드 저장소는 전체 조직에서 로컬 검색을 통합하는 데 사용되는 가장 강력한 메커니즘 중 하나이다. 엔지니어가 소스 코드 저장소(예: 공유 라이브러리)의 내용을 업데이트하면 특정 라이브러리를 사용하는 다른 모든 서비스로 신속하게 자동 전파되며 각 팀의 배포 파이프라인을 통해 통합된다.

구글은 조직 전체의 공유 소스 코드 저장소를 사용하는 가장 큰 사례 중 하나이다. 2015년까지 구글은 10억 개 이상의 파일과 20억 개가 넘는 코드 라인을 가진 단일 소스 코드 저장소를 공유했다. 해당 저장소는 25,000명의 엔지니어 모두가 사용하며 구글 검색, 구글 지도(Google Maps), 구글 독스(Docs), 구글 플러스(Google+), 구글 캘린더(Google Calendar), 지메일(Gmail), 유튜브(YouTube)를 비롯한 모든 구글 서비스를 포함한다.[07]

중요한 것은 엔지니어가 조직의 모든 사람이 가진 다양한 전문 지식을 활용할 수 있다는 것이다. 개발자 인프라 그룹을 관리하는 구글 엔지니어링 관리자인 레이첼 파트빈(Rachel Potvin)은 "거의 모든 라이브러리가 이미 개발 완료되었기 때문에 모든 구글 엔지니어가 "풍부한 라이브러리"에 접근할 수 있다."라고 Wired(https://bit.ly/3iEhtvR)에 기고했다.

게다가 에런 머서리가 설명했듯이 단일 저장소를 사용하는 장점 중 하나는 사용자가 조율할 필요 없이 가장 최신 상태로 모든 코드에 쉽게 접근할 수 있다는 것이다.

---

07 크롬과 안드로이드 프로젝트는 별도의 소스 코드 저장소에 있으며 페이지랭크(PageRank)와 같이 비밀로 유지되어야 하는 특정 알고리즘은 특정 팀에서만 사용할 수 있다.

공유 소스 코드 저장소에 소스 코드뿐만 아니라 다음을 포함한 지식과 학습을 인코딩하는 기타 산출물이 포함되어 있다.

- 라이브러리, 인프라, 환경에 대한 설정 표준(셰프(Chef) 레시피, 푸펫(Puppet) 매니페스트(manifests) 등)
- 배포 툴
- 보안을 포함한 테스팅 표준 및 툴
- 배포 파이프라인 툴
- 모니터링 및 분석 툴
- 튜토리얼과 표준

지식을 인코딩하고 공유 소스 코드 저장소를 통해 공유하는 것은 지식을 전파하는 데 있어 가장 강력한 메커니즘 중 하나이다. 랜디 소프(Randy Shoup)는 2014년에 다음과 같이 말했다.

> 구글에서 에러를 방지하는 가장 강력한 메커니즘은 단일 코드 저장소이다. 누군가가 저장소에 무엇이든 체크인할 때마다 항상 모든 것에 최신 버전을 사용하는 새로운 빌드가 생성된다. 모두 런타임에 동적으로 링크되는 것이 아니라 소스에서 빌드된다. 현재 사용 중인 라이브러리의 단일 버전이 항상 있으며 이는 빌드 프로세스 중에 정적으로 링크된다.

톰 리몬첼리는 자신의 저서에서 전체 조직이 단일 저장소를 갖는 것은 간단한 설명으로 넘길 수 없는 매우 강력한 가치가 있다고 말했다.

> 어떤 툴을 확실하게 개발하면 모든 프로젝트에 사용할 수 있다. 누가 어느 라이브러리에 의존하는지 100% 정확하게 알고 있어서 해당 라이브러리를 리팩토링하고, 누가 영향을 받을지 테스트가 깨진 부분을 누가 테스트해야 할지 100% 확신할 수 있다. 얼마든지 예시를 나열할 수 있을 정도로 구글의 경쟁 우위는 확고하다.

구글의 모든 라이브러리(예: libc, OpenSSL, 자바 쓰레드(thread)와 같이 내부에서 개발된 라이브러리)는 다른 라이브러리를 컴파일 할 뿐만 아니라 의존하는 모든 프로젝트의 테스트를 성공적으로 통과해야 하는 책임을 진 소유자가 있다. 실제로 도서관 사서와 매우 흡사하다고 보면 된다. 라이브러리 소유자는 각 프로젝트를 한 버전에서 다른 버전으로 마이그레이션할 책임이 있다.

프로덕션에서 81개나 되는 서로 다른 버전의 자바 스트러츠(Java Struts) 프레임워크 라이브러리를 실행했던 조직의 실제 사례를 생각해보자. 하나를 제외한 모든 버전에는 심각한 보안 취약성이 있었고 각각 고유한 특성과 특이성을 지닌 모든 버전을 유지 관리하다 보니 상당한 운영 부담과 스트레스가 생겼다. 게다가 버전 차이로 인해 버전 업그레이드 자체가 위험하고 안전하지 않아서 개발자는 더이상 업그레이드하지 못하게 되었다. 그리고 이런 주기는 계속되었다.

단일 소스 저장소는 해당 이슈의 많은 부분을 해결할 뿐 아니라 팀이 안전하고 자신 있게 새로운 버전으로 마이그레이션 할 수 있도록 자동화 테스트를 수행한다.

단일 소스 트리에서 모든 것을 빌드할 수 없다면 알려진 좋은 버전의 라이브러리와 해당 라이브러리의 의존성을 유지하기 위한 또 다른 방법을 찾아야 한다. 예를 들어, 넥서스(Nexus), 아티팩토리(Artifactory), 데비안(Debian), RPM 저장소와 같은 조직 전체 저장소가 있을 것이다. 해당 저장소와 프로덕션 시스템 모두에서 알려진 취약점이 있는 곳을 업데이트해야 한다.

결론

11장의 패턴을 통해 SRE와 데브옵스 사이의 연결고리를 살펴봤다. 이 둘은 생각보다 공통점이 훨씬 많고 원칙과 목표가 꽤 유사하다.

추가로 읽을 만한 자료와 출처

- 마이크 블랜드(Mike Bland)의 DevOps Enterprise Summit 2015 발표, "여러분이 원한다면 더 이상의 고통은 없다(Pain Is Over, If You Want It)" (https://bit.ly/39Sh8BT), 진 킴(Gene Kim)이 2015년 11월 18일 Slideshare.net에 게시
- 에런 머서리(Eran Messeri)의 GOTO 2013 콘퍼런스(덴마크 오르후스(Aarhus)) 발표, "수천 명의 엔지니어가 동일한 지속적 빌드를 공유할 때 어떤 문제가 생길까? (What Goes Wrong When Thousands of Engineers Share the Same Continuous Build?)", 2013년 10월 2일
- 톰 리몬첼리(Tom Limoncelli)의 USENIX Association Talk 콘퍼런스(뉴욕)에서 발표한 YouTube 동영상 "수천 명의 데브옵스 Since2004(SRE@Google:Thousands of DevOps Since 2004)" (https://bit.ly/3vhFSOL), 2012년 1월 12일에 USENIX에서 게시한 유튜브 비디오: 45분 57초
- 벤자민 트레이너(Ben Treynor)의 Usenix SREcon14(산타클라라, 캘리포니아)에서 발표한 "SRE에게 중요한 점(Key to SRE)" (https://bit.ly/2LWFSRh), 2014년 5월 30일
- 케이드 메츠(Cade Metz)의 "20억 라인의 코드를 한 저장소에서 모두 관리하는 구글(Google Is 2 Billion Lines of Code—and It's All in One Place)" (https://bit.ly/3iEhtvR), Wired, 2015년 9월 16일
- 에런 머서리(Eran Messeri)의 "수천 명의 엔지니어가 동일한 지속적 빌드를 공유할 때 무엇이 잘못될까요? (What Goes Wrong When Thousands of Engineers Share the Same Continuous Build?) (https://bit.ly/3NCcV8d)", 2013년
- 톰 리몬첼리(Tom Limoncelli), EverythingSysAdmin.com에 기고 "HEAD를 기반으로 작업할 수 있습니다(Yes, you can really work from HEAD)" (https://bit.ly/3qIllib), 2014년 3월 15일

- 톰 리몬첼리, EverythingSysAdmin.com에 기고 "파이썬은 펄6보다 좋다(Python is better than Perl6)" (https://bit.ly/395tUOb), 2011년 1월 10일
- Quora.com 포럼, "구글은 파이썬, C++, 자바, Go 이외의 언어를 내부 프로젝트에 언제 사용할 수 있게 하는가? (When will Google permit languages other than Python, C++, Java and Go to be used for internal projects?)" (https://bit.ly/3iJipiz), 2016년 5월 29일
- 톰 리몬첼리(Tom Limoncelli), 스트라타 찰럽(Strata Chalup), 크리스티나 호건(Christina Hogan)의 『클라우드 시스템 관리 사례: 대규모 분산 시스템의 설계와 운영(The Practice of Cloud System Administration: Designing and Operating Large Distributed Systems)』, Addison-Wesley 출판사, 2014년

진 킴 Gene Kim

여러 수상 경력이 있는 CTO, 연구자이며 IT Revolution 출판사의 『The Phoenix Project, The DevOps Handbook, and Accelerate』(『데브옵스 핸드북 세계 최고 수준의 기민성, 신뢰성, 신뢰성을 갖춘 기술 조직의 비밀』, 에이콘 출판사 번역)의 공동저자이다. 또한 DevOps Enterprise Summit 콘퍼런스 주최자이다.

CHAPTER 12

데브옵스와 SRE: 커뮤니티의 목소리

데이비드 N. 블랭크-에델만 David N. Blank-Edelman에게 얘기한 대로

배경

SRE 커뮤니티와 소통하는 초기부터 나는 데브옵스와 SRE 간의 관계가 궁금했다. 그리고 수많은 똑똑한 사람들과 이것에 관해 이야기를 나눴고 현명한 얘기를 많이 들을 수 있었다. 내가 아는 한 이것은 확정된 질문이 아니다. 나와 이야기를 나눈 각 사람은 내가 궁금증을 풀어가는 데 도움을 주었다. 이 주제의 기고자를 확정해야 할 때 최선의 방법은 가능한 한 많은 목소리를 한 자리에 초대하는 것이 가장 좋은 것 같았다.

토론의 장에 온 것을 환영한다. 12장은 훌륭한 많은 전문가들이 함께 했다.

절차

2018년 2월 말, 나는 다음과 같이 질문하는 웹 사이트를 만들었다.

> 두 단락 이하 정도로 정리한다면 데브옵스와 SRE의 관계는 무엇이라고 생각합니까? 데브옵스와 SRE는 어떻게 비슷한가요? 어떻게 다른가요? 모든 조직에서 둘 다 구현할 수 있을까요? 데브옵스, SRE가 같은 조직에 동시에 존재할 수 있을까요? 등등…

나는 트위터와 링크드인을 통해 내 전문 소셜 네트워크에 함께 해 달라고 요청했다. 감사하게도 많은 사람이 이 질문에 함께 하도록 자신이 속한 네트워크에 공유해줬다. 그리고 구글 애널리틱스로 최종 확인하니 34개국에서 1,165명이 위의 질문 페이지에 방문했다고 한다.

결과

내가 받은 사려 깊은 답변들은 실로 짜릿하다. 나는 지금 약간 편집한 회신 샘플을 소개하려고 한다. 특별한 순서나 특정 조직의 도움 없이 응답[01]을 받았다. 따라서 인터넷에서 볼 수 있듯이 두서없는 정보가 있을 수 있고, 필요한 경우 응답자의 이름/직책/소속을 나열하기도 했다.

위 질문의 대표적인 설문 조사는 아니지만 주제에 대해 의견의 이질성과 동질성을 모두 보여주는 훌륭한 역할을 한다고 생각한다. 이 토론을 보는 것만으로도 이슈에 대해 자신만의 생각을 형성하는 기회가 되기를 바란다. 또한 필자의 의견이나 견해가 아닌 받은 답변들을 의도적으로 제시하고 있음을 밝히고 시작하고 싶다. 하나로 합칠 수 없는 다양한 내용을 하나의 주제로 억지로 마무리 짓거나(어떻게든 빠져나오면 된다는 생각), 답을 정해놓고 여러분의 생각에 주입하는 것보다 나는 여러분의 결론에 더 관심이 있다. 이어서 게재될 여러 답변 중 여러분은 어느 답변에 동의하는가?

분명히 이 주제에 대해 나눌 얘기들은 얼마든지 많이 있다. 아이디어를 공유하고 싶다면 언제든지 연락해주기 바란다.

회신

사이트 신뢰성은 운영 신뢰성, 확장성, 효율성이다. 신뢰성에 비즈니스 연속성(재해 복구, 고가용성)이 포함된다. 운영 사이트는 그 자체로 프로덕트이며 내부 툴을 위한 자체 CI/CD를 포함할 수 있다. 자동화는 맞춤 툴을 지향한다. 테라폼(Terraform)과 앤서블(Ansible)과 같은 고급 툴을 사용하는 대신 Boto 라이브러리를 이용하는 파이썬, 루비를 이용한 AWS(Amazon Web Services) SDK, Go 언어를 사용하는 것을 비효율적이라 여긴다. 물론 이는 절대적이지 않고 추세일 뿐이다. SRE는 안정적이고 효율적인 인프라를 구축하기 위해 운영을 프로그래밍하고 있다.

데브옵스는 문화적 사일로(silo)를 해체하고 개발에서 배포에 이르기까지 효율성 또는 배포 속도(CI/CD) 파이프라인을 높이는 데 중점을 둔다. 배포에는 빌드, 사전/사후 산출물 테스트(산출물 빌드 전후 테스트), 연속 테스트(CT, Continual Test)가 포함된다. 끊임없는 테스트는 애자일이 중단한 이후를 이어받아 린의 측면을 포용하는 부분을 대신한다. 데브옵스는 업스트림(빌드, 테스트) 및 다운스트림(배포, 전달) 최적화, 통합 작업을 수행한다. 따라서 SRE와 중복되는 도메인은 운영 사이트에 대한 배포/전달이며 데브옵스가 파이프라인 전체에 통합된다. SRE는 운영 인프라에만 있으므로 엄격한 데브옵스 철학에 따라 사일로로 간주하는 상반되는 목표가 있다.

_ 조퀸 멘차카(Joquin Menchaca), 시니어 데브옵스 엔지니어, 닌자팬츠컨설팅(NinjaPants Consulting)

―――――――

많은 사람이 데브옵스를 단일 프레임 워크라고 생각하지만 실제로 개념에서 가치 창출에 이르기까지 조직의 가치 흐름 전반에 아우르는 프랙티스 파이프라인을 덮는 일종의 우산이다. 대부분의 데브옵스 프랙티스는 지속적 통합(Continuous Integration), 지속적 배포(Continuous

---

01 페이지 제약으로 더 많이 포함할 수 없지만 내게 보낸 모든 응답에 감사를 전한다.

Delivery), 지속적 배포(Continuous Deployment)와 같은 개발부터 배포까지의 단계에 중점을 둔다. 내 생각에 SRE는 지속적 운영(Continuous Operation)으로서 데브옵스를 자연스러운 확장한 것이다.

같은 우산 아래에서 SRE는 ITIL/ITSM 프로세스를 데브옵스에 맞추고 진화시키는 데 핵심적인 역할을 한다. 장애, 문제, 지식, 변경, 서비스 수준 관리와 같은 모놀리식 프로세스는 더 빠르고 빈번한 변경 사항을 처리할 수 있도록 SRE 수준에서 관리 및 실행하면 제약 조건이 아닌 활성화 요소가 된다. 왜일까? SRE는 일련의 업무 프랙티스 뿐만 아니라 일련의 책임을 정의한 SRE 역할이 있다. 따라서 이 역할이 SRE와 데브옵스의 또 다른 근본적인 차이점이다. "데브옵스 엔지니어" 역할은 명확하게 정의되어 있지 않다.

_ 진 그롤(Jene Groll), 데브옵스 연구소 CEO

―――――

데브옵스는 세 가지 원칙, 즉 시스템 사고(작은 부분뿐만 아니라 전체 시스템 살펴보기), 피드백 루프[02] 자세히 하기, 지속적인 실험과 학습 문화로 뒷받침된다. SRE는 SLO, 에러 예산, 시스템의 모든 측면에 관여해 동일한 세 원칙을 준수한다. 스크럼이 애자일을 구현하는 한 가지 방법인 것처럼 어떤 면에서 SRE는 데브옵스를 수행하는 한 가지 방법이다.

SRE가 데브옵스와 다른 점은 엔지니어링 솔루션에 중점을 둔다는 것이다. 코드에 중점을 두면 다른 솔루션에서 접근할 수 없는 수준으로 확장할 수 있어서 SRE는 기본적으로 확장성이 뛰어난 데브옵스가 된다. 다시 말해 SRE는 엔지니어링 솔루션을 집중적으로 구현하는 데브옵스이다.

_ 태너 룬드(Tanner Lund), 마이크로소프트

―――――

나는 기술의 두 개의 거대한 추세(클라우드로 마이그레이션, 불변 코드 타입의 인프라(infrastructure-as-code)로서의 인프라)로 인해 끊임없는 운영 복잡성의 증가를 해결하기 위해 데브옵스가 업계에서 등장했다고 생각한다. 모든 회사가 필사적으로 클라우드 제공업체로 이동하고 비용 구조를 크게 변경해 이에 따른 가치 평가(클라우드 제공업체는 고정이 아닌 가변적인 운영 비용을 사용 가능)를 수행한다. 또한 최신 코드 형 인프라 혁신(도커 및 쿠버네티스)을 따라잡기 위해 필사적으로 노력하고 있다. 이에 운영 복잡성이 기하급수적으로 증가하고 있다. 대부분 기업은 혁신을 발표하고 안정적인 운영이 가능하도록 균형을 유지하는 기술과 엔지니어링 문화가 부족하다.

―――

02 (역자주) 피드백 루프는 결과를 자동으로 재투입시키는 순환 구조이다.

나는 구글, 마이크로소프트, 링크드인, 페이스북 및 기타 거대 기업의 동일 이슈를 해결하기 위해 SRE를 운영한다고 생각한다. 이 회사들은 수십 년이 넘게 대규모의 운영 복잡성 수준을 처리해 왔으며 여러 세대의 엔지니어링 팀이 SRE를 채택해 실행하면서 계속 진행하고 있다. 여기에 프로덕트의 신뢰성과 성능에 대한 높은 기대치를 추가하고, 팀 수준에서 학습과 구현을 하도록 잘 정의되고 다듬어진 최고 수준의 실무 지침이 있다. 나는 SRE가 근본적으로 데브옵스라고 생각하지만 10년 동안 시행착오를 겪었다. 그리고 이제는 여러 책, 정식 보고서 덕분에 SRE를 여러 업계에서 배우고 채택할 수 있게 되었다.

_ 산타고 수아레스 오르도네즈(Santiago Suarez Ordoñez), CTO, 블라임리스(Blameless)

근본적으로 SRE와 데브옵스 역할은 근본적으로 비슷하다고 생각할 수 있지만 비즈니스 요구에 중점을 둔다는 점에서 큰 차이가 있다. 소규모 비즈니스 또는 대기업의 신규 팀의 경우 일반적인 작업을 자동화할 사람이 없으므로 더 수동적일 수 있다. 여기서 운영 엔지니어가 많이 필요하다는 것을 알 수 있다. 운영 엔지니어에게 소프트웨어 엔지니어링 원칙을 자신의 업무(데브옵스)에 적용하는 방법을 가르친 후에 자연스럽게 사이트 신뢰성 엔지니어로 발전하는 것을 보고 있다. 그리고 그 사이트 신뢰성 엔지니어가 상당한 양의 운영 작업을 자동화하고 있다. 이런 훈련의 일환으로 사이트 신뢰성 엔지니어는 규모에 따라 사용할 수 있고 신뢰할 수 있는 서비스를 구축하고 운영하고 있다. 이를 통해 여러 프로젝트에 참여하고 개선 사항을 구현하는 데 필요한 경험을 제공해 더 나은 시스템을 만드는 소프트웨어 엔지니어링 패턴을 직관적으로 파악할 수 있다.

나는 사이트 신뢰성 엔지니어의 역할이 조직 대부분에서 구현할 수 있다고 생각하지만 구현 시기는 조금씩 다를 것이다. 비즈니스를 지원할 때 필요한 인프라를 구축하면 전담 직원은 일관성 있는 방식으로 더 신뢰할 수 있는 시스템을 구축하는 데 집중할 수 있다. 이는 실제로 운영 엔지니어로 시작해 사이트 신뢰성 엔지니어의 방식으로 작업에 집중한다는 것을 의미한다. SRE 프로그램을 채택했다고 해서 운영 업무가 더는 필요하지 않다는 것은 아니다. 분명한 것은 SRE 프로그램이 지원 인프라와 시스템을 계속 반복해 비즈니스 요구 사항을 지속해서 충족시키는 데 도움이 되고 있다. SRE와 데브옵스 역할의 핵심 초점이 약간 다르지만 단일 조직에서 효과적으로 사용하면 서로 보완할 수 있다는 점을 기억하는 것이 중요하다.

_ 팀 헤크만(Tim Heckman), 시니어 SRE(사이트 신뢰성 엔지니어), 넷플릭스(Netflix, Inc.)

데브옵스와 SRE는 실패에서 배우는 것을 용납하는 문화에서 협업과 자동화에 중점을 둔 엔지니어링 프랙티스이다. 데브옵스는 애자일 방식으로 사용자 기능을 자주 전달하는 데 중점을 둔 반면 SRE는 데브옵스 팀의 전문성을 지원하여 가능한 한 안정적으로 프로덕트를 릴리즈하는 데 집중한다.

기본 원칙을 공유한다는 점만 봐도 SRE와 데브옵스는 조직이 구축과 운영의 책임을 명확히 한다면 매우 쉽게 공존할 수 있다. ING 그룹의 비즈니스 데브옵스(BizDevOps) 팀은 ING 서비스와 장애 대응에 대한 최종적인 책임이 있다. 즉, SRE는 모니터링과 알람 솔루션을 제공하고 트래픽 모델 작업과 챗옵스(ChatOps)[03]를 수행하며 포스트모템과 카오스 엔지니어링(Chaos Engineering)을 통해 조직에서 실패를 포용하는 완벽한 문화를 도입한다. 네덜란드 ING의 소매은행에서 SRE는 7명이고 데브옵스는 1,700명이다. SRE팀 인원이 다른 조직에 비해 조금 작은 편이라고 생각한다. 물론 SRE를 채용할 시 자동화 능력, 풀 스택 엔지니어링 기술, 신뢰성 사고방식, SRE 관련 주제에 대해 다른 사람을 돕고 교육하는 데 필요한 소프트 기술(soft skill)[04]의 요구가 있어서 데브옵스 엔지니어 채용보다 더 어려울 수 있다.

_ 잔나 브루멜(Janna Brummel)과 로빈 반 지즐(Robin van Zijll), IT 부서 리드 SRE/프로덕트 소유자, ING

순수한 관점에서 실제 데브옵스의 목표는 한마디로 핸드오프를 줄이고 협업을 늘려 피드백 주기를 늘리는 것이다. 반면 SRE는 실제 역할에 초점을 맞추고 엔지니어링에 집중한 결과를 통해 구체적으로 변화를 끌어낸다. 데브옵스와 SRE 간의 유사한 점은 모두 사고방식, 행동, 문화의 변화가 필요하다는 것이다. 나는 데브옵스 엔지니어라는 용어에 동의하지 않지만 데브옵스가 SRE가 될 것이라고 생각한다.

데브옵스는 프로덕트 소유자 또는 프로덕트 기능의 백로그 담당자에게 피드백 루프 주기를 종료해 서비스 관리 낭비를 알리고 해결되게 해서 애자일 방식 또는 반복적인 작업 방식을 채택한 모든 조직에서 구현되게 해야 한다. SRE는 엔지니어링 문화를 조성하고 낭비를 없애며 엔지니어링 결과로 효율성을 찾는 조직과 잘 어울린다. 조직이 충분히 크거나 오래 유지되었다면 데브옵스와 SRE를 동시에 운영할 수 있다. 많은 사람들이 "기존 시스템"이라 부르는 조직은 데브옵스 작업 방식을 쉽게 허용하는 동시에 미개발 또는 에버그린 시스템[05]을 목표로 하는 SRE 팀을 구성할 수 있다. 현명한 옛 속담에서 힌트가 있다. '어떻게 코끼리를 먹을까? 한 번에 한 입씩'

_ 마이클 이월드(Michael Ewald), 운영 책임자

---

03 (역자주) 챗옵스: 데브옵스의 다양한 프로세스와 기능을 업무용 채팅 플랫폼과 통합하는 것을 말한다. 팀원들 간의 대화 중에 각종 정보를 제공하며 문제를 빨리 인지하게 하고 필요하다면 해결할 수 있는 각종 명령어를 제공한다. 예시로는 슬랙(Slack)이 있다.
   카오스 엔지니어링(Chaos engineering): 프로덕션 서비스의 여러 장애 조건을 견딜 수 있는 시스템 신뢰성을 확보하기 위해 분산 시스템을 실험하고 보강하는 엔지니어링이다.
04 (역자주) 소프트 기술: 대인관계와 관련된 개인 기능으로서 커뮤니케이션, 리더십, 시간 관리 능력, 문제 해결 능력을 말한다.
05 (역자주) 에버그린(evergreen) 시스템: 에버그린 시스템은 항상 최신 상태로 유지되는 컴포넌트로 구성된 서비스를 실행하는 것을 말한다. 사용자 수준의 서비스뿐만 아니라 모든 기본 인프라를 포함한다.

비록 내 직책을 위반하는 조언이라고 할 수 있겠지만 그래도 직함에 "데브옵스"라는 용어를 넣는 것은 말도 안 되게 비현실적이다. 데브옵스는 애자일과 마찬가지로 철학, 방법론, 프랙티스에 가깝다. 지금이야 "애자일 개발자(Agile Developer)"와 같은 직책이 터무니없어 보이지만 언젠가는 "데브옵스 엔지니어"라는 직책도 그 뒤를 따르게 될 것이다.

SRE는 작업의 기능을 일반화하곤 한다. 데브옵스 원칙, 애자일 원칙, 다음 유행을 따르는지와 상관없이 기능은 계속 유지된다. 작업을 수행하기 적합하다고 인정해서 채택한 방법론을 사용해 기본 인프라까지 모든 요소에서 "현장"의 신뢰성을 보장한다.

_ 키스 맥더피(Keith McDuffee), 인프라 및 데브옵스(infrastructure & DevOps)의 시니어 관리자, 카디널 헬스
  (Cardinal Health)

데브옵스와 SRE는 관련이 있으며 우리는 모두 개발자이다. 80년대 초반 IBM에서 처음 일했을 때 프로덕트 프로그래머, 시스템 프로그래머, 전기 기술자 등 세 부류의 사람들이 프로덕트(그 당시에는 "프로그램 프로덕트"라 불림) 전달을 도왔다. 프로그램 프로덕트 작업을 진행한 이는 개발자였고 시스템 프로그래머도 개발자였다.

좋은 모델 '우리는 모두 개발자이다'로 돌아가자. 개발자는 자신이 개발한 소프트웨어를 다른 개발자를 위한 플랫폼으로 유지하고 실행하는 책임이 있다. 또한 다른 유형의 고객을 위해 소프트웨어를 설치하고 운영하는 것도 개발자의 책임이다. 현대 사회에서 데브옵스와 SRE는 소프트웨어 프로덕트를 구축하고 운영하는 사람의 주 관심사인 소프트웨어 구축 및 운영을 지향한다. 데브옵스와 SRE의 차이점과 공존할 수 있는지는 애자일을 팀마다 다르게 실행할 수 있듯이 조직마다 다른 접근 방식을 적용하면서 확인할 수 있을 것이다. 그러나 소프트웨어 프로덕트의 고객이 다른 소프트웨어 개발자이든 새 신발 한 켤레를 구매하려는 사람이든 상관없이 프로덕트를 전체적으로 구축하고 운영해야 하며 데브옵스/SRE 개발자 및 기타 소프트웨어 개발자와 경계를 두지 않아야 한다. 일부 조직에서는 "데브옵스"와 "SRE"를 분리하는 것이 단지 조직적 또는 정치적 이유로 추진될 수 있기 때문이다. 다시 말하지만 우리는 모두 개발자이다.

_ 파올라 폴(Paula Paul), 기술 책임자, 씽크웍스(ThinkWorks)

사이트 신뢰성 엔지니어링: 데브옵스에 대해 잘 모르지만 약간 다르다는 것은 알고 있다.

_ 마이크 도허티(Mike Doherty), 성공적인 신뢰성 탈출구(successful reliability escapee)

구인 광고를 보면 답은 아주 분명하다. IT 업계에서 데브옵스 엔지니어는 프로덕션 운영을 가끔 책임지는 SDLC(Software Delivery Life Cycle, 소프트웨어 개발 수명주기) 파이프라인에 집중하기로 결정했다. SRE 구인 광고는 SDLC 파이프라인에 가끔 책임을 지는 프로덕션 운영에 초점을 둔다. 결국, 데브옵스와 SRE는 동일하다. 이 둘의 차이점은 강조에 있다(그림 12-1).

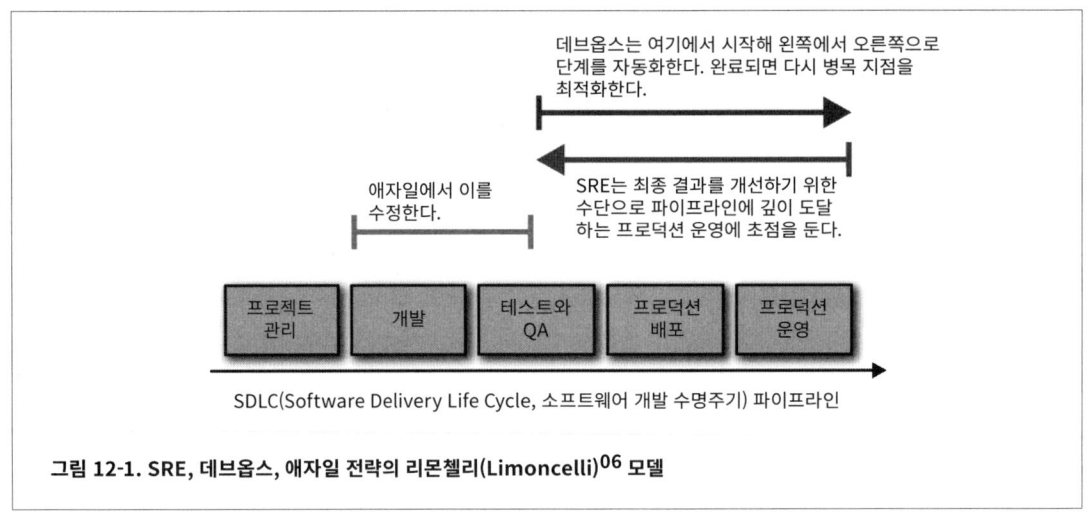

그림 12-1. SRE, 데브옵스, 애자일 전략의 리몬첼리(Limoncelli)[06] 모델

구글은 개발 초기 단계에서 문제를 해결하거나 다른 팀에 위임하기 때문에 구글 SRE는 개발 파이프라인의 이후 부분에 집중할 수 있다. 이에 시간이 지날수록 구글 SRE는 우수한 운영에 초점을 둘 수 있었다. 구글 SRE는 목적을 달성하기 위해 파이프라인의 초반에 뛰어든다. 프로덕션 문제가 충분히 해결되지 못하거나 부실한 CI/CD 규율 때문이라면 SRE는 개발자 영역으로 들어가 다시는 프로덕션에 영향을 미치지 않을 때까지 개선할 것이다. 데브옵스는 줄곧 파이프라인의 초반을 강조했다. 데브옵스는 전체 문제를 해결하는 데 집중했고, CI/CD를 사용해 프로젝트를 변환하는 것이 다른 모든 작업의 필수 조건임을 경험으로 알고 있었다. 데브옵스가 프로덕션 운영에 관심이 없다는 말은 아니지만 데브옵스 구인 광고와 "데브옵스의 변환"에 대한 이야기를 보면 모든 데브옵스가 회사의 관점을 CI/CD에 옮기는 데 집중하고 있음을 알 수 있다. CI/CD를 통해 빠른 배포 및 릴리즈가 가능해지면 프로덕션 운영으로 초점이 바뀌고 직책도 종종 SRE로 변경된다.

_ 토마스 A 리몬첼리(Thomas A. Limoncelli), SRE 매니저, 스택 오버플로우(Stack Overflow, Inc), 전직 구글 SRE 출신

---

06 (역자주) 리몬첼리: 이 부분을 작성한 이의 이름이다.

데브옵스, SRE 둘 다 개발자와 운영 워크플로우를 중심으로 자동화에 초점을 두고 있다는 점에서 비슷하다. 데브옵스는 확장 가능한 효율적인 툴과 전략으로 기존 워크플로우와 문화를 업그레이드하는 데 집중한다. SRE는 이벤트 자동 복구(최대한 빨리 문제점을 파악)와 향후 용량 계획을 위한 부하 테스트를 통해 다운 타임을 방지하는 데 집중한다.

데브옵스가 툴링과 문화를 개선해 애자일을 구현하는 새로운 애자일 팀을 위한 것이라면 SRE는 업타임(uptime), 모니터링, 온전함, 마음의 평화를 개선하려는 기존 애자일 팀을 위한 것이다. 실제 사례에서도 클라우드로 전환하는 것은 데브옵스의 계획이어야 하며 장애 복구 사이트를 설정하는 것은 SRE이다. 회사 내에서도 단계별 조직과 사람이 있으므로 데브옵스, SRE 다 함께 구현할 수 있다.

_ 제퍼슨 헤일(Jefferson Hale), 사이트 신뢰성 엔지니어, 사이즈믹 게임(Seismic Games)

———

SRE는 일반적으로 인프라를 관리하지 않는다. SRE는 대시 보드를 디버깅하거나 대시 보드 구축을 도울 수 있고, 데브옵스는 모든 사람의 노동을 자동화하는데 더 관심이 있다.

_ 아담 샤논(Adam Shannon), 소프트웨어 엔지니어, 잭핸리 앤 어쏘시에잍(Jack Henry and Associates)

———

데브옵스는 린, 애자일 등 다양한 IT 프랙티스의 핵심 요소이다. 조직에 데브옵스 문화를 도입하는 것은 조직에 오픈 소스를 채택하는 것과 매우 비슷하다. 이전에 했던 일을 새롭게 하는 방법이다. 그러나 오픈 소스와 마찬가지로 더 빠르고 저렴하게 사용할 수 있다. 오픈 소스가 소프트웨어에 관한 것이라면 데브옵스는 사람, 프로세스, 툴에 관한 것이다.

반면 SRE는 프로덕션의 서비스와 소프트웨어에 대한 매우 분석적인 방식으로 접근했다. 팀에서 측정 지표, 임곗값, SLA, SLO를 활용해 시스템에 대한 구체적인 정보를 알려 줄 수 있다. 데브옵스와 SRE가 함께 일하지 못할 이유는 없다. 사실 데브옵스와 SRE는 함께 일할 때 많은 의미가 있다. SRE 팀이 코드를 프로덕션에 사용하면서 학습한 내용을 전달 파이프라인으로 다시 전달하는 것은 문자 그대로 데브옵스의 "세 번째 방법"이다.

_ 크리스 쇼트(Chris Short), 시니어 데브옵스 대변인, SJ 테크놀로지(SJ Technologies)

———

나에게 SRE와 데브옵스는 비슷하지만 동일하지는 않다. SRE가 기존 운영(시스템/네트워크) 환경에서 진화된 다음 버전이라고 생각한다. 그래서 운영을 소프트웨어 엔지니어 관점에서 봤을 때 많이 누락된 것을 가져오게 하는 것이 SRE인 것 같다. 인프라를 관리하는 팀은 여전히 숙련되고 집중력이 뛰어나서 SRE 세계가 여전히 사일로인 것처럼 보이지만 시스템 관리를 다음 단계로 발전시키고 최신 인프라, 플랫폼, 툴, 개념으로 계속 성장하고 있는 팀이다. SRE 보다 데브옵스가 비즈니스의 모든 부분에서 더 나은 관계를 촉진하는 수단으로 사용될 때 가장 가치가 있다고 생각한다. 데브옵스는 소프트웨어 개발자에게 운영 마인드를 소개하고, 운영 팀에 소프트웨어 사고방식과 이해를 제공한다. 또한 최신 인프라, 플랫폼, 툴, 개념을 활용해 개발 팀과 운영 팀에 영향을 준다. 무엇보다 데브옵스에서 가장 가치 있는 것은 모든 팀이 문화적 변화와 함께 공유하는 오너십(ownership)을 구축하는 것이다.

데브옵스와 SRE가 공존할 수 있는가? 그렇다. 데브옵스와 SRE는 공존해야 하는가? 상황에 따라 다르다. 비즈니스, 회사, 팀의 목표는 무엇인가? 모든 것이 하나의 크기에 일제히 들어맞아야 하는 것은 아니다. SRE는 구글과 같이 매우 구체적이고 복잡한 문제가 있는 대규모 조직에 적합하지만 여러분과 여타 조직은 다를 수 있다. 데브옵스도 마찬가지이다. 데브옵스에서 얻을 수 있는 장점 또한 데브옵스를 채택한 해당 비즈니스의 사람들만 누릴 수 있다.

_ 션 루트너(Sean Lutner), 인프라 설계자, 에지와이즈 네트워크(Edgewise Networks, Inc.)

많은 대기업의 경우 데브옵스와 SRE의 주된 차이점은 얼마나 유행했는가이다. 구글 외부에서는 데브옵스라는 용어를 SRE보다 6년 이상 더 오래 사용했다. 이는 SRE와 관련된 책, 블로그, 콘퍼런스, 전문가들이 영향력을 발휘할 시간이 훨씬 적다는 것을 보여준다. 지금까지 데브옵스와 SRE의 주제와 조언이 상당 부분 중복되었다. 데브옵스와 SRE 둘 다 툴, 프로세스, 플랫폼, 문화, 직장에 대해 훌륭한 지침을 제공했다. SRE를 지지하는 내용이 완전히 새로운 것은 아니지만 주목할만한 가치가 있다. 데브옵스 운동에 관심이 있는 사람이라면 이를 무시할 수 없을 것이다.

그러나 SRE를 데브옵스의 또 다른 이름으로 여기는 건 잘못된 것이다. 종종 (그리고 약간 아이러니하게) 데브옵스에 관해 이야기하는 사람들은 운영보다 소프트웨어 제공 수명주기의 개발 및 릴리즈 부분에 더 집중하는 경향이 있다. 반면 SRE는 운영 개선을 서비스가 실존하기 위한 것으로 여긴다. 애자일이 개발에서 코드 릴리즈로 전달할 때 생기는 병목을 해소하는 단계를 데브옵스로 생각할 수 있다면 SRE는 시스템의 프로덕션을 운영하고 확장할 때 생기는 새로운 병목을 완화하기 위해 개입한다. 또한 SRE는 데브옵스가 아니라고 명시하는(그리고 운영 환경에서 있는 사람들이 즉각적으로 사기를 높일 수 있는) 직책을 주는 것이 좋다. 마지막으로 SRE 운동은 반복적인 수작업(노동), 릴리즈 관리(설정 엔지니어 시작)와 같은 주제로 활발한 토론을 하게 하는 유용한 새 용어를 제공한다.

_ 마크 렌델(Mark Rendell), 수석 이사, 액센츄어(Accenture)

신뢰성 엔지니어링과 데브옵스는 전 세계의 많은 사람이 직면하고 있는 동일한 문제를 해결하려고 한다. 즉, 디지털 서비스를 항상 온라인 상태로 유지하고 시간이 지날수록 기능과 운영을 향상해 사용하는 것이 목표이다. 데브옵스는 선언문 형태로 정의하는 것이 여전히 애매하지만, 신뢰성

엔지니어링은 여러 면에서 용어에 구체적인 역할과 책임을 부여한다. 본질적으로 사이트 신뢰성 엔지니어링이란 단어가 웹 운영 사전에 들어가기 시작한 이후로 사이트 신뢰성 엔지니어링은 데브옵스와 관련된 동일하고 정확한 원칙을 구현하고 장려하고 있다. 연중무휴 매일 24시간의 가용성을 기대하는 디지털 서비스를 구축하고 운영하는 것은 단순한 서비스형 소프트웨어(Software as a Service, SaaS) 이상으로 필수 요소가 되었다. 거의 모든 산업의 기업, 정부, 조직은 새로운 기능의 신속한 개발을 하면서 서비스의 상태 및 가용성도 유지해야 하는 즉 두 마리 토끼를 잡아야 하는 이슈가 있다. 아마도 이 둘의 균형을 어떻게 맞출 수 있는지가 관건이 될 것이다.

SRE라는 주제로 묶인 엔지니어링 프랙티스, 팀, 개인은 기업이 여러 역할에 구체적인 노력을 기울이도록 돕는다. SRE(팀, 개인 등)가 존재하는 주된 이유는 시스템 아키텍처, 자동화, 문제 해결의 기술적 능력과 함께 협업 및 커뮤니케이션의 사회적 기술을 활용해 시스템 전체에 대해 더 많이 알 수 있는 새로운 방법을 모색하기 위함이다. 그러면 엔지니어링 팀은 아키텍처와 전달 파이프라인을 개선하도록 새롭고 더 나은 방법을 지속해서 찾을 수 있다.

_ 제이슨 핸드(Jason Hand), 시니어 클라우드 운영 대변인, 마이크로소프트(전 직장 VictorOps에서 근무)

페이팔(PayPal)에서 사이트 신뢰성 엔지니어는 데브옵스의 이상적인 실무자일 뿐 아니라 궁극적인 원동력이기도 하다. 이를 위해 두 가지 방법으로 신뢰성을 구축하는 작업을 수행한다. 첫 번째는 플랫폼 공급자로서 다른 SRE, 개발자, 운영 팀을 전사적으로 지원할 수 있는 핵심 툴을 구축하고 지속해서 개선한다. 두 번째는 세계적 수준의 가용성, 생산성 등을 달성하기 위해 전용 신뢰성 엔지니어링이 필요한 비즈니스 핵심 프로덕트 팀에 숙련된 전문가를 포함한다.

그리고 데브옵스 프랙티스가 성장하면서 재능있는 SRE가 페이팔과 같은 복잡한 시스템을 중심으로 개발할 수 있는 멘탈 모델이 조직 내에서 점점 더 필요하다는 것을 알게 됐다. SRE가 개발한 멘탈 모델은 매우 효과적인 툴과 플랫폼을 개발하는데 핵심적인 역할을 한다. 또한 해당 멘탈 모델은 시스템 지식의 수출, 중요한 서비스의 오너십 공유, 심각한 장애 발생 시 전문 지식 활용, 통찰력 있는 포스트모템 추진 등과 같이 범위가 넓은 개발 및 운영 팀에게 특히 가치가 있는 SRE 기능을 지원한다.

_ 앤드류 파머(Andrew Farmer), 시니어 매니저, SRE, 페이팔(PayPal)

나는 SRE가 규모가 큰 데브옵스를 지원할 수 있는 프랙티스라고 믿는다. 회사에서 8개 팀을 20개 팀으로 확장하는 동안 데브옵스만으로도 충분했다. 그러나 데브옵스를 활용하는 엔지니어링 팀이 많아지면서 해당 팀을 안내하고 지원하도록 돕는 대단히 중요한 뭔가가 필요하다는 것이 분명해졌다. 이런 경험과 배울 점이 모든 팀에서 공유되지 않았고 신뢰성이 높은 프랙티스가 팀에게서 항상 관심을 받는 것은 아니었다.

SRE는 팀에서 발생한 최근의 장애 기록을 넘어서 얼마나 신뢰성에 중점을 두었는지에 대한 모니터링 수준을 끌어올린다. 수동 및 툴을 통한 테스트와 분석으로 SRE는 팀이 신뢰성 위험을 이해하고 우선순위를 정할 수 있도록 도움을 준다. 또한 SRE 팀은 프로덕트의 신뢰성을 보장하는 모든 엔지니어링 팀을 지원하는 공통 툴과 서비스를 구축하도록 시간을 할애할 수 있다. 데브옵스와 PaaS(서비스형 플랫폼, Platform as a Service)가 공존할 수 있듯이 데브옵스와 SRE(Reliability as a Service)도 공존할 수 있다고 믿는다.
_ 베니 존스톤(Bennie Johnston), SRE 조직장, 저스트잇(Just Eat)

데브옵스와 SRE 간의 가장 큰 차이점은 데브옵스는 접근 방식이고 SRE는 특정 직무 역할이다. 데브옵스는 일반적으로 "배포 시스템"의 보호자 역할로 알려졌지만 전달 워크플로우와 서비스 관리의 전반적인 효율성에 대한 종합적인 조사하는 것에 기반을 두고 있다. SRE 역할은 온라인 서비스가 잘 작동하도록 노동을 분담하는 것이다. 기능에 중점을 둔 기존 전문성과 달리 SRE의 노동 분담은 기능에 관계없이 프로덕트를 중심으로 조정된다.

데브옵스와 SRE의 혼란을 일으키는 주요 원인은 둘 다 종합적인 방법 또는 교차 기능 방법을 추구하기 때문이다. 그러나 이 둘의 차별점은 무엇에 초점을 두는가이다. 데브옵스는 프로세스에 초점을 두고 SRE는 프로덕트에 초점을 둔다.
_ 크리스 맥캐너리(Chris McEniry), 시스템 설계자

SRE와 데브옵스는 겹치는 부분이 많지만, 개념은 분명히 다르다. 실제로 유지 보수 개발자가 기존 소프트웨어 시스템을 꾸준히 개선하면서 프로덕션 및 비-프로덕션 인프라를 관리하고자 할 때 데브옵스를 채용한다. 이와 대조적으로 기업은 인프라 관리와 개발 간에 노동 분담을 유지하고자 할 때 사이트 신뢰성 엔지니어를 채용한다. SRE는 더 많은 로드 밸런서, 네트워킹, 데이터베이스, 쿠버네티스(Kubernetes)와 같은 컨테이너 오케스트레이션 시스템을 포함해 더 깊고 광범위한 인프라 스킬을 갖추고 있다. 데브옵스 개발자는 일반적으로 비즈니스 도메인과 기본 프로그래밍 언어에 대해 더 깊은 전문 지식을 갖고 있다.

데브옵스 팀은 공통 기술 스택 또는 클라우드 호스팅 인프라가 있는 환경에 있을 가능성이 더 크다. 이런 경우 클라우드 제공자는 인프라를 관리해 개발자가 비즈니스 가치 제공에 더 집중할 수 있게 한다. 자체 호스팅에 치우치거나 복잡한 인프라 요구 사항이 있는 기존 회사에서 SRE가 점점 더 많이 발견된다. 여기서 SRE는 시스템 관리자의 영역이었던 운영을 지원한다. 특이점이 있다면 SRE가 기존 시스템 관리자는 할 수 없었던 방식으로 환경 구축 및 애플리케이션 배포를 자동화하는 프로그래밍 기술을 활용하거나 인프라 툴을 패치해 줄 것을 기대한다는 것이다.
_ 존 시그리스트(John Siegrist), 릴리즈 엔지니어, 데스윅 마이닝(Deswik Mining)

데브옵스와 SRE 역할은 기술 실행 측면에서 많은 부분이 겹치지만 조직의 규모, 확장성에서 차이가 발생할 수 있다. 소프트웨어와 소프트웨어 생태계는 규모의 경제(https://bit.ly/3b2qBXT)를 따르지 않기 때문에 조직의 소프트웨어와 인프라가 규모에 따라 성장할수록 팀은 반드시 전문화되고 맡은 영역에 집중할 수 있어야 한다. 바로 이 시기에 데브옵스에서 SRE로 전환될 가능성이 크다. 작은 기업과 조직의 데브옵스 문화는 개발과 운영 사이의 간격을 줄여 빠른 반복과 변화를 가져온다. 조직이 성장하고 확장하면서 소프트웨어를 개발하고 배포하는 방법을 표준화해 작업 수행할 때 인지적 부하와 노력을 줄이는 것이 필수적이다.

데브옵스와 SRE 두 역할 모두 조직에 이바지할 수 있다. 데브옵스는 개발자 생산성(예: 빌드 시스템, 교육, 테스트 개선 등)에 더 집중할 수 있으며, SRE는 가동 시간 유지, 프로덕션 시스템 유지, 특수 툴(분산 트레이싱 추적 인프라) 개발에 중점을 둔다. 따라서 데브옵스와 SRE 역할 모두 규모에 맞게 자신의 업무에 몰두하는 직군이 된다. 데브옵스와 SRE의 공통 목표는 코드 커밋부터 프로덕션 배포로 변경 사항을 전달하는 것이다. 이것은 가능한 한 마찰이 적고 가시성이 높으며 예측할 수 있다. 맞다. 데브옵스 역할과 SRE 역할이 공존할 수 있지만 경계가 모호해서 비교하기 쉽지 않다. 두 역할은 조직, 사업, 크기에 따라 크게 달라진다.

_ 프라나이 칸워(Pranay Kanwar), 사이트 신뢰성 엔지니어, 링크드인(LinkedIn)

———

나는 데브옵스와 운영에 대한 많은 경험이 있고, 현재 여러 SRE 팀을 운영하고 있다. 나에게 이 주제는 늘 매력적이다. 데브옵스와 운영 개념이 별개로 잡혀있지만 이 둘의 겹치는 부분이 많이 있다고 생각한다. 한편으로 시스템 사고 관점에서 소프트웨어 전달을 강조하는 전 세계 소프트웨어 개발 운동인 데브옵스가 있다. 다른 한편으로는 소프트웨어 엔지니어링 관점에서 운영 관리 접근 방식을 취하는 SRE가 있다. SRE에 데브옵스 CAMS 모델에 쉽게 들어맞는 부분이 있는데 특히 에러 예산이 있는 문화와 네 가지 황금 신호[07]를 측정하는 것과 관련이 있다.

내 생각에 가장 흥미로운 것 중 하나는 데브옵스가 최대한 제거해야 한다고 늘 말하는 "혼란의 벽(http://dev2ops.org/2010/02/what-is-devops/)"을 SRE가 다시 가져온다는 것이다. 이는 SRE 소프트웨어에서 기존 소프트웨어 개발에 대해 불평하는 것처럼 결코 "벽 너머로 던져진" 소프트웨어를 의미하는 것은 아니다. 그러나 데브옵스 모델에서 무선 호출기를 휴대하는 개발자와 달리 SRE 모델에서는 개발 문제를 해결할 뿐 아니라 프로덕션 시스템의 SLO를 충족하는 책임이 있는 명확한 구분이 있다. 이는 아마도 규모에 따라 필요할 것이다. 어떤 면에서 SRE는 기존 모델과 새로운 데브옵스 모델의 혼합으로 "운영 조직은 기존 조직과 다르게 명확하게 구별되는 그룹"의 요소와 데브옵스에서 CAMS 모델의 많은 구성 요소를 일으킨다. 혼돈의 벽 대신 대화나

---

07 (역자주) 네 가지 황금 신호: https://bit.ly/3au4GJX를 참고한다.

협업의 벽이 있다(낮은 벽이다!). 우리가 데브옵스와 SRE를 구별하기 위해 애쓰는 것은 당연하다.
_ 데이브 맨고트(Dave Mangot), 전 사이트 신뢰성 엔지니어링 책임자, 솔라윈드 클라우드(SolarWinds Cloud)

데브옵스는 개발(Dev)과 운영(Ops)가 상호보완적이고 중복 기술을 통해 함께 일하는 방식에 관한 내용이지만 실제로는 다른 영역에 중점을 둔다. 데브옵스의 주요 목표는 개발자가 최종 사용자에게 고품질 코드, 기능, 가치를 신속하게 개발할 수 있도록 지원하는 것이다. 그리고 동시에 이를 고품질, 높은 유지 보수성, 안정적인 인프라에 깔끔하고 신속히 배포해 운영한다면 신뢰성, 확장성, 성능, 보안 및 비용 절감 효과를 얻을 것이다.

반면 SRE는 매우 신뢰성이 높은 시스템과 애플리케이션을 구축하고 관리에 중점을 둔다. 따라서 SRE는 소프트웨어 개념 스택의 상위레벨에서 운영되기에 데브옵스 팀이 목적을 달성할 수 있도록 아키텍처, 설정, 툴링, 모니터링, 관리, 프로세스에 초점을 둔다. 개발자와 운영자는 매일 업무를 수행하는 파묻히는 경향이 있지만 SRE는 전체 시스템과 생태계가 목표를 달성할 수 있도록 보장한다.

_ 스티브 머쉐로(Steve Mushero)), CEO, 옵스스택(OpsStack)

데브옵스와 SRE 사이의 관계는 실제 SRE 역할이 정의되고 데브옵스의 방법론이 해당 SRE 팀 내에서 운영과 함께 실제로 구현되어 실행되면서 생성된다. 데브옵스와 SRE가 비슷해지면 시스템 및 소프트웨어 엔지니어가 사용자 또는 기타 시스템에 서비스를 제공하는 소프트웨어 시스템의 운영에 소프트웨어 엔지니어링 원칙을 적용하도록 요청한다. 데브옵스와 SRE가 다른 방향으로 가면 데브옵스 구현 방법에 대한 규칙과 규정을 포함한 선언문이 없다. SRE에게 정의된 규정이 없지만 조직은 SRE를 정의하고 구현하는 방법에 대한 철학을 제공하기 위해 큰 진전을 보이고 있다. 따라서 SRE는 줄어들지 않는다. 예를 들어, 공개 클라우드 회사는 조직 내에서 SRE를 구현하는 데 도움이 되는 무료 서비스를 제공하고 있다.

조직에서 SRE를 구현하면 자동으로 SRE 구현의 일부인 데브옵스 방법론을 사용하므로 어떤 의미로는 조직 내에서 둘 다 구현할 수 있다. 이 구현에 둘 다 존재할 방법은 SRE 팀이 지원하는 소프트웨어 시스템 및 서비스의 운영 작업을 수행할 때 소프트웨어 엔지니어링 원칙을 활용하는 임무에 계속 집중하는 것이다.

_ 채드 토드(Chad Todd)

SRE는 SLO를 기반으로 하는 데브옵스이다. 둘 다 같은 목표를 추구하지만 다른 길을 택한다. SLO는 노력과 투자를 유도하는 데 도움이 되며 데브옵스에는 이와 비슷한 도구가 없다.

스타트업 기업에서는 가능한 한 빨리 프로덕션에 배포하려는 동기가 신뢰성이나 가용성보다 분명히 능가하기에 데브옵스를 활용하는 것이 일반적이다. SRE는 혁신과 신뢰성 간의 갈등이 나타나기 시작할 때 잘 구축된 기업에 더 적합하다.

_ 루이스 미네이로(Luis Mineiro), 수석 사이트 신뢰성 엔지니어, 잴란도(Zalando)

———

내 생각에 데브옵스는 사용자에게 프로덕트 운영 및 전달을 잘 지원하기 위해 조직이 채택할 수 있는 일련의 프랙티스이다. 프랙티스에 대한 가장 간단한 요약은 문화, 자동화, 측정, 공유를 의미하는 CAMS(Culture, Automation, Measurement and Sharing)이다. SRE(사이트 (또는 서비스) 신뢰성 엔지니어링)는 일반적으로 개인이나 팀이 담당하는 역할이다. 내 경험상 SRE는 대체로 조직의 프로덕트의 신뢰성과 운영에 초점을 맞추고 있다. 대체로 SRE 전문가들은 CAMS의 네 가지 원칙에 의존해 업무를 수행하고 운영 요구 사항을 해결하면서 조직에 영향을 미친다.

특히 조직 구조와 관련해 모든 조직이 같은 방식으로 SRE를 "실행"하지 않는다는 것에 주목할 필요가 있다. 내게 익숙한 두 가지 주요 형태는 "수평" SRE 통합과 "수직" SRE 통합이다. 수평으로 통합된 SRE 직원이 있는 조직은 일반적으로 조직을 위해 SRE 작업을 수행하는 사람들로 구성된 하나 이상의 독립 팀을 가진다. 수직적으로 통합된 직원은 일반적으로 엔지니어링 팀과 직접 통합되어 해당 팀에만 전념한다.

_ 애론 블루(Aaron Blew), 서비스 신뢰성 엔지니어링(SRE) 이사, 아이오베이션(iovation)

———

10년 전에 접한 데브옵스는 소프트웨어를 만든 사람, 소프트웨어를 변경하는 사람, 서비스를 유지해야 하는 사람 간의 비기능 및 비정치적 합의의 필요성을 표현하는 방법이었다고 생각한다. 데브옵스는 서비스를 지원하는 기술 스택에 대한 주도권과 지식을 갖고 이에 대한 변경을 편안히 즐기는 어떤 사람이다. 또한 데브옵스는 다양한 기술과 앤서블(Ansible) 또는 젠킨스(Jenkins)를 다룰 줄 아는 개발자로서 패키지 저장소를 수정하는 데 도움을 주기도 하지만 불행히도 "사일로(silo)[08]" 문화를 제거하는 사람은 아니다.

현재 나에게 SRE는 데브옵스처럼 반대 에너지를 가진 방법론이자 역할이라고 생각한다. SRE는 서비스에 계속 주의를 기울이고 오너십, 예산, 최종 프로덕션 배포에 이르기까지의 최종 단어, 이전에 언급한 모든 관점에서 주의를 기울여야 할 모든 부분을 관리한다. 지난 10년 동안

---

08 (역자주) 사일로: 전체를 보기보다 부분에 빠져 자신이 속한 조직의 이익만을 추가하는 형태를 말한다.

살펴보니 운영 팀이 SRE로 진화했다. SRE는 운영을 처리할 수 있는 회사에 적합하고 콘웨이 법칙(Conway's law)에 더 잘 적응할 수 있다. 본질적으로 우리는 모두 개발자가 소프트웨어의 작동 방식과 스택을 깊이 알고 있기를 기대하지만 실제로는 서비스를 운영하는 사람들이 하는 업무와 거리가 있다.

_ 글레시콘 모래스(Gleicon Moraes), 엔지니어링 이사

SRE의 업무가 계속 증가하면서 일부 사람들이 SRE를 데브옵스 용어와 헷갈리는 것을 보는 것이 흥미롭다. 대부분 이런 충돌은 SRE, 데브옵스 둘 다 아니더라도 최소한 하나의 좁은 관점에서 보는 것이 필요한 것 같다. 공통의 문제에 대해 실제로 서로 다른 반응일 뿐이기 때문이다. 즉, 훨씬 더 빠른 반복 내에서 소프트웨어를 구축 및 배포해야 하는 기업들의 압력이 지속해서 증가하고 있기 때문이다. SRE, 데브옵스 둘 다 "기존의 방식"이 작동하지 않을 것이라는 인식이 가장 중요하다. SRE 모델은 문제를 해결하기 위해 더 전략적이고 엔지니어링 중심의 접근 방식을 취하지만 데브옵스는 문화적 측면에서 더 접근해 충돌을 줄이고 사람들이 문화적 장벽을 넘어 업무를 수행하게 한다는 생각을 하고 있다.

SRE, 데브옵스 아이디어에 대한 한 가지 흥미로운 측면은 현재 채택한 패턴으로 고통받는다는 데 있다. 데브옵스 쪽에서 보면 데브옵스 용어와 관련해 과장된 것이 너무 많고 많은 회사가 자체(종종 영업 기반) 정의에 맞게 데브옵스를 왜곡하려고 해서 심지어 "데브옵스 적용"이 의미하는 것을 희석시켰다. 아이러니하게도 SRE 쪽에서 보면 SRE 용어는 이제 구글이 발표한 정보가 지배적이어서 구글과 같이 운영하지 않는 회사(즉, 거의 모든 사람)에서 SRE를 적용해도 구글의 프랙티스를 기대할 수 없다. 대략 10여 년 전 SRE 스타일의 접근 방식을 채택하기 시작한 회사에 있을 때 운영 프랙티스에 합의된 접근 방식이 아닌 특정 프랙티스에 대한 사람들의 기대를 따르느라 SRE 고용이 더 어려워졌다. 내 희망은 이런 주제에 관한 대화가 계속 많아져서 사람들이 자신이 속한 조직이 어떤 태도를 보이든 조직에 필요한 방식을 택하고 혜택을 얻게 하는 것이다.

_ 로버트 트레트(Robert Treat), CEO, 옴니TI(OmniTI)

SRE의 핵심은 전체론적이다. 즉, 개발(Dev)과 운영(Ops)의 모든 것이 연결되어 있다. 전체론적 접근 방식은 개발과 운영의 하위 및 상위 수준의 기술 문제를 깊이 분석해 이 둘의 연결을 식별, 이해, 실행함으로써 팀이 구현한 것을 배포하도록 돕는다.

불행히도 사람들은 마치 신의 계시를 알고 싶어 신탁을 찾듯이 SRE에게 언제 무엇을 하고 하지 말아야 할지 감독자의 입장으로 여기기도 한다. 결국 SRE는 최상의 서비스를 제공하고 팀을 하나로 통합하는 데 필요한 무엇이든 될 수 있다.

_ 마뉴엘 페난데즈(Manuel Fernandez), SRE, 비비드코르텍스(VividCortex)

데브옵스는 운영 및 개발 팀 전반에 걸쳐 정신, 활성화, 책임감을 구현하는 문화 용어다. 일반적으로 데브옵스 철학을 고수하는 팀은 개발 팀에게 서비스 오너십에 대한 운영 사고방식을 제공하고 전체 수명주기 동안 프로덕트를 더욱 효과적으로 유지 관리하도록 필요한 지침과 툴을 제공한다. SRE는 풍부한 개발 배경과 운영 원칙 및 설계에 대해 깊이 이해한 운영 사용자이다.

SRE 팀은 서비스 소유자 및 기타 운영 팀과 소통하면서 서비스 환경에 운영 무결성과 안정성을 제공할 수 있도록 기본 원칙을 적용해 데브옵스 철학을 긴밀히 구현해야 한다.

_ 맷 존스(Matt Jones), 시니어 인프라 보안 엔지니어

―――――

나는 실제로 SRE와 데브옵스를 겸직하고 있는 중간 규모의 스타트업에서 일하고 있다. 내게 있어서 SRE가 된다는 것은 프로덕션 시스템을 관리하고, 신뢰할 수 있게 하며, 규모를 조정해 자동화하는 것이다. 나는 데브옵스 직책이 개발과 프로덕션 간의 연결점이라고 생각한다. 이 연결에는 사용 가능한 스테이징 환경, CI/CD 파이프라인, 자동화 테스트 등 많은 측면에서 개발을 돕는 것을 포함한다. 전반적으로 나는 데브옵스 엔지니어가 개발자가 코딩에 집중할 수 있도록 가능한 모든 것을 지원해야 한다고 생각한다.

데브옵스와 SRE 모두 적용 범위는 다르지만 구현은 유사하다. SRE가 스테이징 및 프로덕션 이전 환경을 구축하고 개발자를 편하게 하는 것이 이치에 맞을 것이다. 따라서 데브옵스 임무(다시 한번 얘기하지만 개발자의 삶을 완화)를 수행해 데브옵스의 자격을 얻을 것이다. 구현할 수 있는 자동화도 동일하다.

_ 줄리엔 아베넷(Julien Avenet), SRE, 키위.ki(Kiwi.ki Gmbh)

―――――

데브옵스 팀원은 책임져야 하는 시스템에 소프트웨어를 설치하고 유지 관리하는 것이 익숙한 사람이다. 그리고 다가오는 작은 데이터베이스 업그레이드, 버그 수정, 새로운 기능에 대해서도 알고 있다. 디스크 공간 상황이 그렇게 심각하지는 않지만 향후 3개월에서 6개월 이내에 데이터베이스 작업을 수행하거나 최소한 일부 테이블을 나누어 해결해야 한다는 것을 그들은 알고 있다. 현재 사용하고 있는 스위치는 문제없지만 업그레이드가 필요할 수 있다. 평소에는 문제가 없지만 트래픽이 많을 때는 어려운 상황이 조금씩 생기고 있다.

SRE 팀 구성원은 새로운 소프트웨어가 다른 시스템과 어떻게 통합되어야 하는지 생각하고 있다. 어떤 상황에서는 데이터베이스에 추가 테이블 스페이스가 필요하고, 해당 요구 사항과 관련해 데브옵스 담당자와 논의해야 한다. 두 종류의 서버는 짧은 지연 시간과 중복 네트워크 연결이 필요하다. 이는 문제가 되지 않아야 하지만 또 다른 문제 제기가 될 수 있다. 그리고 코드 리뷰는 흥미로워야 하는데 이왕이면 알고리즘이 재미있으면 좋겠다.

_ 알렉스 비미시(Alex Beamish), 소프트웨어 개발자, 소속없음

나는 데브옵스는 접근 방법으로, SRE는 역할로 생각한다. 특히 데브옵스는 인프라 세계에 필요한 자극이 되었다. 핵심 메시지는 간단하다. 우리가 인프라의 구축과 테스트를 자동화할 수 있고 또 자동화해야 한다. 인프라 팀 구성 방법에 대한 규범은 없지만 프로덕트 엔지니어와 인프라 엔지니어 간의 협업을 지원하는 구조는 정말 중요하다.

SRE는 데브옵스의 목표와 원칙이 잘 맞는 역할이다. 조직에서 전담 SRE가 있다는 것은 어찌 보면 사치일 수 있다. 서비스를 잘 운영하는 것에만 집중하는 사람들이 있을 것이다. 모든 조직이 서비스 운영 작업을 전문으로 하는 팀이 필요한 것은 아니다. 특히 회사 초기에는 좀 더 일반화된 엔지니어링 팀을 중심으로 작업을 배포하는 것이 훨씬 좋다.

_ 크리스 신재클리(Chris Sinjakli), 사이트 신뢰성 엔지니어, 고카드리스(GoCardless)

인프라 지향 개발자와 SRE는 "데브옵스는 직책이 아니라 철학이다."라는 말을 반복적으로 한다. 데브옵스와 SRE의 핵심은 개발자가 운영을 담당하도록 하는 것이다. 차이점은 누가 오너십을 갖고 있는가이다. 소규모 개발 팀은 환상적인 데브옵스를 수행할 수 있다. CI/CD를 통한 빈번한 자동화 롤아웃, 포괄적인 모니터링 및 알림, 공유 온콜 교대를 통해 개발자가 계속 서비스를 담당하고 있다. SRE는 서비스의 신뢰성이 조직에 중요할 때 별도의 개발자 그룹이 프로덕션 환경을 담당하게 하는 방법이다.

차이점이라면 SRE가 구조화되고 체계적이며 잘 정의된 반면 데브옵스는 명확히 정의하기가 어렵다. 내 생각에는 데브옵스를 프랙티스화 하고 싶은 조직이라면 개발자 팀에서 SRE 책을 읽고 한두 명의 "데브옵스" 전담 인원을 두는 것이 아니라 전체 팀에서 통합하는 일부 컴포넌트를 고려하도록 하는 것이 가장 적합하다. 데브옵스가 SRE의 상위 개념이 될 수 있으므로 모든 개발자와 SRE의 신뢰성에 대한 공동 책임을 인식하는 건강한 조직이어야 평화롭게 공존할 수 있다(그리고 그래야 한다).

_ 제이슨 그왈츠(Jason Gwartz), 소프트웨어 개발자

CHAPTER 13

페이스북의 프로덕션 엔지니어링

페이스북의 페드로 카나후아티Pedro Canahuati와 데이비드 N. 블랭크-에델만David N. Blank-Edelman의 토론

데이비드: 프로덕션 엔지니어링(Production Engineering)이란 무엇일까요?

페드로: 철학적으로 프로덕션 엔지니어링은 운영 문제를 소프트웨어 솔루션에서 해결할 수 있고 실제 소프트웨어를 만드는 엔지니어가 프로덕션에서도 해당 소프트웨어를 가장 잘 운영할 수 있는 적임자라는 신념에서 나온 것입니다.

    소프트웨어 개발 초기에는 코드를 작성한 개발자가 디버깅하고, 수정도 하고, 때로는 하드웨어 문제까지 파고들어야 했습니다. 수년에 걸쳐 원격 소프트웨어 시스템, 인터넷 및 대규모 데이터 센터가 나타나면서 이런 관행은 극적으로 바뀌었습니다. 오늘날 소프트웨어 엔지니어(SWE, SoftWare Engineer, 이하 SWE로 언급)가 애플리케이션 개발할 때 테스트를 진행하기 위해 QA 팀에게 코드를 넘기고, 이 코드가 다른 팀에 배포되어 디버깅하는 것을 보는 것은 여전히 흔한 일입니다. 일부 환경에서는 릴리즈 엔지니어링 팀이 코드 배포를 담당하고 운영 팀은 안정적인 시스템을 운영할 수 있도록 시스템 경고에 대응합니다. QA와 운영에서 문제를 해결하는 데 필요한 지식이 있어서 팀 간의 피드백 루프가 문제없다면 이런 작업은 상당히 효과적입니다. QA 및 릴리즈 엔지니어링 팀이 없다면 SWE가 프로덕션에서 발생한 문제를 수정하고 디버깅해야 합니다. 따라서 해당 작업 환경은 수정 작업을 상당히 지연시킬 수 있습니다. 페이스북의 프로덕션 엔지니어(PE, Production Engineer, 이하 PE로 언급) 팀은 소프트웨어 엔지니어와 운영의 통합이라는 개념을 되살리고 있습니다.

    몇 년 전, 페이스북에서는 SWE 팀과 운영 팀 간의 협업 문화를 구축하기 위해 PE 모델을 시작해보았습니다. 목표는 안정적인 페이스북의 인프라를 기반으로 견고한 사용자 커뮤니티가 언제든지 플랫폼에 접속할 수 있도록 하는 것입니다. PE 팀은 자동화를 통해 페이스북이 달성하고자 하는 목표에 성큼 다가갔습니다. 이로써 모든 사람이 운영을 쉽게 할 수 있는 신규 툴 개발, 성능 분석, 하드코어 시스템 디버깅, 필요하다면 장애 처리, 동료에게 시스템 자체 운영 방법을 가르칩니다. 페이스북 엔지니어링은 모든 사람이 소프트웨어를 개발하고 배포하기 위해 사용하는 공

통 인프라를 구축했습니다. 페이스북의 인프라는 수년간 유기적으로 성장해 왔고, 현재 가지고 있는 많은 운영상의 문제를 해결할 수 있을 것이라 확신하지만 아직은 그렇지 않습니다. PE 팀은 여러 팀이 직면하고 있는 어려운 소프트웨어 문제를 해결하고 가능하면 적은 시간을 들여 운영 문제를 해결하도록 돕습니다.

PE 팀은 운영 복잡성을 최소화하도록 코드 개발뿐 아니라 페이스북의 하둡 데이터 웨어하우스와 같은 백엔드 서비스부터 뉴스 피드(News Feed) 같은 프런트 엔드 서비스, 캐싱, 로드 밸런싱, 배포 시스템과 같은 인프라 컴포넌트에 이르기까지 전 세계 수십억 명에게 영향을 미치는 프로덕션의 어려운 문제를 해결합니다. SWE와 함께 일하는 PE가 페이스북을 계속 운영하고, PE 팀은 SWE가 소프트웨어 간의 환경과 어떻게 상호 작용하는지 이해를 쉽게 하도록 지원합니다.

프로덕션 엔지니어링을 이해하려면 대규모 제조(하드웨어, 자동차, 산업 등), 전문 엔지니어링, 우수한 운영 관리의 교차점으로 생각하면 될 것 같습니다. PE는 일반적으로 엔지니어링 실무에 대한 폭넓은 지식이 있고, 프로덕션 운영과 관련된 문제를 알고 있습니다. PE의 목표는 프로덕트가 가장 원활하게 작동하는 것입니다. PE의 역할과 비슷한 직종으로는 자동차 생산 라인이 있습니다. 디자이너 팀이 자동차를 만들고, 엔지니어 팀은 하드웨어를 만들고, 또 다른 팀이 이 모든 것을 통합하는 자동화를 담당합니다. 통합 과정이 중단되면 PE는 업스트림과 다운스트림을 포함한 프로덕트 라인의 전체 흐름을 파악해서 개입합니다. PE는 소프트웨어의 설계, 기능에 대한 지식이 있어서 문제를 진단 및 해결하고 팀 전체와 협력하여 향후 문제가 발생하지 않도록 합니다(자동차 예도 동일함).

페이스북에서 PE는 프로덕트를 개발하지 않지만 프로덕트 라인의 모든 것이 실제로 어떻게 작동하는지 알고 있습니다. 예를 들어, 소프트웨어가 사용자 트래픽에 응답하거나 소프트웨어에서 장애가 발생할 때 PE는 코드가 환경과 상호 작용하는 방법, 수정 및 개선 방법, 시간이 지날수록 성능을 발휘하도록 하는 방법을 가장 잘 이해하는 사람입니다.

데이비드: PE의 유래에 대해 좀 더 자세히 말씀해주시겠습니까?

페드로: 초기의 페이스북은 당시 IT 업계가 수용한 접근 방법을 적용해 전담 운영 팀이 프로덕션의 웹 사이트와 서비스를 운영했습니다. 운영 팀은 별도의 사이트 신뢰성 엔지니어링(SRE, 이하 SRE로 언급) 팀과 애플리케이션 운영(AppOps, 이하 AppOps로 언급) 팀으로 구성되었습니다.

SRE 팀은 소프트웨어로 운영 문제를 해결하는 것보다 기존 통신 사업자의 네트워크 운영 센터(NOC, Network Operations Center)와 공통점이 더 많았습니다. 당시 20명 미만의 팀이 AppOps 팀의 지원을 받아 시스템 인프라를 모니터링하고, 경고에 대응하는 3단계의 장애 처리 프로세스를 사용하여 프로덕션의 문제를 분류했습니다. SRE 팀은 3교대로 매일 일했지만 AppOps 팀은 SWE 팀에 이미 포함된 소규모 조직이었습니다. 당시 페이스북은 서비스마다 AppOps 엔지니어 1명(예: 뉴스피드, 광고, 웹 채팅, 검색, 데이터 인프라)이었고 PE와 SWE의 비율은 보통 약 1:10이지만 최대는 1:40으로 효율적으로 운영하기도 했습니다. 때때로 한 명의 AppOps 엔지니어가 여러 서비스 운영을 담당했습니다. 예를 들어, 데이터 웨어하우스와 중앙 집중식 로깅 시스템에는 한 명의 AppOps 엔지니어가 담당하고 있었습니다. AppOps 엔지니어는 초기에 장애로 인한 운영 중단을 신속하게 대응하고 장애를 해결할 수 있을 만큼 전체 애플리케이션 스택을 잘 이해하고 있었습니다.

SRE 팀은 소프트웨어를 개발하는 SWE 팀과 협력하기로 되어 있었음에도 SRE는 초기 개발 프로세스에 자주 불참했지만, 소프트웨어가 배포될 때마다 신규 소프트웨어 변경 사항이나 신규 서비스에 대해 정기적으로 알게 되었습니다. SRE, AppOps, SWE 간의 관계는 강하지 않았습니다. 또한 SRE 팀은 신규 데이터 센터를 구축하면 좋을지 아니면 사용 중인 데이터 센터에서의 최대 트래픽 시간에 대한 용량 요구 사항을 충족하면 되는지에 대한 추가 책임을 저울질해야 했습니다. SRE는 엔터프라이즈 수준의 로드 밸런서의 웹 인터페이스를 사용해 사용자 부하를 여러 데이터 센터로 분산시켜 용량 요구 사항을 충족시켰습니다. 해당 로드 밸런서 또는 내부 작성 코드로 API를 통합한 애드혹 쉘 스크립트 작업(ad hoc shell scripting)과 가벼운 툴을 통해 어느 정도의 자동화를 진행하고 있었습니다.

SRE, AppOps, SWE 팀은 웹 기반 서비스를 위한 웹 사이트와 인프라를 확장하는 데 초점을 맞추었지만 사용자는 데스크톱에서 모바일로 전환하기 시작했습니다. 그래서 회사 전체가 모바일 우선 전략을 따르도록 우선순위를 다시 정했습니다. 이로 인해 서비스 복잡성이 크게 증가했고 갈수록 증가하는 인프라 크기를 프로비저닝해야 하는 필요성이 가속화되었습니다. 모바일 세계의 페이스북 서비스 확대는 폭발적인 사용자 증가와 함께 SRE와 AppOps 팀을 압도해 버렸습니다. 대부분의 AppOps 엔지니어는 연중무휴 온콜로 근무해야 했고, 늘 장애를 처리해야 했습니다. 사용자 증가 및 복잡성이 증가하면서 SRE 및 AppOps 팀은 채용에 집중할 수 없었습니다. 그래서 수개월 동안 추가 직원을 고용할 수 없었고, 팀 상황은 점차 안 좋아지고 있었습니다.

게다가 어려운 상황이 더해져서 SRE 팀의 데이터 센터의 자동화 프로비저닝 이슈와 프로덕션의 개별 서버를 수정해 달라는 지속적인 요구들로 인프라 용량이 뒤처지고 있었습니다. 서버 장애에 대처하고 신규 클러스터를 추가하는 데 필요한 자동화 없이는 용량 부족 사태에 직면할 수밖에 없었습니다. 엔지니어는 용량 부족 이슈에 압도되어 탈진하고 말았습니다. 더 나은 접근 방식이 분명히 필요했습니다. 경영진은 운영 팀이 비즈니스의 변화에 보조를 맞추지 못했고, 현재의 운영 모델이 더는 적절하지 않다는 것을 알게 되었습니다.

페이스북이 직면한 주요 과제는 SRE, AppOps, SWE의 역할에 대한 명확지 않은 기대였습니다. 즉, 장애 처리, 서버 장애, 신규 용량 조정에 대한 균형을 맞추지 못했습니다. 또한 아키텍처 변경을 요구할 때 SWE 팀과의 신뢰도는 약화되었습니다.

페이스북은 먼저 SRE, AppOps, SWE의 역할을 명확히 세우는 노력에 집중했습니다. 또한 각 역할이 소프트웨어 프로세스의 초반부터 참여하고 운영이 내재된 모델이 변화에 영향을 줄 가능성이 더 높다는 것을 이해했습니다. 또한 이전보다 소프트웨어와 운영 팀 간의 강력한 업무

관계와 신뢰를 확립하고 SWE 팀이 서비스에 더 강한 소유권을 갖도록 했습니다.

그래서 여러 단계의 조직 개편을 실행하고 다양한 직군을 가진 엔지니어를 고용했습니다. 늘어나는 인프라 요구 사항을 지속해서 관리하기 위해 SRE 직원을 두 부분으로 나누기로 했습니다. SRE라는 이름을 사용하지 않고 신규 사이트 신뢰성 운영(SRO, Site Reliability Operation) 팀을 만들고, 기존 AppOps 팀과 이전 SRE 팀의 일부 멤버를 포함시켰습니다. 이전 SRE 팀에서 핵심 인력을 이동시켜 AppOps의 운영 지식과 인력을 신속하게 확장하고 팀 규모를 두 배로 늘릴 수 있었습니다. SRE라는 이름을 사용하지 않는 것도 시간이 지나면서 SWE 팀의 기대치를 바꾸는 데 도움이 되었습니다.

SRO의 소임은 두 가지 분야에 집중합니다. 첫째는 장애 처리에 필요한 숭고한 노력을 계속 진행하는 것이었습니다. 둘째는 소프트웨어와 자동화를 구축해서 사람의 노동을 줄이도록 하는 것이었습니다. 재편된 SRE의 일부 기능을 신규 용량 확보에 초점을 둔 SRO 기능으로 이전했습니다.

이런 역할에 대한 기대를 논의해 보니 많은 SWE가 앞으로 변경될 운영 팀의 역할에 대해 공감하지 않는다는 사실을 알게 되었습니다. 많은 SWE에게 운영은 일종의 블랙박스로 여겨졌기 때문에 이런 인식을 바꿀 필요가 있었습니다. 운영을 포함하는 모델은 SWE가 규모에 따른 서비스를 운영하는 데 필요한 것을 이해하도록 도울 것이고 나중에 온콜을 받아들이면서 SWE가 더 많은 공감을 얻을 수 있도록 했습니다. 그러나 SWE 팀에서 아키텍처를 더 안정적으로 변경하도록 영향을 미치는 데 신뢰성이 항상 있었던 것은 있었던 것은 아니었습니다. 문제는 SWE, SRO, AppOps가 분산 시스템을 구축하는 데 들어가는 알고리즘, 동시성, 확장성, 효율성에 대한 동일 언어를 사용하지 않는다는 점이었습니다. SRO와 AppOps에는 해당 문제에 대한 지식을 갖고 있는 엔지니어가 몇 명 있었지만, 전환을 수행할 수 있고 운영을 이해하는 SWE와 같은 사람이 꼭 필요했습니다. 첫걸음으로 운영과 인프라 분야에 경험이 풍부한 여러 기술 리더를 적극적으로 영입했고 기술 관점의 통찰력 외에도 강력한 문화적 적합성을 입증한 후보를 집중적으로 채용했습니다. 채용될 사원은 낮은 수준의 시스템을 이해하는 것, 분산 서비스를 구축하는 것 외에 알고리즘과 실제적인 코딩 기술을 갖고 있어야 했습니다. 그리고 동료를 도울 수 있는 의사소통과 영향력 있는 기술을 원했습니다. 결국 원하는 엔지니어를 찾아 SRO와 AppOps에 모두 채용하는 데 성공했습니다.

SWE가 SRO와 AppOps에 대한 기대를 바꾸는 것은 어려운 일이었습니다. SRE와 AppOps 조직이 만들어졌을 때 페이스북의 엔지니어는 두 조직이 SWE 팀을 위해 장애 처리와 운영 작업을 할 것이라고 기대했습니다. 장애 발생 시 장애 해결과 안정성에 대한 소유권을 논의할 때 회의에서 듣게 되는 대표적인 내용은 "음, 이건 AppOps 운영 업무군요. SWE는 이러지 말았어야 했는데."와 같았습니다. 안전성에 대한 강력한 주인 의식으로 장애 처리나 운영 문제 해결에 힘쓰는 SWE 팀도 있었지만 그렇지 않은 팀도 많았습니다. 따라서 운영 팀이 하는 일에 대한 기대치를 바꿔야 했고 SWE는 자신의 서비스에 대한 안정성과 프로덕션의 운영 이슈를 담당할 필요가 있었습니다.

네트워크 기초 지식, 시스템 내부 지식, 대규모 시스템 설계 외에도 소프트웨어 엔지니어링 기술에 더 중점을 두어 채용 관행을 바꾼 것만으로는 충분하지 않았습니다. 기대치를 재설정하기 위해서 조직 이름을 바꿔야 했습니다. 그래서 "AppOps"라는 이름에서 "Ops"라는 단어를 삭제하고 PE(Production Engineer)가 된 것입니다.

"AppOps"라는 이름에서 "Ops"를 제거하니 다음과 같은 두 가지 주요 결과가 나왔습니다.

- PE는 기존의 시스템 운영자가 아니라 운영 문제를 해결하기 위해 소프트웨어를 구축하는 엔지니어링 팀이라는 사실을 공지했습니다.
- PE는 SWE가 자신의 서비스를 다른 운영 팀에서 운영할 수 있다는 개념을 재설정하는 데 도움이 되었습니다.

여전히 안정성과 운영 문제와 관련하여 극복해야 할 중요한 장애물이 하나 있었습니다. 더 많은 SWE와 PE가 서비스 확장을 위해 작업하면서, SRO는 서비스 장애 기간에도 운영 지원 업무를 계속 수행하고 연중무휴로 일하며 시스템 경고에 대해 대응했습니다. SRO는 FBAR(FaceBook Auto Remediation)이라는 자동화 프레임워크를 구축하기 시작했습니다. 이 프레임워크는 프로덕션의 서비스를 운영할 때 발생하는 주요 문제 중 하나인 장애가 있는 서버를 제거하고 정상적인 서버로 교체하는 문제를 해결했습니다. SRO는 운영 작업을 PE와 SWE가 만든 자동화 프레임워크로 넘기면서 미래 안목을 갖게 되고 계속 성장했습니다.

몇 년 동안 PE 팀을 구성하고 SRO를 더 채용한 후에는 인프라의 복잡성이 너무 커져서 중앙 집중식 SRO 팀으로는 모든 서비스가 어떻게 작동하는지 더는 이해할 수 없었습니다. 장애에 대한 대응 능력은 어려워졌고, SRO는 장애 처리 과정에서 새로운 장애가 발생할 수 있다는 점을 걱정하게 되었습니다. 결국 SRO 팀을 해체하고 24시간 연중무휴 운영의 소유권을 넘겨야 한다는 것을 깨달았습니다. 이후 SRO는 18개월 동안 PE와 SWE와 협력해 FBAR에서 실행되는 코드를 개발해 SRO 대응이 필요한 많은 서버 문제를 처리할 수 있었습니다. PE가 SWE와 짝을 이룬 조직에서 서로 내용을 공유하는 온콜 교대를 진행했습니다. SWE가 PE와 함께 일하지 않는 곳에서는 SWE가 온콜 소유권을 가져갔습니다. 18개월이 지난 후 중앙 집중식 SRO 팀은 해체되어 SRO 구성원은 PE 팀으로 이동했습니다. SRE와 AppOps에서 모두 PE로의 전환을 완료하는 데 약 4년이 걸렸습니다.

데이비드: 조직 구조에 대해 조금 이야기해 보면 어떨까요? 일부 SRE 모델에는 SWE가 일정량의 작업 완료 후 해당 팀이 SRE를 취득한다는 개념이 있습니다. SRE는 프로덕트 그룹 또는 서비스 그룹의 일부가 아닌 완전히 다른 별도의 그룹에서 제공됩니다. SRE는 SRE 자신의 조직에 속해 있는 건가요? PE를 중심으로 하는 조직에 대해서는 어떻게 생각하십니까? 프로덕트 엔지니어는 더 큰 조직 트리와 어떤 관련이 있습니까?

페드로: 페이스북의 조직 모델은 일부 회사의 별도 조직 구조와 일부 SRE 및 운영 팀의 내재 특성을 빌려 프로덕트 그룹이나 사업부 단위로 보고합니다. 또한 중앙 집중식 보고 구조와 분산된 좌석 구조로 되어있습니다.

운영 기능이 모든 엔지니어링 기능 조직에서 원활하게 수행되고 있는지 보장할 필요가 있습니다. 때로는 최고 경영진(예: CEO)에게 보고하는 사람의 우선순위 경쟁으로 운영을 제대로 못 하기도 합니다. 많은 기업에서 최고 운영 책임자(운영 대표)는 대개 CEO에게 보고하기를 원하는데 저는 이것이 더 많은 문제를 일으킨다고 생각합니다. 대신에 운영 책임자가 소프트웨어 엔지니어 임원(엔지니어링 책임자)에게 보고해야 한다고 생각합니다. 이는 운영 책임자를 엔지니어링 책임자와 동료가 아닌 다른 소프트웨어 엔지니어링 그룹의 동료로 만드는 데 효과적입니다. 또한 엔지니어링 책임자가 운영의 성공을 책임지게 할 수 있다. 성과 평가가 진지하게 받아들여지고 운영 팀이 성공하지 못하면 엔지니어링 임원도 성공하지 못한 것입니다. 제 생각에 이는 운영이 이제 개발의 일부분이기 때문에 "개발 vs 운영"의 많은 역학관계를 변화시킵니다.

저는 많은 대기업이 운영 팀을 나누고, 각각 사업부 책임자로 보고한다는 것을 알고 있습니다. 어떤 경우에는 이런 보고가 효과가 있겠지만 제대로 잘 작동하게 하는 것은 매우 어렵습니다. 제가 자주 목격한 것은 사업부의 수장이 운영 팀에 강제로 입찰을 시키고 의견 충돌이 났을 때 의견 조정이 진흙탕과도 같다는 것입니다.

따라서 이런 역학관계를 방지하기 위해 다음과 같은 주요 이유로 중앙 집중식 보고 구조를 유지하였습니다.

유연성

PE는 하드웨어 설계, UI, 백엔드 소프트웨어 그리고 그 사이에 있는 모든 작업을 수행할 수 있습니다. 예를 들어, PE 팀은 모바일폰 테스트를 위해 패러데이 케이지(Faraday Cage)라는 시스템을 설계하고 구축했습니다. 엔지니어가 다양한 종류의 모바일 하드웨어에서 소프트웨어를 실행하고 기기 테스트를 수행할 수 있는 모바일 장치를 넣을 수 있는 특수한 선반을 개발했습니다. 중앙 집중식 보고 구조는 조직의 목표를 설정하고 특정 사업부의 리더가 작업 지시를 받지 않고 "해야 할" 작업을 결정하도록 유연성을 제공합니다. PE 업무를 수행하는 인원수는 광범위한 엔지니어링 인력과 별도로 관리되므로 PE의 리더는 우선순위가 다를 수 있는 비즈니스 리더에 의해 PE 업무의 우선순위가 변경되지 않도록 보장할 수 있습니다.

동기 부여

PE 관리자는 프로덕트나 서비스 전달에 집중하지 않고, PE 팀이 해결하고자 하는 문제를 기반으로 작업을 완료하도록 동기를 부여할 수 있습니다. PE 평가 기준에는 질적 측면과 양적 측면이 있습니다. 프로덕트 엔지니어링 분야에서 개인에게 동기를 부여하는 특정 요소가 반드시 SWE에게 동기를 부여하는 것은 아닙니다. PE 관리팀은 사람에게 운영 마인드를 가진 사람이 필요할 때 정말로 잘하는 문맥 전환에 대한 지침을 제공할 수 있고, 소프트웨어 엔지니어링 문제를 해결할 수 있는 능력을 제공할 수 있습니다.

저처럼 문제를 피하지 않고 문제를 향해 달려가는 사람이 있다는 것을 알게 되었습니다. 순수한 소프트웨어 개발 경력을 따라가지 않은 이유 중 하나는 문맥 전환을 즐겼기 때문이라고 생각합니다. 물론 PE 유형의 작업을 좋아하는 사람이 문맥 전환에 대해 불평할 수 있지만 실제로는 문맥 전환을 즐기고 있다는 것을 발견했습니다. 또한 PE가 마침내 시스템의 작은 세부 사항으로 문제를 해결해 서비스를 복구해서 모든 사람이 쉽게 숨을 쉬고 다시 일할 수 있게 했다는 것을 알게 되었을 때 PE는 아드레날린이 솟구치는 것을 느낄 것입니다. 저는 항상 PE를 고용하고 관리하는 가장 좋은 방법은 어떤 일이 PE의 흥미와 집중도를 높이는지 알아내고, 이런 PE의 성격을 이해할 수 있는 관리자를 고용하는 것이라고 생각해 왔습니다. 과거에 동일한 (또는 유사한) 유형의 임무를 수행했다면 PE 관리자는 성공적으로 동기 부여할 가능성이 커집니다. 반대로 알고리즘에 대해 생각하고 순수한 소프트웨어를 개발하고 싶어 하는 많은 관리자는 어떻게 PE를 관리하고 동기 부여를 할 수 있는지 어려움이 있다는 것을 알게 되었습니다.

약간의 긴장감이 있는 공유된 책임감

기존의 개발-QA-운영 모델을 따라 외부 SWE를 고용한다면 운영 조직은 SWE가 원하지 않는 일을 해야 한다고 생각합니다. 별도의 조직 구조는 운영 안정성과 기능 사이에 PE 팀의 리더를 위한 버퍼를 만듭니다. SWE 및 PE 팀은 안정적이고, 신뢰성이 있으며, 보안성이 높아야 하고, 효율적이며, 기능이 많은 서비스를 구축하기 위해 협력해야 합니다. SWE 관리자와 PE 관리자의 의견이 일치하지 않는다면 문제를 해결하기 위해 협력하고 있는지 확인할 필요가 있습니다. SWE 관리자는 PE 팀에게 "나를 위해 모든 작업을 해야 합니다."고 말할 수 없습니다. 마찬가지로 PE 관리자도 SWE 팀에 "안정성과 신뢰성에만 힘써야 합니다."고 말할 수 없습니다. 둘 간의 경쟁 우선순위 사이에는 균형이 필요합니다.

페이스북의 조직 구조는 건강한 긴장과 필요한 일을 수행하도록 공유된 책임을 제공합니다. 한 사람의 관리자 책임으로 정의될 수 있는 것이 아니기 때문입니다. 페이스북에는 "코드는 논쟁에서 승리한다.[01]"라는 말이 있습니다. 운영 부하와 새로운 기능 사이에 이견이 있을 때 팀이 책임을 지는 모델을 적용했습니다. 이렇게 하면 SWE 및 PE 팀의 관리자와 기술 리더가 모여 각 조직의 상위 리더와 의견을 논의합니다. SWE 및 PE 팀의 관리자와 기술 리더는 시스템 및 서비스에서 작동하지 않는 항목과 측정 지표를 개선하기 위해 팀에서 정한 우선순위를 이해하도록 도움을 줄 운영 측정 지표를 제공합니다. 우선순위에 따라 어떤 기능의 개발이 지연될 수 있는지도 논의해야 합니다. 이런 방식으로 모든 리더는 비즈니스에 미칠 수 있는 영향을 이해하고, 정보를 기반으로 결정을 내릴 수 있습니다. 궁극적으로 SWE 팀은 다양한 기능과 안정적으로 작동 가능한 시스템을 구축하는 것에 대한 책임이 있습니다. 모두 조직의 구성원이 같은 수준에서 작업을 수행하지 않으면 성과가 저하됩니다. 제 생각에는 이 두 세계의 장점을 모두 제공합니다.

---

01 (역자주) 코드는 논쟁에서 승리한다: 새로운 아이디어가 가능한지 확실히 알 수 있는 가장 좋은 방법으로 며칠 동안 토론하는 대신 프로토타입을 만들어 작동하는 방법을 확인하는 것을 말한다.

내재 모델이 분산되어 있을 때는 서비스가 구축 방식에 영향을 줄 수 있는 큰 능력을 제공합니다. PE는 SWE 동료 바로 옆에 있어서 회의와 자리에서 자주 만납니다. 언제든지 복도에서 대화할 수 있고 아키텍처에 관한 토론도 진행할 수 있습니다. SWE 관리자와 PE 관리자 모두 서비스에 대한 방향성이 무엇인지, 무엇이 서비스를 더욱 신뢰하게 만드는지, 성장하는 데 필요한 기능이 무엇인지 알려고 노력합니다. 또한 기능과 안정성 사이에서 타협합니다. 운영 내재 모델을 통해 SWE 팀은 PE의 지속적인 온콜 지원을 받을 뿐만 아니라 현재 발생하고 있고 해결해야 할 문제를 파악하는 상호 작용을 얻을 수 있습니다. 프로덕션에서 문제가 발생하면 SWE와 PE는 힘을 모아 문제를 해결합니다. SWE가 온콜이면 PE가 SWE와 앉아 있을 때 SWE가 PE에게 "지금 프로덕션에서 이 작업을 어떻게 해야 할지 모르겠어요. 좀 도와주시겠어요? 앞으로 어떻게 작업해야 할지 가르쳐 줄 수 있을까요?"라고 물을 수 있습니다.

저는 이 방식이 유일한 방법은 아니며 같은 방식으로 수행될 수 있는 비슷한 조직 모델이 있을 것이며 같은 장소에 있다고 해서 동일한 보고 구조를 가질 필요는 없다고 확신합니다. 다만 이 방식은 페이스북에서 가장 잘 작동한다고 발견한 방법입니다.

데이비드: 아까 페이스북의 PE 조직의 유래에서 온콜 언급하시면서, SWE가 온콜이고 PE는 온콜이 아니라고 말씀하셨는데요, 항상 그렇게 운영하셨나요?

페드로: 아니요, 항상 그런 것은 아닙니다. 제가 자주 하는 멘트는 "여러분이 개발한 코드로 프로덕션에 릴리즈했다면 축하합니다. 그 서비스는 여러분의 것입니다."입니다. 이 말은 SWE가 자신의 서비스를 프로덕션에 유지하고 주요 온콜로 책임지게 해야 한다는 것을 의미합니다. PE는 소유하지 않거나 완전히 구축하지 않은 서비스의 주요 온콜이 아닙니다. SWE 팀에 내재된 PE 모델을 포함하는 공유 온콜 모델을 갖고 있고, 상황에 따라 온콘 교대 운영 방법은 다릅니다. 대부분은 온콜은 매주 교대 방식으로 운영됩니다. SWE와 PE가 주간 단위로 격주 온콜 근무를 합니다. 어떤 팀은 인지 부하 때문에 또는 인프라 관리가 어려워서 며칠 동안만 온콜 근무를 진행하기도 합니다. SWE 또는 PE만 온콜로 근무하는 시나리오는 두 가지뿐입니다.

- PE가 없는 SWE 팀. 이런 상황에서는 서비스 온콜 근무를 진행해야 해서 선택의 여지가 없습니다.
- PE가 모든 개발/운영 환경을 처음부터 끝까지 구축한 환경입니다.

데이비드: 인프라와 마찬가지로 DNS 팀도 비슷하게 운영하나요?

페드로: 네. 정확히 말하자면 PE는 실제로 서버를 관리하거나 프로덕션에서 서버 교체를 관리하거나 프로비저닝하는 데 사용되는 소프트웨어(FBAR)와 같은 인프라를 소유하고 있습니다. FBAR(https://bit.ly/3t6SU1p)은 SWE 및 PE 엔지니어가 크고 복잡한 사이트의 장애를 해결하고 예방하는데 집중할 수 있도록 반복하는 문제를 처리하는 자동화 시스템입니다. 또한, 유지보수 중에 서비스 이전을 자동화하고 새로운 클러스터를 처음부터 다시 시작할 수 있는 시스템을 구축했습니다. L7 로드 밸런서와 웹 서버 사이에 있는 L4 로드 밸런서를 소유하고 구축했습니다. 이전에 언급한 패러데이 케이지(Faraday Cage)와 같은 랙을 사용해 개발자가 다양한 네트워크 조건에서 모바일 애플리케이션을 테스트하고 고속, 이동 통신사, 심지어 심각한 네트워크 손상을 쉽게 테스트할 수 있는 Augmented Traffic Control(ATC, https://bit.ly/3t6TrjV)을 만들었습니다.

마지막 일부 예에서(다른 예도 있습니다만) 시스템을 만든 사람이라면 100% 대기 중입니다. 이전에 설명한 것과 같은 모델을 따르기 때문에 소프트웨어를 프로덕션에 빌드 및 배포한 팀이 소유권을 갖고 있으며, 개발 팀은 소프트웨어에 문제가 생기면 수정할 책임이 있습니다.

데이비드: 이 구조에서 PE 조직과 다른 팀 간의 관계는 어떻게 관리합니까?

페드로: 회사 전체에 6개월마다 펄스(Pulse) 설문 조사를 진행합니다. 질문 중 하나가 소속팀이 다른 팀과 얼마나 잘 협력하는지에 관한 것인데요, 페이스북은 여러 팀에서 사용하고 있는 운영에 중요한 공통 소프트웨어를 많이 개발했습니다. 따라서 모든 팀은 서로 잘 협력해야 하며 여기에는 SWE 팀에 내재된 PE를 포함합니다. 펄스 설문 조사는 PE 팀이 다른 팀과 잘 협력한다고 생각하는지 알려주는 일반적인 호감 점수를 계산합니다. 종종 조사 중에 신호가 나타났고, 펄스 설문 조사는 문제를 좁히기 위해 사용할 수 있는 구체적인 자료가 되었습니다. 펄스 설문 조사에서는 여러 질문을 하는 것으로 시작합니다. 예를 들어, "관계는 어떤가요? PE 팀은 다른 팀의 목소리를 듣고 있나요? 문제 해결을 위해 운영 부하와 빌드 툴을 구축해야 하는 SWE 팀의 요구를 듣고 있나요? PE가 동등하게 대우받고 있다고 느끼나요? SWE는 PE가 수행해야 하는 작업을 이해하고 있고 PE 역시 SWE의 작업을 이해하고 있나요?"

관계가 좋지 않다는 것을 알게 됐다면 PE 및 SWE 팀의 관리자와 기술 리더에게 말해 많은 피드백을 수집합니다. 만약 피드백에 PE와 협력하는 방법에 대한 혼란의 여지가 있거나 그 반대라면 PE와 SWE의 성공적인 협업이 어떤 모습인지, 그리고 성공적인 건강한 파트너십의 느낌에 대해 모든 사람에게 교육합니다. 또한 공유 소유권의 의미와 SWE가 시스템의 안정성에 어떻게 신경을 써야 하는지, PE가 장애 처리를 지속할 수 없다는 점에 대해서도 논의합니다. 예를 들어, PE가 끊임없는 개선에 대해 끊임없이 "아니오"라고 하면 PE는 SWE 팀의 방해자가 되지 않게 해야 합니다. 사람과의 관계는 도전적이고 때로는 서로의 가치 체계가 다를 수 있으므로, 이런 관계를 무시하고 독이 되게 할 수는 없습니다.

궁극적으로 어떻게 협력해야 할지 합의를 끌어내지 못한다면 변화를 꾀해야 합니다. 관계 문제가 PE와의 협업에서 비롯되면 문제를 일으키는 사람과의 관계는 정리하고, PE와 PE팀 관리자에게 협력에 대한 기대사항을 공유해 필요하다면 팀을 재건하는 작업을 시작합니다. 관계 문제가 SWE가 자신의 서비스를 담당하고 싶지 않거나 시스템을 더욱 안정적으로 만드는 데 필요한 작업을 지속적으로 무시하는 데서 비롯된 것이라면 SWE 팀의 관리자 및 기술 리더와도 이야기할 것입니다. 모든 사람에게 문제를 해결할 시간을 준 후에 나중에 이 상황을 다시 살펴봅니다. 만약 PE에 대한 SWE 팀의 기대가 계속 운영 업무를 넘기는 것에 초점을 맞춘다면, 기꺼이 PE를 다른 SWE 팀으로 재배치할 것입니다. PE 기술과 규율을 중시하고 동등하게 대우하며 변화를 일으킬 수 있는 곳은 많이 있습니다.

내재된 PE 팀을 제거하는 것은 관계 구축을 위해 모든 방법을 동원했지만 성과가 없을 때 취하는 최후의 수단입니다. 그러나 이 방법은 신뢰가 깨질 수 있고, 깨진 신뢰를 다시 쌓는 것은 더 어려운 일이기 때문에 저도 몇 번만 해봤습니다. 그래도 무언가를 강요하려는 시도로 PE를 탈진시키지 않을 것입니다. 이런 일이 일어난 몇 안 되는 경우를 보면 SWE 팀은 몇 달 후에 PE에 다시 함께 일해보자고 요청했습니다. 일부 SWE 팀에는 운영에 대한 생각이 없는 사람이 많고, 기술 격차나 늘어나는 운영 부채로 업무에 매우 시달리는 것이 현실입니다. 때때로 어렵게 교훈을 얻는 것이 모두가 새롭게 시작하는 가장 좋은 방법입니다.

데이비드: 조직 구조 경로를 좀 더 따라가 보겠습니다. 모든 프로젝트에 PE가 있습니까? 혹시 페드로는 회사에서 무슨 업무를 수행하고 있나요?

페드로: 일반적으로 회사에서 SRE가 어느 정도의 성숙도나 운영 안정성에 도달하기 전까지는 SRE를 적용하기 어렵습니다. 페이스북에서는 절차에 따라 엄격하게 우선순위를 정하고 있습니다. 모든 SWE 팀이 내재된 PE 팀과 협력하는 것은 아니며 상황에 따라 다릅니다. 서비스와 개발 단계, 서비스와 팀의 성숙도 관련이 있습니다. PE가 SWE 팀의 개발 초기에 투입되는 것이 이상적입니다. SWE 팀이 새로운 솔루션을 개발하는 동안 PE는 해당 솔루션의 용도를 제대로 파악하지 못할 수 있기 때문입니다. 개발 초반에 PE가 함께 하면서 운영 업무를 신속하게 수행할 수 있었는데 늘 그런 것은 아닙니다. 따라서 PE가 SWE 팀 초기에 들어가기도 하고 그렇지 않은 때도 있습니다.

PE 없이 처음부터 서비스를 구축한 SWE 팀이 있는데, 일반적으로 사용 사례가 제대로 정의되지 않은 신규 서비스입니다. 서비스의 문제를 해결 방법은 누군가의 혁신적인 아이디어일 수 있지만 문제를 해결하기까지는 시간이 걸릴 것입니다. 서비스를 오픈해서 운영하다 중요한 확장의 단계에 왔음을 깨닫는 순간 SWE 팀은 PE에게 도움을 요청합니다. PE는 해당 서비스와 SWE 팀의 운영 목록을 관리합니다. 이렇게 함으로써 PE를 고용할 때 무엇이 중요한지 가장 도움이 필요한 항목의 우선순위를 정할 때 이 운영 목록을 사용합니다.

이전에 SWE 팀에서 실시간 동영상과 일반화된 인프라 시스템을 구축했을 때 해당 시스템이 적당한 사용 사례가 되리라는 것을 알고 제가 처음부터 관여했습니다. 그러나 불행히도 다른 팀에 소속된 중요한 구성원을 끌어모아 팀을 구성해야 했고, 팀 구성원끼리 시스템 절충안을 두고 쉽지 않은 대화가 오갔습니다.

서비스의 확장 단계에 관여할 때 팀이 먼저 어떤 일을 해결해야 하는지 알아내야 하는데 종종 이 부분을 정확히 파악하는 게 어렵습니다. 서비스는 신뢰성 문제, 용량, 배포 문제, 모니터링 이슈로 인해 어려움을 겪을 수 있기 때문입니다. 조직 설계를 자주 도와주는 PE인 앤드류 라이언(Andrew Ryan)은 마슬로(Maslow)의 '필요한 계층(Hierarchy of Needs)'에 기반을 둔 '서비스 피라미드(Service Pyramid)'를 제안했습니다. 저는 프로덕션 엔지니어링에 대한 SRECon 강연에서 '필요한 계층' 구조를 발표했습니다. 그리고 나중에 미키 딕커슨(Mickey Dickerson)이 오라일리(O'Reilly) 콘퍼런스에서 제 발표와 비슷한 서비스 신뢰도 계층 구조의 필요성을 제시했다는 사실을 알게 되었습니다. 작업 접근 방법에 대한 개념이 여러 팀에 공유되었다는 사실에 큰 보람을 느꼈습니다.

서비스 계층을 사용해 PE가 처음 팀에 참여할 때 수행하는 일의 우선순위를 지정해야 합니다. 서비스 피라미드의 최하단 계층은 서버의 수명주기(배포, 모니터링, 교체, 이전, 정리 등)와 서비스 배포(프로비저닝, 통합 테스트, 카나리 등)를 처리하기 위해 서비스가 표준 페이스북 툴과 잘 통합되도록 초점을 맞추고 있습니다. 서버와 서비스의 기본 요구 사항이 충족되면 피라미드 계층을 이동시켜 성능 튜닝 및 효율성, 장애 복구, 이상 탐지, 장애 모델링과 같은 상위 수준 컴포넌트로 작업할 수 있습니다.

그래야만 피라미드의 최상단에서 "별난 일"을 효율적으로 처리할 수 있습니다. 이 별난 일이 작은 규모에서는 발생하지 않지만 페이스북에 유입된 데이터양과 백엔드 시스템에서 수행되는 작업의 양이 많으면 발생합니다. 모든 PE와 SWE는 별나고 이상한 문제를 조사할 의무가 있습니다. 다만 서비스의 기본 요구 사항을 충족시키지 못하면 PE와 SWE는 확장성 문제가 아니라 자동으로 처리될 문제 방식으로 대처하기도 합니다.

데이비드: 개발 단계는 무엇을 의미합니까?

페드로: 팀과 서비스가 다음과 같이 3개의 개발 단계를 거치는 것을 볼 수 있습니다.

부트스트랩(Bootstrap) 단계

서비스를 시작하고 실행하기 위한 필요한 모든 것을 수행합니다. 부트스트랩 단계는 많은 장애 처리와 장애 해결을 위한 수동 개입을 의미할 수도 있습니다. 또한 빠른 실패와 함께 짧은 시간 내에 반복적인 배포를 수행할 수 있습니다. 처음에는 어느 정도 트래픽을 허용한다는 의미일 수 있습니다. 이런 흐름 안에서 운영 능력을 키우고 장애 모드가 무엇이고, 다른 시스템에 장애가 어떻게 영향을 주는지 알아낼 수 있습니다.

확장(scale) 단계

부트스트랩 단계를 벗어나면 확장 단계로 움직입니다. 서비스를 여러 리전(region)에 배포해 서비스 유형에 따라 수백만 또는 수십억 명의 사용자가 사용하는 서비스가 포함될 수 있습니다. 팀은 서비스와 서비스의 수많은 기능을 운영합니다. 또한 다른 시스템에 대한 서비스 의존성과 시간이 지나면서 발생할 수 있는 아키텍처 변경을 이해할 만큼 훨씬 더 성숙해집니다.

멋지게 만드는 단계

이제 서비스는 정말, 정말 끝내주게 멋져야 합니다. 서비스를 더욱 효율적이고 더 높은 성능으로 최적화하는데 필요한 마지막 10~20%의 작업을 수행합니다. 저는 해당 최적화 작업을 "멋있어지는(awesomize) 단계"라 부릅니다. 왜냐하면 제가 다른 이에게 무언가를 최적화하라고 요구하면 아무도 그러려고 하지 않습니다. 하지만 모든 사람은 멋진 것을 만들고 싶어 하므로 저는 이것을 "멋지게 만드는 단계"라고 부릅니다.

단계마다 필요한 인력은 다를 수 있습니다. SWE와 PE 팀에는 부트스트랩 단계의 작업을 진심으로 좋아하는 사람이 있고 SWE와 PE 팀 중간의 업무를 좋아하는 사람도 있습니다. 부트스트랩 단계가 완료되면 서비스를 확장하고 싶을 수 있습니다. 더 나은 서비스를 만들어 더 많은 사용자를 확보하길 원합니다. 그리고 더 높은 수준의 성숙도에 도달해 일관성, 동시성 문제, 장애 복구 문제를 처리하길 원합니다. 심지어 성능이 좋고, 효율적이며, 견고한 솔루션을 만들고 싶어 하는 사람도 있습니다. 어떤 사람은 시간이 지남에 따라 진화하면서 각 단계와 함께 성장하기도 합니다. 저의 경우에는 대부분 이 세 단계를 통과해도 서비스를 유지 보수만 하지 않습니다. 각자 자기만의 멋진 자리를 찾을 것이고 조직 내에서 이동하면서 강점을 발휘할 수 있는 일을 찾을 것입니다. 물론 모든 사람이 "멋지게 만드는" 일을 하기를 원하지만 현실은 모두에게 그렇지 않을 때가 많을 것입니다. 그래도 괜찮습니다.

데이비드: 개발 단계와 사람의 성향을 고려할 때 팀은 어떻게 구성하나요?

페드로: 저는 사람들에게 모든 것을 할 수 있도록 시도해보라고 격려하는 편입니다. 낮은 수준의 하드웨어 문제부터 중간 계층 프로토콜 문제, UI 프로그래밍에 이르기까지 모든 기술 스택을 다룰 줄 "다재다능한 사람"이 되도록 말입니다. 다재다능한 사람은 많은 스타트업 환경에서 유용하고 필요하지만 확장하는 회사에서는 잘 안 되고 있습니다. 한 사람이 많은 종류의 일을 할 수 있지만 오랜 시간 지속할 수 있고 지치지 않는 방법은 없기 때문입니다. 그래서 각 사람을 기술에 맞추는 것에 더 중점을 둡니다. 예를 들면, 캐쉬 팀은 네트워크 프로토콜과 디버깅에 대한 지식이 필요하지만 전체적인 시스템이 어떻게 작동하는지 이해하는 것을 궁극적인 목표로 가져야 합니다.

페이스북에서는 신규 팀을 시작할 때 4가지 요소를 중심으로 다음과 같이 질문합니다.

- 앞으로 18개월에서 24개월 동안 적어도 3명이 일할 수 있는 충분한 일이 있는가? 팀의 최소 인원은 3명이어야 한다. 두 명으로 팀이 구성되면 한 명이 아프거나 휴가를 갈 경우 나머지 한 명이 모든 업무를 떠맡게 된다. 세 명으로 팀을 구성해야 업무와 책임을 공유하면서 프로젝트를 진행할 수 있다. 이것은 간단한 팀의 역학관계다.
- 서비스가 우선순위 모델에 적합한가? 이 서비스가 어떻게 비즈니스 요구를 충족시킬 수 있는지, 프로덕트 확장을 못 하는 프로토타입이 아니므로 내부적으로 무엇을 사용하고 있는지 이해하고 있어야 한다. 이 팀의 업무를 다른 팀의 업무보다 우선해도 되는 적절한 시기인가? 이것은 매우 주관적이기 때문에 쉽게 답변할 수 없는 까다로운 질문이기도 하다.
- PE와 협력하면서 큰 팀으로 운영할 관리자가 있는가? 관리자는 엔지니어가 일에 집중하게 하고 작업이 잘 진행되게 하는 중요한 구성 요소이다. 시간이 지나면서 모든 사람이 발전하고 성장하는 것이 중요하다. 팀이 업무에 대한 적합한 수준의 문맥을 확보하고 다른 사람에게서 배우고 있는지 확인해야 한다.
- 이 서비스와 협력할 현지 SWE 팀이 있는가? 이 질문은 주로 소프트웨어를 개발하는 사람이 아닌 경우에 해당된다. 아키텍처 및 문제에 대한 디버깅과 직접 토론에 참여하는 SWE 팀이 있는지 확인할 필요가 있다.

항상 이 4가지 요소를 고려해야 합니다. 이런 가치를 아는 사람들과 일할 수 있는 초기 프로젝트를 선별할 수 있습니다. 모든 팀에 PE를 배치하는 것이 당연히 좋지만, 우선순위 모델에 근거한다면 이치에 맞지 않습니다.

PE 팀과 함께 새로운 입지를 다지려면 위의 4가지 요소가 필요합니다. 또한 추가해야 할 제약 조건이 있는데 새로운 장소에서 세 개의 팀을 운영할 수 있는지 확인해야 합니다. 최소 3명의 PE가 18개월에서 24개월 동안 같은 곳에서 SWE와 함께 일합니다. 이는 현장의 성숙도가 높을수록 PE팀 구축이 빠르게 진행된다는 것을 알 수 있습니다.

데이비드: 규모가 작은 일은 어떻게 처리하나요? 시간이 오래 걸리지는 않아도 해야 하는 일일 텐데요. 잡다한 모든 업무를 수행하는 팀이 있습니까?

페드로: 아니요. 잡다한 업무들을 수행하는 별도의 팀은 없습니다. 일반적으로 기술 및 운영 부채를 관리하는 것은 SWE 팀의 책임입니다. 가능하면 오랫동안 기술 및 운영 업무를 수행하겠지만 궁극적으로 서비스를 우선순위에 두고 팀을 구성하는 것이 타당하다면 팀은 만들어질 것입니다. 종종 특정 작업을 좋아하는 PE는 PE가 없는 팀에서 더 나은 작업을 수행하기 위해 몇 주 정도를 일하다가 원래 팀으로 돌아올 수 있습니다. 이런 방식은 SWE 팀에게도 빠른 운영 효율과 지식을 얻는 데 도움이 될 수 있으므로 권장하고 있습니다.

일반적으로 인프라에서는 부트스트랩과 같은 운영 문제를 제거하는 데 중점을 둡니다. PE는 엔지니어에게 "더 많은 것을 무료로" 제공할 수 있는 많은 서비스를 구축했습니다. 특히 배포할 때 컨테이너화(containerization) 서비스를 사용할 수 있습니다. 또한 엔지니어는 일반 서버의 상태 모니터링을 무료로 받을 수 있습니다. PE에게는 그래픽, 이상 감지, 경보 기능이 포함된 중앙 집중식 모니터링 시스템이 있습니다. 서비스는 무료로 FBAR(원래 SRO가 개발한 솔루션으로 PE에 의해 대폭 개선됨)과 같은 솔루션을 사용할 수 있습니다. 이렇게 기본적인 모든 업무가 처리되고 상위 수준의 소프트웨어 문제에 집중할 수 있습니다. 이를 통해 SWE는 신속한 개발을 진행할 수 있고 작은 일을 먼저 파악해 중요한 업무의 우선순위를 조정할 수 있습니다. "더 많은 것을 무료로" 제공하는 솔루션은 모두 셀프서비스(self-service)여서 초반에는 특별히 도움 없이도 부트스트랩 단계를 달성할 수 있습니다.

데이비드: 지금까지 PE가 팀과 프로덕트 및 서비스에 어떤 관련이 있는지 이야기를 나눴습니다. 그러면 PE는 팀을 어떻게 떠납니까?

페드로: 이동성은 사실상 PE의 핵심 신조입니다.

PE 조직은 다방면에 걸쳐 골고루 아는 사람 고용하기를 좋아합니다. 물론 실용적이고 핵심적인 프로그래밍 기술 외에 다른 특성이 있는 사람들도 찾습니다. 고용 예정이거나 교육받은 PE가 네트워크 프로토콜과 디버깅 방법을 이해하고 있기를 기대합니다. PE는 낮은 수준의 시스템 지식을 갖고 있어야 하고 소프트웨어가 커널, 하드웨어, 네트워크 계층과 상호 작용하는 방식을 이해해야 합니다. 경력이 더 있다면 분산 시스템 구축 방법을 알고 있어야 하는데 PE 고용할 때 찾는 필수 기술이기도 합니다. PE 팀에 합류할 때는 모든 지식을 가진 전문가가 아니더라도 시간이 지날수록 모든 분야의 지식과 경험을 얻으면서 훨씬 더 능력 있는 엔지니어가 될 것입니다. 또한 이렇게 쌓은 지식으로 PE 팀 내에서 더 쉽게 이동할 수 있습니다.

그리고 페이스북에서 개발한 툴과 서비스 사용방법을 배우게 될 것입니다. 페이스북 서비스 중 상당수는 페이스북 외부의 서비스, 예를 들면 컨테이너화 서비스를 차용합니다. 서비스가 캐시, 메시징, 광고, 뉴스 피드와 같은 사내 컨테이너화 시스템을 사용한다면 역시 페이스북 외부와 동일한 컨테이너화 서비스를 사용하는 것입니다. PE가 시스템 내부에서 발생하는 문제(예: 동시성, 일관성, 장애 복구)를 다루는 것은 서비스에 따라 다릅니다. 그래서 PE는 팀에 합류하기 전에 배워둬야 합니다. 다만 페이스북 환경에서 시스템을 관리하는 일반적인 기술과 적절하게 구축한 툴을 사용하는 방법은 이식 가능합니다. 따라서 PE는 이 모든 지식을 갖고 페이스북의 어느 팀이든 이동할 수 있습니다. 운영 팀과 SWE 팀이 서로 다른 영역이나 심지어 다른 시간대에 있더라도 얼마든지 쉽게 협업할 수 있습니다.

그래서 질문에 답을 하자면 관리자에게 다른 팀으로 이동할 생각이 있는지를 곧장 묻는 게 아니라 PE가 팀에 합류한 18개월에서 24개월 동안 관리자가 다른 팀으로 이동할 생각을 했는지 물어보곤 합니다. 일반적으로 기대하는 관리자의 대답은 "아닙니다. 저는 제가 하고 있는 일을 아주 좋아합니다. 지금 만들고 있는 서비스는 고도화되어야 하고 지금 제 팀과 이 일이 좋습니다. 나중에 얘기하면 좋겠습니다."입니다. 이런 대화를 통해 핵심 개념을 나누려고 합니다. 어느 시점에서든 관리자가 팀 이동을 고민하고 있다면 언제든지 얘기해달라고 합니다. 즉, 이동성을 중요하게 여긴다는 것을 잊지 않게 해주는 것입니다.

이후 24개월에서 36개월 사이에 다시 동일한 대화를 나누고 현재 지식을 보완할 수 있는 것을 함께 찾기 시작합니다. 예를 들어, 스토리지 팀의 PE인 제인(Jane)이 한 팀에 오래 있었다면 인메모리(in-memory) 캐시 팀에 합류할 생각을 한 적이 있는지 먼저 물어보는 것입니다. 대화는 다음과 같이 진행됩니다. "안녕하세요. 제인! 제인은 한동안 스토리지 팀에서 일했는데, 저는 제인이 다재다능한 엔지니어가 되도록 돕고 싶어요. 혹시 팀을 옮길 생각해본 적 있나요? 캐시 팀에서 일해보는 건 어때요? 캐시 팀은 제인처럼 시스템을 빠르게 확장하는 경험이 많은 선임 엔지니어가 필요해요. 물론 스토리지가 아닌 캐시지만 제인이 조안(Joan)과 이 부분에 관해 얘기 나눠보고 무슨 일을 하고 있는지 보는 것도 좋을 것 같아요." 일반적으로 예상할 수 있는 대답은 "흥미로운 제안이네요. 제가 조안과 직접 얘기해볼게요." 또는 "알다시피 저는 현재 팀에서 서너 달 정도는 더 해야 할 일이 있어요. 이 일이 끝나면 조안이 있는 캐시 팀으로 옮기거나 해커먼스(Hack-a-month)02를 해보는 것도 좋을 것 같아요."와 같을 것입니다.

해커먼스는 모든 엔지니어링 팀에서 배울 기회를 주는 좋은 방법이 없을까를 고민하면서 생각해낸 방법입니다. 해커먼스는 다음의 두 가지 주요 목적이 있습니다. 첫째, 1년 이상 같은 프로젝트를 진행하는 엔지니어에게 한 달 동안 팀을 떠나 전혀 다른 작업을 하도록 권장합니다. 많은 엔지니어는 반복적인 일과에서 조금이나마 벗어나 새로운 휴식을 위해 해커먼스 제안을 받아들입니다. 둘째, 신규 팀을 찾아서 다른 팀으로 가고 싶은 사람이 있는지 파악합니다. 어느 경우든 팀원 중 한 명이 빠지면 기존의 팀원이 업무를 처리할 수 있는 수준인지 확인하고 대신할 수 있는 사람을 찾아야 합니다.

팀원이 해커먼스에서 새로운 일을 진행하는 동안 평가가 잘 진행되려면 기존과 신규 두 팀의 관리자는 그 기간 동안 성과 정보를 잘 공유해야 합니다. 새로운 것을 배울 때 객관적으로 측정할 수 있도록 최종 상태가 잘 정의된 프로젝트가 있습니다. 직원들이 새로운 팀으로 이동하면 새로운 곳에서 일을 잘 할 수 있도록 환경을 만들어 주고 성과 평가에 반영합니다.

그리고 팀에서 36개월을 보낸 엔지니어에게 다른 팀으로 이동하는 것에 대해 직접 얘기합니다. 누구나 반복적인 일을 오래 하면 팀의 진행속도를 더디게 한다고 믿기 때문입니다. 신규 PE(또는 SWE)가 팀에 합류해 새로운 아이디어를 제안하면 시스템을 잘 아는 능숙한 엔지니어가 해당 아이디어를 무시할 수 있습니다. 물론 새로운 아이디어를 거부할 수 있습니다. 그러나 기

---

02 (역자주) 해커먼스: IT 직원이 일상에서 벗어나 더 창의적으로 추구하도록 현재 하고 있는 프로젝트와 관련이 없는 것을 하루 안에 만드는 것이다. 해커톤(hack-a-thons, 해킹(hacking)과 마라톤(marathon)의 합성어)을 초집중 개념을 한 달로 기간을 연장해 무언가를 만들어보는 페이스북의 개발 문화이다.

존의 멘탈 모델(mental model)과 익숙해진 시스템을 변경하는 것이 단지 싫어서 거부하는 것이라면 이것은 혁신을 저해하는 일입니다. 실제로 이런 일을 경험했기 때문에 엔지니어가 3년 이상 한 팀에 있었다면 신규 팀으로 옮기는 것을 관행으로 진행하고 있습니다. 페이스북은 계속 새로운 계속해서 확장하기 때문에 한 팀에서 3년을 근속한 엔지니어는 다른 팀으로 이동할 수 있어야 합니다.

그리고 3년을 주기로 팀을 이동한 선임 엔지니어가 많이 있습니다. 그 이면에 관리자가 해당 엔지니어에게 어떤 영향을 주는지, 서로 무슨 대화를 하는지, 이동하기가 쉬운지, 이런 주기가 반복될 때 가면 증후군(impostor syndrome)[03]은 어떻게 대처하는지 등 각자만의 생각이 있을 것입니다. 한 팀에서 같은 업무를 계속하는 엔지니어가 자신의 이야기를 솔직하게 공유하도록 권장합니다. 왜냐하면 비-관리자의 관점에서 볼 수 있는 이동성 프로세스에 대한 통찰력이 분명 있기 때문입니다. 해당 엔지니어가 가면 증후군을 경험했지만 관리자가 이해하고 도와준다면 의외로 쉽게 해결할 수 있습니다. 해당 엔지니어 중심으로 구축된 조직이 새로운 것을 시도하고 성과에 대해 너무 걱정하지 않는다면 이동성이 더 원활해진 프로세스가 됩니다.

데이비드: 성공적인 PE가 되는 데 필요한 요소는 무엇입니까?

페드로: 떠오르는 몇 가지 주요 특징을 나열해 보겠습니다.

작업 완료에 중점을 둔다

PE는 행동할 수 있어야 합니다. 어떤 문제를 볼 때, 시스템을 구축할 때, 팀을 구성할 때, 장기적으로 작업하고 해결할 수 있는 현실적인 문제가 있을 것입니다. PE 역할을 기대하는 부분이 분명 있고, 시스템은 항상 문제가 생기기 때문에 PE 역할이 필요합니다. PE는 문제에 대한 지속 가능한 솔루션을 구축해야 하므로 능동적으로 문제를 해결하는 데 중점을 두어야 합니다. 운영하는 것에만 갇혀 있으면 문제를 성공적으로 해결할 수 없습니다.

커뮤니케이션 지원 및 기술 영향력

저크(jerk) 즉, 바보가 되면 안됩니다. 저크는 사람과 잘 어울리지 않는데 오랫동안 IT 산업에 일한 사람들은 BOFH(Bastard Operator from Hell)[04]에 나온 운영자의 이미지를 잘 알고 있을 것입니다. 장애에 대처하고 정기적으로 문제를 수정하는 일은 사람을 지치게 할 수 있고 잠재적으로는 괴팍한 사람으로 만들 수 있습니다. 그래서 언제든지 직접 얘기하더라도 이해할 수 있고 대화할 때 예의 바른 사람을 고용해야 합니다. 누군가가 자신의 지식을 과시하면서 자신보다 경험이 없는 누군가를 멸시하는 것을 볼 때 정말 짜증이

---

[03] (역자주) 가면 증후군: 업무 성과와 관련해 자신을 의심하는 것을 말한다. 스스로 업무를 수행할 자격이 없다고 생각하기 때문에 자신이 마치 사기꾼이나 가면을 쓰고 있다고 느낀다. 가면 증후군을 겪으면 자신이 일을 (실제로 잘해도) 잘하는 것처럼 동료를 속인다고 생각한다.

[04] (역자주) BOFH: 사이먼 트라빌리아(Simon Travaglia)가 저술한 소설책으로 BOFH는 가상의 불량 컴퓨터 운영자이다. 자신의 전문 지식을 사용해 사용자와 컴퓨터 문제로 운영자를 괴롭히는 사람에 대한 분노를 표출한 내용을 담고 있다.

납니다. 이런 점에서 PE는 자기 일을 성공시키기 위해 의사소통에 능숙해야 합니다. 일명 '또라이 제로 조직(no asshole)' 규칙이 페이스북에 적용되는데 조직에서 문제 있는 사람을 발견했다면 제대로 된 의사소통을 하도록 지도해야 합니다. 그렇지 않으면 또라이 독성이 팀에 쉽게 침투할 수 있으므로 공격적으로 관리해야 합니다.

지식과 기술

PE는 SWE와 동일한 언어를 사용해야 하며 다른 사람의 언어도 말할 수 있어야 합니다. 예를 들어, 네트워크 엔지니어, 용량 엔지니어, 데이터 센터 엔지니어, 프로젝트 관리자와 원활하게 얘기할 수 있어야 합니다. 즉, 문제의 종류(하드웨어 문제인지 UI 문제인지)와 관계없이 여러 분야에 대한 지식을 갖추고 기술 스택의 모든 문제를 해결할 수 있어야 합니다. 예를 들어, PE는 렌더링 계층에서 문제를 찾기 위해 코드를 보고 코드에서 어떻게 데이터를 렌더링하는지 이해할 수 있어야 합니다. PE가 반드시 모든 분야에서 전문가가 되어야 하는 것은 아니지만 모든 분야를 잘 알고 있어야 합니다. 면접에서 다양한 기술을 갖춘 사람을 찾으려고 하고 더 많은 지식을 얻도록 엔지니어를 훈련시키는 이유이기도 합니다. 모든 것을 꿰뚫어 알고 있는 이상적인 사람을 찾는 것이 목표가 아닙니다. 불가능하고 무리한 기대를 하는 것은 조심해야 합니다.

유연성

PE는 각자의 시간에서 다른 역할을 하지만 특정 기술이 언제 사용되는지 알고 있어야 합니다. 예를 들어, 일부 팀에서는 PE가 연락 담당자가 되어야 합니다. 특별한 경우에는 문제 해결사, 디버거, 장애 처리자가 될 수 있습니다. 경우에 따라 서비스의 핵심 컴포넌트를 코딩해야 할 수도 있습니다. PE의 역할은 깔끔하게 정의되어 있지 않으며 이 또한 의도한 것입니다. 서비스 수명주기의 여러 단계에 관여하는 PE에 대해 특히 넓은 정의를 선택했습니다. PE 팀 구성은 역할의 성공을 보장하는 중요한 요소이며, 문제를 해결하기 위해 각기 다른 분야에서 서로의 강점을 끌어내야 합니다. PE는 "이건 내 일이 아니다."라는 사고방식에 빠지지 않도록 하고, 직업 설명서에 정의되지 않은 일을 하게 되더라도 열린 마음으로 임하는 자세가 필요합니다.

협업과 타협

PE 모델은 SWE 팀을 위해서 일하는 게 아니라 SWE 팀과 협력한다는 것입니다. 한편으로는 SWE가 신뢰성, 안정성, 운영에 관심 갖기를 바랍니다. 반면에 PE는 항상 안정성을 구축하는 일에만 몰두하지 말고 기능과 신규 서비스에 관심을 가져야 합니다. 모든 PE는 비즈니스, 서비스, 팀에 맞는 일을 하기 위해 협력하는 자세가 필요합니다. 즉, PE가 운영 문제에 대해 타협해야 할 수 있고 때로는 SWE가 기능에 대해 타협해야 함을 의미합니다. 어느 한 편이 항상 이기는 구도가 되어서는 안 됩니다. 타협 없는 협업은 안 하느니만 못한 관계만 만들 뿐입니다. PE 팀 관리자는 팀 구성원들과 자주 이런 개념에 관해 이야기해야 합니다. 자기 성찰이 없는 PE는 운영에만 몰두하느라 개발(Dev)과 운영(Ops) 사이에서 균열을 일으킬 수 있다는 것을 모르기 때문입니다.

SPOF(Single Point of Failure, 단일 실패 지점)가 되지 않고 기꺼이 가르치는 의지

그 어떤 역할도 장기적으로 지속 가능한 것은 없습니다. PE 또한 시간이 지나면서 더는 필요하지 않을 수 있으므로 소프트웨어 개발 및 프로세스 구축과 진화에 신경을 써야 합니다. PE는 항상 특정 유형의 문제를 해결하거나 특정 도메인을 담당하도록 팀에 요구하지 않아야 합니다. 또한 PE 자신을 대체할 수 있는 툴을 만들고 있는지 점검해야 합니다.

프로덕션 엔지니어링은 엔지니어링 분야의 사업과 비슷하며 시스템 운영 방법을 이해하는 것은 학교나 대학에서 배울 수 있는 것이 아닙니다. 직장에서 경험을 통해 배우는 것이 있기 때문에 일하면서 쌓은 지식을 동료들에게 공유하는 것은 중요합니다. 저는 경력 초기에 "만약?"이라는 시나리오를 끊임없이 생각하거나 실패에 탄력적으로 대처할 수 있는 시스템을 고민하는 SWE가 거의 없다는 것을 알았습니다. 저는 성공적인 PE가 되는 사고방식이 학습된 행동에서 온다고 확신합니다. 따라서 주변 사람에게 운영에 대한 고민과 방법을 알려주는 것은 PE의 책임입니다. 물론 실무 경험이 많은 SWE는 이러한 사고방식과 업무처리가 능숙하지만 현실은 신규 SWE가 빠른 속도로 증가하고 있습니다. 그래서 PE는 신규 SWE가 탄력적으로 소프트웨어를 빨리 개발하는 방법과 지식을 가르쳐주고 도와야 합니다. 그 때문에 팀은 PE의 정량적 성과만을 기대하지 말고 팀원의 교육과 개발에 시간을 쏟을 수 있도록 배려해줘야 합니다.

데이비드: 신규 PE를 어떻게 교육하는지 들어볼 수 있을까요? 페이스북은 온보딩 부트캠프(Onboarding Bootcamp)[05]로 유명하던데요. PE도 부트캠프를 거치나요? 혹은 부트캠프의 일부인 PE 커리큘럼이 있는지요?

페드로: 페이스북 부트캠프에서 어떻게 강한 입지를 확보했는지는 설명하지 않은 부분인데요. 제가 페이스북에 입사했을 때는 기존의 소프트웨어 엔지니어링 부트캠프에 운영자가 있지 않았습니다. 이미 입사 전에 부트캠프 관련 비디오를 봤던 터라 이 캠프에 기대가 정말 컸습니다. 그래서 제가 부트캠프에 갔을 때 "운영자가 왜 코드를 개발하고 있죠?"라는 말을 들었을 때 저는 사람들의 이런 인식이 틀렸다는 것을 증명하기 위해 1년여의 세월을 정말 열심히 일하면서 보냈습니다. 저는 컴퓨터 사이언스 전공이고 경력 내내 프로그래밍을 했습니다. 소프트웨어로 광범위한 운영상의 문제를 해결하고 싶었기 때문에 제가 운영을 선택했다고 불이익을 받는 것은 부당하다고 느꼈습니다.

페이스북은 입사 후 처음 몇 주간은 엔지니어로서의 기본 지식과 운영 방법을 배웁니다. 이를테면 코드 개발, 페이스북의 코드 품질 기준, 툴 사용, 프로덕션에 프로덕트 배포, 모니터링, 메트릭 지표 추가 방법 등을 배웁니다. 업무와 관련 있는 중요한 내용들이지만 부트캠프에서 소개되지 않았기 때문에 처음에는 자체 교육 자료 버전을 만들어야 했습니다. 이와 동시에 PE 일부 엔지니어는 부트캠프 리더십과 함께 많은 대화를 나누면서 소프트웨어 배경이 짙은 사람들을 채용했습니다. 마침내 운영 분야도 페이스북 부트캠프에 합류하게 되었습니다.

---

05 (역자주) 온보딩 부트캠프: 페이스북에서는 신규 엔지니어를 대상으로 6주간의 부트캠프를 운영한다. 이 시간에 훈련보다는 다양한 실무를 진행한다. 신규 엔지니어 한 명당 선임 엔지니어가 멘토로 짝이 되어 업무를 점검받고 우수한 기술을 전수받는다. 온보딩 부트캠프를 통해 신규 엔지니어는 내부 네트워크를 형성할 뿐 아니라 직무 적성을 확인할 수 있다.

이후 오랜 기간 부트캠프는 모든 PE의 온보딩 프로세스의 중요한 일부가 되었습니다. 소프트웨어와 PE를 대상으로 하는 많은 수업에 영향을 주었고, 신규 엔지니어는 팀에 합류하기 전에 시스템 관련 기본적인 운영 지식을 얻을 수 있었습니다.

페이스북에서 PE는 팀 선발에 대한 SWE의 모델을 동일하게 따릅니다. PE는 부트캠프에서 3~4주 동안 기본 기술 지식을 배우고 팀을 선택하는 것에 2주 이상을 보냅니다. 기간을 막연히 늘릴 수는 없으므로 일종의 경력 박람회를 개최해 인재를 찾는 모든 팀과 팀을 찾는 모든 부트캠퍼와 함께 모이도록 합니다. 그래서 팀의 필요와 개인의 기술 및 의욕을 바탕으로 적절히 일치하는 점을 찾으려고 노력합니다. 예를 들어, 어떤 사람은 보안에 선호도가 있지만, 다른 사람은 프로덕트 대면 서비스나 백엔드 시스템에 선호도가 있을 수 있습니다. 대부분은 이런 시도가 잘 되는 편이지만 그렇다고 팀 선택 프로세스가 항상 모든 사람에게 적용되는 것은 아닙니다. 대개 사람들은 페이스북에 합류하기 전에 함께 일할 팀을 알고 싶어 합니다. 그래서 고용하는 입장에서 개인의 필요에 대해서 미리 알려고 하고 신규 채용자들이 쉽게 팀을 선택할 수 있도록 많은 시간을 할애합니다.

시간이 지나면서 페이스북에 합류한 모든 SWE가 반드시 알지 않아도 되는 PE 업무 유형이 있다는 것을 알게 되었습니다. 그래서 저는 관련 내용을 토대로 PE 기초(PE Fundamentals)라고 부르는 작은 부트캠프를 만들었습니다. PE 기초 커리큘럼은 특히 프로덕트 엔지니어, 네트워크 엔지니어, 기타 운영 팀을 대상으로 합니다. PE 부트캠프에서는 짧은 시간 안에 많은 정보를 담으려고 했습니다. 전반적으로 PE 기초 커리큘럼이 꽤 성공적이라고 생각하지만 엔지니어가 팀에 합류해 인프라를 이해하는 데 필요한 시간이 지나야 내용을 의미 있게 이해할 수 있습니다. PE는 부트캠프 종료 후 팀에 합류한 지 약 4주가 지나면 툴의 미묘한 차이를 이해하도록 직접 실행해보는 수업을 진행합니다. 이제 작업 중인 시스템의 문맥으로 무장해서 툴을 작업에 적용할 수 있도록 더 나은 연결을 만들 수 있습니다. 또한 PE 기초에서는 업무를 수행하는 팀의 문화도 다룹니다. 예를 들어, 과도한 부담을 벗어나 건강하게 긴장을 다루는 방법을 소개합니다. 솔루션에 대해 늘 완벽할 수 없기 때문에 SWE에게 반대만 하는 사람이 되지 않도록 주의해야 합니다. PE는 항상 "No"라고 말할 수 없습니다. 온보딩 교육에서 많은 PE는 자신이 겪고 있는 전쟁 같은 업무 스토리를 공유하고 신규 PE에게 소속팀에서 발생할 수 있는 의견 불일치를 어떻게 처리하면 좋을지 미리 생각해보는 시간을 줍니다. PE는 변화를 막는 방해하는 사람이 아니라 SWE가 자신의 문제를 해결할 수 있도록 함께 고민하는 문화에 대해 배웁니다.

데이비드: 모델 관점에서 프로덕트 엔지니어링을 둘러싼 더 넓은 그림을 그려보겠습니다. 이제까지 페이스북의 고유한 PE 특징을 살펴봤는데요. 페이스북이 아닌 외부에서 PE 조직이 생길 수 있을까요? 그렇다면 페드로 님의 관점에서 여전히 PE 조직인가요?

페드로: 그렇습니다. 저는 PE 조직이 다른 회사에서도 생길 수 있다고 생각합니다. 저는 페이스북의 비밀 소스는 회사가 고용한 사람이 실무를 어떻게 하고 있는지에 달려있다고 확신합니다. 물론 다양한 문화적 요소가 있겠지만 페이스북만이 자율성, 독립성, 권한 부여, 건전한 토론 문화가 있는 유일한 회사라고 단언하는 것은 잘못되었다고 생각합니다. 다만 저는 다른 회사가 페이스북의 PE 이름만 사용하고 PE와 함께 오는 문화적 의미는 채택하지 않을 수도 있다는 점에는 큰 우려가 있습니다. SRE 팀을 구성하려는 작은 회사의 많은 팀과 이야기를 나누었습니다. 그런데 SRE 팀이라는 이름만 있지 실제로는 완전히 다른 운영 역할만 진행하고 자동화, 협업, 평등에 대한 기대가 없는 새로운 이름만 시스템 관리자 팀이었습니다. 저는 이 회사들이 SRE이라는 이름으로 외부에서 사람을 채용하려는 것일 뿐 정작 필요한 SRE 업무는 하지 않는다고 생각합니다. 페이스북에서 진행했던 SWE와의 협업 모델을 적용하지 않습니다. 변경에 영향을 주는 능력은 딱히 다르지 않습니다. 리더십 수준에서의 관계와 공유된 책임이란 존재하지 않습니다.

저는 SWE 팀이 궁극적으로 운영에 책임을 져야 한다고 생각합니다. 또한 서둘러 달성하는 것에 급급하지 않도록 PE가 도움을 줄 수 있으므로 PE는 SWE를 위한 운영이 아니라 SWE와 함께 해야 한다는 것을 강조하고 싶습니다. 그래서 함께 일할 수 있는 구조가 갖추어져 있다면 SWE와 PE 간의 협업 모델은 다른 곳에서도 잘 작동할 수 있다고 생각합니다.

데이비드: 그렇다면 페드로의 정의를 기준으로 PE 조직인지를 어떻게 알 수 있을까요?

페드로: 페이스북에서 PE 조직을 구축하고 운영하는 방식이 유일한 방법은 아니라는 점을 분명히 하고 싶습니다. 많은 기업이 자사 환경에서 최상의 운영 방법을 모색하고 참조할만한 다른 모델을 찾는 것이 정말 중요합니다. 우리는 서로에게서 더 많이 배워야 합니다. 그러나 SWE와 PE 간의 협업 모델은 모델이 다 해결해주지 않습니다. 기업이 PE 팀을 구축하려고 할 때 자사 환경에 맞게 적합한 요소와 적용할 수 있는 요소를 고민하고 선택해야 합니다. 만약 지금까지 설명한 PE 모델 중 실정에 맞게 일부 적용해보고 또 수정하면서 적합한 요소를 찾아간다면 훌륭한 결과를 얻을 수 있을 것입니다. 따라서 규칙 그대로 적용하려고만 한다면 사람마다 다르듯 모든 회사가 다르고 인프라 실정도 각기 다르기 때문에 실패할 수밖에 없을 것입니다.

PE 모델을 평가하는 방법을 요약하면 다음과 같습니다.

- 내재 및 협업되는 공유 온콜 모델
- 기술 신뢰성으로 이어진 튼튼한 관계
- 운영과 기능 간의 균형
- 기능이 많고 안정적인 시스템 제공에 대한 책임 있는 리더십

자세히 살펴보자면, 다른 팀이 PE 모델과 얼마나 가까운지 측정하고 싶을 때 첫 번째 질문은 "누가 온콜인가? 사태가 악화되면 서비스 장애에 대해 누가 대응하고 있는가?"입니다.

만약 SRE, PE, 데브옵스(Devops), SWE(또는 SWE와 운영 팀 간의 공유 온콜 교대 방식)가 아닌 직군을 답한다면 저는 여기서 얘기한 PE 모델을 구축하고 있지 않다고 판단할 것입니다. 제 생각에 서비스의 안정성에 대한 궁극적인 책임은 서비스를 구축하는 사람에게 있다고 생각합니다. 서비스의 주요 개발자가 SWE면 당연히 SWE가 온콜이 되어야 합니다.

누군가 구축한 조직이 PE 모델과 얼마나 가까운지 확인할 때 보는 또 다른 요소는 평등과 인식이 관련 있습니다. 제 경험상 운영 업무를 얕보는 SWE 팀과 반대로 순수한 소프트웨어 작업을 존중하지 않는 운영 팀이 있었습니다. 저는 회사 내부에서 "다름 != 나쁨"을 강조하곤 합니다.

SWE는 종종 코드의 복잡성을 생각하는 대신 알고리즘과 기능에 몰두하는 경향이 있습니다. 이것을 본질적으로 나쁘다고 할 수 없지만 운영에 대한 인식 문제를 일으킬 수 있습니다. 반면 PE는 순수한 소프트웨어가 아닌 다른 것에 집중하고 에너지를 소비합니다. 소프트웨어가 아닌 가용성, 확장성, 운영, 장애 모드, 보안, 배포, 신뢰성, 모니터링에 중점을 두는 것이 나쁜 것은 아닙니다. 정작 집중해야 할 일을 다른 일에 할애할 때 뿐입니다. 팀 내 모든 사람의 결정과 행동에 대한 문맥이 공유되고 있는지 확인하는 것은 모두가 해야 할 일입니다. 모두의 책임입니다. 저는 PE 모델이 구축되었는지 평가해달라는 부탁을 받으면 팀 안에 평등의 개념이 있는지를 확인합니다.

그리고 두 번째 질문은 운영 안정성보다 기능 관련 우선순위에 관한 것입니다. "기능과 운영 안정성의 우선순위를 정할 때 운영 안정성은 얼마나 자주 뒤로 밀리는가?" 팀이 서비스를 구축하고자 할 때 운영 부채가 늘어날 것을 알면서도 안정성 작업을 반복해서 무시한다면 PE 모델은 성공할 수 없습니다.

이것은 운영 팀이 시스템의 아키텍처에 관한 토론 참여 시점과 관련된 질문으로 이어집니다. SWE 팀에서 PE, SRE를 동등한 기여자로 여긴다면 아키텍처와 관련된 토론은 PE, SRE와 함께 진행할 수 있습니다. 만약 SWE 팀에서 PE, SRE를 동등하게 여기지 않고 아키텍처를 미리 결정해서 PE, SRE에 사후 통보를 한다면 PE 모델 구현은 진행되기 어렵습니다. 어떤 시스템이나 팀도 완벽할 수 없지만 프로젝트의 압박감 속에서 기능이 풍부하고 탁월한 복원력을 가진 것을 만들기 위해서는 팀 안에 얼마든지 다양한 생각들이 있어야 합니다. 그리고 마지막 요소는 PE의 기술 지식수준보다 관계와 훨씬 더 관련이 있습니다. 만약 관계가 상대적이거나 직군 사이의 기술적 차이가 크다면 결과적으로 약한 시스템이 될 것입니다. 직군 사이에 신뢰가 있고 기술적인 이해를 공유하며 건설적인 대화를 할 수 있다면 더욱 우수하고 강력한 시스템이 구축될 것입니다.

기능과 안정성에 대해서 저는 각 입장에서 서로 조금씩 이기고 또 그만큼 져야 한다고 생각합니다. SWE 팀은 안정성 확보를 위해 기능을 우선순위에서 낮출 필요가 있습니다. PE 팀은 기능이 구축되고 있는지 확인하기 위해 때때로 안정성 향상이라는 우선순위를 낮추어야 합니다. 안정성이 퇴보해서는 안 되지만 양호한 수준을 유지하는 정도로 있는 것도 괜찮습니다. SWE 팀은 혁신을 계속해야 합니다. 특히 PE의 역할은 운영 부하를 줄이고 소프트웨어의 운영 문제를 해결해

SWE가 계속 혁신하도록 돕는 것입니다. 또한 PE는 운영 복잡성을 줄이기 위해 SWE 팀과 꾸준히 협력해야 합니다. 만약 PE가 100% 신뢰성과 안정성에 중점을 둔다면 SWE 팀은 PE와 협업하지 않을뿐더러 중요한 작업 역시 하지 않을 것입니다. 따라서 이 부분은 장기적인 관점으로 보면서 균형을 맞출 필요가 있습니다. 예를 들어, 처음 몇 개월은 기능에만 집중할 수 있고 몇 개월은 운영 안정성을 위주로 집중할 수 있습니다. 어느 방식이든 균형을 이룬다면 PE 모델은 정상적으로 작동할 것입니다.

PE 모델의 마지막 구성 요소는 책임과 관련이 있습니다. 기능이 많은 시스템이더라도 안정적이지 않다면 소프트웨어와 운영 분야의 관리자가 함께 책임을 져야 할까요? 승진과 성과 평가에 있어서 같은 기준을 적용할까요? 아니면 다른 기준을 적용해야 할까요? 예를 들어, 페이스북에서는 SWE와 PE의 고위 관리자의 성과를 평가할 때 동일한 토론 선상에서 이야기합니다. 그들을 평가하는 기준은 영향력, 실행 능력, 교차 업무 능력, 건강한 조직을 구축하는 능력입니다.

저는 모든 사람마다 PE 조직을 구성하는 것은 얼마든지 다를 수 있으므로 각자의 환경에서 PE 조직을 잘 운영해야 한다고 생각합니다. 몇몇 회사와 이야기를 나누면서 알게 된 것은 각 회사의 PE가 페이스북과 똑같은 구조와 환경이 아니어도 전반적으로 성공적인 운영을 하고 있다고 생각합니다.

페드로 카나후아티 Pedro Canahuati

소프트웨어 설계, 아키텍처, 대규모 서비스 운영 분야에서 20년 이상의 경력이 있으며 페이스북의 프로덕트 엔지니어링 및 보안(Production Engineering and Security)을 책임지는 부사장으로 재직하고 있다. 따라서 페드로는 페이스북의 인프라를 안정적이며 20억 명 넘는 사용자 데이터를 안전하게 보호할 책임이 있다. 또한 경력 전반에 걸쳐 사용자에게 최고의 경험을 제공하기 위해 페이스북의 운영 확장에 중점을 두는 글로벌 엔지니어링 팀을 구축하여 관리하고 있다.

PART II

Near Edge SRE | 새로운 SRE 직무

- 카오스(chaos) 엔지니어링
- 프라이버시(privacy) 엔지니어링
- 데이터베이스 신뢰성 엔지니어링
- 내구성 엔지니어링
- 머신 러닝과 SRE

다음은 가까운 미래의 일이다… 토론.

나는 '이럴 때' SRE임을 깨닫는다.

… 여러분의 개인 블로그가 여러 AWS 리전 장애를 견딜 수 있다.

… 여러분과 여러분의 배우자는 에러 예산을 확인해 논쟁을 해결한다.

… 일상적인 운영 작업의 자동화를 위해 로봇 청소기 구매를 정당화한다.

… 해변에서 즐거운 시간을 보내면서 인간적 요인에 관한 사건 보고서와 책을 읽는다.

CHAPTER 14

태초에 혼돈이 있었다

백플레인Backplane.io의 케이시 로젠탈Casey Rosenthal, 이전 직장 넷플릭스

서비스가 중단되면 사람들은 유쾌하지 않은 시간을 보낸다. 서비스를 사용하는 사용자는 불만이 솟구치고, 서비스에 의존하는 여러 시스템의 작동이 덩달아 중단되며, 시스템을 책임지는 사람들이 급히 호출된다. IT 역사를 살펴보면[01] 운영과 가동 시간에 전념하는 수백, 때로는 수천 명의 엔지니어가 있는 가장 유명한 온라인 서비스조차도 장애에 취약하다. 소프트웨어의 복잡성[02]이 기하급수적으로 증가하면서 에러와 장애를 방지하는 기존 방법으로 장애를 막는 것이 역부족이다.

예전에는 테스트, 코드 스타일, 프로세스에 관한 베스트 프랙티스를 통해 우리가 작성하고 배포한 코드가 우리가 예상했던 대로 작동할 것이라는 확신이 있었다. 그리고 엄격한 테스트, TDD(테스트 주도 개발, Test-Driven Development), 애자일 피드백 루프, 페어 프로그래밍(pair programming), 기타 여러 프랙티스가 장기적으로 버그를 줄이는 데 도움이 될 수 있다고 믿는다. 여전히 이와 같은 프랙티스가 매우 중요하지만 현대의 복잡한 시스템을 엔지니어링 하는 데에는 충분하지 않다.

우리가 구축한 시스템이 신뢰를 다시 얻으려면 새로운 베스트 프랙티스가 필요하다. 이를 위해 베스트 프랙티스가 등장하고 있는데, 그중 하나가 카오스 엔지니어링(Chaos Engineering)이다. 카오스 엔지니어링은 복잡한 분산 시스템에서 가용성을 최적화하도록 넷플릭스에서 특별히 설계된 개척된 새로운 분야이다. 이제 카오스 엔지니어링을 다룰 수 있기에 충분한 자신감이 있다.

---

01 2017년 2월 28일 아마존 AWS 장애 (https://tcrn.ch/3e5XpT2), 2017년 11월 15일 구글 닥스 장애 (https://wapo.st/3rgVA9p), 2017년 10월 11일 페이스북 장애 (https://bit.ly/2NQO0Ea), 2018년 1월 26일 애플 iCloud 장애 (https://bit.ly/307SkBd)
02 '리먼 소프트웨어 변화 원리'의 2번째 원칙 (https://ieeexplore.ieee.org/document/1456074/)은 순수 복잡도가 엔트로피와 비슷한 방식으로 증가할 것이라고 기술하고 있다. 또한 필수 다양성 원칙 (http://requisitevariety.co.uk/what-is-requisite-variety/)과 결합해 소프트웨어 복잡성은 소프트웨어를 계속 개발하는 한 소프트웨어 복잡성은 더욱 증가할 것임을 어렵지 않게 가정할 수 있다.

나는 넷플릭스에서 3년 동안 카오스 팀을 운영했는데 이 기간에 카오스 엔지니어링을 공식화하고 커뮤니티를 개설하면서 카오스 엔지니어링의 정의를 업계 전반에 알리는 시간이었다. 14장에서는 복잡한 분산 시스템의 가용성을 위협하는 문제를 소개하고, 이런 문제를 해결하기 위해 진화한 카오스 엔지니어링에 대해 살펴보려고 한다. 카오스 엔지니어링의 다섯 가지 고급 개념을 설명하고, 이 주제에 대한 여러 발표와 워크숍에서 청중들이 선별한 FAQ를 공유하면서 마치도록 하겠다.

시스템 관련 문제

여러분이 보기에 넷플릭스의 엔지니어링 조직은 각 5~7명 정도의 소규모 엔지니어링 팀이 100여 개 모여 있는 것으로 생각할 수 있다. 사용자가 이용하는 서비스는 수백 개의 마이크로서비스가 함께 작동하도록 설계되어 있다. 모든 마이크로서비스는 단 한 팀만 담당하는데 해당 팀은 마이크로서비스의 기능, 로드맵, 운영, 가동 시간 등 모든 것을 책임진다.

예를 들어, 특정 사용자 ID를 알면 이 사용자와 함께 저장된 메타데이터를 알 수 있는 사용자 마이크로서비스가 있다.

다른 예시를 들면 사용자와 관련된 선호도 정보를 저장하는 개인화 서비스가 있다. 이 서비스는 사용자가 넷플릭스에서 시청할 콘텐츠를 찾을 때 이전에 시청한 정보를 토대로 문맥을 가지고 사용자의 경험을 보여준다. 물론 프록시, API 계층, 특정 데이터 저장소 모두 마이크로서비스일 수 있다.

어느 늦은 밤 사용자가 기차에서 "기묘한 이야기(Stranger Things)" 드라마를 보고 있다고 상상해 보자. 이 사용자를 CLR이라고 부르겠다. 해당 드라마를 보다 특정 무서운 장면 때문에 놀란 CLR은 노트북을 떨어뜨리고 말았다. 안타깝게도 노트북에서 드라마는 더는 스트리밍 되지 않았고, CLR은 그저 자신이 할 수 있는 브라우저에서의 격렬한 새로고침을 반복했다. 드라마는 즉시 로드되지 않았고, CLR은 약 100번의 새로고침을 한다.

이제 CLR이 탄 기차는 무선 기지국 타워 사이에 진입했다. 현재 인터넷에서는 분할되어 CLR의 요청은 웹 브라우저와 운영 체제에서 대기 중에 있다. 따라서 인터넷 연결이 복구되면 100번의 새로고침으로 전달된 100개의 요청은 한 번에 처리될 것이다. 이런 경우, 넷플릭스에서는 어떤 일을 하게 될까? 요청은 프록시로 들어와 API 계층으로 이동하며 사용자 ID를 추출해 사용자 서비스에서 해당 사용자를 요청하는 개인화 서비스와 같은 여러 서비스로 전송된다.

사용자 서비스는 규모가 커서 여러 노드의 클러스터에 걸쳐 있다. 모든 사용자 데이터를 모든 노드에 저장하는 것은 의미가 없으므로 특정 사용자에 대한 요청을 ID 기반의 일관된 해시 연산을 수행해 특정 기본 노드로 전달한다.

마이크로서비스 운영을 담당하는 팀은 클러스터가 자원을 책임감 있게 사용하도록 자동 확장하게 하고 노드가 중단되는 경우 데이터를 전달한다. 또한 성능 저하나 에러로부터 보호하기 위해 대체 시스템을 갖추고 있다. 예를 들어, 사용자 서비스는 디스크에서 데이터를 가져올 수 없을 때 인메모리(in-memory) 캐시에서 데이터를 제공할 수 있고, 사용자 서비스에서 응답을 받을 수 없을 때 개인화 서비스는 기본 사용자 경험을 제공할 수 있다.

CLR의 경우로 돌아가 보자. 갑자기 100개의 요청이 개인화 서비스에 동시에 도착해 사용자 서비스에 해당하는 100개의 요청을 발급하게 된다. 100개 요청 모두 일관된 해시 연산을 통해 클러스터의 한 노드로 전달된다. 해당 노드는 디스크에서 데이터를 바로 가져올 수 없으므로 적절한 작업 수행 후 인메모리 캐시에서 결과를 리턴한다. 이 결과가 다소 오래된 데이터일 수 있지만 허용될 수준이어야 한다.

오토스케일링(autoscaling) 규칙은 I/O와 CPU 부하를 확인하고 평균 업무량이 너무 많아지면 클러스터를 확장한다. 반대로 평균 업무량이 너무 적으면 클러스터를 축소한다. 이 경우 인메모리 캐시의 데이터를 얻는 작업은 디스크에서 가져오는 것보다 부하가 훨씬 작기 때문에 사용자 서비스에 대한 평균 I/O 및 CPU 부하가 감소한다. 오토스케일링 규칙은 신뢰할 수 있는 작업을 수행하고 클러스터를 축소해 작업량이 가장 적은 노드는 종료시킨 후 작업데이터를 클러스터의 다른 노드로 이동한다.

개인화 서비스는 사용자 서비스에 보낸 마지막 요청이 제시간 내에 완료되지 않았음을 확인(해당 노드가 종료된 상태)하고 합리적인 조치 후에 대체 기본 사용자 경험을 리턴한다. 마지막 요청이 CLR에 리턴되었고 이전 99개의 응답이 삭제되었다. CLR은 기본 환경을 볼텐데 그동안 익숙했던 개인화된 환경과 왜 다르게 보이는지 이해할 수 없을 것이다. CLR이 노트북을 떨어뜨리기 전까지 본 드라마 지점에 책갈피가 없다. 여기서 CLR뿐만 아니라 사용자라면 하게 되는 일, 브라우저를 100번은 더 넘게 새로고침을 한다.

주기는 반복된다. 사용자 서비스는 100개의 요청을 수신하고, 인메모리 캐시에서 데이터를 처리하고, 오토스케일링 정책이 실행되고, 스케일 다운(scale down)[03]하며, 개인화 서비스는 다시 기본 대체 환경을 리턴한다. 이제 종료된 두 개의 노드에 할당된 다른 사용자도 대체 환경을 보기 때문에 브라우저 새로고침을 시작한다. 이제 사용자의 재시도 요청이 폭발한다. 추가 트래픽은 사용자 서비스에 많은 부하를 주게 된다. 살아 있는 노드는 오래된 데이터로 기능을 수행할 수 없고, 개인화 서비스가 중단되어 전체 서비스가 무너진다. 스트리밍 비디오가 중단되기 전까지 전체 데이터를 인메모리 캐쉬에서 서비스하도록 전환해 평균 부하를 크게 줄이고 오토스케일링으로 클러스터를 대폭으로 줄인다.

위의 내용은 전적으로 가설이며 실제로 발생하지 않았다. 그러나 이런 일은 충분히 일어날 수 있다. 그렇다면 무엇이 잘못된 걸까?

여기서 알 수 있는 중요한 교훈은 그 누구도 잘못된 결정을 내리지 않았다는 것이다. 엔지니어는 현명했고 합리적인 업계 베스트 프랙티스를 따랐다. 엔지니어는 실수하지 않았지만 시스템의 전체적인 작동은 원하지 않은 결과를 낳았다.

---

03 (역자주) 스케일 다운: 인스턴스 용량을 낮추거나 처리할 노드 수를 줄이는 것으로 스케일 인(scale in)이라고도 한다.

복잡한 시스템에 대한 정의는 어떤 부분을 봐도 전체를 이해할 수 없는 시스템이다. 그래서 복잡한 시스템은 비합리적인데 그 이유를 추론할 수 없다. 이는 넷플릭스에 수석 아키텍트 또는 유사한 역할이 없는 이유 중 하나이다. 그 누구(시스템 내의 컴포넌트)도 움직이는 부분의 모든 모델을 동시에 머릿속에 담을 수 없으므로 시스템의 작동을 예측할 수 없다.

그러면 좋지 않은 시스템 작동을 어떻게 방지하거나 최소화할 수 있을까? 두 가지 해결 방법이 있다. 복잡한 시스템이 되지 않도록 복잡성을 줄이거나 시스템이 복잡한 세부 내용을 기반으로 작동하는 방식을 이해하지 않고도 시스템을 조정할 수 있는 다른 방법을 찾는 것이다. 후자를 복잡성 탐색(navigating complexity) 옵션이라고 부른다.

복잡한 시스템을 복잡하지 않게 만드는 실용적 및 일반화 이론을 제대로 알기란 어렵다. 속도, 성능, 가용성 등 시스템에서 우리가 원하는 많은 기능은 필연적으로 복잡성을 일으키기 때문에 어떻게 하면 시스템을 복잡하지 않게 만드는 것이 가능한지 확신할 수 없다.

복잡성을 줄이려고 노력하는 대신 다른 부분을 집중할 수 있다. 이를테면 복잡성을 탐색하는 법을 배우는 것이다.

복잡성의 경제적 원칙

익스트림 프로그래밍(Extreme Programming)의 창시자이자 TDD의 지지자인 켄트 벡(Kent Beck)은 복잡성의 경제적 원칙(Economic Pillars of Complexity)이라고 부르는 모델을 소개했다. 이 모델은 프로덕트를 만들거나 서비스를 제공할 때 진행을 혼란스럽게 하는 네 가지 복잡성 원칙을 식별한다. 프로덕트나 서비스를 하나의 시스템으로 생각할 수 있으며 네 가지 복잡성 원칙은 다음과 같다.

상태
시스템이 포함될 수 있는 구성의 개수와 특성

관계
운영자를 포함한 시스템 일부가 상호 작용할 수 있는 방식의 개수와 특성

환경
시스템 외부 환경으로 생길 수 있는 불확실성

비가역성
시스템 변경이 쉽게 취소될 수 있는 정도

이러한 형태의 모든 복잡성이 시스템에 존재할 수 있고 전혀 존재하지 않을 수 있다. 그러나 비즈니스 목표가 과도한 복잡성으로 인해 진행되지 못한다는 것을 알게 되면 원칙 중 하나를 제한하고 관리하기 쉬운 다른 부분에 집중할 수 있다. 포드(Ford)는 이러한 방식으로 복잡성을 해결한 고전적인 예이다. 몇 년 동안 한 가지 색상(검은색)으로 모델 T를 제공하고 조립 라인의 제조 방식을 통해 관계를 제한해서 시스템의 상태를 제한했다.

소프트웨어 시스템에서는 상태를 사실상 제한할 수 없다. 특히 마이크로서비스 아키텍처와 같은 최신 시스템에서는 마이크로서비스 간의 관계 특성을 제어할 수 없다. 그러나 비가역성은 생각해 볼 만한 중요한 원칙이다. 결정을 내리고 계속 시도하면서 충분히 빨리 되돌릴 수 있다면 원치 않는 시스템 효과가 유지되거나 큰 피해를 주기 전에 복잡한 시스템의 불합리한 특성에 대응할 수 있다.

마이크로서비스는 배포를 분리하고 작은 부분을 비동기적으로 변경 및 롤백 되게 함으로써 복잡한 시스템에 대응할 수 있다. XP와 애자일과 같은 일부 개발 프랙티스를 적용해 가역성을 최적화하고, 개발 프로세스에 정기적인 체크 포인트를 적용해 아이디어를 신속하게 테스트하고 롤백할 수 있다. 불변 아키텍처, 지속적인 전달, 논란의 여지 없이 일반적인 클라우드 구현은 복잡성 원칙을 모두 포함하며 이를 통해 세 가지 원칙을 살펴보는 데 집중할 수 있다.

대다수 소프트웨어 팀에서 원칙 중 하나를 제한하는 것은 선택 사항이 아니다. 상태, 관계, 환경, 비가역성을 제한할 수 있는 결정은 이미 이루어졌거나 사업 목표와 목적에 의해 좌절될 수 있다. 복잡성에 대처하려면 다른 방법이 필요하다.

혼돈의 시작

카오스 몽키(Chaos Monkey)는 내가 2015년 초 넷플릭스에 입사하기 5년 전부터 운영 중이었다. 2010~2011년에 넷플릭스가 데이터 센터에서 클라우드로 이동하면서 프로필 서버는 수직 확장(vertical scaling)에서 수평 확장(horizontal scaling)으로 변경되었다. 클라우드에서는 작은 규모로 이루어진 많은 개수의 인스턴스에서 서비스가 실행되었다. 갑자기 인스턴스 수가 많아지면서 특정 시간에 인스턴스가 완전히 실패하거나 사라졌다가 다시 생성할 가능성이 훨씬 커졌다.

사라지는 인스턴스가 SPOF(Single Points of Failure)에 속하거나 프로필 트래픽의 갑작스러운 변경으로 에러가 연속해서 발생하면 가용성에 영향을 미친다. 이를 방지하기 위해 얼마든지 구현할 수 있는 베스트 프랙티스가 많이 있다. 넷플릭스에는 CTO나 베스트 프랙티스를 선택하고 모든 마이크로서비스가 준수해야 할 원칙을 규정하는 수석 아키텍트가 없다. 베스트 프랙티스 해결책이 있어도 효율적으로 전달할 수 있는 메커니즘이 없었다.

넷플릭스 엔지니어는 베스트 프랙티스를 적용하는 대신 없애고 싶은 고통(인스턴스가 사라지는 현상)을 먼저 해결하기로 했다. 카오스 몽키가 그 결과다. 카오스 몽키는 매일 무작위로 각 서비스 인스턴스를 하나씩 선택해서 무작위로 사용 중지시킨다. 단 업무 시간에만 진행한다.

카오스 몽키가 작동하면 많은 엔지니어는 자신이 계획한 작업을 수행하지 못한다. 카오스 몽키는 엔지니어들에게 문제를 일으켜 그들의 업무 우선순위를 재조정하게 했다. 다행히도 엔지니어들은 즉시 처리해야 할 문제를 해결하는 데 능숙하다. 그래서 사라질 인스턴스로 인해 서비스가 영향받지 않도록 소규모로 분리된 개별 엔지니어링 팀이 모두 투입된다.

그리고 효과는 있었다. 넷플릭스는 많은 인스턴스가 사라졌지만 SPOF와 관련된 운영 장애는 단 한 번뿐이었다. 대부분의 마이크로서비스는 이제 카오스 몽키 방식에 잘 대응한다. 운영 장애가 발생했을 때 카오스 몽키가 인스턴스를 종료시켰다. 다행히 서비스를 배포한 지 얼마 안 돼서 담당 엔지니어가 곁에 있었기 때문에 장애를 신속하게 해결할 수 있었다. 만약 카오스 몽키가 없으면 해당 인스턴스는 배포 후 몇 달 또는 몇 년 후에 언제 불안정해질지 모를 일이고 꼭 필요한 때에 이슈를 파악하고 해결하는 것은 더욱 어려울 수 있다.

안전성을 높이기 위한 복잡성 탐색

인적 요소 전문가 젠스 라스무센(Jens Rasmussen)은 작업을 수행하는 사람들이 볼 수 있는 경계에서 벗어나 시스템이 시간이 지나면서 어떻게 진화하는지 설명하는 모델을 제시했다. 세 가지 경계는 자본 환경, 업무량, 안전성이다. 이 경계는 장애가 발생하면 무너진다. 예를 들어, 회사에서 어느 부분의 비용이 너무 커져서 자본 환경 경계를 넘게 되면 폐업까지 이어질 수 있다. 너무 많은 작업으로 업무량 경계를 넘어서면 다른 작업을 완료할 수 없어서 결국 모든 사람이 시간을 낭비할 것이다.

대부분의 소프트웨어 엔지니어링 상황에서 팀 예산을 모델링하거나 애플리케이션을 실행하는 데 얼마나 비용이 드는지 자본 환경에서 전체 비용을 파악하는 것이 어렵지 않다. 마찬가지로 워크로드에서 엔지니어 대부분은 업무량을 기반으로 일하기 때문에 자신이 작업하는 프로젝트를 개발하고 유지 보수하는 데 얼마나 많은 시간을 투자할지, 설치 시간과 진행 과정을 파악하는 등에 대해 직관을 갖게 될 것이다. 이 모든 것이 신호이다. 비용 초과, 긴 업무 시간에 대한 동료들의 불만, 긴급 상황을 준비하는 긴장감 등이 모두 신호이다. 이 신호들은 경계에 대한 인식을 제공한다.

경영진의 역할 중 하나는 팀이 경계 중 하나에 많이 가까워지면 더욱 강력한 신호를 제공하는 것이다. 예를 들면 "이봐, 우리는 자금이 바닥나고 있고 이 기능을 완성해야 할 기간은 두 달밖에 남지 않았어."라는 말은 자본 환경 경계선에 대한 강력한 신호로 볼 수 있다. 대부분의 소프트웨어 프로젝트는 자본 환경, 업무량 경계에 대해 강력한 신호를 가지고 있다.

안전성도 마찬가지다. 소프트웨어 엔지니어는 자신이 만든 시스템이 얼마나 취약한지 모른다. 시스템이 예기치 않게 중단되어도 스스로 안전성에 대한 신호가 없다. 결과적으로 소프트웨어 프로젝트는 시스템을 좀 더 저렴하고 더 쉬운 운영이 가능하도록 동기 부여하는 것이 자연스럽다. 자본 환경, 업무량 경계에서 안전 경계로 이동한다. 그래서 이 시스템은 시간이 지나면서 더 저렴하고 더 많은 작업을 수행하면서 운영자가 모르는 사이에 안전하지 않은 쪽으로 기울게 될 것이다.

카오스 몽키의 장점은 안전성 신호를 생성한다는 것이다. 인스턴스가 사라지면서 안전성의 경계를 넘으면, 업무 시간 중에 인스턴스가 삭제될 때 이를 신속하게 발견할 수 있다. 여기서 취약점은 어떤 영향을 받았든지 간에 인스턴스를 사라지게 하는 조건이 강요될 때 노출된다. 이 조건은 실제로 얼마나 안전한지 서비스 담당자에게 보내는 강력한 신호이다. 결과적으로 넷플릭스의 마이크로서비스는 이러한 유형의 안전성 이슈에 대해 탄력성을 유지하게 해서 시스템이 점차 불안정한 상태로 가지 않도록 방지한다.

혼돈을 확장한다

넷플릭스는 카오스 몽키의 성공을 기반으로 크게 확장하기로 했다. 인스턴스를 종료시키는 수준을 넘어서 전체 리전(region)[04]을 종료시킬 수 있는 툴을 카오스 콩(Chaos Kong)이라고 부른다.

'리전'이라는 용어를 주요 데이터 센터로 생각(클라우드에서 사용하는 용어)할 수 있을 것이다. 넷플릭스의 제어 플레인(control plane)은 지리적으로 분산된 3개 리전에 배포한다. 이 3개의 리전에서 스트리밍 서비스와 상호 작용하는 모든 장치 트래픽을 처리한다. 넷플릭스의 트래픽(Traffic) 팀은 한 리전에서 심각한 장애를 감지하면 모든 사용자를 다른 두 리전으로 옮길 수 있는 조정 시스템을 구축했다. 제어 플레인 트래픽만 북미에서 인터넷 상위 트래픽의 3% 이상을 차지하고 있으며 이는 상당히 큰 변화이다.

트래픽 팀이 구축한 조정 시스템을 확인하기 위해 카오스 콩을 정기적으로 실행한다. 더 중요한 것은 모든 마이크로서비스가 리전 장애에서 버틸 수 있는지 확인하는 것이다. 마이크로서비스 소유자에게 안정성 신호를 생성해 시스템이 안전하지 않은 구성으로 변경되는 것을 방지한다.

공식화

2015년 말까지 카오스 몽키와 카오스 콩은 넷플릭스에서 잘 알려진 프로그램이었다. 두 프로그램은 소규모 장애(인스턴스가 사라짐)와 대규모 장애(리전이 사라짐)에 대해 상당히 견고한 안전 신호를 생성했다. 시스템 효과에 대해 안전 신호를 생성하는 것은 그리 많지 않았다. 물론 예측할 수 없는 효과로 이어지는 마이크로서비스 간의 모든 흥미로운 상호 작용은 장단점이 있다.

과연 어떤 시스템일까? 나는 카오스 팀 구축을 위해 적은 예산(2명의 인원)을 받았다. 회사를 돌아다니며 사람들에게 "카오스 엔지니어링이란 무엇인가요?"라고 물었다. 일반적으로 "프로덕션 단계에서 장애가 발생할 때요."라는 답이 대부분이었다. 이어서 IT 업계에 질문했고 업계의 대답 또한 동일했다. 문제는 이 답변이 정의가 아니라는 것이다. 여러 이유로 프로덕션이 중단될 수 있고 비즈니스에 가치를 제공하지 않을 수 있다. 사실 시스템 내부에서 프로덕션 작업을 중단시키기는 쉽지만 이렇게 중단한 것이 카오스 팀의 유일한 목표라면 카오스 팀은 회사 내에서 아무런 평가도 받지 못할 것이다.

나는 프랙티스를 공식화하기 위해 초기 카오스 팀과 함께 PrinciplesofChaos.org(https://principlesofchaos.org/)에서 사용할 수 있는 선언문을 정의했다. 그리고 명확한 목표, 경계, 베스트 프랙티스가 포함된 경험 사례를 정의했다. 이를 통해 카오스 선언문을 받아들이고 계획과 평가를 할 수 있다. 이제 카오스 엔지니어링을 하고 있는지, 얼마나 잘하고 있는지, 그리고 어떤 목적을 달성하는지 알고 있다.

---

04 (역자주) 리전: 아마존의 클라우드 서비스인 AWS에서 전 세계에서 데이터 센터를 클러스터링하는 물리적 위치를 리전이라고 부른다.

서양 과학은 왜곡될 수 있는 경험적 과정을 기반으로 한다. 여기서 대체 설명이 부정확하다는 것을 증명하고 관찰 중인 현상을 설명하는 것으로 신뢰를 구축한다. 카오스 엔지니어링은 이 부분에서 많은 내용을 참고했다. 카오스 선언문에서 나온 정의는 "시스템 약점을 발견하기 위해 실험을 촉진한다."라는 본질을 설명한다. 이 실험을 구축하는 네 단계는 다음과 같다.

1. 시스템에서 측정 가능한 출력이자 정상 작동을 의미하는 "정상 상태(steady state)"를 정의하는 것으로 시작한다.
2. 이 정상 상태가 대조군과 실험군 모두에서 계속될 것이라고 가정한다.
3. 고장 난 서버, 오작동하는 하드 드라이브, 끊어진 네트워크 연결 등과 같은 실제 이벤트를 반영하는 변수를 소개한다.
4. 대조군과 실험군 사이에서 정상 상태의 차이를 관찰해 가설을 반증한다.[05]

구축을 위한 실험 템플릿은 실제로 카오스 엔지니어링의 모든 인스턴스에 적용할 수 있다. 카오스 몽키와 카오스 콩의 경우 넷플릭스에서 스트리밍 동영상의 수가 상당히 잘 정의되어 있고 잘 이해되어 있으므로 정상 상태로 간주한다. 대조군과 실험군 간의 차이는 쉽게 발견할 수 있다.

시스템의 정상 상태를 방해할 수 있는 것들의 문제 해결 방법을 살펴본다고 완벽해지는 것이 아니다. 잘못될 수 있는 일은 무한하다. 100% 확신은 불가능하므로 때때로 자신감에 안주하게 된다. 실험 프로그램이 성공적일수록 자신감이 높아진다. 즉, 가설을 반증하지 않고 실행하는 실험이 많을수록 시스템 신뢰성에 대한 확신이 높아진다.

카오스 엔지니어링 프로그램을 구현할 때 고려해야 할 기술 이슈가 많지만 대부분은 관심갖고 있는 시스템에 따라 달라질 것이다. 실험 템플릿은 보편적이어야 한다.

고급 원칙

실험 템플릿을 적용해 카오스 엔지니어링을 수행하고 있는지를 알 수 있다. 또한 우리가 잘하고 있는지 알기 위해 몇 가지 고급 원칙을 다음과 같이 정의했다.

정상-상태 작동을 기반으로 가설 구축

엔지니어로서 우리는 종종 문제에 파고드는 경향이 있다. 무언가가 어떻게 작동하는지 알아내고 싶지만 카오스 엔지니어링은 그런 내용이 아닌 모델 검증(validation)이다. 우리는 모델 검증을 원한다. 또한 복잡한 시스템이 개인의 머릿속에 들어갈 수 없다는 것을 이미 알고 있다. 그래서 시스템의 작동 여부에 초점을 맞추려고 한다. 정상 상태 작동에 초점을 맞추면 카오스 엔지니어링에서 최대의 가치를 얻는 데 도움이 될 "여부"에 더 가까이 갈 수 있다.

---

05 principlesofchaos.org에서 인용

다양한 실제 이벤트
이 실험의 변수는 최대한 정확하게 조건 범위를 반영해야 한다. 여기에는 그동안의 노하우와 전문 지식에 의존하기 때문이다. 이 원칙은 안정성에 대한 위험을 반영하고 그에 따라 우선순위를 정할 기회를 제공한다.

프로덕션 환경에서 실험 실행
카오스 엔지니어링의 핵심은 새로운 지식을 생성한다는 것을 명심하자. 실험을 실행하면서 가설이 틀렸음을 입증할 수 있다는 확신이 있거나 의심이 간다면 굳이 가설을 실행할 필요가 없다. 먼저 문제를 해결해야 한다. 확인하려는 변수에 맞게 시스템을 복원하라. 확실한 가설이라고 생각되면 실험을 실행하여 자신감을 쌓는다. 준비된 환경은 프로덕션 환경과 같을 수 없으므로 가장 정확한 최상의 결과를 얻으려면 프로덕션 환경에서 실험을 실행한다.

지속적으로 실행하기 위한 실험 자동화
복잡한 시스템은 동적이라는 특징을 갖고 있다. 시스템에 대한 확신은 마지막 실험이 실험 후에 시간이 지나면서 감소한다. 또한 안전 신호는 단기간이 아니라 지속적인 실험을 실행하면서 만들 수 있다.

장애 발생 시 장애 영향 범위를 최소화
카오스 엔지니어링 툴이 정교해지면서 실험을 보다 정확하게 만들 수 있다. 주기적으로 실험을 많이 하면서 정밀도는 보강이 되고 검색 공간을 더 많이 포함한다. 특히 프로덕션 환경에서 실험할 때 모든 프로덕션 환경에 동일한 변수를 노출해야 하는 것은 아니다. 프로덕션 트래픽의 부분을 특정 변수로 분류하면 더 많은 실험을 동시에 할 수 있으며 위험 요소를 보다 안전하게 발견할 수 있다.

FAQ_자주 묻는 질문
기술적 고려사항 외에도 카오스 엔지니어링에 대한 많은 기술, 사회 질문이 있다. 다음은 Q&A 세션과 온라인 포럼에서 가장 많이 받은 일반적인 질문과 대답이다.

질문: 카오스 프로그램을 구현하기 위해 경영진의 동의를 얻으려면 어떻게 해야 할까?

대답: 경영진이 카오스 엔지니어링의 가치를 받아들이게 하는 가장 좋은 방법은 처칠이 말했듯이 "심각한 위기를 그냥 넘겨버려서는 안 된다."라는 것이다. 대부분의 소프트웨어 조직에는 안전 신호가 없다. 복잡한 시스템에서 장애가 얼마나 가깝게 있는지는 직접 경험해야 알 수 있다. 카오스 엔지니어링에 대한 투자 수익률은 시스템이 안전하지 않은 상태에서 결국 장애에 이르러야 확인하기 때문에 경영자의 동의를 얻는 것이 어려울 수 있다. 넷플릭스에서도 마찬가지이다. 장애에서 얻은 통찰력을 활용해 카오스 엔지니어링 사례를 만들어서 안전 신호를 조기에 공개하면 가까운 미래에 발생할 장애를 방지할 수 있다.

질문: 내가 속한 조직에서 카오스 엔지니어링을 시작하려면 어떻게 해야 할까?

대답: 카오스 엔지니어링은 시스템의 기술적 성숙도와 카오스 엔지니어링이 갖는 조직적 지원에 크게 의존한다. 노라 존스(Nora Jones, https://www.linkedin.com/in/norajones1/)는 조직에 카오스 엔지니어링을 도입하려는 사람이 사용하면 좋을 방법을 상세하게 나눴다. (https://bit.ly/3uSG7Oa)

질문: 카오스 엔지니어링을 업계에 적용할 수 있을까?

대답: 카오스 엔지니어링 초기에 핀테크 업계로부터 "넷플릭스에서 카오스 엔지니어링을 잘 진행하고 있지만 사실 돈이 걸려 있다. 그래서 핀테크에서는 프로덕션 실험을 할 수 없다."라는 얘기를 들은 적이 있다. 이 발언은 미래에 언젠가 발생할 수 있는 장애 가능성과 그 범위가 알려져 있다는 가정을 숨기고 있다. 문제가 발생할 것 같은 소프트웨어가 복잡한 시스템이란 가정은 사실일 수가 없다. 다시 말해 통제된 방식으로 시스템의 카오스를 발견하고 싶은가? 아니면 장애가 발생해 여러분을 놀라게 할 때까지 기다릴 것인가? 이제 카오스 엔지니어링은 대형 은행과 금융 자산 기관뿐만 아니라 많은 핀테크 기업에서도 흔히 사용하는 방법이다. 가장 최근에는 의료업계로부터 "물론 넷플릭스나 은행에서 카오스 엔지니어링은 괜찮지만, 실제 생명을 다루는 의학에서는 프로덕션 실험을 할 수 없다."라는 말을 들었다. 임상시험은 종종 서양 과학의 정점으로 꼽히곤 한다. 의학 분야에서 일하는 사람에게 임상시험은 기본적으로 사람의 생명을 걸고 실행되는 카오스 실험이라는 것을 상기시킨다. 카오스 엔지니어링을 고무시키는 실험의 종류는 사실 의학 분야에서 개척되었다. 이것은 생명이 위태로울 때 부주의할 수 있다는 것이 아니라 오히려 접근 방식에 대한 증거로 볼 수 있어야 한다.

질문: 정말 프로덕션 환경에서 실험해야 하는가?

대답: 만약 여러분이 프로덕션 환경에서 실험을 진행할 수 없다면, 여러분은 자신의 것이 아닌 시스템에 대한 자신감을 쌓는 중일 것이다. 우리가 시스템 주위에 그리는 경계선은 자의적이다. 프로덕션 환경이 아닌 스테이징 환경에서 실험하면 유용한 정보를 얻을 수 있다. 그러나 원하지 않는 작동을 일으킬 수 있는 복잡한 시스템에 포함된 모든 컴포넌트는 알 수 없다. 즉, 스테이징 환경과 프로덕션 환경에 대한 유사성을 증명하기 위해 아주 많은 시간을 소비하더라도 스테이징 환경에 대한 경계가 정확한 프로덕션의 복제본은 될 수 없다. 프로덕션 환경에서는 스테이징 환경에서 볼 수 없는 작동이 발생할 가능성이 항상 있어서 실험하는 것이 더 정확하다. 확신하려면 정확성이 중요하다.

결론

신뢰성은 기능을 개발하는 엔지니어, 시스템을 운영하고 유지 보수하는 엔지니어, 해당 기능을 위해 자원을 할당하는 관리자에 의해 만들어진다. SRE는 신뢰성을 확보하는 데 특별한 역할을 하는데 베스트 프랙티스를 수용하며 시스템의 신뢰성을 높이도록 계속 집중한다. 카오스 엔지니어링은 SRE와 엔지니어링 실무자가 신뢰성을 높이는데 사용할 수 있는 또 다른 툴이다.

카오스 엔지니어링은 혼란을 일으키는 것이 아니라 시스템에 내재된 혼란을 드러내는 것이다. 더욱이 서양 경험주의 기본 원칙으로 구성된 사려 깊은 규율을 통해 우리가 구축하고 관리하는 복잡한 시스템에 대해 알려줄 수 있다. SRE 분야는 소프트웨어 엔지니어링이 복잡한 시스템의 영역으로 이동하면서 점점 더 중요해지고 있다. IT 업계의 실무자로서 우리의 성공은 시스템의 복잡성을 제거하는 것이 아니라 근본적인 복잡성을 뛰어넘어 다른 비즈니스 핵심 속성을 탐색하고 최적화할 수 있는 능력에 달려있다.

케이시 로젠탈 Casey Rosenthal

Backplane.io의 CTO로서 클라우드 호스팅 트래픽 관리 서비스의 형태로 가용성과 보안을 제공한다. 케이시는 Backplane.io 이전에는 넷플릭스에서 카오스 엔지니어링 팀과 트래픽 엔지니어링 팀을 동시에 관리했다. 케이시 로젠탈은 『카오스 엔지니어링에 관한 책』(https://bit.ly/3mXnrtM)을 공동 집필했다.

CHAPTER 15

신뢰성과 프라이버시의 교차점

구글Google의 벳시 베이어Betsy Beyer와 앰버 유스트Amber Yust

 프라이버시 엔지니어링(privacy engineering)은 업계 관계자들이 공개 토론에 신중을 기울이는 최신 분야이다. 15장에서 다룰 비교적 추상적인 개념과 접근 방식이 여러분의 조직 내에서 더 구체적인 프라이버시 기회가 되도록 아이디어를 불러일으키고 프라이버시 혁신에 관한 대화가 많아지는 환경을 구축하기 바란다.

최근 구글의 SRE 책(https://sre.google/books/)을 비롯해 SRE, 데브옵스 관련 움직임에 대한 수많은 출판물이 나오고 콘퍼런스가 진행되고 있다. 업계 전반에 걸쳐 사이트 신뢰성 엔지니어링에 대한 활발한 논의와 대화가 이루어지고 있다. 다른 주제보다 본질적으로 더 민감한 주제인 프라이버시 엔지니어링은 논의할 때 공개를 잘 안 하는 편이어서 그만큼 이해가 잘되지 않는다. 많은 회사와 조직이 프라이버시를 보호하는 것이 옳고, 중요하다는 것을 인식하면서 프라이버시를 엔지니어링 분야로 간주하기 시작했지만 SRE에 비해 약한 분야이다. 그러나 분명히 프라이버시를 잘못 처리하다가는 사실상 돌이킬 수 없다는 점을 고려하면 프라이버시를 처리하는 것은 모든 회사와 조직에서 매우 중요한 문제이다.

여러분이 이 책을 훑어봤다면 "왜 SRE를 다루는 책에서 한 장이나 할애해 프라이버시를 다루는가?" 궁금할 수 있다. 물론 사용자를 실제로 배려하는 조직이라면 신뢰성과 프라이버시, 둘 다 중요하게 여겨야 한다. 그러나 이 외에도 프라이버시가 왜 SRE와 관련이 있는 걸까?

신뢰성을 높이는 작업하는 사람이라면 누구나 알겠지만 SRE는 외부와 단절된 상태에서 존재하지 않는다. SRE 작업을 수행할 때 발생하는 많은 문제가 있다(예: 신뢰성, 비용, 효율성, 확장성, 보안). 프라이버시는 이와 관련된 문제 중 하나이며 가장 중요한 문제이기도 하다. 프라이버시 엔지니어링, 보안 엔지니어링, SRE는 관련 분야지만 프라이버시 엔지니어링은 뚜렷한 문화적 지식이 필요하므로 별개의 분야이다. 프라이버시 엔지니어는 어떤 데이터가 누구에게 어떤 조건에서 민감한지 이해하기 위해 실제 상황과 관점을 유지해 사회적, 기술적 작업을 연결한다. 15장에서는 배경과 관계없이 SRE 스타일 원칙을 기반으로 조직에서 강력한 프라이버시 엔지니어링 태도를 갖게 하는 데 도움이 될 것이다.

신뢰성과 프라이버시의 교차점

왜 신뢰성 엔지니어링 분야를 잘 아는 SRE로서 프라이버시 엔지니어링을 염두에 둬야 하며, 왜 SRE가 이 일에 좋은 위치에 있는 것일까?

신뢰성과 프라이버시의 출발점은 동일하다. 특정 환경에서 신뢰성과 프라이버시가 어떤 형태이어야 하는지 추론하기 전에 시스템을 깊이 이해해야 한다. 반면에 프라이버시와 신뢰성은 '사용자 기대 충족'을 최종 목표로 하므로 이 둘은 유사하다. 두 분야 모두 사용자들이 기대하는 관점으로 문제 범위를 검토한다. 사용자는 회사 또는 조직의 프로덕트가 언제나 작동하는 것은 물론 데이터를 포함해 프라이버시를 마땅히 존중할 것으로 기대한다. 신뢰성 엔지니어링과 프라이버시 엔지니어링은 모두 사용자의 신뢰를 보장하겠다는 궁극적인 목표가 있다. 둘 다 "시스템이 사용자가 이해할 수 있는 방식으로 제대로 작동하고 있는가? 아니면 시스템이 예상대로 작동하지 않아 사용자가 놀라게 될 것인가?"라고 묻는다. 사용자 기대치를 살펴보는 한 가지 방법은 사용자가 놀라는 경우를 시스템의 장애 모드로 간주하는 것이다. 즉, 사용자가 자신의 데이터에 대해 시스템을 신뢰할 수 없으면 차라리 시스템이 다운되는 것이 나을 수 있다.

또한 신뢰성은 구조적 차원에서 프라이버시 영역과 교차한다. 프라이버시는 실제 기술과 관리 작업에 의해 보호된다. 따라서 시스템은 사용자 프라이버시라는 업무를 수행하려면 안정적으로 작동해야 한다. 소프트웨어 개발 수명주기 측면에서 프라이버시 및 신뢰성 문제도 모두 비슷하다. 오래전부터 운영 팀이 파이프라인에 일찍 참여할수록 최종 결과가 더 좋다는 것을 깨달았다. 프라이버시 엔지니어링에도 동일한 원칙이 적용된다. SRE는 신뢰성 전문가로서 이미 신뢰할 수 있는 시스템 또는 프로젝트를 제공할 때 사용자의 기대치를 충족시키는 것에 관련되어 있다. 그러나 프로덕트를 사용하는 사용자의 가장 큰 기대에는 프라이버시를 포함한다(사용자가 인지하는지와 상관없이). 프라이버시 이슈는 최근 몇 년 동안 공공의 중요한 쟁점이 될 만큼 인지도가 높아졌다. 그 어느 때보다 사용자들은 프라이버시 보호에 대해 서비스 제공업체에 더 많은 것을 기대하고 있다. 프라이버시는 근본적으로 사용자의 기대 및 신뢰와 연결되어 있으므로 프라이버시 제공업체가 사용자 데이터로 무엇을 하는지 오픈해야 한다는 높은 요구 사항이 있다. 사용자 기대치에 부응하기 위해 프라이버시 관련 업무를 진행하는 엔지니어, 기술 프로젝트 관리자, 프라이버시 엔지니어링을 담당하는 프로그램 관리자, 프라이버시가 가능한 SRE 담당자는 프라이버시 영역의 보호자가 될 것이다. 해당 팀은 근본적으로 신뢰할 수 있는 사용자 경험(UX)을 생성해 사용자의 암묵적이고 명시적인 기대치를 충족하는 책임이 있다.

좋은 소식은 이미 프라이버시 엔지니어링 분야에서 일하고 있는 사람들이 있다는 것이다(15장 후반부의 "프라이버시와 SRE: 일반적인 접근 방식" 단락에서 다룰 예정). SRE는 프라이버시 엔지니어에게서 배운 내용을 통해 생산적인 방식으로 프라이버시를 생각하고 접근하는 데 도움을 받는다. 더 좋은 점은 시스템이나 서비스에 프라이버시를 제공하는 것에 대해 더 나은 방법을 고민하고 있다면 처음부터 시작할 필요가 없다. SRE 기술은 프라이버시 영역에서 유용하기 때문에 SRE는 이미 프라이버시 가치를 만들어 낼 수 있는 직군이다.

프라이버시 엔지니어링의 일반적인 모습

프라이버시 엔지니어의 목표는 규정 준수를 넘어 좋은 프로덕트를 만드는 것이다. 프라이버시 엔지니어링은 단지 법적 준수의 달성 여부를 확인하는 체크박스가 아니다. 오히려 극히 까다로운 기술, 행정, 법적 요건에 따라 사람들이 신뢰하는 프로덕트를 얻기 위한 창의적인 해결책을 개발하는 것이다.

"이것은 프라이버시인가, 아닌가?"에 답하는 단일 체크리스트는 없다. 복잡한 규율인 프라이버시 엔지니어링은 어느 정도의 주관적인 특징이 있다. 여러 사람들(모든 계층의 사용자, 프로덕트 비저너리[01], 정부)은 프라이버시 관련 문제에 대해 상당히 다르고 분명한 욕구가 있을 수 있다. 바로 이것이 "사용자 존중"에 대해 생각해야 하는 이유 중 하나이다. 비록 사용자 존중이 명시적인 멘탈 모델은 아니지만 사람들이 올바른 질문을 하게 한다. "프로덕트의 공지와 정책을 접할 때 내가 사용자로서 이 프로덕트는 올바르게 작동한다고 생각할까? 다른 사용자는 어떻게 생각할까?" 프라이버시 엔지니어링은 이상적으로 다양한 삶의 경험, 인구 통계, 개인 철학을 통합해 의도적으로 다양성을 추구해야 한다. 정말 좋은 프로덕트를 만들기 위해서는 최대한 많은 관점을 통합하고 다른 참고 기준에서 명백한 관점을 놓치지 않도록 해야 한다("당신은 구글의 이 팀에 대해 들어본 적이 없겠지만 - 그들은 당신을 생각하고 있다."라는 버즈피드 기사의 앰버 유스트(Amber Yust)의 코멘트를 참고(https://bit.ly/3e5ccNk)하길 바란다).

구글 엔지니어인 리 키스너(Lea Kissner)는 "프라이버시, 보안, 편집증"이라는 구글 플러스 포스트(현재는 서비스 안 함)에서 "프라이버시 엔지니어는 사용자와 인터넷의 어두운 부분 사이에 서 있다"라고 주장한다. 프라이버시 작업은 세 가지 주요 범주로 분류되곤 한다(보안 엔지니어링은 15장에서 제외한다. 이는 자체적으로 철저히 다뤄야 하는 중요한 주제이다.).

보호
프로덕트에 대한 잠재적인 프라이버시 문제를 찾아 해결한다. 프로덕트 팀에서 진행하는 대부분의 해결 작업은 비즈니스 분석가부터 지원 팀에 이르기까지 여러 팀에 좋은 프라이버시 프랙티스를 컨설팅하고 가르치는 것 외에도 문화적 사고방식과 관련된 부분을 포함한다.

강화
프로덕트를 개발하는 모든 팀이 "올바른 일을 수행"하기 쉽게 한다. 앞서 살펴본 문화적 사고방식 관련 단계를 따르는 기술 인프라 단계이다. 이를 위해 프라이버시 엔지니어는 인프라를 설계 및 구축하고 팀과 협력하여 기존 시스템을 개선한다. 또한 프라이버시 관련 프로덕트 기능을 구축하며 프라이버시 개념을 쉽게 구현할 수 있도록 공유 라이브러리를 개발하고 제공한다.

---

01 (역자주) 프로덕트 비저너리(product visionary): 누구도 생각하지 못했던 시장에서 입소문을 일으키거나 실제 프로덕트의 요구를 해결하는 훌륭한 프로덕트를 내놓는 사람들을 말한다.

없애기

프라이버시 이슈가 발생하면 프라이버시 엔지니어가 불을 끈다. 이런 화재를 통해 프라이버시 엔지니어는 한 팀뿐만 아니라 많은 팀에 프라이버시 솔루션을 일반화하거나 향후 문제를 방지할 방법을 찾는다. 때때로 민감한 프라이버시 성격 때문에 법률 부서로부터 주의를 받는 경우가 많지만 포스트모텀 문화는 SRE와 마찬가지로 프라이버시에 유용하다.

프라이버시 엔지니어는 자신이 담당하는 프로덕트와 서비스에 대해 매우 구체적인 방법으로 보호하려고 한다. 프라이버시 엔지니어에게 프로덕트 또는 서비스에 대한 평가를 요청하면 다음의 질문들을 고려할 것이다.

- 어떤 데이터가 관련되어 있는가?
- 데이터는 어디에 저장되는가?
- 데이터는 어떻게 사용되는가?
- 이 데이터를 사용하게 되면 어떤 잠재적인 영향을 미치는가?
- 사용자의 기대는 무엇인가?
- 누가 데이터에 어떻게 접근할 수 있는가?

이 체크리스트는 다소 공격적일 수 있다. 바로 답변할 수 없는 미묘한 질문인 동시에 불완전하다. 훌륭한 프라이버시 엔지니어는 프로덕트의 작동 방식과 실제 데이터의 흐름에 대한 미묘한 차이를 고려한다.

프라이버시 엔지니어는 프라이버시를 잘 모르는 관점에서 누가 봐도 분명하지 않은 시스템이나 사용자 행동의 측면을 자세히 분석한다. 프라이버시 엔지니어는 반드시 복잡성에 대한 상태를 유지해야 하지만 공감하는 연습과 이 연습을 엔지니어링 작업에 반영하는 방법에 관한 기술도 갖고 있다. 예를 들어, 버그를 디버깅하거나 장애를 해결할 때 프라이버시 엔지니어는 사용자 영향뿐만 아니라 사용자의 특정한 의도(즉, 사람의 동기, 욕망, 목표)에 대해서도 생각한다. 게다가 "일반" 사용자뿐만 아니라 프로덕트 사용과 프라이버시에 대한 사용자의 다양한 가정과 기대를 고려한다.

만약 시스템 버그로 인해 의도하지 않은 작동이 수행되었다면 버그 수정은 보통 두 개의 단계를 거친다. 먼저 특정 원인/버그("일단 중지")를 수정한 다음 영향을 받는 사용자를 의도한/정상 상태("뒷수습하기")로 복원하는 것이다. 여기서 두 번째 단계가 프라이버시 엔지니어의 작업이 유용하다. 왜냐하면 특정 사용자에 대한 "의도한 상태"는 종종 대답하기 복잡한 질문이기 때문이다(고려사항: 사용자가 버튼 누르는 것을 계속 반복하고 싶을까?). 명시적인 사용자 상호 작용에 대한 명확한 데이터가 있다면, 사용자는 얻은 결과와 기대했던 결과를 비교하는 게 훨씬 수월할 것이다. 이는 예상된 시스템 작동을 복구하는 데 걸리는 시간에 큰 영향을 줄 것이다. 이 정보를 사용해 프라이버시 엔지니어는 출력이 손상되었어도 입력을 분석하고 재생해서 정상 상태로 돌아갈 수 있다. 이 기능은 영향을 주는 버그가 프라이버시 선호 데이터 또는 ACL(액세스 제어목록)과 같이 프라이버시에 중요한 경우 특히 필요하다. 따라서 프라이버시 엔지니어는 이런 시나리오를 미리 구상하고 안전망 인프라가 처음부터 구축되었는지 확인할 것이다.

프라이버시 및 SRE: 일반적인 접근 방식

사용자 신뢰를 보장한다는 동일한 목표가 있는 신뢰성 엔지니어링과 프라이버시 엔지니어링은 아마도 그들이 찾는 사람 또한 비슷한 사고방식과 관점을 갖고 있을 것이다. 두 분야에서 모두 "깨진 것을 보는" 능력은 훌륭한 엔지니어의 핵심 면모이다. 물론 두 분야가 서로 다른 초점(신뢰성 vs. 존중)이 있지만 훌륭한 프라이버시 엔지니어와 신뢰성 엔지니어는 단순히 시스템의 성공 여부가 아니라 왜 시스템이 중단되는지, 장애 발생에 관해 관심이 있다. SRE는 시간이 지나면서 얻은 많은 교훈을 프라이버시 엔지니어링에도 적용한다.

노동 줄이기

SRE를 간단한 운영 작업에서 제대로 된 엔지니어링 분야로 끌어올리는 한 가지 핵심 요소는 노동에 들어가는 사람의 시간을 줄이는 데 초점을 맞추는 것이다. 프라이버시 엔지니어링에도 같은 목표를 적용할 수 있다. 프레임워크와 디폴트 값의 신중한 선택은 사람의 노동을 줄일 수 있는 두 가지 기회다.

자동화

어쩌면 여러분은 SRE의 검증된 핵심 개념인 자동화가 프라이버시 엔지니어링에 분명한 방식으로 즉각 적용될 수 없다고 생각할 수 있다. 프라이버시와 관련된 문제는 개인의 의견과 개인의 결정이기 때문에 프라이버시가 쉽게 자동화될 수 없다는 의미일 것이다. 그렇지 않은가? 그러나 사실 자동화는 프라이버시 엔지니어링에 도움이 될 수 있다.

자동화는 종종 엔지니어가 하는 노동을 프로그래밍으로 제거하는 스크립트, 프로그램, 서비스 개발을 수반한다. 해당 모델을 프라이버시에 적용하려면 사람이 수동으로 확인하도록 요구하는 대신 감사를 제대로 설정했는지 확인하는 스크립트나 간단한 프로그램을 작성할 수 있다. 간단한 예시로 특별히 지정된 저장소 버킷만 내부에서 읽을 수 있고 다른 모든 데이터는 읽을 수 없는지 확인한다. 더 복잡한 예시로는 정책에서 교차 결합은 안 된다고 결정한 경우 두 데이터 집합에 접근하는 것은 상호 배제하는 것이다.

공유 아키텍처에 대한 기본 작동

자동화는 사람이 들여야 하는 노력의 양을 줄이고 단순화시켜서 다른 작업에 시간을 쓸 수 있도록 해준다. 기본적으로 "올바른 일"을 수행하는 시스템을 구축하고 많은 프라이버시 개선 사항을 효과적으로 "자동화"할 수 있다. 즉, "쉽게 교정하라"는 것이다. 특히 많은 의사 결정을 처리하는 시스템 기본값을 구현해 프로덕트를 구축하는 엔지니어의 잘못된 선택으로 바람직하지 않은 프라이버시 결과를 초래하는 결정을 내리는 빈도를 크게 줄일 수 있다.

믿을만한 프라이버시 엔지니어링은 프로덕트를 만드는 개발자에게 같은 질문에 동일한 결정을 내리는 일이 반복되는 대신 사전에 결정 사항을 알려주고 충분히 고려하도록 해야 한다. 주어진 상황의 80%에 해당하는 안전하고 정확한 결정이 있어야 한다면 해당 결정을 시스템의 기본값으로 설정한다. 이렇게 해서 엔지니어의 의사 결정 부담을 80% 덜어준다. 예를 들어, 공유 라이브러리, 스키마, 데이터 접근 계층은 기본값 구현을 고려하는데 좋은 곳이다. 결과적으로 여러분은 다시는 사전에 내릴 수 있는 결정을 처리하는 데 시간을 할애할 필요가 없다. 대신 실제로 어려운 결정에 시간을 할애하게 될 것이다. 여러분이 시간을 확보한 만큼 더 나은 (그리고 더 반복 가능한) 해결책을 찾기 위해 어려운 문제에 더 깊이 파고들 수 있다.

프라이버시 엔지니어가 직면하는 창의적인 도전 중 하나는 일반적인 선택과 가장 안전한 선택이 같지 않을 때이다. 다운스트림 개발자는 프로덕트의 용도가 그 목적에 부합하는지 신중하게 보기 때문에 가장 안전한 선택을 기본값으로 채택하지 않을 때가 있다. 따라서 다른 개발자가 이런 사례도 있다는 것을 알 수 있도록 문서로 만드는 것이 중요하다.

프레임워크

신뢰성과 프라이버시 문제는 여러 프로덕트와 서비스에 걸쳐 있다. 새로운 시스템에 직면하면 신뢰성 또는 프라이버시를 담당하는 엔지니어는 다양한 시스템을 이해하는 방법을 찾거나 시스템을 표준화하는 방법을 찾아 매번 처음부터 시스템을 다시 이해할 필요가 없게 해야 한다. 프레임워크는 효율적이고 확장 가능한 방식으로 신뢰성과 프라이버시의 베스트 프랙티스를 만든다. 또한 시스템 설계에서 두 가지 측면을 모두 고려하면 신뢰성과 프라이버시 표준을 충족하기 위한 프로덕트를 제공에 무리한 에너지와 자원을 투자할 필요가 없을 것이다.

그렇다면 조직 내 프라이버시에 프레임워크의 개념을 실제로 어떻게 적용할 수 있을까? 다음은 잠재적인 프레임워크 접근 방식에 대해 생각해볼 수 있는 예시이다.

- ACL(액세스 제어 목록)을 처리하는 방법은 시스템의 가장 중요한 특성 중 하나가 되는 것이다. 프레임워크를 확립하면 새로운 모든 시스템이 권장 베스트 프랙티스를 쉽고, 일관되게 적용할 수 있다.
- 사용자 데이터를 삭제하는 것은 프라이버시 엔지니어링의 또 다른 일반적인 이슈이다. 캐시, 타사 사이트로의 연동 등을 포함해 시스템 전체에 삭제 내용을 전파하는 일관되고 체계적인 시스템을 갖춰야 데이터가 분리된 상태로 있지 않게 할수 있다.

IT 업계는 프레임워크와 관련해 여전히 해야 할 일이 있다. 구체적인 예를 들자면 현재 RBAC(역할 기반 액세스 제어)를 사용하는 스타트업은 거의 없는 것 같다. RBAC는 업계에서 널리 인정받고 있는 우수한 프라이버시 엔지니어링 원칙을 기반으로 한다.[02] IT 업계에서 모든 종류의 표준 프레임워크(예: 새로운 프로덕트 또는 서비스를 제공할 때 무료로 최소의 특권의 원칙 (https://en.wikipedia.org/wiki/Principle_of_least_privilege)을 적용한 것)를 조사해도 별다른 성과를 얻지 못할 수 있다.

효율적이고 심층적인 문제 해결

SRE가 발전하면서 SRE는 비효율적이고 분리된 문제 해결로 이어지는 많은 이슈를 잘 풀어갔다. 프라이버시 엔지니어링은 동일한 (때로는 고통스러운) 여정을 경험하지 않고도 SRE 문화의 이런 문제 해결 측면을 아우를 수 있다. 다음은 SRE 베스트 프랙티스가 프라이버시 엔지니어링에도 직접 적용된 방법에 대한 몇 가지 예시들이다.

해결하기

문제를 해결할 때 검증된 솔루션을 공개해 다른 사람들이 시간을 허비하지 않도록 한다. 문제를 조사하고 해결하기 위해 무엇을 진행했는지, 내린 결정과 그 이유, 결정의 결과, 이런 상황을 다른 사람이 맞이했을 때 해당 솔루션을 채택해야 하는 시기와 이유를 널리 알린다. 제약 조건 및 문맥 관점에서 솔루션 범위를 반드시 문서로 만들도록 하자. 예를 들어, 미국 기준의 프라이버시 문제를 해결할 때 EU로 확장되면 해당 솔루션이 적용되지 않을 수 있다. 예시로 프라이버시 영역에서 다음을 수행할 수 있다.

- 사용자 동의 화면에 필요한 감사 추적을 생성한 후 재사용할 수 있는 시스템을 구축한다.
- 차별화된 시스템을 구축한 후 재사용한다.[03]
- UX 연구를 진행해 특정 기능의 프라이버시 의미를 명확하고 간결하게 설명하는 방법을 결정한다. 그런 다음 해당 유형의 기능을 가진 모든 프로덕트에서 특정 언어를 사용하도록 한다. (여기서 접근성은 흥미로운 방식으로 교차한다는 점)[04]

근본 원인을 찾아내기

단순히 증상을 수정한다는 것은 얼마든지 같은 문제가 재발할 수 있다는 뜻이다. 한 걸음 물러서

---

[02] 또한, 범위 접근(scoped access): 사람과 프로덕션 역할 모두에 부여된 접근 범위를 좁히면 프라이버시에 도움이 될 뿐만 아니라 보안 침해나 프로덕션 장애의 잠재적 영향도 줄어든다. 이 개념은 때때로 "루트 계정으로 모든 커맨드를 실행하지 말라"는 일반적인 시스템 어드민 조언에서 추측할 수 있겠지만 여기에서는 더 나아가 체계화된다.

[03] 비슷한 철학을 가진 시스템의 예시로 프라이버시 시스템 Rappor(https://github.com/google/rappor)의 코드를 참고한다.

[04] 표준화에 대한 좋은 예시로는 안드로이드(Android)와 iOS에 대한 앱 권한 요청이 있다.

서 큰 그림을 보면서 문제의 실제 원인을 파악해 근본적인 문제를 해결하도록 추가 조사에 투자해야 한다. 포스트모템 관련 내용에서[05] 다룬 것처럼 사람들을 비난하고 책임을 묻는 조사는 비생산적이다. 대신 문제의 원인이 되는 기술이나 프로세스 요인을 수정하도록 한다.

프라이버시 영역에서는 다음과 같이 근본 원인을 찾는 원칙을 적용할 수 있다.

- 버그 때문에 데이터 유출이 발생한다면 버그만 수정하지 말자. 때로는 문서, 보호 장치, 테스트를 수정해야 할 수 있다. 또한 라이브러리 또는 프레임워크에서 제대로 처리하고 있어도 원만한 일의 진행을 방해하고 있다면 수정을 결정할 수 있다.
- 스토리지 디렉토리의 ACL이 지나치게 광범위하다고 판단하다면 특정 ACL만 수정하지 않도록 한다. 디렉터리를 설정하는 툴을 찾아서 기본 ACL을 더 좁게 변경한다.
- 프로젝트 설계 단계의 초반부에 프라이버시 우려를 강조하는 기억에 남는 방법을 직무 기능에 작성한다. 예를 들어, 어떤 사용자 인터페이스 요소가 "누가 어디에서 무엇을" 나타내는지 일관되게 열거하는 공유 흐름을 위한 설계(누가 공유하는지, 무엇을 공유하는지, 어디서 공유하는지)가 있다면 결국 "누가 어디에서 무엇을"은 일종의 주문이 될 것이다.

관계 관리

자동화와 근본 원인과 같은 개념은 신뢰성 및 프라이버시 환경에서 확실한 강점일 수 있지만, 프라이버시 엔지니어링과 SRE는 외부와 단절된 상태에 있지 않다. 두 조직 모두 여러 조직과 함께 더 큰 엔지니어링과 프로덕트 생태계에서 일하며 각각 자체 우선순위와 목표를 갖고 있다. 프라이버시 엔지니어링은 신뢰성 엔지니어링과 다른 방식으로 교차 기능을 수행한다는 점에 유의해야 한다. 이는 많은 프라이버시 작업이 엔지니어링 의무 사항이 아닌 법, 정책, 규정 준수 요구, 비즈니스 위험에 의해 추진되기 때문이다. 여기서 프로덕트 팀 관계와 프라이버시가 SRE의 지혜를 활용하는 방법에 초점을 맞춘다.

프라이버시에서 관계 관리의 핵심은 눈에 띄는 기능이 아니라 사용자에게 가장 큰 실용적인 영향을 주는 요소에 집중하는 것이다. 프라이버시는 잠재적인 영향과 중대한 이해관계가 관련된다는 점에서 독특하다. 완벽한 프로덕트의 색상 스키마 또는 메뉴바를 결정하거나, 합의된 SLA(서비스 수준 계약)의 위반 여부를 확인하는 것과 달리 대부분의 프라이버시 관련 실수는 한 방향으로만 움직이는 경향이 있다. 따라서 개인 데이터를 잘못 처리하면 보통은 되돌릴 수 없다.

이해관계가 워낙 높기 때문에 동료에게 실행할 수 있고, 건설적인 피드백을 제공해 강력한 협력 관계를 조성하는 것이 중요하다. 프로덕트 팀에 지침을 제공할 때 프로덕트 또는 프로세스에 왜 결함이 있는지 지적만 하는 것은 피해야 한다. 그 대신 공유된 비전을 구축하는 일에 집중한다.

---

[05] 『사이트 신뢰성 엔지니어링:구글이 공개하는 서비스 개발과 운영 노하우』, 15장 (https://sre.google/sre-book/postmortem-culture/)과 '포스트모템 액션 항목: 작업 계획을 수립하고 작업 계획대로 일하기(Postmortem Action Items: Plan the Work and Work the Plan)(https://research.google/pubs/pub45906/)'를 참고하기 바란다.

그래서 나의 목표와 공유된 더 큰 목표를 달성하는 방법을 빠르게 피드백하는 것이다. 예를 들어, 투명성과 통제라는 프라이버시 중심 목표를 달성하기 위한 노력이 사용자를 만족시킨다는 사실을 프로덕트의 신뢰를 구축하려는 프로덕트 팀의 목표와 일치한다. 모든 관계가 그렇듯 피드백 루프 또한 양방향이다. 따라서 양쪽에 있는 사람들은 가치 제안을 명확하게 하고 상대방의 목표를 분명히 인지해서 공동의 목표를 향해 협력하면 서로의 시간과 에너지를 절약할 수 있다.

에반젤리즘(Evangelism)을 통한 조기 개입 및 교육

동료들이 신뢰성과 프라이버시를 프로덕트 결정에 포함해야 한다는 것을 알게 되면, 나의 재능을 가장 잘 적용할 수 있는 분야와 다른 사람들을 교육해서 전문 지식을 잘 확장하는 방법을 파악하기 바란다. 목표에 대한 지식 즉 목표가 무엇인지, 특정 목표를 갖게 된 이유도 함께 알리는 것이 좋다. 단순히 개발자에게 "이 프로덕트는 x를 수행해야 합니다."고 하는 대신 "이 프로덕트가 x를 수행해야 하는 이유는 무엇인가요?"라고 물어야 한다(그 대답은 아마도 프로덕트가 x를 수행하지 않으면 의도하지 않은 결과인 y와 z가 될 것이다). 더 좋은 점은 a와 b의 입증된 장점과 함께 x를 수행하는 다른 프로덕트도 안내하는 것이다.

신뢰성 영역에서는 이런 대화가 다음과 같이 보일 수 있다.

- **좋지 않은 대화**: "서비스를 이 RPC 프레임워크로 옮겨야 합니다."
- **좋은 대화**: "이 서비스는 해당 RPC 프레임워크로 옮겨야 요청을 잘 모니터링할 수 있습니다. 이렇게 하면 속도 저하가 발생한 부분을 파악할 수 있고 프로덕트의 성능 개선을 진행할 수 있습니다."

프라이버시 영역에서는 이 대화가 다음과 같이 보일 수 있다.

- **좋지 않은 대화**: "새로운 프라이버시를 설정한 계정 대시보드와 통합하려면 프로덕트가 필요합니다"
- **좋은 대화**: "이 프로덕트는 새로운 프라이버시 설정 계정 대시보드와 통합되어야 합니다. 프로덕트 x, y, z는 이미 새로운 대시보드를 사용하고 있어서 해당 대시보드와 통합하면 사용자가 찾을 것으로 예상되는 제어장치를 찾는 데 도움이 될 것입니다. 이 통합의 최종 목표는 프로덕트 전반에 일관된 경험을 제공해 사용자 불만을 최소화하는 것입니다."

신뢰성과 프라이버시 관련 문제와 연관해 사람들이 왜 특정 가이드를 제공하는지 이해한다면 당면한 프로젝트와 향후 프로젝트 둘 다 도움이 될 것이다. 팀에서 여러분의 관심 영역을 미리 이해했다면 프로덕션 배포 직전이 아니라 프로젝트 수명주기 초기부터 능동적으로 참여할 수 있다. 다시 말하지만 좋은 의사소통의 핵심은 책임을 부여하기보다는 공유된 임무에 집중하게 하고 좋은 의도를 갖는 것이다.

설계 단계("프레임워크" 참고)에서 프라이버시와 신뢰성 엔지니어를 프로덕트에 참여시켜 프레임워크를 제공하는 것보다 프로젝트의 초기부터 직접 참여하는 것이 가장 좋다. 그리고 주도적인 교육은 동료가 적절한 시기에 프라이버시와 신뢰성에 관해 이야기하도록 하는 것이 최선의(때로는 유일의) 희망이다. 그렇지 않으면 사람들은 (강제로 대화하기 전까지) 프라이버시 엔지니어링에 참여해야 한다는 사실조차 깨닫지 못한다. 일반적으로 새로운 프로덕트나 기능을 개발할 때 마지막에 문제가 발생하곤 하기 때문이다. 초기 단계부터 프로덕트에 관여하지 못한다는 것은 프로덕트가 원하지 않는 방향으로 전환한다는 것을 의미한다. 나의 관심 사항과 관심 갖게 된 이유를 이해하는 광범위한 네트워크를 보유하면 동료가 장애와 기타 잠재적인 문제를 발견하는 데 도움이 될 것이다.

다른 사람에게 프라이버시 교육을 사전에 진행하면 부하를 분산시킬 수 있다. 목표는 팀이 마땅히 처리해야 할 작업을 피하는 것이 아니라 오직 나만이 해결할 수 있는 어려운 문제에 시간을 할애할 수 있는 지식 공유에 참여하는 것이다. 명확한 문제에 대해 동료가 여러분의 관심사를 이해하고 명백하게 예측 가능한 문제를 피하는 방법을 안다면 이슈 자체는 간단해서 따로 요청할 필요가 없다. 따라서 프로덕트 팀은 시간을 절약할 수 있을 뿐 아니라 동료가 원점에서 고려해야 할 잠재적인 프라이버시 이슈를 염두해 작업을 다시 수행할 필요가 없다.

예를 들어, 접근 제어는 모든 프로덕트 팀이 전략적으로 다가가야 하는 주제이다. 이 주제를 논의할 때 각 프로덕트 팀과 기본 사항부터 다루는 대신 개발자에게 잘 구성된 접근 제어 그룹을 보유할 때의 장점을 먼저 교육한다. 신뢰성 관점에서 이것은 엔지니어가 변경할 때 장애를 일으킬 가능성이 작다는 것을 의미한다(일부 중요한 워크플로우는 접근 경로에 의해 연결되기 때문). 프라이버시 측면에서 시스템에 접근 권한을 가진 사용자를 잘 파악하여 사용자 데이터에 대한 무단 접근을 방지하는 것이 중요하다. 비슷한 맥락에서 서비스를 사용하는 사람을 명확하게 추적하려면 개발자가 프로덕트를 설계하도록 해야 한다. 만약 서비스에 접속하는 사용자를 구별할 수 없다면 문제 해결을 위해 누구와 협력해야 할지 알 수 없기 때문이다.

기본적인 질문을 검토하거나 표준 설계 조언을 반복해서 제공하느라 시간을 허비하지 않게 되면 팀이 직면하고 있는, 실제로 중요하고 어려운 문제에 대해 더 나은 결정을 내릴 수 있다. 또한 동료는 동료의 질문에 대한 처리 시간이 더 빨라지는 이익이 있다.

미묘한 차이, 차이점, 균형

신뢰성 엔지니어링과 프라이버시 엔지니어링의 유사점이 있지만 몇 가지 근본적인 차이점도 있다.

신뢰성이나 프라이버시가 엄격하게 흑백으로 갈리는 것은 아니지만 신뢰성에 대한 사용자의 기대치에 관련해 "신뢰성 중단"을 구성하는 허용 가능한 임계 값을 정의할 때 더 많은 권한을 갖게 된다. 프라이버시 "장애"는 사용자가 특정 사건에 어떻게 반응하는지, 심지어 법적 및 규제 요건과 같은 많은 외부 요인에 영향을 받는다. 특정 서비스가 1년 동안 99%의 가용성을 유지한다면 사용자들은 더할 나위 없이 좋아하겠지만, 만약 우리가 사용자의 데이터의 99%만을 올바른 방법으로 처리한다고 확신하면 과연 사용자가 만족할 수 있을까? 신뢰성 이슈는 본질적으로

"해결 가능"하다. 서비스가 다운되면 해당 서비스를 복구해 문제를 해결할 수 있지만 손상된 데이터베이스를 "고칠" 방법은 없다. 즉, 되돌릴 수 없다.

어떤 설계를 결정할 때 여러 측면 중 하나를 골라 교환할 수 있다. 그러나 사용자가 놀랄 정도의 대가를 치르고 기술적 신뢰성을 창출하는 것이 반드시 생산적인 것은 아니다. 이 등식은 프라이버시를 위한 가중치를 더 많이 둘 가능성이 있다. 때때로 "완벽하게 신뢰할 수" 없는 프로덕트를 전달하는 것은 사용 가능한 것을 전달한다는 것이다. 서비스 출시할 때 100% 위험이 없다고 하는 것은 제공할 것이 아무것도 없다는 것을 의미하기 때문이다. 그러나 "장애"가 계속 발생하면 프라이버시는 장애 해결과 같은 수준의 유연성을 갖지 못한다. 장애로 인해 중단된 서비스는 지속적인 이슈 없이 복구될 수 있지만 (사용자는 서비스에서 가끔 발생하는 장애를 이해한다) 프라이버시 침해 사고는 영구적으로 영향을 미칠 수 있다. 따라서 이런 장기적 영향은 운영 결정에서 고려되어야 한다. 즉, 추상적인 "사용자"가 있는 가상의 기술 서비스가 아니라 실제 사람들이 사용하는 프로덕트를 만드는 것이다.

결론

신뢰성 엔지니어링과 프라이버시 엔지니어링은 여러 면에서 근본적으로 유사하다. 두 분야 모두 동일한 기반에서 동일한 최종 목표를 향해 일한다. 일하며, 동일한 베스트 프랙티스와 접근 방식을 많이 활용할 수 있다. 또한 사용자에게 충분히 중요하고, 제대로 이해하고 수행하기가 어려우므로 두 분야 모두 나중 검토 수준이 아닌 업계의 정당한 엔지니어링 분야로 취급되어야 한다. 그리고 둘 다 여러분의 회사나 조직 문화에 뿌리내려야 한다. 성숙도는 다를 수 있지만 SRE와 프라이버시 엔지니어링의 핵심 사상이 업계 전반에 폭넓게 채택되면서 사용자의 기대와 함께 더욱 생동감 있고 빠르게 발전하고 있다.

구글 팀은 15장에서 설명한 기술을 자주 이용하여 사용자 프라이버시를 존중하는 세계적 수준의 프로덕트를 구축한다. SRE는 프라이버시 영역에서 명시적으로 작업하지 않더라도(특히 조직이 프라이버시 엔지니어링에 특정 리소스를 할당할 수 없더라도) 사용자의 프라이버시를 보호하는 높은 수준을 유지하고 있다. 효과적인 문제 해결 기술을 기반으로 작업하는 프라이버시 엔지니어는 15장에서 설명한 기술을 공감하고 사회적 문맥과 결합하여 사용자 중심 과제의 여러 영역을 다루게 된다. 노련한 SRE라면 알고 있듯이 측정 지표는 목적을 위한 수단일 뿐이다. 사용자의 경험이 무엇보다 중요하다.

더 읽을거리

- 프라이버시 및 국경을 넘나드는 개인 데이터 흐름에 관한 OECD 지침 (https://bit.ly/3viHZ3q)
- 구글의 프라이버시 정책 및 프라이버시기술 및 원칙 (https://bit.ly/3wtju3A)

벳시 베이어 Betsy Beyer

사이트 신뢰성 엔지니어링을 전문으로 하는 뉴욕시 구글의 테크니컬 라이터(technical writer)이다. 도서, 『사이트 신뢰성 엔지니어링(오라일리, 2016)』 편집 외에도 마운틴 뷰(Mountain View) 및 전 세계적으로 분산된 데이터 센터에 있는 구글 데이터 센터와 하드웨어 운영 팀을 위한 문서를 작성했다. 뉴욕으로 이사하기 전, 벳시는 스탠포드 대학교에서 테크니컬 라이터 강사로 있었다.

앰버 유스트 Amber Yust

2014년 구글의 프라이버시 활동에 참여하기 전 구글 SRE로 일했다. 이제는 프라이버시 엔지니어(privacy engineer)로서 기본적인 수준에서 구글 프로덕트를 신뢰할 수 있도록 프라이버시를 엔지니어링 하는 팀을 이끌고 있다.

CHAPTER 16

데이터베이스 신뢰성 엔지니어링

패스틀리Fastly**의 레인 캠벨**Laine Campbell

 16장은 레인 캠벨(Laine Campbell)과 채러티 메이저(Charity Majors)의 데이터베이스 신뢰성 엔지니어링 책에서 발췌한 것이다(오라일리, 2017). (https://www.oreilly.com/library/view/database-reliability-engineering/9781491925935/)

16장에서는 SRE의 한 부분인 데이터베이스 신뢰성 엔지니어링의 기술에 관해 이야기한다. 데이터베이스 계층은 위험에 대한 내성이 가장 낮은 계층이어서 신뢰성 엔지니어링 문화를 통해 가장 크게 성장할 기회 중 하나이다. 전통적으로 DBA는 사일로(Silo)[01]와 스노우플레이크(Snowflake)[02]를 만드는 업무를 진행했다. DBA가 사용하는 툴은 서로 다를 뿐 아니라 하드웨어, 언어도 달랐다. DBA는 SQL을, 시스템 엔지니어는 펄(Perl) 언어를 작성하며 소프트웨어 엔지니어는 C++ 언어를 작성하고 웹 개발자는 PHP 언어를 작성하며 네트워크 엔지니어는 완벽한 범용 장비에 관한 기술을 다룬다. 팀의 절반 정도만 어떤 방식으로든 버전 관리를 사용하고 있었고 서로 대화를 하거나 소통하지 않았다. 어떻게 그럴 수 있었을까? 마치 외국에 덩그러니 있는 것 같았다.

해당 모델이 효과적이고 지속 가능하다는 것을 증명할 수 있는 날이 얼마 남지 않았다. 16장은 데이터베이스 엔지니어링 안경을 통해 볼 수 있는 신뢰성 공학의 관점이다. 여기서 모든 내용을 다루는 대신 SRE 경험의 렌즈를 통해 중요하게 여기는 것을 설명할 것이다. 그다음에 이 프레임워크를 여러 데이터 저장소, 아키텍처, 조직에 적용할 수 있다.

---

01 (역자주) 사일로: "곡식을 저장하는 원통형 창고"란 뜻의 사일로는 다른 부서와 소통하지 않고 내부의 이익만을 추구하며 업무를 떠넘기거나 따로 IT 인프라 및 자체 솔루션을 구축 및 사용하면서 데이터가 일치하지 않는 현상이 발생하는 것을 말한다.
02 (역자주) 스노우플레이크: 번역하면 "눈송이"란 뜻의 스노우플레이크는 고유한 서버 환경에서 스크립팅과 수작업 프로세스의 즉석 조합에 의존해 인프라를 구성하고 배포한다. 따라서 프로젝트를 제대로 수행하거나 신뢰할 수 있게 반복하거나 신속한 자동화가 어렵다. 또한 개발 및 프로덕션 인프라와 설정을 신속하고 일관성 있게 배포하는 능력이 없으므로 많은 문제에 봉착하곤 한다.

데이터베이스 신뢰성 엔지니어의 지침

나는 신뢰성 엔지니어링 패러다임이 데이터베이스 엔지니어링의 세계에 얼마나 적합한지 자세히 살펴보느라 상당한 시간을 보냈다. 스스로에게 던진 첫 번째 질문 중 하나는 '데이터베이스 종사자의 새로운 반복을 바탕으로 둔 기본 원칙이 무엇인가'였다. 사람들이 데이터 저장소 설계와 관리에 접근하는 방식이 바뀌고 있다면 새로운 세계의 기반에 대한 정의가 필요했다. 따라서 데이터베이스 신뢰성 엔지니어(DBRE, DataBase Reliability Engineer)의 기본 지침은 다음과 같다.

데이터 보호

전통적으로 데이터 보호는 항상 데이터베이스 전문가의 기본 원칙이었고 지금도 같다. 일반적으로 허용되는 접근 방식은 다음의 항목을 통해 시도되었다.

- 소프트웨어와 데이터베이스 엔지니어 간의 엄격한 직무 분리
- 다양한 백업 및 복구 프로세스, 정기적인 테스트
- 잘 규제된 보안 절차, 정기적 감사
- 뛰어난 견고함을 지닌 고가의 데이터베이스 소프트웨어
- 모든 컴포넌트가 불필요하게 중복된 고가의 저장소 기반 제공
- 변경 사항 및 관리 작업에 대한 광범위한 제어

협업 문화를 가진 팀이라면 엄격한 직무 분리는 부담이 될 뿐만 아니라 혁신과 속도를 제한할 수 있다. 신뢰성에 영향을 주지 않으면서 안전망을 구축하고 직무 분리의 필요성을 줄이는 방법이 있다.

- 부서 간 데이터 공유 책임
- DBRE를 통한 표준화되고 자동화된 백업 및 복구 프로세스
- DBRE 및 보안 팀이 제공하는 표준화된 보안 정책 및 절차
- 프로비저닝과 배포 자동화를 통해 적용되는 모든 정책
- 데이터 요구 사항에 따라 데이터 저장소가 결정되고, 내구성 요구 사항 평가가 의사 결정 프로세스의 일부가 됨
- 고가의 복잡한 하드웨어보다는 자동화 프로세스, 중복성, 잘 시행 중인 절차에 의존
- 테스트, 에러 복구, 영향 완화에 중점을 둔 배포 및 인프라 자동화에 통합된 변경 사항

확장 가능한 셀프서비스

재능있는 DBRE는 드물다. 회사 대부분은 한두 명 이상 DB 전문가를 채용 중이라고 말하기 어려울 것이다. 따라서 팀에서 사용할 수 있는 셀프서비스 플랫폼 구축을 통해 최대한의 가치를

창출해야 한다. 표준을 설정하고 툴을 제공하면 팀은 과도하게 일하는 데이터베이스 엔지니어의 도움 없이 필요한 만큼 속도에 맞춰 새로운 서비스를 배포하고 적절히 변경할 수 있다.

다음은 셀프서비스를 적용할 수 있는 예시이다.

- 적절한 플러그인을 사용해 데이터 저장소에서 적절한 메트릭 수집을 보장하기
- 새 데이터 저장소를 효율적으로 사용할 수 있게 백업 및 복구 유틸리티를 구축하기
- 운영이 승인되고 팀별로 배포할 수 있는 데이터 저장소에 대한 참조 아키텍처 및 구성을 정의하기
- 보안 파트와 협력해 데이터 저장소 배포 표준을 정의하기
- 데이터베이스를 전환하기 위한 안전한 배포 방법 및 테스트 스크립트를 구축하기

즉, 효과적인 DBRE 기능은 다른 사람에게 권한을 부여하고 안내하는 것이지 모니터링하는 것이 아니다.

데이터베이스는 특별하지 않다

일반적으로 데이터베이스는 조직 인프라에서 중요한 컴포넌트이며 언제든 사용 가능한 상태여야 한다. 또한 장애와 손상 복구를 해야 하는 복잡성 측면에서 가장 많은 위험을 초래하는 경향이 있으므로 표준화, 자동화, 복원력을 위해 노력해야 한다. 중요한 것은 데이터베이스 클러스터의 컴포넌트를 건들 수 없다는 생각이다. 또한 언제든지 컴포넌트를 잃어버릴 수 있고 걱정 없이 효율적으로 교체할 수 있어야 한다. 유리 전시관에 모셔놓은 것 같은 취약한 데이터 저장소 개념은 과거에 있었던 일로 기억되어야 한다.

애완동물(pet) vs. 가축(cattle)에 대한 비유는 일반적으로 특별한 스노우플레이크와 상품 서비스 컴포넌트 사이의 차이를 설명할 때 사용된다.[03] 애완동물처럼 이름을 붙인 일명 펫 서버는 병이 들었을 때 건강을 되찾도록 먹이고 돌보며 양육해주는 개념의 서버이다. 2000년 트래블러시티(Travelocity)의 서버는 심슨(Simpsons) 캐릭터였다. 오라클 데이터베이스에서 실행하는 SGI 서버 2대의 이름은 패티(Patty)와 셀마(Selma)이다. 나는 늦은 밤까지 이 2대의 패티, 셀마와 정말 많은 시간을 보냈다. 이 둘은 높은 유지 보수가 필요한 서버였다!

일명 가축 서버에는 이름이 아니라 숫자로 명명하고 있다. 서버의 이름을 붙이느라 시간을 소비하지 않고, 개별 호스트에 로그인하는 데 시간을 낭비하지 않아도 되고, 서버에 문제가 생길 기미가 보이면 서버 무리에서 해당 서버를 뺀다. 만약 비정상적인 질병(장애)이 퍼지고 있다면 포렌식을 위해 빼낸 가축 서버를 주변에 두어야 한다. 그러나 이제부터 나는 애완동물과 가축에 대한 비유를 중단하고 더는 왜곡하지 않을 것이다.

---

03 Original attribution for this goes to Bill Baker, Microsoft Distinguished Engineer. 원래 마이크로소프트 최고 엔지니어(Microsoft Distinguished Engineer)인 빌 베이커(Bill Baker)가 설명한 내용이다.

데이터 저장소는 "애완동물" 서버의 마지막 보류 중 하나이다. 결국 데이터 저장소는 "데이터"를 갖고 있으며 수명이 짧고 표준화가 완료된 대체 가능한 "가축" 서버로 취급될 수 없다. 보고용 데이터베이스 복제본에 대한 특별한 복제 규칙은 어떠한가? 다중화한 메인(main) 데이터베이스의 스탠바이(standby) 데이터베이스 설정은 어떻게 다른가?

왜 지침을 안내하는가?
우리는 매일 직장에서 수시로 의사 결정을 해야 하는 상황을 만난다. 지침을 안내하는 이유는 일관성 있는 결정을 내릴 수 있게 돕기 위해서다. 이를 통해 각각의 결정이 하나로 합쳐져 일관성 있는 문화가 만들어지게 될 것이다.

데이터베이스 신뢰성 엔지니어링 문화

DBRE는 직함뿐만 아니라 DBRE의 모든 업무에서 신뢰성을 강조하는 이유는 데이터베이스가 위험과 혼란이 없는 곳 중 하나이기 때문이다. 오늘날 일상 업무에서 흔히 볼 수 있는 많은 것들은 위험을 감수할 수 있는 컴퓨팅 분야의 혁신에서 비롯되었다. 이제 이런 패러다임은 보편화되어서 조직의 가장 중요한 자원 중 하나인 데이터의 담당자가 데이터베이스를 잘 운영하는 방법을 찾는 것이다.

영구 데이터 저장소를 신뢰성 엔지니어링의 일류 시민으로 만들기 위한 작업 대부분은 아직 초기 단계에 있다. 데이터가 사용될 때 조직이 허용할 수 있는 위험은 매우 크다. 따라서 우리가 이런 개념을 조직의 사람들에게 어떻게 소개하는지 또는 우리가 데이터를 다루는 사람들에게 어떻게 반응하는지가 실제적인 규율과 직무가 된다. 비전과 의도를 갖는 것만으로는 충분하지 않다. 동시에 이 비전을 성공적으로 도입할 방법을 찾아야 한다.

데이터베이스 신뢰성 문화는 어떤 모습이며 어떻게 신뢰성을 촉진할 수 있을까? 데이터베이스 세계에만 특정하지 않는 신뢰성 문화를 생각하면 다음과 같은 많은 항목을 떠올릴 수 있다.

- 서로 비난하지 않는 포스트모템
- 반복적인 작업은 자동화
- 체계적이고 합리적인 의사 결정

모든 항목이 의미가 있고 운영 또는 SRE 조직 내의 모든 사람은 지속해서 이를 위해 노력해야 한다. 16장에서는 SRE가 데이터베이스 인프라와 지원 조직이 신뢰성 문화의 장점을 얻을 수 있도록 집중해야 할 특정 데이터베이스 엔지니어링의 두 기능을 살펴볼 것이다. 두 기능은 데이터 무결성 및 내구성, 지속적 전달(Continuous Delivery, CD)이다. 이 기능들은 SRE 세계에서 DBRE가 수행해야 하는 작업의 일부지만 예상되는 운영 및 엔지니어링 접근 방식의 훌륭한 단면을 포함한다.

복구 가능성

현실을 직시하자. 모든 사람은 백업과 복구는 지루할 뿐이며 전형적인 노동이라고 생각한다. 해당 작업은 종종 팀에서 상호 작용하는 것을 싫어하는 주니어 엔지니어, 외부 계약자, 타사 툴링으로 넘어간다. 이전에 아주 끔찍한 백업 소프트웨어로 작업한 적이 있었다. 실제로 있었던 일이다.

그러나 백업과 복구는 운영 작업에서 가장 중요한 프로세스 중 하나이다. 중요한 데이터를 노드 간, 데이터 센터 간, 장기 아카이브로 이동하는 것은 비즈니스에서 가장 소중한 업무이기에 운영을 2급 시민에 맡기지 말고 VIP로 취급할 것을 강력히 제안한다. 모두가 복구 목표를 이해할 뿐만 아니라 프로세스의 운영과 모니터링에 대해 잘 알고 있어야 한다. 많은 데브옵스 철학은 모든 사람이 코드를 작성하고 프로덕션으로 배포할 기회를 얻어야 한다고 제안한다. 이에 우리 또한 모든 엔지니어가 중요 데이터의 복구 프로세스에 한 번 이상은 참여해야 한다고 제안한다.

그리고 실제 요구 사항인 복구를 수행하는 방법으로 데이터 복제본(백업과 아카이브라고도 함)을 생성하고 저장한다. 때때로 복구는 감사자(auditor)를 위한 환경을 구축하거나 대체 환경을 구축하는 것처럼 멋지고 여유로운 작업이다. 그러나 복구는 장애가 발생한 노드를 신속하게 교체하거나 기존 클러스터에 용량을 추가하는 경우가 더 많다.

오늘날 분산 환경의 백업과 복구 영역에서 새로운 과제에 직면하고 있다. 이제 이전과 같이 대부분의 로컬 데이터 세트는 최대 몇 테라바이트 정도의 적정 규모로 분포되어 있다. 차이점은 해당 로컬 데이터 세트는 더 큰 분산 데이터 세트의 일부에 불과하다는 것이다. 노드 복구는 비교적 관리하기 쉬운 작업이지만 클러스터 전체 상태를 유지하는 것은 더 어려워진다.

복구 시 고려 사항

효과적인 전략인지를 처음 평가할 때 SLO(서비스 수준 목표)를 다시 살펴봐야 한다. 특히 가용성과 내구성 지표를 고려해야 한다. 어느 전략을 선택하든 여러분이 설정한 가동 시간(uptime) 제약 내에서 데이터를 복구할 수 있어야 한다. 그리고 내구성 파라미터에 충족할 수 있도록 데이터를 빠르게 백업해야 한다. 매일 백업을 수행하고 백업 간의 트랜잭션 로그가 노드 레벨의 저장소에 남아있다면 다음 백업을 수행할 때는 해당 트랜잭션이 손실될 수 있다.

또한 전체 생태계 내에서 데이터 세트의 작동 방식을 고려해야 한다. 예를 들어, 주문의 모든 정보를 관계형 데이터베이스에 트랜잭션으로 저장하면 쉽게 복구할 수 있다. 그러나 주문이 확정된 후에 대기열 시스템 또는 키-값 저장소에 저장된 이벤트를 통해 워크플로우가 실행될 수 있다. 해당 시스템은 궁극적 일관성(eventually consistent)이 있거나 일시적일 수 있으며 참고 또는 복구를 위해 관계형 데이터베이스를 사용할 수 있다. 복구할 때 여러분은 해당 워크플로우를 어떻게 처리할 수 있는가?

여러분이 개발 속도가 빠른 환경에서 근무하고 있다면, 백업에 저장된 데이터의 복구 완료 후 실행되는 애플리케이션이 아닌 다른 버전의 애플리케이션에서 작성되고 활용되고 있음을 알 수 있다. 애플리케이션이 이전 데이터와 어떻게 상호 작용할까? 이전 데이터가 버전 지정으로 애플리케이션과 잘 연동할 수 있길 바라지만 이전 데이터와 애플리케이션과의 상호 작용 방법을 알고 있어야 한다. 만일의 사태에 대비하지 않으면 애플리케이션은 논리적으로 이전 데이터를 손상하고 훨씬 큰 문제를 발생시킬 수 있다.

데이터 복구를 계획할 때 이런 요소뿐 아니라 예상하기 어려운 변수들을 고려해야 한다. 그렇다고 모든 상황을 대비할 수 없다. 다만 데이터베이스는 중요한 서비스이고, 데이터 복구 가능성은 DBRE의 가장 중요한 책임 중 하나이다. 따라서 데이터 복구에 대한 계획은 가능한 한 많은 잠재적인 문제를 고려해 가능한 한 광범위하게 이루어질 수 있어야 한다.

복구 전략 분석

백업 전략 대신 복구 전략을 설명하는 이유가 있다. 데이터 복구는 우리가 백업하는 모든 이유다. 백업은 단순히 목적을 위한 수단이며 따라서 실제 요구 사항인 파라미터 복구에 의존한다. "데이터베이스가 백업되었는가?" 이 간단한 질문은 "네. 복구 시나리오에 따라 여러 방법으로 백업되고 있습니다."라는 대답을 기대하는 것을 의미한다. 그렇다고 단순한 긍정(네)은 순진하고 무책임하고 위험한 잘못된 경계심을 조장한다.

효과적인 데이터베이스 복구 전략이 여러 시나리오에 가장 효과적인 전략으로 접근할 뿐만 아니라 데이터 손실/손상 감지, 복구 테스트, 복구 유효성 검사도 포함한다.

구성 요소 1: 감지

잠재적 데이터 손실이나 손상은 조기에 감지하는 것이 중요하다. 즉, 백업의 필요성을 인지할 때까지 백업이 만료될 수 있음을 의미한다. 따라서 모든 엔지니어링에서 감지는 높은 우선순위가 되어야 한다. 데이터 손실 또는 손상을 조기에 감지하는 기능을 구축하는 것 외에 조기에 감지하는 것이 실패한다면 복구할 수 있는 시간을 최대한 길게 확보하는 것도 중요하다. 이제 논의된 다양한 장애 시나리오를 살펴보고, 감지 및 복구 시간을 연장하는 실제 접근 방식을 살펴볼 것이다.

사용자 에러

데이터 손실을 식별하는 시간을 줄이는 데 가장 큰 중요한 점은 스크립트 또는 API 레벨의 추상화를 위한 래퍼(wrapper)를 제작할 때 수작업이나 임시로 변경 내용이 실행되지 않도록 하는 것이다. 엔지니어는 모든 변경 사항을 가능한 한 안전한지 확인하고, 테스트하고, 로깅 해서 적절한 팀에 전달할 수 있도록 효과적인 단계를 안내할 수 있다.

효과적인 래퍼(wrapper) 또는 API는 다음을 수행할 수 있다.

- 파라미터화를 통해 여러 환경에서 실행
- 실행 결과를 예측하고 검증할 수 있는 드라이런(dry-run) 단계
- 코드 실행을 위한 테스트 스위트(suite)

- 변경 사항이 기대치를 충족했는지 확인하기 위한 실행 후 유효성 검사
- 동일한 API를 통한 일시 삭제 또는 쉬운 롤백
- 식별 및 복구를 위해 수정된 모든 데이터를 ID 별로 로깅

이런 프로세스의 임시 및 수동 컴포넌트를 제거하면 문제 해결하는 엔지니어가 모든 변경 사항을 추적할 가능성을 높일 수 있다. 모든 변경 사항은 로그로 남기 때문에 추적이 가능하고 변경 사항은 간단히 사라지지 않을 것이다. 개발자 환경에서 생각한 데이터 삭제 방법을 알려줄 수 있다. 개발자가 데이터를 삭제하거나 변경(DELETE 또는 UPDATE)하는 대신 지속적인 작업 일정(INSERT, NEW VERSION, DELETE)을 기록할 수 있다. 이를 통해 애플리케이션은 특정 오브젝트의 전체 기록을 가질 수 있어서 비용이 많이 들고 에러가 발생하기 쉬운 사람의 복구가 아닌 소프트웨어 레벨의 복구 및 감사를 할 수 있다. 수동 작업은 보장할 수 없다. 즉, 수작업 프로세스는 기록을 잘 남길 수 있지만 일반적으로 자동화 프로세스에서는 로그 설정을 아예 건너뛸 수 있다.

애플리케이션 에러

엔지니어가 새로운 오브젝트와 속성을 도입할 때 DBRE는 애플리케이션 자체 외부에서 다운스트림으로 수행할 수 있는 데이터 유효성 검사를 식별하기 위해 그들과 협력해야 한다. 초기 작업은 파일에 대한 외부 포인터, 참조 무결성을 강화하기 위한 관계 매핑 및 개인 식별 정보(PII)와 같은 중요한 데이터 구성 요소에 대한 신속한 피드백 루프를 제공하는 빠른 테스트에 초점을 맞추어야 한다. 데이터와 애플리케이션이 증가하면서 이 검증의 비용은 더 오르고 더 가치 있게 된다. 엔지니어가 저장소 엔진보다는 데이터 품질과 무결성에 책임을 지는 문화를 구축하는 것은 다양한 데이터베이스를 사용할 수 있는 유연성뿐만 아니라 사람들이 애플리케이션 기능을 실험하고 신속하게 기능하는 것에 대한 자신감을 갖게 한다. 검증은 모든 사람이 용감하고 자신감을 갖도록 도와주는 역할을 한다.

인프라 서비스

복구해야 하는 심각한 상태의 인프라는 운영 가시성 스택에서 모니터링하고 신속하게 파악해야 한다. 그러나 자동 데이터 손실, 데이터 손상이나 가용성을 일으킬 수 있는 변경 사항이 있다. 골든 이미지를 사용해 인프라 구성 요소와 정기적으로 비교하면 테스트 이미지에서 벗어난 것을 신속하게 식별할 수 있다. 마찬가지로 버전 기반의 인프라는 누락된 인프라를 식별하고 적절한 엔지니어 또는 자동화에 경고할 수 있다.

운영 체제 및 하드웨어 에러

인프라 서비스와 마찬가지로 이러한 문제 대부분은 로그와 메트릭의 모니터링으로 빠르게 파악되어야 한다. 표준이 아닌 최신 사례는 조기 감지를 위한 모니터링을 식별하고 추가하려면 약간

의 생각과 경험이 필요하다. 디스크 블록에 대한 체크섬(Checksums)이 그 예다. 모든 파일 시스템이 이렇게 하는 것은 아니지만 중요한 데이터로 작업하는 팀은 체크섬(checksum)을 통해 숨어 있는 손상을 식별할 수 있는 적절한 파일 시스템을 고려하는 시간이 필요하다.

구성 요소 2: 다양한 저장 공간

효과적인 복구 전략은 운영 특성이 다른 저장소의 다양한 영역에 데이터를 배포하는 것이다. 서로 다른 복구 요구 사항은 다양한 저장소 영역에서 처리할 수 있으며 적절한 성능을 보장할 뿐만 아니라 여러 시나리오에 적합한 비용과 내구성을 보장한다.

온라인, 고성능 저장소

온라인, 고성능 저장소 풀은 대부분의 프로덕션 데이터를 저장하는 데 사용된다. 많은 처리량, 짧은 대기 시간으로 높은 가격대가 특징이다. 복구 시간이 가장 중요하다면 온라인, 고성능 저장소에 데이터 저장소와 관련 증분 백업의 최신 복제본을 저장하는 것이 무엇보다 중요하다. 이를 통해 호스트 장애 후 전체 데이터 세트 복제본을 포함하거나 용량을 추가하기 위해 노드를 신속하게 추가하는 등 일반적이고 중요한 복구 시나리오의 신속한 복구를 할 수 있다. 이러한 풀에는 사용 가능한 스냅샷도 종종 있다.

온라인, 저성능 저장소

온라인, 저성능 저장소 풀은 대기 시간에 민감하지 않은 데이터에 자주 사용된다. 용량이 큰 디스크는 처리량이 적고 지연 시간은 길지만 가격대는 낮다. 그래서 온라인, 저성능 저장소 풀은 용량이 훨씬 커서 더 많은 데이터 복제본을 보관할 수 있다. 상대적으로 빈번하지 않거나 영향이 적거나 장기간 실행되는 복구 시나리오에서는 이렇게 이전 백업 방법이 활용된다. 대표적인 사용 사례로는 조기 발견으로 미끄러진 애플리케이션이나 사용자 에러를 찾아 복구하는 것이 있다.

오프라인 저장소

스냅샷, 테이프 저장소 또는 아마존의 글레이셔(Glacier)와 같은 항목도 이러한 종류의 저장소 예시들이다. 스냅샷은 변경된 입출력(I/O) 블록만 저장하여 자원 오버헤드 수준에서 더 많은 복제본을 유지할 수 있게 한다. 볼륨 관리자 또는 파일 시스템을 통해 사용할 수 있으면 스냅샷을 통해 신속하게 시점 복구를 수행할 수 있다.

테이프 또는 글레이셔는 일반적으로 오프사이트에 있으므로 차량이나 느린 파이프라인을 통해 복구할 수 있는 구역으로 가져와야 한다. 이러한 유형의 저장소는 비즈니스 연속성 및 감사 요구 사항을 지원할 수 있지만 일상적인 복구 시나리오에는 적합하지 않다. 그런데도 규모와 비용 때문에 사업 수명 동안 또는 적어도 완전한 법적 준수 기간에 모든 데이터를 저장할 수 있는 방대한 양의 저장소를 여기에 이용할 수 있다.

오브젝트 저장소

오브젝트 저장소는 파일이나 블록이 아닌 오브젝트로 데이터를 관리하는 저장소 아키텍처이다. 오브젝트 저장소는 API, 오브젝트 버전 관리, 복제 및 배포를 통한 높은 수준의 가용성과 같은 기존 저장소 아키텍처를 통해 사용할 수 없는 기능을 제공한다. 이렇게 하면 특정 오브젝트를 쉽게 복구할 수 있다. 아마존 S3(Amazon Simple Storage Service)는 저렴하고 확장 가능하며 신뢰할 수 있는 오브젝트 레벨 저장소 계층의 전형적인 예이다.

각 오브젝트 레벨 저장소 계층은 여러 잠재적 시나리오에서 복구 가능성을 위한 포괄적인 전략을 담당한다. 모든 시나리오를 예측할 수 없는 상태에서 필요한 정도는 이뿐이다. 다음은 이러한 저장소 계층을 활용하여 복구 성능을 제공하는 툴을 살펴본다.

구성 요소 3: 다양한 툴박스

복구를 위해 데이터를 효과적으로 백업하는 방법으로 복제를 논할 수 없다. 복제는 시각장애 상태와 같아서 사용자 에러, 애플리케이션 에러와 손상을 일으킬 수 있다. 복제를 데이터 이동과 동기화에 필요한 툴로 생각할 수 있지만 유용한 복구 아티팩트(recovery artifacts)를 생성하기 위한 툴은 아니다. 마찬가지로 RAID(Redundant Array of Independent Disks)는 백업이 아닌 중복이다.

물리적 전체 백업

노드 레벨, 클러스터 레벨, 데이터 센터 레벨의 각 레벨에서 전체 복구를 수행해야 한다. 빠르고 이식 가능한 전체 복구는 동적인 환경에서 매우 강력하며 필수적이다. 전체 백업은 네트워크를 통한 전체 데이터 복제본이나 특정 호스트, 인스턴스에서 쉽게 연결하고 언제든 분리할 수 있는 볼륨(volume)이 있어야 수행할 수 있다. 이렇게 하려면 전체 백업이 필요하다.

온라인 고성능 저장소를 사용한 전체 백업은 온라인 클러스터로 즉시 교체해야 한다. 이 경우 압축 해제하는 데 많은 시간이 걸리기 때문에 이러한 백업은 일반적으로 압축되지 않는다. 온라인 저성능 저장소를 사용한 전체 백업은 테스트와 같은 다양한 환경을 구축하거나 분석과 데이터 포렌식용으로 활용된다. 압축은 제한된 저장소 풀에서 전체 백업 일정을 더 길게 지정할 수 있는 효과적인 툴이다.

물리적 증분 백업

증분 백업(Incremental backups)은 마지막 전체 백업과 이후 백업 시간 사이의 데이터를 저장한다. 물리적 증분 백업은 일반적으로 데이터 블록 내에서 변경된 데이터가 있는 데이터 블록을 통해 수행된다. 전체 백업은 저장소뿐 아니라 백업 중 성능에 미치는 영향 측면에서 모두 비용이 많이 들기 때문에 증분 백업을 사용하면 클러스터에서 사용할 수 있는 이전 버전의 전체 백업을 신속하게 가져올 수 있다.

논리적 전체 및 증분 백업

논리적 전체 백업은 데이터 서브 세트의 이식성과 더 간단한 추출 기능을 제공한다. 또한 노드의 빠른 복구에 사용되지 않는 대신 포렌식(forensics)에 사용하기 위한 완벽한 도구로서, 데이터 저장소 간에 데이터를 이동하고 대규모 데이터 세트에서 특정 데이터 서브 세트를 복구한다.

오브젝트 저장소

논리 백업과 마찬가지로 오브젝트 저장소는 특정 오브젝트를 쉽게 복구할 수 있다. 실제로 오브젝트 저장소는 이 특정 사용 사례에 최적화되어 있으며 API는 이를 통해 프로그래밍 방식으로 오브젝트를 복구할 수 있다.

구성 요소 4: 테스트

복구와 같은 필수적인 인프라 프로세스에서 테스트가 얼마나 자주 실패하는지 모른다. 테스트는 백업이 복구에 사용 가능한지 확인하는 필수 프로세스인데 종종 월별 또는 분기별로 수행되는 간헐적인 임시 프로세스로 설정된다. 이 방법이 아무것도 없는 것보다 낫지만 테스트 사이에 백업이 중단될 수도 있는데 여기서 소요되는 긴 시간을 허용하기도 한다.

진행 중인 프로세스에 테스트를 추가하는 데는 두 가지 효과적인 방법이 있다. 첫 번째 방법은 일상적인 프로세스에 복구 기능을 통합하는 것이다. 이러한 방식으로 복구는 지속해서 테스트 되므로 버그와 장애를 신속하게 식별할 수 있다. 또한 지속적인 복구는 복구에 걸리는 시간에 대한 데이터를 생성하고, 이는 SLA(Service-Level Agreement)를 충족하기 위해 복구 프로세스를 정비하는 데 필수적이다.

복구 프로세스를 지속적으로 일상 프로세스에 통합하는 예는 다음과 같다.

- 통합 환경 구축
- 테스트 환경 구축
- 프로덕션 클러스터 노드의 정기적인 교체

사용자 환경에서 데이터 저장소를 재구축할 충분한 기회를 허용하지 않는다면 지속적인 테스트 프로세스를 생성해 최신 백업 복구 프로세스를 수행한 후 해당 복구의 성공 여부를 확인할 수 있다. 자동화의 유무와 관계없이 오프사이트 백업 계층도 가끔 테스트해야 한다.

해당 구성 요소를 사용해 다양한 복구 시나리오에 대한 심층적인 방어 수단을 만들 수 있다. 복구에 사용되는 시나리오와 툴을 매핑해서 개발 및 자원 측면의 요구 사항을 평가할 수 있다.

복구 신뢰성 강화

이번 섹션의 대부분은 인프라를 구축하고 개발 팀이 데이터를 저장, 변경, 복구하는 방법에 대해 더 나은 선택을 할 수 있도록 중점을 두었다. 이것이 바로 신뢰성의 핵심이다. 즉, 조직 전체를 활용해 올바른 작업을 수행하고, 이를 위해 가장 다양한 도구를 제공하는 것이다. 다음으로 지속적 전달 기능에 대해 살펴보도록 하겠다.

지속적 전달: 개발에서 프로덕션까지

SRE가 할 수 있는 가장 가치 있는 활동 중 하나가 소프트웨어 엔지니어와 협력하여 애플리케이션 기능을 구축, 테스트, 배포하는 것이다. 기존의 DBA는 각 데이터베이스 마이그레이션, 데이터베이스 오브젝트, 데이터베이스에 접근하는 쿼리를 검토하는 게이트키퍼였다. DBA가 쿼리 검토 결과가 만족스럽다면 적절한 수작업 변경을 계획하고 데이터베이스 쿼리를 프로덕션으로 전환할 것이다. 그러나 게이트키퍼 역할이 너무 빨리 병목 구간이 될 수 있는데 이럴 경우 DBA는 소진되고 소프트웨어 엔지니어링의 좌절로 이어질 수 있다.

다음 내용에서는 시간, 기술, 경험을 효과적으로 활용하여 지속적인 통합(Continuous Integration, CI)과 지속적인 배포(Continuous Deployment)를 활용하는 소프트웨어 엔지니어링 프로세스가 병목 구간이 되지 않고 효과적으로 지원하는 방법을 살펴보고자 한다.

교육 및 협업

첫 번째 단계는 개발자 집단을 교육하는 것이다. 소프트웨어 엔지니어가 데이터 구조, SQL, 전반적인 상호 작용 전략에 대해 더 나은 선택을 할 수 있다면 직접 개입할 필요가 줄어들 것이다. 교육자의 역할을 맡으면 조직 내 더 나은 관계를 기대할 수 있고 신뢰와 소통을 촉진하면서 조직에 더 큰 영향을 미칠 수 있다.

규칙적인 상호 작용과 전략적 노력으로 팀이 데이터베이스 관련 대부분의 결정을 하도록 자원 선택과 자율성을 갖게 하자고 제안하고 싶다. 자신이 하는 일이 구체적이고, 측정 가능하며, 실행할 수 있도록 유지해야 한다. 팀의 성공을 위한 주요 지표를 정의하고 전략과 변경 사항을 구현할 때 이 지표가 팀에 어떤 도움이 되는지도 확인한다.

이를 위해 서로 다른 배경, 기술 수준, 전문적 맥락을 가진 사람들 간에 여러 기능을 넘나드는 상호 작용이 일어나는 긴밀한 협업이 필요하다. 교육과 협업은 이 과정에서 중요한 부분으로 기존의 "DBA" 역할에서 벗어나 기술 조직의 통합 일원이 될 좋은 기회다.

아키텍처

나는 아키텍처를 구축하고 배포하는 프로세스와 별개로 있는 고정된 문서를 좋아하지 않는다. 설정 관리 및 조정 시스템을 사용하면 많은 문서를 무료로 받을 수 있다. 여기에 툴을 추가하면 쉽게 검색해서 쓸 수 있는 것은 물론 노트와 코멘트에 주석을 추가하면 팀에서 바로 쓸 수 있는 생생한 문서가 만들어진다.

여러분의 일은 실수 없이 기능 작업을 하면서 매일 결정을 내리는 엔지니어들에게 지식, 상황, 그간의 기록을 이용할 수 있게 하는 것이다. 설계 문서의 지식 기반을 구축하면 아키텍처 주변의 맥락과 역사를 작성하는 데 필요한 구조가 생성된다. 이러한 문서는 새로운 아키텍처 구성 요소가 필요한 전체 프로젝트에 적용되거나, 더 작게는 점진적인 증분 변경이나 하위 프로젝트와 관련되기도 한다.

데이터 모델

조직의 데이터에 대한 지식도 중요하다. 무엇이 저장되고 어디에 있는지를 알면 개발하는 중에 허비될 상당한 양의 중복성과 조사 시간을 없앨 수 있다. 이는 또한 어떤 데이터 저장소가 특정 종류의 데이터에 적합하지 않은지 베스트 프랙티스로 제공할 수 있는 기회이다.

베스트 프랙티스 및 표준

엔지니어가 정기적으로 수행하는 활동에 대해 표준을 제공하는 것도 매우 가치 있는 일이다. 엔지니어를 돕고 의사 결정을 내릴 때 점진적으로 이 작업을 수행할 수 있다. 특히 조직에서 도메인 전문 지식이 없는 새로운 엔지니어를 정기 채용할 때 이러한 점진적인 결정을 신입 직원교육 및 교육 프로그램으로 통합할 수도 있다. 다음은 이에 대한 예시들이다.

- 데이터 유형 표준
- 색인 생성
- 메타데이터 속성
- 사용할 데이터 저장소
- 공개할 측정 항목
- 디자인 패턴
- 마이그레이션 및 데이터베이스 변경 패턴

엔지니어와 작업할 때 이런 정보를 게시하면 팀은 병목 현상에 대한 염려 없이 언제든지 접근 가능한 셀프서비스 지식 기반을 확보할 수 있다.

툴

소프트웨어 엔지니어에게 개발 프로세스를 위한 효과적인 툴을 제공하는 것이 궁극적인 성공 요인이다. 여러분은 그들이 새로운 데이터 저장소를 위한 벤치마킹 도구와 스크립트, 데이터 일관성 평가자, 템플릿 또는 구성자를 사용하는 것을 도울 수 있다. 따라서 여러분이 하는 일은 개발 프로세스의 속도를 높이는 동시에 더 높은 가치가 있는 일에 집중할 시간을 확보하는 것이다.

협업

정기적으로 교육하고, 툴을 만들고, 엔지니어에게 권한을 부여하면 좋은 관계는 자연스럽게 형성될 것이다. 어떤 엔지니어라도 여러분에게 연락하여 정보를 요청하거나 협업할 기회를 요구할 수 있어야 한다. 이는 SWE가 SRE 팀의 작동 방식은 물론 무엇을 원하는지 더 많이 알게 되고, SRE 팀은 소프트웨어 개발 프로세스에 대해 더 많이 알게 되므로 양쪽 모두에 큰 가치를 제공한다.

또한 엔지니어에게 먼저 연락해서 협업이 더욱 촉진될 수 있다. 데이터베이스 개발과 리팩토링에 의존하거나 의존도가 높은 기능들이 있다. 이 기능들을 통해 DBRE가 성공할 수 있어야 하고 효율성이 보장되어야 한다. 이를 위해 1:1로 짝을 이뤄 협업하거나 팀의 일원이 되어달라고 요청해야 한다. 마찬가지로 메인라인으로 마이그레이션이 수행되는 것을 주시하면 DBRE 팀이 검토해야 하는 부분을 선별하는 데 도움이 될 것이다.

다음으로 어떻게 하면 효과적으로 납품 파이프라인의 다양한 구성 요소를 지원할 수 있을지 논의하고자 한다. 지속적 전달이 새로운 개념이 아니지만 조직들은 이 프로세스에서 데이터베이스를 통합하는 데 어려움을 겪고 있다. 이에 어떻게 하면 데이터베이스 계층을 전체 전송 주기에 효과적으로 도입할 수 있는지 살펴보도록 하겠다.

배포

엔지니어가 위험을 최소화하면서 쉽고 점진적으로 환경을 수정할 수 있도록 데이터 마이그레이션을 분해하는 것이 타당하다. 따라서 우리의 목표는 데이터베이스 변경 사항이 프로덕션에 효과적으로 도입되도록 엔지니어가 전문가의 분석과 관리가 필요한 때를 인지할 수 있는 것이다. 또한 이 엔지니어들에게 변경 사항이 프로덕션에 안정적으로 적용되게 하는 툴을 제공하는 것이다. 정해진 유지 관리 기간만 제한하지 않고 언제든지 변경 사항을 적용할 수 있는 기능이 있다면 가장 좋다.

마이그레이션 및 버전 관리

데이터베이스에 적용되는 각 변경 세트는 숫자 버전이 지정되어야 한다. 일반적으로 변경 세트가 적용된 후 데이터베이스에 저장된 증분 정수를 사용해 버전별로 지정하면 된다. 이렇게 하면 배포 시스템에서 데이터베이스를 쉽게 확인하고 최신 버전을 찾을 수 있고, 푸시 코드를 준비할 때 변경 사항을 쉽게 적용할 수 있다. 만약 데이터베이스 버전 456에 대해 코드 배포가 인증되고 현재 데이터베이스 버전이 455일 경우, 배포팀은 코드를 푸시하기 전에 버전 456에 대해 설정된 변경 사항을 적용해야 한다는 것을 알고 있다.

그래서 소프트웨어 엔지니어는 코드 베이스에 버전 456 변경 사항을 적용했고 어떠한 장애 없이 통합이 성공적으로 실행되었다. 다음은 무엇일까?

영향 분석

이전에 푸시한 변경 사항을 테스트하는 영향 분석에 대해 논의했다. 데이터베이스에 푸시된 코드가 무의미하거나 보안 제어 위반과 같은 영향이 나타나지 않을 때까지 소프트웨어 엔지니어는 변경 사항을 수정해야 한다.

변경사항에 대한 영향도는 다음과 같다.

- 공유 오브젝트 잠금
- 자원의 포화
- 데이터 무결성 문제
- 복제 중단 또는 정지

마이그레이션 패턴

영향 분석 후 소프트웨어 엔지니어는 마이그레이션을 배포하는 적절한 방식으로 결정할 수 있어야 한다. 많은 마이그레이션의 경우, 실행하기 위해 많은 점진적인 증분 변경과 광범위한 검토 작업을 거칠 필요가 없다. 새로운 오브젝트, 데이터 추가 작업, 그외 운영 작업을 프로덕션에 쉽게 투입할 수 있다.

그러나 데이터가 시스템에 저장되면 기존 데이터의 변경 또는 제거, 데이터가 포함된 오브젝트의 수정 또는 제거가 마이그레이션할 때 서비스에 영향을 미칠 수 있다. 엔지니어가 DBRE를 들일 때가 바로 이때다. 다행히도 계획할 수 있는 일련의 변화가 있다. 엔지니어와 협력하여 마이그레이션을 계획하고 실행하면 변경 패턴의 저장소(repository)를 구축할 수 있다. 이러한 마이그레이션이 자주 발생하는 어느 시점이 되면 마이그레이션을 무리 없이 자동화할 수 있다.

모든 사람이 안전하게 작업할 수 있도록 플래그와 보호 장치를 더 많이 설치할수록 모든 팀에게 더 많은 자신감을 심어줄 수 있다. 이로 인해 개발 속도가 빨라질 것이다. 이제 456번 변경 사항 설정을 확인한 우리의 용감한 소프트웨어 엔지니어가 영향을 미칠 것으로 예상되는 변경 때문에 변경 플래그를 달았다고 가정해보자. 이때 엔지니어는 해당 작업이 적용되고 문서로 만들어지면 마이그레이션 패턴을 사용할 수 있다. 그렇지 않으면 DBRE 팀과 협력해야 한다.

마이그레이션 테스트

뻔한 얘기겠지만 변경 사항을 구현하는 세부 사항이 수정되면 프로덕션을 포함한 사후 통합 환경에 배포하기 전에 수정된 마이그레이션을 커밋하고 완전히 통합해야 한다.

롤백 테스트

마이그레이션과 마이그레이션의 영향을 테스트하는 것 외에도 DBRE와 DBRE 지원 팀은 마이그레이션 또는 배포 장애와 부분 및 전체 롤백을 고려해야 한다. 데이터베이스 변경 스크립트는 마이그레이션과 동시에 체크인되어야 한다. 테이블 생성과 같은 일부 마이그레이션에서 자동 생성된 기본값이 있을 수 있지만 유입된 데이터에 대한 계산이 있어야 한다. 따라서 단순히 오브젝트를 삭제해 되돌리는 것을 권장하지 않는다. 테이블 이름을 변경하면 데이터를 저장하고 복구해야 하면 계속해서 오브젝트에 접근하려고 할 것이다.

또한 마이그레이션 패턴을 사용하면 롤백을 정의하는 프로세스가 쉬워진다. 효과적인 롤백 스크립트가 없으면 통합 및 배포 프로세스의 결정적인 문제 요인이 될 수 있다. 스크립트가 작동하는지 확인하려면 다음과 같이 배포 및 테스트 패턴을 사용할 수 있다.

- 변경 집합 적용, 빠른 통합 테스트
- 롤백 변경 사항 집합 적용, 빠른 통합 테스트
- 변경 사항 집합 적용, 빠른 통합 테스트
- 장기 및 주기적인 테스트

복구 테스트와 마찬가지로 에러 복구 테스트는 매우 중요하며 모든 빌드 및 배포 프로세스에 통합해야 한다.

지속적 전달 우선순위 높이기

데이터베이스 변경은 역시나 지속적 전달을 위한 최후의 방해 요소이다. 데이터베이스 계층에 빠르고 안전하며 예측 가능한 변경이 가능할 수 있게 지원하면 시장에서 경쟁력을 갖추게 되며 조직의 능력은 그만큼 향상된다. 또한 팀 간의 신뢰를 쌓고 돈독한 관계를 구축할 수 있는 가장 좋은 기회이므로 지속적 전달 업무를 당연히 우선순위의 상위에 둬야 한다.

DBRE 사례 만들기

나는 16장을 통해 데이터베이스 엔지니어링의 판도가 어떻게 변화했는지 보여주고 싶었다. 시간을 내어 이 글을 읽어 주셔서 감사하다. 나의 기술 경력에서 가장 부담스럽고 복잡한 업무 중 하나인 데이터베이스 엔지니어링 분야를 발전시키고 싶은 마음이 늘 있다. 또한 DBRE 운동이 데이터 중심 서비스와 조직에 많은 가치를 가져다줄 수 있다고 믿고 있다.

바라기는 여러분이 속한 조직에서 이런 변화를 모색하고 더 많이 배우고자 하는 열망이 이 책을 통해 생기는 것이다. 무엇보다도 DBA의 유서 깊은 역할을 현대와 미래로 가져올 수 기회가 얼마든지 있다는 것을 알게 되는 것이다. DBA의 역할은 사라지지 않을 것이다. DBA 업무에 아직 익숙지 않은 초보자이거나 경험이 많은 베테랑 모두가 각자 속한 모든 조직에 가치를 부여하면서 오래오래 경력을 쌓기 바란다. 이 주제를 더 깊이 파고들기를 원한다면 다음의 더 읽을거리를 추천한다.

더 읽을거리

- 레인 캠벨(Laine Campbell)과 채러티 메이저(Charity Majors)의 『데이터베이스 신뢰성 엔지니어링(Database Reliability Engineering)』, 오라일리, 2017
  (https://bit.ly/database-reliability-engineering)
- 마틴 크렙만(Martin Kleppman)의 『데이터 집약적인 애플리케이션 설계(Designing Data Intensive Applications)』, 오라일리, 2017
  (http://shop.oreilly.com/product/0636920032175.do)
- 키에프 모리스(Kief Morris)의 『코드로서의 인프라(Infrastructure as Code)』, 오라일리, 2015
  (http://shop.oreilly.com/product/0636920039297.do)
- 데이비드 팔리(David Farley)와 제즈 험블(Jez Humble)의 '지속적 전달(Continuous Delivery)', 에디슨-웨슬리(Addison-Wesley)
  (https://www.amazon.com/Continuous-Delivery-Deployment-Automation-Addison-Wesley/dp/0321601912)

레인 캠벨 Laine Campbell

패스틀리(Fastly)의 엔지니어링 수석 부사장이다. 또한 레인은 'Obama for America', 'Activision Call of Duty', 'Adobe Echosign', 'Technorati', 'Livejournal', 'Zendesk'를 비롯한 기업의 데이터베이스 요구 사항에 대한 서비스를 제공하는 컨설팅 회사 PalominoDB/Blackbird의 설립자이자 CEO였다.

CHAPTER 17

데이터 내구성을 향상시키는 엔지니어

드롭박스Dropbox의 제임스 코울링James Cowling

SRE는 신뢰성(reliability)에 열중하지만 대다수 엔지니어에게 신뢰성은 단지 "어떻게 하면 사이트를 계속 운영할 수 있을까?"라는 질문 정도의 가용성(availability)과 다를 바 없다. 그러나 신뢰성에 있어서 다양한 측면에서 살펴봐야 하며 가장 중요한 부분은 "데이터 손실이나 손상을 방지하는 방법은 무엇인가?"를 고민하는 내구성(durability)이다.

내구성을 높이는 엔지니어링은 사용자 데이터를 저장하는 모든 회사라면 가장 중요하다. 회사 대부분은 가동 중지(downtime) 기간을 견딜 수는 있어도 사용자 데이터의 상당 부분을 손실된 뒤 살아남는 기업은 거의 없다. 특히 내구성이 뛰어난 시스템에 대한 전문 지식을 쌓는 것은 어렵다. 많은 회사가 성장과 함께 시스템이 성숙해질수록 가용성을 개선한다. 그러나 단 한 번의 내구성 실패로 회사는 무너질 수 있다는 사실을 기억해야 한다. 따라서 실제 내구성을 위협하는 부분과 이를 대비하는 엔지니어링을 파악하려면 미리 노력을 기울여야 한다.

복제는 꼭 필요하다

데이터 손실을 방지하려면 복제본을 여러 개 저장해야 한다. 또한 복제는 내구성에 관한 아주 기본적인 요구 사항이기 때문에 여기서 이 내용은 빠르게 훑어보고 지나가겠다.

백업

데이터를 백업한다. 백업의 가장 큰 장점은 기본 데이터 저장소와 논리적, 물리적으로 분리되어 있다는 것이다. 데이터베이스 상태가 손실 또는 손상을 초래하는 운영 에러는 백업에 영향을 미치지 않을 것이다. 신속한 로컬 접근을 제공하고 물리적인 장애로부터 보호하려면 인프라와 오프사이트 데이터를 로컬에 저장하는 것이 이상적이다.

그러나 백업은 특히 복구 시간과 최신 데이터와 관련해 몇 가지 주요 제한 사항이 있다. 복구 시간과 최신 데이터의 결합으로 예상보다 더 많은 데이터 손실이나 가동 중지 시간에 취약해질 수 있다.

복원

백업으로 상태를 복원하는 것은 뜻밖의 오랜 시간이 걸릴 수 있는데 특히 백업에서 복구하는 연습을 하지 않은 경우라면 더욱 그렇다. 실제로 최근에 백업을 테스트하지 않았다면 작동 자체를 안 할 수도 있다.

드롭박스 초창기에 치명적인 장애가 발생한 후 프로덕션 데이터베이스를 다시 시작하는 데만 8시간이 걸린다는 사실에 크게 당황한 적이 있다. 손상되지 않았는데도 MySQL의 innodb_max_dirty_pages_pct 파라미터를 너무 높게 설정해 MySQL이 충돌 복구 중에 리두(redo) 로그를 스캔하는 데만 8시간이 걸렸다.[01] 다행히 해당 데이터베이스에는 중요한 데이터가 없어서 이 데이터베이스를 우회해 몇 시간 만에 dropbox.com을 정상 상태로 되돌릴 수 있었지만 이는 확실히 경종을 울리는 사건이었다. 이후 운영의 정교함을 극적으로 개선했고 이 내용은 17장의 후반부에서 설명한다.

되살아남

백업은 시간상 이전 스냅샷이므로 보통 백업을 복원하면 최신 데이터가 손실된다. 그래서 아마도 일반적으로 빠른 복구와 기록 버전 관리를 위해 전체 스냅샷 백업과 최신 상태의 증분 백업을 모두 저장해 교착 상태를 최소화하고 싶을 것이다. 그러나 이보다 더 강력하게 보장하려면 실제 복제 프로토콜이 필요하다.

복제

데이터베이스 복제 기술은 비동기 복제(asynchronous replication)부터 반동기 복제(semi-synchronous replication), 전체 쿼럼(quorum) 또는 합의(consensus) 프로토콜에 이르기까지 다양하다. 허용할 수 있는 불일치 정도와 데이터베이스의 성능 요구 사항에 따라 복제 전략을 결정할 수 있다. 복제는 내구성을 위해 필수적이지만 불일치의 원인이 될 수도 있다. 복제본 데이터베이스에서 오래된 데이터를 잘못 읽지 않도록 비동기 복제 계획을 주의해야 한다. 마스터 데이터베이스의 지연으로 복제본 데이터베이스가 마스터로 승격되면 데이터가 영구적으로 손실될 수 있다.

일반적으로 회사에서는 하나의 마스터 데이터베이스와 두 개의 데이터베이스 복제본을 구성한 다음, 내구성 문제를 해결했다고 가정한다. 정교한 저장소 시스템은 특히 저장소 오버헤드가 심각해질 때 정교한 복제 메커니즘이 필요하다. 엑사바이트(exabytes)의 데이터를 저장하는 드롭박스와 같은 회사는 기본 복제보다 내구성을 더 효과적으로 제공하는 방법이 있다. 삭제 코딩(erasure coding)[02]과 같은 기법을 대신 채택해서 코드화된 중복 데이터를 많은 디스크에 저장

---

[01] 당시 드롭박스에서는 MySQL 5.1 버전을 운영하고 있었는데, MySQL 5.5 버전 이상에서 문제가 훨씬 적다.
[02] (역자주) 삭제 코딩: 데이터 저장 공간의 효율성을 위해 설계하는 저장소 데이터 복제방식이다. 삭제 코드(Erasure Code)를 이용해 데이터를 인코딩하고 데이터 손실 시 디코딩 과정을 거쳐 원본 데이터를 복구하는 데이터 복구 기법의 하나다.

하고, 낮은 저장소 오버헤드를 줄여 더 높은 내구성을 달성한다. 드롭박스는 일상의 디스크 장애를 복구하는 데 필요한 리전(region) 간 네트워크 대역폭을 최소화하면서 지리적으로 거리가 있는 여러 리전에 걸쳐 데이터를 분산 설계된 삭제 코딩 변형을 활용한다.

성능 평가

복제 기술의 선택 여부와 관계없이 "실제로 내구성은 얼마나 되는가?"라는 질문이 생길 것이다. 데이터베이스 복제본 하나면 될까? 두 개 아니면 더 많이 필요할까?

내구성을 추정하는 한 가지 편리한 방법은 일부 숫자를 마르코프(Markov) 모델에 연결하는 것이다. 이것을 단순화한 수학을 살펴볼 텐데 굳이 원하지 않는다면 건너뛰어도 좋다.

개별 디스크에 시간 단위로 측정하는 MTTF(평균 고장 시간, Mean Time to Failure)[03], 시간 단위로 측정하는 MTTR(평균 복구 시간, Mean Time to Recovery)으로 고장 난 디스크를 교체하고 복제할 수 있는 운영 프로세스가 있다고 가정하자. 이를 각각 실패율($\lambda = \frac{1}{MTTF}$)과 회복율($\mu = \frac{1}{MTTR}$)로 표현할 수 있다. 즉, 개별 디스크는 평균적으로 시간당 λ 장애율로 고장이 나고 개별 디스크 장애는 시간당 μ 복구 속도로 교체된다고 가정한다.

주어진 복제 체계를 보면 복제 그룹에 n개의 디스크가 있고, m개 이상의 디스크가 손실되면 데이터 손실이 있다고 가정하자. 예를 들어, 3부분으로 복제하는 데이터베이스의 경우 n = 3과 m = 2이고 RS(9,6) 삭제 코딩의 경우 n = 9와 m = 3이다.

해당 변수를 가지고 그림 17-1의 마르코프 체인을 모델링할 수 있다. 그림 17-1의 각 상태는 특정 그룹의 장애 횟수를 의미하고 상태 간 전환은 디스크 장애 또는 복구 속도를 의미한다.

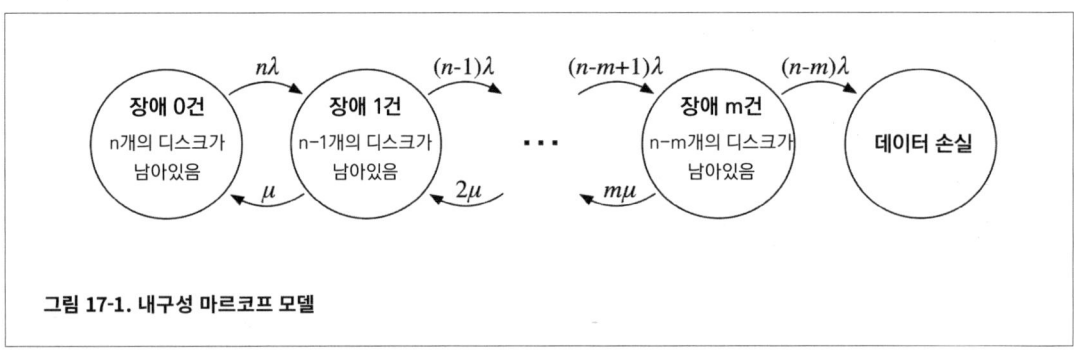

그림 17-1. 내구성 마르코프 모델

내구성 마르코프 모델의 첫 번째 상태에서 두 번째 상태로의 흐름은 $n\lambda$와 같다. 그 이유는 n개의 디스크가 남아있는데 시간당 λ개의 장애 비율로 장애가 발생하기 때문이다. 두 번째 상태에서 첫 번째 상태로 돌아가는 흐름은 시간당 μ 복구 속도로 복구되는 실패한 디스크가 하나만 있기 때문에 μ와 같다. 해당 모델의 데이터 손실률은 마지막 두 번째 상태에서 데이터 손실 상태로

---

03 (역자주) MTTF: 프로덕트 출하 후 고장 날 때까지 시간이 얼마나 걸리는지와 수명을 나타낸다.

이동하는 속도와 같다.

해당 흐름은 시간당 R(손실), 복제 그룹의 데이터 손실률로서 다음과 같이 계산할 수 있다.

$$R(loss) = n\lambda \times \frac{(n-1)\lambda}{\mu} \times \ldots \times \frac{(n-m)\lambda}{m\mu} = \frac{n!}{m!(n-m-1)!} \times \frac{\lambda^{m+1}}{\mu^m}$$

단순화된 실패 모델을 통해 일부 숫자를 연결하고 데이터 손실 가능성을 추정할 수 있다.

디스크의 연간 고장률(AFR, Annualized Failure Rate)이 3%라고 가정하자. AFR에서 $MTTF = \frac{-8,766}{\ln(1-AFR)}$ (이는 약 $\frac{8,766}{AFR}$ 이다.)을 사용해 MTTF를 계산할 수 있다. 이 경우 MTTF = 287,795 시간이다.

장애가 발생한 후 24시간 이내에 디스크를 교체하고 재복제할 수 있는 합리적으로 우수한 운영 툴이 있다고 가정하자. 따라서 MTTR은 24이다. 삼중 데이터 복제를 채택하면 n = 3, m = 2, $\lambda = \frac{1}{287,795}$, $\mu = \frac{1}{24}$ 이다.

해당 데이터를 이전 방정식에 연결하면 시간당 R(loss) = 7.25×10^{-14} 데이터 손실 장애 또는 연간 6.35×10^{-10} 장애가 발생한다. 즉, 특정 복제 그룹은 0.9999999994의 확률로 해당 해에는 안전하다는 것이다.

여기서 잠깐, 이 정도면 꽤 안전하지 않은가?

9가 9개인 내구성은 꽤 괜찮다. 그러나 복제 그룹이 너무 많으면 개별 그룹마다 9가 9개인 내구성이 있으므로 장애 확률이 더 높아 보이지만 전체적으로는 하나의 장애만 발생한다. 만약 대형 소비자 저장소 회사라면, 여러분은 더 강하게 내구성을 높이고 싶을 것이다. 복구 지연을 줄이거나 더 좋은 디스크를 구입하거나 복제 요인을 늘리면 내구성 높이는 것은 훨씬 쉬울 것이다. 드롭박스에서는 화려한 삭제 코딩과 자동 디스크 복구 시스템의 도움으로 9가 24개를 훨씬 뛰어넘는 이론적인 내구성 수치를 달성한다. 여기서는 데이터 손실이 사실상 불가능하다. 이제는 마음 편히 집에 가면 되는 걸까?

불행하게도…

내구성 추정치는 상한선에 불과하다!

천문학적으로 높은 내구성을 가진 시스템을 설계하는 것 자체는 쉽다. 9가 24개인 내구성은 1,000,000,000,000,000,000,000,000년의 MTTF이다. 이 MTTF가 우주의 나이를 더 작게 만든다면 아마도 우선순위를 재평가해야 할 때가 아닌가 싶다.

그런데도 이 내구성 수치 믿어야 할까? 물론 그렇지 않다. 여기서 진실은 이론적 내구성 추정치에 집착하는 것은 요점을 놓치고 있다는 것을 의미하기 때문이다. 일상적인 디스크 장애로 인해 데이터가 손실될 가능성이 얼마나 되는지 알 수 있긴 하지만 일상적인 디스크 장애는 모델링하고 보호하기가 쉽다. 만약 일상적인 디스크 장애로 데이터가 손실된다면 아마도 작업에 문제가 있을 것이다.

무엇이 데이터 손실 가능성이 가장 클까? 한정된 시간 내에 지리적으로 떨어진 여러 리전에서 서로 다른 6개의 디스크 세트가 손실되고 있는가? 아니면 운영자가 실수로 모든 파일을 삭제하는 스크립트를 실행하고 있는가? 아니면 저장소 노드의 절반가량을 동시에 장애가 발생하는 펌웨어 버그인가? 아니면 조용히 객체의 1%를 손상시키는 소프트웨어 버그인가? 이러한 위협으로부터 보호하는 것이 진정한 SRE 작업의 시작이다.

현실 세계의 내구성

현실에서 가장 영향이 큰 장애는 볼 수 없는 것들 즉 "알 수 없는 미래의 장애"이다. 만약 미래의 장애를 볼 수 있는데도 아무런 조치를 하지 않는다면 제대로 일을 하고 있다고 할 수 없을 것이다. 트럭이 언제 데이터 센터를 들이받을지 또는 누가 언제 인턴 직원을 프로덕션 인프라에 배치하려고 하는지 결코 알 수 없으므로 장애가 일어날 가능성의 범위를 줄여야 하고, 복구할 수 있게 노력을 기울여야 한다. 언제든 나쁜 일이 일어날 수 있으므로 신뢰를 중요시하는 회사는 사용자에게 영향을 미치기 전에 대응하고 복구할 수 있도록 한다.

그렇다면 미래에 일어날 만한 장애 영역을 조심하려면 어디서부터 시작하면 좋을까? 이제부터는 내구성 엔지니어링의 4가지 핵심 내구성 전략을 살펴보도록 하겠다.

- 격리
- 보호
- 검증
- 자동화

격리

강한 격리는 장애 독립성의 중요한 요소이다.

복제를 기반으로 하는 내구성은 전적으로 복제본의 독립적인 장애에 달려있다. 이것이 꽤 뻔한 것처럼 보일 수 있는데 일반적으로 시스템의 개별 컴포넌트의 장애 사이에는 큰 상관관계가 있다. 데이터 센터 화재로 인해 온사이트 백업(on-site backup)이 파괴될 수 있다. 불량 하드 드라이브 배치로 인해 짧은 시간 내에 문제가 발생할 수 있으며, 소프트웨어 버그는 모든 복제본을 동시에 손상시킬 수 있다. 이런 상황에서는 격리 부재의 어려움이 있었을 것이다.

물리적 격리는 명백한 걱정거리지만 아마도 더 중요한 것은 논리적이고 운영적 격리에 대한 투자일 것이다.

물리적 격리

간단히 말해서 여러분의 것을 다른 것보다 중요하게 여기면 된다.

디스크에서 장비, 랙(rack), 행, 전원 공급 장치, 네트워크 클러스터, 데이터 센터, 리전 또는 여러 나라에까지 광범위하고 다양한 물리적 장애 리전이 있다. 스택이 올라갈수록 격리가 개선되지만 일반적으로 상당한 비용, 복잡성, 성능 저하가 발생한다. 여러 리전에 걸쳐 상태를 저장한다는 것은 네트워크와 하드웨어 비용이 많이 들고 지연 시간이 많이 증가함을 의미한다. 이에 드롭박스에서는 정전으로 인한 영향을 최소화하기 위해 데이터 센터의 전력 분배 체계를 고려해 데이터 배치 알고리즘을 설계한다. 대부분 회사에서 이것은 지나친 대응일 것이다.

모든 회사는 원하는 보장 수준과 기술 실현 가능성에 맞는 격리 수준을 선택해야 하고, 특정 격리 수준을 선택한 후에는 제대로 운영하는 것이 중요하다. "이 데이터 센터가 불타면 모든 데이터가 없어지고 회사는 이대로 끝입니다"라는 발언은 무책임하지 않다. 그러나 실제로 격리가 무엇을 보장하고 있는지 파악이 안 돼서 확신 없는 상태로 있는 것은 무책임한 것이다.

하드웨어를 이중으로 운영하거나 디스크 및 저장소 디바이스의 여러 하드웨어를 다양하게 운영하는 것과 같은 물리적 격리에는 여러 차원이 있다. 이는 많은 기업의 범위를 벗어나지만 대형 인프라 제공업체는 대개 프로덕션 부족이나 하드웨어 버그의 영향을 최소화하기 위해 여러 공급업체로부터 하드웨어 컴포넌트를 구매한다. 아마 여러분은 디스크 드라이버, 라우팅 펌웨어, RAID 카드와 같은 컴포넌트에서 발생하는 버그 빈도에 놀랄 것이다. 하드웨어 다양성을 신중하게 채택하면 치명적인 장애 영향을 줄일 수 있고 새로운 하드웨어가 프로덕션 검증 테스트를 통과하지 못한 경우 백업 옵션을 제공할 수 있다.

논리적 격리

장애는 계단식으로 연속 발생하는 경향이 있고 버그는 그대로 전파되는 경향이 있다. 만약 특정 시스템이 다운되면 프로세스의 다른 모든 시스템이 중단되는 경우가 많다. 특정 불량 장비로 인해 다른 장비에 손상된 데이터를 쓰기 시작하면 이 데이터가 시스템을 통해 전파되어 점점 저장소에 더 많은 데이터를 손상시킬 수 있다. 이런 장애는 분산 시스템이 컴포넌트 간에 강력한 논리적 의존성을 갖는 경우가 많기 때문에 발생한다.

논리적 격리의 핵심은 느슨하게 연결된 시스템을 구축하는 것이다.

논리적 격리는 달성하기 어렵다. 데이터베이스 복제본은 주요 데이터베이스에서 발급한 손상된 데이터를 아무런 의심 없이 저장한다. 주키퍼(Zookeeper)와 같은 정족수 합의(quorum consensus) 프로토콜도 같은 운명을 겪을 것이다. 해당 시스템은 내구성 관점에서만 밀접하게 결합될 뿐만 아니라 가용성 관점에서도 밀접하게 결합된다. 즉, 많은 부하로 인해 특정 컴포넌트에서 장애가 발생하면 그 여파로 다른 컴포넌트에 더 큰 부하가 가해지면서 순차적으로 장애가 발생할 것이다.

강력한 논리적 격리는 일반적으로 시스템의 기본 아키텍처에서 설계되어야 한다.

예를 들어, 드롭박스는 저장소 시스템의 리전 격리가 있다. 드롭박스의 파일 객체는 단일 지리적 리전 내에서 광범위하게 복제되지만 나라 반대편에 있는 완전히 분리된 지리적 리전에서도 복제된다. 특정 리전 내의 복제 프로토콜은 매우 복잡하고 높은 저장소 효율성을 위해 설계되었지만, 두 리전 간의 복제 API는 아주 간단하다. 그림 17-2와 같이 기본적으로 put과 get이다.

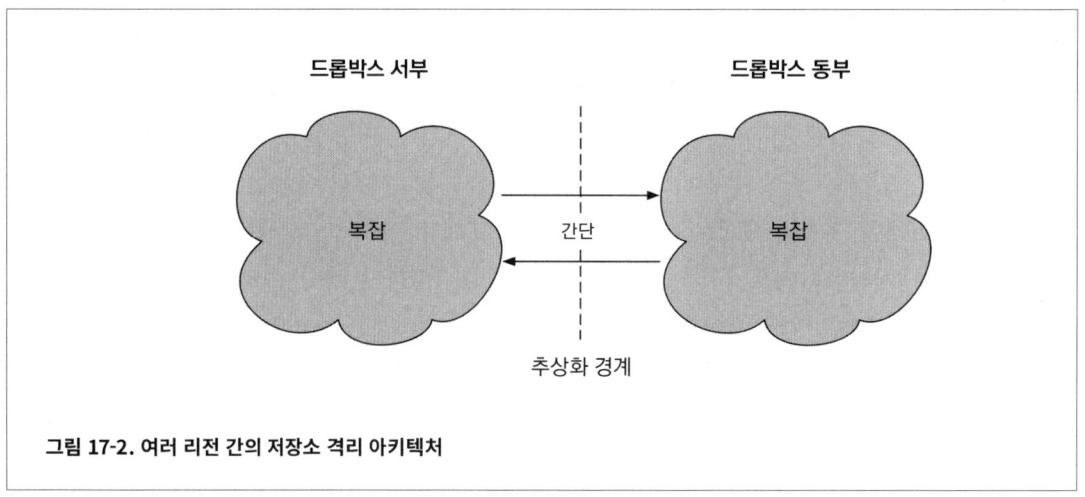

그림 17-2. 여러 리전 간의 저장소 격리 아키텍처

리전 간 강력한 격리는 모듈화를 통해 복잡성을 숨길 수 있는 좋은 방법이지만 복제 오버헤드 측면에서 상당한 비용이 든다. 그렇다면 기업은 저장소 운영에 대한 필수 비용보다 더 큰 비용을 지출하는 이유는 무엇인가?

저장소 리전 간의 추상화 경계는 계단식 전파 이슈가 여러 리전으로 전달되는 것을 극도로 어렵게 만든다. 느슨한 논리적 결합과 단순한 API는 특정 리전의 버그나 불일치가 다른 리전에 영향을 주는 것을 어렵게 한다. 또한 느슨한 결합은 비상 상황에서 최종 사용자에게 영향을 주지 않고 전체 리전을 중단시킬 수 있다. 사실 테스트를 진행할 때 매주 한 리전 씩 다운시키는 작업이 포함된다. 이 아키텍처는 시스템을 운영하는 엔지니어에게 과도한 운영 부담을 주지 않으면서 가용성과 내구성의 관점에서 매우 신뢰할 수 있는 시스템을 제공한다.

운영 격리

격리에서 가장 중요한 부분은 운영 격리인데 종종 간과된다. 광범위한 복제와 물리적 및 논리적 격리를 통해 세계에서 가장 정교한 분산 저장소 시스템 중 하나를 구축할 수 있지만 다른 사용자가 전체 펌웨어 업그레이드를 실행하도록 허용하면 디스크 쓰기가 실패하거나 실수로 모든 시스템을 재부팅 해버릴 수 있다. 이는 학술적인 예시가 아니라 실제로 드롭박스 초기에 발생한 일들이다.

일반적으로 시스템의 가장 위험한 컴포넌트는 시스템을 운영하는 사람이다. 성숙한 SRE 조직은 SRE가 시스템 운영에서 위험한 자산인 것을 인식하고 SRE 자신으로부터 보호할 수 있는 시스템을 구축한다. 이어서 자세히 살펴볼 텐데 중요한 여러 보호 중 하나는 배포 프로세스, 툴링, 접근 제어에 걸친 격리이다. 즉, 잠재적으로 위험한 배포 프로세스가 여러 격리 구역에서 동시에 실행되지 않도록 제한을 구현해야 한다.

드롭박스 스택의 많은 계층에서 운영 격리를 적용하지만, 저장소 시스템의 코드 배포 프로세스상의 격리가 있다. 드롭박스 일부 코드는 정확성이나 내구성이 문제가 되지 않는 사용 사례로 매일 배포되고 있지만 기본 저장소 시스템의 경우 최소한 하나의 완벽히 복제 사본을 보장하기 위해 여러 주간에 걸쳐서 확인한 배포 프로세스를 채택한다. 또한 해당 복제본 데이터는 그림 17-3과 같이 철저하게 검증된 버전의 코드로 저장된다.

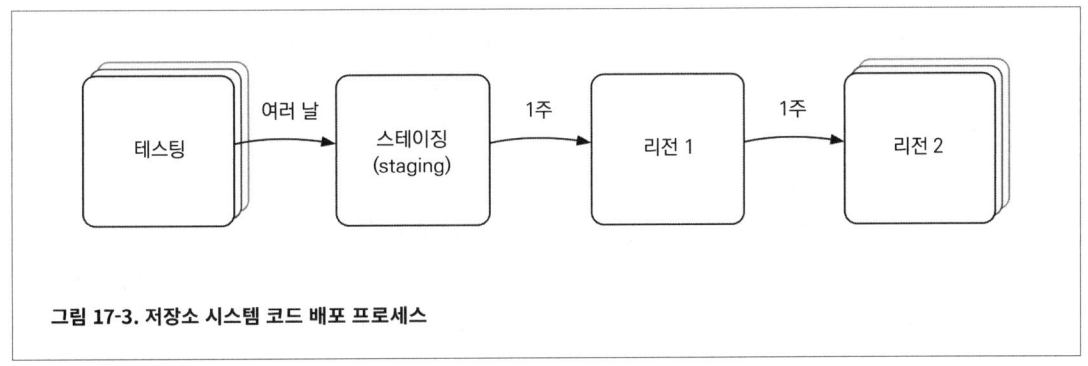

그림 17-3. 저장소 시스템 코드 배포 프로세스

저장소 내 새로운 버전의 모든 코드는 사소한 에러를 발견하기 위해 광범위한 단위 테스트 및 통합 테스트 프로세스를 거친 후 무작위 합성 워크로드에 대한 밤새 종단 간(end-to-end) 내구성 테스트를 거쳐야 한다. 또한 시스템의 다른 장비에서 서로 다른 코드 버전이 동시에 실행되는 일련의 장기 실행 버전 스큐(skew) 테스트를 실행한다. 특히 코드를 배포할 때는 저장소 이전 버전과 새로운 버전의 코드가 서로 호환되는지 확인해야 한다. 이 테스트를 모두 통과하면 배포는 자동으로 "녹색"으로 표시되며 스테이징 클러스터로 푸시할 준비를 한다.

스테이징 클러스터는 프로덕션 환경의 일부 데이터를 저장하는 저장소 시스템의 실제 프로덕션 배포이다. 또한 여러 지리적 리전에 걸쳐 수십 페타바이트를 저장하는 비교적 큰 클러스터이다. 코드는 스테이징 클러스터에서 일주일 동안 실행되며 나머지 저장소 시스템과 같은 작업 부하, 모니터링, 검증을 받는다. 일주일 후 개별 직접책임권자(DRI - Directly Responsible Individuals, 각 하위 시스템을 담당하는 엔지니어)는 각 소프트웨어 컴포넌트가 올바르게 작동하고 심각한 성능 저하 없이 작동하는지 확인한다. 여기까지 완료했다면 해당 소프트웨어는 처음으로 프로덕션 리전으로 배포될 준비가 된 것이다.

코드를 첫 번째 프로덕션 리전으로 배포하고, 나머지 리전으로 안전하게 배포하기 전에 일주일 동안 더 운영하면서 살펴본다. 여러 리전 간 저장소 아키텍처는 한 리전의 모든 데이터가 최소한 하나의 다른 리전에 복제해서 단일 코드 배포로 인한 데이터 손실 위험을 방지한다. 내부 검증 시스템은 1주간의 기간 내에 이상 징후를 감지하도록 조정되지만, 실제로 잠재적인 내구성 이슈는 이 단계에 오기 훨씬 전에 포착된다. 그러나 대규모 트래픽에서만 발생하는 성능이나 가용성 이슈를 파악하는 데 있어 여러 리전 간의 배포 모델은 매우 중요하다.

배포 프로세스는 항상 여러 버전의 코드가 프로덕션 환경으로 배포될 수 있게 파이프라인으로 처리되고 있다. 프로세스 자체도 작업자로 인해 발생하는 에러를 피하고자 상당 부분 자동화된다. 또한 실용적인 이유로 광범위한 로깅과 함께 프로덕션으로 신속하게 추적되어야 하는 긴급 변경 사항을 승인할 수 있는 "비상(break-glass)" 절차를 지원한다.

철저한 배포 프로세스는 매우 높은 수준의 내구성을 제공할 수 있지만 대부분의 사용 사례를 보면 지나치게 과도하다. 운영 격리는 비용이 드는데 일반적으로 불편함이나 엔지니어의 불만을 통해 해당 비용을 측정한다. 작은 회사에서는 모든 장비에서 동시에 배치 잡(batch job)을 실행하거나 엔지니어가 SSH를 통해 어떤 서버에든 접속할 수 있어서 굉장히 편리한 경우가 있다. 그러나 기업이 성장하면서 운영 격리에 대한 투자는 중요하다. 이는 대형 장애로부터 시스템을 보호할 수 있을 뿐만 아니라 반복해서 신속하게 발전할 수 있는 가드레일을 제공함으로써 팀은 더 빨리 움직일 수 있기 때문이다.

보호

가장 큰 내구성 위협은 당신 자신이다.

이상적인 세계에서는 항상 나쁜 일이 발생하기 전에 해결할 수 있었다. 물론 비현실적인 목표지만 성취하기 위해 큰 노력을 기울일 가치는 분명히 있다. 재해를 방지하기 위한 안전장치 외에도 균열 사이로 새어나가는 문제들을 경감시키기 위해 면밀하게 계획된 일련의 복구 메커니즘이 필요하다.

테스트

대부분의 엔지니어가 생각하는 첫 번째 보호는 간단한 테스트이다. 신뢰할 수 있는 소프트웨어 개발을 위한 좋은 테스트가 필요하다는 것은 누구나 알고 있다. 기업에서는 기본 로직 에러를 파악하기 위해 단위 테스트에 상당한 노력을 기울이지만 종합적인 종단 간 통합 테스트에는 거의 투자하지 않는 경우가 많다. 일부 소프트웨어 스택을 제거하면 세밀한 테스트가 가능하지만 실제 프로덕션 배포에서 발생하는 복잡한 경쟁 조건이나 교차 시스템 간 상호 작용을 숨길 수 있다. 모든 분산 시스템의 테스트 환경에서 전체 소프트웨어 스택을 실행하고 장기간 실행되는 부하에 대해 정확성을 검증하는 대체물은 없다. 고급 사용 사례를 보면 결함 주입(fault-injection)[04]을 사용해 통합 테스트 중에 시스템 컴포넌트의 실패를 유발할 수 있다. 경험상, 에러 및 코너 케이스(corner case)[05]를 처리하는 코드는 일반적인 흐름보다 에러 발생 가능성이 훨씬 크다.

안전장치

이전에 언급한 것처럼 시스템의 가장 큰 내구성 위험은 종종 우리 자신이다. 그렇다면 우리 스스로 에러가 발생할 가능성을 어떻게 방지할 수 있을까? 드롭박스 역사상 최악의 프로덕션 이슈 사례

---

04 (역자주) 결함 주입: 시스템이 정상적으로 작동하는 동안 시스템의 결함을 인위적으로 발생시켜 예외 상황에 대한 시스템의 반응을 보기 위한 검증 방법

05 (역자주) 코너 케이스: 여러 가지 변수와 환경의 복합적인 상호 작용으로 발생하는 문제

중 하나를 소개하고자 한다.

수년 전에 드롭박스의 한 운영자는 여러 데이터베이스에 분산 쉘 작업을 실행할 때 실수로 인용 부호를 빠뜨렸다. 원래 운영자는 다음 커맨드를 실행하려고 했다.

dsh --group "hwclass=database lifecycle=reinstall" reimage.sh

그러나 인용 부호를 생략한 채 다음과 같이 입력했다.

dsh --group hwclass=database lifecycle=reinstall reimage.sh

이것은 저지르기 쉬운 실수였지만 결과는 매우 참담했다. 이전 커맨드의 lifecycle=reinstall reimage.sh는 재설치 예정인 데이터베이스에서 reimage.sh를 실행하는 대신 모든 데이터베이스에서 실행해 프로덕션 데이터베이스의 상당 부분을 삭제했다.

이후 즉각적으로 이틀 동안 드롭박스 서비스를 사용할 수 없는 대규모 장애가 발생했다. 그러나 장기적으로 이런 장애가 다시 발생하지 않도록 상당한 투자 과정이 있었다. 이런 큰 장애에서 놓치면 안 되는 포인트는 운영자에게 책임이 없다는 것이다. 단순한 실수로 인해 큰 장애가 발생하는 것은 절차상의 문제이지 인사의 문제가 아니다. 필드에서 뛰는 선수를 미워하지 말고 경기 자체의 문제점을 봐야 한다.

이런 장애 상황에서 구현해야 할 명확한 안전장치가 많이 있다. 운영 중인 데이터베이스 호스트를 재부팅 하지 못하도록 하는 접근 제어 기능(매우 기본적인 보호 기능이지만 간과되는 경우가 많은 접근 제어를 추가하는 기능)을 추가했다. 분산 쉘 커맨드 구문을 변경해 오타의 취약점을 보완했다. 여러 격리 도메인에서 동시에 실행되는 분산 커맨드를 거부하는 툴링 내에 격리 기반 제한을 추가했다. 그러나 핵심은 운영자가 해당 스크립트를 실행할 필요가 없도록 자동화에 크게 투자한 것이다. 대신 사람이 입력하는 키보드보다 더 신뢰할 수 있는 시스템에 의존하게 되었다.

보호 장치가 보호하는 시스템의 초기 배포와 함께 개발될 수 있도록 엔지니어링 원칙으로 보호의 필요성이 유지되어야 한다.

복구

장애는 언제든지 발생할 수 있다. 뛰어난 운영 팀은 사용자에게 장기적인 영향을 주지 않고 신속하게 장애로부터 복구하는 능력을 갖고 있다.

설계 고려사항에서 중요한 것은 항상 실행 취소 버튼을 사용할 수 있게 하는 것이다. 즉, 의도하지 않은 작업을 되돌리거나 예기치 않은 손상에서 제대로 복구할 수 있도록 시스템을 설계하는 것이다. 로그, 백업, 과거 버전은 장애가 발생할 때, 특히 실제로 복구 수행을 위해 잘 숙지 된 절차를 수반할 때 복구에 큰 도움이 될 수 있다.

위험한 변환에 대한 영향을 줄이는 한 가지 기술은 새로운 상태에서 검증 메커니즘을 실행하기에 충분한 시간 동안 기초 변화를 완화하는 것이다. 드롭박스의 파일 삭제 수명주기는 시스템의 객체를 실시간으로 삭제하는 것을 방지하도록 설계된 대신 그림 17-4처럼 포괄적인 보호 장치로 변환한다.

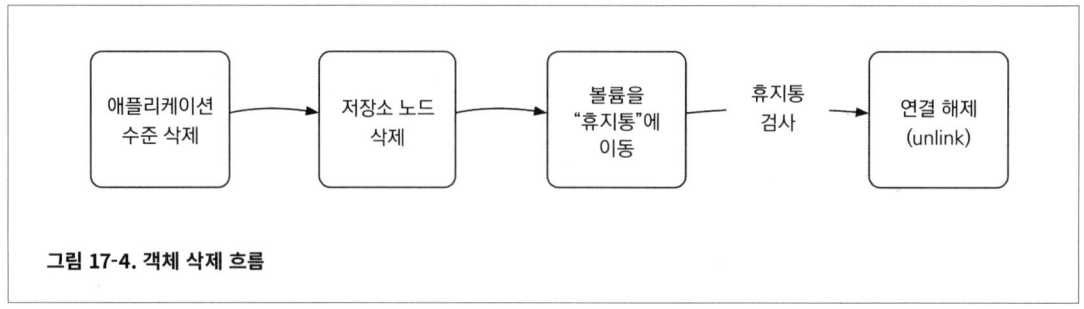

그림 17-4. 객체 삭제 흐름

드롭박스에서 애플리케이션 수준 파일 삭제는 사용자 대면 복원 기능, 버전 추적, 데이터 보존 정책, 참조 계산과 관련된 비교적 복잡한 프로세스이다. 해당 프로세스는 수년에 걸쳐 광범위하게 테스트 되고 강화되었지만 내재된 복잡성은 복구 관점에서 보면 위험이 따른다. 최종 방어선에서 저장소 디스크 자체의 삭제로부터 보호해 상위 계층에서 발생할 수 있는 문제를 방지한다.

물리 저장소 노드에서 삭제가 진행되면 객체가 즉시 연결 해제되지 않는다. 대신 추가 확인을 수행하는 동안 안전하게 보관하기 위해 객체가 디스크의 임시 "휴지통" 위치로 이동한다. 휴지통 검사기(Trash Inspector)라는 시스템은 휴지통의 모든 볼륨에서 반복되며, 모든 객체가 합법적으로 삭제되었거나 내부 파일 시스템 작업 중에 다른 저장소 노드로 안전하게 이동되었는지 확인한다. 휴지통 검사를 완료하고 주어진 안전 기간이 지나야만 비상시 비활성화할 수 있는 비동기 프로세스를 통해 디스크에서 연결을 해제할 수 있는 볼륨이 된다.

복구 메커니즘은 구현 및 유지 보수 비용이 많이 드는 경우가 종종 있는데 특히 저장소 사용 시 오버헤드가 추가되고, 하드웨어 활용률이 더 높아진다. 따라서 소프트웨어 스택에서 되돌릴 수 없는 변환 위치를 잘 분석하고 전반적으로 위험도를 낮추려면, 복구 메커니즘을 추가해야 하는 위치 정보를 기반으로 올바른 결정을 내리는 것이 중요하다.

검증

여러분은 실수할 수 있다. 따라서 장애 감지에 우선순위를 두어야 한다.
규모가 크고 복잡한 시스템에서 가장 훌륭한 보호는 종종 이상 현상을 감지하고 징후가 발생하는 즉시 이를 복구하는 기능이다. 이는 프로덕션 시스템의 가용성을 모니터링하거나 성능 특성을 추적할 때뿐만 아니라 내구성 관점에서 엔지니어링 할 때 특히 관련이 있다.

에러가 전혀 발생하지 않도록 하기

저장소 시스템이 정상적으로 운영 중인가? 정말 그러한가? 시스템의 데이터가 일관성 있고 누락된 데이터가 없다고 100% 확신할 수 있는가? 이에 대해 많은 저장소 시스템에서 확신하기는 더욱 어려울 것이다. 아마도 5년 전에 여러분이 데이터베이스에 외래 키(foreign key) 관계 관련 버그를 남겼을지 모른다. 어쩌면 동료 중 누군가가 얼마 전에 데이터베이스 분할을 잘못해서 잘못된 샤드(shard)에 일부 로우를 생성했을지도 모른다. 저장소 시스템에서 낮은 백그라운드 레벨의 의문스러운 404가 발생할 수 있다. 이때 발생 빈도가 올라가지 않도록 계속 주시해야 한다. 이와 같은 문제는 모든 시스템에 존재하지만 막대한 운영 비용이 발생한다. 또한 발생하는 모든 새로운 에러를 모호하게 하고, 모니터링과 개발을 복잡하게 해서 시간이 지날수록 데이터의 무결성을 더욱 손상시킬 수 있다.

시스템 에러가 없다는 것을 확실히 안다는 것은 굉장한 힘을 실어주는 개념이다. 오늘 시스템에 에러가 발생했는데 어제는 에러가 없었다면 어제와 오늘 사이에 어떤 문제가 발생한 것이다. 여기서 팀은 엄격한 경고 임계값을 설정해 에러 이슈를 신속하게 대응할 수 있다. 또한 개발자는 모든 버그를 빨리 발견할 수 있다는 확신으로 새로운 기능을 구축할 수 있고, 데이터 일관성에 관련한 코너 케이스를 고려해야 하는 정신적 오버헤드를 최소화한다. 무엇보다 가장 중요한 것은 팀이 사용자의 신뢰를 받을 만한 가치가 있다는 것을 알기에 마음 편히 잘 수 있다는 것이다.

에러가 전혀 발생하지 않게 하려면 먼저 에러가 있는지를 파악하는 것이다. 이런 통찰은 종종 상당한 기술적 투자가 필요해서 큰 비용이 지불된다.

검증 적용 범위

드롭박스는 엑사바이트의 데이터를 저장하는 저장소 시스템을 구축했는데 이는 지리적으로 분산되어 매우 안정적이었다. 디스크 스케줄러에서 외부 트래픽을 처리하는 프론트엔드(frontend) 장비에 이르기까지 완전히 맞춤형 소프트웨어 스택이었다. 해당 저장소 시스템을 사내에서 개발하는 것은 엄청난 기술이 필요한 작업이었지만 프로젝트 대부분은 실제로 저장소 시스템 자체를 개발하는 것이 아니었다. 검증 시스템보다 검증할 기본 시스템 개발에 많은 시간과 노력이 필요했다. 이는 항상 절대적으로 정확해야 하는 시스템의 문맥 밖에서 볼 때는 놀라울 수 있다.

드롭박스에서는 심층적인 검증 시스템을 운영하고 있다. 이 시스템은 전반적으로 사용자로부터 발생된 프로덕션 트래픽과 거의 같은 시스템 부하를 생성한다. 검증 시스템 중 일부는 개별 중요 시스템 컴포넌트를 포함하며 일부는 심각한 데이터 정확성 문제를 즉시 감지하도록 설계된 전체 스택과 함께 종단 간 범위를 제공한다.

디스크 스크러버(scrubber)

디스크 스크러버는 모든 스토리지 장비에서 실행되고 디스크의 각 블록을 지속해서 읽으며, 애플리케이션 수준의 체크섬(checksum)을 통해 내용을 검증한다. 내부 디스크 체크섬과

S.M.A.R.T. 상태 보고는 신뢰할 수 있는 저장소 매체에 대한 그럴듯한 착각을 제공하지만 특히 수십만 또는 수백만 개의 디스크로 구성된 저장소 클러스터에서 손상은 이런 정기적인 검증을 빠져나간다.

드롭박스의 디스크 스크러버는 매일 디스크 에러를 찾으면 디스크의 데이터를 다시 복제하고 디스크 에러를 해결하는 자동화 메커니즘을 실행한다. 이렇게 신속하게 에러를 감지하고 복구하는 것은 내구성을 보장하는 데 매우 중요하다. 17장 초반에서 설명한 'R(손실)'에 대한 내구성 공식은 고장으로 인한 MTTR에 크게 의존한다는 것을 기억하도록 하자. MTTR은 24시간으로 추정되지만 발견하지 못한 디스크 손상을 감지하는 데 한 달이 걸린다면 기존의 내구성 목표를 몇 배나 많게 놓치는 것이다.

인덱스 검색자(Index Scanner)

인덱스 검색자는 최상위 저장소 인덱스를 계속해서 반복해 주어진 블록에 저장되어야 하는 여러 저장소 노드를 조회한 후 해당 블록이 저장소 노드에 존재하는지 각각 검사한다. 검색자는 저장소 시스템에서 종단 검사를 제공해 저장소 메타데이터와 디스크 자체에 저장된 블록과 일치하는지 확인한다. 검색자는 초당 백만 개 이상의 검사를 생성하는 수백 개의 프로세스로 구성된 상당히 큰 시스템이다.

저장소 감시자(Storage Watcher)

검증 시스템을 구축할 때 직면한 어려움 중 하나는 컴포넌트를 개발한 엔지니어가 검증 시스템을 함께 구현하면, 잘못된 가정을 검증 시스템에 그대로 적용할 수 있다는 점이다. 이 엔지니어는 API 요구 사항 또는 불변성을 잘못 이해하더라도 진정한 종단 간 블랙박스 적용 범위를 보장하고자 했다.

저장소 감시자는 저장소 시스템 자체 구축에 참여하지 않은 SRE가 개발했다. 시스템에서 작성된 모든 블록의 1%를 샘플링하고 1분, 1시간, 1일, 1주일, 1개월 후에 저장소에서 다시 가져오려고 시도한다. 이는 다른 모든 것이 실패할 경우 전체 스택의 검증 범위를 제공하고 블록 수명 동안 늦게 발생할 수 있는 잠재적인 문제를 알려준다.

감시자 관찰

에러가 발생하지 않는 것보다 다행인 것은 없지만 검증자가 실행 중인 것을 어떻게 알 수 있을까? 어리석게 들리겠지만 에러를 보고하지 않는 검증 시스템은 전혀 작동하지 않는 검증 시스템과 다를 게 없다.

정상 상태라면 앞에서 본 인덱스 검색자(Index Scanner)는 보고할 에러가 없으므로 실제로 에러를 보고하지 않는다. 시스템 개발 초기에 인덱스 검색자는 실제로 작동을 멈췄고 이를 알아차리는 데 며칠이 걸렸다! 이것은 분명히 문제이다. 테스트 되지 않은 보호 기능은 결국 아무것도 보호하지 못한다.

재해 복구 교육과 함께 검증 스택을 사용해 내구성 문제를 신속하게 감지하고 적절한 경고 알림, 장애 조치(failover) 메커니즘을 통해 사용자에게 지속적인 서비스를 제공해야 한다. 프로덕션 클러스터의 테스트는 저장소 노드 셧다운, 데이터베이스 장애, 전체 클러스터의 트래픽 차단과 같은 비파괴적인 변경이 포함된다. 스테이징 클러스터에서는 디스크 블록을 수동으로 손상시키거나 저장소 노드 자체의 백업 상태에서 메타데이터를 복구하는 등 훨씬 공격적인 테스트를 수행해야 한다. 해당 테스트는 검증 시스템이 작동하고 있음을 보여줄 뿐만 아니라 운영자가 복구 메커니즘을 사용하여 교육해야 한다.

자동화

아기 돌볼 시간이 없다.

SRE가 참여할 수 있는 가장 영향력 높은 활동 중 하나는 높은 수준의 자동화에 투자하는 것이다. 자동화를 너무 빨리하지 않는 것이 중요한데, 문제 해결하려고 하기 전에 문제를 이해하는 것이 먼저이다. 그러나 며칠 또는 몇 주 동안 자동화 작업을 수행하면 몇 달의 시간을 아낄 수 있다. 그러나 자동화는 단순히 효율성만 아니라 정확성과 내구성에도 큰 영향을 미친다.

취약한 윈도우

앞에서 논의한 대로 MTTR은 연달아 발생하는 장애로 치명적인 장애가 유발될 수 있는 취약한 윈도우를 정의하기 때문에 내구성에 상당한 영향을 미친다. 그러나 호출기 임계값을 얼마나 엄격하게 설정할 수 있는지와 운영자가 즉시 대응할 수 있는 장애 수에는 제한이 있다. 충분히 빠른 응답 시간을 달성하려면 자동화가 필요하다.

한 가지 예시는 디스크에 고장이 발생하면 기존의 RAID(Redundant Array of Independent Disks) 배열을 다른 장비에 자동으로 재복제하는 분산 저장소 시스템과 비교하는 것이다. RAID 배열은 운영자가 직접 현장에 가서 특정 디스크를 교체하는 데 며칠이 소요될 수 있지만 자동화 시스템에서는 해당 데이터를 짧은 시간 내에 다시 복제할 수 있다. 동일한 비교를 기본 백업 데이터베이스 복제에도 적용할 수 있다. 작은 기업에서는 기본 데이터베이스에서 장애가 발생하면 운영자가 데이터베이스 승격을 수동으로 조치할 수 있다. 반면 대규모 인프라 회사에서는 데이터 장애를 최소한으로 줄이기 위해 데이터베이스의 가용성 및 내구성 영향을 보장할 수 있도록 자동화 툴을 사용한다.

운영자의 피로도

운영자의 피로도는 실질적인 문제이다. 온종일 호출을 받으면 팀 구성원 모두 구성원들이 그만두기 때문만이 아니라 과도한 호출은 실제로 발생한 문제를 운영자가 간과하게 할 수 있다. 운영자는 유닉스의 yes 커맨드를 커맨드 라인 툴에 연결해 다양한 유지 보수 운영이 승인되었는지 수백 번 묻는 것만으로 운영 작업이 시작하기도 전에 멈추는 상황을 맞닥뜨리곤 한다.

규칙과 훈련은 여기까지만 가능하다. 궁극적으로 훌륭한 자동화는 운영자가 에러가 발생하기 쉬운 바쁜 작업에 얽매이지 않고 높은 수준의 작업과 중요한 인터럽트에 집중할 수 있도록 하는 필수 요소이다.

시스템의 규모가 확장되면 이에 수반되는 운영 프로세스도 확장되어야 한다. 수천 개의 장비를 실행하는 팀에서 사소한 하드웨어 문제나 설정 문제가 있을 때마다 매번 수동으로 개입하는 것은 불가능하다. 드롭박스 핵심 시스템 관리는 지속적인 문제 분석을 위한 광범위한 로깅을 통해 장비 문제를 감지하고 안전하게 해결할 수 있도록 플러그인을 지원하는 시스템에 의해 거의 완전히 자동화되어 있다.

알림을 자동으로 수정할 수 있는 기능이 있는 시스템은 보호하도록 설계된 인프라를 우발적으로 방해할 수 있으므로 매우 신중하게 구현해야 한다. 드롭박스의 자동 치료 시스템은 운영자가 개입해서 복구하기 전에 급격한 변경이 수행되지 않도록 엄격한 상한이 적용되는데 17장의 앞부분에서 설명한 것과 동일한 격리 보호가 적용된다. 또한 프로덕션 환경의 경향에 대해 중요한 모니터링을 구현하는 것이 중요하다. 이런 자동 치료 시스템은 문제를 자동으로 수정해서 하드웨어 또는 소프트웨어 신뢰성에서 새롭게 나타나는 부정적인 동향을 가려서 문제를 숨기기가 매우 쉽다.

신뢰성

자동화를 수행하는 주된 동기는 단순명료하게 신뢰성 때문이다. 사람은 쉘 스크립트만큼 신뢰할 수 없다. 운영자에게 의존할 수 없는 방식인 자동화 시스템을 지속적으로 테스트, 감사, 실행할 수 있다.

드롭박스의 중요한 자동화 시스템의 한 예시는 그림 17-5와 같이 운영자 개입 없이 디스크 장애를 안전하게 관리하도록 설계된 디스크 개선 워크플로우이다.

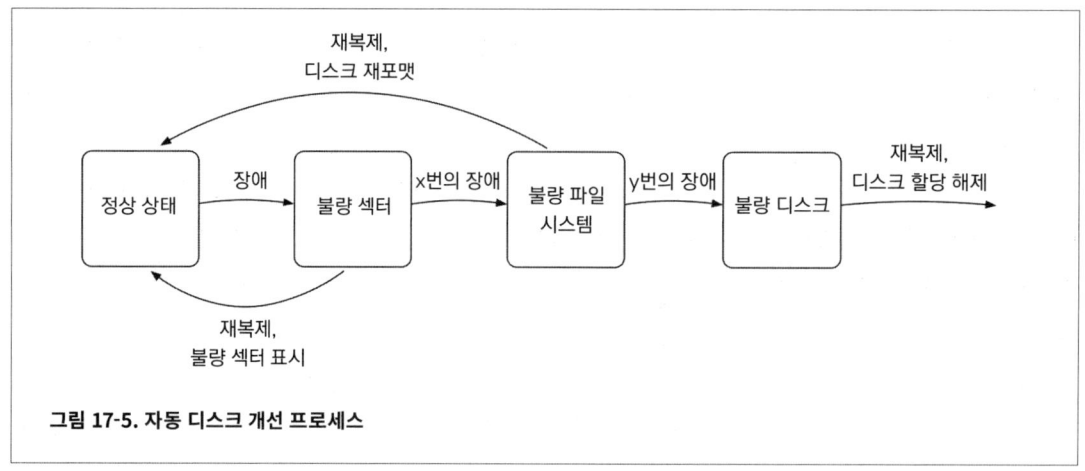

그림 17-5. 자동 디스크 개선 프로세스

손상된 블록이나 불량 섹터와 같은 사소한 디스크 문제가 감지되면 시스템의 다른 복제본에서 데이터를 복구하고, 다른 복제본에서 데이터를 재복제하면 저장소 노드를 계속 사용할 수 있다. 이와 같은 문제는 시간이 지나도 디스크 고장률이 변하지 않으면 추가 조치가 발생하지 않는 것은 당연하다. 그러나 확실한 에러가 여러 번 발생한 후 시스템은 디스크 또는 파일 시스템에 심각한 문제가 있다고 판단하면, 디스크의 데이터를 복구 및 재복제한 후 깨끗한 새 파일 시스템으로 구성된 디스크에 다시 프로비저닝한다. 이 주기가 여러 번 반복되면 디스크가 불량으로 표시되고 데이터는 복구 및 재복제되어 데이터 센터의 운영자가 불량 디스크를 물리적으로 교체하도록 업무를 할당한다. 데이터는 즉시 재복제되기 때문에 물리 디스크 교체는 언제든지 발생할 수 있고, 종종 드물게 실행하는 배치에서 발생한다. 장비에서 꺼낸 디스크는 현장에서 물리적으로 파쇄되기 전에 안전한 보관 기간 동안 보관된다.

이 전체 프로세스는 완전히 자동으로 진행되며 디스크를 장비에서 물리적으로 제거할 때까지 사람의 개입이 필요 없다. 또한 어떤 운영자도 중요한 프로덕션 데이터를 보관하는 디스크를 터치할 수 없다는 불변성을 유지한다. 디스크는 보유하고 있는 모든 데이터가 다른 복제본에서 재구성되고 다른 복제본에 재복제될 때까지 시스템에 남아있다. 이 자동화 시스템 개발에 투자하면 소수의 엔지니어만으로 거대한 저장소 시스템을 원활하게 운영할 수 있다.

결론

17장에서 제안한 내용이 많았지만 모든 회사가 지리적으로 분산된 복제 또는 완전한 알림 자동 수정까지 진행할 필요는 없다. 다만 꼭 기억해야 할 점은 우리를 괴롭히는 문제는 쉽게 예상되는 디스크 고장이나 데이터베이스 장애가 아니라 아무도 예상하지 못했던 블랙스완(black swan)[06] 사건이라는 것이다. 복제는 사례의 한 부분일 뿐이며 격리, 보호, 복구, 자동화 메커니즘과 결합되어야 한다. 장애를 염두에 둔 시스템을 설계하면 알 수 없는 다른 장애가 예측하지 못한 재앙이 될 것이라는 위협에도 휘둘리지 않게 된다.

제임스 코울링 James Cowling
드롭박스의 수석 엔지니어로서 드롭박스 파일 데이터를 지리적으로 분산 저장하는 엑사바이트(Exabyte) 규모의 시스템을 구축 및 배포하는 프로젝트에서 기술적 선두 역할을 수행했다. 또한 제임스는 파일시스템과 메타데이터 저장소 팀의 팀 리더로 활동했다. 제임스는 드롭박스에 입사하기 전 MIT에서 대규모 분산 트랜잭션 처리와 합의 프로토콜 분야에서 박사 학위를 받았다.

---

06 (역자주) 블랙스완: 아무도 예측하지 못한 이례적인 사건을 의미한다.

CHAPTER 18

SRE를 위한 머신러닝 소개

액퀴아Acquia의 리카르도 아마로Ricardo Amaro

SRE가 머신러닝을 사용하는 이유

간단명료하게 말하자면 머신러닝을 사용하는 것이 당연하고 대부분 지금 우리가 할 수 있기 때문이다. SRE는 근본적으로 소프트웨어 엔지니어에게 운영 기능을 설계하도록 요청할 때 생겨난다.[01]

18장은 비엔나에서 열린 DrupalCon에서 발표했던 프레젠테이션(https://events.drupal.org/vienna2017/sessions/intelligent-automation-and-machine-learning-site-reliability-engineering)에 기초한다. 여기서 일부 SRE 공개 질문에 대한 머신러닝 솔루션을 살펴볼 것이다.

- 노동만 있고 아무도 하고 싶지 않은 반복적인 노동 작업을 어떻게 자동화할 수 있을까?
- 데이터와 시스템에 앞으로 어떤 변화가 일어날지 미리보기는 어떻게 볼 수 있을까?
- "운영 기능에 소프트웨어 엔지니어링 적용"을 어떻게 강화할까?

운영 프로세스를 자동화하는 것은 우리가 추구하는 중요한 목표이다. 인공 지능(AI)과 머신러닝이 향상되면 자동화할 수 있는 작업이 늘어난다. 프로그래밍 방식으로 새로운 것에 대응할 수 있게 과거 데이터를 유지하면 향후의 일을 미리 알고자 과거의 결과를 직접 분석 하면서 노력하지 않아도 무슨 일이 일어날지 시스템이 알려주기 때문에 사전에 문제를 해결할 수 있다.

> **방금 AE35 유닛의 결함을 발견했습니다. 72시간 안에 100% 장애가 발생할 겁니다.**
> – 영화 '2001: 스페이스 오디세이'의 HAL 9000의 대사

---

[01] 구글 엔지니어링 팀의 벤 트레이너 슬로스(Ben Treynor Sloss)

AI와 머신러닝을 잘 활용하면 혁신적으로 작업하고 기능 개발에 시간을 더 쓸 수 있을 것이다. 물론, 하루아침에 성과를 기대할 수 없지만 확실히 기계와 인간의 작업 사이의 경계는 점점 좁아지고 있다. 머신러닝과 자동화가 발전할수록 팀과 비즈니스 간의 생산성을 높일 수 있다.

18장은 중요 시스템의 자동화된 응답을 탐색하고 개선하는 방법과 수동으로 쉽게 작업하는 방법에 대한 기본 내용을 알고 싶어 하는 이들을 대상으로 한다. 그래서 최대한 쉽고 간단하게 설명하려고 노력했다. 18장의 목표는 머신러닝(18장 더 읽을거리 참고)에 너무 깊이 파고드는 것이 아니라 여러 머신러닝 기술들을 얼마나 쉽게 사용할 수 있는지 알려주는 것에 있다. 따라서 AI 구현의 기본 내용을 살펴본 후 머신러닝 기술, 행동 분석, 통계, 머신러닝 분야의 특정 툴을 사용하는 일부 예시를 소개하고자 한다.

도대체 왜, 어떻게 회사는 AI에 관여해야 할까?

일부 대기업과 중소기업들은 알려지지 않은 것을 밝혀내 복잡한 상호 작용과 데이터 세트에 대한 이해를 높이는데 유용한 AI와 머신러닝 기술을 채택하고 있다. 이를 통해 피할 수 있는 노동을 확실히 줄일 수 있고 자원을 보다 혁신적이고 창의적인 곳에 사용할 수 있게 해서 비즈니스에 가치를 부여한다. 이것이 SRE의 역할이다.

머신러닝을 통해 해결할 수 있는 SRE 문제

언젠가는 일상 업무를 자동으로 처리하고 과거의 모든 사건을 주의 깊게 관찰해 프로세스와 서비스 재생산을 진행하도록 전략을 추론하면 SRE에게 발생하는 모든 문제를 해결할 수 있을 것이다. 그러나 그날은 아직 오지 않아서 지금은 AI의 형태로 목표에 절묘하게 도달하는 혁신적인 자동화 형태를 조사해야만 어느 정도 예측할 수 있다.

현재 필자의 일상적인 업무는 수천 개의 인스턴스가 실행 중이며 수많은 프로덕션 사이트를 지원하고 있다. 여러 데이터 센터에서 전송된 수십 페타바이트(petabyte)의 데이터와 이에 따른 로그와 메트릭을 생성되고 있다. 처음에는 데이터의 크기 때문에 압도적으로 보일 수 있는데 지속적으로 자동화하면서 기계가 사람을 대신할 방법을 꾸준히 찾고 있다. 그런데도 데이터가 워낙 많아서 확인하지 않은 상태로 두면 통제 불능이 되는 상황이 발생하기도 한다.

다음은 SRE 기능을 개선하는 운영 과제 목록이다.

- 특정 스트림을 필터링하기 위해 노이즈 감소 자동화
- 이상 탐지가 감지하는 특이값 찾기(예: 클러스터 오작동)
- 개별 알림이 아닌 "상황"에 대한 워크플로우 자동화
- 행동 패턴을 기반으로 티켓 분류 자동화
- 서비스 수준에 대한 단기 예측 및 용량 계획에 대한 장기 예측

이 외에도 스팸 필터링, 감정 분석, 정보 추출과 같은 텍스트 분석을 위한 기존의 솔루션들이 있다. 이 모든 것이 기계가 맡은 일들을 수행해서 사람의 수고와 빈번한 알림을 줄여주기를 바란다.

AI를 적용한 계기
나는 시니어 SRE로서 기계가 사람을 위해 일하게 만드는 장기적인 솔루션, 즉 내구성 있는 자동화를 실현할 가장 좋은 방법을 찾고 있다.

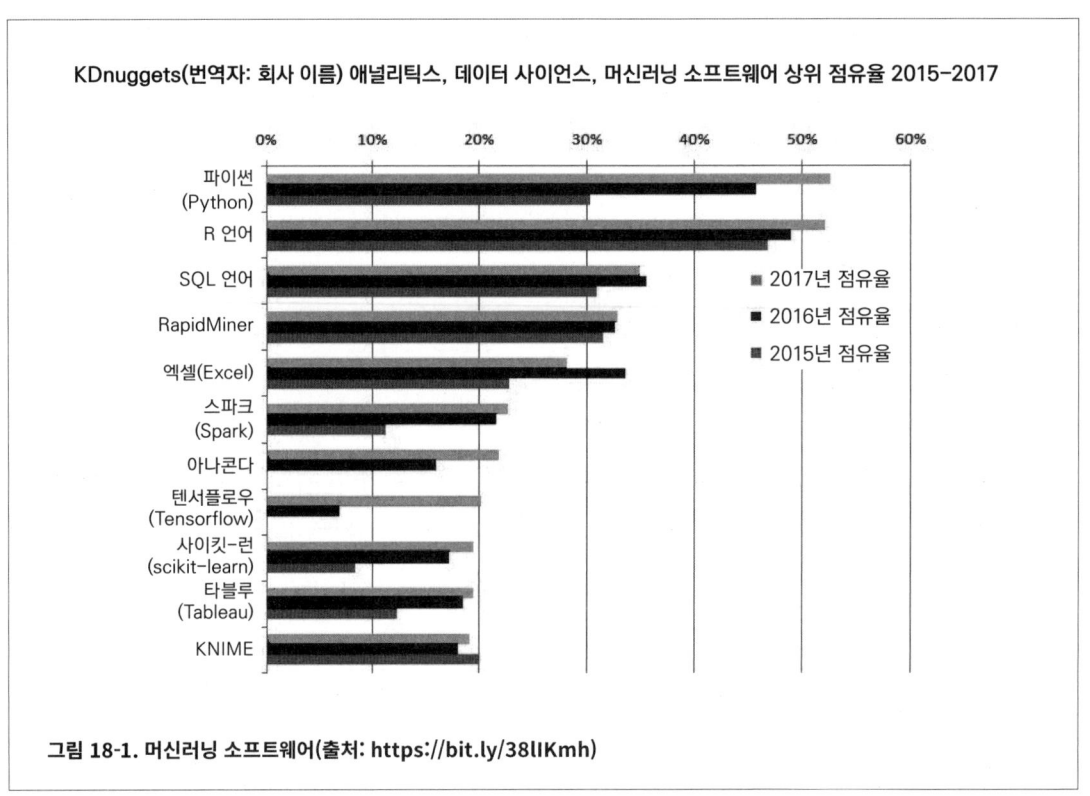

그림 18-1. 머신러닝 소프트웨어(출처: https://bit.ly/38lIKmh)

아직도 진행하고 있는데 서버 데이터를 수집하고 정렬하고 처리하는 데 드는 많은 작업과 시간 외에도 복잡한 소프트웨어 옵션이 너무 많아서 좌절하기도 했다(그림 18-1 참고). 피곤했던 어느 밤, 아이들을 재운 뒤 나는 무작위로 1968년에 제작된 영화를 집어 들었다. 50년 전에 제작된 걸작, 큐브릭(Kubrick) 감독의 '2001: 스페이스 오디세이'는 AI 연구와 깊은 관련이 있는 영화로 우리가 무엇을 할 수 있는지 영감을 주고 있다. 이 영화에서 지능은 진화의 더 높은 패러다임이라는 거의 암호화된 메시지가 있었다. 특히 과학, 기술, 철학, 역사, 기억을 결합했는데 마치 지금의 AI가 이것들을 결합하고 있는 것과 같았다. 이 영화의 문제를 굳이 꼽는다면 2001년에 일어날 미래를 너무 후하게 예견했다는 점이다. 이 글을 쓰고 있는 지금은 2018년이지만 아직은 영화에서 예견한 수준에 이르지 못했다. '2001: 스페이스 오디세이' 영화의 작가이자 선구자인

아서 클라크(Arthur C. Clarke)는 AI와 완전 자동화 서비스를 결합하면 시스템과 하드웨어 에러 발생 몇 시간 전에 이 에러를 예측할 수 있다고 생각했다. AI 컴퓨터인 HAL 9000은 사람이 정의한 목표를 달성하기 위해 승무원과 임무를 모두 수행하는 자립적이고 자율적인 완벽한 기계의 꿈(또는 악몽) 그 자체이다. 현재 우리는 2001년의 상상보다 더 놀라운 성과에 근접해있다고 확신한다.

이제 데이터 과학과 머신러닝 소프트웨어를 사용할 수 있다. 엔지니어는 해당 소프트웨어에서 사용하는 언어를 사용해 머신러닝을 적용하는 새로운 방법 탐색하는 것을 더 쉽게 접근할 수 있다. 그림 18-1을 보면 파이썬과 R 언어가 이 분야에서 확실한 승자임을 알 수 있다. 특히 아나콘다(Anaconda), 텐서플로우(TensorFlow), 사이킷-런(scikit-learn)은 모두 사용자와 인터페이스 하기 위해 파이썬을 사용한다. 18장의 후반부 실습 부분에서는 텐서플로우, 파이썬, 케라스(Keras)를 사용할 것이다.

머신러닝은 무엇인가?

머신러닝은 컴퓨터를 사용해 복잡한 기능을 통계적으로 추정하고 해당 기능에 대한 신뢰 구간을 증명하는 데 중점을 두며 시간이 지날수록 성능을 개선하는 방법을 학습하는 알고리즘을 만드는 데 사용되는 통계적 방법을 말한다. 이 방법은 통계에 대한 두 가지 중심 접근 방식인 빈도주의 추론(frequentist estimator)과 베이지안 추론(Bayesian inference)을 사용한다. AI 시장은 2024년까지 3조 달러로 성장할 것으로 예상하며 AI의 일부인 머신러닝이 이 성장의 가장 큰 부분을 차지한다.

구글에서 무언가를 검색할 때마다, 페이스북에서 친구의 얼굴을 인식할 때마다, 컴퓨터에서 스팸을 인지해서 표시하는 이 모든 것이 머신러닝의 예이다. 머신러닝은 지능형 에이전트(intelligent agents)를 사용하여 작동한다.[02] 에이전트는 AI 개념인데 데이터 또는 센서를 통해 환경을 인식하고 작동기 및 데이터 표시, 전송, 쓰기를 통해 목표를 달성하는 모든 것을 포함한다.

대부분의 머신러닝 알고리즘은 지도 학습(supervised learning), 비지도 학습(unsupervised learning), 강화 학습(reinforcement learning)의 세 가지 광범위한 범주로 나눌 수 있다. 그림 18-2는 이러한 범주를 보여준다.

---

[02] 러셀(Russell, S.J.)과 피터 노빅(Peter Norvig)의 『인공 지능-현대적 접근 방법(Artificial Intelligence—A Modern Approach)』, 2장, 2003년 출간, 뉴저지 어퍼 새들 리버 피어슨 교육(Upper Saddle River, NJ: Pearson Education), 한글 번역은 제이펍 출판사에서 진행(https://bit.ly/3ClsKtG)했다.

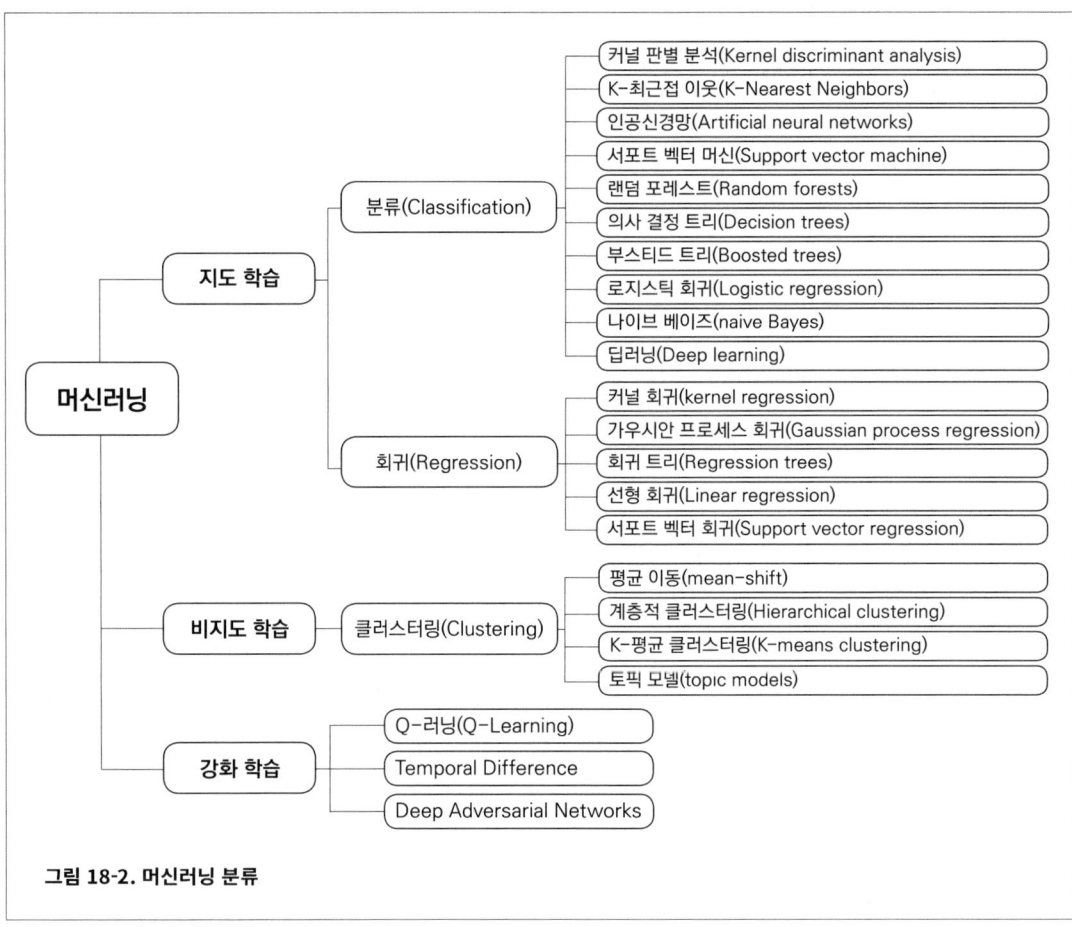

그림 18-2. 머신러닝 분류

학습은 무엇을 의미하는가?

기계적인 측면에서 학습에 대한 현대적 정의를 살펴보자.

> "만약 컴퓨터 프로그램이 특정 작업(task) T를 수행할 때 성능(performance) P만큼 개선되는 경험(experience) E가 보이면 해당 컴퓨터 프로그램은 작업 T와 성능 P에 대해 경험 E를 학습했다고 말할 수 있다."
> – 톰 미첼(Tom Mitchell)[03]

체커하는 방법을 배우는 확실한 예를 소개한다.

- E = 체커 게임을 많이 해본 경험
- T = 체커 게임하는 일

---

[03] Definition proposed by Tom Mitchell in 1998, Machine Learning Research. 1998년 머신러닝 연구소(Machine Learning Research)에서 톰 미첼이 제안한 정의

- P = 프로그램이 다음 게임에서 이길 확률

세 가지 주요 학습 유형 내에서 많은 종류의 작업을 해결할 수 있다.

지도 학습에서 에이전트는 입력에서 출력으로의 일부 예를 수신하고 입력에서 출력으로 매핑하는 기능을 학습한다. 다음은 지도 학습의 몇 가지 일반적인 작업이다.

분류
분류 유형의 작업에서 컴퓨터 프로그램은 입력이 K 범주에서 어디에 속하는지 명시하도록 요청받는다. 예를 들면 입력 서버 데이터가 "정상(Healthy)", "비정상(Unhealthy)" 또는 다른 클래스에 속하는지 찾는다.

누락된 입력이 있는 분류
입력 중 일부가 누락되었을 때 단일 분류 함수를 제공하는 대신 학습 알고리즘은 함수 집합을 학습해야 한다.

회귀
회귀 작업은 이전 정보를 기반으로 입력에 대한 연속(일반적으로 부동 소수점) 값을 예측하려고 하는 일종의 머신러닝 문제이다. 예를 들면 서버 데이터 세트의 피처(feature) 집합이 주어지면 스토리지 사용량을 예측한다.

비지도 학습(unsupervised learning)에서 에이전트는 구체적인 피드백이 주어지지 않아도 입력의 패턴을 학습한다. 다음은 가장 일반적인 작업이다.

클러스터링
유용한 예시로 입력 클러스터를 탐지한다. 예를 들어, 사람을 따로 교육하지 않아도 장비는 점차 "좋은 사이트 트래픽"과 "나쁜 사이트 트래픽"의 개념을 발전시킬 수 있다.

강화 학습(reinforcement learning)에서 대리인은 보상(강화)을 사용해 학습한다. 예를 들어, 트래픽 흐름에서 보안 사건을 발견하지 못하면 처벌을 받거나 정확하게 발견한 모든 것에 대해 점수를 받을 수 있다. 그러면 에이전트는 시간이 지날수록 더 잘하게 된다.

물론, 비정상 탐지(anomaly detection)와 같은 다른 작업 및 관련 유형의 작업이 가능하며 이 글을 쓰는 중에도 많이 발견되고 있다. 여기에 나열한 작업 유형은 머신러닝 기초 예시일 뿐이다. AI는 머신러닝보다 더 큰 범위를 가지고 있다는 것을 명심해야 한다.

체스에서 알파고로 이동: 얼마나 깊이 알 수 있을까?

역사적으로 AI가 처음부터 관심을 끌며 전용 연산 능력이 크게 발전한 것은 검색 알고리즘과 게임에서 적극적으로 활용했기 때문이었다. 검색 알고리즘을 사용해 문제를 해결하는 것이 더디고 느리기도 하지만 대부분은 엄청난 시간 복잡성(https://en.wikipedia.org/wiki/Time_complexity)과 함께 많은 메모리가 있어야 하는 코드도 구현해야 한다. 여기에는 그림 18-3과 같이 간단한 틱택토(tic-tac-toe) 퍼즐을 푸는 미니맥스(MiniMax) 알고리즘뿐만 아니라 요즘 게임에서 사용되는 너비 우선 탐색(Breadth-First Traversal), 깊이 우선 탐색(Depth-First search), A* 검색 등과 같은 다른 검색 알고리즘도 포함된다. 해당 알고리즘에 대한 더 많은 정보는 18장의 마지막 부분 "더 읽을거리(Further Reading)"에서 참조한 책에서 확인할 수 있다.

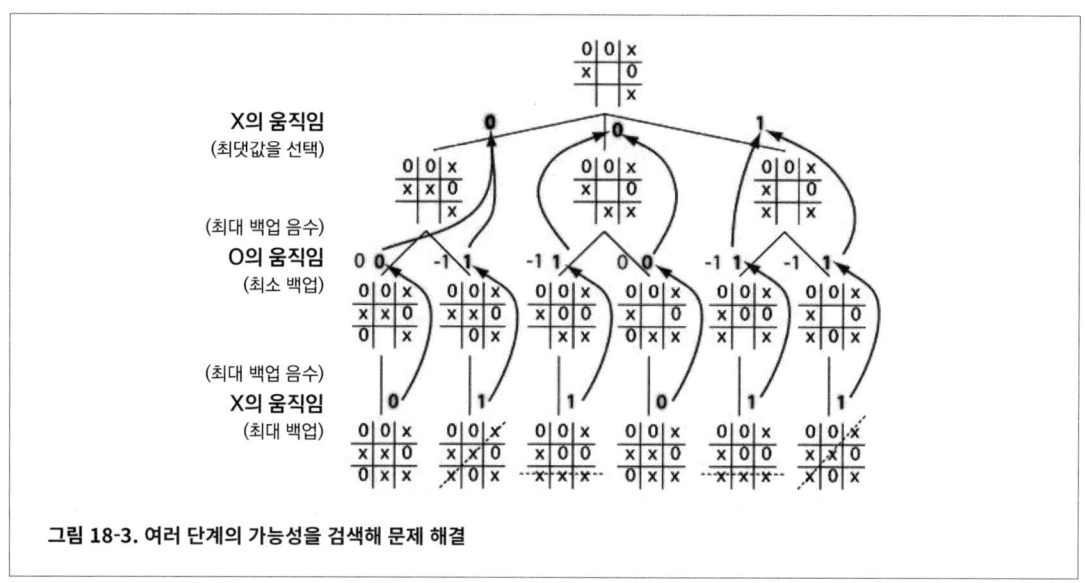

그림 18-3. 여러 단계의 가능성을 검색해 문제 해결

게임이 수년간 AI 개발에 미치는 영향을 더 잘 설명하기 위해 두 가지 인간-기계 간의 게임에 대한 짧은 이야기를 들려주고 싶다. 1997년에 두 번 진행한 여섯 판의 체스 경기 중 두 번째 경기에서 세계 체스 챔피언인 게리 카스파로프(Garry Kasparov)는 IBM의 기계인 딥 블루(Deep Blue)에게 패배했다. 이 결과는 딥 블루와 같은 기계가 매우 중요한 문제를 해결할 것으로 생각하게 만들었다.

이후 20여 년이 지난 2015년에 체스보다 훨씬 더 많은 움직임이 가능한 고대 중국 게임 바둑은 알파고(AlphaGo)라는 프로그램을 사용한 딥마인드(DeepMind)[04]가 승리했다. 알파고는 검색 알고리즘과는 크게 다른 접근 방법인 심층 강화 학습(deep reinforcement learning)을 사용한다. 다음의 표 18-1은 두 프로그램의 방법론을 비교한다.

딥 블루(체스) - 1997년 5월	딥마인드(알파고) - 2015년 10월
• 브루트 포스(brute force)	• 딥러닝(Deep learning)
• 검색 알고리즘(search algorithm)	• 머신러닝
• 개발자: IBM	• 개발자: 구글(Google)
• 감독: 게리 카스파로프(Garry Kasparov)	• 감독: 판 후이(Fan Hui)

표 18-1. 두 머신러닝 및 방법론

그러나 AI에서 세계의 주목을 받은 첫 번째 게임은 체커였으며, 선구자인 아서 사무엘은 1959년에 "머신러닝(machine learning)"이라는 용어를 만들었다. 이 첫 번째 게임은 알파-베타 가지치기(alpha-beta pruning) 알고리즘을 사용했다. 그 이후로 AI는 인간 문명의 미래에 대한 열쇠가 되는 것과 기술의 쓰레기 더미에 던져지는 것 사이에서 번갈아 가고 있다.

오늘날 기계가 확실한 능력치를 갖고 있다는 것을 감안한다면 어느 게임에서도 "인간 대 기계"라는 자체는 절대적으로 불공평하다. 지난 몇 년 동안 AI가 폭발적으로 증가하는 것을 보아왔다. 대부분 GPU(Graphics Processing Units, 그래픽 처리 장치)가 병렬 처리에 더 빠르고 경쟁력 있는 저렴한 가격이 가능하고, 다양한 데이터(이미지, 텍스트, 트랜잭션, 로그)가 넘쳐나기 때문이다.

왜 지금일까? 무엇이 바뀌었는가?

SRE 세계에서 배포 속도는 점점 빨라지고 있으며 우리 또한 빠르게 대응할 수 있다. 또한 더 많은 것을 자동화하고 올바른 결정을 내려야 하며 더 스마트한 모니터링이 필요하다.

AI가 대두될 수 있는 것은 현재 진행 중인 모든 빅 데이터[05]와 머신러닝 알고리즘에 사용하는 저렴한 GPU[06]가 있기 때문이다.

게다가 딥러닝의 놀라운 점은 정말 간단하다는 것이다. 지난 10년 동안 그 누구도 머신 인식(machine perception) 문제와 관련해 이토록 놀라운 결과를 달성하리라 생각하지 않았다. 이제 필요한 것은 충분히 많은(sufficiently many) 예에서 기울기 하강법(gradient descent)으로 학습된 충분히 큰(sufficiently large) 파라미터 모델뿐이다.

> **복잡하지 않고 그저 많은 것뿐이다.**
> – 1972년 리처드 파인먼(Richard Feynman) 인터뷰, 세상을 다른 관점에서 바라보라(Take the World from a Different Point of View)

이제 왜 접근 가능한 방식으로 딥러닝을 할 수 있는지, 그리고 게이머와 게임 전체에 대해 누구를 탓해야 하는지 상당히 잘 알게 되었다. 다음으로 머신러닝 기술 세 가지인 의사 결정 트리(decision tree), 장단기 메모리(long short-term memory) 네트워크, 신경망(neural network)을 살펴보겠다.

---

04 딥마인드 테크놀로지스(DeepMind Technologies)는 2010년 9월에 설립된 영국의 인공 지능 기업이다. 2014년 구글에 인수됐다.
05 IBM의 "2017년 10대 주요 마케팅 동향" 보고서에 따르면 매일 2500조 바이트 데이터를 생성하며 해당 데이터의 90%는 지난 2년 동안에 생성된 것이라고 한다. 이 데이터를 쌓아 올린다면 에펠탑 4개 정도의 높이가 되며, 천만 장의 블루레이 디스크에 해당된다.
06 엔비디아 지포스(Nvidia GeForce) GPU 카드는 처음에 이미지 렌더링의 욕심 가득한 처리 요건을 충족시키기 위해 그래픽 성능이 필요한 게임별 기가플롭(GigaFlop, GFLOP/s)의 기능 쪽이 향상되었다. GPU는 2004년경에 GFLOP/s의 측면에서 CPU를 능가했고 오늘날 최고의 그래픽 카드는 5,000 GFLOP/s보다 훨씬 빠르지만 CPU는 1,000 GFLOP/s 정도로 훨씬 느리다.

의사 결정 트리
  우연한 사건 결과, 자원 비용, 유틸리티를 포함해 가능한 결과에 대해 트리 모양의 그래프 또는 모델을 사용하는 의사 결정 지원 툴이다.

장단기 메모리(LSTM) 네트워크
  알 수 없는 크기의 시간 지연과 중요한 사건 사이의 경계가 주어진 시간의 시계열을 분류, 처리, 예측하는 경험에서 학습하기 적합하다.

신경망
  초반에는 약간 복잡하기 때문에 따로 시간을 내어 별도로 살펴보도록 하겠다.

신경망은 무엇인가?

위 질문의 답으로 신경망의 기본, 딥러닝 기술, 실제 데이터 문제에 적용하는 방법을 간략하게 안내하고자 한다.

뉴런과 신경망

불행히도 기초 코드 지식을 얻기 위해 신경망에 대해 먼저 이야기하지 않고 SRE를 위한 파이썬 딥러닝 마법으로 바로 뛰어드는 것은 불가능하다.

신경망은 인공 뉴런(artificial neuron)으로 구성되어 있다. 인공 뉴런은 생물학적 뉴런의 모델로 대응되는 수학적 기능일 뿐이며 하나 이상의 입력을 수신하고 합산해서 출력을 생성한다. 활성화 함수는 일반적으로 시그모이드(Sigmoid), 즉 단계 함수(step function), 형상(shape)을 갖지만 다른 함수의 형태를 취할 수도 있다. 그림 18-4는 이러한 관계를 보여준다.

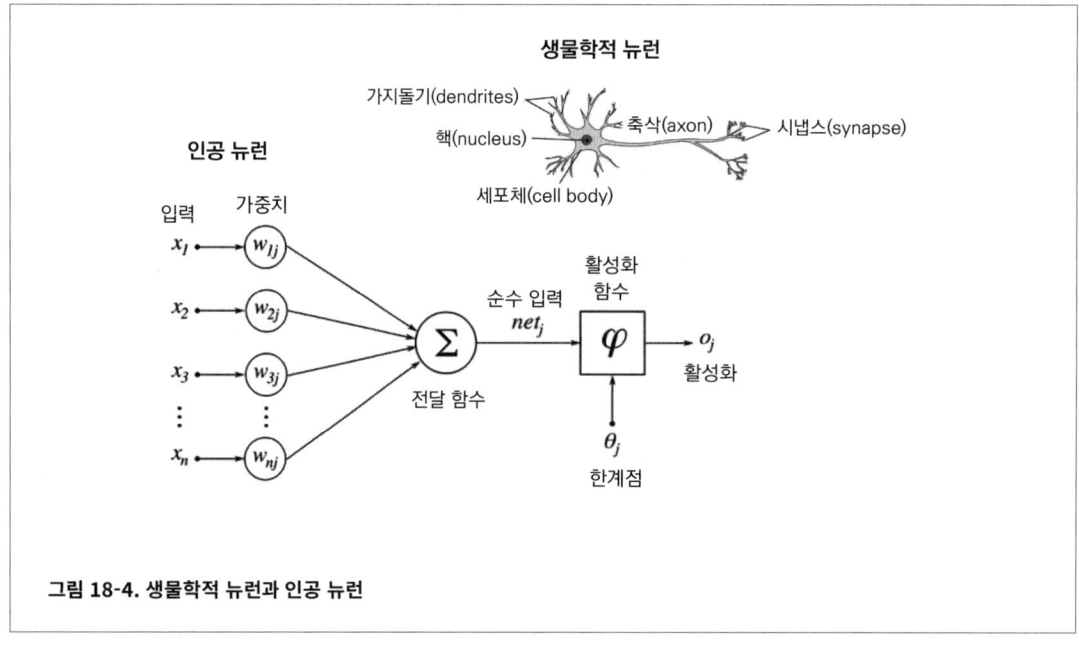

그림 18-4. 생물학적 뉴런과 인공 뉴런

간단한 파이썬 함수를 이용하여 인공 뉴런을 얻을 수 있는데 이 함수는 차례로 계층으로 그룹화해서 신경망을 만든다. 그림 18-5와 같이 입력 및 출력 계층과 같은 일부 계층과 직접 상호작용하는 반면, 어떤 계층은 숨겨진 계층이다.

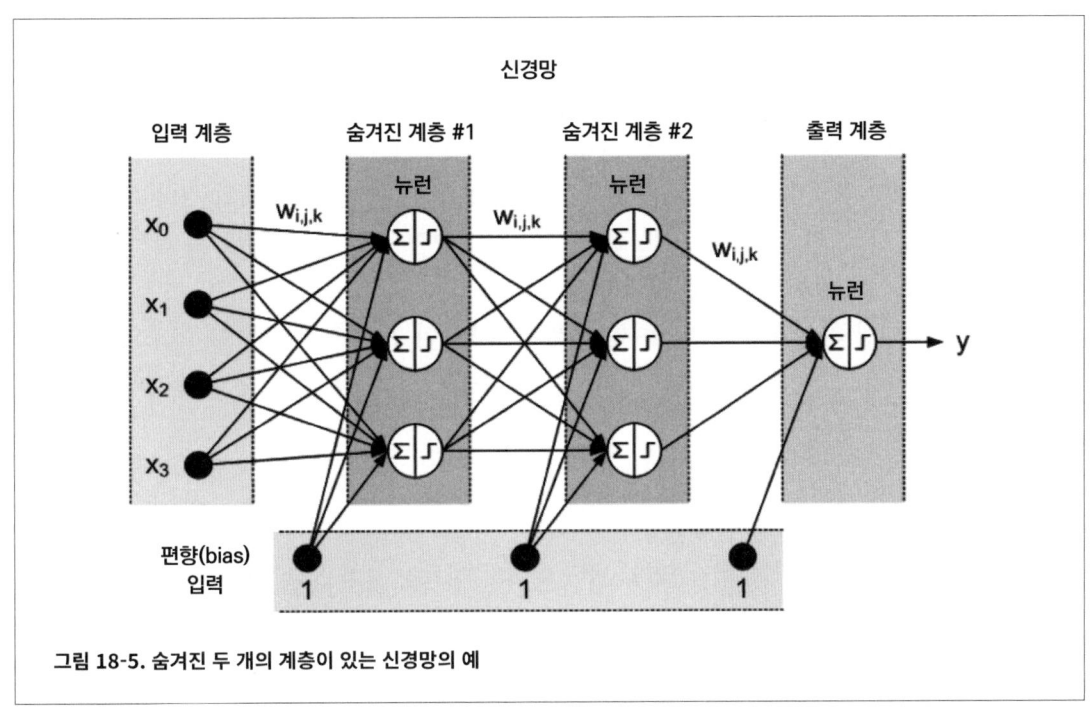

그림 18-5. 숨겨진 두 개의 계층이 있는 신경망의 예

신경망은 언제 어떻게 적용해야 할까?

다음 체크리스트는 신경 네트워크를 사용하여 데이터에 대한 머신러닝 작업을 시작하는 데 도움이 된다.

1. 신경망을 적용하기 전에 기존의 알고리즘이 작동하는지 확인한다.
2. 신경망이 문제를 해결할 수 있는지 확인한다.
3. 신경망 아키텍처에 대한 라이브러리 또는 언어를 선택한다.
4. 데이터를 사용할 수 있도록 포맷하고 배치(batch) 처리한다.
5. 트레이닝(training)을 잘 하기 위해 표본 데이터를 증가시켜 보강한다.
6. 신경망에 배치(batch) 작업을 진행한다.
7. 트레이닝 중에 검증하고 테스트 데이터를 사용해 개선한다.
8. 모델을 테스트하고 나중에 사용할 수 있도록 저장한다.

실제로 신경망이나 다른 머신러닝 모델을 사용하기로 한 후에는 대부분 구조화되지 않은 원시 데이터를 가져와야 한다. 데이터를 정리하고 구조화하는 것은 프로세스의 가장 큰 부분이 될 것이며 모델 구축, 테스트, 예측은 프로세스의 마지막 부분이 될 것이다.

신경망은 트레이닝에 사용할 명확하고 유익한 데이터(대부분 빅 데이터)가 필요하다는 것을 명심하자. 더 많이 트레이닝 할수록 모델은 더 잘 작동하며, 문제를 해결하려면 적절한 유형의 신경망이 필요하다. 각 문제에는 고유한 요구 사항이 있으므로 데이터는 문제에 접근하는 방식을 정의한다. 예를 들어, 시퀀스 생성이 문제라면 순환 신경망(recurrent neural network)이 더 적합하다. 그러나 이미지 관련 문제라면 합성곱 신경망(convolutional neural network)을 사용하는 것이 더 나을 것이다. 마지막으로 심층 신경망(deep neural network) 모델을 실행하려면 상당한 하드웨어 요구 사항이 있을 수 있다. 신경망은 훨씬 전부터 있었지만 지금은 컴퓨터 자원이 더 좋고, 더 싸고, 더 강력하기 때문에 더 많이 받아들여지고 있다. 신경망의 실제 문제를 해결하고 싶다면 컴퓨팅 파워에 투자할 수 있어야 한다.

결국 문제에 대한 최선의 방법은 단순한 통계나 일반적인 엔지니어링 데이터 구조와 알고리즘을 적용하는 것이라고 결정할 수 있다. 따라서 머신러닝을 서두르지 말고 먼저 문제와 데이터를 주의 깊게 분석해야 한다.

어떤 종류의 데이터를 사용할 수 있나?

사용할 수 있는 많은 데이터 세트가 있다. 어떤 데이터 세트는 보통 SRE 대시보드에서 일반적으로 사용하는 것과 일치한다. 다른 세트는 더 일반적이거나 아예 예상하지 못한 자원에서 가져온 것이다. 시간을 따라서 자신에게 무엇이 있고, 어떤 것을 모아야 하고 또 얼마나 가졌는지에 대해 생각해 봐야 한다. 데이터가 많을수록 더 좋은 결과를 얻을 수 있다는 사실을 기억하자. 다음은 가장 일반적인 자원들이다.

머신러닝 데이터
애플리케이션에서 생성된 로그 메시지, 인프라에서 생성된 트랩 이벤트(trap event), 툴에서 생성된 알림을 포함한다.

트래픽 데이터
여러 시스템 간의 네트워크 통신

에이전트 데이터
바이트 코드 계측(byte-code instrumentation)과 호출 스택(call-stack) 샘플을 수집한다. 코드 진단 툴은 해당 데이터를 생성하며 일반적으로 개발 팀과 QA 팀에서 사용한다.

합성 데이터
통합 트랜잭션과 서비스 검사 데이터를 수집한다.

인간 감정 데이터
서비스 데스크 티켓 및 소셜 미디어 메시지의 형태로 사람의 커뮤니케이션을 전자 코딩(electronic coding)해 인식한 것과 정서나 감정을 포착한다.

실용적인 머신러닝

지금부터 툴을 사용해 SRE에 적용할 수 있는 실제 예를 살펴보도록 하겠다.

인기 있는 신경망 라이브러리

그림 18-6처럼 머신러닝 라이브러리의 인기는 시간이 지나면서 변해왔다.

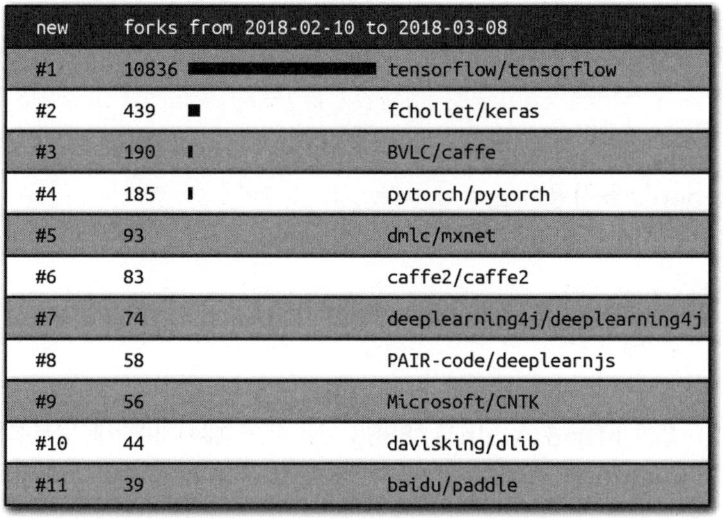

```
new     forks from 2018-02-10 to 2018-03-08
#1      10836 ████████████████  tensorflow/tensorflow
#2      439   ■                 fchollet/keras
#3      190   I                 BVLC/caffe
#4      185   I                 pytorch/pytorch
#5      93                      dmlc/mxnet
#6      83                      caffe2/caffe2
#7      74                      deeplearning4j/deeplearning4j
#8      58                      PAIR-code/deeplearnjs
#9      56                      Microsoft/CNTK
#10     44                      davisking/dlib
#11     39                      baidu/paddle
```

그림 18-6. 인기 있는 머신러닝 라이브러리의 깃허브 순위(포크 기준)

널리 사용되는 라이브러리는 다음과 같다.

- TensorFlow (https://www.tensorflow.org/)
- Keras (https://keras.io/)
- Caffe (http://caffe.berkeleyvision.org/)
- SkLearn (https://scikit-learn.org/)
- Theano (http://www.deeplearning.net/software/theano)
- Torch (http://torch.ch/)

이 중에서 케라스와 텐서플로우를 중점적으로 다뤄볼 것이다.

실제 머신러닝 예시

자, 이제 기본 머신러닝 SRE 중심의 예시를 통해 얼마나 쉽게 시작할 수 있는지 확인해보자.

파이썬, 아이파이썬, 주피터 노트북 설치

실용적인 가이드를 진행하려면 python.org에서 파이썬을 설치한 다음 pip 커맨드를 실행한다 (pip은 이미 Python 버전 2.7.9 이상 또는 3.4 이상에 설치되어 있음).

    pip install --upgrade pip

또한 테스트를 진행하면서 파일을 저장하려면 아이파이썬(IPython)과 주피터 노트북 (Jupyter Notebook)을 사용하는 것이 좋다.

    pip install jupyter
    jupyter notebook

그림 18-7과 같이 http://localhost:8888 브라우저 페이지에 새 노트북을 만들어 설치를 확인한다. 그림 18-8은 피보나치 수열을 푸는 주피터 노트북을 보여준다.

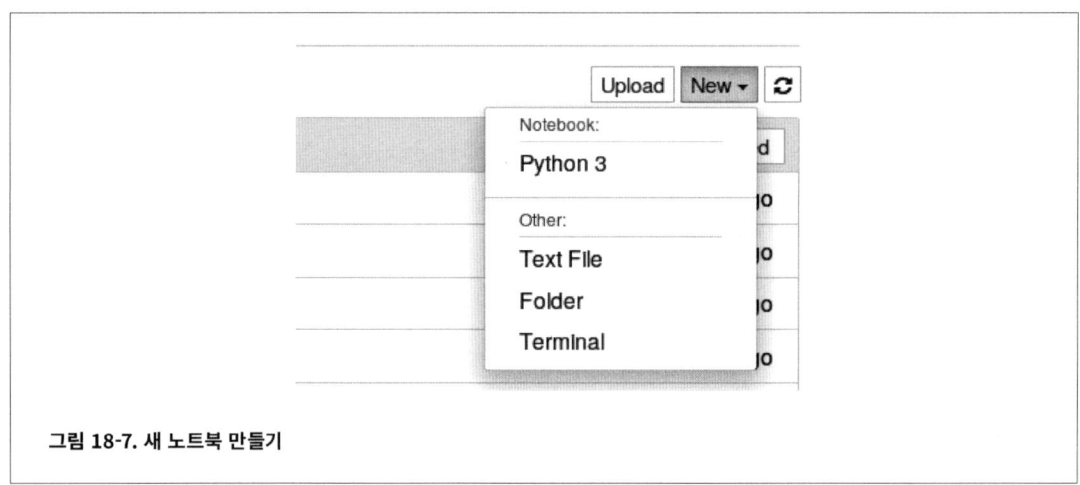

그림 18-7. 새 노트북 만들기

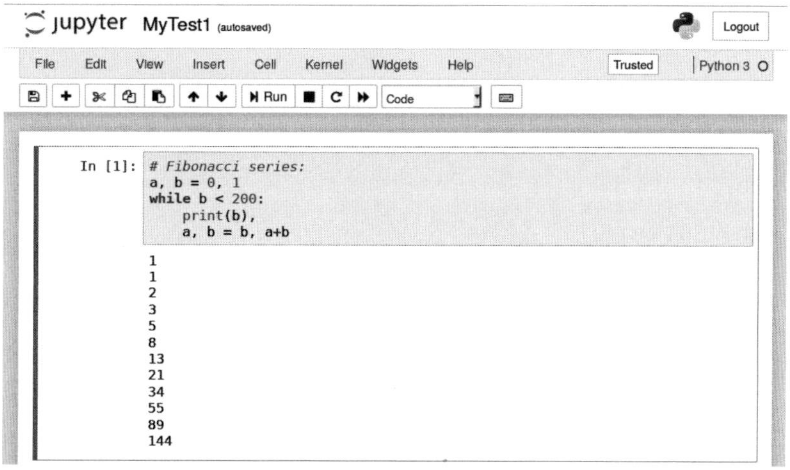

그림 18-8. 피보나치 수열을 해결하는 주피터 노트북

의사 결정 트리

구체적인 예시를 위해 데모를 살펴보자. 첫 번째는 지난 6시간 동안의 현재 CPU, RAM, 스토리지 사용률에 대한 샘플 데이터를 기반으로 서버의 정상 여부를 결정하는 간단한 의사 결정 트리를 사용한다. 의사 결정 트리 알고리즘은 항상 광범위한 머신러닝 영역에 영향을 미쳤으며 분류와 회귀 모두에 사용된다. 이런 종류의 분석은 의사 결정 트리를 사용해 시각적으로 명시적으로 나타낼 수 있다. 해당 모델은 결정을 내릴 때 트리의 분기 구조를 따르고 특정 목표에 도달하기 위해 데이터 마이닝(data mining)에 자주 사용된다.

먼저 커맨드 라인에서 NumPy, SciPy, 사이킥-런(scikit-learn)을 설치해야 한다.

```
pip install numpy scipy scikit-learn graphviz
```

노트북에서 다음 파이썬 코드를 실행하면 의사 결정 트리를 트레이닝시킬 것이다.

```
from sklearn import tree
import graphviz

# 트레이닝 데이터:
# 상태,CPU,RAM,STORAGE
data = [
    ['healthy',45, 32, 65],
    ['unhealthy', 87, 67, 100],
```

```
['unhealthy', 100, 1, 1],
['unhealthy', 76, 70, 90],
['unhealthy', 1, 1, 100],
['unhealthy', 31, 100, 50],
['healthy', 12, 65, 39],
['healthy', 20, 10, 46],
['unhealthy', 100, 50, 50],
['healthy', 34, 70, 37],
['healthy', 1, 50, 50],
['unhealthy', 50, 50, 100],
['healthy', 50, 1, 50],
['unhealthy', 1, 100, 1],
['healthy', 50, 50, 1],
['healthy', 53, 53, 80],
]

metrics = [row[1:] for row in data]
states = [row[0] for row in data]
```

이 코드의 첫 부분은 sklearn 라이브러리에서 트리(tree) 모델을 가져오는 것으로 시작하고 그림 18-9처럼 그래프가 graphviz로 시작한다는 점에 유의한다. 데이터 변수는 정상 상태의 여러 서버 샘플로 채운다. 상태는 y축에, 메트릭은 x축에 지정된다.

```
mytree = tree.DecisionTreeClassifier()
mytree = mytree.fit(metrics, states)
```

데이터 세트를 채운 후 사이킥-런의 의사 결정 트리 분류기로 mytree 객체를 인스턴스화하고 이전 데이터로 모델을 트레이닝한다. mytree.fit은 이전 (x축, y축)을 얻는다.

```
# CPU 10%, RAM 80%, 스토리지 10%가 정상인가?
print("10% CPU, 80% RAM, 10% Storage", (mytree.predict([[10, 80, 10]])))
# CPU 80%, RAM 10%, 스토리지 90%가 정상인가?
print("80% CPU, 10% RAM, 90% Storage (high)", mytree.predict([[80, 10, 90]]))
# CPU 60%, RAM 90%, 스토리지 10%가 정상인가?
```

print("60% CPU, 90% RAM (high), 10% Storage", mytree.predict([[60, 90, 10]]))

결과는 다음과 같다.

10% CPU, 80% RAM, 10% Storage ['healthy']
80% CPU, 10% RAM, 90% Storage (high) ['unhealthy']
60% CPU, 90% RAM (high), 10% Storage ['unhealthy']

다음으로 그림 18-9와 같이 예측 결과를 테스트하고 출력한다. 의사 결정 트리는 트레이닝에서 의도한 대로 비정상적인 서버의 CPU와 RAM 사용량이 많다는 것을 알아낼 수 있었다.

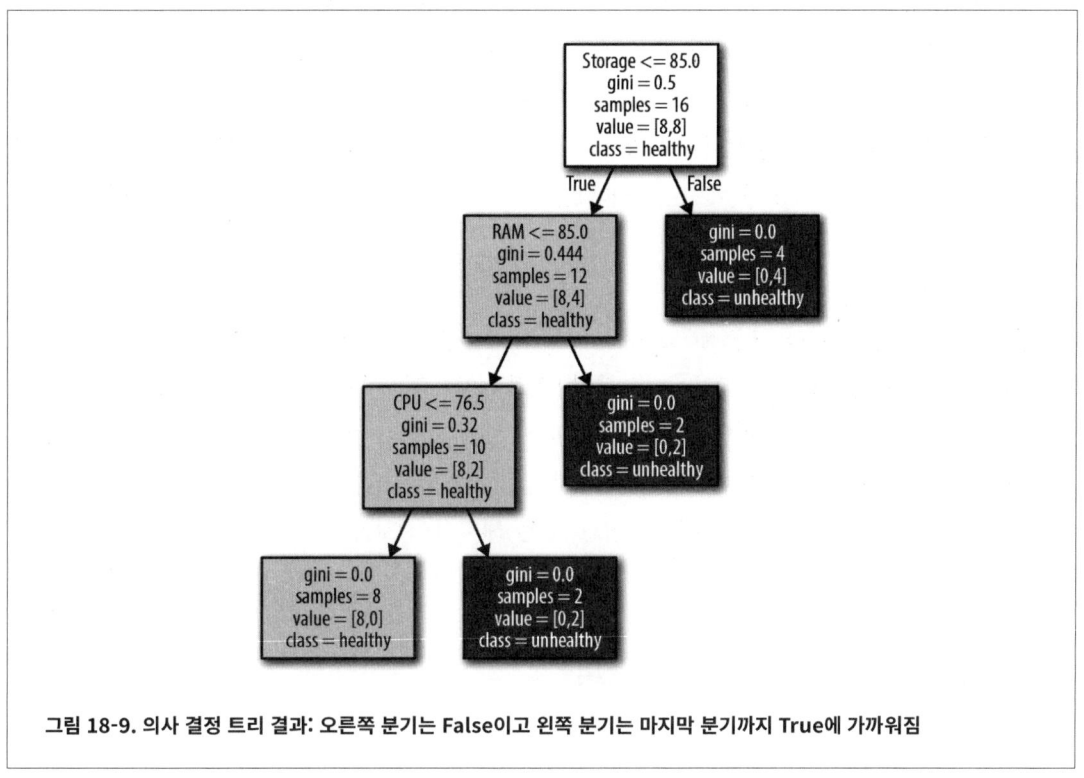

그림 18-9. 의사 결정 트리 결과: 오른쪽 분기는 False이고 왼쪽 분기는 마지막 분기까지 True에 가까워짐

```
# 의사 결정 트리를 도식화한다
dot_data = tree.export_graphviz(mytree,
feature_names=['CPU','RAM','Storage'],
class_names=['healthy','unhealthy'],
filled=True, rounded=True,out_file=None)

graphviz.Source(dot_data)
```

마지막으로 의사 결정 트리가 어떻게 작용하는지 간략하게 분석해보겠다. 그림 18-9는 트레이닝으로 생성된 의사 결정 트리를 보여준다. 결정을 내리는 데 사용되는 데이터는 비교할 값을 기반으로 일련의 부울(Boolean) 결정을 거친다. 만약 하나라도 False를 리턴하면 'unhealthy'을 리턴하지만 모두 True라면 'healthy'를 리턴한다.

이 시연은 간단한 데이터 세트와 의사 결정 트리를 사용하여 이미 많은 작업을 수행할 수 있음을 보여줬다.

Scratch의 신경망

다음으로 3계층 신경망을 처음부터 트레이닝하기 위한 간단한 파이썬 코드 예시를 더 살펴보겠다. 먼저 NumPy를 사용하여 "시그모이드(Sigmoid)"를 사용해 간단한 뉴런을 구성할 수 있다. 이는 뉴런의 활성화로 0과 1 사이에 어떤 값이든 매핑하여 숫자로 확률을 만들어 낼 수 있는 함수이다.

```python
import numpy as np

def nonlin(x,deriv=False):
    if(deriv==True):
        return (x*(1-x))
    return (1/(1+np.exp(-x)))
```

그림 18-10은 실행 중인 이전 코드를 나타낸다.

그림 18-4에서 본 인공 뉴런은 다른 가중치($w_1...w_n$)와 다른 입력($x_1...x_n$)을 갖고 있다. 해당 입력의 가중치 합은 다음과 같이 시그모이드 또는 헤비사이드(Heaviside) 단계 함수 f를 통해 전달된다.

```python
# 입력 데이터를 사용하여 데이터 세트를 행렬로 초기화한다
X = np.array([[0,0,1],
              [0,1,1],
              [1,0,1],
              [1,1,1]])
# 각각 하나의 출력 뉴런이 있는 출력 데이터
Y = np.array([[1],
              [0.7],
              [1],
              [0]])
```

```
# 데이터를 결정적(deterministic)으로 만들기 위한 시드(seed)
np.random.seed(1)
# 시냅스 행렬을 생성한다
synapse0 = 2 * np.random.random((3, 4)) - 1
synapse1 = 2 * np.random.random((4, 1)) - 1
```

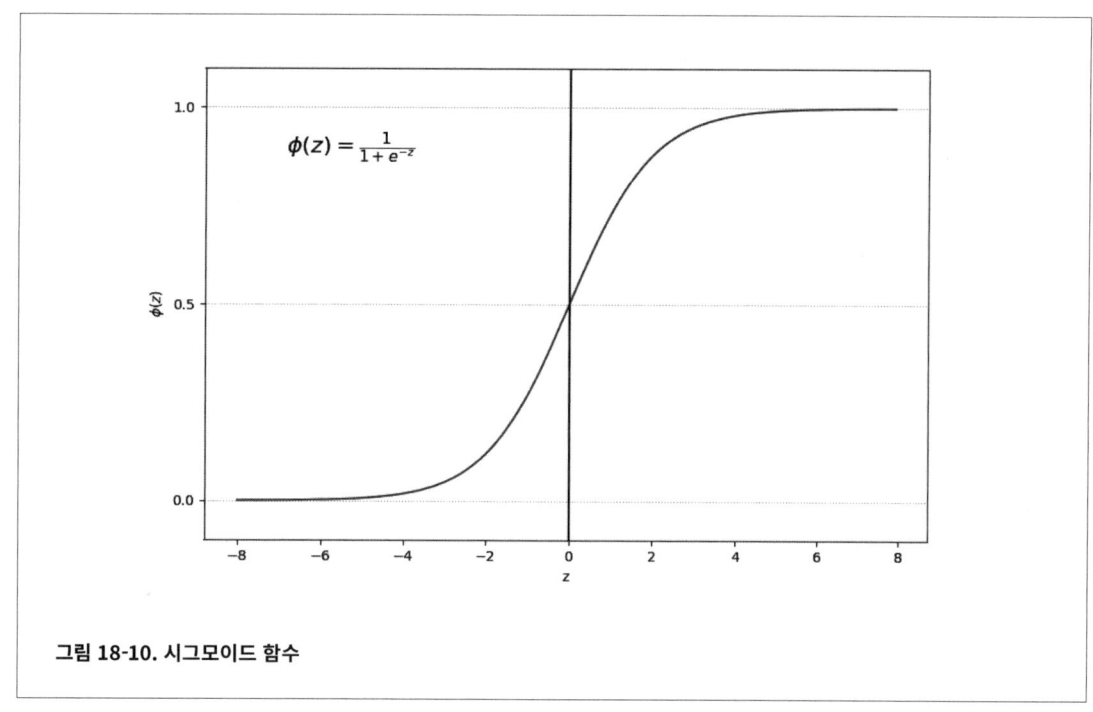

그림 18-10. 시그모이드 함수

다음으로 데이터 세트를 입력 데이터(x)를 포함한 행렬로 초기화한다. 각 행은 다른 트레이닝 예시이고 각 열은 다른 뉴런을 나타낸다. 출력 데이터(y)는 각각 하나의 출력 뉴런을 갖고 있으며 이를 결정론적으로 만들기 위해 시드를 생성한다. 이는 동일한 시작점을 가진 난수(random number)를 생성(디버깅에 유용)하므로 프로그램을 실행할 때마다 생성된 숫자의 동일한 순서를 얻을 수 있다.

이 간단한 신경망을 완성하기 위해 두 개의 시냅스 행렬을 생성하고 신경망의 가중치를 초기화한다. 방금 다음과 같이 두 개의 가중치 계층을 가진 신경망을 생성했다.

```
# 트레이닝 코드(루프)
for j in xrange(100000):
    # layer0, layer1, layer2 계층
    layer0 = X
    # 예측 단계
```

```
layer1 = nonlin(np.dot(layer0, synapse0))
layer2 = nonlin(np.dot(layer1, synapse1))
# 에러율을 얻는다
layer2_error = Y - layer2
# 평균 에러를 출력한다
if(j % 10000) == 0:
    print "Error:" + str(np.mean(np.abs(layer2_error)))
# 에러율을 곱한다
layer2_delta = layer2_error * nonlin(layer2, deriv=True)
# 역전파
layer1_error = layer2_delta.dot(synapse1.T)
# layer1의 델타를 얻는다
layer1_delta = layer1_error * nonlin(layer1, deriv=True)
# 기울기 하강
synapse1 += layer1.T.dot(layer2_delta)
synapse0 += layer0.T.dot(layer1_delta)
```

 이전 예시의 트레이닝 코드는 주어진 데이터 세트에 대해 네트워크를 최적화하는데 관련되어 있다. 첫 번째 계층(layer0)은 입력 데이터일 뿐이다. 예측 단계는 각 계층과 해당 시냅스 간의 행렬 곱셈을 수행한 후 다음 행렬에서 시그모이드 함수를 실행하여 다음 계층을 생성한다. layer2 출력에 대한 layer1/layer2 예측으로 에러율을 얻기 위해 뺄셈으로 예상 출력 데이터와 비교할 수 있다. 그 다음 정해진 간격으로 평균 오차를 계속 출력해서 에러가 발생하는지 확인한다.

 layer2의 값에서 에러율을 시그모이드(Sigmoid)의 기울기에 곱하고 역전파(backpropagation)[07]을 수행한다. 역전파는 "에러의 역방향 전파" 즉 layer1이 layer2의 에러 원인이라는 것을 의미하며 시냅스 1(synapse1)의 전치(transpose)에 layer2 델타(layer2_delta)를 곱한다.

 다음으로 시그모이드 함수의 결과에 오차를 곱해 layer1의 델타를 얻고 최종적으로 가중치를 업데이트하는 함수의 최솟값을 찾기 위해 1차 반복 최적화 알고리즘인 기울기 하강법[08]을 수행한다. 이제 각 계층에 대한 델타가 있으므로 이를 사용해 시냅스 속도를 업데이트하면 반복할 때마다 에러율을 훨씬 더 줄일 수 있다. 이렇게 하면 다음과 같은 결과를 얻을 수 있다.

---

07 역전파는 신경망에서 기울기 하강법을 수행하기 위한 기본 알고리즘이다. 먼저 각 노드의 출력값을 전방 패스(forward pass)에서 계산(그리고 캐싱)한다. 그다음 각 파라미터에 대한 오차의 편도함수는 그래프를 통해 역방향으로 계산된다.

Error:0.434545246367

Error:0.00426490134801

Error:0.00285547679431

Error:0.00226684843815

Error:0.00192718684831

Error:0.00170049171577

Error:0.00153593455208

Error:0.00140973826096

Error:0.00130913223749

Error:0.00122657710472

이는 신경망이 학습하면서 에러가 0에 가까워지고 있음을 의미한다. 그리고 각 layer2와 목적(objective)을 출력하면 다음과 같다.

print "Output after training"

print layer2

Output after training

[[0.99998867]

 [0.69999105]

 [0.99832904]

 [0.00293799]]

print "Initial Objective"

print Y

Initial Objective

[[1.]

 [0.7]

 [1.]

 [0.]]

---

08 기울기 하강법은 트레이닝 데이터에 따라 모델의 파라미터에 대한 손실 기울기를 계산해 손실을 최소화하는 기술이다. 비공식적으로 기울기 하강법은 파라미터를 반복적으로 조정해 서서히 가중치와 편향의 최상 조합을 찾아 손실을 최소화한다.

NumPy와 수학을 일부 사용해 신경망을 성공적으로 생성했고 역전파와 기울기 하강법을 사용해 초기 목표에 더 가까이 접근하도록 트레이닝을 진행했다. 이는 신경망이 이상 탐지, 사운드, 이미지 또는 플랫폼의 어떤 특정 발생과 같은 패턴을 인식하도록 가르치는 큰 시나리오에서 유용할 것이다.

텐서플로우 및 텐서보드 사용

구글의 텐서플로우는 이전에 살펴본 NumPy에 불과하며 이에 대한 큰 반전을 보게 될 것이다. 주요 차이점은 텐서플로우가 먼저 수행해야 할 모든 작업의 그래프를 만든 다음, "세션(session)"이 호출되면 세션이 그래프를 "실행(run)"한다는 것이다. 텐서플로우는 확장 가능하고 CUDA를 통해 GPU를 활용할 수 있도록 제작되었으며, 다른 라이브러리인 케라스는 텐서플로우의 코딩을 단순화한다(그림 18-11 참고).

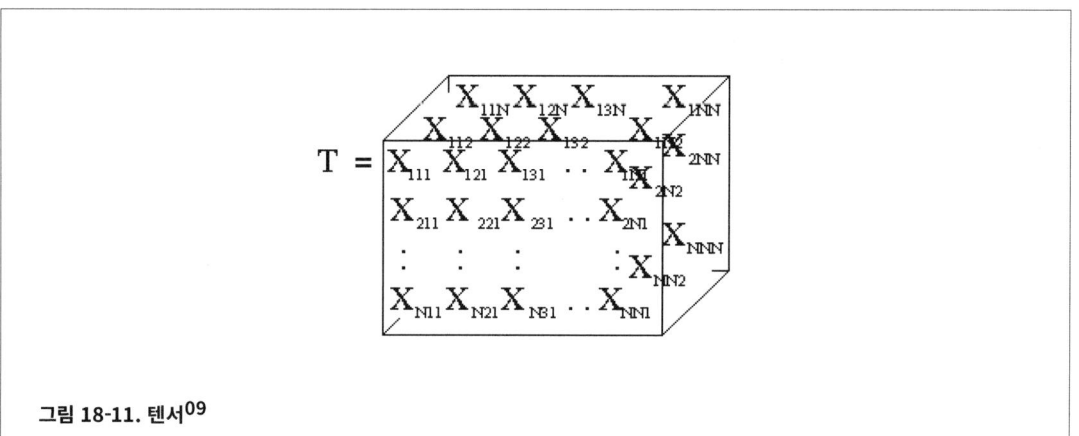

그림 18-11. 텐서[09]

텐서플로우에 본질적으로 "뉴런"이 없지만 선형 대수학(linear algebra)을 좋아한다. 뉴런은 생물학적 은유로 표현하면 과거에 대한 집착이다.

모든 것은 행렬 수학(matrix math)이거나 임의의 차원에서는 텐서 수학(tensor math)인데 텐서플로우 선택에 달려있다. 텐서플로우를 아주 유연하게 만들 수 있고 그렇지 않으면 더 어려워질 수 있는 계산을 효율적으로 수행할 수 있다.

pip 패키지 관리자에서 텐서플로우를 설치할 수 있다.

pip install tensorflow

---

[09] 수학에서 텐서(tensor)는 기하학적 벡터, 스칼라, 기타 텐서 사이의 선형 관계를 기술하는 기하학적 객체이다. 텐서 관계의 기본적인 예시로는 내적(dot product), 외적(cross product), 선형 사상(linear map)이 있다(출처: https://en.wikipedia.org/wiki/Tensor).

설치를 테스트하려면 다음 커맨드를 실행한다.

```
import tensorflow as tf
a = tf.constant(1.0)
b = tf.constant(2.0)
c = a + b
sess = tf.Session()
print(sess.run(c))
```

결과 연산은 그림 18-12에서 확인할 수 있다.

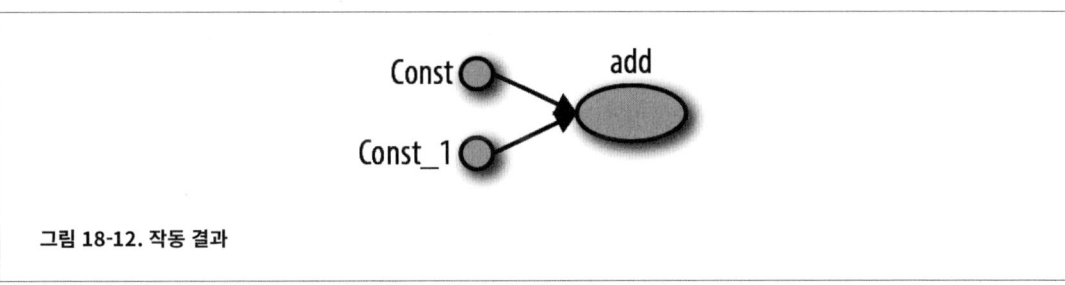

그림 18-12. 작동 결과

CPU에 대한 알림은 무시해도 좋다. 텐서플로우 실행 결과는 3.0이어야 한다.

위의 테스트는 그다지 인상적이지 않지만 실제로 세션에서 테스트하기 전에 텐서플로우가 어떻게 선언하는지 보여준다. 다음 파이썬 코드[10]는 실제 데이터 세트를 사용하지 않지만 텐서플로우를 사용해 데이터 뉴런을 트레이닝 시킨다.

```
1  import tensorflow as tf
2
3  x = tf.constant(1.0, name='input')
4  w = tf.Variable(0.8, name='weight')
5  y = tf.multiply(w, x, name='output')
6  y_ = tf.constant(0.0, name='correct_value')
7  loss = tf.pow(y - y_, 2, name='loss')
8  train_step = tf.train.GradientDescentOptimizer(0.025).minimize(loss)
9
```

---

[10] 출처: 아론 슈마허(Aaron Schumacher)가 작성한 블로그 (https://www.oreilly.com/learning/hello-tensorflow)

```
10  for value in[x, w, y, y_, loss]:
11      tf.summary.scalar(value.op.name, value)
12
13  session = tf.Session()
14
15  summaries = tf.summary.merge_all()
16  summary_writer = tf.summary.FileWriter('log_simple_stats', session.graph)
17
18  session.run(tf.global_variables_initializer())
19  for i in range(100):
20      summary_writer.add_summary(session.run(summaries), i)
21      session.run(train_step)
22      if (i % 10) == 0: print (session.run(y))
23
24  summary_writer.close()
```

이 코드를 보면 먼저 텐서플로우를 임포트하고 3라인에서 8라인까지 정의한 후 그래프를 생성한다.

처음에 시스템은 1.0을 입력해 0.8을 리턴하는데 'correct_value'가 0.0 이므로 잘못된 것이다. 시스템이 얼마나 잘못되었는지 측정할 방법이 필요하다. 이 측정값을 "손실(loss)"이라고 하고, 뉴런이 값을 학습하도록 기울기 하강 옵티마이저(gradient descent optimizer)를 사용해 training_step의 손실을 최소화하는 목표를 시스템에 부여한다.

13번 라인에서 텐서플로우 세션을 시작한다. 그다음 텐서보드(TensorBoard)에서 시각화할 몇 가지 요약을 준비하고 마지막으로 19번 라인에서 100번 반복하는 루프에서 세션을 최적화한다. 코드를 실행하면 최적화에서 예상한 대로 출력이 점점 0에 가까워지는 것을 보여준다.

0.76
0.45504
0.272449
0.163125
0.0976692
0.0584782
0.035013
0.0209636

0.0125517

0.00751515

텐서보드는 하나 이상의 텐서플로우 프로그램을 실행하는 동안 저장된 요약 정보를 표시하는 그래픽 대시보드이다. 여기서 그래프와 작동 값을 얻고 시각화할 수 있다.

25 !tensorboard --logdir=log_simple_stats

Starting TensorBoard b'54' at http://localhost:6006
(Press CTRL+C to quit)

텐서보드를 시작하기 전에 이전 최적화를 실행했고 값은 추후 텐서보드에서 사용할 수 있도록 log_simple_stats에 보관된다. 이제 결과는 그림 18-13과 그림 18-14에서 보여준 바와 같이 예상대로 나타난다.

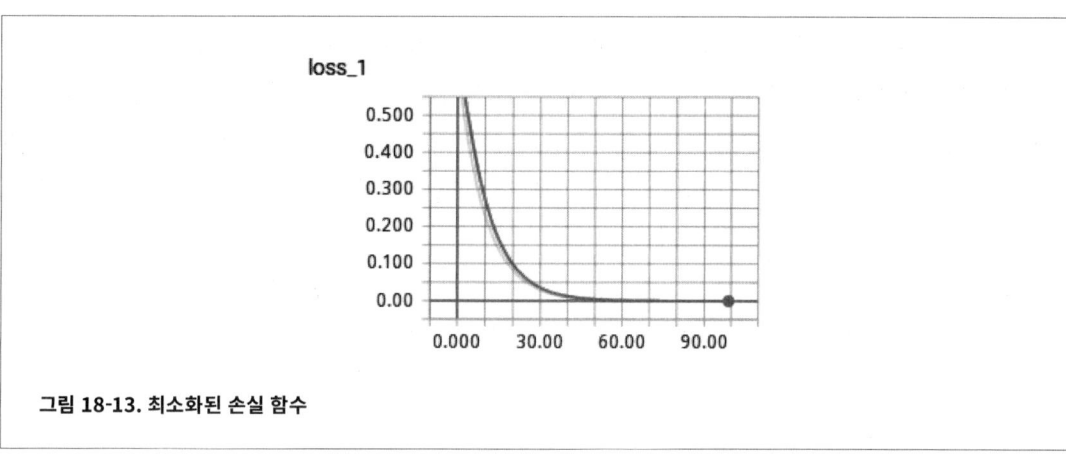

그림 18-13. 최소화된 손실 함수

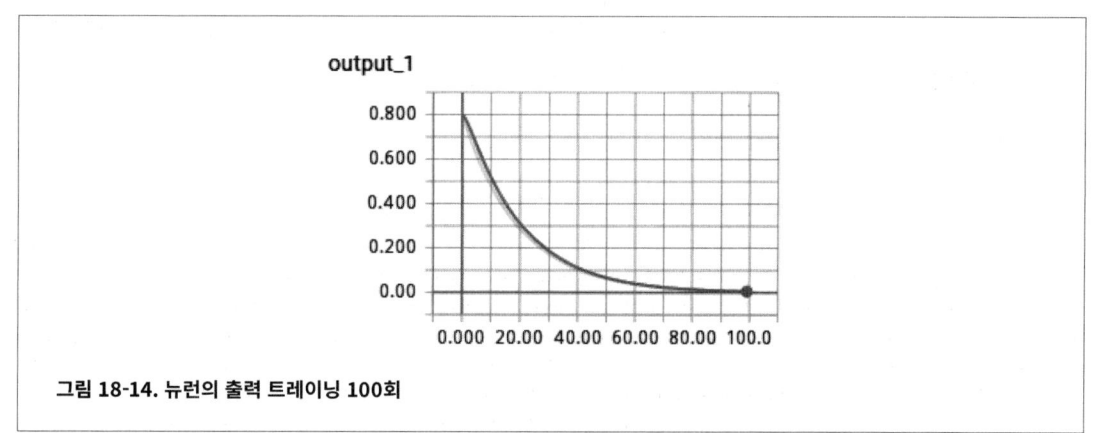

그림 18-14. 뉴런의 출력 트레이닝 100회

텐서보드의 Graphs 탭을 보면 그림 18-15와 같이 주요 그래프와 함수의 최솟값을 찾는 데 사용된 보조 기울기 하강 그래프를 볼 수 있다.

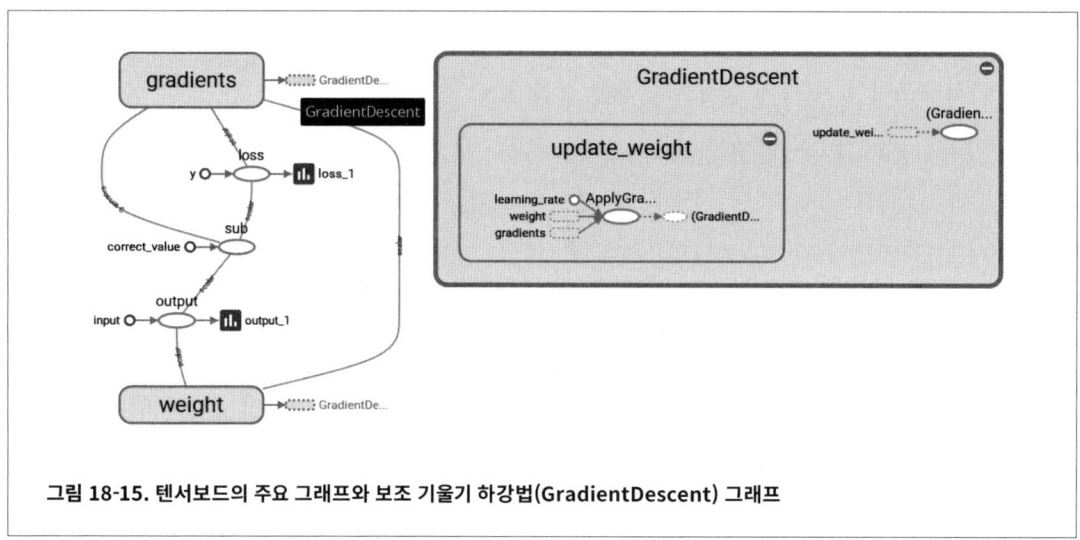

그림 18-15. 텐서보드의 주요 그래프와 보조 기울기 하강법(GradientDescent) 그래프

텐서플로우를 사용하면 그래프와 스칼라 데이터를 시각화하는 것 외에 이미지 데이터, 오디오 데이터, 분포, 히스토그램(histograms), 임베딩, 텍스트를 볼 수 있다. 그렇기 때문에 SRE 학습 경로에 대한 머신러닝에 포함해야 하는 훌륭한 툴이다. 텐서보드는 강력한 그래프와 다소 복잡한 그래프를 모두 생성한다. 그러나 그래프 시각화와 함께 텐서플로우를 사용하면 그래프를 이해하고 디버깅하는 데 도움이 될 것이다.

다음을 포함해 CPU와 GPU 도커 파일(Dockerfile)과 함께 텐서플로우 깃허브 저장소 (https://github.com/tensorflow/models)에서 바로 사용할 수 있는 텐서플로우 모델이 많이 있다.

Mnist
   MNIST 데이터 세트에서 이미지 숫자를 분류하는 기본 모델

Resnet
   CIFAR-10과 ImageNet의 1,000개 클래스 데이터 세트를 모두 분류하는 데 사용할 수 있는 심층 잔류 신경망(Deep Residual Network)

Wide_deep
   광범위한 모델과 심층 네트워크를 결합하여 인구조사 소득 데이터를 분류하는 모델

시계열: 서버 요청 대기 중

이 시점까지 아직 SRE에 대한 머신러닝의 최고를 보지 못했다. 내 판단으로는 구별이 시계열에 달려있다고 보는데 시계열은 일정한 시간 간격으로 측정되는 신호이다. 예를 들면 그림 18-16처럼 2017년 5월경에 엄청난 트래픽을 경험하게 했던 서버 요청을 볼 수 있다.

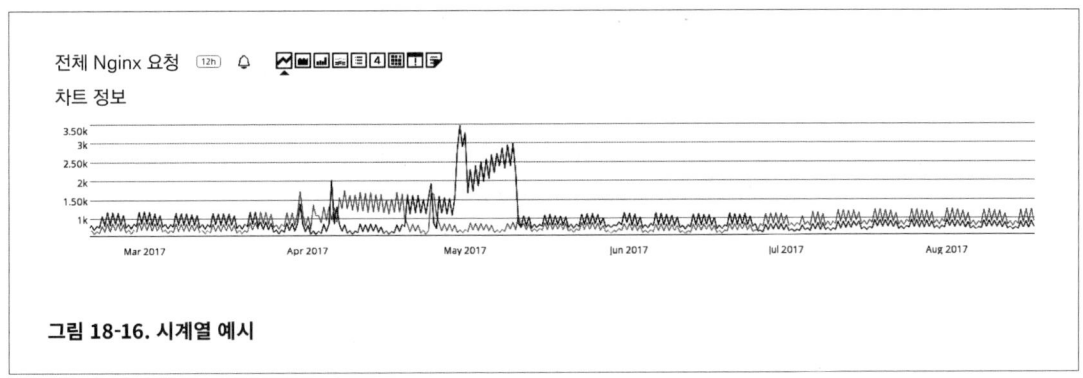

그림 18-16. 시계열 예시

다음과 같이 수행할 수 있다면 얼마나 좋을까?

- 이상 탐지를 사용해 자동 대응할 수 있게 한다.
- 예측 서버는 몇 시간 전부터 미리 예상한다.

이 데이터를 사용하기 전에 유의해야 할 몇 가지 중요한 사항이 있다.

- 시계열에서 미래 값 추정은 일반적으로 동일한 시계열의 과거 값을 사용해 이루어진다.
- 시계열의 시간 간격은 초, 시, 일, 년 등과 같이 어떤 시간 단위든지 될 수 있다는 점에 유의한다.
- 예측하고자 하는 것에 대한 정확한 시간 간격을 선택해야 하며 이를 위한 테스트를 해야한다. 최종 선택을 하기 전에 여러 번, 다른 값으로 시도해야 한다.
- 딥러닝은 데이터 과학이지만 좋은 해결책에 도달하기 전에 많은 시행착오를 겪는다. 대부분 확률을 처리하고 있기 때문이다.

다음 예시는 그림 18-17과 같이 몇 달 동안의 nginx 요청 데이터를 수집하고 다음 20시간 동안의 경향을 예측하는 것이다. 이 모델은 지금 실험 중이며 일기예보처럼 실패할 수 있다. 이것은 순차 모델을 가진 순환 신경망으로 온라인에서 이용 가능한 텐서플로우 백엔드를 사용하는 케라스 코드에 사용된다.

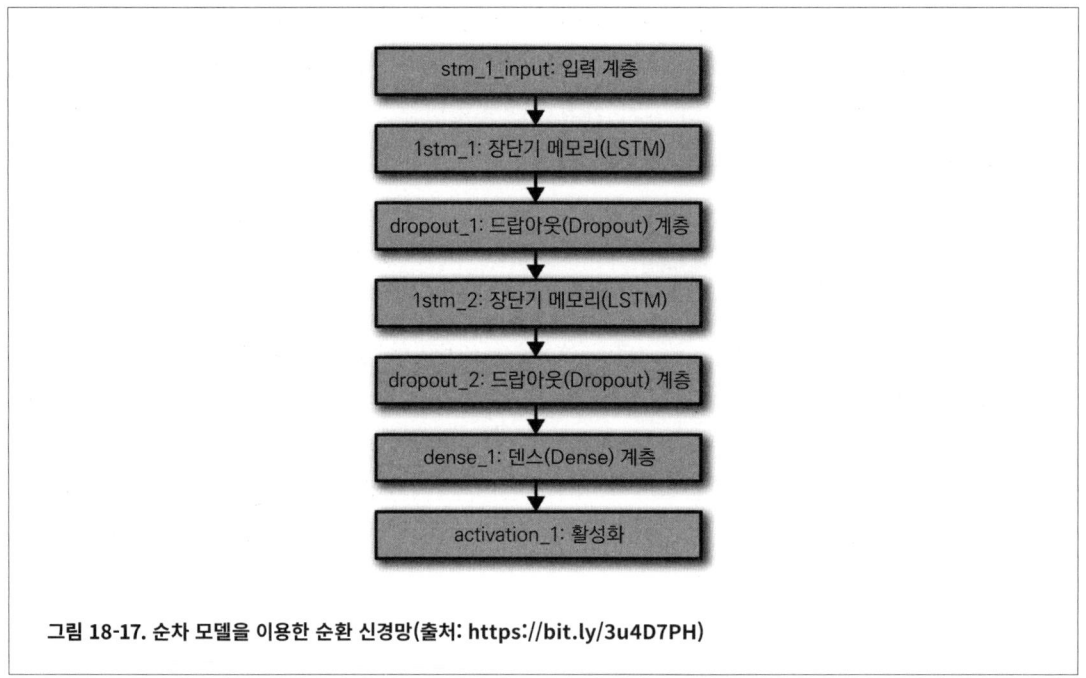

그림 18-17. 순차 모델을 이용한 순환 신경망(출처: https://bit.ly/3u4D7PH)

저장소에 제공된 코드를 보면 데이터를 로드하고 정규화하며 시퀀스를 예측해 그림 18-18처럼 결과를 표시한다. 실제 트레이닝은 100 에폭(epoch)에서 수행된다.

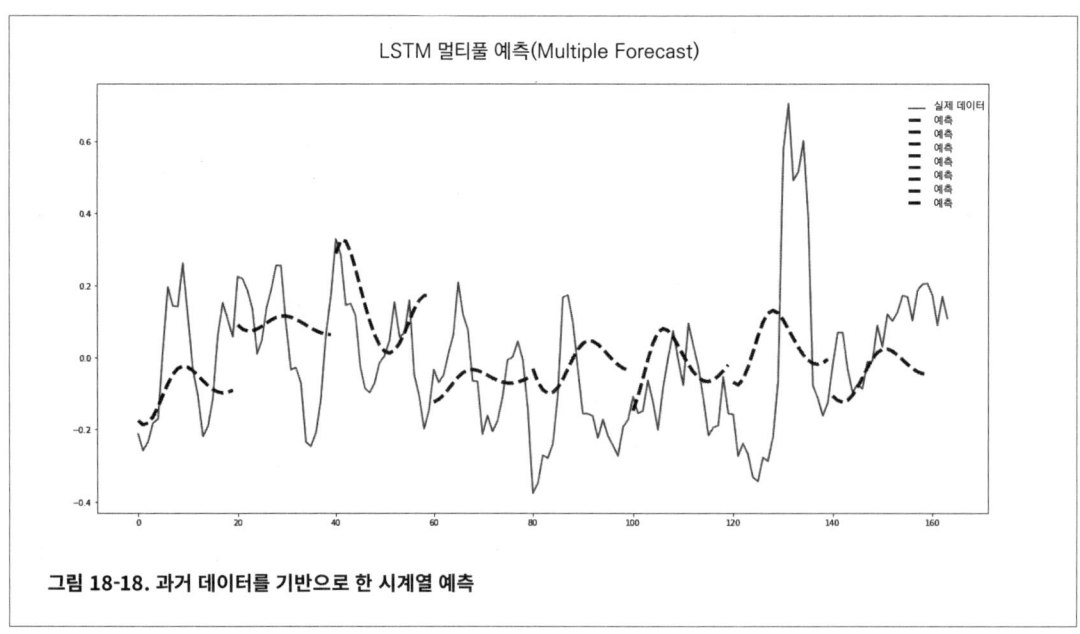

그림 18-18. 과거 데이터를 기반으로 한 시계열 예측

출력 그래프는 테스트 세트(test set)라고 부르는 과거 데이터에서 160시간 동안의 트래픽 샘플을 보여준다. 해당 모델은 160시간의 교차 검증 집합(cross-validation set) 대비 120일의 데

이터를 사용하여 트레이닝된 것이다. 이는 최상의 결과를 리턴하는 비율이었다. 검은색 점선은 향후 약 20시간 예측을 나타내며 완벽하지는 않지만 해당 모델이 트래픽 경향을 예측할 수 있다는 아이디어를 명확하게 보여준다.

결론적으로 이러한 결과는 폭발적인 트래픽을 포함해 미래의 특정 기간 내에서 예측하는 일에 좋은 진전을 분명히 보여준다. 따라서 장애로 인한 문제를 회피하고 필요하다면 새로운 하드웨어를 실제로 프로비저닝할 수 있다. SRE에게는 장애 대응 및 용량 계획과 같은 유형의 분석이 유용할 수 있다.

성공스토리

AI가 상당히 영향을 미칠 몇 가지 기업 IT 분야는 다음과 같다.

- 로그 분석
- 용량 계획
- 인프라 확장
- 원가관리
- 성능 튜닝
- 에너지 효율
- 보안

최근 구글은 딥마인드(DeepMind)를 통해 데이터 센터 냉각 관리를 시작했다. 그림 18-19에서 보여준 예시처럼 에너지 사용량을 40%까지 줄이는 데 성공했다.

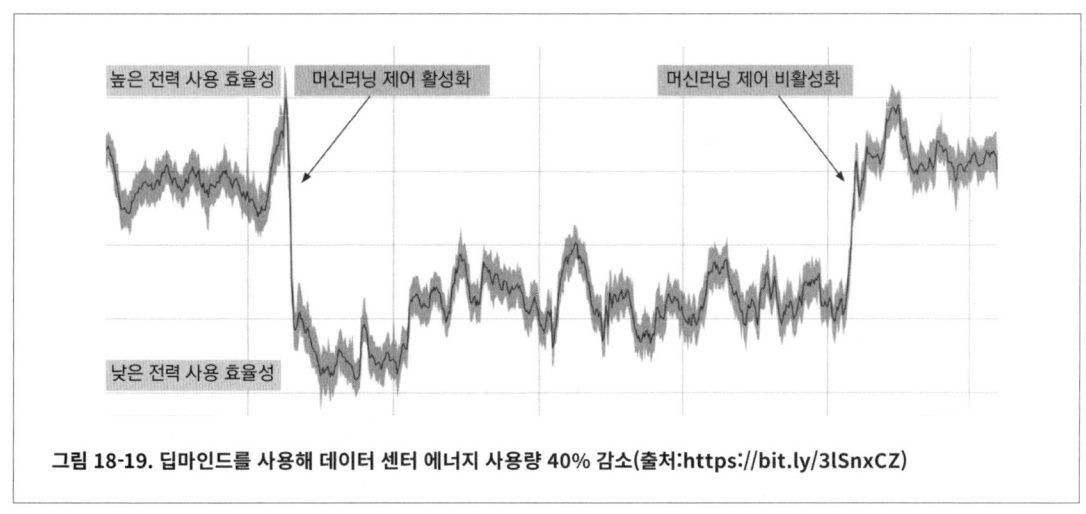

그림 18-19. 딥마인드를 사용해 데이터 센터 에너지 사용량 40% 감소(출처:https://bit.ly/3lSnxCZ)

온도, 전력, 펌프 속도, 전력 설정값 등과 같은 데이터 센터의 수천 대 장치에서 이미 수집한 과거 센서 데이터를 사용해 데이터 센터의 에너지 사용량을 40% 감소시켰다. 그리고 이 데이터는 평균 미래 전력 사용 효율성(PUE)에 대한 심층 신경망 앙상블을 트레이닝하는 데 사용되었으며 해당 모델은 데이터 센터 냉각 시스템에서 직접 사용되고 테스트되었다.

신경망은 이미지 인식에서도 광범위하게 사용되고 있다. 예를 들어, 데이터 센터 보안은 감시 카메라의 비디오 프레임을 실시간으로 분석하여 권한 없는 사람을 탐지하는 데 사용하고 있다.

신경망과 딥러닝 외에도 나이브 베이즈(Naive Bayes) 분류기와 같은 머신러닝 성공 사례가 있다. 나이브 베이즈 분류기는 이메일 스팸을 자동으로 필터링하여 업계에서 오랫동안 큰 성공을 거두었다. 우리가 사용 중인 이메일의 제공업체는 아마도 오늘도 이 기능을 사용하고 있을 것이다.

머신러닝으로 좋은 결과를 얻은 IT의 또 다른 분야는 보안 분야이다. 예를 들어, 이상 탐지는 신용 카드 부정행위 탐지 및 이상값 탐지로 보안 자동화를 크게 개선하는 다른 많은 애플리케이션에서 사용된다.

더 읽을거리

18장에서는 머신러닝과 AI의 주제에 대해 가벼운 접근 방식을 취했다. 더 깊이 알고 싶다면 오픈소스 코드를 탐색하는 것이 좋을 것 같다. 또한 저자의 저장소와 두 권의 추천도서를 참고하기 바란다. 책 '딥러닝'은 deeplearningbook.org에서 온라인으로 무료로 읽거나 인쇄판을 다운로드할 수 있다. 이제 여러분의 조직에 머신러닝을 적용할 때이다.

저자의 깃허브 저장소

- https://github.com/ricardoamaro/MachineLearning4SRE

추천 도서

- 러셀 스튜어트(Russell, Stuart J.), 피터 노빅(Peter Norvig), 존 캐니(John F. Canny)의 『인공 지능-현대적 접근 방법(Artificial Intelligence—A Modern Approach)』, 2003년 출간, 뉴저지 어퍼 새들 리버 피어슨 교육(Upper Saddle River, NJ: Pearson Education)

- 굿펠로우(Goodfellow), 이안(Ian), 요수아 벵기오(Yoshua Bengio), 아론 쿠르빌(Aaron Courville)의 『딥러닝(Deep Learning)』, 2016년 출간, 메사추세츠의 케임브리지에 위치한 MIT 출판사, www.mitpress.mit.edu/books/deep-learning

리카르도 아마로 Ricardo Amaro

프리 소프트웨어(Free Software)를 사용하는 큰 회사 중 하나이며 현재 약 2만 대의 프로덕션 서버를 운영 중인 세계 최대 기업 중 하나인 액퀴아(Acquia)에서 수석 사이트 신뢰성 엔지니어로 일하고 있다. 리카르도는 ADP(Associação Drupal Portal)의 의장이며 90년대에 개방형 기술, 특히 리눅스를 처음으로 접했다. 또한 아주 일찍부터 애자일 기술을 적용하고 데브옵스 문화를 장려했으며 프리 소프트웨어, 디지털 권리를 열렬히 옹호하며 IT 행사에서 자주 연설하고 있다.

PART III

SRE Best Practices and Technologies | SRE 베스트 프랙티스 및 기술

- SRE는 문서화를 위한 더 좋은 방법이 필요하다.
- 게임으로 SRE를 가르칠 수 있을까?
- SLO는 잘못된 부분을 측정하고 있다.
- SRE가 성공했는지 어떻게 알 수 있는가?
- SRE 안티패턴이란 무엇인가?
- 불변 인프라, 스크립트를 사용할 수 있는 로드밸런서, 서비스 메시는 SRE 환경을 더 쉽게 만들 수 있다.

토론.

나는 '이럴 때' SRE임을 깨닫는다.

… 둘은 하나이고 하나는 아무것도 아니므로 모든 자원을 추가로 사들이는 자기 자신을 발견하게 된다.

… 설계에서 배포까지 새로운 기능에 참여하고 있다.

… 프로덕션 준비 검토 회의가 기대된다.

… 전력 회사의 SLO는 무엇인지 궁금해진다.

CHAPTER 19

더 좋은 문서 만들기: 엔지니어링 워크플로우에 문서 통합

구글Google의 리우나 맥나마라Ríona MacNamara, 시라자 누칼라Shylaja Nukala, 스타스 미아스니코우Stas Miasnikoŭ, 애런 길리스Aaron Gillies, 제레미 샤프Jeremy Sharpe와 마이크로소프트Microsoft의 니얼 리처드 머피Niall Richard Murphy

소프트웨어 산업 전반에 걸쳐 엔지니어링 문서에 대한 신뢰도는 낮다. 스택 오버플로우(Stack Overflow)의 2016 개발자 설문 조사(https://insights.stackoverflow.com/survey/2016#work-challenges-at-work)는 문서화를 개발자가 직면한 두 번째 도전 과제로 꼽았다.

문서화는 쉽지 않다. 문서가 누락되고 불완전하며 오래되었거나 부정확하면 개발 속도, 소프트웨어 품질은 물론 SRE에게는 매우 중요한 서비스 신뢰성까지 손상된다. 그리고 이로 인한 좌절감은 개발자들에게 직업적 불행을 일으키는 주요 원인이 될 수 있다.

문서화에는 시간과 노력이 필요하며 SRE에게는 특히 어려운 작업이다. SRE는 종종 업무 시간의 35%는 운영 작업에 쓰여서 개발시간은 65%만 남는다. 문서화에 드는 시간은 개발 예산으로 잡히기 때문에 문서를 작성하고 유지관리하는 것이 성과 검토와 승진 프로세스에서 고려되지 않는다면 제대로 된 문서화는 어려운 일이다.

문서화를 인정하지 않는 문화가 바뀔 수 있을까? 조직이 엔지니어링 문서의 가치를 이해하고 엔지니어가 문서를 작성하고 잘 유지하도록 격려해 문서 작업이 자금을 지원받고 보상받을만한 가치 있는 활동이라는 것을 경영진과 리더십에게 어떻게 설득할 수 있을까?

구글에는 강력한 기술 문서를 작성하는 조직이 있어서 다행이지만 정작 기술 문서 조직은 영향력이 크고 가시성이 높은 프로젝트에 집중하려는 경향이 있다. 사실 대부분의 엔지니어링 팀과 SRE 팀은 자체 문서를 만들고 유지 관리해야 하는데, 이 작업이 늘 쉽거나 매력적이지는 않았다. 그러나 2015년부터 내부 엔지니어링 정보의 품질과 가용성을 향상시키는 데 상당한 진전을 이뤘다. 19장은 문서 작업을 하면서 배우고 익힌 내용을 공유하고 SRE, SWE, 테크니컬 라이터에게 유용할 것으로 기대되는 권장 사항을 제공한다. 특히 다음 사항에 중점을 두고자 한다.

문서 품질 정의
문서 품질을 정의하는 프레임워크와 용어를 제안하고 문서 요구 사항을 정의할 수 있게 SRE 운영 중심으로 설명한다.

엔지니어링 워크플로우에 문서 통합

문서화는 이론상 엔지니어링 작업의 핵심 부분이다. 그러나 실제로 문서의 작성과 유지 보수는 종종 큰 비용을 들여 문맥 전환을 해야 하고 결과적으로 무시되는 경향이 있다. 문서를 코드 기반 및 워크플로우 툴과 통합한 경험을 공유한다.

문서화에 대한 가치 전달

조직의 변화를 주도하고 문서화는 투자 가치가 있음을 리더에게 확신시키려면 문서 작업이 비즈니스에 미치는 영향을 전달할 수 있어야 한다.

오늘날 문서화가 엔지니어링 관행에 완전히 통합되지 않은 것은 사실일 수 있다. 다행히도 영감, 용어, 모델을 찾을 수 있는 선례가 있는데 소프트웨어 테스팅이다. 10년 전 테스팅 분야 또한 임시적이었고 표준화되지 않았으며 예측할 수 없었다. 오늘날 구글에서는 단위 테스팅, 회귀 테스팅, 통합 테스팅 모두 엔지니어링 프로세스와 툴링과 긴밀히 통합되어 있어서 테스팅되지 않은 코드를 프로덕션에 배포하는 것은 실용적이지 않다. 구글의 테스팅은 엔지니어링 워크플로우에 완전히 통합된 엄격하고 널리 받아들여지는 관행이다. 이는 문서화에도 동일하게 수행할 수 있다.

품질 정의: 좋은 문서는 어떻게 생겼을까?

문서 품질의 정의는 기본적으로 간단하다.

> 목적을 달성하는 문서가 좋은 것이다.

그러나 문서 품질을 측정하거나 보고하기 전에 품질을 설명하는 용어가 필요하다. 여기에서는 소프트웨어 품질의 다양한 측면을 설명할 때 사용하는 소프트웨어 테스팅 분야의 용어 사용을 제안한다. 기본적으로 문서 품질에는 구조 품질과 기능 품질이라는 두 가지 측면이 있는데 둘 다 문서의 전체 품질 향상에 기여한다.

구조 품질은 보통 기술 문서를 설명할 때 떠올리는 용어이며, 테크니컬 라이터(technical writer)[01]가 스스로를 "훌륭한 문장 마술사(wordsmiths)"라고 부를 때 언급되는 품질 용어이다. 구조 품질은 문서가 어떻게 되어야 하는지를 설명한다. 문서 또는 문서 집합(document set)은 다음의 기준을 충족하면 구조 품질이 높다.

- 철자와 문법이 정확하다.
- 스타일과 사용 지침을 준수한다.

---

[01] (역자주) 테크니컬 라이터: 전문적인 정보를 전문 용어에 의존하지 않고, 복잡한 정보를 명확하고 간결하며 정확하게 전달하는 임무를 수행하는 기술 문서 작성자를 말한다.

- 적절한 목소리와 톤을 사용한다.
- 잘 정리되어 있고 쉽게 탐색할 수 있다.

구조 품질은 비교적 쉽게 결정할 수 있다. 철자가 정확한지, 스타일을 잘 준수하는지, 유효한 링크인지 확인하면 된다. 이러한 용이성 때문에 구조 품질을 문서 품질의 기본 측정치로 사용하고 싶어진다. 만약 문서의 구조 품질을 기반으로 측정되고 평가되면 전반적인 품질보다 구조 품질만 강조하고 싶어질 것이다. 문서는 목적을 충족해야 하며 끊임없이 변화하는 시스템을 설명하는 내부 문서는 사용자를 대상으로 하는 문서만큼의 세련미와 스타일이 없어도 된다.

반면 기능 품질은 문서의 효율성을 설명한다. 기능 품질이 높은 문서는 명시된 요건을 충족하는 문서이며 요구 사항은 일반적으로 사업 목표를 반영한다. 예를 들어, 운영 장애는 비용이 많이 들고 사용자 경험을 저하시키므로 신속하게 해결해야 한다. 따라서 SRE에 의존하는 플레이북 문서는 완전하고 최신 상태여야 한다. 서비스 개요는 서비스를 이해하는 데 필요한 기본 정보를 다루어야 한다. 그리고 사후에 발생한 일을 이해하는 데 필요한 기본 정보를 포함해야 하며 재발 가능성을 줄이도록 복구를 더 쉽게 할 수 있는 조치 항목 목록을 제공해야 한다.

예를 들어, 플레이북의 경우 SRE가 장애를 처리하는 데 필요한 모든 정보를 제공하는지 확인할 수 있다.

- 플레이북에서 모든 경고 정보를 제공하고 있는가?
- 팀은 플레이북을 참고해 온콜 업무를 수행할 수 있는가?
- 플레이북을 신뢰할 수 있는가(잘 사용할 수 있는가)?
- 항목을 만들고 업데이트하기 쉬운가?
- 각 경고 설명이 정확하고 완전한가?
- 각 항목은 경고를 이해하고 해결할 수 있는 충분한 정보를 제공하고 있는가?
- 항목에서 에스컬레이션(escalation)에 대한 지침을 제공하고 있는가?

이제 기능 품질이 종종 구조 품질에 의존적이라는 점은 확실히 사실이다. 아무리 가장 효과적인 지침이라고 해도 SRE가 링크로 이동할 수 없거나 끊어지거나 링크에서의 내용을 이해할 수 없다면 유용하지 않을 것이다. 하지만 진실은 기능 품질이 항상 더 중요하다.

- 높은 구조 품질 + 낮은 기능 품질 = 전체적으로 불량한 품질
- 괜찮은 구조 품질 + 좋은 기능 품질 = 전반적으로 좋은 품질

물론 '높은 기능 품질 + 높은 구조 품질'이 이상적이다. 그러나 노력할 가치가 없을지도 모른다. SRE는 프로덕션 환경에서 100% 신뢰성을 보장할 수 없기 때문에 완벽한 문서화가 쉽지 않다.

또한 완벽함은 너무 큰 비용이 든다. 그래서 완벽함을 추구하는 것은 다른 문서나 서비스 자체를 개선할 수 있는 비용을 사용하게 한다. 특히 내부 문서화에서 중요한 것은 중요 정보는 존재하는 만큼 명확하게 전달되어야 한다는 점이다.

비즈니스, 프로덕트 목표와 밀접하게 관련되어 있으므로 기능 품질은 가치로 인식하는 것보다 훨씬 더 강력한 관계가 있다. 따라서 비즈니스 목표를 달성하려면 기능 품질이 주요 목표여야 할 것이다.

SRE 문서화를 위한 기능 요구 사항

이제 다음을 포함해 핵심 SRE 기능을 지원하려면 어떤 SRE 문서를 제공해야 하는지 살펴본다.

모니터링과 측정 지표
원하는 서비스 작동 설정, 서비스가 실제로 어떻게 작동하는지 측정, 불일치 수정

긴급 대응
서비스 수준 계약(SLA)을 준수하기 위해 서비스 장애를 감지하고 장애에 효과적으로 대응

용량 계획
향후 수요를 예측하고 서비스가 예측 수요를 맞추도록 적절한 위치에 충분한 용량을 갖도록 보장

서비스 올리고 내리기
용량 계획 결과에 따라 예측 가능한 방식으로 서비스 용량 인스턴스를 실행 및 삭제

변경 관리
원하는 서비스 작동을 유지하면서 서비스 작동 변경

성능
확장성, 격리, 지연 시간, 처리량, 효율성과 관련된 설계, 개발, 엔지니어링

작업을 수행하려면 SRE는 두 도메인(개발 및 운영)에서 효과적이어야 하며 프로덕션에서 서비스를 이해하고 실행할 수 있는 문서가 필요하다. 그러나 여기서는 SRE가 프로덕션 서비스를 실행하는 데 의존하는 핵심 문서의 예시만 다룰 것이다. 또한 서비스 개요, 플레이북, 절차, 포스트모템, 정책, SLA를 포함해 살펴보도록 하겠다. 프로젝트 개발자 설명서의 일반적인 요구 사항과 마찬가지로 모든 유형의 SRE 문서에 대한 포괄적인 설명을 19장의 범위를 벗어난다. 그래서 다 담을 수 없지만 여기서 설명한 원칙은 모든 기술 문서에 적용할 수 있다.

서비스 개요

SRE가 지원하는 서비스를 이해하는 것은 SRE에게 중요하다. SRE는 시스템 아키텍처, 컴포넌트, 의존성, 서비스 연락처, 소유자를 이해해야 한다. 서비스 개요는 개발 팀과 SRE 팀 간의 공동 작업이다. SRE 참여를 유도하고 우선순위를 지정하고 추가 조사를 위해 영역을 파악하도록

설계되었다. 서비스 개요는 종종 프로덕션 준비 검토 프로세스(Production Readiness Review, https://sre.google/sre-book/evolving-sre-engagement-model/)의 결과물이다.

기본 서비스 개요는 SRE에게 더 깊이 파고들 수 있는 서비스의 충분한 정보를 제공하며 특히 신규 SRE 엔지니어를 가르칠 때 중요하다. 전체 서비스 개요는 서비스에 대한 자세한 설명과 서비스가 주변의 환경에 어떻게 반응하는지를 비롯해 SRE가 예기치 않은 문제를 해결하는 데 필요한 대시 보드, 측정 지표, 관련 정보에 대한 링크를 제공한다.

플레이북

플레이북은 필수 운영 문서로서 온콜 엔지니어가 서비스 모니터링 경고에 대응할 수 있게 한다. 플레이북에는 모니터링 프로세스에서 생성된 각 경고에 대한 검증, 문제 해결, 에스컬레이션에 대한 지침이 포함되어 있다. 플레이북은 일반적으로 모니터링 시스템에서 생성된 경고 이름과 일치한다. 또한 정확성을 위해 테스팅하고 검토해야 하는 커맨드와 단계를 포함한다. 종종 새로운 문제 해결 프로세스를 사용할 수 있게 하고 새로운 장애 모드가 발견되거나 의존성이 추가될 때 플레이북 업데이트를 요구한다.

플레이북은 경고에만 국한된 것이 아니며 릴리즈 배포, 모니터링, 문제 해결을 위한 프로덕션에서의 절차(production procedure)를 포함할 수도 있다. 프로덕션에서의 절차의 다른 예로는 서비스 올리기/내리기, 서비스 점검, 비상 상태, 에스컬레이션 등이 있다.

포스트모템

SRE는 대규모의 복잡한 분산 시스템을 다루며 새로운 기능과 새로운 시스템을 추가하여 서비스를 강화한다. 따라서 변화의 속도를 고려할 때 장애는 불가피하다. 포스트모템은 SRE의 필수 툴이며 장애로부터 배우는 SRE의 공식화된 프로세스를 보여준다.

포스트모템은 최소한의 타임 라인, 사용자 영향에 대한 설명, 근본 원인, 조치 내용, 교훈 등을 포함한 프로덕션 장애 또는 호출 사건을 설명하고 있다. 포스트모템은 장애를 경험한 그룹의 구성원, 특히 해당 장애에 대해 후속 조치를 책임질 수 있는 사람이 작성한다. 포스트모템은 비난하지 않는 태도로 작성되어야 한다(https://sre.google/sre-book/postmortem-culture/). 무슨 일이 일어났는지 이해하는데 필요한 정보와 재발 우려를 크게 감소시키고, 영향을 줄이며 복구를 쉽게 할 수 있는 조치 항목 목록을 포함해야 한다.

정책

프로덕션에 대한 특정 기술, 비기술 정책을 요구하는 문서이다. 기술 정책은 프로덕션 변경 기록, 로그 보존, 내부 서비스 이름 지정(엔지니어가 서비스를 구현할 때 짓는 이름 규칙), 비상 접근을 관리하는 프로토콜 사용과 같은 영역에 적용될 수 있다. 정책은 프로세스에도 적용할 수 있다.

에스컬레이션 정책은 엔지니어가 프로덕션 이슈를 긴급 상황과 일상 상황으로 분류하고 각 범주의 적절한 조치에 대한 권장 사항을 제공하는 데 도움이 된다. 온콜 기대 정책은 팀원의 구조와 책임을 개략적으로 설명한다.

SLA
SRE 팀은 서비스 SLA의 가용성과 대기 시간을 문서화하고 SLA와 관련된 서비스 성능을 모니터링한다.

SLA를 문서화 및 공개하고 최종 사용자 경험을 엄격하게 측정하고 이를 SLA와 비교하면 SRE 팀은 보다 빠르게 혁신할 수 있다. 또한 목표와 결과를 객관적으로 협상하고 리스크(risk)에 대한 주관적인 논의를 피할 수 있으므로 SRE와 SWE 팀 간의 마찰이 줄어든다.

성공적인 측정 지표 정의
문서 요구 사항을 정의할 때 문서의 기능 품질을 측정하는 방법을 정의하는 것도 중요하다. 이는 문서의 지속적인 유지 관리, 개선하는 데 중요하지만 작업의 가치를 다른 조직에 알리고 싶다면 필수적이다.

예를 들어, 플레이북은 온콜 SRE가 경고에 대응하거나 절차를 완료할 수 있도록 해야 한다. SRE가 에스컬레이션 없이 경고를 처리할 수 있고, 포스트모템에서 장애를 일으킨 요인을 문서에서 발견하지 않았다면 플레이북은 기능 품질이 높은 것이다. 그리고 서비스 개요가 장애를 처리하는 데 필요한 SRE 문맥을 제공하는 경우 높은 기능 품질을 갖는다.

엔지니어링 워크플로우에 문서 통합
저자의 경험을 바탕으로 SWE와 SRE는 관련 코드와 함께 문서를 소스 제어 시스템에 보관할 것을 강력히 권고한다. 19장의 나머지 부분에서 자세히 다루겠지만 요약하자면, 문서를 간단한 형식으로 작성한 후 설명 코드와 함께 소스 제어 시스템에 저장하면 엔지니어는 기존 툴을 사용해 정기적인 엔지니어링 워크플로우의 일부로 문서를 만들고 업데이트할 수 있다. 또한 해당 접근 방식은 코드 검색, 코드 리뷰 툴, IDE와 같은 엔지니어링 툴 체인과의 통합을 가능하게 한다. 그리고 코드와 문서 간의 관계가 명시적이기 때문에 자동화와 콘텐츠 검색 개선을 지원한다.

구글 체험: g3doc과 EngPlay
2014년 봄, 구글의 테크니컬 라이터는 시간을 내서 전례 없는 일을 하기로 했다. 사용자(내부 엔지니어)와 이야기해 문서와 관련하여 사용자가 직면한 문제를 이해하는 것이다. 예상했던 대로 엔지니어 대부분이 내부 엔지니어링 문서의 상태에 대해 크게 불만을 품고 있다는 사실을 발견했다. 그러나 엔지니어는 문서가 중요하다는 것을 알고 있었고, 모든 팀에서 테크니컬 라이터를 두는 것이 불가능하다는 것을 알았다. 또한 엔지니어들은 문서 작성보다 더 나은 일을 하고 싶어 했다.

일부 이슈는 일치하지 않는 기대에서 비롯되었다. 사용자에게는 문서화가 시급하므로 당장 답변이 필요하다. 그러나 서비스 제작자에게 문서는 특히 문서 작성에 대한 장애물을 고려하면 문서 작성의 우선순위는 낮아질 때가 많다. 구글에서의 거의 모든 장애물은 어긋난 기대에서 비롯되었다. 문서가 내부 위키, 구글 독스(Google Docs), 인트라넷, 내부 구글 사이트 툴 (http://sites.google.com/)을 비롯한 여러 저장소에 흩어져 있었다. 즉, 엔지니어는 문서를 생성하거나 편집하기 위해 개발 환경을 떠나 올바른 문서 위치를 찾고 서식, 레이아웃(layout), 기타 문제에 시간을 투자해야 한다는 것을 의미했다. 이런 문맥 전환은 비용이 많이 든다. 프로젝트 작업할 때 문맥 전환이 이뤄지면 20분 정도 프로젝트 진행이 중단된다. 실제 이러한 중단으로 생산적인 작업에 몇 시간의 손해가 발생할 수 있다.

제한된 시간과 까다로운 요구 사항을 고려할 때 특히 생산적인 작업이 성과 검토에서 보상을 받을 것이라는 확신이 없을 때, 특히 주요 작업인 코딩에서 초점을 빼앗긴 경우 문서화 작업을 어떻게 정당화할 수 있을까? 뭔가 양보해야 했는데 그것은 보통 문서였다.

물론 구글은 극단적인 경우다. google3 코드 기반은 20억 라인의 코드(https://bit.ly/3zT4H3q)가 있는데 아마도 세계에서 가장 큰 코드 기반일 것이다. 수많은 엔지니어가 Piper(google3 코드 기반 위에 위치하는 버전 제어 시스템)를 사용해 일하면서 매일 수만 건의 변경을 제출하고 매주 수백만 라인의 코드를 수정한다. 엔지니어가 매일 사용하는 워크플로우 툴은 google3나 Piper와 긴밀하게 통합되었다. 통합 시스템의 소프트웨어를 코드화, 구축, 테스팅, 배포하는 것은 탁월한 효율성을 제공한다. 그러나 이런 효율성이 문서화에는 영향을 미치지 않았으며 문서에는 프로젝트 코드나 표준 엔지니어링 워크플로우 및 툴에 대한 명시적인 연결도 없었다.

문서는 마크다운(Markdown)이라는 간단히 이식 가능한 포맷으로 작성되고 관련 코드와 함께 저장된다면 어떻게 될까? 결과적으로 깃허브의 문서화 모델(문서를 마크다운에 작성해 코드로 저장하는 모델)은 잘 작동했다. 왜 구글에서는 똑같이 할 수 없었을까? 초기 아이디어는 매우 간단했다. 관련 코드와 문서를 간단히 이식 가능한 마크다운으로 유지하고 코드 기반에서 해당 위치를 반영하는 URL을 통해 엔지니어가 문서를 찾고 생성하고 유지 보수할 수 있게 했다. 이 전략에는 다음과 같은 분명한 장점이 있다.

- 마크다운은 배우기 쉽고 소스에서 쉽게 읽을 수 있다. 단순성은 이식성이 있다는 것을 의미한다. 설계한 것이 작동하지 않는다면 마크다운 콘텐츠를 가져와 다른 곳으로 옮기는 것이 간단할 것이다.
- SWE와 SRE는 문서를 편집하고 리뷰를 위해 보내고, 코드를 생성하고 편집하는 데 사용한 것과 똑같은 툴을 사용해 문서를 소스 제어 시스템에 제출할 수 있다.
- 관련 코드가 있으면 엔지니어가 문서를 찾는 것이 훨씬 더 쉬워질 것이다. 엔지니어는 IDE를 그대로 두고 사이트, 위키, 문서에서 검색하는 대신 일반 IDE의 마크다운 파일을 편집하고 리뷰하기 위해 업데이트를 수행하는 코드와 해당 마크다운을 함께 전송할 수 있다.
- 최소한 내부 문서(README)가 존재한다는 기본 기대치를 생성해 내부 IDE에서 렌더링을 통합할 수 있는 매우 강력한 가능성을 만들어냈다.

- Piper의 문서 위치를 반영한 URL에서 페이지를 렌더링하면 인트라넷에 대한 정보를 검색하는 사용자가 문서와 프로젝트 간의 연관성을 명확히 알 수 있다.

원래 프로토타입에서 평범한 마크다운을 렌더링하는 것 외에 거의 하지 않고 몇 팀과 함께 해당 마크다운을 테스트했다. 동료들은 "음, 별로지만 이 아이디어는 흥미롭네요."라고 하면서 더 나은 모양과 느낌, 탐색, 코드 블록과 같은 것에 대한 더 나은 포맷을 제공하면 사용할 수 있다고 말했다.

g3doc 팀은 마크다운 기본 기능과 함께 작성자가 포맷, 모양, 느낌에 대해 고민할 필요가 없게 테마를 추가하기 시작했다. 그리고 기존 콘텐츠를 새로운 플랫폼으로 마이그레이션하도록 소수의 팀과 조용하게 협력하기 시작했다. 서서히 소문이 퍼지고 관심이 높아지면서 다음과 같은 일이 발생했다.

- g3doc 팀은 g3doc에 대한 중요한 기능을 놓쳤다는 것을 알게 된 구글의 여러 엔지니어와 테크니컬 라이터는 중요하다고 생각하는 기능을 자발적으로 구축했다. 풀뿌리(grass-roots), 상향식 개발 모델은 플랫폼이 매우 광범위한 사용자의 요구 사항을 반영하도록 하는데 매우 중요하다고 생각한다.
- 내부 코드 검색 및 코드 리뷰 툴과 같은 기타 엔지니어링 툴과 내부 IDE는 저장소에 파일을 제출하기 전 미리보기 기능을 g3doc에 추가했다. 이 변경의 규모는 작았지만 워크플로우의 마찰을 제거하고 일반 엔지니어링 워크플로우 툴을 사용해 훨씬 더 원활하게 파일을 만들고 편집할 수 있게 했다.
- 플랫폼은 월등한 엔지니어와 리더를 확보해 내부 소셜 미디어에 g3doc을 사용하도록 홍보하기 시작했다.

처음 몇 달 동안은 채택이 더뎠지만 약 6개월 후에는 관심이 폭발적으로 증가했다. 대체로 입소문을 통해 전파되고 채택되었고 팀들은 g3doc을 발견하고 마이그레이션하기로 했다. 3년 후 (2017년 10월) 구글의 거의 모든 엔지니어링 문서(수천 개의 프로젝트)는 g3doc과 g3doc의 사촌격인 CompanyDoc을 사용하고 있다. 그 결과, 구글은 사내 위키를 사용하지 않았고 회사 전체에서 엔지니어링 지식의 단편화를 줄였다.

이와 같은 채택 수치가 만족스럽긴 하지만 문서는 누구나 작성할 수 있다. 중요한 것은 문서가 최신 상태로 유지되려면 개발자의 행동 변화가 필요하다. 우리의 이론은 엔지니어가 문서를 만들고 유지 보수하는 것을 최대한 간단하게 만들고, 정규 워크플로우의 일부로 문서를 생성해 문서가 존재한다는 문화적 기대를 만든다면 엔지니어링 문서의 질이 향상될 것이라는 믿음이 있었다. 그리고 그 효과는 나타났다. 구글의 전체 엔지니어 중 약 75%가 매월 문서 변경 사항을 제출하고 평균 문서 파일은 한 달에 여러 번 업데이트된다. 결정적으로 코드를 포함하는 모든 변경 목록의 약 1/3이 문서 파일을 포함하고 있다. 해당 지표는 개발자의 행동이 변화하고 있고 문서화는 실제로 구글의 내부 엔지니어링 프랙티스의 표준이 되고 있음을 나타낸다.

그리고 SRE 플레이북으로 g3doc 버전인 EngPlay를 배포했다. EngPlay 플레이북은 구글 내부의 중앙 집중식 호스팅을 제공하며 g3doc보다 복원력이 뛰어나 장애가 발생해도 콘텐츠를 이용할 수 있도록 보장한다. 더불어 플레이북이 완전하고 시스템의 현재 상태를 반영하는 추가 기능이 있다.

- 각 경고에는 자체 설명 페이지가 있다. 툴에서 모니터링 설정에 대한 경고를 플레이북 항목과 자동으로 비교하고 문서화 된 경고가 없거나 누락된 경고에 대한 문서가 있으면 해당 경고를 전달한다.
- 예상 URL에서 페이지를 찾을 수 없으면 최소한의 메커니즘으로 해당 URL의 변형 가능성을 확인하여 검색 가능성을 높인다.
- EngPlay는 변수를 지원해 경고를 생성한 작업 ID, 영향을 받은 클러스터의 ID, 시스템의 현재 상태를 반영하는 실시간 그래프 등 모니터링의 정보를 사용하여 경고 문서 페이지를 조정할 수 있다.

g3doc과 EngPlay는 모두 동일한 서버(EngDoc)를 백엔드로 사용한다. EngPlay는 높은 수준의 신뢰성에 초점을 둔 플레이북을 호스팅하는 반면 g3doc은 일반 문서용이다. 따라서 g3doc 역량과 EngPlay 역량의 핵심 차이점은 개념적인 것이다.

EngPlay의 신뢰성은 처음부터 최우선 순위에 있었다. 거의 모든 장애를 견딜 수 있고 비상 상황이 발생해도 사용할 수 있어야 하므로 EngPlay는 별도의 작업이 필요하다. 또한 Piper에서 자체 전용 경로를 제공해야 하는 극도의 신뢰성이 필요하기에 EngPlay 기능은 g3doc에 비해 제한적이다.

우리가 배운 것

지금부터는 g3doc 및 EngPlay에 대한 경험을 바탕으로 문서화에 관한 핵심 원칙을 간단히 살펴보겠다.

가능하다면 문서는 관련 코드와 함께 소스 제어 시스템에 있어야 한다

SWE와 SRE는 코드를 생성하고 편집할 때 쓰는 동일한 툴을 사용해 문서를 편집하고 리뷰를 위해 전송하고 소스 제어 시스템에 제출할 수 있다. 그 결과 엔지니어는 자신이 만든 문서를 유지할 가능성이 훨씬 크며 문서 위치 예상이 잘돼서 사람과 시스템이 문서를 더 쉽게 검색할 수 있다.

그러나 문서를 관련 코드와 함께 보관하면 문서 생성과 유지에 들여야 하는 고생을 제거하는 새로운 기능이 있다는 것도 발견했다. 예를 들면 다음과 같다.

- 마크다운의 린터(linter)[02]와 포맷터(formatter)는 결국 IDE와 사전 제출 파이프라인에 통합되어 마크다운을 수동으로 수정할 필요가 없다.

---

02 (역자주) 린터: 코딩 컨벤션과 에러를 체크해주는 작은 프로그램

- 문서 사이트의 코드 설정 파일에서 프로젝트 메타데이터 (예: 프로젝트 코드 위치와 주요 연락처)를 노출하는 기능
- 문서에서 끊어진 링크를 자동으로 감지하고 문서 소유자에게 알리는 기능
- 기본 코드가 변경될 때 소멸될 것으로 예상되는 정적 코드 블록에 의존하는 대신 문서에 실제 작동 중인 코드를 포함하는 기능

우리의 경험상, 최상의 솔루션은 문서를 코드와 함께 두는 것이지만 항상 가능한 것은 아니다. 만약 g3doc 스타일 시스템이 프로젝트에서 작동하지 않으면 문서의 기본 저장소를 선택하는 것이 가장 중요하다.

요구 사항을 지원하는 가장 간단한 마크업 언어 선택

마크다운을 사용하기로 한 g3doc의 결정 이면에는 두 가지 핵심 원칙이 있다. 콘텐츠를 소스에서 쉽게 편집하고 읽을 수 있어야 하고 콘텐츠 렌더링과 분리되어야 한다는 것이다. 현재 필자가 사용하는 시스템의 g3doc 서버는 렌더링과 포맷을 처리한다. 렌더링 없이도 소스에서 콘텐츠를 읽을 수 있어야 하며 실제로 장애가 발생하면 소스에서 SRE 플레이북을 읽을 수 있어야 한다. 원시(Raw) HTML을 사용할 수 있지만 가독성을 위해 권장되지 않는다.

그러나 요구 사항에 따라 지침 원칙이 달라질 수 있다. DocBook(https://en.wikipedia.org/wiki/DocBook)은 소스에서 읽기에는 굉장히 어렵지만 유연한 출력을 많이 지원한다. 그렇다고 모든 사람이 마크다운을 이해할 수 있는 것은 아니다. 깃허브에서 마크업을 지원하기 때문에 사람들이 선택하는 경우가 많지만 깃허브는 RST(ReStructured Text), ASCIIdoc과 같은 다른 포맷도 굉장히 많이 지원한다. 마크다운에는 다양한 종류가 있다(g3doc은 사용자 지정으로 깃허브 추가 기능이 있고 g3doc 렌더러는 Hoedown(https://github.com/hoedown/hoedown)을 기반으로 한다). 문서 생성과 편집 작업에서 최대한 많은 마찰을 제거하는 것이 목표이다. 마크업 언어를 선택할 때의 복잡성은 마크업으로부터 얻는 실질적인 이익에 의해 정당화되어야 한다.

통합은 채택의 핵심이다

첫 번째 통합은 매우 간단했다. 즉, 소스 제어 시스템에 제출하기 전에 문서를 렌더링 된 버전을 미리 볼 수 있는 기능을 통합했다. 그러나 코드 리뷰 툴에 미리 보기 링크를 추가하는 것은 매우 중요했고 g3doc은 배포 직후 사용이 급증했다. 마찬가지로 g3doc의 코드 검색 및 찾아보기 툴에서 직접 렌더링 된 버전의 문서를 쉽게 볼 수 있게 만들었다. 많은 소규모 통합(예: 내부 URL 및 구문 강조를 위한 짧은 링크 지원)을 계속 진행했다. 이들 중 어느 것도 개별적으로 있을 때 중요도가 낮지만 각 문서화 과정에서 일부 마찰을 제거하면서 플랫폼을 훨씬 더 매력적으로 만들었다. 새로운 통합은 문서 작성 과정에서 많은 수고를 제거하는 데 중점을 두고 있다. 예를 들어, 린터는 파일의 스타일과 포맷팅 이슈를 확인하고, 포맷터는 마크다운 파일이 g3doc 스타일 가이드를

준수하도록 자동으로 포맷을 지정한다. 두 개의 툴 모두 내부적으로 사용된 모든 IDE에서 호출할 수 있다.

기본적으로 여기서 배운 가장 중요한 교훈은 엔지니어가 가능한 선에서 문서를 간단하게 작성하고 유지 관리할 수 있다는 것이다.

문서 개선하기: 베스트 프랙티스

이제는 조직의 문서 품질을 향상시키기 위한 문서 작업의 권장 사항을 살펴보겠다.

각 문서 타입에 대한 템플릿 만들기

서비스가 제공하는 각 문서에 대한 기능 요구 사항과 품질 지표를 결정한 후 템플릿 집합을 구축해 요구 사항을 체계화한다.

템플릿을 사용하면 문서를 더 쉽게 만들 수 있고 훨씬 쉽게 사용할 수 있다.

- 관련 정보로 빠르게 채울 수 있는 명확한 구조를 제공해 작성자가 문서를 쉽게 작성할 수 있도록 한다. 좋은 템플릿을 사용하면 일일이 문서를 작성하는 번거로움이 사라지고 간단하게 양식을 채우면 된다.
- 필요한 모든 문서를 포함해 문서가 완전한지 확인한다. 특정 정보가 아직 제공이나 적용 전이라면 'TBD(미정)' 또는 'N/A(해당 사항 없음)'로 표시하면 되지만 각 섹션에는 해당 사항을 명시해야 한다.
- 문서를 읽는 이가 문서의 주제, 포함될 수 있는 정보의 유형과 구성 방법을 빠르게 이해할 수 있다. 또한 템플릿은 문서가 마지막으로 업데이트된 날짜와 작성자가 누구인지 알 수 있도록 해야 한다.

사이트 신뢰성 엔지니어링 책(https://landing.google.com/sre/book/index.html)에 문서 템플릿의 여러 예시가 있다. 다음은 문서를 작성하는 엔지니어를 위해 구조와 지침을 제공하는 샘플 플레이북 템플릿이다.

제목

제목은 경고 이름(예: Generic Alert_AlertTooGeneric)이어야 한다.

작성자:

마지막 업데이트 날짜:

개요

다음을 설명한다:

이 경고는 무엇을 의미하는가?

페이지 경고인가 아니면 이메일 전용 경고인가?

경고에 이바지한 요인은 무엇인가?

서비스의 어떤 부분이 영향을 받는가?

이 경고와 함께 제공되는 다른 경고는 무엇인가?

누구에게 알려야 하는가?

경고 심각도

경고의 심각도(이메일 또는 호출)에 대한 이유와 경고 조건이 시스템 또는 서비스에 미치는 영향을 알린다.

검증

상태가 진행 중인지 확인 방법에 대한 구체적인 지침을 제공한다.

문제 해결

여기에 디버깅 기법 및 관련 정보 소스를 나열하고 설명한다.

관련 대시 보드에 대한 링크를 포함한다. 경고를 포함한다. 다음을 설명한다:

이 경보가 울릴 때 로그에 무엇이 나타나는가?

어떤 디버그 핸들러를 사용할 수 있는가?

유용한 스크립트 또는 커맨드는 무엇인가? 어떤 종류의 출력을 생성하는가?

경고를 해결한 후 수행해야 하는 추가 작업은 무엇인가?

해결책

이 경고를 해결하기 위해 가능한 해결 방법을 나열하고 설명한다.

다음을 설명한다:

문제를 해결하고 이 경고를 중지하려면 어떻게 하는가?

재설정하려면 어떤 커맨드를 실행해야 하는가?

이 경고가 사용자 동작으로 인해 발생한 경우 누구에게 연락해야 하는가?

누가 이 이슈를 디버깅하는 데 전문 지식을 가지고 있는가?

에스컬레이션

에스컬레이션 경로를 나열하고 설명한다. 알려야 할 대상자(사용자 또는 팀)와 시기를 확인한다. 에스컬레이션 할 필요가 없는 경우 표시한다.

관련 링크

관련 경고, 절차, 개요 문서에 대한 링크를 제공한다.

최고가 아닌, 더 나아지기: 품질에 대한 현실적 기준 설정하기

SRE의 핵심 원칙은 구글이 사용자를 만족시킬 만큼 시스템을 안정적으로 운영하도록 노력하지만 그 이상은 안 된다는 것이다. 신뢰성 향상에는 비용이 든다. 신뢰성을 최대화하면 새로운 기능을 개발하는 속도와 프로덕트를 사용자에게 제공하는 속도가 제한되고 비용이 크게 증가하면서 팀이 제공할 수 있는 기능의 수가 줄어든다.

높은 수준의 작문을 요구하는 것은 역효과를 낼 수 있으며 엔지니어가 문서 작성하는 데 방해가 될 수 있다. 마찬가지로 주요 정보가 최신 상태이고 검색 가능하며 명확하게 전달되는 시점을 지나 문서를 다듬는 것은 문서의 다른 부분(또는 서비스 자체)을 개선하는 데 시간을 낭비할 수 있다. 코드가 반복적인 프로세스인 것처럼 문서도 마찬가지로 반복적이다.

앤 라못(Anne Lamott)이 표현한 "별 볼 일 없는 시시한 초안"을 받아들이는 법을 배워라. 불완전한 문서는 아직 존재하지 않는 완벽한 문서보다 훨씬 더 유용하다. 다음과 같이 자문해 보자. '이 문서가 기능 요구 사항을 충족하고 필요한 정보가 있고 명확하게 전달되었는가?' 답이 "예"라면 문서 변경은 최소한의 합리적인 표준으로 유지한다. 문서가 품질 기준을 충족하면 다음 단계로 진행한다. 일반적으로 작성자는 문서를 수동적으로 작성하기 때문에 문서 변경을 막지 않는 것이 좋다. 좋은 글은 보기에 좋지만 문서 변경을 막는 엔지니어는 되지 않아야 한다.

코드 리뷰의 일부로 문서가 필요하다

문서화는 테스팅과 같다. 아무도 문서로 만들고 싶어 하지 않지만 다른 경우에는 코드 리뷰어가 힘을 가지고 있다. 문서가 충분할 때까지 승인을 보류할 수 있다. 이 작업을 수행하자!

물론 모든 변경 사항에 대해 문서 업데이트가 필요한 것이 아니다. 경험상 다음과 같은 좋은 법칙이 있다.

> 프로젝트 개발자, SRE, 사용자가 변경이 생긴 후에 어떤 작동을 변경해야 하는 경우 변경 목록에 문서 변경 사항이 포함되어야 한다.

반면 해당 변경이 테스팅을 필요로 하지 않으면 아마 문서도 필요하지 않을 것이다. 예를 들면 리팩토링(refactoring)과 테스트 조정이 있다. 판단력을 발휘할 때다. 항상 그렇듯이 변경 프로세스를 최대한 단순화하고 자동화하라. 구글 내부의 팀에서는 문서 변경이 필요하지 않음을 나타내는 플래그를 찾는 사전 제출 확인을 시행할 수 있다(스타일 이슈에 대한 사전 제출 확인도 많은 논쟁을 방지할 수 있다). 또한 파일 소유자가 검토 없이 변경 사항을 제출할 수 있다.

만약 팀에서 코드와 문서 변경에 대한 요구 사항을 거부한다면 간단한 프로젝트 문서화는 머릿속에 있는 정보를 글로 저장하는 것이라서 여러 사람을 괴롭히지 않고 언제든지 정보에 접근할 수 있다는 점을 팀 구성원에게 상기시킨다. 그리고 문서 변경은 번거롭지 않으며 보통 문서 변경의 크기는 코드 길이 크기에 따라 조정됨을 알린다. 수천 라인의 코드를 변경해야 한다면 수백

라인의 문서를 작성해야 할 수 있고, 한 라인의 변화만 있다면 단지 한 두 단어만 바꾸면 된다.

마지막으로 문서는 완벽할 필요가 없다. 단지 훌륭한 문서가 필요할 뿐이다. 중요한 것은 핵심 정보가 명확하게 전달된다는 것이다.

과감하게 문서를 정리한다

새롭고 정확한 소규모 문서가 훼손돼버린 방대한 "문서"보다 낫다.

모든 문서는 모든 코드와 마찬가지로 목적에 부합해야 한다. 유용하지 않은 문서는 코드처럼 삭제되어야 한다. 불필요하거나 도움이 되지 않는 문서는 세금처럼 일종의 기술적 부채와 같다. 복잡성과 불확실성을 보태고 종종 유용한 정보의 목적을 모호하게 하거나 모순이 되게 한다.

구글에서는 SWE와 SRE에게 더이상 사용하지 않는 문서를 두려움 없이 삭제하도록 권장한다. 소스 제어 시스템의 마법은 필요할 때 쉽게 복원할 수 있지만 복구할 일이 거의 없다는 것을 의미한다.

삭제된 문서를 복원할 방법이 없으면 "보관(Archived)" 디렉터리로 옮기고 "사용되지 않음(Deprecated)"(아마도 〈blink〉가 유일하게 사용 가능하다.)으로 표시한다. 그리고 새 버전에 대한 링크를 제공하는 것이 좋다.

문서화에 대한 이해와 보상

이미 언급한 것처럼 문서화에는 시간과 노력이 필요하다. 더 나은 문서화를 가로막는 장벽 중 하나는 성과 검토나 승진 과정에서 인정받지 못하거나 보상받지 못하는 단순 노동으로만 인식됐다는 것이다. 그러나 문서화는 노동을 줄이고 서비스의 신뢰성을 향상시키는 핵심 엔지니어링 작업(https://bit.ly/3AaMtL3)이다. 만약 SRE가 문서를 제대로 작성하려면 이 작업은 개발 예산의 50%에서 나와야 한다.

이것은 직면해야 하는 현실이며 이를 위해 관리자가 필요하다. 또한 문서 요구 사항을 엄격하게 파악하고 품질에 대한 기준 표준을 수립하며, 해당 작업이 프로젝트 일정에서 예산으로 책정되고 성과 검토 및 승진으로 인정되도록 해야 한다.

리더쉽 지원은 변화를 주도하는 데 매우 중요하기 때문에 다음 내용은 조직에서 문서 작업의 가치와 영향을 가장 잘 전달하는 방법에 중점을 두고 살펴보겠다.

문서의 가치 전달

동료 엔지니어와 경영진에게 문서화에 시간과 자원을 투자하도록 설득하려면 문서의 품질, 효과, 가치를 정확하게 보여주는 데이터 수집이 중요하다.

구조 품질 데이터에 의존하려는 유혹을 피해야 한다. 이런 데이터가 수집은 쉽지만 설득력이 없고 정작 필요한 사례를 뒷받침할 수 없는 영향력 없는 진술을 제공한다. 예를 들면 다음과 같다.

- "업데이트한 문서의 90개 변경 목록을 제출했다."
- "나는 서비스 개요와 관련해서 37페이지를 작성했다."
- "문서의 모든 철자가 정확했다."
- "평소 내 스타일과 사용법이 우리 스타일 가이드와 일치한다."
- "내 문서는 대부분 작업 기반이었다."

물론 통계 수치는 기술적인 글쓰기의 기술을 막 배우기 시작한 초보 작성자의 글을 평가하는 나쁜 방법이다. 그러나 이 방법은 조직에서 문서를 개선하기 위해 수행하는 고귀한 작업의 가치와 영향을 증명해주는 끔찍한 방법이기도 하다.

문서 작업의 영향을 이야기하는 것은 결과물의 비즈니스 가치에 관한 이야기임을 기억하자. 구조 품질 데이터는 설득력이 없지만 기능 품질 데이터는 설득력이 있다.

구조 품질 데이터는 일반적으로 측정이 꽤 쉽지만 기능 품질 데이터는 모양이 다양하며 수집이 까다로운 편이다. 기능 품질 데이터 측정은 다음과 같이 세 부분으로 나뉜다.

측정 가능한 성과
문서를 사용해 경고를 성공적으로 처리하고 포스트모템에서 문서 관련 이슈가 나타나지 않으면 문서의 기능 품질이 높은 것이다.

사용자 행동
프로덕트 팀은 사람들이 새로운 기능을 사용해 보기를 원한다. 많은 사용자가 문서를 읽고 기능을 시험해 볼 수 있으면 요구 조건을 얼마나 잘 충족하는지 측정할 수 있다.

감정 데이터
감정 데이터는 더 까다롭고 오해하기 쉬우며 너무 쉽게 무시될 수 있다. "통계적으로 유의미하지 않다!", "그냥 누군가의 생각일 뿐이야!"라고 하지만 감정 데이터는 실제 데이터이며 때로는 얻을 수 있는 유일한 데이터일 수 있다. 사용자가 문서가 마음에 든다면 문서는 요구 사항을 충족했다고 분명히 말하는 것과 같다. 팀이 문서 플랫폼을 채택하거나 문서 템플릿을 사용할 때 감정 데이터는 플랫폼이나 템플릿이 유용하다고 알려준다. 설문 조사, 버그 및 이슈 추적, 페이지 자체의 피드백 메커니즘, 지원 팀과의 대화를 통해 감정 데이터를 수집할 수 있다.

기능 품질 데이터를 통해 다음과 같은 문서에 대한 설득력 있는 내용을 작성할 수 있다.

- 우리 SRE 팀은 새로운 엔지니어가 온콜 대응하는 시간을 줄이는 것이 목표였다.
- 모든 경고를 충분히 설명한 문서와 함께 플레이북을 만들자는 제안을 했다.
- SRE 팀에서 내 제안을 받아들였다! 나는 엔지니어들과 협력해 각 항목에서 경고의 의미를 명확하게 전달하고 부정적인 영향을 즉시 해결하고 완화하는 방법을 제공하도록 플레이북을 개선했다.
- 문서화를 위해 노력한 결과 개선된 플레이북에 방문한 수는 5배 증가했다.

- 엔지니어들은 온콜 중에 플레이북에 의존한다고 알려줬다.
- 후속 연구에 따르면 새로운 엔지니어가 온콜 근무에 걸리는 시간이 기존 대비 x% 감소한 것으로 보고되었다.

다음은 스태스(Stas, 저자 중 한 명)가 SRE 플레이북을 EngPlay로 이전하는 가치를 어떻게 전달했는지 보여주는 또 다른 예이다.

EngPlay를 사용해 개선된 플레이북 서비스를 개발했지만 채택한 효과는 좋지 않았다. 사람들은 구식이어도 기존의 테스팅을 거쳐서 구현을 유지하는 것을 선호했다. 6개월 후 겨우 10%만이 새 버전의 플레이북 서비스로 이전했다. 그리고 나는 사람들에게 왜 그 일을 했는지, 새로운 버전으로 전환하는 이유와 방법을 끊임없이 설명해야 했다. 나는 어수선한 상황을 정리하는 대신 더 가중시키는 것 같은 느낌이 들었다. 그래서 가장 일반적인 질문들을 요약한 아주 기본적인 문서를 작성했다.

- 플레이북의 새로운 플랫폼이 필요한 이유는 무엇인가?
- 장점은 무엇인가?
- 어떻게 마이그레이션할 것인가?

그 결과는 다음과 같다.

- 사적인 대화의 흐름은 거의 없어졌고 드물지만 누군가 물어보면 문서에 대한 링크를 보낼 수 있었다. 마침내 플랫폼 자체를 개선하는 데 집중할 수 있었다.
- 문서를 사용할 수 있게 되자 문서를 위한 새로운 기여자가 나타났다. 이로 인해 '더 많은 사용자 → 더 많은 문서 개선 → 더 많은 사용자'의 연쇄 반응이 일어났다.
- 3개월 후 30% 더 많은 프로젝트가 EngPlay로 마이그레이션되어 채택률이 6배 증가했다.
- 6개월 후 거의 모든 서비스가 플레이북에 EngPlay를 채택했다.

다음은 모든 종류의 방법으로 소통할 수 있는 이야기다.

- 여러 SRE와 테크니컬 라이터와 함께라면 여러분의 경험에서 배우고 프로세스를 채택하는 데 관심이 있을 수 있다.
- 문서화에 시간을 왜 소비하는지 이해할 수 있는 관리자와 함께 한다.
- 성과와 승진을 검토하는 시기에 인정받을 수 있는 사례를 구축해야 한다.
- 다른 팀과 함께 문서로 만들고 문서에 따라 공동 작업한다.

기능 데이터는 매력적이다. 기능 데이터를 수집하고 영향력에 관한 사례를 설명하고 문서화에 투자가 가치가 있다는 것을 팀, 조직, 리더십에 확신시키는데 사용한다.

왜냐하면, 문서화에 투자하는 것이 정말 필요하기 때문이다.

더 읽을거리

- ZWISCHENZUGS의 "세계에서 가장 분주한 일부 도박 사이트에서 사이트 신뢰성 관리에 대해 배운 내용" (https://bit.ly/3BuXcBs)

리우나 맥나마라 Ríona MacNamara

구글의 테크니컬 라이터로서 내부 엔지니어링 문서와 프로세스에 폭넓게 초점을 맞춰 왔다. 또한 문서화는 테스팅만큼이나 소프트웨어 엔지니어링 분야의 기본이라고 믿고 있다.

시라자 누칼라 Shylaja Nukala

12년 동안 일했던 구글 사이트 신뢰성 엔지니어링의 기술 리더다. 시라자는 SRE, 클라우드, 구글 엔지니어를 위한 문서화, 정보 관리, 선별 활동을 이끌고 있다. 구글에 입사하기 전에는 에피파니(Epiphany), 소니 일렉트로닉스(Sony Electronics)의 테크니컬 라이터였고, 러트거스대학(Rutgers University)에서 언론 정보학 박사 학위를 받았다.

스타스 미아스니코우 Stas Miasnikoŭ

구글의 사이트 신뢰성 엔지니어다.

애런 길리스 Aaron Gillies

뉴욕의 구글 클라우드에서 소프트웨어 문서 그룹을 관리한다.

제레미 샤프 Jeremy Sharpe

구글의 선임 소프트웨어 엔지니어다. 구글에서 6년 넘게 광고, 쇼핑, 클라우드 분야에서 일했고 제레미가 가장 자랑스러워하는 것은 20%의 시간을 엔지니어링 문서화 툴과 교육에 기여한 것이다.

니얼 리처드 머피 Niall Richard Murphy

20년 넘게 인터넷 인프라 분야에서 일해왔으며, 현재 마이크로소프트 더블린 사무실의 애저 프로덕션 인프라 엔지니어링 부서의 소프트웨어 엔지니어링 이사다. 나이얼은 회사 설립자이자 작가, 사진작가이며 컴퓨터 과학, 수학, 시학(poetry)에 대한 학위가 있다. 또한 사이트 신뢰성 엔지니어링과 사이트 신뢰성 워크북(오라일리 출판)의 선동자이자 공동저자, 편집인이다.

CHAPTER 20

능동적인 교육과 학습

구글에서 근무했던 로라 놀런^{Laura Nolan}

> 오랜 시간 숟가락으로 떠먹이는 것은 숟가락 모양 말고는 가르쳐줄 것이 없다.
> - E.M. 포스터(Forster)

분산 데이터 저장소에서 장애가 발생했다. 모든 복제본에서 쓰기는 실패하고 읽기에서 타임아웃(timeout)이 발생하고 있다. SRE는 모니터링을 확인한다. 원인에 대한 단서는 없지만 핵심 프로덕션 서비스가 잘못된 상태에 있다는 것은 분명하다. 에러와 대기 시간(latency) 그래프만 우상향하고 있다. 수익이 급격히 감소하고 온콜 담당자는 프로덕션 장애를 선언한다.

무슨 일인지 확인하기 위해 엔지니어링 팀의 부사장이 찾아온다.

다른 SRE들은 그저 웃을 뿐이다. 왜일까? 장애 대응 기술과 팀워크를 가르치기 위해 고안된 게임인 장애 관리자(Incident Manager)가 현재 플레이어, 즉 온콜 담당자가 나쁜 카드를 뽑았기 때문이다.

장애 관리는 학습할 수 있는 SRE 핵심 기술이다. 실제 프로덕션 장애가 재미있고 효과적인 게임이라 프로덕션 장애를 통해 배우는 것이 조직의 SLO 예산(그리고 SRE 팀의 스트레스 수준)에도 훨씬 더 좋다.

SRE는 일반인이나 전문가(채용이 어려운 주요 이유 중 하나)이기 때문에 끊임없이 학습하고 있다.

SRE 기술은 운영 체제 내부, 네트워킹, 모니터링, 경고, 문제 해결, 디버깅, 장애 관리, 소프트웨어 엔지니어링, 소프트웨어 성능, 하드웨어, 분산 시스템, 시스템 관리, 용량 계획, 보안, 기타 여러 분야로 확장될 수 있다. 물론 모든 SRE가 모든 분야에서 전문가는 아니며 대부분의 SRE는 "T자형"이다. 즉, 여러 영역의 광범위한 지식과 하나 또는 몇 개의 영역에서는 깊은 지식을 갖고 있다.

광범위한 기술은 다음과 같은 새로운 영역일 수 있는 방대한 직무 기능에 사용된다.

- 새로운 팀원의 적응을 위한 교육 과정
- 새로운 서비스 파악을 위한 교육 과정
- 기존 서비스에서 하나 이상의 주요 변경 사항
- 시스템이 상호 작용하는 시스템의 변경 사항 처리
- 폭발적인 트래픽 증가 또는 기타 주요 시스템이 당면한 과제 해결

새로운 팀원은 아직 가지고 있지 않은 SRE 팀 시스템과 주요 SRE 기술을 모두 배우고 있다. 기존 팀원들은 변화에 대처하고 다양한 전문 분야에 더 깊이 파고들면서 기술과 지식을 개발하고 있다.

우리가 항상 배워야 한다면 학습을 효과적으로 만드는 것은 물론 더 재미있게 만드는 것이 중요하다.

능동적인 학습

> 나는 자기 주도적 학습에서 최고의 학습이 이루어진다고 확신한다.
>
> — 시모 패퍼트(Seymour Papert)

로고(Logo) 프로그래밍 언어의 창시자이자 레고 마인드스톰(Lego Mindstorm)에 영감을 준 시모 페퍼트는 학습은 "지식 구조 구축"이며 학습자가 무언가를 만들 때 가장 효과적이라고 말했다. 그리고 시모는 놀이를 통한 학습은 배우기가 쉽다는 의미가 아니라 몰입을 의미한다고 했다. 시모 페퍼트의 연구에서 학습자는 배우는 것이 재미있는 이유는 학습 자체가 어려웠기 때문이라고 말했다.

성공하든 실패하든 문제를 해결하고 적절한 피드백을 받는 것이 학습 과정의 핵심인 것 같다. 게임은 이런 점에서 이상적이다.

체스는 가장 오래된 교육 게임 중 하나이다

이것은 새로운 내용이 아니다. 체스는 귀족에게 전략을 가르치는 방법으로 천년 전에 시작되었다.

크리그스피엘(Kriegsspiel, 독일어로 "전쟁 게임"을 의미함)은 1812년 프로이센군과 독일군의 장교를 양성하기 위해 만들어진 시스템이다. 크리그스피엘은 롤 플레잉(role-playing) 게임인데 격자(grid), 게임 조각, 주사위, 전쟁의 안개 및 의사소통의 어려움을 시뮬레이션하는 방법을 갖추고 있다. 양쪽 플레이어는 지휘관 임무를 수행하고 게임 마스터는 심판 임무를 수행하며 플레이어의 액션 효과를 결정한다.

> 게임은 오늘날에도 여전히 교육에 사용된다. 2017년 3월 CIA는 SXSW에서 내부 훈련 보드게임을 선보였다.[01] 이 게임은 문제 해결 및 협업을 장려하도록 설계되었다. 뤼케(Ruhnke)가 설계한 게임 중 하나이며 플레이어에게 아프가니스탄의 정치 상황을 설명하기 위한 용도였다. 뤼케는 이 게임이 플레이어에게 단순히 브리핑을 읽게 하는 것보다 훨씬 더 미묘한 지역 문제에 대한 멘탈 모델을 제공한다고 믿는다.

최근에도 컴퓨터 교육에서 하는 게임이 있다. 플레이어가 주어진 입력을 정확하게 일치하도록 정규식을 작성하는 레젝스 골프(https://alf.nu/RegexGolf), 플레이어가 스케쥴러 역할을 해서 동시성 문제를 해결하려고 하는 데드록 엠파이어(http://deadlockempire.github.io/) 등 많은 게임 예시들이 있다.

게임은 사람들이 즐기기 때문에 효과적인 학습 도구이다. 게임은 집중할 수 없게 하는 실패에 대한 두려움 없이 흐름으로 쉽게 들어가는 방법이다. 또한 게임은 사교적인 특성이 있는데 플레이어가 일을 제대로 수행했을 때 이에 대한 보상이나 채점 시스템 등 즉각적인 피드백을 할 수 있다. 게임은 모든 학습 경험의 훌륭한 기능이 있다.

다른 형태의 능동적 학습이 있다. 일반적으로 튜토리얼과 토론 그룹이 예시가 될 수 있는데 이런 학습 구조에서는 게임과 같은 레벨은 없지만 자료에 대한 적극적이고 창의적인 참여를 포함하며 그룹의 지도자와 학생으로부터 피드백을 받아야 한다.

능동적인 학습 예시: 불행의 수레바퀴

불행의 수레바퀴(Wheel of Misfortune)는 구글에서 신규 SRE 또는 특정 시스템을 처음으로 접하는 SRE가 빠르게 적응할 수 있는 최고의 교육 도구 중 하나이다. 이것은 기본적인 롤플레잉 게임으로 보드, 시뮬레이터, 장비가 필요 없다(물론 노트북과 화이트보드가 편리하긴 하다).

'불행의 수레바퀴'는 한 명의 게임 마스터와 한 명의 온콜 엔지니어 역할을 수행하는 한 명의 팀원으로 플레이가 시작된다. 게임 마스터는 온콜 엔지니어에게 발생하게 될 이벤트에 관해 설명하는데 보통 특정 페이지 또는 다른 팀의 에스컬레이션에 대한 것이다. 그다음 온콜 엔지니어는 실제 상황처럼 대응하고 필요에 따라 이슈 완화, 근본 원인 파악, 해결, 에스컬레이션을 수행한다. 게임 마스터는 신탁 역할을 하며 모니터링, 로깅에서 표시되는 내용에 대한 온콜 엔지니어의 질문에 답할 것이다.

이는 믿을 수 없을 정도로 간단하지만 관련된 모든 사람에게는 믿을 수 없을 정도로 가치 있는 훈련이다. 일반적으로 게임 마스터는 시나리오 준비를 위해 어느 정도 시간을 할애해야 하는데

---

01 베스 엘더킨(Beth Elderkin)의 "CIA, D&D 스타일로 테이블탑 RPG로 장교 훈련(https://bit.ly/3FvuxPj)"과 세레나 라슨(Celena Larson)의 "CIA가 장교를 훈련시키기 위해 보드게임을 사용하는 이유(https://cnn.it/3v0IPCw)" 참고

동료에게 보여주기 전에 해당 시나리오에 대해 아주 자세히 생각해 볼 필요가 있다. 온콜 엔지니어 역할을 수행하는 엔지니어 또는 다른 동료가 관찰하는 동안 시스템 작동과 모니터링, 복구 툴, 에스컬레이션 지점에 대해 배울 수 있다.

또한 문제 해결 및 근본 원인 분석 기법뿐 아니라 장애 관리 기술과 같이 배워야 할 기술도 있다. '불행의 수레바퀴'는 위험도가 낮고 상대적으로 압박이 낮은 환경에서 이러한 기술들을 실행할 수 있는 좋은 방법이다.

아일랜드의 더블린에 있는 구글 SRE 건물에 '불행의 수레바퀴'를 위해 특별히 마련한 방이 있다. 그 방에는 가장 큰 팀, 관련된 여러 팀, 화이트보드, 대형 스크린으로 디자인된 원형 극장 스타일의 좌석이 있다. 가장 중요한 부분은 SRE가 합심해 방의 이름을 지었는데 영화 스타트렉에서 해결할 수 없는 가상 테스트인 코바야시 마루(Kobayashi Maru)를 따서 이름을 붙였다. 다행히도 '불행의 수레바퀴' 훈련은 일반적으로 코바야시 마루 시나리오 테스트보다 훨씬 행복한 결말을 맺었다(일반적으로 클린곤(Klingon) 전함이 우주선을 파괴하는 것보다 대시 보드 또는 플레이북 개선을 위해 몇 가지 작업 항목을 기록하고 커피 마시는 것이 포함된다).

능동적인 학습 예시: 장애 관리자 (카드 게임)

장애 관리자(Incident Manager)는 워크숍 기초 과정으로 장애 관리 기술(https://sre.google/sre-book/managing-incidents/)을 가르치기 위해 사용한 카드 게임이다(SRECon Europe 2016에서 운영되었고 구글 내부에서 적용 중이다). 믿음직한 장애 관리 프랙티스는 사소한 장애와 사용자의 신뢰도를 해치는 장기간의 심각한 장애 사이의 차이를 의미할 수 있다. 장애는 모든 SRE 팀이 성공하기 위한 핵심 요소이다.

장애 관리 기술은 의사소통, 조정, 책임 분리에 관한 것이다. 장애 관리의 어려운 점은 종종 스트레스가 많고 혼란스러운 순간인 장애 발생 중에 기술을 사용해야 한다는 것이다. 장애 관리자 게임은 사람들이 프로덕션 장애를 다루는 방법과 가까운 방식으로 장애 관리를 적용하는 연습을 하도록 고안되었다.

장애에 대응하는 동안 대개 놓치는 것이 있는데 그저 체계에 대한 이해가 부족하다는 것이다. 그래서 장애에 대응하는 사람이 조직의 나머지 구성원과 협력하거나 소통하지 않고 집단으로 중요한 것을 놓치거나 모두가 결국은 같은 잠재적 근본 원인을 조사하게 된다.

잘 알려진 또 다른 장애 대응은 팀의 주니어 구성원이 잠재적인 문제를 발견했어도 이 문제를 지적할 만큼 자신이 없는 경우이다. 설상가상으로 어떤 사람이 문제를 지적해도 여전히 다른 사람들은 귀 기울이지 않고 무시하기도 한다. 나는 정확한 답을 제시했지만 아무도 듣지 않아서 불필요하게 장기화된 심각한 장애를 설명하는 포스트모템을 본적이 있다. (이 게임에서 제공되는) 경험은 자신감을 가르치는 데 도움이 되며 사람들이 가치 있는 통찰력을 가질 수 있게 다른 팀원의 말을 경청하는 것을 배우도록 도울 수 있다.

'불행의 수레바퀴'처럼 장애 관리자는 게임 마스터가 주재하는 프로덕션 시스템과 장애 시나리오를 제시한다. 실제 서비스에서 함께 일하는 팀이라면 해당 서비스를 이용할 수 있을 것이다. 이를 혼합 그룹으로 실행하면서 구글 파일 시스템(GFS, https://research.google/pubs/pub51/)과 매우 유사한 분산 스토리지 시스템에 대한 간단한 시스템 설명을 사용한다. 여기에는 모니터링과 기타 배포 정보에 대한 참고 사항이 포함돼있다.

참가자들은 두 팀(유럽/중동/아시아(EMEA, Europe/Middle East/Asia) 및 미국 교대 조, 장애를 겪고 있는 서비스에 대한 온콜 교대를 나타냄)으로 나뉘어 카드놀이를 한다. 이 카드는 불행의 수레바퀴 세션에는 없는 게임의 체계를 추가하고 장애 관리 프로세스, 즉 실제 목적에 대한 유용한 프롬프트를 제공한다. 시나리오는 실제 프로덕션 장애가 수행하는 장애 관리 프로세스에서 머리를 식힐만한 일종의 오락거리를 추가한다.

카드 종류는 기본 규칙, 역할, 관리자, 액션 등 4가지가 있으며 모두 그림 20-1에 나와 있다.

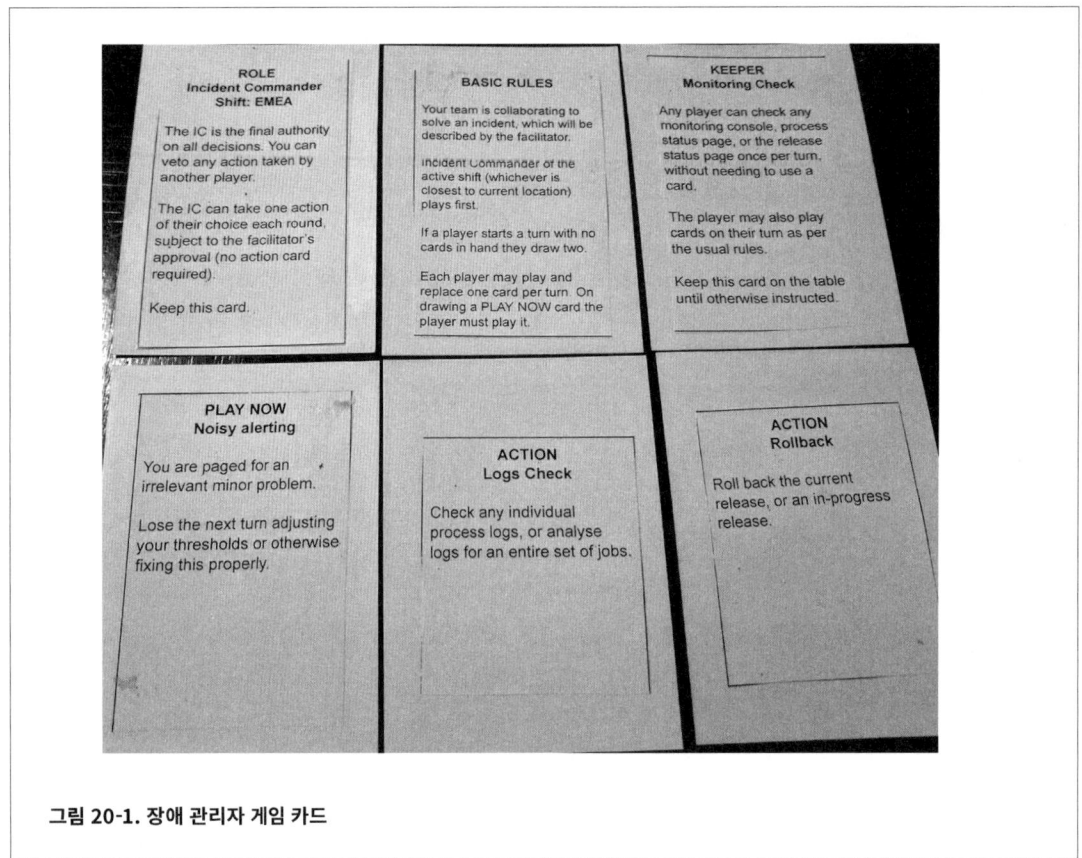

그림 20-1. 장애 관리자 게임 카드

기본 규칙은 다음과 같다.

- 팀은 장애를 해결하기 위해 협력하고 있고 조력자가 장애에 관해 설명할 것이다.
- 능동적인 교대(현 위치에서 가장 가까운 곳) 중인 장애 지휘자(Incident Commander)가 먼저 플레이한다.

- 플레이어가 카드가 없는 상태에서 턴을 시작하면 카드 두 장을 뽑는다.
- 각 플레이어는 한 번에 하나의 카드로 플레이한다. PLAY NOW 카드를 뽑을 때 플레이어는 반드시 해당 카드를 플레이해야 한다.

각 플레이어는 게임 기간 동안 하나의 역할 카드를 받는다. 실제 장애 관리 상황과 마찬가지로 역할에는 책임감과 특별한 권한이 따른다. 각 역할 카드는 EMEA 및 US 교대 조에 속한다. 게임 마스터는 각 교대 조마다 중요한 리딩 역할을 담당할 수 있도록 필요에 따라 덱(deck)에서 대응자 카드를 제거한다.

역할은 다음과 같다.

장애 지휘관(IC, Incident commander)

IC는 모든 결정에 대한 최종 권한을 갖는다. 다른 플레이어가 취하는 어떤 행동도 거부할 수 있다.

IC는 진행자의 승인에 따라 라운드마다 한 가지 선택을 취할 수 있다(액션 카드 필요 없음).

기획 리더

기획 리더는 취한 액션, 진행 중인 노력, 나중에 수행해야 할 액션을 포함해 장애의 상태를 추적한다(예: 완화 노력 실행 취소).

각 턴마다 덱에서 다음 5장의 카드를 확인하고 다시 주문할 수 있다.

운영 리더

운영 리더는 운영 작업을 중복해서 처리하지 않도록 대응자를 조율한다.

각 턴마다 하나의 모니터링 또는 로깅을 확인할 수 있다(액션 카드 필요없음).

커뮤니케이션 리더

장애의 상태에 영향을 받는 팀이나 외부 사용자에 대해 업데이트할 책임은 커뮤니케이션 리더에게 있다.

각 턴마다 사용자와 의견을 교환하거나 내부적으로 다른 팀 또는 비즈니스 소유자로 확대시킬 수 있다(액션 카드 필요 없음).

대응자

대응자는 특별한 능력이 없다.

카드가 허용하는 만큼, IC가 가장 좋게 생각하는 그 기대치만큼 기여하면 된다.

실제와 마찬가지로 IC는 "장애" 해결을 위한 진행 상황을 설명하는 장애 문서로 시작해야 한다(이 문서는 공유 문서 또는 화이트보드/플립차트일 수 있음).

능동적으로 교대 중인 각 플레이어는 기본 규칙에 설명된 대로 순서를 변경한다. 플레이어는 액션 카드를 뽑는다. 그중에 일부는 보관할 수 있지만 일부는 즉시 사용해야 한다. 이런 액션은 장애 중에 발생할 수 있는 일종의 일이다. 여기서 일부는 도움이 되기도 하지만 일부는 그렇지 않다.

다음은 액션의 몇 가지 예시이다.

- 모니터링을 확인한다.
- 실행 중인 프로세스를 확인한다.
- 지정된 작업에 대한 로그를 확인한다.
- 프로세스를 롤백한다.
- 로드밸런싱 설정을 수정한다.
- 새로운 유틸리티 또는 스크립트를 개발한다(진행자는 얼마나 많은 턴이 필요한지 결정하고 현재 진행 중인 플레이어는 턴 수만큼 게임에서 제외될 것이다).
- 작업을 수정한다(플래그 변경, 인스턴스 수 등).
- 버그 수정, 체리 픽(cherry-pick), 롤아웃(roll-out) - 진행자가 결정하기 위해 여러 턴이 필요하다.
- 진행자에 의해 수행 중인 개발자에게 에스컬레이션한다. - 진행자가 에스컬레이션하기 전에 SRE 팀이 상황을 조사할 때 얼마나 잘 수행했는지에 따라 에스컬레이션을 수행하는 플레이어는 후속 턴을 잃게 된다.
- 비즈니스 소유자에게 에스컬레이션한다(사용자에게 영향을 미치는 결정에 대한 답변 등).

다음은 PLAY NOW 카드의 일부 예시이다.

- 교대 조 변경: 능동 교대 조는 카드를 모두 잃어버리고 다른 교대 조는 카드를 인계받는다.
- 불특정하게 끔찍한 일이 일어난다(게임 마스터가 결정한다).
- 소음 경고: 중요치 않은 사소한 문제로 호출되고 턴을 놓친다.
- 간섭하는 임원: 커뮤니케이션 리더가 다음 턴을 놓친다(기획 리더 모델도 해당된다).
- 장애 대응에 관여하지 않는 엔지니어는 모니터링에 과부하가 걸리고 모니터링 확인 카드를 잃는다.

장애 관리자 게임은 지루하지 않을뿐더러 장애 관리 기술을 신속하게 가르친다(무엇보다 프로세스에 대한 방대한 슬라이드를 보는 것만큼 지루한 일은 없다). 게임에서 사람들은 실제 장애가 발생한 것처럼 시간과 자원의 제약을 느끼면서 실제 프로세스를 사용하게 된다. 이런 경험은 스트레스받는 상황에서도 장애 관리 프로세스를 사용할 수 있다는 자신감을 심어준다. 카드는 장애 관리에서 발생하는 실제 문제를 보완한다(예를 들면, 의사소통이 원활하지 않을 때 임원이나 운영 리더가 다른 작업을 수행하는 사람을 조율하지 않으면 모니터링 담당자에게 과부하가 걸림).

게임을 잘 작동하려면 준비가 필요하다. 그룹 규모가 12명 이상이면 잘 작동되지 않는다. 그룹은 또한 실제 시스템이나 설명을 통해서 게임의 기반이 되는 시스템의 공유 지식에 대한 이해가 필요하다. 불행의 수레바퀴처럼 게임 마스터의 시나리오에 대한 세심한 준비가 필요하다. 게임 마스터는 플레이어가 시스템 작동 관련 질문에 답할 수 있어야 하고 사전에 공유된 장애 문서를 미리 준비해야 한다.

능동적인 학습 예시: SRE 강의실

SRE 강의실은 게임이 아니다. 2012년부터 수많은 구글 SRE(저자 포함)가 운영하는 워크숍이다. 더불어 다양한 공개 콘퍼런스(USENIX LISA, USENIX SREcon, O'Reilly Velocity, FLOSS UK 등)를 운영하고 구글 지사에서 초대받아 운영하고 있다. 설계 연습만 있는 반나절 일정과 대화가 포함된 하루짜리 일정으로 운영 중이다.

SRE 강의실은 사람들에게 실제 분산 시스템 설계와 기본 용량 계획 수행 방법을 가르치는 곳이다. 이는 상당히 야심에 찬 일이자 복잡한 프랙티스 영역이다. 사람들은 근본적으로 다른 수준의 경험을 가지고 SRE 강의실에 참석한다.

필자는 이 특별한 행사에서 양쪽 진영에 있는 몇 안 되는 SRE 중 한 명으로서 구글에 입사하기 전 2012년 런던의 구글 사무실에서 이 워크숍의 첫 번째 버전에 참석했다. 이후 구글에 입사해서 여러 사람과 함께 적극적으로 워크숍의 내용을 업데이트하고 가르치는 일을 했다. 최근에는 시스템 설계 경험이 없는 새로운 구글 SRE나 SRE에 관심이 있는 구글 직원을 위해 더욱 심층적인 버전(약 3일 일정의 워크숍 프로그램)을 개발했다.

워크숍에서 우리는 참가자들을 수영장 깊은 곳에 던져 가라앉게 하거나 수영하게 한다. 워크숍 시작과 함께 참가자들을 약 5명의 그룹으로 나누고 각 그룹에는 진행자를 둔다. 그룹은 문제 설명과 규모 및 장애에 대한 탄력성과 관련된 비기능적인 요구 사항[02]을 받는다. 해당 규모 및 장애에 대한 복원력 요구 사항이 바로 문제의 핵심이다. 그중 하나는 SQL 조인만큼이나 간단한 비즈니스 로직을 사용하지만, 설계 중인 시스템은 구글이 매일 제공하는 대략적인 페이지 뷰 수(상당히 큰 수)를 기반으로 확장하도록 설계되어야 한다.

그다음 각 팀은 시스템을 설계하고 여기에 필요한 하드웨어의 초기 용량 예상치를 제시해야 한다. 마지막에 목표에 맞는 설계를 한 후 논의한다.

팀은 함께 설계 작업을 진행한다. 진행자의 역할은 답을 주는 것이 아니라 명확하지 않은 문제의 모든 부분을 명확히 하는 것이다. 필요하다면 적절한 질문으로 팀을 돕고 너무 많은 시간을 허비하지 않게 하고 특정 사람이 대화를 지배하지 않도록 해야 한다. 우리 일의 핵심은 분산 시스템을 설계하는 능력을 개발하는 것이기에 팀과 함께 작업한다(팀 구성원이 특정 시스템의 정확한 디자인을 고민하는 것과는 완전히 다른 일이다.). 여러 면에서 팀이 실제로 "정답"에 도달하는지는 그리 중요치 않다. 과정이 핵심이다. 정말 중요한 것은 사람들이 문제와 씨름하고 서로 다른 솔루션이 당면한 상충관계를 보고 절충안을 내기 위해 시간을 보냈다는 것이다.

이전에 언급했듯이 필자는 교육에 관여하지 않기도 했고 어떤 면에서는 정말 열심히 일했다. 학습자이자 교사로서의 내 경험을 기반으로 보자면 팀에서 이 일을 진행하고 문제 토론에 몰두하느라 시간이 가는 줄도 모르다가 업무를 놓칠 수 있다. 세이모어 파퍼트(Seymour Papert)의 학생과 마찬가지로 학습이 너무 어렵지만 그만큼 재미있다는 것을 발견할 수 있다. 세션 후 설문

---

02 (역자주) 비기능적인 요구 사항: 기능이 아닌 부분 성능, 유용성, 안정성 측면의 요구 사항을 의미한다.

조사 보고서를 보면 대다수의 참석자가 프로그램에 대해 즐겁고, 꽤 유용하다고 평가한다는 것을 알 수 있다. 참가자들은 워크숍이 끝날 때 즈음이면 시스템 설계 및 용량 예측에 있어 상당히 노련해지고 자신감 또한 갖게 된다. 단지 소수의 학생(한 자릿수의 낮은 비율)은 능동적인 학습 경험을 매우 싫어했다. 경험을 통해 배우기보다는 그저 누군가가 슬라이드를 읽어 주기를 바라는 참가자들이었다.

물론 이런 종류의 연습은 시스템 아키텍처가 설계된 배경을 이해할 때 꽤 효과적인 방법이다. 워크숍의 기초 내용으로 여러 시스템 설계를 각자 다른 시기에 사용했지만 꽤 자주 사용한 것은 로그 조인 파이프라인(log-joining pipeline)인 Photon (https://research.google/pubs/pub41318/)이다. 워크숍 참석자들이 사용하는 시스템 종류는 각각 다르므로 대체로 하나를 통일해서 사용하는 것이 좋다. Photon은 상당히 복잡한 시스템이다. 나는 Photon[03] 서비스를 담당하는 SRE 팀이었는데 SRE 강의실 워크숍에서 진행한 연습을 통해 Photon에 대한 자료나 설명보다 훨씬 더 깊게 잘 이해할 수 있었다. 스스로 문제와 씨름하고 해결하고자 노력을 기울이는 것은 정말 효과가 있다. 특히 SRE가 시스템이 현재 표시하고 있는 최근의 장애에 대한 원인을 알아내려고 할 때 매우 도움이 된다.

이 방식은 새로운 시스템을 배울 필요가 있을 때 사용하면 좋은 기술이기도 하다. 먼저 기능 및 비기능 요구 사항을 파악한 다음 직접 시스템을 설계해 보고 해당 시스템이 실제로 어떻게 작동하는지 흐름을 읽을 수 있어야 한다. 자신이 고안한 설계가 실제로 적용 가능한지 아닌지는 중요하지 않다. 다만 수동적으로 배우는 것보다 직접 부딪히고 고민하는 자세는 훨씬 빨리 새로운 시스템의 제약을 파악하고 절충안을 낼 수 있게 한다. 시간이 더 걸리지만 대부분은 시간을 투자한 가치가 확실히 있다.

만약 여러분의 팀이 새로운 서비스를 시작하거나 새로운 인프라를 사용하게 되면 팀 전체가 화이트보드, 약간의 준비와 함께 이런 종류의 작업을 진행할 수 있다. 가만히 앉아서 설명을 듣는 것보다 훨씬 더 재미있다. 다만 원격 팀에는 좋은 기술이 아니므로 한 공간에서 함께 한다면 이 과정에 큰 도움이 될 것이다.

학습 실패 비용

SRE 팀은 때때로 어려운 일을 하게 되는데 자칫 장애를 초래하거나 장애가 길어질 수 있다. 훨씬 더 나쁜 경우는 보안 침해가 발생할 수 있고 사용자 데이터를 잃을 수도 있다. 프로덕션 문제가 때때로 SRE 팀을 괴롭히겠지만 이런 문제는 아주 큰 비용이 드는 일종의 학습이어서 반복하지 말아야 한다. 따라서 SRE 팀은 더 잘해야 하며 SRE 조직은 계속해서 훈련하고 학습하는 조직이어야 한다.

---

03 (역자주) **Photon**: 구글에서 개발된 솔루션으로 실시간 연속적으로 발생하는 여러 데이터 스트림을 결합할 수 있고 높은 확장성과 낮은 지연 시간을 가진 지역적으로 분산된 시스템이다.

SRE 조직이 좋은 훈련 조직이 아닌 경우에는 다른 유형의 비용이 든다. 첫 번째는 신입 사원이나 팀 간 전환 시 생산성을 높이느라 너무 많은 시간을 들이게 되는 비용이다. 여러 SRE 팀을 가진 대규모 조직이라면 SRE 팀 간의 유대감이 줄어들 수 있다. 더욱이 공통의 훈련과 학습 시스템, 지식을 공유하지 않는다면 SRE 팀 간의 사고방식, 기술, 직업 접근 방식은 더욱 엇갈릴 것이다. 또한 각 팀은 동일한 목적을 위해 여러 툴과 프로세스를 만들거나 채택하느라 개발 비용은 증가하고 팀 간 전환을 막는 장벽은 높아질 것이다.

지식을 공유할 수 없는 SRE 팀은 조직 내에서 SRE가 아닌 엔지니어링 팀과 효과적으로 협업할 수 없을 것이다. 실제로 SRE 팀은 좋은 프로덕션 프랙티스를 개발 팀과 주니어 구성원에게 끊임없이 훈련시키고 있다. 또한 설계 검토, 릴리즈 준비 검토, 포스트모템, 정식 교육 과정이나 SRE팀과의 교대 등과 같은 여러 방법을 교육한다.

훈련에 강하지 않은 SRE 팀의 경우, 들어가는 주요 비용은 자신의 기술과 서비스에 대해 자신 없는 새로운 팀원들이 특히 온콜일 때 스트레스는 더욱 증가한다는 것이다. 이것은 번아웃이 되는 주된 요인이며 팀의 효율성과 사기에 굉장히 부정적인 영향을 준다. 그리고 번아웃된 SRE 팀은 비효율적인 SRE 팀이 된다. 이는 조직과 기업에 큰 위험을 초래할 수 있으므로 우리 자신과 SRE 팀은 가르치는 것과 배우는 것 모두에 능숙해야 한다.

배우지 않고, 가르치지도 않는 SRE 팀은 비효율적이다. 왜냐하면 학습과 교육이 SRE의 핵심 기술이기 때문이다. 하지만 많은 사람이 특별히 훈련받지 않는 기술로 여기며 학습과 교육이 SRE에 필수적이라고 생각하지 않는다.

그래서 최근 몇 년 동안 학습과 교육이 SRE의 핵심 역량이 되어야 한다는 것을 인식시키기 위해 구글의 SRE 직무 설명에 학습과 교육을 명시적으로 추가했다.

효과적인 SRE 팀의 학습 습관

학습은 단지 새로운 팀 구성원과 서비스에 대한 신입 교육 과정만 얘기하는 것이 아니다. 효과적인 SRE 팀은 학습을 정규 업무 프랙티스에 통합한다. SRE 팀에 가장 널리 퍼진 두 가지 학습 습관은 정기 프로덕션 회의와 포스트모템 장애 분석이다. 두 프랙티스 모두 이행하지 않고서는 크고 복잡한 서비스를 안정적으로 운영하는 것은 매우 어렵다.

프로덕션 회의

학습 과정으로 개발자와 SRE가 만나 서비스 상태를 논의하는 회의(https://sre.google/sre-book/communication-and-collaboration/)에서 주간 프로덕션 회의를 면밀히 살펴볼 수 있다. 팀 전체는 서비스가 어떻게 작동하고 어떤 문제가 발생하는지에 대해 새로운 사실을 알게 된다. 또한 팀의 각 구성원은 일반적으로 서비스가 어떻게 운영되는지 더 깊이 배운다. 가장 잘 운영되고 있는 프로덕션 회의를 보면, 알려지지 않은 답을 찾기 위해 회의하는 중에 후속 조치들이 생겨나곤 한다.

프로덕션 회의를 능동적인 학습 기회로 가치를 극대화할 수 있는 몇 가지 방법이 있다.

팀에 새로 들어온 엔지니어가 있다면 이 엔지니어가 프로덕션 회의에서 명확하지 않았던 모든 항목을 작성하게 하자. 대부분 조직의 새로운 엔지니어는 팀 구성원 중 한 명을 멘토로 지정해 속도를 높일 수 있도록 해야 한다. 각 프로덕션 회의가 끝난 후 멘토는 프로덕션 회의에서 언급된 항목들을 새로 온 엔지니어에게 설명할 수 있다. 이것은 팀 문서가 최신 상태인지 확인할 좋은 기회이기도 하다.

프로덕션 회의에서 발생하는 문제가 경험 많은 팀 구성원에게도 명확하지 않다면 이것은 또 다른 학습 기회이다. 해당 문제를 이해하거나 연구할 책임이 있는 엔지니어는 다음 프로덕션 회의에서 팀원들에게 지식을 다시 전달할 수 있다. 시스템에 대한 이해가 부족한 부분도 불행의 수레바퀴 세션 관점에서 보면 최고의 아이디어 원천이 될 수 있다.

포스트모템

포스트모템은 또 다른 훌륭한 (때로는 비용이 많이 드는) 학습 기회이다. 문서를 작성하는 과정과 최종 산출물, 둘 다 시스템과 기술의 흥미로운 부분을 배우게 하는 가치가 있다(물론 장애가 반복되는 것을 막으려는 궁극의 목적이 있음).

그러나 포스트모템 자체의 활동이 적극적이지 않아도 활성화할 수는 있다.

필자는 운영 중인 시스템에 대한 이해를 공유하고 밀접하게 관련된 여러 SRE 팀들이 함께 할 수 있는 포스트모템 독서 클럽을 설립했다. 2주마다 최근 가장 흥미로운 포스트모템을 선택해서 토론했다. 모임의 회장은 돌아가면서 하되 토론을 주도하고 메모를 하도록 했다. 보통의 방식처럼 화이트보드에 모든 사람이 만족할만한 사건 순서를 나열해 설명하고 함께 한 사람들의 지식을 보태서 빈칸이나 필요한 문맥을 채운다. 이 과정이 완료되면 다시 조치 항목을 살펴보고 의미를 더하면서 집단적인 지혜를 다시 활용한다.

이러한 과정에 참여하는 것은 단순히 문서를 읽는 것보다 훨씬 풍부한 학습 경험이 된다.

운영 검토는 실무자들의 마음을 가볍게 해주는 과정이다. 즉, 무선 호출기 전달자와 다양한 온콜 엔지니어가 한곳에 모여 최근에 겪은 골치 아픈 문제, 장애에 대한 논의를 무겁지 않고 재미있게 진행한다. 구글에서는 종종 케이크와 같은 간식을 제공해 더 많은 사람이 운영 검토 모임에 참석하도록 권장한다. 매주 운영 리뷰 모임을 위해 케이크나 도넛 비용을 지출하는 것은 SRE 관리자가 팀 개발에서 할 수 있는 가장 효율적인 재정 투자 중 하나일 것이다.

실천 요망: 지루한 슬라이드 버리기

20장에서는 필자와 여러 구글 직원들이 학습과 교육을 위해 적극적으로 활용했던 다양한 방법과 기술을 소개했다. 소개한 방법과 기술들을 팀의 도구, 시스템, 프로세스에도 적용할 수 있을 것이다.

SRE 팀의 성공에 있어서 구성원의 학습 능력만큼 더 중요한 것은 없다. 능동적인 학습 방법은 목표를 성취하는 가장 효과적인 (종종 매력적이고도 재미있는) 방법일 것이다. 앞으로의 교육은 지루한 슬라이드를 버리고 20장에서 소개한 기술 일부를 사용해 보는 것은 어떨까?

로라 놀런 Laura Nolan

10대에 프로그램을 독학했고 이후 CS 학위를 취득했으며 개발자와 소프트웨어 성능 엔지니어로 경력을 쌓아서 2013년 초 구글 SRE에 합류했다. 구글에서는 주로 빅 데이터 처리 파이프라인과 네트워크 등을 다루었다. 또한 로라는 2017년과 2018년에 USENIX의 SREcon EMEA 콘퍼런스의 공동 의장으로 있었다.

CHAPTER 21

SLO 기술과 과학

사이어코너스사Circonus**의 테오 슈로스나글**Theo Schlossnagle

기대치가 무엇인지 알고 싶어 하는 사람이 없으면 사실상 기대치를 충족하거나 초과할 수 없다. 모든 작업에서 성공 여부를 측정하려면 목표를 이해해야 한다. 21장에서는 SRE가 목표를 설정할 때 어떤 모습인지 알아본다.

왜 목표를 설정하는가?

SRE의 주요 목표는 시스템의 신뢰성을 유지하는 것이다. SLO(Service-Level Objective, 서비스 수준 목표)는 SRE 목표의 성공 여부를 결정할 때 사용하는 기본 메커니즘이다. "잘함"을 명확하게 정의하지 않고서는 "일을 잘한다."라는 게 어렵다는 것을 알게 될 것이다. SLO는 "잘함"을 정의하는 데 필요한 언어를 제공한다.

SLA(Service-Level Agreement, 서비스 수준 계약)가 더 친근할 수 있으니 먼저 살펴보자. 누군가는 SLA를 어둠의 심장이라고 하고 다른 누군가는 SLA를 구원의 빛으로 생각한다. 왜 이런 차이가 있을까? 나는 SLA를 정의하는 방식이 다르기 때문이라고 생각한다. SLA는 생산자와 소비자가 기대치를 어느 정도 맞추도록 설정하는 방식을 정의하거나 절망, 거짓 보증, 위험한 금융부채에 노출되는 도구가 될 수 있다. 어둠 속에서 너무 많은 시간을 보내지 말자.

오늘날 종종 SLO라는 용어가 사용되고 있다. 이 용어를 쓰는 목적을 보면 SLA는 단순히 둘 이상의 당사자가 "합의"한 SLO이다. SLO와 SLA는 거의 같은 의미로 사용되지만 SLA를 "외부" 다자간 계약으로 간주하고 SLO를 "내부" 단일 목표로 간주하도록 노력하는 분위기다.

SLA의 개념은 매우 일반적이고 서비스가 소비자에게 제공되는 방식을 명확히 설명한다. 그러나 최소한 컴퓨팅 세계에서는 가용성과 QoS(서비스 품질)이라는 두 가지 특정 기준에 중점을 두려는 경향이 있다. 이제 QoS는 서비스의 종류에 따라 다른 것을 의미할 수 있다. 생산자와 소비자는 궁극적으로 비즈니스와 사용자를 의미하지만 아키텍처에서는 종종 컴포넌트 간의 SLO를 정의할 때 컴포넌트를 생성하고 소비하는 것을 의미할 수 있다. 예를 들어, 생산자가 생성하는 컴포넌트로 네트워크에 접속할 수 있는 블록 스토리지 시스템과 권한 부여 마이크로서비스 API가 있다. 각각 서로 다른 사용자를 보유하고 있으며 여러 서비스와 가용성, 성능, 때로는 안정성에 관련한 약속을 한다.

과도한 약속을 하지 않는 것으로 위험 사항을 제한하고, 서비스를 편리하게 누릴 수 있도록 보장해서 사용자에게 어필하는 목표가 있다는 점에서 보면 SLA는 실제로 매우 간단하다. 악마는 디테일에 있다. 즉, 개념은 간단하지만 무엇을 약속할지 선택하는 데 기술이 있고, 이것을 약속하는 방법을 정량화하는 과학이 있다.

SLA에서는 시간에 대해서 항상 무언가를 약속한다. 여기서 시간은 종종 매월, 때로는 매일이다. 약속한 기간은 표준 청구 주기와 일치할 때도 있는데 환불 정책에는 완벽하게 일치한다. 여기서는 후자가 중요하다. 온종일 무언가를 약속하고 이해하지 않는다면 이 서비스에 대한 환불을 하는 것으로 약속을 상기하게 될 것이다. 이 약속의 기간이 한 달이라면 그 영향은 더욱 분명하다.

확실히 많은 SLA는 노출과 보증 사이의 균형을 잡기 위해 여러 시간대를 사용한다. 예를 들어, 특정일에 SLA를 1분 동안 위반하면 해당 날짜에 환불되고 특정 월에 SLA를 1시간 위반하면 해당 월의 전체 청구서는 없다. 21장에서는 환불 관련해서 SLA 위반의 결과에 관한 이야기보다는 단순한 위반에 관해 이야기할 것이다. 위반한 약속을 보상하는 방법에 대한 것은 이 책의 범위를 벗어난다. 행운을 빈다.

여기서 중요한 점은 SLA가 보증 기간이라고 하는 고정된 시간 프레임 내에서만 의미가 있다는 것이다. 오늘날 서비스의 추세와 주요 서비스 제공업체가 장애를 알리는 방법(SLA 위반을 단순화한 용어)을 감안할 때 필자는 우리가 일상적인 문맥을 사용한다고 가정하겠다. 여기의 모든 개념은 기간이 다른 경우 적용할 수 있지만 보증 기간을 변경할 때 계산을 하고 노출되는 것은 이해해야 한다.

자, 이제 추상이 아닌 문맥에서 살펴볼 텐데 QoS 이전에 추론하기 쉬운 가용성을 먼저 살펴보도록 하자.

가용성

가용성은 단순히 서비스가 사용되고 있다는 것을 의미한다. 물론 이 단어의 가장 기본적인 속성에 대한 것이지 소비자가 기대한 대로의 응답을 얻는다는 뜻은 아니다. 가용성에 대한 이해를 돕는 몇 가지 예시를 살펴보자.

주요 배송업체를 통해 소포를 보낼 때 택배 기사가 직접 소포를 받아가서 목적지로 배송하면 배송업체가 가용성이 있다고 볼 수 있다. 배송 과정에서 배송 기사가 늦게 올 수도 있고 소포의 내용물이 극한 온도에 노출되어 손상될 수도 있고 요청과 달리 이틀 정도가 아닌 3주 후에나 배송될 수 있다.

배송 자체는 달성했지만 완전히 불만족스럽다. 잠시 반대편의 상황을 생각해보자. 소포 배송은 깨끗한 상태로 제시간에 배송될 것이지만 운송업체는 소포를 가져갈 때까지 나타나지 않는다. 이제 우리는 완벽한 QoS를 갖고 있어도 사실상 무효인지라 완전히 불만족스러운 경험을 한 것이다.

컴퓨팅 시스템의 가용성을 정량화하는 것이 간단해 보여도 가용성 측정에는 여러 방법이 있다. 가용성 측정을 잘못 표현하면 끔찍하게 노출되거나 소비자에게 사실상 아무것도 약속하지 않은 것이 된다. 후자가 꽤 그럴싸해 보일 수 있지만 결국 비난받게 될 것이다. 소비자들은 똑똑하기에 가용성 측정 기준이 높을수록 성공으로 이어진다.

가용성을 측정하는 가장 일반적인 방법은 시간 할당량(time quanta)을 표시하거나 장애 개수를 세는 것이다. "99.9% 업타임(uptime)"이라는 고전적인 SLA 언어를 가용성 용어로 사용할 수 있다.

시간 할당량

시간 할당량의 개념은 보장 기간(하루)을 여러 부분으로 나누는 것이다. 분 단위를 선택하면 그날 1,440개의 시간 할당량을 갖게 될 것이다(서머타임 근무로 인해 우리가 이 일을 하는 이유에서부터 시작되는 불편한 질문들이 있어도 여전히 이 상황을 받아들여야 한다는 사실).

각각의 시간 할당량 내에서 실패를 측정할 수 있다. 장애가 감지되면 특정 시간 퀀텀(quantum)이 불량으로 표시된다. 하루가 끝나면, 이날의 가용성은 단순히 전체 분 대비 표시되지 않은(양호한) 시간 할당량으로 계산한다. 예를 들면 1분 장애 감지한 경우 1,439/1,440 = 99.930%의 가용성으로, 2분 장애 감지 시 1,438/1,440 = 99.861%의 가용성으로 계산한다. 당일 업타임 보장이 99.9%이면 1분의 다운타임은 허용되지만 2분의 다운타임은 SLA 위반이다.

이 방식이 꽤 간단해 보이지만 불필요하게 노출되거나 소비자가 납득할 만한 보증을 제공할 수 없게 하는 몇 가지 결함이 있다. 이제 API 서비스를 가지고 결함이 무엇인지 살펴보고자 한다. 패키지 무게, 보내는 사람 주소, 목적지 우편 번호를 받아 가격을 제공하는 배송 계산기 API 서비스가 있다고 가정해보자.

하루에 1억 건의 트랜잭션을 수행하면 평균적으로 분당 7만 건이 발생한다. 만약 매분 서비스를 제공하지 못하면 SLA 시간 할당량을 위반하게 되고 100% 다운타임이 발생한다. 동시에 1억 건 중 1,440건만 실패했을 뿐인데 99.998%의 성공률이다. 이건 불공정하다.

반대로 소비자가 모든 패키지를 배송 예약할 때 오전 10시에서 10시 30분 사이에만 앱을 사용하는 경우 10시 20분부터 10시 21분 사이의 모든 트랜잭션이 실패하지만 여전히 SLA를 충족한다. 사용자 관점에서 보면 이는 두 배로 나쁘다. 먼저 SLA를 충족했지만 더 많은 소비자를 실망시켰으며(트랜잭션 실패 3,333,333건 대비 1,440건 실패) 사용자에게 중요한 30분 중 1분이라는 유효 업타임을 얻었다. 즉, 인식된 업타임은 96.666%에 불과하다.

사용량이 온종일 고르게 분포되어 있다면 이 접근 방식이 효과가 있고 이해하기 쉬울 것이다. 그러나 서비스 대부분은 온종일 트랜잭션이 고르게 분포되어 있지 않다. 따라서 SLA에서는 단순함이 굉장히 좋지만 이 방법을 사용하기에는 결함이 너무 많다.

트랜잭션

또 다른 일반적인 방법은 원시(raw) 트랜잭션 자체를 이용하는 것이다. 보증 기간 동안 시도한 모든 트랜잭션과 성공적으로 수행된 수를 세기만 하면 된다. 이 기간 동안 여러 면에서 서비스받을 확률을 명확하게 표시한 것이기 때문에 사용자에게 훨씬 강력한 확신을 제공할 수 있다.

이전 예시에서 1억 건의 트랜잭션이 있고 99.9%의 업타임을 보장한다면 SLA 위반 없이 10만 건의 서비스 제공은 힘들 수 있다. 이는 많은 양인 것처럼 보이지만 분당 평균 7만 건으로 SLA 위반을 초래하는 연속 2분간의 장애와 동일하다. 큰 장점일수록 분명하다. 즉, SLA를 위반하지 않고 전체 보증 기간 동안 매우 소수의 소비자에게 영향을 미치는 잘못된 행동을 받아들일 수 있다(공통 관심 사안).

한 가지 중요한 과제는 시도된 트랜잭션을 측정할 수 있어야 한다. 네트워크 영역에서 이런 측정은 불가능하다. 패킷이 표시되지 않으면 패킷이 전송되었다는 것을 어떻게 알 수 있을까?

온라인 서비스는 잠재적인 장애가 발생할 수 있는 네트워크로 연결되어 있다. 즉, 실제로 시도된 거래를 측정하는 것은 불가능하다는 것을 의미한다. 따라서 트랜잭션 측정이 우아한 해결책이라고 해도 소비자에게 확실한 보증을 제공하려면 생산자 입장에서 알아도 모르는 척하는 일이 너무 많아질 수 있다.

시간 할당량에서의 트랜잭션

최고의 결혼 생활은 파트너의 장점을 드러내고 약점을 보완하는 것이다. 앞에서 소개한 두 정량화 접근 방식은 바로 이런 결혼과 같다고 볼 수 있다. 지금부터는 "퀀텀 대비 분위수[01] (Quantiles over Quantums)"라고 부르도록 하겠다(퀀텀이라는 어감이 매력적이지 않은가).

트랜잭션 분석에 시간 퀀텀을 다시 도입해서 단어의 정확한 의미에서 타협한다. "시스템이 다운되고" 시도된 트랜잭션을 계산할 수 없으면 퀀텀을 실패로 표시할 수 있다는 점에서 트랜잭션 정량화의 치명적인 결함을 제거함은 물론 엄격히 제한한다. 반면, 전체 보증 기간의 사소한 장애를 허용하는 트랜잭션 방식의 우아함은 효율성이 감소한다(보증하는 윈도우의 시간 할당량 크기만큼 정확하게).

이제 하루에 1억 건의 트랜잭션 예시에서 온종일 최대 10만 건의 장애를 허용하는 대신 분당 69개 이상의 장애를 초과할 수 없는 추가 제약 조건이 생겼다(시간 퀀텀 거래 보증에 적용하기 위해 99.9%의 가용성을 유지한다고 가정한다). 이 SLA의 구체적인 내용은 다음과 같다.

---

[01] (역자주) 분위수: 자료 크기 순서에 따른 위치 값으로 통계 및 확률에서 분위수는 확률 분포의 범위를 동일한 확률을 가진 연속 구간으로 나누거나 동일한 방식으로 표본의 관측치를 나누는 컷 포인트이다. 일반적인 분위수에는 사 분위수, 십 분위수, 백 분위수와 같은 특수한 이름을 갖고 있다.

이 서비스는 매일 전체 분의 99.9%(1,440분 중 1,439분)의 요청을 받을 수 있다. 가용성은 매분 측정되며 시도된 트랜잭션의 최소 99.9%를 서비스하면 달성된다. 만일 통제 범위 내의 시스템 장애 때문에 시도된 트랜잭션을 측정할 수 없다면 해당 분을 사용할 수 없는 것으로 간주한다.

이 모든 것은 균형을 잡는 행동일 뿐이며 SLA 기술이다. 비록 SLA를 달성하는 것이 더 어렵지만 달성하지 못했을 때 "수요일에 SLA를 위반했다."라고 말하는 대신에 "8분 동안 SLA를 위반했다."라고 진술하는 것이 좋다. 하루 전체를 장애라고 하면 비즈니스에도 안 좋고 직원들의 의욕을 저하시킬 수 있기 때문이다. SLA는 소비자에게 신뢰를 주는 많은 일을 하지만 직원이 놀라운 서비스를 제공하도록 격려하는 역할도 있다는 것을 잊지 말아야 한다.

수년 동안 우리는 "다운(down)"을 "사용할 수 없다"라는 뜻이 아님을 확실히 했다. "느리면 새로운 다운이다"라는 정의가 매우 적절하다. 대부분의 우수한 SLA는 특정 임곗값보다 느린 서비스 시간을 "위반"으로 간주한다. 앞에서 살펴본 모든 방법 또한 적용할 수 있지만 "너무 느리다."라고 알려주는 두 번째 파라미터가 필요하다.

SLO 평가

무엇이든 개선하는 데 있어서 첫 번째이자 가장 중요한 규칙은 측정할 수 없는 것은 개선할 수 없다는 것이다. 게다가 개선해도 무엇이 개선됐는지 보여줄 수 없다.

앞에서 SLO를 어떻게 설계해야 하는지 전제에 대해 얘기했다. 필자가 SLO 설계의 "퀀텀 대비 분위수" 진영에 있는 이유는 SLO 설계가 위험의 균형을 상당히 잘 잡아주고 있기 때문이다. 문제는 SLO를 정량적으로 설정하는 방법이다. SLA는 데이터 중심 측정이며 SLO의 형성 과정은 객관적인 데이터 기반의 업무여야 한다. 너무 자주 백분위수와 임곗값을 즉흥적으로 결정하고 공격적으로 관리되는 것을 보는데 이런 접근 방식은 근본적으로 결함이 있다.

실제로 SLO를 이해하고 안내하려면 상당한 양의 수학(대부분 통계)지식이 필요하다. SLO에 대해 소개하면서 관련 수학을 자세히 다루기에는 양이 너무 방대해서 SLO에 필요한 부분만 간결하게 정리해서 공유하고자 한다.

먼저 확률밀도함수(PDF, Probability Density Function)는 측정값을 입력으로 받고 주어진 샘플이 해당 측정값을 출력으로 가질 확률을 취하는 함수이다. 시스템 내 "함수"는 실제 경험에 따른 측정 집합이다. 예를 들어, 특정 앤드 포인트에 대해 10만 API 요청에 대한 지연 시간을 받고 해당 지연 시간 데이터를 사용하면 "다음 요청의 지연 시간이 1.2ms일 확률은 얼마인가?"에 대한 예측에 답할 수 있다. 그리고 PDF는 이 질문에 답한다.

PDF와 긴밀한 함수는 누적 밀도 함수(CDF, Cumulative Density Function)이다. CDF는 단순히 PDF의 적분(따라서 "누적"이라고도 함)이다. CDF는 "다음 요청의 지연 시간이 1.2ms보다 작거나 높을 확률은 얼마인가?"라는 질문에 답할 수 있다.

확률의 범위는 0(없음)에서 1(확실)까지이며 백분율의 범위는 0%에서 100%인 것과 같다. 백분위수(예: 99번째 백분위수)는 백분율을 용어로 사용한다. "분위수"도 동일한 말이지만 확률을 용어로 사용한다. 99번째 백분위수는 0.99 분위수 또는 q(0.99)이다. 분위수 함수는 단순히 CDF에 대한 매핑일 뿐이다. 즉, CDF의 일반적인 그래프 표현에서 y축 값이 0.99일 때 x축 값이 무엇인지 묻는다. 그림 21-1에서 q(0.99)(또는 99번째 백분위수)는 약 270이다.

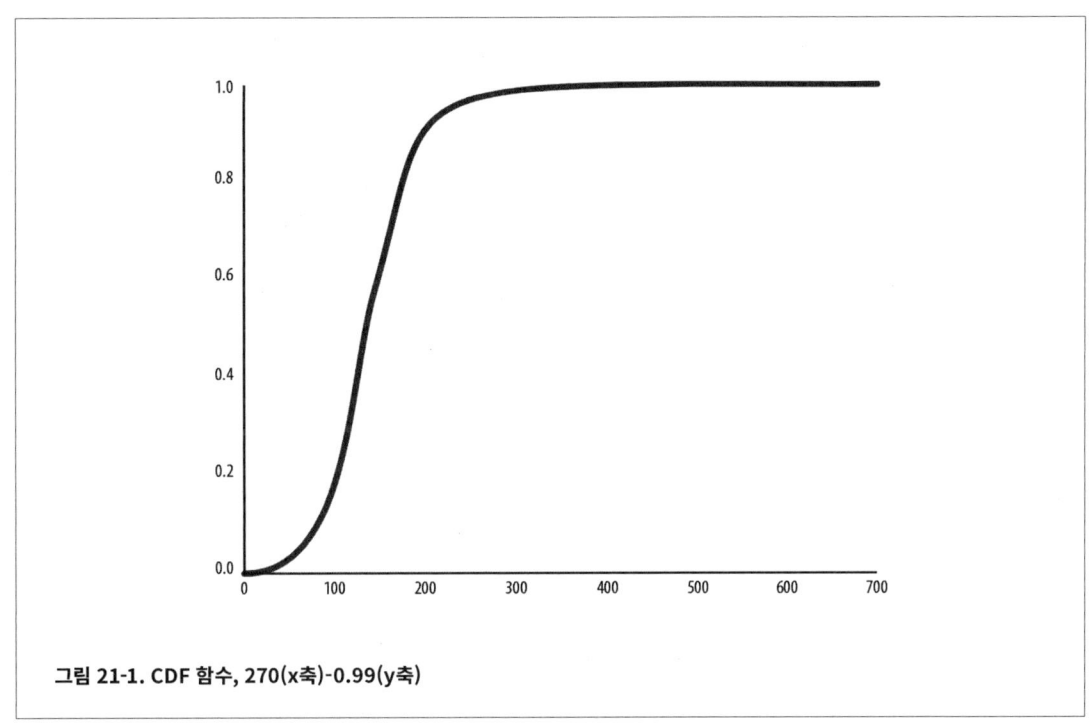

그림 21-1. CDF 함수, 270(x축)-0.99(y축)

종종 컴퓨팅 영역에서 정규(normal) 분포, 파레토(Pareto) 분포, 감마(gamma) 분포를 듣게 된다. 이들은 측정 샘플이 어떻게 분포될 것으로 예상하는지 나타내는 다양한 수학적 모델이다(그림 21-2). 냉정한 사실은 실제 컴퓨터 시스템에서는 정규 분포를 거의 볼 수 없다는 것이다. 즉, 정규 분포는 잘 나타나지 않는다. 때로는 감마 분포처럼 보이지만 컴퓨터와 컴퓨터 시스템은 복잡한 시스템이고 대부분의 표본 분포는 실제로 서로 다른 분포 모델로 구성되어 있다. 더 중요한 것은 모델이 종종 실제 데이터보다 덜 중요한 것이 많다는 사실이다.

하드 디스크 에러율과 파일 크기 모델은 파레토 분포로 나타낸다. 필자의 경험으론 느린 것은 다운으로 간주되기 때문에 대부분의 SLA와 SLO는 예상 지연 시간 측면에서 설명된다. 외부 SLA 정의와 내부 SLO 성과를 평가하려면 서비스의 지연 시간을 추적한다.

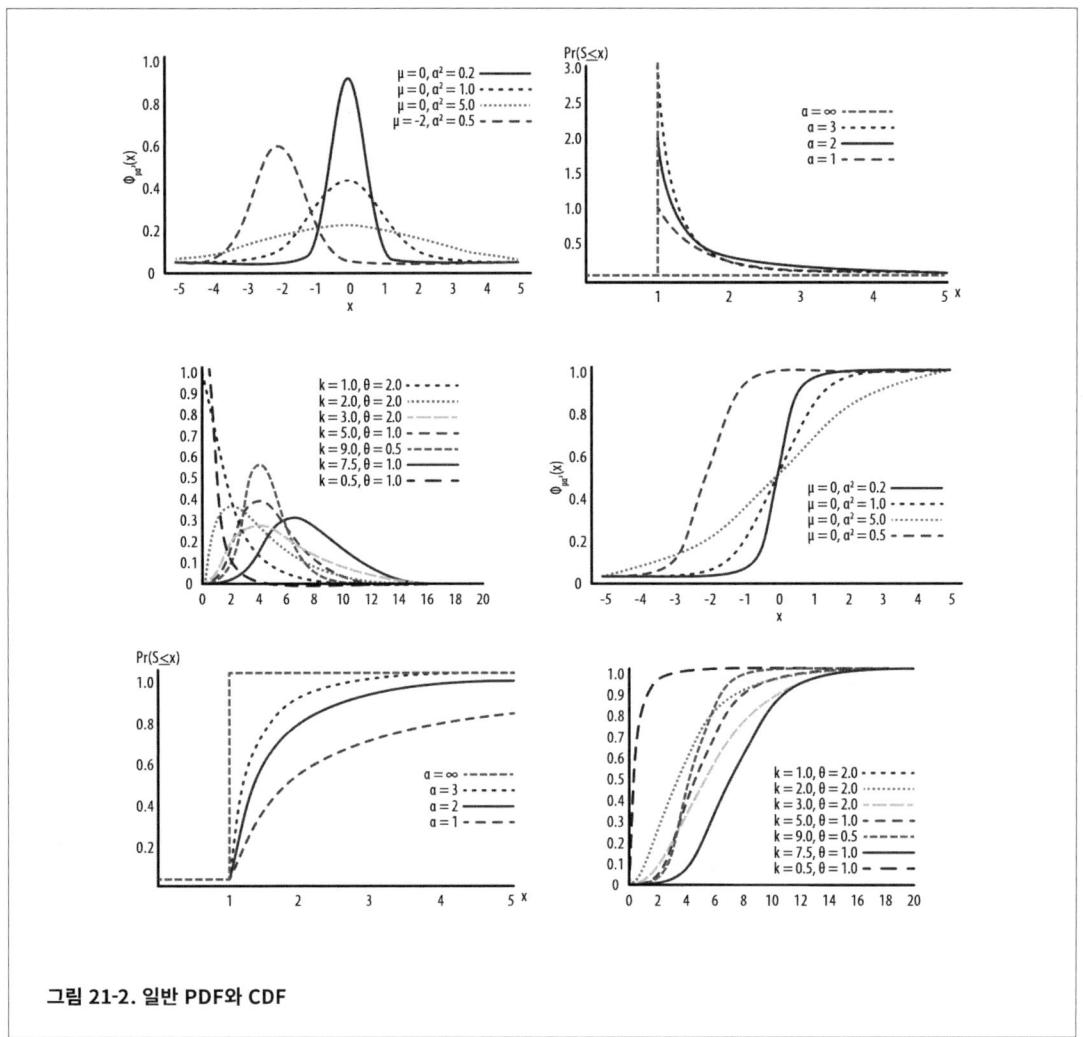

그림 21-2. 일반 PDF와 CDF

히스토그램

히스토그램을 사용하면 데이터 분포의 중요한 측면(예: 분위수 근사치 등)을 조회할 수 있는 기능을 유지하면서 정보상으로 상당히 작은 공간에 밀집 정보(대기 시간 측정)를 압축할 수 있다.

그림 21-3은 실제 사용 대비 대기 시간의 초를 나타낸다. x축은 초 단위이므로 1.0m와 1.5m의 측정 단위는 밀리 단위(이 경우 밀리초)이다. y축은 표본의 수를 나타낸다. 각 막대의 영역은 x축에 있는 막대의 경계로 표시된 지연 시간 범위에 속하는 표본 집합을 나타낸다. x축 바로 아래에는 q(0) (최솟값), q(0.25) (25번째 백분위수), q(0.5) (중앙값), q(0.75) (75번째 백분위수)를 의미하는 "분위수 범위"를 가리키는 마크가 보인다. 그래프에서는 q(1) (최댓값)은 표시되지 않는데 분포의 긴 꼬리의 대부분이 그래프의 뷰 포트의 오른쪽 바깥쪽에 있기 때문이다. 수직선(m)은 분포의 산술평균(mean)을 나타낸다. 그림 21-3의 그래프는 강력하다. 그래프 안에 정보가 풍부하게 들어있다.

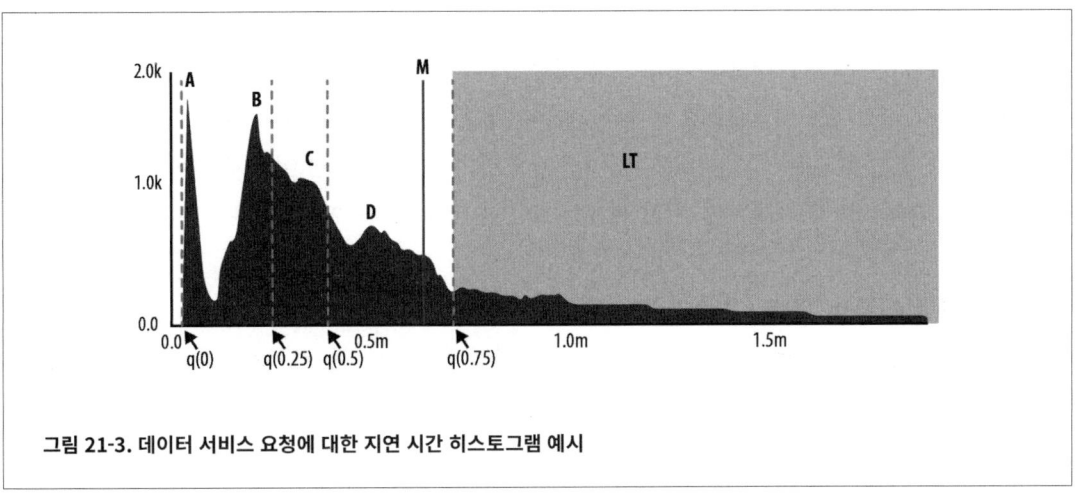

그림 21-3. 데이터 서비스 요청에 대한 지연 시간 히스토그램 예시

히스토그램의 왼쪽에 모드(mode)라고 불리는 튀는 값 (A)가 보이는데 이는 빠르게 서비스 중인 서비스(아마도 대부분 캐시에서 온 것)를 나타낸다. 그리고 (A)와 1.0ms 사이의 분포는 여러 작동 (B), (C), (D)로 구성되어 있다. 감마 분포 PDF 그래프를 참조하면 그림 21-3은 여러 그래프가 겹쳐진 것처럼 보인다. 히스토그램에서 가장 큰 샘플은 실제로 분포의 롱테일(LT)의 일부에서 오른쪽으로 "그래프에서 벗어남"이지만 밑의 파란색 네모는 p(100) ("최대")가 120ms임을 나타낸다. 대부분의 실제 분포는 복잡한 누적 패턴과 롱테일 분포를 갖고 있다. 따라서 최솟값, 최댓값, 중앙값, 평균값 등과 같은 간단한 통계 집계를 만들어도 기초 데이터를 제대로 이해하지 못할 수 있다는 것을 아는 것이 중요하다.

그림 21-3의 히스토그램(여러 빈(bin)**02**과 샘플 개수)을 그리는 데 사용되는 데이터가 주어지면 임의의 분위수(및 역분위수)와 모달 카디널리티(modal cardinality, 히스토그램의 범프(bump)**03** 개수)와 같은 워크로드의 고급 특성을 추정할 수 있다. 그래프에 "스파이크" 또는 혹이 있다는 것은 이미지의 상당 부분이 해당 범위의 톤을 가지고 있음을 의미한다. 따라서, 히스토그램의 왼쪽에 뾰족하거나 혹이 있다면, 그림자가 많다는 것을 의미하고 오른쪽에 혹이 있다면 하이라이트가 많다는 뜻이다. 이것이 기본이다!

일반적인 99번째 백분위수 SLA 외에도 이 서비스에 대한 75% 이상의 요청이 1ms 이내에 완료되어야 한다고 내부 SLO에 명시하도록 설정할 수 있다. 그림 21-3의 히스토그램은 1초 동안 샘플로 구성되며 6만 개 이상의 샘플을 포함한다. 시간이 지나면서 데이터의 "평균"(경우에 따라 수직 표시줄)을 보고 있다면 1초 분량의 데이터 시각화는 시스템 작동의 실체에 대한 경종을 울릴 수 있어야 한다.

---

02 (역자주) 빈: 히스토그램의 한 구간을 의미
03 (역자주) 범프: 차트에 표현되는 요소로서 혹처럼 튀어 오르는 그림자 구간을 의미

서비스 중심으로 SLO를 설정할 때 더 어려운 문제는 "얼마나 빨리 많은 소비자에게 SLO를 적용해야 하는가?"이다. 그래프는 서비스의 성공 여부를 알려줘야 하지만 이 질문에 대한 답은 서비스 중심의 비즈니스 및 기술 요건에서 얻어야 한다. 특별한 경우 이것은 데이터 검색 API이며, 데이터 검색 API가 제공하는 애플리케이션은 요청의 99%가 5ms 이내에 서비스가 되어야 한다고 정했다. 데이터를 분석해보면 이전 예시는 q(0.99) = 3.37ms이다. 와우!

백분위수가 떨어지는 지점 (그리고 히스토그램 단계적 상승)

q(0.99)가 3.37ms임을 알게 된 만큼 현재 99% 지점에서 5ms는 SLO를 "초과"하고 있다. 하지만 가장자리에서 얼마나 가까워졌는지 라는 물음에 백분위수는 통찰력을 제공하지 못한다. 99번째 백분위수 샘플보다 느린 첫 번째 샘플은 10ms이거나(더 되거나) 5ms 미만일 수 있지만 정확히 알지 못한다. 또한 소비자의 몇 퍼센트가 "느린" 성능으로 고통받고 있는지 알지 못한다.

히스토그램의 장점을 보자. 작업할 전체 히스토그램을 보면 실제로 5ms 계약을 초과한 샘플 수를 정확히 셀 수 있다. 시각화만으로는 알 수 없지만 기본 데이터를 사용하면 모집단의 99.4597%가 5ms보다 빠르며 0.5403%는 불만족스러운 서비스라는 것(약 60,000개의 샘플 중 324개)을 계산으로 알 수 있다. 게다가 이런 "특이" 샘플의 분포와 무분별한 확장을 조사할 수 있다. 이는 평균, 최소, 최대, 심지어 임의의 백분위수를 뛰어넘는 힘이다. 시스템이 어떻게 작동하는지 측정하지 않고서 시스템의 실제 작동을 이해하고 시스템을 제대로 안다고 할 수 없다. 히스토그램은 아마도 여러분의 무기고에서 가장 강력한 무기일 것이다.

분할 사고(Parting Thought): SLO를 뒤집어 보기

업계에서 SLO를 설정하는 백분위수와 성능을 모두 임의로 선택했다. 물론 백분위수와 성능을 선택한 더 많은 이유가 있을 것이다. q(0.99)에서 측정할 때 소비자의 1%가 표준 이하의 경험을 하는 것이 정말 만족스러울까? 이는 팀과 조직 전체에서 생각하고 토론해야 할 문제이다.

또한 특정 분위수를 측정하고 해당 분위수에서 지연 시간을 중심으로 SLO를 구성하는 것이 표준으로 사용되고 있다. 나는 IT 업계가 이 문제를 뒤집어서 보기를 바란다. 1%의 소비자가 원하는 성능보다 더 안 좋아질 수 있다는 점에서 무엇이 특별한가? 1%보다 0.5% 또는 0.1%이면 더 좋을까? 물론 그럴 것이다. 여러분의 성과 기준에서 특별히 고려할 부분은 무엇인가? 데이터 검색 예시의 5ms인가? (또는 사용자 경험 사례에서 250ms인가?) 더 빨랐다면 더 좋았을까? 이에 대한 답은 너무 뻔하지 않은가? 누가 알아챘을까?

이런 점을 고려할 때 q(0.99) 지연 시간에 SLO를 설정하는 대신 5ms 정도에 SLO를 설정하고 역분위수(q-1(5ms))를 분석해야 한다. 이 함수의 출력값은 훨씬 더 통찰력이 있다. 첫 번째는 99번째 백분위수가 얼마나 느린지 알려 주는 반면 두 번째 백분율은 모집단의 몇 퍼센트가 성과 목표를 충족하거나 초과하는지 나타낸다.

궁극적으로 SLO는 여러분과 여러분의 잠재 소비자가 서비스가 어떻게 작동하기를 기대하는지에 일치해야 한다. SLO는 단순히 여러분과 여러분 팀이 이러한 기대치를 표현하는 정확한 방법이다. SLO는 여러분과 여러분의 서비스 및 사용자에 맞춰야 한다. 따라서 다른 조직의 SLO는 여러분에게 전혀 의미가 없을 것이다.

SLO의 또 다른 장점은 SLO를 초과 달성해서 위험을 감수하는 예산에 정량적으로 영향을 미친다는 것이다. SLO 위반에 가까워지면 위험 다이얼을 낮춘다. 여유 공간이 많으면 위험 다이얼을 높이고 더 빠르게 움직이거나 혁신하는 방식이다.

더 읽을거리

- 나비디, 윌리엄(Navidi, William)의 『엔지니어와 과학자의 통계(Statistics for Engineers and Scientists)』 뉴욕에 있는 맥그로힐 에듀케이션(McGraw-Hill Education), 2009
- 리몬첼리, 토마스(Limoncelli, Thomas A) 등의 『클라우드 시스템 관리 사례: 웹 서비스를 위한 데브옵스 및 SRE 프랙티스 볼륨 2(The Practice of Cloud System Administration: DevOps and SRE Practices for Web Services Vol. 2)』, 보스턴에 있는 애디슨 웨슬리 프로페셔널(Addison-Wesley Professional), 2014

테오 슈로스나글 Theo Schlossnagle

20년 동안 확장 가능한 시스템을 설계, 코딩, 구축, 운영을 수행해왔다. 테오는 연쇄 창업가(serial entrepreneur)로서 4개의 회사를 설립했고 수많은 엔지니어링 조직의 성장을 도왔다. 테오는 소프트웨어, 운영, 기술 산업과 관련된 많은 큰 이슈들에 대해 약 200번의 연설을 했다.

CHAPTER 22

성공적인 문화를 가진 SRE

링크드인LinkedIn의 커트 안데르센Kurt Andersen

사이트 신뢰성 엔지니어링 프랙티스 또는 사이트 신뢰성 엔지니어가 논의한 전문적인 우려 사항을 많이 본 사람은 알겠지만 핵심 개념은 장애 또는 장애의 결과, 장애 발생 건수가 감소하거나 컴퓨팅 시스템의 장애를 방지하는 것이라고 단정할 수 있다. 그러나 SRE는 장애를 예방하거나 줄이는 것보다 비즈니스 성공 달성에 집중할 때 가장 생산적이고 가치가 있다. 피터 센게(Peter Senge)는 사이트 신뢰성 엔지니어링을 특징 짓는 주요 정신적 변화를 포착했다.

> 일부를 보는 것에서 전체를 보는 것으로, 현재에 대한 반응에서 미래를 창조하는 것으로 정신의 변화[01]

SRE의 장점을 최대한 활용하려면 팀이 비즈니스 측정 지표(서비스 수준)를 성공적으로 제공해 사용자를 만족시키는 방향으로 전체 서비스 생명주기를 최적화하는 문화적 변화가 필요하다. SRE 팀과 프랙티스는 SRE를 지원하는 기업 문화에 일치할 때 가장 효과적이다. 회사에서 SRE 업무에 대한 가치를 극대화하려면 아이디어 구상에서 폐기까지 서비스 수명주기 전반에 걸쳐 사이트 신뢰성을 사전 대책을 고려하는 것이 중요하다.

SRE는 어디에서 왔을까?

SRE의 개념은 2003년부터 2007년까지 하나로 통합되었는데 "데브옵스(DevOps)" 운동이 등장한 시기와 거의 같다. SRE와 데브옵스 둘 다 실리콘 밸리의 기술 분야에서 시작되었다. 데브옵스는 소프트웨어를 안정적으로 프로덕션에 배포하는 방법에 대한 첨단 기술에 중점을 두었다면, SRE의 혁신자였던 여러 기업은 오늘날 CI(Continuous Integration, 지속적 통합)와 CD(Continuous Deployment, 지속적 배포)로 분류되는 효율적인 프랙티스를 갖고 있었다.

---

[01] 피터 센게(Peter M. Senge)의 『제5 법칙: 학습 단체의 예술과 프랙티스』, 런던에 소재한 랜덤 하우스(Random House), 1990년 출간

이미 CI, CD 기반이 마련되어 있어서 SRE 실무 프랙티스는 향후 가치 사슬에서 고객 이익에 초점을 맞출 수 있었다.

> SRE는 소프트웨어 및 시스템 엔지니어링의 교차점에서 작업해 고도로 안정적이고 확장 가능한 분산 시스템 엔지니어링과 이런 프랙티스를 지원하는 데 필요한 모든 분야를 유지한다.[02]

주어진 프로덕트나 서비스로 이루어진 완전한 생태계는 서비스를 제공하는 데 사용되는 유틸리티(장비, 소프트웨어, 제3자 기능)는 물론 데이터, 기타 서비스 제공자, 사용자, 모든 컴포넌트 사이의 복잡한 상호 작용도 포함한다. 이 모든 컴포넌트는 성숙한 SRE 팀의 범위 내에 있다. SRE는 임수 완수를 위해 켈빈(Kelvin) 경의 격언에 따라 추측이나 본능보다는 측정과 데이터에 의존한다.

> 여러분이 말하는 것을 측정할 수 있고 숫자로 표현할 수 있다면 그것을 '알고 있다'라고 말할 수 있다. 반대로 측정도 안 되고 숫자로 나타낼 수 없다면 내가 알고 있는 지식은 변변찮고 만족할 수 없는 부류의 것이라 할 수 있다. 좋게 봐서 지식의 시작일 수 있지만 측정이 안 되는 '그것'은 과학의 단계로 발전하지 못했음을 의미하고 있다.[03]

SRE는 측정으로 전통적인 KPI(Key Performance Indicator, 핵심 성과 지표)인 서비스 수준 목표(Service-Level Objective, SLO)와 선행 지표 준수를 정의하고 추적한다. "사용자 만족도"를 직접 측정하는 것은 여전히 어렵지만 SRE는 궁극적으로 다른 개발 팀이 사용자에게 지속적으로 향상된 서비스를 내놓을 수 있도록 적절한 수준의 신뢰성과 대응성을 제공해 사용자 만족도와 비즈니스 성공을 높이는 데 중점을 두고 있다.

팀 오라일리(Tim O'Reilly)가 SRE에 대해 쓴 『WTF? 미래는 무엇이고 왜 우리에게 달려있는가?(WTF? What's the Future and Why It's Up to Us)』 책을 보면 "핵심은 소프트웨어 개발과 운영 사이의 단절을 '디버깅'하고 새로운 결합 조직을 만드는 것이다."라는 내용이 있다. 이것은 특히 시스템이 복잡한 영역에서 분산형 아키텍처와 같이 복잡하고 혼란스러운 영역으로 이동할 때 발생하는 복잡성에 관한 것이다. SRE는 복잡한 분산 시스템을 디버깅할 수 있는 특징이 있다. 그러나 SRE의 디버깅은 전체 시스템 집계에 초점을 맞추는 동시에 시스템의 작동과 성능에 영향을 미치는 중요한 세부 사항을 확대할 수 있다. 가장 효과적인 작업은 버그가 소프트웨어 수명주기 초기에 가장 저렴하게 수정되는 것(https://bit.ly/3mqmxHH)처럼 사이트 신뢰성 고려사항이 초기 개념 단계부터 서비스로 엔지니어링 되어야 한다.

---

02 팀 오라일리(Tim O'Reilly)의 『WTF? 미래가 무엇이고 왜 우리에게 달려있는가?' (WTF? What's the Future and Why It's Up to Us)』, (https://www.oreilly.com/tim/wtf-book.html)
03 Popular Lectures, Vol. I (https://bit.ly/3nMFX94)의 "전기 측정 단위(Electrical Units of Measurement)"에 대한 강의, 73페이지

SRE 프랙티스는 "클라우드에서 생겨난" 서비스 제공 모델을 지원하는 그룹 및 조직에서 시작됐다. 해당 조직의 생명선은 온라인 가치의 지속적인 전달이다. 온라인 서비스에서 사용자는 중간의 소프트웨어 배포 메커니즘을 통해 시간과 장소가 아니라 시스템의 변경 때문에 거의 실시간으로 영향을 받는다. 사이트가 "가동" 상태가 아닌데 적절한 응답 속도로 제대로 작동한다 해도 이는 신뢰할 수 없으며 최종 사용자에게 의도된 이점을 제공하지 않는 것이다. 이렇게 즉각적이거나 거의 실시간 피드백 루프는 전체 사이트 수준에서 신뢰성 엔지니어링을 용이하게 한다. 대규모 시스템 작동에 대한 신속한 피드백은 단위 테스트 및 TDD(Test-Driven Design)가 소프트웨어 엔지니어링을 변경하고 개별 소프트웨어의 신뢰성을 높이는 방법과 유사하다. 신뢰성 엔지니어링은 안전 분야를 포괄하는 광범위한 분야다. 컴퓨팅 기능에 적용되는 SRE 프랙티스는 클라우드 기반 문화를 넘어 중요한 내부 IT 서비스, 은행, 제조, 기타 부문을 포함해 다른 문맥에서 구현될 수 있도록 확장되고 있다.

SRE의 핵심 가치

사이트 신뢰성 프랙티스에 대한 네 가지 핵심 가치가 있다. 조직마다 표현이 약간 다르거나 상대적 순위가 다를 수 있지만 전문 분야의 시대정신이 널리 퍼져 있다. 핵심 가치를 근본적인 문화적 가치로 확립하지 않으면 SRE는 현재 알려진 방식으로는 존재할 수 없다. 책 『효율적인 데브옵스(Effective DevOps, 오라일리 2016)』에서 "규모에 맞는 협업, 친화성, 툴링 문화를 구축"의 중요성에 초점을 맞춘 것처럼 SRE는 기술과 프랙티스 이상의 것이다. 기술과 프랙티스는 핵심적인 문화적 가치에서 유기적으로 성장한다. 네 가지 핵심 가치는 다음과 같다.

- 사이트를 항상 작동 가능한 상태로 유지하기
- 개발 팀이 "올바른 일을 수행"할 수 있도록 권한 부여하고 분산된 의사 결정하기
- 엔지니어링 문제로 운영에 접근하기
- 약속, 측정, 이행을 통해 비즈니스 성공 달성하기

<u>사이트를 항상 작동 가능한 상태로 유지하기</u>

SRE 팀의 경우 사이트(또는 웹 사이트)를 "작동 가능한 상태로" 유지하는 것이 모든 일상 업무의 궁극적인 목표이다. "항상 작동 가능한 상태로 유지"라는 문구를 사용하지만 SRE 내에서 "사이트"라는 용어의 사용조차도 SRE 프랙티스의 기원을 떠올리게 한다. SRE 작업과 기술은 서비스, 네트워크, 내부 및 외부 대면 인프라, 프로덕트를 안정적으로 유지하기 위해 점점 더 많이 채택되고 있다. "소프트웨어가 세상을 먹어 치우고 있다."[04]와 함께 한 때 맞춤형 실리콘 영역이

---

[04] 마크 앤드리슨(Marc Andreessen)의 글 "소프트웨어가 세상을 먹어치우는 이유(Why Software Is Eating The World, https://on.wsj.com/3pVPZY7)", Andreessen Horowitz (https://bit.ly/3nIMHoI)에서 재발행

었던 기능이 올바른 소프트웨어로 보완된 수평 확장형 범용 하드웨어로 옮겨갔다. 이에 칩셋 설계나 고유한 하드웨어를 올바르게 배치하는 것보다 SRE 프랙티스가 더 중요해지고 있다. 이해를 돕기 위해 22장에서 "사이트"(또는 "웹 사이트")라는 용어를 계속 쓰겠지만 널리 포괄적인 의미로 읽어 주길 바란다. 그 어떤 것도 SRE 프랙티스의 가치를 HTTP 프로토콜로 제한하지 않는다.

"회색 장애: 클라우드 스케일 시스템의 아킬레스건"[05]에서 지적한 대로 최신 웹 사이트에서 "작동 중"이 의미하는 것에는 미묘한 차이가 많이 있을 수 있다. 분산 시스템은 2017년 5월 27일 영국 항공(British Airways) 사건[06]과 같은 치명적인 방법으로 장애가 발생했고, 일주일 후에 해당 장애에 대해 더 많은 주목을 받았다.[07] 그러나 일반적으로 신뢰성 엔지니어링으로 기대하는 영향은 "전면 장애"라기 보다는 "회색 장애" 또는 "일부 장애"라고 불리는 것이 좀 더 적절할 수 있다. SRE가 가능한 많은 기능을 유지하기 위해 사용하는 기술은 다음과 같다.

- 분리된 장애 도메인
- 이중화 시스템
- 부하 발생으로 인한 서비스의 점진적인 저하

분리된 장애 도메인

사이트가 모놀리식 코드 기반과 단일 백업 데이터베이스를 사용하여 구축된 경우, 단일 실패 지점 중 하나라도 운영이 중단되면 "전면 장애" 환경에 취약해진다. 이 시나리오에 대비하려면 사이트 신뢰성 프랙티스는 코드(마이크로서비스 아키텍처 사용 또는 여러 장애 도메인에 걸친 기능 분할 사용)와 기본 데이터 저장소를 나누어 중요한 컴포넌트의 장애가 모든 시스템을 중단시키지 않도록 한다. 이런 측면에서 SRE는 우수한 소프트웨어 엔지니어링 프랙티스를 "시스템" 또는 "매크로" 수준으로 확장하고 있다. 각 수준에서 유사한 원리가 적용되지만 사용 가능한 툴은 규모가 변경될 때마다 다르다.

신뢰성이 높은 시스템 설계에는 단일 장애 지점을 피하려 하는 지속적인 관심을 포함한다. 범용 하드웨어 전반에 걸쳐 수평적으로 확장된 서비스 사용은 "더 좋은 하드웨어"에 투자하는 것보다 경제적이다. 또한 보편화된 분산 시스템 원칙이 시스템의 적절한 실행을 위해 훨씬 더 중요해졌다. 아마도 이 원칙 중 가장 중요한 것은 과거의 단순한 환경에서 견고하다고 여긴 시스템에서 언제든지 장애가 발생할 수 있다는 분산 컴퓨팅의 장애(fallacies of distributed computing,

---

[05] 펭 황(Peng Huang), 추안싱 구오(Chuanxiong Guo), 리동 주(Lidong Zhou), 제이콥 로치(Jacob R. Lorch), 잉농 당(Yingnong Dang), 무랄리 친탈라파티(Murali Chintalapati), 란도프 야오(Randolph Yao)의 "회색 장애: 클라우드 스케일 시스템의 아킬레스건 (Gray Failure: The Achilles' Heel of Cloud-Scale Systems)" (https://bit.ly/2Y8Ya84)

[06] 주드 카라버스(Jude Karabus)의 "영국 항공의 '글로벌 IT 시스템 장애'는 '전력 급증' 때문에 발생(BA's 'global IT system failure' was due to 'power surge')" (https://bit.ly/3GOdmc8)

[07] 가레스 코필드(Gareth Corfield)의 "영국 항공의 IT 시스템 장애: 무정전 전원공급 시스템의 장애(BA IT systems failure: Uninterruptible Power Supply was interrupted)" (https://bit.ly/3ECN2zY)

https://en.wikipedia.org/wiki/Fallacies_of_distributed_computing)로부터 도출된 결론일 것이다. 작업 규모에 따라 또 다른 결과가 있다. 수억 또는 수십억 개의 이벤트를 처리할 때 "백만 분의 1"에만 영향을 미치는 문제가 고통스러울 정도로 빈번하다. 이런 환경에서는 예상되는 장애로 인한 손실을 최소화하는 것이 중요한 설계 지침이 된다. 따라서 목표는 장애 회피에서 장애 영향을 줄이거나 억제하는 방향으로 전환해야 한다.

이중화 시스템

하드웨어 팀이 여러 대체 이중화를 사용하는 방법을 배우는 것처럼 사이트 신뢰성 팀도 사이트를 보호하기 위해 이중화를 사용한다. 이중화는 DNS(Domain Name System)부터 CDN(Content Delivery Network)까지 스택의 모든 수준에서 여러 위치, 여러 데이터 복제본, 여러 서비스 공급자를 통해 이루어질 수 있다.

점진적인 저하

모든 기능이 똑같이 중요한 것은 아니며 모든 사용자가 동일한 기능을 사용할 필요는 없다. 신뢰성 높은 성능 엔지니어링의 일환으로 환경 내에 문제가 있을 때 덜 중요한 기능보다 가장 중요한 기능이 계속 작동하도록 경제 및 비즈니스 트레이드오프가 이루어질 수 있다. 이상적으로는 "희생적" 시스템과 "필수적" 시스템 사이에 잘 설계된 경계가 존재하며, 개발 팀과 지속해서 협력하여 장애 조건에서 일어나는 적절한 성능 저하가 현장 신뢰성 팀의 핵심 기능임을 확실히 한다.

팀이 "올바른 행동"을 할 수 있도록 지원

SRE는 분산 시스템 운영에 초점을 두고 있으며 SRE 최고의 팀은 사이트에서 관리하는 것과 동일하게 스트레스와 장애 모드에서 영향받을 수 있다는 것을 잘 알고 있다. 이에 SRE는 자신의 팀과 효율성을 확장하는 "성배(Holy Grail)"를 얻기 위해 개발자를 교육하고 올바른 정보를 찾으며 올바른 선택을 할 수 있도록 노력해야 한다. 즉, "사이트가 항상 작동할 수 있게 하는 것"의 중요성을 이해하고 소유권을 공유하도록 가르쳐야 한다. 이 중 많은 부분은 공유 가치를 구축하고 SRE 팀이 이익을 가져오는 지속적인 가치를 보여줄 때 발생한다.

회사가 성장해 업무가 명확한 개발 팀이 정착되면 일반적으로 개별 개발 팀은 전체 사이트의 기능 제공을 담당하는 "스택"의 일부분만 집중한다. 그래서 나머지 스택은 중요하지 않은 것으로 여겨지는데 SRE의 경우 사이트의 개별 부분을 서로 맞추고 상호 작용하는 방식을 추구하는 것이 기본이다. 중요한 관점은 개별 팀이 설계 결정을 내릴 때 SRE가 책임을 이행한다.

SRE는 개발 팀이 개별(마이크로서비스) 사이트의 성능을 측정하고 시각화를 위한 툴링 프레임워크를 제공해서 개발 팀이 웹 사이트의 개별적인 부분의 좋은 부분과 나쁜 부분을 모두 식별할 수 있도록 돕는다. SRE는 관찰 가능성과 측정을 통한 모니터링 및 경고를 쉽게 하는 적절한 툴을 사용해서 개발자가 실시간 사용자 상호 작용을 통해 코드가 어떻게 수행되는지 거의 실시간으로 대응할 수 있게 한다. 이를 통해 웹 사이트 또는 서비스의 각 컴포넌트의 비즈니스 목표에 신속하게 달성할 수 있다.

개발 팀이 여러 컴포넌트의 영향도를 전반적으로 이해하는 능력을 갖는 것은 SRE 팀의 효율성을 높이기 위한 기본 소양이다. 또한 적대적인 분위기에서 우리 아니면 그들이란 식으로 문제를 "벽 너머로 던지지" 않게 스스로 책임지는 문화를 세워가야 한다.

엔지니어링 문제로 운영에 접근하기

브라이언 코엔(Brian Koen)은 엔지니어링을 다음과 같이 설명한다.

> 잘 이해되지 않거나 불확실한 상황에서는 이용 가능한 자원 내에서 최선의 변화를 일으키는 전략을 추구한다.[08]

사이트 신뢰성은 온라인 서비스 전달을 통해 실시간에 가까운 피드백 루프는 물론 최신 분산 시스템의 복잡성을 처리하는 역할을 하면서 주목받고 있다. 컴퓨터 시스템과 네트워크는 "일곱 난쟁이"의 범위 내에서 전체 기계 그룹을 포괄하는 명명 패턴에 반영되어 개인이 이해할 수 있는 영역에 있었다. 전체 시스템은 애완동물 정도 취급하던 규모에서 소 떼(https://bit.ly/3wfRDVE)처럼 관리해야 할 규모로 성장했고, 사람들은 시스템을 닭, 오리, 거위와 같은 가금류 (https://bit.ly/3BP1P8J)처럼 훨씬 더 일시적인(또는 찍어내는) 것으로 간주되어야 한다고 제안한다. 여러모로 복잡하기만 한 것이 아니라 복잡하게 만드는 단계의 변화를 겪어왔다.

복잡한 분산 시스템은 반드시 직관적인 방식으로 응답할 필요는 없으며 내부 상태 정보를 노출하고 시스템을 제어하는 툴이 필요하다. 또한 복잡한 시스템은 비선형 효과가 특징이므로 더 큰 시스템을 안전하게 관리하려면 툴링이 중요하다. 팀은 툴링을 통해서만 지속해서 확장하는 시스템과 소프트웨어 서비스를 처리할 수 있다. 이러한 시스템과 서비스는 갑자기 생겨나기도 하고 짧은 시간 동안 작업을 수행한 후 다른 서비스가 실행되는 동안 다시 사라질 수 있다.

데이브 쯔위백(Dave Zwieback)이 『비난을 넘어서서(Beyond Blame, 오라일리 출간) (https://bit.ly/3GOngdY)』에서 밝혔듯이 환경이 끊임없이 변화하고 성장하는 이유는 "엔지니어링"이 전략적으로 사이트 신뢰성을 지향하는 핵심 분야이기 때문이다.

> 복잡한 모든 시스템에서 발생하는 기능과 오작동의 모든 근본 원인은 일시성(즉, 모든 시스템은 본질적으로 변경 가능하다는 사실)이 있기 때문이다. 근본 원인을 알았다면 원인 찾기에 몰두하는 대신 특정 상황이 나타날 수 있는 많은 조건을 찾는다. 모든 조건을 알 수 없고, 다 고칠 수 없다는 것을 인정해야 한다.

---

[08] 존 알스포(John Allspaw) 인용 '빌리 코엔(Koen, Billy V)의 엔지니어링 방법 정의(Definition of the Engineering Method) (https://bit.ly/3nRcwCW)의 5페이지. 워싱턴 DC에 있는 미국 엔지니어링 교육 학회(American Society for Engineering Education), 1985년 발간

마티아스 라펠트(Mathias Lafeldt)는 "단일 근본 원인"을 다음과 같이 요약했다. "모든 사물은 끊임없이 변화하는 상태의 복합적인 개체이다."[09]

SRE 팀의 일상 업무는 SRE 팀이 지원하는 시스템의 일정하지 않은 특성에 대처하는 것이다. 즉, 특정 시점의 스냅샷은 상호 연결된 서비스의 견고한 네트워크라는 인상을 주지만 실제는 서비스 간의 관계와 서비스의 구성 자체가 끊임없이 변화하는 컴포넌트의 매트릭스라는 것이다. 이런 변경 가능한 컴포넌트를 제대로 이해하는 것은 인간-컴퓨터 인터페이스와 기본 물리학 특성 때문에 더욱 모호해진다.[10]

스텔라 보고서(Stella Report, https://snafucatchers.github.io/)와 그림 28-1(스텔라 보고서와 마찬가지)처럼 사람들은 시스템 정보를 보여주기 위해 만든 툴에 크게 의존한다. 팀 오라일리(Tim O'Reilly)는 이를 "미래는 어떻게 될 것인가?"에서 다음과 같이 설명하고 있다.

> 실리콘 밸리의 모든 회사는 서로 연결된 두 시스템, 즉 사용자에게 서비스를 제공하는 애플리케이션과 서비스를 지속적으로 개선하기 위해 애플리케이션에서 무슨 일이 발생하고 있는지 이해하는데 사용하는 숨겨져 있는 애플리케이션을 구축한다.

"숨겨진 애플리케이션" 또는 최신 멘탈 모델을 필요로 하는 모든 사람이 쉽게 사용할 수 있도록 툴을 구축하고 유지 보수하는 것은 SRE 팀의 중요한 기능이다.

약속을 통한 비즈니스 성공 달성 (서비스 수준)

SRE에 들어가는 모든 작업은 근본적인 핵심 비즈니스 목표와 비즈니스 목표 달성을 위해 이바지하는 것을 지향해야 한다. 그렇지 않으면 SRE가 하는 일은 헛수고가 될 것이다. 피터 드러커(Peter Drucker)[11]가 다음과 같은 글을 썼다.

> 절대로 하지 말아야 할 일을 매우 효율적으로 하는 것만큼 쓸모없는 일은 분명히 없다.[12]

성공적인 SRE 팀은 비즈니스 지표를 이해하고 사이트 성능과 사용 패턴을 모두 지원하면서 이러한 목표를 달성하는 데 도움이 될 수 있는 측정 프레임워크를 개발했다. 사이트 신뢰성

---

09 마티아스 라펠트(Mathias Lafeldt)의 "일시성: 단일 근본 원인 (Impermanence: The Single Root Cause)" (https://bit.ly/3wuWmTv), Medium.com에 게재된 글, 2017년
10 그레이스 호퍼(Grace Hopper)가 나노초를 설명 (https://www.youtube.com/watch?v=9eyFDBPk4Yw)하는 유튜브 내용을 보기 바란다. 시스템을 보는 관점이 실제 실행에서 제거된 시간을 가늠하기 어려울 때 나노초당 여러 커맨드를 실행하는 컴퓨터 시스템의 상태를 이해한다는 것은 시스템을 이해하는 데 필요한 인터페이스는 기껏해야 "유리를 통해 어둡게 보는 것"임을 의미한다.
11 (역자주) 피터 드러커: 많은 사람은 피터 드러커를 현대 경영학을 발명한 이로 칭송한다. 지식사회라는 새로운 개념을 제시하여 큰 반향을 일으킨 이래 지금까지 30여 권에 이르는 경영 관련 저서를 통해 미래의 조직과 사회의 변화된 모습, 그에 대한 전략과 비전을 제시해 왔다. 그의 저서들은 모두 20여 개국의 언어로 번역되어 세계적인 베스트셀러가 되었으며, 경영의 교과서로 학교와 산업 현장에서 널리 필독 되고 있다. '하버드 비즈니스 리뷰,' '월스트리트 저널' 등의 잡지에 정기적으로 논문을 기고했으며 뉴욕 대학 경영학부 교수를 거쳐 캘리포니아주 클레어몬트 경영대학원 사회과학부 석좌 교수로 재직하였다. 출처: https://bit.ly/3C2Q0vO)
12 피터 드러커(Drucker, Peter F)의 '하버드 비즈니스 리뷰'(Harvard Business Review)에 기고한 "비즈니스 효율성 관리(Managing for Business Effectiveness)"(https://bit.ly/3EIGUWN), 1963년

엔지니어링(https://sre.google/sre-book/table-of-contents/)에서 다루는 SLA(Service-Level Agreement), 목표, 지표에 대한 처리는 아마도 이런 주제의 표준 프레임워크일 것이다. 서비스 수준의 가장 중요한 측면(계약, 목표, 지표)은 개발 팀과 해당 SRE 간의 목표 조정과 관련이 있다. 사이트 컴포넌트와 사용자 요구가 계속 진화하더라도 이 두 그룹이 함께 목표를 정의하고 달성하면서 매일 성능을 유지하는 것이 목표이다.

벤치마크를 설정하고 이를 달성하기 위한 계획을 개발하고 실행하는 것은 SRE를 소프트웨어 엔지니어링의 다른 관련 분야와 구별되게 한다. 또한 "소망은 계획이 아니다."라는 주문 메커니즘이기도 하다.

서비스 수준 실행의 진행

서비스 수준 모니터링의 초기 노력은 계약상의 의무 때문에 시작되는 경우가 많다. 해당 수준에서 SLA는 외부적으로 추진되며 종종 가용성이나 일부 컴포넌트의 응답 시간과 같은 총 측정값만 반영한다. 모니터링은 종종 매우 선택적이거나 임시적이며 정기적으로 계약상 의무 보고서를 생성하고 재정적 불이익을 피하기 위한 동기가 부여된다. 이 서비스 실행 수준에서는 서비스 실행에 대한 통찰력이나 이해는 목표가 되지 않는다.

조직이 성장할수록 임시 SLA 보고의 한계와 보고서를 지원하는 필수 측정을 이해하기 시작할 것이다. 또한 서비스의 실행 특성에 대한 통찰력을 제공하기 시작하도록 내부의 동기가 부여된 SLO를 개발할 것이다. 일반적으로 이러한 SLO는 비교적 쉽게 결정하거나 측정할 수 있는 매개변수를 측정하는 것으로 시작한다.

상위레벨의 조직은 SLO의 달성을 위협할만한 위험에 능동적으로 대응할 수 있는 "선도 지표" 또는 KPI를 개발한다. 더 나아가 서비스 운영 방식과 관련 서비스(내부 또는 외부)에 대해 더 미묘한 차이도 이해할 수 있도록 할 것이다. 시간이 지남에 따라 KPI와 SLO에 대한 지속적인 모니터링은 경험이 많은 SRE 팀이 지원하는 서비스와 전체 스택에서 인접한 서비스와의 관계에 대해 교육적인 추론을 할 수 있는 기준을 제공할 것이다.

SRE의 중요 기능 활성화

서비스 수준의 달성은 일종의 문화적 신조로 뿌리내리지 못한 조직에는 어려운 과제이다. 서비스 수준 지향 프랙티스를 지원하기 위해 SRE 팀은 다음과 같은 5가지 방식의 프랙티스를 수행한다.

- 모니터링, 지표, KPI
- 장애 관리, 긴급 대응
- 용량 계획, 수요 예측
- 성능 분석, 최적화
- 프로비저닝, 변경 관리, 속도

모니터링, 지표, KPI

앞서 언급한 대로 측정할 수 없다는 것은 '뭔가'를 제대로 안다고 할 수 없음을 의미한다. 비즈니스에 정말로 중요한 사항(KPI)과 관련된 강력한 지표를 갖고 있는 것은 서비스 수준 정의를 개발하고 이러한 정의를 보고할 때 매우 중요하다.

지표는 SRE 프랙티스에서 매우 중요한 기본 정보이다. 따라서 종종 SRE 팀은 더 큰 개발 커뮤니티가 일관되고 안정적인 방법으로 코드를 측정하도록 허용하고 장려하는 회사나 조직에서 핵심 지원 기술에 관여한다.

또한 SRE는 자신의 코드를 관리하는 소프트웨어 엔지니어나 높은 수준의 개요가 필요한 비즈니스 임원을 비롯해 누구든 데이터에 접근하고 사용할 수 있도록 하는 지표 파이프라인의 "내보내기" 쪽에도 관여한다.

장애 관리, 긴급 대응

SRE 팀은 여러 소프트웨어 개발 팀의 교차점에 있고 여러 서비스 간의 시스템 수준 역학관계에 관여하는 경우가 많아서 장애에 대응할 때 핵심적인 임무를 수행한다. 종종 또한 장애 커맨드와 조정 역할에 관여해 SRE의 시스템 전반에 걸친 관점은 장애 후 포스트모템에서 효과적인 학습의 핵심이 될 수 있다. SRE 팀은 링크드인(LinkedIn) SRE 조직의 오픈 소스인 아이리스(Iris)와 온콜(Oncall) 툴(https://bit.ly/3wHf1f4)과 같이 엔지니어링 팀 내에서 효과적인 온콜 기능을 보장하고 블로그 게시물(https://bit.ly/3HkKNU8)에 자세히 설명된 대로 코드 커밋 책임을 분산된 응답 프레임워크에 통합하는 메타 작업을 도울 수 있다.

용량 계획, 수요 예측

대개의 소프트웨어 엔지니어는 소프트웨어가 실제로 어떻게 사용되고 있는지 정확히 알지 못할 것이다. 설계된 사용량과 실제 사용량 간의 차이는 서비스를 구현하고 유지하기 위한 자본 지출(CapEx)과 운영 비용(OpEx)에 큰 영향과 영향을 미칠 수 있다. SRE 팀은 시스템이 제공할 수 있는 것(용량), 비즈니스 논의 및 지속적인 설계 전략으로 연결될 때 향후 사용량 요구 사항(수요)을 측정, 보고, 예측할 수 있는 좋은 위치에 있다.

성능 분석, 최적화

용량을 이해하는 데 있어 중요한 부분은 서비스(또는 서비스군)가 스트레스(일명 장애) 유무와 관계없이 어떻게 수행되는지 아는 것이다. SRE는 측정 프레임워크를 이용할 수 있어서 개발 파트너가 서비스의 성능을 모두 합쳐 특성화하고 시스템 수준의 관점을 사용해 용량이나 성능을 향상할 수 있는 최적화를 제안하도록 준비가 잘 되어있다.

프로비저닝, 변경 관리, 속도

조직마다 하드웨어와 서비스를 프로비저닝하고 환경 변화를 관리하는 접근 방식은 다양하다. SRE 팀은 설정된 서비스 수준의 범위 내에서 성능을 유지하면서 가능한 변경 속도를 극대화하고 자동화를 개선해서 핵심 역할을 한다. 이는 때때로 SRE 팀이 CI/CD 프레임워크와 파이프라인을 설정하거나 강화하는 것을 돕거나 자동화 툴링 아이디어를 "래킹(racking)과 스태킹(stacking)[13]"에 적용하거나 웨어하우스 및 기타 물류 엔티티를 안정적으로 운영하는 것을 의미한다.

프로비저닝에서 마찬가지로 중요한 컴포넌트는 더는 사용하지 않는 서비스를 디프로비저닝(deprovisioning)[14]하는 것이다. 안타깝게도 아무도 서비스의 폐기 계획을 세우는 것을 좋아하지 않는다. 그래서 기능과 서비스 전체를 볼 줄 아는 SRE 팀은 종종 "워킹 데드(walking dead)" 즉 효과적인 엔지니어링 지원 없이 비즈니스 이익에 기여하지 않고 자원을 소비하는 좀비 서비스를 제거하는 일을 추진해야 하는 사람들이다.

SRE 실행 단계

많은 조직은 서비스의 전체 수명주기에 걸쳐 실용적인 SRE 프랙티스를 달성하는 데 필요한 문화적 변화를 구현한다. 이때 3~4개의 주요 단계[15]를 거치는데 가치 사슬의 반응 말단에서 서비스 수명주기의 이전 단계로 되돌아가는 과정을 따른다. 이런 과정에서 SRE 팀은 더 효율적으로 일하게 되고 SRE 팀과 협업하는 개발 팀과의 상호 작용 품질이 향상되어 개발 팀의 참여를 요구하고 더 원하게 된다.

1단계: 장애 대응/반응

1단계, 팀은 반응하는 것으로 시작한다. 너무 많은 변동, 엄청난 복잡성, 예상치 못한 방식으로 이어지는 뜻밖의 상호 작용은 다시는 좋아질 수 없을 거라는 느낌을 주며 혼란스러운 상황은 "엔지니어링"을 적용할 수 있다는 희망마저 흐릿하게 한다.

장애 대응/반응 단계에서 팀들은 각 위기에 대처고자 애쓰는 것 말고는 딱히 다른 방법이 없다. 동시에 어찌할 수 없는 상황에서 이른바 지렛대의 힘을 얻기 위해 충분한 집중과 에너지를 확보하려고 노력한다. 모든 팀이 관리 가능한 수준으로 시스템의 버그를 해결하는 데 집중할 수 있게 기능 개발을 중단하는 것은 장애를 일부 완화하는 하나의 전략이다. 또한 팀은 구조 자동화를 돕는 추가 인력을 보충해 수작업 부담을 줄일 수 있다.

---

13 (역자주) 래킹과 스태킹: 하드웨어 설치, 소프트웨어 패치, 기타 IT 관련 작업을 의미한다.
14 (역자주) 디프로비저닝: 프로비저닝의 반대말로 할당, 배치, 배포에 대한 철회 및 삭제를 의미한다.
15 자세한 내용은 벤자민 퍼거슨(Benjamin Purgason)의 프레젠테이션 "사이트 신뢰성 엔지니어링의 진화(The Evolution of Site Reliability Engineering)(https://bit.ly/3kxoKQn)"를 참조한다.

이 단계는 이중적인 관점이 필요하므로 팀이 극복하기 가장 어려운 단계일 수 있다. 한편으로는 "계속 업무를 진행"하는 동시에 자동화를 통해 새로운 접근 방식을 구축해 가까운 팀들을 활성화한다. 이것은 반응성이 높아서 1단계의 새로운 서비스를 릴리즈하는 과정에서 늦게 참여한 SRE 팀도 반영한다. 아마도 SRE 팀은 이미 프로덕션에 배포되었지만 성능이 안 좋은 서비스의 혼란 상태를 정리하기 위해 불려갔을 것이다. 또한 아마도 서비스는 설계 단계에서 신뢰성을 고려하지 않은 서비스가 프로덕션에 배포되려고 할 수도 있다.

2단계: 게이트키퍼(Gatekeeper)

위기 주도 접근 방식이 사그라들고 팀이 노동으로 최악의 대응 능력치를 넘어서면 진화하는 팀의 게이트키핑 단계가 발생할 수 있다. 이 단계에서 SRE 팀의 유혹은 프로덕션 시스템에 대한 변경 사항이 통과되고 승인되어야 하는 지점에서 자신을 스스로 게이트키퍼로 설정하는 것이다. 소규모의 팀이라면 대부분 기능적일 수 있지만 규모가 커지면 SRE 팀이 방해되면 안 된다는 압력을 받게 되며 개발 팀이 올바른 작업을 수행할 수 있도록 권한을 부여하고 통제권을 넘겨야 한다. 이 단계의 SRE는 통로가 아니라 파트너가 되어야 한다.

또한 게이트키핑 단계는 프로세스 초기에 개발 파트너와 참여하기 원하는 팀의 일반적인 다음 단계이며 "출시 제어", "운영 준비 검토", "프로덕션 릴리즈" 프로세스로 구현될 수 있다. 이런 용어가 개발 팀과의 긍정적인 관계를 반영할 수 있지만 대부분은 팀을 우리 대 그들 간의 투쟁으로 팀을 구속하려는 게이트키퍼의 사고방식을 보여준다. SRE가 자신을 게이트키퍼 역할이라고 하면 기능 팀과 대립하는 위치에 있게 돼서 기능 팀은 기능에 대한 우선순위에 방해가 될 때마다 프로세스(및 SRE)를 회피하도록 장려한다.

3단계: 지원자/파트너

『SRE 책』 3장(https://bit.ly/2Z8QKCh)에서 설명한 에러 예산 개념과 같이 공동으로 합의된 프레임워크를 구축해서 SRE는 서비스 릴리즈의 중요한 경로로부터 팀을 제거하고 객관적인 측정에 의존할 수 있다. 모든 사람이 이 조치를 준수하는 데 동의하면 SRE 팀은 개발자 팀과 협력해 합의된 목표를 달성하고 계속해서 달성할 수 있도록 지원한다. 또한 SRE 팀은 사용자 경험에 영향을 미치는 중요한 것은 모두 포함할 수 있게 측정된 서비스 컴포넌트가 지속해서 발전하도록 관여한다.

파트너 단계에서는 SRE 팀이 곧 운영할 서비스의 개발 프로세스에 훨씬 더 일찍 관여할 것으로 본다. SRE 팀은 설계 단계부터 아키텍처의 신뢰성을 고려하고 가능성이 매우 높거나 비용이 많이 드는 장애에 대한 방어 체계를 구축하는 일을 한다.

SRE 팀의 참여는 개발 팀에 덜 적대적이어서 팀으로서 훨씬 더 효과적이다. 초기에 진행되는 설계 변경은 구현 비용이 덜 들고 장기적으로 가치를 제공하기 때문이다. SRE팀은 자신의 작업이 파트너에게 가치를 준다고 느끼기 때문에 구성원들 사이에서 훨씬 더 높은 만족도를 보인다.

SRE 팀은 "정리 구성원" 또는 게이트키퍼의 장애물로 간주하기보다 중요한 기여자가 되고 있으며 이 가치를 인식한 개발 팀은 SRE 서비스를 추구한다.

4단계: 촉매 작용

SRE가 조직 내에서 운영되는 마지막 단계는 촉매 역할이다. 화학 촉매제가 반응을 촉진하고 이런 반응에 대해 프로세스를 안내하듯이 SRE는 개발 팀과 협의하는 역할을 하여 모든 서비스 컴포넌트의 전체 수명주기에 비즈니스 목표, 신뢰성, 보안을 거듭 유념하게 한다. SRE는 모든 서비스의 시작부터 종료에 종료 단계까지 참여해야 하며 코드가 전체 사이트 또는 서비스 기능에 미치는 영향을 개발 팀이 잘 알 수 있도록 적절한 툴을 제공하는 데 도움을 줘야 한다.

이 수준에서 SRE 문화를 적용하면 SRE 팀에 가장 큰 영향을 발휘해서 인력을 추가하는 것 이상으로 영향력을 확장할 수 있다. 개발 팀과의 SRE 참여는 일반적으로 경영진이 강요하는 1단계 및 2단계의 "압박" 모델이 아니라 개발 팀이 SRE 입력을 찾는 "함께 하기" 모델로 완전히 전환되었다. 자발적이고 가치에 기반한 참여로 모든 참가자는 더 즐겁고 회사는 대내외적으로 이익의 선순환을 지속한다.

성공의 세부 사항에 집중

각 서비스와 전체 사이트에 총체적인 관점을 갖는 것, 기능을 지향하는 개발자 대부분이 당연하게 여기는 네트워킹과 시스템 성능 측면을 이해하는 것, 사이트와 사이트 서비스에 대한 위험을 완화하고자 계획을 개발하고 실행하는 것 모두 SRE의 일상적인 측면이다. 가장 효과적인 SRE는 성장 마인드를 상징한다.[16]

SRE는 관련 비즈니스 지표의 더 큰 그림의 맥락에서 문제를 분석할 수 있어야 한다. 암벽 등반가나 산악인처럼 극복하기 어려워 보이는 이슈를 차근차근 풀어나가야 한다. 또한 SRE는 대부분의 개발 팀이 알고 싶지 않거나 염려하고 싶지 않아서 발생하는 모든 누출된 추상화(leaky abstraction)[17]의 가장자리 주변의 이슈를 발견하고 해결할 수 있어야 한다. 즉, 이 모든 것은 사이트 신뢰성을 추구하기 위함이며 사이트가 "작동 중"이 아니면 다른 것은 그다지 중요하지 않다. 온라인 서비스의 비즈니스 성공은 사용자에게 즐거움을 주는 기능이 있으면서 기본적으로 효율적인 작업과 엔지니어링 관심과 기술을 통한 사이트 신뢰성에 대한 지속적으로 중점을 두고 있는가에 달려있다.

---

16 캐롤 드웩(Carol Dweck)이 저술한 『마인드셋: '성공의 심리학』, 뉴욕에 있는 발란타인 북스(Ballantine Books), https://bit.ly/3DNIiHG, 2007
  한국에서는 2017년 스몰빅라이프 출판사에서 『마인드셋 스탠퍼드 인간 성장 프로젝트 | 원하는 것을 이루는 태도의 힘』이란 이름으로 출간됨, https://bit.ly/3p37rlu
17 (역자주) 누출된 추상화: 기본 구현의 세부 사항 및 제한 사항을 바람직하지 않게 누출시키는 추상화 https://bit.ly/3HNgO7v

더 읽을거리

1. 빅터 치어쿠(Victor Chircu)의 "분산 시스템에 대한 8가지 에러에 대한 이해(Understanding the 8 fallacies of Distributed Systems)", https://bit.ly/3HNhLN7

2. TEDxNorrkoping에서 캐롤 드웩(Carol Dweck)이 발표한 영상 "당신이 개선할 수 있다고 믿는 힘(The power of believing that you can improve)", https://bit.ly/3reh4X8

3. 하버드 비즈니스 리뷰(Harvard Business Review)에 기고한 캐롤 드웩(Carol Dweck)이 발표한 "성장 마인드셋이 실제로 의미하는 것은 무엇인가(What Having a 'Growth Mindset' Actually Means)", https://bit.ly/3HJKgLL

4. 피터 센게(Peter M. Senge)의 『제5 법칙: 학습 단체의 예술과 프랙티스(The Fifth Discipline. The Art and Practice of the Learning Organization)』 (https://amzn.to/3oYJn9y), 런던에 있는 랜덤 하우스(Random House), 1990년 출간. 한국에서는 에이지21 출판사에서 『학습하는 조직: 오래도록 살아남는 기업에는 어떤 특징이 있는가』라는 이름으로 출간 (https://bit.ly/3HMpR8K)

5. 스탠리 맥크리스탈(Stanley McChrystal)의 『팀의 팀: 복잡한 세상을 위한 새로운 참여 규칙(Team of Teams: New Rules of Engagement for a Complex World)』 (https://amzn.to/310Dkck), 뉴욕에 있는 펭귄 그룹(Penguin Group), 2015년 출간, 한국에서는 이노다임북스 출판사에서 『팀 오브 팀스(Team of Teams)』라는 이름으로 출간 (https://bit.ly/3r2iwfn)

6. EUROCONTROL(유럽 전체를 담당하는 항공 교통관제를 위해 1963년에 설립된 국제기구)에서 발행한 "Safety-I에서 Safety-II: 백서(From Safety-I to Safety-II: A White Paper)" (https://bit.ly/3DSjY7u)에서 'SRE를 장애보다 성공에 초점을 맞춘 것으로 보는 패러다임 변화는 항공 교통 관리와 같은 다른 산업의 변화와 유사하다.'라고 설명, 2013년

커트 안데르센 Kurt Andersen

나사(NASA)의 제트 추진 연구소(Jet Propulsion Laboratory)에서 빅 데이터를 다루는 일을 했다. 이후 1990년대 초반부터 펄(PERL) 언어의 DBD/DBI 스펙 문서를 주도했고 현재는 다양한 IETF 표준을 연구하고 있다. 커트는 현재 링크드인(LinkedIn)에서 프로덕트 SRE 팀의 수석 개인 기여자로 일하고 있으며 메시징, 맬웨어, 모바일 안티오버스 작업 그룹(Messaging, Malware, and Mobile Anti-Abuse Working Group) (https://www.m3aawg.org/)의 프로그램 위원회 의장 중 한 명이다. 또한 커트는 M3AAWG, Velocity, SREcon, SANOG에서 신뢰성, 인증, 보안에 대해 강연했다.

CHAPTER 23

SRE 안티패턴

드롭박스Dropbox, Inc.의 블레이크 비셋Blake Bisset

사람의 두뇌는 위협을 피하기 위해 만들어지고 훈련되었다. 그래서 상대적인 위험을 가늠하는 것이 서툴 수 있지만,[01] 이제까지 보고 겪은 실패들과 비슷한 것을 각각 골라내는 일에는 탁월하다.[02] 현실을 직시하자. 장애는 재미있다![03] 또한 장애는 좋은 이야기가 된다(https://bit.ly/3HX6fyR). 여기서 해야 할 일보다 하지 말아야 할 일을 목록화하기가 더 쉽고 더 효과적일 수 있다.

그러나 "안티패턴(antipattern)"은 대개 평균적으로 얘기하는 "이번 한 번만 발생"하는 장애 이야기가 아니다. 단순히 한 번, 두 번이 아니라 계속해서 끔찍하게 잘못되는 것을 우리가 보는 것이다. 안티패턴은 매력적이고 논리적인 에러이다. 여러분이 찾는 시간보다 좀 더 짧은 시간에 성공하는 전략이 필요하다. 합리적인 것보다 더 일반적인 것은 상식인 것처럼 말이다.

이 책의 나머지 부분에서 여러분이 해야 할 일에 관한 예시를 볼 수 있을 것이다. 23장에서 말하는 내용은 "D'oh!"[04] 기술에 대한 방어" 용어집으로 생각하면 좋겠다. 아니면 필자와 현재의 많은 동료가 23장의 짧은 목록을 공유하기까지 겪은 실수와 시행착오를 상상하며 읽어도 좋을 것 같다. SRE는 완벽하지 않다. 23장에 소개된 실수 중 일부는 필자 역시 적어도 한 번 이상은 저지른 것이다. 그래서 23장의 제목이 안티패턴이다.

안티패턴 1: 사이트 신뢰성 운영

> 새로운 임무는 언제든 낡은 도구와 방법으로 완수할 수 없다.
>
> 사이트 신뢰성 운영(Site Reliability Operation): 문제에 대한 접근 방식을 본질적으로 변경하지 않고 수행할 것으로 기대되고 권한을 부여받은 운영 작업을 사이트 신뢰성으로 리브랜딩하는 프랙티스

사이트 신뢰성 운영은 이슈가 아니다. 사이트 신뢰성은 소프트웨어, 네트워크, 시스템 엔지니어링 분야이다. NOC(Network Operations Center, 네트워크 운영 센터)에 있는 기술자에게 깃허브(GitHub) 계정과 퍼블릭 클라우드 예산을 제공하고 일부 항목을 컨테이너로 옮기도록 지시

하고 마법 부리듯 SRE로 재배치하라고 할 수 없다.**05**

NOC는 시대에 뒤떨어진 생각의 결과물이다. 첫째는 어떤 대가를 치르더라도 이미 구축된 시스템을 계속 운영하는 것이 직업인 특정 사람들이 있다는 점이다. SRE는 이렇게 하지 않고, 사람의 개입이 적게 필요하고 실패 빈도가 적은 시스템을 구축하며 비상 장애 모드를 제거하기 위해 기존 시스템을 수정한다. SRE는 아기를 돌보는 사람이 아니다. 더욱이 장비에 피, 땀, 눈물, 윤활유나 다른 생물학적 제품을 먹이지 않는다.

SRE는 운영 작업을 수행하거나 문서로 만드는 것보다 더 좋은 시스템을 구축하는 데 시간의 절반 이상을 투자해야 한다. 즉, 엔지니어링을 수행해야 한다. 좋은 엔지니어링에는 흐름이 필요하다. 중단 환경에서 흐름은 소멸된다. 엔지니어링 수행으로 팀이 기술적 문제를 해결하는데 필요한 시간과 공간을 제공하면 규모, 속도, 범위가 늘어나더라도 모든 면에서 효율성을 높일 수 있다.

SRE 콘퍼런스에서 많은 사람이 SRE를 위해 구축한 NOC에 관해 얘기하는 것을 보면 NOC가 멋질뿐더러 SRE에게 영감을 준다는 것을 알 수 있다. 이 중에 최고는 여러분을 세계 아니 적어도 비즈니스의 운명을 어깨에 짊어진 영웅처럼 느끼게 해준다. 그러나 영웅 문화는 이 자체로 안티패턴이다. 충분히 납득할 만큼 NOC가 진화했지만 SRE는 NOC에서 작용하지 않는다.

때로는 모든 사람이 동일한 물리적 공간에서 문제를 해결하도록 작업한다고 해서 통신 대역폭을 능가할 수 없다. 어떤 작업을 수행하기 위해 사용되는 툴이 특정 방에 묶여 있으면 안 되며 해당 작업과 사람들 또한 묶여 있으면 안 된다.

NOC는 개방형 사무실 중 가장 개방적이어서 눈 깜짝할 때마다 산만함만 더해질 뿐 엔지니어링 작업에 전혀 도움이 안 된다. 그리고 데이터 중심이라고 자부심이 있는 IT업계의 엔지니어링 팀이 개방형 사무실에서 업무를 수행하면서 과학적인 증거 데이터가 증가하고 있는데도 이토록 데이터를 인식하지 못하는지 이해할 수 없다.**06**

24시간 연중무휴 운영 담당자가 장비에 더 가까이 있게 하려고 보물 같은 시간과 공간을 낭비하지 말아야 한다.

---

01 아마도 식물만큼 신뢰할 만한 것은 아닐 것이다. 하가이 시메시(Hagai Shemesh)와 알렉스 케이스링크(Alex Kacelnik)가 작성한 글(https://nyti.ms/3r6Jz9m)과 함께 제공되는 위험 분석 협회(Society for Risk Analysis)의 문서 링크 (https://bit.ly/3HWDEd5)를 참고한다.

02 위험 인식에 대한 주제를 다룬 추천도서 목록을 보려면, 브루스 슈나이어(Bruce Schneier)의 보안 심리학(Psychology of Security(https://www.schneier.com/essays/archives/2008/01/the_psychology_of_se.html_) 참고 문헌을 확인한다.

03 나 말고 다른 사람이 낸 장애라서 재미있는 것이다. 아주 오래전 과거의 자신과 토끼 만화 주인공인 버즈 버니(Bugs Bunny)의 명언을 떠올리며 인정할 건 인정하자. "이런 바보 같으니!"

04 (역자주) D'oh!: D'oh!는 미국의 TV 애니메이션 '심슨 가족'의 주인공 '호머 심슨'의 유명한 캐치프레이즈이다. 바보 같은 일을 저지른 때나 안 좋은 일이 생겼을 때 그 자신에게 좋지 않은 일이 있을 때 사용하는 단어이다.

05 물론 할 수 있다. 마법 부분을 빼 보라. 그러나 기존 시스템보다 더 나은 결과를 얻지 못할 것이다. 또한, 사람들이 해당 접근 방식을 계속 사용하는 것을 막지 못할 것 같다. 그리고 이 모든 것은 마치 "미션 이행 완료!" 외치면 되는 양 리브랜딩 시점에서 끝날 것 같다. 실제로는 측정 가능한 신뢰성 변화에 영향을 미치지 않을 것이다.)

06 프로덕션성 감소(https://bit.ly/31cbSIT), 웰빙 감소(https://bit.ly/3E7SNWr), 아픈 날 증가(https://bit.ly/3dh21Eh), 2014 뉴요커 문학 논평(https://bit.ly/3FZgUXS), 일관된 공간에 있으면 능력이 향상된다(https://bbc.in/3riCKS2), 중단이 엔지니어 프로덕션성에 미치는 영향(https://bit.ly/3I1CwEV)

여기서 핵심은 어디서든 가능한 분산 공유와 협업이다. 실제로 당직 근무를 해야 하는 엔지니어는 자신의 집, 사무실 또는 잘 설계된 큐브[07]의 생산적인 안락함을 그대로 유지하면서 즉시 대응할 수 있다. 시계열(time series)의 특정 플롯(plot)에 대한 링크를 공유하려면 해당 링크에 관해 관심이 있는 모든 사람이 트래픽의 시작 및 종료 시간, 해결 등 같은 필터를 사용해 동일한 플롯을 볼 수 있는 채팅이나 장애 대응 툴에 게시할 수 있어야 한다.

이상적으로 해당 툴링은 정적 그래프나 스크린샷이 아닌 실시간 데이터를 공유해야 한다. 따라서 실시간 데이터에 대한 출발점으로 사용해 이론에 대해 이상하다고 여겨지거나 원인으로 제시되는 모든 것에 대한 불일치 또는 대체할 이유를 파헤치고 찾아내야 한다. 이런 실시간 링크에서 발생하는 모든 일시 데이터는 추후에도 사용할 수 있도록 체크박스/플래그 타입 작업으로 보존할 수 있어야 한다.

토론하기 위해 NOC나 구식 전쟁실에서처럼 공유 모니터에 토론할 내용을 올리는 것은 좋지 않다. 협업과 공유를 유지하면서 정보를 직접 조작할 수 있는 똑똑한 사람과 손이 많아지면 문제를 더 빠르고 일관되게 해결할 수 있다. 그리고 엔지니어를 NOC에서 해방시키면 실제 엔지니어링 작업을 수행하는 능력이 향상될 것이다.

안티패턴 2: 스크린을 응시하는 사람

에러를 발견할 때까지 기다려야 한다면 이미 패배한 것이다.

스크린을 응시하는 사람: 특정 데이터 정보가 비정상적이거나 여러 데이터셋(Dataset)의 조합이 문제이거나 특정 조건이 알려진 에러 또는 임곗값, 상관관계 엔진, 속도 측정 지표, 구조화된 로그 파서 및 기타 툴링에 의존하지 않고 해당 조건을 감지하고 관련 인력만 분석할 수 있는 프랙티스이다.

또 다른 오래된 NOC 패러다임은 부분 집계이거나 상관관계가 있는 데이터를 보는 것이 잠재적인 문제가 너무 악화되기 전에 감지하고 대응할 수 있는 좋은 방법이라는 것이다. 물론 적절한 방법이긴 하지만 좋은 방법은 아니다. 기계를 사용하는 것이 대규모 데이터셋에서 패턴 찾는 데 훨씬 더 뛰어나기 때문에 가능하면 기계를 사용하도록 한다.

통계적으로 유효해도 사람이 이해할 방법으로 대량의 데이터를 모델링 하는 것은 여전히 어렵다. 많은 양의 데이터를 장기간에 걸쳐 소비하는 것은 말할 것도 없다. 끊임없이 진화하는 복잡한 시스템에 대한 감각을 얻으려는 혁신과 관심을 기울이지 마라. 기계는 구조화된 데이터를 소비하기 위해 많이 까다로운 사용자 경험(UX)은 필요하지 않다. 사람이 주로 이용하는 중요한 부분만 다듬는 것에 집중한다.

문제를 발견할 때(사람이 기계에 가치 있는 작업을 제공) 대응 내용을 문서로 만들고 조율하려고 그래프를 모니터링하고 서버에 경고 또는 티켓을 제공하는 등 수동적인 작업을 수행하는 대신에 데이터를 보고 문제가 발생할 때를 감지할 수 있는 시스템을 구축하자. SLO(서비스수준 목표)가 '4개의 9(99.99퍼센트)' 목표를 넘어서면서 장애 감지 및 대응을 충분히 신속하게 처리할 수 없으므로 미리 준비된 플레이북 대응 방식으로 특정 조건(가치 있는 일을 제공하는 기계)이 해결되지 않는다면 어떤 형태로든 자동 응답을 시도할 수 있는 시스템이 바람직하다.

좋은 엔지니어링 조건(NOC나 개방형 사무소가 아님)에서 시간 대부분을 엔지니어링 작업에 보내는 엔지니어는 신뢰할 수 있는 알림을 쉽게 받는 툴을 구축해야 한다. 또한 사람의 주의가 필요한 경우 즉시 알릴 수 있어야 하며 정보, 시스템 등에 신속히 접근할 수 있는 구축을 해야 한다.

안티패턴 3: 모의 장애 대응

> 눈은 공을 주시하고, 발은 네 구역에 두어라.
> 모의 장애 대응: 노력, 예비 사항, OSHT[08] 문제 해결, 수면 주기, 인지 한계, 엔지니어링 작업을 방해하는 해로운 영향에 대한 조정을 거의 고려하지 않고 모두 함께 장애 처리를 돕는 것

NOC 모델을 SRE 팀에게 넘기거나 생성되는 경고를 신중하게 다루지 않는 분산 시스템을 사용할 때 발생하는 여러 문제가 있다. 그중 하나는 경고의 범위를 신중하게 고려하지 않는 것은 사람의 자연스러운 기질이라는 것이다. 또는 쌓여가는 문제를 파헤치기 시작할 때는, 적어도 문제가 해결되기 전까지 내내 주의를 떼지 못하곤 한다.

이것은 엔지니어링 작업에 지장을 줄 뿐만 아니라 장애 대응과 관련된 매우 훌륭한 정책과 규율이 없다면 문제를 분석하고 해결할 수 있는 증가시킬 수 있다. 여러 사람이 동시에 여러 가설을 테스트한다고 할 때 누군가 문제의 해결책을 찾았다는 것을 깨닫지 못하게 하거나 문제의 원인을 추적하는 데 도움이 되는 증거를 숨기는 경우가 특히 그렇다.

이런 어려움을 아무리 훌륭한 조정으로 피한다고 해도 해결책이 없으면 팀은 문제가 계속되는 한 벗어날 수 없을 것이다. 문제에 대한 부담은 계속 쌓이고 앞장서서 효과적으로 대응한 사람들이 지치기 시작하면 이 상황을 관리할 수 있는 새로운 관점이나 변화를 기대하기는 더욱 어려워진다.

ICS(Incident Command System, 장애 커맨드 시스템)[09]는 이런 상황을 처리할 수 있는 좋은 절차적 프레임워크를 제공하며 기술 스택이나 작업 환경에 상관없이 유사한 것[10]을 배우고 구현하는 데 도움이 될 수 있다.

---

[07] 무엇이든 시각적 또는 청각적 분리가 없는 끝없는 테이블보다 낫고 큐브조차도 멋질 수 있다.(https://bit.ly/31cg1fq))

[08] 1. 상황을 관찰(Observe the situation) 2. 문제를 설명(State the problem) 3. 원인/해결책 가설(Hypothesize the cause/solution) 4. 솔루션 테스트(Test the solution) 각 앞글자를 모음.

[09] 장애 커맨드 시스템에 대한 위키백과 (https://bit.ly/3djswc2)

[10] Pagerduty의 장애 대응 "온콜 대응(https://response.pagerduty.com/)"과 폴 뉴슨(Paul Newson)의 "구글의 장애 관리(SRE 랜드에서의 모험, https://cloud.google.com/blog/products/gcp/incident-management-at-google-adventures-in-sre-land)"

그렇다 해도 비정상적인 상황에서 사람에게 의존하는 것이 문제 해결을 위한 최선의 선택이 아님은 우리는 모두 알고 있다. 옳은 일을 하기 위해 왜 매번 함께 일하는 사람들에게 부담을 주는가?

필요한 인력이 문제 관리에 완전히 참여할 수 있도록 탐지, 경고, 장애 관리 시스템을 구축하는 것과 동시에 필요할 때까지 다른 사람들의 관심과 에너지를 보호하고 보존할 수 있다. 조만간 여러분은 선견지명에 기뻐하게 될 것이다.

안티패턴 4: 근본 원인 = 휴먼 에러

선의를 가진 사람이 깨뜨릴 수 있는 것은 이미 깨진 것이다(https://bit.ly/3pq8zpK).
근본 원인 = 휴먼 에러(Human Error): 특정 시간에 이용할 수 있는 시스템을 최선을 다해 이해한 상태에서 주어진 어떤 작업으로 일어날 수 있는 결과이다. 여기서 잘못 내린 결론을 선의로 행동한 사람의 실패 탓으로 돌리거나 보다 일반적으로, 원치 않은 결과에 대한 분석을 하지 않고 단일 원인으로 축소하는 것을 말한다.

시스템에서 장애가 발생하면 해당 시스템에서 같은 방식으로 장애가 발생하는 가능성을 줄이려고 장애 발생 요인을 찾는 것은 옳고 당연한 일이다. 이렇듯 반복적인 장애를 방지하려는 열망은 해결할 수 있고 이해되는 원인을 식별하는데 아주 강력한 동기 부여가 된다. 이런 과정에서 의도하지 않은 결과를 초래했을 때 여러 복잡한 상태와 이유로 실패 원인 규명을 이제 그만 멈추고 싶어지는 것은 어쩌면 당연한 일이다.

멈춘다는 것은, 실패 원인 규명을 위한 조사 모드에서 이 정도면 "문제 해결"이라는 결론을 내려도 된다는 설득력이 생긴다. 이로써 폐쇄적인 마인드는 물론 미래의 문제로부터 보호받을 수 있을 거라는 생각까지 하게 된다.

또한 기계와 반대로 사람에게 내재된 기여 요인의 가능한 모든 사슬을 매핑하는 것은 객관적으로 더 어렵다. 사람이 작업했던 맥락(즉, 지식, 취한 정확한 행동, 업무 환경뿐 아니라 즉각적으로 관련이 있는 상호 작용 이외의 삶에서 가져온 수많은 입력 및 요인)은 무수히 많고 부정확하다. 이 때문에 오해의 소지가 있는 잘못된 데이터와 결론으로 최악의 상태로 만들어 낼 수 있다.[11]

장애의 "원인"이 하드웨어 결함인지 사람의 실수인지 판단하기 위해 수십 년 동안 계속되는 이원론적 설명에 대해 총체적으로 이를 악물고 주시하고 있다. 그러나 "순전히" 기계 결함이라고 해도 조사자에 의한 위임이나 누락 등 사람의 실수에서 비롯될 수 있다. 고착된 베어링이 제대로 윤활되지 않았거나, 제조 중에 너무 빨리 냉각되었거나, 너무 큰 힘이 가해져 떨어지거나, 덧붙여지거나 또는 더 자주 교체되지 못했거나 등등의 이유 때문일 수 있다.

---

11 나중에 인터뷰도 할 수 있다고 가정하면 심각한 사고가 항상 있는 것은 아니며 지난 수십 년간의 충격적인 증언은 실제로는 일어나지 않았다는 것이다. 아멜리아 테이트(Amelia Tait)의 "존재하지 않는 영화와 존재한다고 생각하는 레딧 사용자들(https://bit.ly/3rJAAev)", 아코위츠(Hal Arkowitz)와 스콧 릴리엔펠드(Scott O. Lilienfeld)의 "과학이 목격자의 진술에 의지하지 말라는 이유(https://bit.ly/3xWc6Qp)"를 참고

그리고 '사람'이 원인이라는 것에 대해서도 마찬가지다. 사람이 조치를 적절하게 수행하지 않았다면 이를 파악할 수 있는 장비 테스트가 있었거나 부품이나 시스템에 내장되었을 수 있는 더 큰 허용 오차가 있었을 것이다. 유지 보수 관리 실패를 치명적인 프로덕션 장애가 아니라 즉시 명백하고 복구 가능한 에러로 만들었다.

여기에 매혹적이지만 도움이 되지 않는 두 가지 경향이 있다. 첫 번째는 사람이나 하드웨어, 소프트웨어, 다른 특정 클래스의 에러에 대한 오해다. 결함이 발생하면 필연적으로 에러가 다시 발생할 수 있는 결함 시스템의 영향을 고려하기보다 장애 원인으로 잘못 인식하는 것이다.

두 번째는 장애 사후 분석이 실제로 "근본 원인"으로 축소될 수 있거나 축소되어야 한다는 개념이다. 포스트모템은 확인한 개별 증거를 찾는 것이 아니라 실패의 모든 측면에 대한 철저한 이해를 목표로 해야 한다.

이 "근본 원인"은 더는 진행하기 어렵거나 의심하는 단계가 이전에 경험한 상태와 일치해서 해결책을 찾았다는 확신으로 분석과 더 배우려는 것을 중단한 채 충분히 안다고 너무 자주 단정하는 지점이다.

근본 원인 대신에 장애에 기여한 원인을 생각해보자. 기여 원인은 관찰된 행동을 유발하는데 충분하지 않더라도 결국은 시스템 사용자가 인지할만한 장애 패턴에 이바지한다는 것이다. 분석을 진행하려면 놀랄만한 일이나 바람직하지 않고 많은 돌발 행동의 개별 조건을 가진 웹 시스템을 사용해야 한다. 이 모든 조건이 필요하지만 그중 여러 결과의 인과 관계 사슬에서 처음에 무너진 도미노로 되돌아가는 것이 문제 파악에 가장 중요하다.

기존 포스트모템 템플릿에는 근본 원인, 기여 요인 둘 다 여지를 두지만 흥미로운 점은 항상 기여하던 곳에서 나타난다는 것이다. 바로 이런 기여 요인에서 현재 조사 중인 결과에 직접 영향을 주는 가장 치명적인 결함이 아닐 수도 있지만 전체 조직의 시스템, 팀, 광범위한 시스템 그룹에 훨씬 더 심오하고 광범위한 영향을 미칠 수 있는 것을 찾게 된다.

그러니 원인 제공한 사람들 그만 미워하고 뿌리째 뽑지 말자. 원인 분석은 깃발 뺏기 게임이 아니다. 무슨 일이 발생했고 어디에서 "잘못되었는지" 알고 있다고 생각하더라도 시간을 내어 시스템 전체와 문제로 이어지는 모든 사건과 상황을 분석해야 한다.[12]

안티패턴 5: 무선 호출기 전달

온콜은 자신의 업무를 떠넘길 수 없다.

무선 호출기 전달: 시스템 장애에 대응하기 위한 궁극적인 책임을 장애가 발생한 시스템을 만들지 않은 팀이나 개인에게 할당하는 것이다.

---

[12] 이 분야에서 필자의 이론 대부분은 올스포(Allspaw)가 저술한 글과 많은 프로덕션 엔지니어가 소개한 학제 간 출처에서 비롯되었다. 이 주제에 대한 자세한 설명은 존 올스포(John Allspaw)의 "무한 방법(The Infinite Howes) (https://bit.ly/3DDlZ6y)"과 우드(Woods), 데커(Dekker), 쿡(Cook), 조하네슨(Johannesen), 사터(Sarter)의 "비하인드 휴먼 에러 (https://amzn.to/31l3ZLr)"를 참조한다.

오래된 운영 환경의 또 다른 문제는 많은 프로덕션 개발자가 구글 SRE가 서비스용 무선 호출기를 사용한다는 것을 잘 알기에 장애 대응이 프로덕션 개발자 팀의 업무가 아니라고 생각한다는 것이다. 즉, 프로덕션 팀이 할 필요 없이 SRE 팀에서 온콜 인원을 확보하면 된다고 생각한다.

다시 말하지만 신뢰성 엔지니어링은 속도 공학이다. 성능이 높은 조직의 주요 특징은 프로덕션 코드가 생성되는 순간부터 통합, 테스트, 배포를 통해 실제 환경에서 해당 프로덕션 코드 성능에 이르기까지 신속한 피드백 루프를 제공하는 것이다.

무선 호출기를 내려놓은 상태로 소프트웨어의 프로덕션 결과에서 소프트웨어 생성을 분리하면 피드백 주기는 완전히 중단된다. 또한 프로덕션 팀에서 빠른 학습과 반복을 막고 다음 프로덕트를 통제하려고 하면 관련 팀과 적대적인 관계로 설정된다. 이는 프로덕트 개발자가 만든 시스템의 작동이 기능을 제공할 만큼 강력한 인센티브가 없어서 작동을 제어할 수 있는 측정 권한을 얻는 것과 관련이 있다.

이것은 SRE 패러다임이 아니다. 온콜은 공동 책임이다. 프로덕트를 공유하는 방법에 여러 가지 패턴이 있다(SRE 활동 기간만큼 교대해서 근무하는 프로덕트 개발자, 프로덕트 개발 팀에서 보조 온콜, 프로덕트 개발 팀 및 SRE 모두 동일하게 온콜 교체). 그러나 SRE가 완전히 담당하는 기본 무선 호출기 대응의 경우 프로덕트 개발 팀은 순전히 배포 또는 인프라 이슈 결과뿐만 아니라 모든 문제를 신속하게 해결할 수 있도록 SRE 팀과 연락 가능한 프로덕트 온콜로 참여해야 한다.

모든 경우에서 항상 프로덕션 장애 처리의 궁극적인 책임은 서비스를 개발하는 팀에 있다. 만약 운영 부하가 너무 심해지면 프로덕트 팀은 부하 과잉(overflow)을 감수하고 기술 부채를 수정하거나 무선 호출기 지원을 완전히 못 받을 수도 있다.

부하가 SRE 팀의 용량을 초과해 선형적으로 증가하는 정상적인 서비스의 결과라면 SRE 팀을 성장시키는 것은 당연히 선택 사항이다. 어떤 사람들은 시스템에 기술적 부채로 과중한 부담을 겪고 있다는 것을 알면서도 다음과 진행되길 원할 것이다. "이제 몇 명만 더 인력 충원해서 문제들을 차례대로 해결해 가자."

그러나 좋은 프로덕트 개발자보다 좋은 SRE를 고용하기가 훨씬 어렵다. 따라서 조직을 회복할 수 없는 운영상의 곤경에 빠뜨리지 않고서야 바람직하지 않은 부담스러운 운영보다 우선해 누군가를 고용하는 것을 기대할 수 없다. 기술 부채를 극복하는 것은 거의 불가능하기 때문이다. 따라서 모든 자원을 활용해 신뢰성과 확장성을 평가하고 추구해야 한다. 즉, 기술적 자원이든 인적 자원이든 잘못된 확장 모델을 수용하지 않아야 한다.

안티패턴 6: 매직 스모크 점핑!

뛰어난 전사/영웅 문화는 정말 위험하다.

매직 스모크 점핑(Magic Smoke Jumping): 신중한 설계와 예방 계획보다 장애에 대응한 영웅의 가치를 높게 평가한다. 여기에는 행해지고 있는 세 가지 모든 상황이 포함되지만 대중의 찬사와 보상이 유일하거나 가장 많이 받는 IR 영웅이다.

이 관점에서 보면 우리 대부분은 유죄다. SRE는 스모크 점퍼(https://bit.ly/3oIUswr, 산불을 전문적으로 진압하는 미국의 소방대원)가 아니다. 또한 SRE는 시스템 특수부대(SEAL)가 아니다. 다만 SRE에 기술과 지식을 조합해야 하는 진귀한 소명이 있다. 그래서 장애 발생 시 잘 대처할 수 있도록 계속해서 준비하고 교육하고 있다.

그리고 조직 전체의 모든 사람, 특히 심지어 고위직과 여러분의 부서에 속하지 않은 비즈니스 또는 프로덕트 개발 담당자들이 여러분을 종말이 온 것만 같은 어려움에 대응한 사람으로 여기고 장애를 막기 위해 고생해준 것에 대해 지극히 감사할 때 큰 보람을 느낄 것이다. 또한 여러분은 멋진 패치와 업적 배지를 받고 "화재 진압"과 "전쟁 이야기"를 설득력 있게 말할 수 있다.

그러나 시스템 장애에 직면해서 기꺼이 대응한 사람들의 희생을 보상하고 칭찬하는 영웅 문화는 파괴적이다. 장애 대응 자체에 어려움이 있는데 우수한 엔지니어링과 예방이 아닌 운영 내구성에 대해 보상을 하면 잘못된 동기 부여를 제공하는 것이다. 더불어 직접적인 운영 중단, 엔지니어의 번아웃 증후군[13]으로 이어진다.

휴식을 취하지 않는 엔지니어는 비생산적인 엔지니어이며 전반적으로 일과 개인 생활에 장기간 또는 자주 쉬지 못한다면 더 불행한 사람들이다.

온콜로 일하는 것은 복잡한 서비스에서 장애가 어떻게 발생하는지 배우고 시스템의 구축된 특성을 지속해서 파악할 수 있는 좋은 방법이다. 그러나 온콜은 일주일에 한두 번이 아니라 분기에 한 두 번이어야 하며 마라톤과 같은 일정에서는 전력 질주를 요구하면 안 된다. 팀이 아주 소규모일 경우 팀 내에서나 외부에 위임할 수 있는 사람이 없기 때문이다.

온콜이 담당하는 장애 부하는 일, 수면, 가족, 기타 지속 가능한 삶을 위한 중요한 시간을 넘어서지 않도록 충분히 낮아야 한다. 평균 일주일에 두어 번 정도는 장애 부하가 낮아야 한다. 그리고 온콜 교대 조에서 다른 엔지니어로 교체해 과부하로 넘쳐나는 업무를 수습하거나 수면이나 일상의 삶을 사는데 필요한 시간을 내기 위해 다른 엔지니어의 도움 받는 것은 부끄러운 일이 아니다.

전체 장애와 같은 큰 문제를 알아서 떠맡아준 사람을 칭찬하는 대신 왜 필요에 따라 추가 인력으로 배치하지 않았는지, 시스템 설계가 가능한 단순하고, 신뢰할 수 있고, 복원력 있고, 자율적인지 점검해야 한다.

조직에서 사이트 신뢰성 기능을 담당하는 리더라면 회사 또는 기관 전체에서 지속 가능한 작업과 장애 대응의 모델이 되도록 최고 수준의 문화로 발전시킬 수 있어야 한다. 그러려면 전체 장애 상황에서 우선순위를 지정하지 않은 채 방치된 조직 환경에서 뛰어난 엔지니어만 장애에 대응하는 방법이 아니라 신뢰성, 복원력, 견고성, 효율성을 향상시키는 엔지니어링 작업을 칭찬하고 이에 필요한 모든 작업을 수행해야 한다.

---

13 (역자주) 번아웃 증후군: 업무에 몰두하던 사람이 극도의 신체적·정신적 스트레스로 무기력해지는 현상으로 충분히 쉬었음에도 극심한 피로 증상이 6개월 이상 지속되는 상태

안티패턴 7: 경고 신뢰성 엔지니어링

모니터링은 경고의 흐름이 아니라 트래픽 흐름을 지속해서 확인하는 것이다.

경고 신뢰성 엔지니어링: 시스템 운영자에게 지속적으로 알림을 전달하는 모니터링/로깅 인프라를 생성한다. 종종 모든 개별 시스템이나 히스토리에서 관찰된 에러에 대한 새로운 경고 또는 임곗값을 추가한 결과다.

경고는 SRE가 수행하는 다른 것과 마찬가지로 시스템 크기와 활동성에 따라 시스템을 선형으로 확장해야 한다. 지난 1시간 동안 로그와 모니터링에서 낮은 수준의 긴급하지 않은 스팸 시스템 알림을 듣지 못했다고 가정해보자. 경고가 오지 않아 너무 조용하다고 불안해해서는 안 된다. 매직 스모크 신호를 찾고 매직 스모크 점핑 비행기를 발사하면 된다.

UX 알림 이외의 다른 정보는 호출기로 연락이 가면 안 되게 한다. 또는 사용자가 마주하는 장애와 조직에서 아직 설계하지 않은 단일 장애 지점에서 임박할 장애는 호출기로 연락이 되어야 한다. 사용자가 즉시 감지할 수 없는 치명적인 에러가 발생하면 속도 기반 임곗값은 SRE의 중요한 지지자이다. 지속 불가능한 속도로 인해 시스템이 작동하지 못하거나 5개의 복제본이 3개로 줄어들거나 데이터 저장소에서 복제하기 전에 중단해야 할 손상을 발견한 경우, 즉 모든 장애나 문제의 조짐이 있을 때마다 순진하게 있지 마라.

필요하다면 혼합 성숙도 모델로 시스템을 수용하는 것은 부끄러운 일이 아니다. 주어진 상황에서 시작하고 가능한 한 조커(jocker)로 바꾸도록 노력하게 될 것이다. 만약 흐름 상태를 잘 작동하게 하면서 끊임없는 경고와 본인 업무에 방해받아가면서 효과적인 엔지니어링 작업을 수행하는 사람들에게 부담을 주는 것보다 시스템 개선에 집중하는 것이 더 중요하다는 사실을 받아들이지 않으면 고액 연봉은 기대할 수 없다.

그 외에 호스트 경고는 알림이 없는 것보다 더 나쁘다. 시스템 또는 적어도 사이트 전체 측정 지표에 대한 경고에 집중해야 한다. 그렇지 않으면 결국 누적된 피로로 중요한 문제를 놓치게 될 것이다. 또한 운영 이탈을 방지하고 유지할 수 있는 중요한 프로젝트 작업이 눈사태처럼 밀려드는 중단에 묻혀 결국 SRE의 핵심인 생산성/효율성의 선순환은 시작하지 못할 것이다.

잘 작동하는 시스템에서는 운영 중단 페이지가 표시된다. 해결할 수 없는 하위 등급 문제들은 자동으로 티켓 시스템(ticketing system)[14]에 전달된다. 주의해야 할 다른 이슈들은 로그에 기록된다. 이메일 스팸은 없다. 이메일은 미팅 초대, 401K(미국 은퇴 연금) 갱신 통지와 같이 동료[15]가 만든 고가치의 실행 가능한 데이터이다.[16]

노이즈 플로어(noise floor)[17]를 수용하지 말아야 한다. 과한 노이즈 경고 또한 멈춰야 한다. 집계 및 속도 추세를 사용해 노이즈 플로어 문제를 해결할 수 있다.

---

14 (역자주) 티켓팅 시스템: 사용자들이 겪는 공통된 문제와 자주 하는 질문을 목록으로 관리하는 시스템이다.
15 (아직은) 인공 지능을 동료로 간주하지 않는다.
16 이 책에 기여하고 고가치 사례를 제공한 내 파트너 요나 호로위츠(Jonah Horowitz)에게 경의를 표한다.

안티패턴 8: 애완견을 돌보려면 개를 산책시키는 사람 채용하기

설정 관리를 버팀목으로 사용해서는 안 된다.

도그 워커(Dog-Walker, 개를 산책시키는 사람) 채용: 퍼핏(Puppet) 또는 셰프(Chef)와 같은 고급 설정 관리 툴을 사용해 "변경 불가능한" 인프라로 마이그레이션하는 대신 가변 인프라와 스노우 플레이크(Snowflake) 서버를 많은 노드로 확장한다.

설정 관리는 중요하다. 실제로 신뢰성 엔지니어링을 수행하기 위한 필수 조건이기도 하다. 그러나 수천 대의 호스트에 대해 수동으로 수백 개의 설정 관리를 지원하고 확장하는 방법에 대해 발표하는 사람들을 보아왔다.

이는 함정이다. 불변 인프라를 통합하고 마이그레이션하기 위한 툴로 설정 관리 툴을 사용하지 않는다면 엔지니어를 선형으로 확장할 수 없을 것이다. 또한 직원을 선형으로 확장하지 않으면 여러분은 굳이 SRE를 하지 않을 것이고, 어쨌든 성공하지 못했을 것이다. 선형 확장은 사람, 프로세스, 시스템 등 모든 것에 대한 SRE의 좌우명이다.[18]

애완동물 < 가축류[19] < 가금류.[20] 컨테이너와 마이크로서비스는 단 하나의 진정한 경로이다.[21] 적어도 "서버리스(serverless)" 기능으로 대체될 가능성이 있을 때까지 이 말이 맞을 것이다.[22] 그동안,[23] 최대한 적은 수의 플랫폼으로 서버를 표준화해 긴밀한 빌드 및 설정을 하나로 묶어 멱등성 푸시를 실행한다. 그리고 이 책의 24장, 요나 호로위츠(Jonah Horowitz)의 불변 인프라에 대해 읽어보기를 권한다.

안티패턴 9: 스피드 범프 엔지니어링

모든 에러를 예방하는 것은 불가능하며 비용이 많이 들고 작업을 완료하려는 사람에게는 성가신 일이다.

스피드 범프 엔지니어링(Speed-Bump Engineering): 변경 사항에 가치를 추가하거나 변경 사항이 프로덕션에 미치는 영향에 대한 결정적인 피드백을 제공하지 않은 채 변경 사항 생성과 프로덕션 릴리즈 사이의 시간을 늘리는 모든 프로세스

---

17 (역자주) 노이즈 플로어 : 위키백과에 따르면 신호 이론에서 노이즈 플로어는 원하지 않는 신호의 합계에서 생성된 신호 측정값이다. 노이즈는 모니터링하는 신호가 아닌 다른 신호로 정의된다.
18 보상은 빼고. :-)
19 고마워, 랜디 바이어스(Randy Bias)
20 고마워, 버나드 골든(Bernard Golden)
21 물론 컨테이너와 마이크로서비스를 사용하지 않은 곳은 뺀다.
22 필연적으로 "가금류 < 곤충"이 추가되었다. 또는 람다(Lambda), GCF(Google Cloud Function), 애져 펑션(Azure Functions), 오픈위스크(OpenWhisk)와 같은 FaaS 프로덕트를 통해 결국 버그 마스코트를 조금씩 줄였다. 아마도 이 마스코트는 단세포 동물이 될 것 같다.)
23 메인프레임(Mainframe) > 상용 장비화(Commoditization) > 가상화(Virtualization) > 컨테이너화(Containerization) 타임 라인에서 연속적인 패러다임의 주도적인 흐름이 얼마나 짧아졌는지, 프로덕션 서비스를 이런 패러다임으로 전환하기 시작했을 때의 성숙도를 고려하면 다음 주 화요일 오전 8시 45분 정도가 될 것이다.

과속 방지턱이 되지 마라. SRE 업무는 속도를 저해하는 게 아니라 활성화하고 향상시킨다. 신뢰성 있는 시스템은 속도를 높이고, 시스템 변경 및 도입된 문제에 대한 신속한 프로덕션 파이프라인과 정확한 실시간 피드백을 갖춘 시스템은 신뢰성을 높인다.

릴리즈 우선순위 및 승인을 제어하기 위해 에러 예산 사용하는 것을 고려하라.[24] 에러 예산이 없거나 고려할 수 없다면 사용 중인 기준을 명시적으로 정의하고 프로덕션과 프로덕트 엔지니어링 간의 정치적 충돌 없이 기술 부채를 제어하도록 효과적인 메커니즘을 제공하는 방법을 명시적으로 정의한다.

그것이 무엇이든 간에 주관적이지 않아야 하며 대화에 참여하는 모든 사람이 서비스의 모든 컴포넌트에 대한 기술적 이해를 요구해서는 안 된다. 변경 제어 위원회(Change Control Board)[25]는 이 두 가지 테스트에서 모두 실패했으며 일반적으로 신뢰성, 속도, 엔지니어링 시간 효율성을 충족하지 못한다.

연구 결과에 따르면 가벼운 동료 리뷰 기반의 릴리즈 제어(페어 코딩(pair coding)이나 사전 또는 사후 커밋 코드 리뷰)를 통해 소프트웨어 전달 성능이 향상되는 반면, 변경 사항을 만드는 엔지니어 외부의 추가 제어는 기능 리드 타임(lead time)[26], 배포 빈도, 시스템 복원 시간에 부정적인 상관관계가 있는 것으로 나타났다. 또한 변경 사항으로 인한 장애율과는 상관관계가 없다.[27]

릴리즈를 조회하는 정당한 이유가 있지만 용량 계획 등과 같은 릴리즈 자체의 내용과 관련 없는 문제에 대해서만 국한되어야 한다. 또한 SRE는 최소한의 상황(예: 기존 프로덕트에 대한 기능 릴리즈 대신 완전히 새로운 프로덕트 릴리즈 또는 전체 시스템 용량의 일정 비율을 초과하는 서비스에 대한 용량 계획 요구 사항)으로 적용해야 할 때 또는 최소한의 상황이 제한적으로 적용(회사가 주문형 용량을 제공할 수 있는 타사 클라우드 제공업체와 계약하지 않고 자체 데이터 센터/클러스터를 구축하는 경우 또는 새로운 개인정보 보호법의 영향을 적절하게 자동으로 처리하도록 표준화된 프레임워크를 만들 수 있을 때까지)되는 동안 가차 없이 정리하고 자주 분석해야 한다.

엔지니어와 변경 릴리즈 사이에 장애물을 두지 않도록 주의해야 한다. 둘 다 각각 매우 중요해서 가치를 제공하는지 확인한다. 그리고 둘 간의 사이를 자주 파악해 가치를 여전히 제공하는지 시스템의 다른 변경으로 인한 관련성이 없는지 확인해야 한다.

---

24 에러 예산은 오라일리 출판사(O'Reilly)의 첫 번째 SRE 핸드북과 수많은 콘퍼런스에서 광범위하게 다뤘다. 좀 더 알기 원한다면 관련 책과 동영상을 찾아보기 바란다.
25 (역자주) 변경 제어 위원회: 소프트웨어 개발, 프로젝트, 프로그램에 대해 프로젝트에 제안된 변경 사항을 구현할지를 결정하는 전문가와 관리자로 구성된 위원회이다.
26 (역자주) 리드 타임: 프로덕션 개발 시작부터 완성까지 걸리는 전체 처리 시간
27 니콜 폴스그렌(Nicole Forsgren), 제즈 험블(Jez Humble), 진 킴(Gene Kim)의 『가속화: 린 소프트웨어 및 데브옵스의 과학(Accelerate: The Science of Lean Software and DevOps)』(https://amzn.to/3F5AFwS), 오리건 주의 포틀랜드에 있는 IT Revolution Press 출판사, 2018

안티패턴 10: 설계 관문

더 좋은 툴과 프레임워크를 구축해서 서비스 출시의 노동을 줄여라.

설계 관문(Design Chokepoints): 조직의 모든 서비스, 프로덕트 등이 현재 프로덕션의 베스트 프랙티스에 적응할 수 있는 유일한 방법은 제한된 수의 프로덕션 엔지니어링 직원과 직접 상의하는 비경량 프로세스를 수행하는 것이다.

SRE 팀은 모든 프로덕트 설계에 대해 상의해야 한다. 그러나 모든 프로덕트 설계를 함께 상의하게 되면 팀은 선형적으로 확장될 수 없다. 이 문제를 어떻게 해결해야 할까?

많은 팀은 프로덕트 개발 조직 내에 프로덕션 툴링 및 사이트 신뢰성을 담당하는 엔지니어를 포함하거나 자발적인 SRE 컨설팅을 위해 근무 시간에 출시 전 필수 프로덕션 검토를 수행함으로써 직접 컨설팅 모델을 사용한다.

SRE 팀을 프로덕트 개발 팀에 직접 참여시키거나 파견의 형태로 참여하도록 권장하는 경우가 많다. 나는 SRE 팀이 프로덕트 개발 팀과의 새로운 관계를 구축하거나 크고 복잡하고 중요한 프로젝트에 투입되는 것을 선호한다. 그러나 결국 SRE 팀은 기술 세미나, 개발자 프로덕션 교대/부트 캠프, 프로덕션 준비 검토, 근무 시간 등과 같은 일시적인 참여 조차도 확장할 수 없는 지경에 이르렀다.

SRE 팀은 협동, 교육, 고용에 대한 권리를 가진다는 것이 큰 장점이 있기에 확장하지 못할 이유가 없다. 그러나 우리에겐 뭔가 더 많이 필요하다.

유지하려는 프로덕션 표준을 통합하는 조직의 개발 프레임워크를 만들고 유지보수하는 것을 고려하지 않는다면 SRE의 영향을 확장하고 개발과 출시 프로세스의 속도를 높이고 인지 부하, 노동, 휴먼 에러 등을 줄일 좋은 기회를 놓치고 있다.

프레임워크를 통해 모니터링이 기존 프로덕션 시스템과 호환되는지 확인할 수 있다. 데이터 계층 호출이 안전한지, 분산 배포가 유지 보수 영역 간 균형을 이루는지, 글로벌 및 로컬 로드밸런싱이 적절하고 잘 작동하고 있는지, 표준화된 패턴을 따르고 있는지도 확인한다. 3번째 동기화 서비스 클러스터에서 서비스의 네트워크 클래스를 분명하게 확인해야 하고, 서비스 템플릿을 작성한 후 오타가 발생할 수 있기 때문에 서비스 릴리즈 전에 7번째 존(zone)에서 중복 저장소를 프로비저닝한 후 문제가 없는지 확인하는 데 한 달을 기다려야 하며, 서비스에 추가될 모니터링 설정에 3주의 테스트를 해야 한다는 내용 등은 모두 이전에 진행했던 프로덕션 리뷰의 결과이다.[28]

---

[28] 가정으로 작성한 내용이다. 내가 아는 어떤 인터넷 회사에서도 SRE 지원 프레임워크를 사용하지 않은 이들에게 실제로 이와 같은 일은 발생하지 않았다.

안티패턴 11: 너무 많은 채찍, 충분치 않은 당근

> SRE는 풀(pull) 기능이지 푸시(push) 기능이 아니다.
>   너무 많은 채찍: 파트너가 자신의 목표를 달성하는 동시에 여러분의 목표를 달성하는 매력적인 옵션을 제공하기보다는 시스템, 프레임워크, 프랙티스 채택을 의무화하는 경향

이전의 두 안티패턴을 통합하지만 그 이상의 영역으로 확장하는 공통 주제는 프로덕션의 게이트 키퍼가 되려고 하거나 툴을 만들고 사람들이 해당 툴을 사용하도록 강제한다 해도 원하는 것을 얻지 못할 것이다.

이 안티패턴이 해를 끼칠 수 있다는 것이 과학적으로 입증되었다. 팀이 자체 툴링을 선택할 수 있고 가볍게 내부 팀 검토 프로세스가 있는 조직이라면 외부에서 팀의 결정을 내리는 것보다 더 빠른 결론을 낼 수 있다.[29]

보안 팀과 프로덕션 엔지니어링 팀은 사람들이 일을 쉽게 하도록 지원하기보다는 더 어렵게 해서 사람들의 위험을 제거하지 못했다는 것을 알게 될 것이다. 즉, 사람들은 통제와 정책들을 창의적으로 우회해 작은 산업을 창출했을 뿐이다.

드롭박스에서 여러 팀이 서비스를 배포하는 방식을 재설계하는 주요 인프라 작업 중 하나는 당근 표지가 새겨진 깃발을 들고 있는 우주 비행사(그림 23-1)이다. 단순히 귀여운 특징뿐 아니라 관련 팀에게 중요한 일일 알람 역할을 갖고 있다.

그림 23-1. 대담한 성장[30]

계속 성장하는 개발자 인프라와 프로덕션 유틸리티를 만드는 데 중점을 두어야 한다. 따라서 프로덕션 팀이 툴과 서비스를 적용하거나 조직의 80%의 사용 사례로 "충분히 만족"을 제공해서 생산성을 향상해야 한다. 이렇게 하면 서비스를 시작하고 지원하기 위한 상당한 개발 노력과 운영 부하를 현저히 덜 수 있다.

SRE 팀에 자신보다 더 나은 장점이 있는 엔지니어가 추가되면 실행 능력이 올라갈 수 있다는 사실을 깨닫고 자금 문제로 싸우거나 더 많은 사람을 고용할 수 없다는 사실이 한탄스러워도 충분히 멋진 물건 만드는 것을 목표로 삼아야 한다.[31]

이를 수행하는 유일한 방법은 좋은 툴을 만들고 SRE가 제공하는 실제 생산성 장점이 있는 좋은 지표를 수집하는 것이다. 좋은 소식은 신뢰성 엔지니어링이 속도 엔지니어링이기도 하다는 것이다. 여러분은 비용 센터나 관료가 아니며 더욱이 건장한 경찰도 아니다. 여러분은 사용자가 원하는 것을 얻도록 효율적으로 만드는 서비스를 신뢰할 수 있고 효과적으로 접근하도록 직접적인 수행 역할을 하는데 이바지하는 사람이다.

안티패턴 12: 프로덕션 배포 미루기

지나치게 신중한 배포는 더 큰 문제를 일으킬 수 있다.

프로덕션 배포 미루기: 잘못된 시도로 인해 시스템이 장애가 날 수 있어서 과도한 리드 타임(lead time)과 테스트를 미룰 수 있다. 특히 엔지니어가 변경 사항에 대한 실제 영향을 피드백으로 빠르고 쉽게 얻지 못하는 상황에서 역량을 방해받는 경우이다.

때때로 잠재적인 잘못된 변경으로부터 프로덕션을 보호하기 위해 모든 종류의 확인, 테스트, 내장 기간을 설정하여 새로운 변경이 프로덕션에서 요청을 처리하기 전에 문제를 감지하려고 시도한다.

프로덕션의 테스트도 중요하지만 개발자가 변경 사항을 적용한 시점과 릴리즈 영향에 대한 실제 피드백을 받는 시점 사이에 심각한 지연이 발생하지 않도록 해야 한다.

이를 수행하는 가장 좋은 방법은 테스트를 자동화하고 신중하게 선별하고, 가능하다면 다크 런치(dark launch)[32], 프로덕션/통합 카나리(canary)[33], "1%" 푸시를 적용한다. 이를 통해 서비스의 허용 오차 또는 재시도 기능에 따라 더 느리고 시간이 많이 소요되는 테스트를 동시에 진행하면서 프로덕션 피드백을 조기에 제공할 수 있다.

---

29 니콜 폴스그렌(Nicole Forsgren), 제즈 험블(Jez Humble), 진 킴(Gene Kim)의 『가속화: 린 소프트웨어 및 데브옵스』(https://amzn.to/3F5AFwS), 오리건 주의 포트랜드에 있는 IT Revolution Press 출판사(2018)
30 당근 컵케이크 한 상자보다 더 멋진 매기 넬슨(Maggie Nelson)과 서빙 플랫폼(Serving Platform) 덕분이다.
31 재미있게도, 충분히 큰 당근이 기능적으로는 채찍이다.
32 (역자주) 다크 런치: 전체 배포 전에 프로덕션 준비 소프트웨어 기능을 소규모 사용자 그룹에 먼저 배포하고 나머지 사용자에게는 숨기는 프로세스이다. 다크 런치에는 프로덕션 환경에 코드를 배포하는 것도 포함될 수 있지만 프로덕션 트래픽에는 노출되지 않는다.
33 (역자주) 카나리: 구버전의 서버와 새 버전의 서버들을 구성한 후 일부 트래픽을 새 버전으로 분산해 에러 여부를 판단한다.

프로덕트 개발자가 최대한 빨리 배포해 실제 릴리즈 영향을 알 수 있게 해야 한다. 에러율이 올랐는지, 다운되었는지, 대기 시간은 얼마나 걸리는지 등 이런 종류의 영향에 대한 정보를 개발자가 찾게 하는 게 아니라 작업 흐름의 일부가 되어 자동으로 노출해야 한다.

프로덕트 개발자는 팀의 일부이므로 될 수 있으면 실시간에 가깝게 해당 개발자의 노력이 프로덕션에서 어떤 결과를 만들어내고 있는지 볼 수 있어야 한다.

가능한 많은 의미를 구분하면서 트래픽을 분할 및 분석하고 어떤 부분이 어떤 시스템으로 전달되는지 제어하는 기능과 함께 신속하게 롤 포워드(roll forward) 또는 롤 백워드(roll backward)를 수행하는 기능은 문제가 발견되면 이런 프랙티스의 리스크를 감소시킬 수 있다. 감지할 수 있을 정도로 나쁘거나 성능이 좋지 않은 변경 사항의 롤백을 자동화하는 기능과 함께 사용하면 리스크는 거의 없어진다.

안티패턴 13: 복구 시간보다 장애 방지의 최적화 (MTTF > MTTR)

장애는 피할 수 없다. 장애를 피하는 데 모든 것을 걸지 말고 장애를 다루는 데 능숙해져라.

MTTF 〉 MTTR: 장애 방지(평균 장애 시간 – MTTF: Mean Time to Failure 증가)를 위한 부적절한 최적화, 특히 신속하게 장애를 감지하고 복구하는 능력을 무시하는 경우(평균 복구 시간 – MTTR: Mean Time to Recovery).

지연된 프로덕션 롤은 시스템이 사용자에 미치는 영향을 최소화하면서 불가피한 에러 상황을 신속하게 복구하기보다는 시스템에서 장애가 발생하지 않도록 균형이 맞지 않은 설계와 운영에 노력하는 본질에서 더 넓은 안티패턴의 변형이다. 회복력은 엔트로피(entropy)[34]가 막는 곳을 제외하고는 꽤 견고하다.

사실은 어떤 장애가 발생했을 때 회복이 불가능한 애플리케이션이 있다. 의학적으로 봤을 때 뇌사라면 되돌릴 수 없는 것과 같다. 따라서 운동과 건강한 식단으로 몸을 최대한 건강하게 만들고 환자의 부정적인 결과"로 이어질 수 있는 장기 부전이나 기타 고통을 막을 수 있는 모든 조치를 취하는 것이 타당할 것이다.

운동과 식이요법은 회복력을 향상시키고 심장마비를 예방할 수 있다. 하지만 반세기 전만 해도 급성 저체온증이나 심장마비로부터 사람들을 구할 수 없었다. 이후 1950년대에는 고된 수동 소생술을 수행했고 1960년대에는 병원에서 파견된 의사들이 중앙 집중식 세동 제거술을 수행했으며 1970년대에는 구급대원의 신속한 대응으로 분산형 휴대용 세동 제거술을 수행했다. 1980년대에는 응급구조사에 의한 더욱 빨라진 자동 고분산 세동 제거술을 수행했고 1990년대에는 일반 대중이 잘 알고 있는 자동 세동 제거술로 이어졌고 그 뒤에 이식 가능 및 착용 가능 장비로 이어지고 있다.[35]

지금은 예방이 실패해도 부상으로 고통받고 있는 사람들이 회복하는 데 도움이 될만한 회복

메커니즘이 있다. 심지어 한 번의 실패(저체온증)에 대해 다른 부상(익사, 심장마비)으로 인한 생존 가능성을 높이거나 예기치 않은 일들로 앞으로 발생할 수 있는 부상을 예방하는 데 도움이 될 수 있다. 또한 실패를 막을 수 없었던 모든 종류의 장기 교체에 매년 더 능숙해지고 있다. 아직 완벽하게 문제 해결은 못 했지만 예방으로 피할 수 없는 재앙을 신속하게 감지하고 대응해 복구 능력이 높아지고 있다.

컴퓨팅 쪽은 훨씬 더 나아가고 있다. 사이트 신뢰성을 위해 노력하는 회사와 실무자는 매번 장애를 경험하면서 장애에 대한 다양한 지식을 습득하고 있다.

그럴수록 기업은 광범위한 시스템 관리자의 노력보다 자동화된 재배포를 통해 즉각 작동하도록 하고 장애가 발생한 시스템을 복구해 중단없이 트래픽이 다시 라우팅 되어야 한다는 확신을 갖고 모든 것을 예측하고 설계해야 한다.

카오스 엔지니어링(Chaos Engineering)은 최신 서비스 계획과 설계의 중요한 도구이다. 모든 변경 사항으로 인해 시스템이 위험을 초래할 수 있으므로 100% 가동 시간으로 진행한다는 것은 잘 알려진 사실이다. 그러나 변경을 중단하면 장애로 이어지기 전에 기존 위험을 해결할 수 있는 능력이 사라지고 항상 위험에 노출된다.

어느 쪽이든 시스템에 장애가 발생할 수 있으므로 장애는 언제든지 발생한다는 것을 받아들이고 장애 범위를 최소화하는 것이 중요하다. 가능하다면 장애를 용인하고 에러보다는 성능이 저하된 서비스를 제공하는 기능을 도입하는 것도 방법이다. 서비스를 충분히 배포하여 장애 범위를 벗어난 외부의 인프라 부분에서 서비스를 계속할 수 있도록 허용 용량에 맞게 사용할 수 있습니다. 그리고 장애를 복구하는 데 필요한 인적 개입의 시간과 정도를 최소화하고 적절한 때에 에러를 다시 처리한다.

실제로 설계 원칙을 따르는 가장 좋은 방법 중 하나는 정기적으로 시스템에 생존 가능한 장애를 도입하는 것이다. 한 인터뷰 자리에서 면접관이 "좋은 SRE의 특징은 무엇인가요?"라고 물은 적이 있다. 나의 대답은 SRE는 소프트웨어 개발, 시스템 디버깅, 어떻게 시스템이 실패할 수 있는지 상상하는 데 능숙해야 한다는 것이다.

마지막은 신뢰성을 위해 작업하는 소프트웨어 엔지니어와 주로 프로덕트를 개발하는 소프트웨어 엔지니어 사이의 차이점을 정의하는 부분이다. 우린 때때로 실행 중인 프로덕션 인스턴스를 가져와 격리한 후 특정한 방식으로 인해 무언가에 문제가 생기면 어떤 일이 생기는지 추측하는 게임을 진행한다.

계속된 게임에서 예측된 작동을 보였는지 아니면 좀 더 흥미롭고 예상치 못한 장애가 발생하는지 살펴본다. 여러분이 알고 있다고 생각하는 복잡한 시스템이 몇 년 후에도 여전히 놀라게 할 만한 임곗값, 티핑 포인트, 복합 경계 조건과 모든 멋진 방법들을 찾으려고 노력할 것이다.

---

34 (역자주) 엔트로피: 시스템 내 정보의 불확실성 정도를 나타내는 용어이다.

35 시애틀은 클라우드 컴퓨팅뿐만 아니라 심장 반응 분야에도 선구자인 도시여서 이 발전의 흐름이 정확히 일치하지 않더라도 대략은 비슷할 것이다. https://bit.ly/3EmJAch

이 작업은 해킹이나 소프트웨어 테스트와 매우 흡사하다. 다만 초점을 다르게 해서 보면 공격 표면(attack surfaces)과 활용도가 다르다. 그래서 해당 작업으로 발견한 이슈들이 서비스 사용자에게 영향을 미치지 않도록 해결책을 내리고 여러 시도를 한다. 여러분이 이런 종류의 일에 푹 빠져 있다면 좋은 때를 보내고 있는 것이다.

무엇보다 가장 좋은 것은 이런 작업을 통해 배운 교훈을 최대한 활용해 자동화 스트레스/카나리/프로덕션 테스트(카오스 몽키(Chaos Monkey) 또는 사용 중인 툴링)에 통합하는 것이다. 시간이 흘러 이런 종류의 테스트를 정기적으로 시스템에 적용한다면 향후 시스템이 변경될 때 견고성 또는 탄력성이 저하되지 않도록 해야 한다. 여기서 탄력성, 특히 탐지, 롤백, 복구 가능성이 뛰어나면 새로 발견된 약점/회귀의 결과로부터 프로덕션 트래픽을 보호할 수 있다.

시스템에서 자동화 스트레스/카나리/프로덕션 테스트를 정기적으로 수행할 때 사이트 신뢰성 엔지니어는 프로덕트 디자인에 대해 더 많이 생각하고 프로덕트 팀에 어떤 인프라를 제공할 수 있는지 알아봐야 한다. 또한 프로덕트 개발자는 확장성 및 생존성을 위해 설계하고 SRE가 제공하는 신뢰성 기능과 서비스를 활용할 수 있게 해야 한다. 따라서 SRE 기본 원칙(필요하다면 기술적 기능을 통해 신뢰성을 우선시함)의 명시적 계약을 유지하며 특정 그룹이 불필요한 노력 없이도 조직이 수행하는 모든 일의 중심의 최전선과 중앙을 담당한다.

안티패턴 14: 의존성 지옥

의존성 제어는 장애 도메인 제어다.

> 의존성 지옥(Dependency Hell): 어떤 시스템이 서로 의존하는지, 이 중에 어느 것이 순환성 의존성인지 아닌지를 구별하거나 새로운 의존성 관계가 추가될 때 알림을 받거나 제어하거나, 의존성 그물망 내의 상호 운용성 또는 시스템 간의 가용성에 대한 변경 사항에 대해 말하기 어렵거나 불가능한 모든 환경을 의미한다.

소프트웨어 개발 수명주기(SDLC)가 오래된 프로젝트와 툴이 더 사용되지 않아 폐기되어 새로운 플랫폼과 컴포넌트로 출시되는 단계에 도달한 성숙한 조직에서는 주의를 기울여야 한다. 그렇지 않으면 컴포넌트의 상호의존성은 누구도 쉽게 알 수 없을 정도로 커진다.

이에 변경 사항에 대한 영향을 받을 수 있거나 기타 변경 사항이 여러분이 제어하는 시스템에 영향을 미칠 수 있는 사항을 예측해서 계획하는 능력을 갖추기란 불가능해진다.

서비스에 추가되는 의존성을 실시간으로 자동 감지하고(필요하다면 새로운 의존성을 시작하기 전에 적시에 감지할 수 있도록) 장애 계획 및 로드맵이 적절히 업데이트되었는지 확인한다.

카오스 엔지니어링(또는 단순한 일반 비즈니스)을 통해 의존성을 확인하겠지만 의존성 지점에 도달하기 전에 이를 추적하고 계획하는 것이 훨씬 좋다. 추가로 의존성에 대한 명시적 추적은 양방향으로 사용될 수 있으며 서비스 담당자는 마이그레이션, 사용 중단, 종료 과정에서 상당한 시간과 에너지를 절약할 수 있다.

안티패턴 15: 부적절한 거버넌스

초대형 유조선을 조종하듯이 모기떼를 조종할 수 없다.
부적절한 거버넌스: 린(Lean) 또는 애자일(Agile) 채택을 꺼리는 대규모 조직에서 애자일 서비스 전달과 개발/프로덕션(dev/prod) 인프라 그룹을 운영하는 것이 불가능한 것은 아니지만 어렵다.

승인, 예산, 결과물이 특정 대형 프로젝트나 프로젝트 번들에 연결된 기존 IT 거버넌스의 옛 구조에 갇혀 있다면 아무리 린과 애자일을 잘 이해하고 있어도 SRE 핵심인 지속적인 개발, 개선, 출시 프로세스 실현은 어려울 것이다. 융통성 없는 자금 관리, 부적절하거나 사용하지 않는 기능, 좀비 프로젝트, 모든 종류의 만연한 용량의 비효율적 배분이 불가피하다.

예산은 프로젝트가 아닌 조직에 흘러가야 한다. 조직의 리더십은 하드웨어를 어떤 가격에 어떤 작업에 얼마나 많은 시간을 소비했는지가 아니라 결과(조직에 투자한 자원 대비 회사 전체에 제공된 결과)에 대한 책임을 져야 한다.

리더는 양질의 결과를 효율적으로 전달하고 요구 사항과 처방을 내리기보다 조직 내에서 예산을 책정하고 의존성 프로세스를 추진할 수 있도록 조직을 신뢰해야 한다. 원래 계획 또는 예산을 준수해 결과를 판단하거나 시행하는 대신, 현재 또는 최종 비즈니스 성과를 지속해서 개선하도록 측정 지표를 추적하고 해당 측정 지표를 사용해 진행 중인 계획 및 실행을 업데이트할 수 있어야 한다.

기업의 여러 부서에서 관련된 융통성 없는 시스템에 신뢰성 엔지니어링 조직을 완전히 얽매이게 하지 말고 호신 칸리(Hoshin Kanri) (https://www.leanproduction.com/hoshin-kanri/), 캐치볼(Catchball) (https://kanbanize.com/lean-management/hoshin-kanri/what-is-catchball), 목표와 핵심 결과(OKR)와 같은 전략적 정렬 기술을 사용해 광범위한 목표를 신뢰성 엔지니어링 조직에 전달한다.

솔직히 대부분의 SRE 조직은 오래된 거버넌스 모델을 포기하는 문화가 있다. 그리고 아무도 이 문화를 암묵적으로 언급하지 않는다. 따라서 SRE는 브라운 필드(brown-field)[36] 기회가 있는 바다에서 나올 때까지 물속에서 수영하고 있다는 것을 인식하지 못하고 갑자기 눈을 크게 뜨고 헐떡거리고 있는 자신을 발견하게 된다.[37]

이런 종류의 기본적이고 문화적 조정을 수행하는 것은 기존 기술 조직에서 효과적인 신뢰성 엔지니어링 문화와 팀을 갖추는 데 중요하다. 그리고 무선 호출기(안티패턴 2)를 전달하지 않거나 사이트 신뢰성 작업을 (재)발명하지 않고 그대로 둔다(안티패턴 1).

---

[36] (역자주) 브라운 필드: 토지 용어로서 산업구조가 전통 산업에서 첨단산업으로 변화하는 재구조화 과정에서 도시 또는 산업단지 내 남아있던 황폐한 토지 또는 건물, 즉 재정비가 필요한 지역을 의미한다.

[37] 나는 두 시스템을 모두 다뤄본 적이 있다. 하지만 마크 슈워츠(Mark Schwartz)가 정부에서 일하고 아마존으로 돌아온 후 이 이슈를 언급하지 않았다면 사람들이 이 사실을 알 수 없었을 것이다.

안티패턴 16: 고려되어야 하는 SLO

SLO는 기술적 측정 방법도 아니고 정적 측정 방법도 아니다.
고려되어야 하는 SLO: SLO는 사용자 및 비즈니스 입력이 공백 상태로 설정되거나 존재하며 비즈니스 결과, 우선순위, 약속으로 양방향으로 연결되지 않거나 동일한 변경 사항을 반영하도록 업데이트되지 않는다.

SLO는 비즈니스 수준 목표이다. SLO는 여러분이 제공할 수 있는 내용을 기반으로 설정되어서는 안 되며 내부 또는 외부 사용자와의 성공을 위해 제공해야 하는 것을 근거로 해야 한다.

시간이 지나면 여러 팀에서 시스템 모니터를 두드리며 한 달 동안 모든 종류의 지표를 측정해 그 기간에 측정한 것을 바탕으로 SLI(서비스 수준 지표)를 선택해 SLO를 설정하는 것을 볼 것이다. 다시는 이런 수준의 접근 방식을 고려하지 않기를 바란다.

SLO 프로세스는 시스템을 설계할 때 시작해야 한다. 프로덕트 관리, 고객 지원, 개발자 관계, 기타 여러 채널을 통해 발견된 시스템에 관한 비즈니스 사례와 결과물을 기반으로 해야 한다.

SLI는 지능형 엔지니어링 논의를 기반으로 선택되어야 하며 시스템에서 무엇이 중요한지, 얼마나 적절하게 작동하는지 입증할 수 있어야 한다. SLO는 합리적인 분석을 통해 설정되어야 하는데 이를테면 사용자가 이미 사용하거나 곧 사용하려는 다른 옵션보다 유용하고 선호할만한 성능과 가용성인지 여부이다.

만약 SLO 작업을 수행하지 않으면 잘못된 부분에 최적화되고 서비스가 다른 분야에 적용되어 잘 진행되고 있어도 막상 기대하는 분야에서는 적용이 저조한 것으로 나타날 것이다. 또한 계측할 때 잘못된 선택을 했다는 사실을 알게 될 것이다. 따라서 어떤 유지 보수를 수행하거나 시스템에서 특정 전송 문제, 서비스 에러, 용량 저하가 발생했다는 사실을 트위터나 레딧(Reddit)에 나올 때까지 전혀 모르고 있다면 시스템은 사용자에게 아무 쓸모가 없다.

SLO는 살아 있는 문서이어야 한다. 정기적으로 또는 필요할 때 다시 볼 수 있는 메커니즘이 없으면 현업과 무관한 것이 된다. SLO 목표가 사용자의 변화하는 요구에 부응하지 못한다면 서비스를 포기하게 될 것이다. 약속된 서비스 수준을 지속해서 초과하고 있다면 마이그레이션, 유지 보수, 프로덕션 테스트, 신규 배포에 적합한 전략을 결정할 때 불쾌한 방식으로 사용자를 놀라게 할 것이다.

무엇보다 중요한 것은 전체 비즈니스가 SLO 기반으로 조정되어야 한다는 것이다. 모든 사람은 SLO가 수익 또는 기타 비즈니스 목표와 어떻게 관련되어 있는지 명확하게 알아야 한다. SLO는 목표가 빗나갈 때 SRE를 공격하기 위한 단순한 채찍이 아니다. 설계 결정, 출시 일정, 운영 작업뿐 아니라 필요에 따라 대규모 조직으로부터 지원과 자원을 끌어낼 수 있어야 하는 지렛대이다. 이는 단지 SRE의 약속 만이 아닌 비즈니스 약속이다.

자본 예산과 운영 예산은 SRE와 약속한 측정 지표로 우선순위를 반영해야 한다. 인력 배치, 설계 결정, 업무 우선순위 지정은 기본적으로 시장 조사 또는 프로덕트 브레인스토밍한 기간만큼 해당 측정 지표 데이터로부터 시작된다.

의사 결정에는 데이터가 필요하다. 모든 것이 제대로 작동하는 경우 현재의 자원 할당이 서비스에 어떤 영향을 주는지 서비스가 매출에 어떤 영향을 미치는지에 대한 데이터(또는 작업 산출물, 고객 결과, 궁극적으로 연결된 최상위 조직 목표)는 조직을 이끄는 가장 기본적인 의사 결정 입력 정보 중 하나이다. 그래서 이러한 주요 지표와 SLO 목표를 잘 선택하고, 범위가 적절하게 지정되고, 광범위하게 널리 이해되고 받아들여지는지 확인해야 한다.

기본적으로 SLI와 SLO는 조직의 성공에 대한 추론과 의사소통을 위한 도구이다. 이 시점에서 조직이 불가피하게 조직적인 의사소통 구조를 반영한 시스템을 구축한다는 사실이 받아들여진다.[38]

다른 방향에서 인과 관계에 대한 실험적 증거는 없지만 SLO는 조직이 구축하는 시스템만큼이나 확립된 의사소통 체계를 매 순간 반영하려면 계속 진화할 수밖에 없을 것이다.

안티패턴 17: 방화벽을 넘어 API 전달하기

서버 측 SLO는 사용자의 이용 중단을 보장한다.

방화벽을 넘어 API 전달하기: SRE가 잘 확립해 놓은 내부 사용자/파트너와 협력 및 통합하는 방법이 주요 외부 업체에는 실패하고, 성공적인 사용자 결과를 얻기 위해 자체 시스템 외부의 리스크를 측정하지 않고 책임을 공유하거나 해결하고자 시도하지 않는 것을 의미한다.

데브옵스 철학이 우리에게 알려준 핵심은 운영 사일로가 SLO를 놓치게 한다는 깨달음이다. 여러 조직 사이의 느슨한 의사소통 경계와 "누군가의 문제"가 별개의 조직 간에 미치는 영향은 조직 내 개별 팀 간에 만들어지는 효과와 다르지 않다.

인터넷으로 사용자에게 API를 전달하는 것(즉, 네트워크 끄트머리에서 응답 시간에 대한 서비스 수준 계약(SLA)을 전달한 다음 반드시 지원 티켓(support ticket)[39]을 기다림)은 10년 전에 같은 이유로 코드나 바이너리를 운영 팀에 던지는 것과 같은 안티패턴이다.

이 내용에 버럭 화내기 전에 기억할 내용이 있다. 요구 사항과 코드를 벽 너머로 전달하는 것은 10년 전까지만 해도 양심적이고, 규율적이며, 충분히 받아들여질만한 일종의 비즈니스 관행이었다. 이는 마치 오늘날 여러분의 회사가 통제하는 시스템만을 기반으로 SLI와 SLO를 정의하는 것과 같다.

여기서 잠시 수학을 살펴보겠다.[40] 30일 동안 99.99% 신뢰성 목표에 도달하면 SLO를

---

[38] 콘웨이 법칙(Conway's Law) (https://bit.ly/32CHFmU) 참조
[39] (역자주) 지원 티켓: 사용자와 API/서비스 담당자 간의 상호 작업을 의미한다.
[40] 데이브 렌신(Dave Rensin)은 2017년 SRECon America에서 해당 계산의 모든 기술적 원리를 설명하는 훌륭한 프레젠테이션을 했다. 아직 못 봤다면 녹화 및 슬라이드(https://bit.ly/3pMkQGh)를 확인하도록 하자.

4.32분 동안만 놓치게 된다. 99.999%에 도달하면 26초로 떨어진다. 이 계산의 의미는 서비스를 궁극적으로 소비하는 고객과 이러한 고객을 소유하고 서비스를 제공하고자 여러분에게 의존하는 중간 파트너의 성과에 주목할 공유 측정 지표와 경고가 없다는 것이다. 시스템이 임곗값에 도달하더라도 고객이 자체 사용자를 위해 99.99%의 SLO를 지속적으로 충족할 방법은 없다.

고칠 시간 없이 호출받고, 조사하고, 조사한 티켓을 파일로 저장하는데 드는 시간만으로도 월간 에러 예산이 낭비될 것이다. 이는 전체 분기에 발생할 수 있다.

시스템이 안정되어서 99.99% 이상의 SLO를 전달할 수 있다면 앞서 나가야 한다. 여러분의 트래픽을 확인하고, PM에게 중요한 사용자가 누구인지 알아보자. 사전에 통합하고 협력을 구축해야 한다.

공유 측정 지표를 결정하는 건 주제가 같지 않으면 의미 있는 대화를 할 수 없기 때문이다. 즉, 모든 사람이 실제 이해하고 있는 SLO의 의미는 무엇인지, SLO 관점에서 온콜 대응이 의미 있는지 확인해야 한다. 문제가 발생하기 전에 사전에 공유한 의사소통 및 장애 대응 절차를 마련하도록 한다. 이로써 중요한 고객의 이슈에 대해 조직 내 다른 팀의 이슈와 동일한 유형의 대응 패턴을 가질 수 있다.

중요한 외부 고객에게 가치를 전달할 때, 고객이 측정하는 항목과 여러분이 측정하는 항목을 비교하고 시스템 전체를 사용자뿐만 아니라 전체 부서 및 모든 외부 사용자에게도 제공해야 한다. 따라서 함께 성장하는 데 필요한 변화를 결정하고 함께 배포한다.

그렇게 하려면 어느 쪽이든 문제를 규명하기 전에 즉각적인 경고를 해야 하며 공유 통합 테스트베드 및 프로덕션 카나리에 원격 경로를 제공해야 한다. 물론 SRE의 고객은 내부 또는 외부와 상관없이 좋은 파트너가 되어야 한다는 것과 해결되지 않은 기술 부채와 지속 불가능한 운영 부담은 중재되지 않은 계약으로 귀결된다는 것을 항상 염두에 둬야 한다.

이런 문제를 고민해야 하는 것은 비단 구글과 아마존만이 아니다. 유비쿼터스 서비스에 대한 수요가 증가하고 더 많은 회사가 상호 의존적인 프로덕트를 구축하면서 가장 가치 있는 고객, 파트너와의 활발한 협력이 중요해졌다. 구글 CRE가 수행하는 작업 수준[41]이 오늘날 대부분 조직에서 필요로 하는 범위를 벗어날 수 있지만 이런 아이디어는 많은 서비스에 쉽게 적용할 수 있다.

안티패턴 18: 운영 팀 바로 세우기

조직은 조직의 구성 요소가 추구하는 결과가 아니라 가치 있는 결과를 생성한다.
  운영 팀 바로 세우기: 회사는 단지 SRE를 채용한 것으로 서비스 제공이 개선될 것이라는 잘못된 믿음이 있다. 회사에서 SRE 직무를 시작할 때 서비스 개선에 대한 믿음을 가질 수 있다.

운영 팀 바로 세우기는 SRE를 이제 막 접하는 사람들이 항상 초반에 이해하지 못해서 흔히 발생하는 에러 중 하나이다. 기본적으로 다른 회사와의 채용 경쟁에서 지지 않기 위해 SRE를 일종의 유행어처럼 사용하기도 하는데 명백히 사이트 신뢰성 운영(안티패턴 1)과는 반대되는 개념이다.

결국 사람들은 운영 팀을 중심으로 운영 문제가 있다고 생각해 운영 팀 엔지니어를 비결이 있는 SRE로 대체하기만 하면 구글, 페이스북과 같은 결과를 얻게 될 것으로 생각한다. 즉, 프로덕션 공학(production engineering)으로부터 얻을 수 있는 결과라고 생각하는 것이다. 그러나 이 문제는 운영 팀이 아니라 규모 있게 운영 임무를 수행할 수 없는 시스템 구조이다.

SRE는 운영 팀을 바로 세우거나 운영 방법론을 수정하지 않는다. 성공적인 SRE 문화를 만들기 위해서는 회사 또는 조직 전체가 비즈니스를 수행하는 방식을 근본적으로 재정렬해야 한다. 이를테면 우선순위 설정 방법, 계획 수행 방법, 의사 결정 방법, 시스템 설계 및 구축 방법, 팀 간의 상호 작용 방법들이다.

SRE는 조직적으로 효율적이고 지속 가능하며 프로덕션 서비스 품질에 좀 더 중점을 두는 방식의 "데브옵스(DevOps)"를 수행하기 위한 특별한 공식이다. SRE는 단순한 직업을 의미하거나 단순한 업무를 수행하는 팀이 아니다. 또한 게이트키퍼에서 벗어나 운영 비용을 줄이고 제도적인 어려움에서 벗어나 엔지니어링 자원 배분을 보다 효과적이고 적은 갈등을 줄이도록 균형 잡힌 피드백 시스템을 구축하는 것은 회사 차원의 문화적 변화이다.

SRE 핵심에는 조직이 생성하거나 의존하는 모든 시스템의 핵심 기능으로 적절한 범위의 신뢰성에 대한 약속이 있다. 또한 프로세스와 소프트웨어 엔지니어링을 통해 운영상의 노동, 지연 및 인적 에러를 끈질기게 파악하고 결과에 대한 책임을 공유한다.

SRE는 린(Lean), 데브옵스(DevOps)와 마찬가지로 이상적으로 많은 공통점이 있다. 계속 진행 중인 프로세스로서 SRE는 노력을 조정할 책임이 있는 전문가팀뿐만 아니라 가치 흐름으로 좌우되는 모든 사업부의 헌신적인 관심이 필요하다.

따라서 SRE를 추진하려는 조직의 최고 책임자[42]의 약속이 없으면 장점을 실현할 수 있는 능력이 제한될 것이다. SRE와 함께 팀 프로세스와 시스템을 크게 개선할 수 있다. 다른 팀의 충분한 풀뿌리 지원[43]이 보태지면 상당히 기능적인 데브옵스 모델이 될 수도 있다.

그러나 때때로 SLO 부족의 잠재적 비용에도 불구하고 노동보다 엔지니어링을 우선해서 생산성 선순환을 안정적으로 만들고 싶다면 포기를 반복하지 않고 갈등 상황에 자주 빠지지 않도록 조직 전체에 우선순위를 잘 정립해야 한다. 최고의 인재를 끌어들이고 보유하려면 지속 가능한 업무 균형과 시스템을 만들고 보호해야 한다. SRE 원칙을 이해하고 받아들이는 조직이 늘어날수록 목표 달성에 더 가까워질 것이다. 따라서 조직 전체가 동일한 전략에 동의할 수 있도록 해야 할 일은 무엇이든 해야 한다.

---

41 (역자주) 데이브 렌신(Dave Rensin)의 "구글 사용자 신뢰성 엔지니어링 도입" (https://bit.ly/34eS0WO)
42 CEO는 최고 책임자이고 C 레벨도 괜찮다. 최소한 프로덕트 개발 및 프로덕션 엔지니어링 팀의 책임자는 예산, 인력, 온콜, 노동, 변경 관리, 에픽(epic: 여러 번의 스프린트를 거쳐 완료되는 정도의 작업량을 가진 업무) 관리 등에 동의해야 한다.
43 (역자주) 풀뿌리 지원: 말단 조직, 구성원으로부터 업무를 진행해 성과를 내고 성과가 전사적으로 퍼져나가는 방식이며 상향식(bottom-up) 지원을 의미한다.

그래서, 그게 다야?

이게 다라고? 다 이해한 거야?

그렇다면 이 모든 것은 무엇을 의미하는가? 의도하지 않은 결과에서 힘들게 얻은 교훈과 함께 이 정보로 무엇을 해야 할까? 답 없는 막다른 길에 놓인 결말을 그저 지켜보고 이것을 피하기만 하면 우리에게는 문제가 발생하지 않을 것이다. 그렇지 않은가?

슬프게도 그렇지 않다. 만족할 수 없는 기술이나 비즈니스 각각 나름의 어려움이 있으므로 IT 업계와 마찬가지로 계속 성장하고 변화해야 한다.

여기서 중요한 것은 가장 기본적인 SRE 프로세스를 도입하는 것이다. 즉, 우리가 문제에 부딪힌 위치를 계속 관찰하고, 조직을 위한 학습 기회를 만들어내고 실패 목록을 업계 전반에 공유할 수 있는 이야기로 바꾸는 과정이다.

사실 동료들이 잠재적인 새로운 패턴이나 변화를 공유하고, 토론하고, 분류할 수 있는 안티패턴 저장소를 만드는 적합한 시기에 있다고 생각한다. 혹시 23장에서 빠뜨린 내용이 있다면 트위터(@BlakeBisse)에 #SREantipatterns 해시태그와 함께 알려주기 바란다.

굳이 새로운 무언가가 없더라도 이 주제에 대한 우리의 대화는 매우 의미 있고, 즐거울 것이다! Spes non consilium est![44]

---

[44] 희망은 전략이 아니다!

블레이크 비셋 Blake Bisset

16세에 법조계에서 일을 시작했다. 유튜브와 크롬에서 SRE로 일하기 전에 블레이크는 3개의 스타트업 회사(생화학 분야, 제약 분야, 인터넷에서 영화 보는 분야)를 창업했다. 블레이크가 꼽는 가장 만족하는 업적은 구글에서 여러 해 동안 go/bestpostmostmature 링크를 유지한 것이다. 현재 USENIX SRECon 프로그램 위원회에서 활동하고 있으며 드롭박스의 신뢰성 엔지니어링 팀장으로 재직 중이다.

CHAPTER 24

불변 인프라와 SRE

스트라이프Stripe의 요나 호로위츠 Jonah Horowitz, 이전 직장 넷플릭스

불변(immutable) 인프라는 대규모 프로덕션 서버를 유지하는 데 필요한 노동을 크게 줄일 수 있다. 서비스의 모든 인스턴스가 동일하기 때문에 시스템의 변수 개수를 줄이고 깨진 시스템을 더 쉽게 교체할 수 있다.

확장성, 신뢰성, 성능

SRE가 과부하가 걸릴 수 있지만 SRE의 핵심은 확장성, 신뢰성, 규모에 맞는 웹 운영을 위한 성능 향상으로 요약할 수 있다. 도전적이지만 믿을 수 없을 정도로 강력한 것은 불변 인프라를 통해서다.

불변 인프라는 작은 기본 이미지로 소프트웨어 컴포넌트의 각 빌드를 시작한 다음 소프트웨어를 이미지에 설치하는 프랙티스이다. 모든 릴리즈에서 이미지는 프로덕션으로 배포되기 전에 재구성된다. 릴리즈 이후에는 이미지가 변경되지 않고 새로운 이미지로 교체만 된다. 릴리즈된 소프트웨어는 변경할 수 없기에 "불변"이라고 부른다. 실행 중인 인스턴스는 퍼핏(Puppet), 셰프(Chef), SSH(Secure Shell)와 같은 툴을 통해 변경되지 않는다(디버깅하기 위해 SSH가 실행될 수 있음).

불변 인프라는 인프라의 수평적 확장을 허용해 확장성과 성능을 제공한다. 실행 중인 클러스터에 노드를 추가하고 제거할 때 발생하는 문제 중 하나는 모든 노드가 정확하고 동일한 구성을 하도록 확인하는 것이다. 10개의 노드를 갖는 클러스터에서 각 노드를 로그인하고 수동으로 구성해 관리할 수 있지만 이는 너무 고되고 에러가 발생하기 쉽다. 100대 이상의 노드를 수작업하는 것은 어리석은 일이다. 1,000개 이상의 노드를 운영 중인 사람이 1주일에 한 대당 10분 이상 수작업을 한다면 전체 소요 시간은 가늠할 수 없을 정도로 길 것이다. 이런 노동을 직면하는 조직은 대규모 서버 클러스터를 처리하기 위해 설정 관리 툴을 사용한다. 설정 관리 툴 중 셰프와 퍼핏은 가장 인기 있는 툴이지만 이 외에도 많은 툴이 있다. 모든 설정 관리 툴을 하나씩 사용해 볼 수 있겠지만 권장하지는 않는다.

세프와 퍼핏과 같은 설정 관리 시스템은 초반에는 잘 작동해도 클러스터 크기가 커지면 특히 동적으로 확장해야 하면 결국 해당 툴로는 부족하다. 각 노드가 다른 툴을 부팅하고 실행해야 할 때 (먼저 소프트웨어를 설치하고 설정하기 위함) 많은 시간을 낭비하게 된다. 노드에 이미 소프트웨어가 준비되어 있다면 부팅 시간만 제약받고, 컨테이너로 이전하면서 부팅 시간은 더욱 빨라진다.

용량이 필요할 때 노드를 빠르게 추가할 수 있으면 자원 절약이 가능하다. 주어진 시간에 현재의 트래픽 부하를 지원할 수 있도록 충분한 용량만 온라인으로 필요하기 때문이다. 대부분의 웹 사이트의 트래픽을 보면 오후 7시보다 새벽 3시의 트래픽이 훨씬 낮다. 부하가 증가하는 것을 확인한 후 몇 분 안에 용량을 확장할 수 있다면 더 작은 버퍼로 운영할 수 있고, 부하가 적을 때는 더 확실하게 스케일 다운(scale down)할 수 있다.

장애 복구

불변 인프라로 가능한 또 다른 능력은 장애로부터 신속하게 복구하는 기능이다. 개별 노드의 기반이 되는 하드웨어에 장애가 발생하면 불변 이미지를 사용해 신규 노드를 신속하게 시작해 교체할 수 있다. 신규 노드는 클러스터의 모든 노드가 이미 사용하는 동일한 이미지에서 부팅되기 때문에 추가 설정이나 소프트웨어를 설치할 필요가 없다. 또한 넷플릭스의 카오스 몽키(Chaos Monkey)와 같은 툴을 이용해 시스템 장애를 유도해서 장애 처리하는 능력을 확보할 수 있다.

운영 간소화

단순성은 속도의 기본 컴포넌트다. 불변 시스템의 장점은 변경을 더 단순하게 할 수 있다는 것이다. 컴포넌트는 변경되지 않고 교체되므로 더는 이전 상태와 새로운 상태 간의 상태 전환을 주의해서 관리할 필요가 없다. 즉, 서버에서 실행되는 애플리케이션의 새로운 릴리즈, 운영 체제의 설정 변경, 기본 라이브러리 변경 여부와 관계없이 적용된다. 어떤 경우든 같은 프로세스를 통해 변경 사항을 프로덕션으로 배포한다.

이 단순성은 스트레스의 중요한 사항이다. 상태 변경에 대해 걱정하지 않아도 되므로 속도와 신뢰성이 향상된다. 인프라가 기존 방식으로 관리되는 경우 변경 전에 현재 상태를 확인한 다음, 변경 내용이 예상대로 이 상태에 영향을 미치는지 확인하기 위해 많은 코드를 사용한다.

/etc/resolv.conf 의 간단한 DNS 서버 변경을 고려하자. 불변 인프라가 없으면 이전 DNS 서버의 회선이 제거되었는지 확인한 후 신규 DNS 서버의 회선이 올바른 위치에 꽂혔는지 확인해야 한다. 불변 인프라를 사용하면 변경된 DNS 서버를 가리키는 새 빌드를 릴리즈하기만 하면 된다. 훨씬 더 간단한 작업이다.

더 빠른 시작 시각

필자가 IT 분야에서 일하기 시작했을 때 로드밸런서에 연결된 새로운 서버를 교체하는 데만 하루가 걸렸다. 설정 관리를 통해 1시간 미만으로 줄일 수 있었는데 불변 인프라는 단 5분으로 단축되었다. 하지만 트레이드오프가 있다. 새로운 이미지를 빌드하는 시간이 오래 걸리지만 각 이미지는 훨씬 더 빠르게 시작된다. 여기에는 많은 트레이드오프를 반영한다. 예를 들어, gcc -O2를 사용해 런타임과 컴파일 시간을 교환하는 것이다.[01]

더 빨라진 시작 시간으로 시스템을 보다 효율적으로 확장할 수 있다. 만약 시작 소요 시간이 1시간이면, 시스템이 적어도 1시간 전에 로드될 것으로 예상하고 이를 예상하기 위한 확장을 시작해야 한다. 따라서 시작 시간에 단 5분이 소요되면 향후 5분만 예상하면 된다. 모든 예상과 마찬가지로 시간 범위가 짧을수록 예상은 더 정확해지므로 자신 있게 스케일 다운(scale down)할 수 있다. 예상이 틀리더라도 신속하게 온라인으로 용량을 복구해 되돌릴 수 있으므로 트래픽이 감소 추세를 보이고 저녁에 정점을 찍을 것으로 예상한다면 클러스터를 자신 있게 스케일 다운할 수 있다.

시작 시간이 빠를수록 더 많은 실시간 또는 즉각적인 용량 관리가 가능하지만 실제로 제공되는 것은 장애에 대한 복원력이다. 노드를 신속하게 교체할 수 있다는 것은 노드가 오프라인이 전환되는 외부 이벤트나 카오스 운동과 같은 내부 이벤트로 인해 노드가 죽을 때 수동 개입 없이 노드를 신속하게 자동으로 교체할 수 있음을 의미한다. 불변 인프라가 없는 상태에서 의도적으로 인프라 장애를 발생시키면 혼란을 초래할 수 있다.

알고 있는 현재 상황

SRE 팀과 보안팀의 가장 큰 우려 중 하나는 인프라에 알려지지 않은 부분이다. 장비가 꽤 오래 작동해 왔다면 실제 상태를 제대로 알 수 없을 것이다. 불변 인프라가 없으면 장비가 수년간 프로덕션 상태를 유지하면서 업그레이드와 패치를 통해 새로운 소프트웨어를 설치할 수 있으며 기존 소프트웨어는 전체 이미지를 다시 작성하지 않고도 제거할 수 있다. 이처럼 우리는 인스턴스의 전체 상태를 다 알 수 없다.

인스턴스의 전체 상태를 알 수 없다는 점은 보안적인 관점에서 상당히 우려스럽다. 시스템이 얼마나 오래전에 손상되었는지 알 수 없고, 지속적으로 악성코드가 존재했는지 알 수 없기 때문이다. 이는 또한 SRE의 관점에서도 꽤 우려스럽다. 시스템에 잠복하고 있는 버그 존재 여부를 알지 못하기 때문이다. 라이브러리 중 하나가 업그레이드되지 않았거나 패치 중 하나가 설치되지 않았을 수 있다. 회사의 어느 엔지니어가 패키지 또는 개별 바이너리를 수동으로 설치했을 수도 있다. 불변 인프라를 사용하면 인스턴스가 몇 주 이상, 최적의 경우 며칠 미만으로 실행되지 않을 것이다.

복잡한 시스템과 마찬가지로 설정 관리 자체도 완벽할 수 없다. 때로는 가장 잘 유지되는 인프라에서도 최신 변경 사항을 통보받지 못한 시스템이 생길 수 있다. 이는 장비 내 에이전트가 나쁜 상태로 종료되었거나 네트워크 문제 때문일 수 있지만 이런 이유와 상관없이 모든 시스템이

---

[01] gcc의 -O2 플래그는 컴파일 시간과 생성된 코드의 성능을 모두 향상시킨다. (https://bit.ly/3zoNgsY)

예상한 대로 구성될 것이라는 약속은 의미가 없다.

불변 인프라를 사용하면 인스턴스의 전체 수명주기 관점에서 하나의 설정만 있으므로 이미지가 장비에서 부팅되고 설정이 정확하고 최신 상태인지 확인할 수 있다. 어떤 이유든 잘못된 인스턴스가 있다면 해당 인스턴스는 종료하고 새 인스턴스로 교체하면 된다.

신뢰할 수 있는 지속적 통합/배포 구축

기존 인프라에서 소프트웨어는 데브(Dev), 테스트(Test), 스테이징(Staging), 프로덕션(Prod)에 차례로 설치된다. 각각의 경우 특히 서버를 설치 중에 재사용하는 경우 소프트웨어를 약간 다르게 배포할 수 있다. 서버 간의 문제와 차이점은 시간이 지날수록 복잡해진다. 테스트 또는 스테이징에서 작동하는 변경 사항이 프로덕션에 배포될 때 같은 방식으로 수행될 것이라고 믿을 수 없다. 불변 인프라로 이동하면 해당 위험이 많이 감소한다. 사용된 이미지는 각 환경에 대해 정확히 동일하며 개발자가 "테스트에서는 잘 작동했어요!"라고 말하는 것을 듣지 못할 것이다.

불변 인프라를 배포하는 가장 좋은 방법은 블루/그린(blue/green) 배포 방식을 사용하는 것이다. 이 방법은 서비스를 제공하는 200개의 인스턴스 클러스터가 있는 경우 블루(blue) 라벨을 붙이고, 새로운 배포 이미지의 200개 인스턴스(instance)를 새로 생성해 그린(green) 라벨을 붙이는 것이다. 200개의 신규 인스턴스(그린 라벨)가 작동되어 트래픽을 흘려보내면 이전 인스턴스(블루 라벨)의 트래픽을 중지한다. 대기 시간(약 한 시간 정도)이 끝난 후 상태가 양호하다는 판단이 들면 이전 인스턴스를 종료한다. 해당 프로세스는 매우 유연한 롤아웃과 롤백이 가능하다. 새로운 배포(블루 라벨)에서 에러가 증가하면 트래픽을 이전 배포(그린 라벨)로 다시 이동하면 된다.

보안

불변 인프라는 보안 측면에서도 장점이 있다. 각 인스턴스는 매번 처음부터 빌드되기 때문에 노드에서 문제가 발생할 위험은 훨씬 낮다. 즉, 일시적인 문제 해결을 위해 설치된 프로그램이나 이제는 사용하지 않는 오래된 라이브러리가 공격 범위를 증가시키지 않는다.

공격자가 노드를 제어하게 되면 장비 교체 전에 노드를 활용할 수 있는 기간이 제한된다. 따라서 장기간의 취약점 공격(long-running exploits)을 진행할 수 없다.

보안 패치를 배포할 때 애플리케이션 코드 변경과 동일한 릴리즈 프로세스를 사용할 수 있다. 잘 실행되고 이해된 프로세스는 장애 가능성이 작기 때문에 위험을 최소화한다.

가장 어려운 보안 변경 중 하나는 커널 패치다. 기존의 인프라는 각 서버를 재부팅 하고 서버가 다시 온라인 상태가 되기를 바라기 때문에 위험하다. 여러 이유로 실패할 수 있다. 업그레이드를 시도할 때까지 몰랐던 설정 문제가 발생할 수 있고 잠재적인 하드웨어 문제를 발견할 수도 있다. 불변 인프라를 사용해 커널 패치가 이미 적용된 신규 서버 이미지를 빌드한 다음 일반 릴리즈 파이프라인을 통해 푸시한다. 이 방식이 더 안전하고 빠르며 재부팅할 때 서버를 수동으로 관리(혹은 고통스러운 스크립트 작업)할 필요가 없다.

멀티 리전 운영하기

불변 인프라는 멀티 리전(multiregion) 운영을 단순화한다. 다른 설정 관리 스택을 모든 리전에 전파하고 동기화 상태를 유지하는 대신 단일 이미지를 모든 리전에 배포할 수 있다. 여러 리전에 설정 관리를 배포하면 자체적으로 관리하기 어려울 수 있다. 각 설정 관리 마스터 노드는 다른 리전의 마스터 노드와 동기화를 유지해야 하며 이는 더 복잡한 수준이다. 또한 .tar 파일과 같은 일부 관리 아티팩트 파일을 복사하고 동기화된 상태로 유지해야 하며 마스터 없는 설정 관리 툴을 배포하는 경우도 마찬가지다.

불변 인프라를 사용하는 경우 해당 이미지를 기반으로 서버를 시작하기 전에 새 이미지를 각 리전으로 복사하는 단계만 배포 파이프라인에 추가하면 된다. 블루/그린 배포를 사용하면 추가 리전으로 배포하기 전에 한 리전에서 배포가 성공했다는 확신을 가질 수 있다. 아키텍처에서 항상 모든 리전에서 동일한 버전을 실행해야 한다면 블루/그린 플립을 동기화하여 이를 수행할 수도 있다.

릴리즈 엔지니어링

설정 관리 툴은 꽤 강력해서 개발자와 조직에는 무서운 존재다. 잘못된 설정 하나가 전체 인프라를 비활성화할 수 있다. 이 때문에 많은 회사에서는 개발자가 운영 팀의 검토 없이 설정 관리에 대한 변경 사항을 배포하는 것을 신뢰하지 않는다. 모든 설정 관리 소프트웨어도 개발자가 기본 언어만큼 익숙하지 않은 고유한 도메인별 언어를 사용한다. 개발자에게 새로운 언어를 배우게 하고 사용하도록 요구하는 것은 부담만 가중하는 일이다. 더욱이 자주 쓰지 않는 새로운 언어의 능숙한 사용을 기대할 수도 없다.

불변 인프라를 사용하면 해당 문제를 해결할 수 있다. 실행 중인 인스턴스의 상태를 않아야 한다. 이로 인해 잘못된 변경으로 인한 인프라 위험이 대폭 줄어들고 모든 변경 사항은 한 가지 유형의 인스턴스에만 영향을 미친다. 블루/그린 배포 환경에서는 문제가 발생했을 때 변경 사항을 롤백하는 게 쉽지 않다.

이러한 변경을 통해 개발자는 예기치 않은 버그로 손상이 발생해도 간단하게 복구할 수 있다는 확신을 갖고 프로덕션에 코드와 설정 변경을 배포할 수 있다.

기본 이미지 구축

불변 인프라를 구현하기 위한 첫 번째 단계는 좋은 기본 이미지를 생성하는 것이다. 기본 이미지는 인프라에서 실행 중인 모든 인스턴스에 사용된다. 소규모 샵 애플리케이션을 실행하는 경우 리눅스 배포 버전의 기본 릴리즈 이미지를 사용한 다음 최신 보안 업데이트를 설치하면 된다. 이 과정이 가장 쉬운 옵션이다.

여유가 좀 더 있는 팀이라면 다음 중 일부를 수행해 기본 이미지를 최적화할 수 있다.

- 프로덕션 환경에서 필요하지 않은 패키지 제거
- 보안 설정을 변경해 이미지 개선
- 네트워크 스택 조정
- 인프라 전체에서 사용되는 일반 라이브러리 및 내부 패키지 설치

극단적으로 말하면 기본 이미지는 변경 불가능한 전용 빌드 및 릴리즈 파이프라인을 사용해 서명된 소스 코드를 빌드할 수 있다. 해당 방식으로 이미지를 빌드하면 신뢰할 수 있고 확인 가능한 비트 단위로 재생 가능한 이미지가 생성된다. 그러나 이는 대부분 조직의 요구 사항을 넘어서는 것이다.

만족하는 이미지가 있으면 해당 이미지를 사용해 프로덕션에 배포할 모든 이미지를 빌드한다. 해당 이미지를 다시 빌드하는 방법은 사용자에게 달려있다. 다만 시스템에 영향을 미치는 보안 취약성이 발견된 직후 즉시 해당 이미지를 빌드하고 배포할 수 있도록 예외 프로세스를 갖는 것이 좋다.

신규 이미지를 배포할 때 운영팀에서 해당 이미지를 매우 중요한 애플리케이션 가운데 배포하지 말고, 카나리(canary)로 덜 중요한 애플리케이션 가운데 배포해야 한다. 카나리는 새로운 코드를 배포해 자동화된 테스트에서 발견하지 못한 문제가 있는지 확인하는 시스템의 작은 하위 집합이다. 이렇게 언제든지 카나리 버전과 배포 버전을 모두 사용할 수 있다.

설정 관리 툴 또는 쉘 스크립트를 사용해 기본 이미지를 구성할 수 있다. 이는 실행 중인 인프라가 아닌 배포 파이프라인의 일부로만 사용하기 때문에 프로덕션 환경에서 설정 관리 툴을 실행하는 것과는 완전히 다르다. 최적화하기 위해 설정 관리 툴을 한 번만 실행해 이미지를 불변 상태로 만들기 전에 업스트림 이미지가 원하는 설정을 준수하도록 해야 한다. 기본 이미지를 구축하고 유지보수하는 팀은 기본 이미지에서 실행되는 애플리케이션을 개발하는 엔지니어와 함께 의견을 교환하고 협력해야 한다. 개발자는 기본 이미지를 구축하는데 사용하는 설정 관리 툴을 신경 쓰거나 심지어 알 필요도 없다.

애플리케이션 배포

각 개발자는 배포할 준비가 되면 각 애플리케이션은 자동화된 다중 단계 배포 프로세스를 거쳐야 한다. 먼저 운영 체제(OS)용 패키징 시스템 또는 언어별 패키징 시스템을 사용해 코드를 컴파일하고 패키징해야 한다. 이 작업이 완료되면 패키지와 해당 의존성을 기본 이미지에 설치할 수 있다. 하시코프(HashiCorp)는 패커(Packer)라는 오픈소스 배포 툴을 갖고 있다. 넷플릭스는 애미네이터(Aminator)라는 오픈소스 배포 툴을 출시했다. 컨테이너 인프라를 실행 중이라면 도커(Docker) 이미지를 빌드하는 많은 툴이 있다. 도커 이미지는 기본 OS에서 실행해야 한다.

불변 시스템 이미지는 기본 OS를 기반으로 시작해야 한다. 도커 이미지는 컨테이너 오케스트레이션 툴에서 관리하는 버전을 사용해 런타임에 가져와야 한다. 이렇게 배포하면 불변 시스템 이미지에서 작동하는 불변 도커 이미지가 실행될 것이다.

이미지 또는 도커 컨테이너가 준비되면 배포하기 전에 테스트해야 한다. 처음에는 개발 또는 통합 환경에서 시작하기를 원할 것이다. 테스트 통과 후 프로덕션 트래픽을 받는 카나리 인스턴스를 시작하기 전에 테스트 또는 스테이징 환경에서 실행한다. 마지막으로 신규 이미지로 새로운 자동 확장 그룹 또는 도커 클러스터를 시작하거나 다음의 블루/그린 배포 대상으로 카나리 클러스터를 확장할 수 있다.

이 아이디어는 모든 개발자가 새로운 버전의 서비스를 안전하고 신속하게 배포할 수 있도록 SRE 팀이 지원하기 위한 것이다.

단점

지금까지 불변 인프라 구축의 장점과 기법을 다뤘는데 환경에 따라 잘 맞지 않는 경우도 있다. 영구 데이터 계층에서 불변 인프라를 사용하는 것이 불가능하지는 않지만 어려울 수 있다. 카산드라(Cassandra)와 같은 일부 데이터베이스는 불변 환경에서 작동하도록 설계되어 있다. 이럴 때는 블루/그린 배포 대신 한 번에 하나의 노드를 교체하는 롤링 배포를 사용해야 한다. 다른 데이터베이스는 큰 수정 없이 불변의 방식으로 사용하기가 어렵다. 애플리케이션에 따라 데이터 계층 외부의 노드에서 불변의 상태로 실행하는 것이 더 쉬울 수 있으며, 데이터 계층에 대해 보다 전통적인 설정 관리 인프라를 실행할 수 있다.

또한 불변 인프라는 반복 대기 시간을 증가시킬 수 있다. 도커 이미지라도 새로운 이미지를 만드는 것은 개발 인스턴스에 코드 파일을 복사하는 것보다 훨씬 더 오래 걸린다. 주로 코드 기반은 서버에서만 실행할 수 있어서 개발자 워크스테이션에서 로컬로 개발할 수 없다면 이런 반복 대기 시간은 개발자의 생산성을 떨어뜨릴 수 있다. 이를 완화하는 한 가지 방법은 코드가 패키징되어 테스트(Test) 또는 스테이징(Staging) 환경으로 배포되기 전에 개발자 워크스테이션에서 임시 개발 서버로 코드를 쉽게 동기화하는 것이다. 해당 접근 방식은 개발자의 생산성에 대한 필요성과 불변 인프라 간의 장점 간의 균형을 유지한다.

결론

불변 인프라를 채택하면 노동이 줄어들어 개발자가 프로덕션 기능에 집중할 수 있다. SRE 팀은 개발자의 생산성을 높이고 새로운 코드를 배포하는 시간을 줄여 개발자가 더 행복하고 생산적으로 일하는 동시에 더 안전하고 신뢰할 수 있는 인프라를 구축할 수 있다.

요나 호로위츠 Jonah Horowitz

18년 동안 프로덕션 애플리케이션 구축과 확장을 해온 수석 사이트 신뢰성 엔지니어다. 그는 퀀트캐스트(Quantcast), 넷플릭스(Netflix), 스트라이프(Stripe)를 포함해 여러 스타트업 기업과 대기업에서 근무했다.

CHAPTER 25

스크립트를 사용할 수 있는 로드밸런서

디지털오션DigitalOcean**의 에밀 스톨라스키**Emil Stolarsky, 이전 직장 쇼피파이

확장성 문제가 발생하면 전체 웹 서비스를 다시 설계하거나 리팩토링할 시간이 없다. 해당 서비스는 과부하로 인해 결국은 다운될 것이다. 어쩌면 우리는 잘못된 데이터베이스 쿼리를 쉽게 수정하는 기적을 바랄 수도 있다. 아니면 단순히 직원 수를 늘릴 수도 있을 것이다. 그러나 당면한 문제를 해결하는데 필요한 시간, 돈, 사람이 없다면 어떨까? 다행히도 SRE의 역할과 확장성에 대한 접근 방식을 영원히 바꿀 수 있으며 IT 업계에서 작게나마 이름을 알리고 있는 새로운 툴이 있다. 바로 스크립트를 사용할 수 있는 로드밸런서(load balancer)이다.

스크립트를 사용할 수 있는 로드밸런서는 루아(Lua)와 같은 스크립팅 언어로 요청/응답 처리 흐름을 수정할 수 있는 프록시(Proxy)이다. 이를 통해 인프라 팀은 애플리케이션을 분산 배포하고, DDoS(Distributed Denial of Service) 공격을 완화하며, 높은 부하를 처리하는 새로운 방법을 모색할 수 있다. 소규모 팀에서 진행하기 어렵거나 불가능해 보이는 문제들을 새롭고 우아한 방법으로 해결할 수 있다. 로드밸런싱 계층에 고성능 맞춤형 로직을 추가하는 기능은 더이상 새로운 것이 아니다. 그러나 규모와 관계없이 모든 조직에서 이 로직을 수행할 수 있으므로 스크립트를 사용할 수 있는 로드밸런서는 판도를 바꿀 수 있다.

스크립트를 사용할 수 있는 로드밸런서: 뉴키즈 온 더 블록[01]

거의 모든 웹 서비스를 살펴보면 그림 25-1처럼[02] 요청이 가장 먼저 도달하는 로드밸런서를 발견할 것이다. 서버는 프록시 역할을 하며 요청(HTTP 또는 기타)을 수신해 업스트림 서버의 지정된 풀로 전달한다. 복원력과 성능 향상의 가치를 제공하기 때문에 어디에서나 사용된다. 요즘에는 SSL(Secure Sockets Layer) 오프로드, 간단한 캐싱, 여러 업스트림 간 로드를 분산시키는데 많이 사용된다.

---

[01] (역자주) 뉴키즈 온 더 블록: 미국 가수 그룹 이름
[02] 톰 리몬첼리(Tom Limoncelli), 스트라타 찰럽(Strata Chalup), 크리스티나 호건(Christina Hogan)의 『클라우드 시스템 관리 사례: 대규모 분산 시스템의 설계와 운영(The Practice of Cloud System Administration: Designing and Operating Large Distributed Systems)』, Addison-Wesley 출판사, 2014년

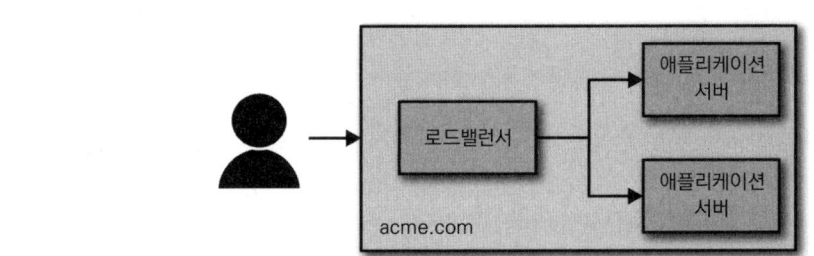

그림 25-1. 애플리케이션 서버로 라우팅 되기 전에 사용자 요청이 로드밸런서에 도달하는 일반적인 웹 애플리케이션의 아키텍처

로드밸런서는 애플리케이션 아키텍처에서 성능이 뛰어나고 전문화된 컴포넌트이다. 요청을 신속하게 처리하고 업스트림보다 훨씬 많은 트래픽을 처리하는 능력이 특히 강점이다. 그러나 아쉽게도 복잡한 애플리케이션 로직을 추가하는 모든 시도는 로드밸런서와 함께 제공되는 제한적인 설정 언어에 의해 빠르게 중단된다. 요청 내용(예: 헤더 읽기)을 읽을 수 있고 해당 요청 내용을 처리할 수 있는 애플리케이션을 인식하는 로드밸런서(예: 페이스북의 프록시젠(Proxygen)[03])가 있지만 사용자 정의 방식으로 구축해야 한다. IT 업계의 골리앗(페이스북, 구글 등)은 애플리케이션을 인식하는 로드밸런서가 가져올 수 있는 가치를 인식하고 자체적으로 개발하는 데 주력했다. 팀을 구성할 수 없는 나머지 회사들은 도움을 받지 못하고 외롭게 있었다.

IT 업계의 일부 회사는 기존 로드밸런서 또는 애플리케이션을 인식하는 사용자 정의 로드밸런서 사이에 이분법이 필요하지 않다는 것을 깨닫기 시작했다. 이 중간 지점은 스크립트를 사용할 수 있는 로드밸런서로 채울 수 있다. 이 로드밸런서를 사용한다면 루아와 같은 스크립팅 언어로 요청/응답 처리 흐름(예: 외부로 나가는 헤더 변경)을 변경할 수 있다. 고급 언어로 확장 기능을 개발하면 로드밸런서의 기존 기능을 기반으로 애플리케이션 인식 기능을 추가할 수 있다.

스크립트를 사용할 수 있는 로드밸런서 시장은 아직 젊다. 현재 이 로드밸런서 프로젝트에는 오픈레스티(OpenResty)와 nginScript 두 가지가 있다. 오픈레스티(OpenResty)는 인터넷에서 "agentzh"으로 알려진 이춘 장(Yichun Zhang)이 만든 LuaJIT가 내장된 Nginx C 모듈이다. 꾸준히 커뮤니티[04]가 성장해 여러 라이브러리/모듈을 생성했고 클라우드플래어(Cloudflare), 텀블러(Tumblr), 쇼피파이(Shopify)와 같은 회사에서 채택되었다. 이 중 오픈레스티는 가장 큰 커뮤니티를 보유해 인터넷 트래픽의 10% 이상을 차지하고 있다.[05] Nginx에 자바스크립트 스크립팅 엔진을 구현한 Nginx사의 nginScript가 그 뒤를 바짝 따르고 있다.

---

03 SREcon15 EU에서 발표한 패트릭 셔프(Patrick Shuff)의 "10억 사용자 트래픽에 대한 로드밸런서 구축 (https://bit.ly/3JION1U)", 2015
04 Netcraft. (2016). "September 2016 Web Server Survey.": 넷크래프트에서 발간한 "2016년 9월 웹 서버 설문", 2016
05 존 로버츠의 "클라우드플래어로 엣지*의 트래픽을 제어하십시오." (https://bit.ly/3t8IheW) (* (역자주) 엣지(edge): 데이터가 발생하는 현장을 말한다. 엣지 컴퓨팅은 데이터가 발생하는 현장 가까운 곳에서 실시간 처리하는 기술을 말한다. 예를 들면 자율주행차의 차량 내부 AI 유닛을 통해 데이터에 대응하는 것이 훨씬 효율적이다. 클라우드 컴퓨팅에 걸리는 데이터의 부하를 분산시키는 용도로 엣지 컴퓨팅을 사용한다. 25장에서는 엣지라는 단어를 그대로 사용한다.)

스크립트를 사용할 수 있는 로드밸런서가 필요한 이유

스크립트를 사용할 수 있는 로드밸런서는 사용자 정의를 할 수 있으므로 기존 로드밸런서보다 많은 장점이 있다.

일부 조직만이 프로덕션용으로 준비된 자체 로드밸런서를 구축하는 데 필요한 시간과 인력을 확보할 수 있다. 사실상 처음부터 로드밸런서를 구축한 경험이 있는 엔지니어는 거의 없다. 보통 엔지니어들은 복원력이나 성능을 향상시키기 보다 휠(wheel)을 다시 개발하고, 라우팅과 요청처리 엔진을 구축하는 데 시간을 할애한다.

결국 엣지에 추가하는 사용자 정의 로직은 로드밸런서가 할 수 있는 작업의 일부 기능이다. 해당 로직을 재구축하는 것은 누구에게도 이익이 되지 않는다. 특히 오픈소스 커뮤니티의 꾸준한 개선으로 현재의 역량이 바뀔 수 있는 경우는 더욱 그렇다.

기존의 로드밸런서는 스크립트를 사용할 수 있는 로드밸런서와 동일한 기능을 제공하지 않는다. 한 가지 단점은 기존 로드밸런서가 선언적 설정 언어를 제공해 애플리케이션 로직을 표현하기 어렵다는 것이다. 때로는 원하는 행동을 지정하는 것조차 불가능하며, 설정을 통해 표현된 로직은 테스트로 정확성을 완전히 검증하기 어렵다. 이를 보완하기 위해 많은 로드밸런서에는 개발자가 모듈을 통해 기존 기능을 보강할 수 있는 C 기반 플러그인 시스템이 함께 제공된다. 해당 플러그인 시스템은 많은 문제를 해결하지만 임베디드 스크립트 언어를 사용할 때와 비교하면 상당히 불필요한 단점이 있다. C 언어는 내장 메모리에 대한 안전성이 제공하지 않아서 메모리 결함(예: 버퍼 오버플로우와 세그먼트 결함)이 발생하기 쉬우므로 본질적으로 안전하지 않다. 이와 반대로 루아와 같은 스크립팅 언어는 엄격한 런타임과 메모리 보장으로 샌드박스를 생성할 수 있다. 개발자가 C 모듈을 개발할 때 로직과 관련이 없는 하위 레벨의 세부 사항을 무시할 수 없는 반면 스크립팅 언어를 개발할 때는 하위 레벨의 세부 사항을 이해하지 않아도 된다.

어려운 작업 간소화 하기/쉽게 하기

로드밸런서는 모든 요청이 전달되는 서비스의 게이트키퍼 역할을 한다. 웹 아키텍처에서 게이트키퍼 위치는 강력한 추상화(abstraction)를 가능하게 한다. 이를 통해 SRE 또는 인프라 개발자는 일반적으로 사용할 수 없는 솔루션을 제공할 수 있다. 예를 들어, 사용자에게 에러를 리턴하거나 올바른 데이터 센터에 요청을 프록싱(proxying)하지 않으려는 경우를 생각해보자. 여기서 배포 중에 요청을 일시 중지하는 기능이 SRE 팀에게는 강력하지만 기존 프레임워크와 애플리케이션으로는 달성하기 어렵다. 레일즈(Rails) 또는 장고(Django)와 같은 대표적인 웹 프레임워크는 전통적인 CRUD/REST 요청을 처리하도록 설계됐다. 기존과 다른 방식으로 사용할 수 있지만 복원력을 위한 작업은 감당해야 한다. 이제는 스크립트를 사용할 수 있는 로드밸런서를 사용해 일반적인 인프라 문제를 효과적으로 해결하는 방법을 설명하고자 한다.

샤드 인식 라우팅

애플리케이션이 너무 거시년 데이터 역시 단일 노드에 저장할 수 없을 만큼 커지게 된다. 이에 대한 해결책은 데이터를 샤드(shard)라고 하는 관리 가능한 덩어리로 분할해 여러 노드와 데이터베이스에 분산시키는 것이다. 이 작업은 데이터베이스에서 내부적으로 수행하므로 확장하려면 데이터베이스 클러스터에 더 많은 노드를 추가하면 된다. 대부분 애플리케이션에서 데이터는 데이터 모델과 접근 패턴에 따라 논리적으로 분할되어야 한다.[06]

애플리케이션이 샤드 처리된 후에는 프로세스가 모든 샤드에 접근할 수 있다는 보장이 없다. 따라서 응답을 확인하려면 요청이 필요한 데이터에 접근할 수 있는 프로세스로 라우팅 되는지 확인해야 한다. 특정 요청이 어떻게 라우팅 되는지에 대한 방식은 해결해야 할 중요한 문제가 된다. 이제 요청을 올바른 샤드로 라우팅할 수 있는 몇 가지 일반적인 방법과 스크립트를 사용할 수 있는 로드밸런서를 사용해 이 까다로운 문제를 해결하는 방법을 살펴보도록 하자.

DNS를 통한 라우팅 요청

도메인 이름(예: 멀티테넌트 애플리케이션)으로 샤드된 데이터 모델의 경우 DNS를 사용해 올바른 샤드로 라우팅할 수 있다. 모든 샤드에 그림 25-2처럼 고유 도메인이 부여되어 샤드에 대한 요청을 처리할 수 있는 프로세스가 도메인을 해석할 수 있다.

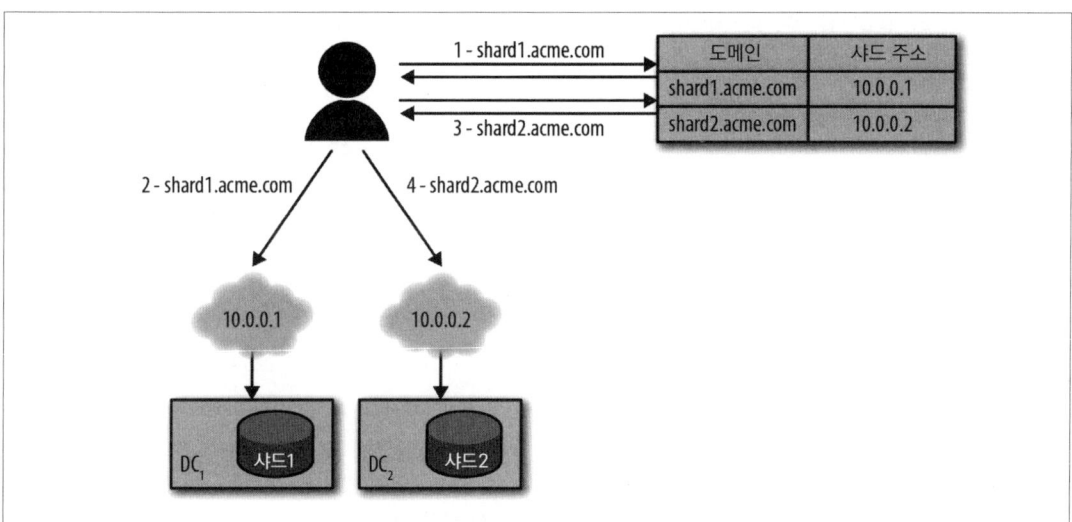

그림 25-2. 1) 클라이언트가 샤드에 도메인에 대한 DNS 주소를 요청 2) 클라이언트는 DNS 서버가 리턴한 IP에 첫 번째 샤드 위치로 요청을 전송 3) 클라이언트는 별도의 샤드에 도메인에 대한 DNS 주소를 요청 4) 클라이언트가 해당 DC에 요청을 전송

---

06 케이트 마츠다이라(Kate Matsudaira)가 저술한 『오픈소스 애플리케이션의 아키텍처 II: 구조, 규모, 끔찍한 해킹(In The Architecture of Open Source Applications Volume II: Structure, Scale, and a Few More Fearless Hacks)』 책에서 "확장 가능한 웹 아키텍처 및 분산 시스템(Scalable Web Architecture and Distributed Systems)" 부분, 에드 에이미 브라운과 그레그 윌슨(Ed. Amy Brown and Greg Wilson) 출판사, 2012

이 방법의 분명한 장점은 단순성이다. 웹상의 모든 애플리케이션은 이미 DNS를 사용하고 있지만 너무 익숙해서 발생하는 DNS의 수많은 문제가 있다. 라우팅 정보 변경 사항을 수렴하는 것은 예상보다 더 많은 시간이 걸릴 수 있다. DNS를 사용하면 샤드(즉, 도메인 이름만)를 구별하는 데 사용할 수 있는 것도 제한된다.

애플리케이션 쿼리 라우팅

모든 프로세스가 모든 샤드에 접근할 수 있다면 요청을 올바른 프로세스로 라우팅되는지 확실하게 하는 문제를 방지할 수 있다. 그림 25-3에서 알 수 있듯이 올바른 데이터베이스와 연결하고 통신하는 로직은 애플리케이션의 책임이 된다.

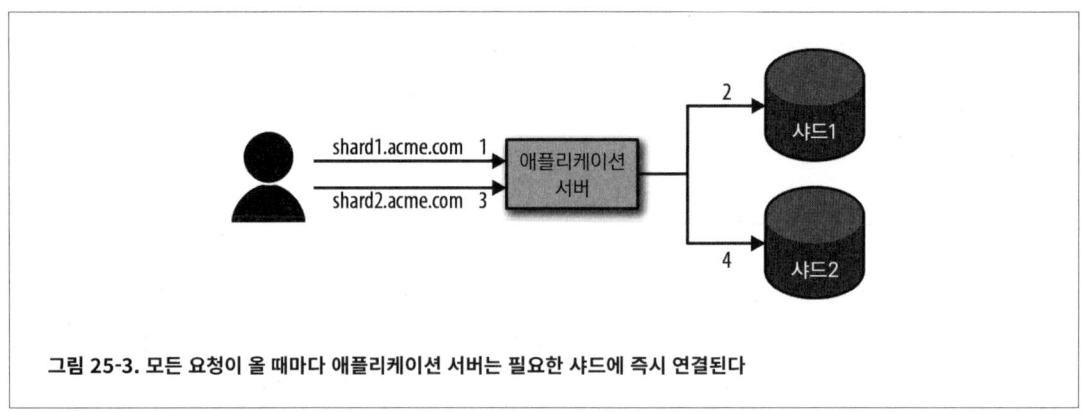

그림 25-3. 모든 요청이 올 때마다 애플리케이션 서버는 필요한 샤드에 즉시 연결된다

애플리케이션 쿼리 라우팅은 엄청난 복잡성을 부여하고 애플리케이션의 확장성을 훼손한다. 애플리케이션 규모가 단일 데이터 센터보다 커지면 데이터 센터 간 연결에서 지연 시간이 발생한다. 이로 인해 모든 샤드에 연결하는 것은 성능 면에서 큰 비용이 소요된다. 추가된 지연 시간이 문제가 되지 않더라도 각 데이터베이스와 애플리케이션 프로세스가 관리해야 하는 커넥션 갯수는 자체적인 문제(예: 최대 연결 제한)로 이어진다.

애플리케이션에서 라우팅 요청

그림 25-4처럼 복잡성을 추가하는 대신 애플리케이션에 샤드 라우팅 로직을 배치할 수 있다. 요청을 처리할 수 없다면 애플리케이션은 프록싱해서 요청을 올바른 샤드로 보낸다. 이를 요청 백홀링(backhauling a request)[07]이라고 한다. 애플리케이션은 잠재적으로 대량인 트래픽을 올바른 프로세스로 백홀링할 수 있어야 한다. 기존의 웹 프레임워크는 프록싱(요청을 대리함)하도록 설계되지 않았다. 게다가 이런 종류의 기능은 추가하기 쉽지 않다.

---

07 (역자주) 백홀링: 데이터를 빠르게 전달하기 위해 일반 경로가 아닌 노드를 통해 네트워크 데이터를 전달하는 것을 말한다.

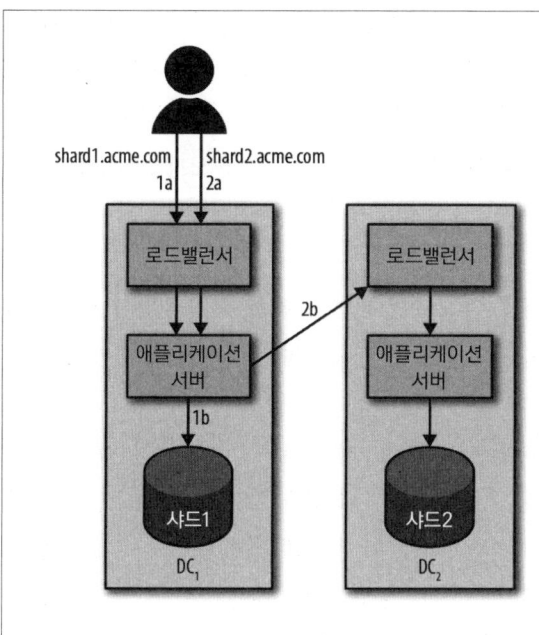

그림 25-4. 1a) 클라이언트는 샤드 1에 대한 요청을 가장 가까운 데이터 센터로 전송 1b) 로컬 샤드에 연결된 애플리케이션 서버 2a) 클라이언트는 샤드 2에 대한 요청을 가장 가까운 데이터 센터로 전송 2b) DC1의 애플리케이션 서버는 DC2에 대한 요청을 프록시함, 그리고 1b 단계는 로컬에서 처리

스크립트를 사용할 수 있는 로드밸런서로 라우팅 요청

스크립트를 사용할 수 있는 로드밸런서는 모든 샤드 라우팅 로직을 로드밸런싱 계층으로 이동시켜 새로운 라우팅을 가능하게 한다. 또한 애플리케이션에서 샤드 처리 아이디어를 완전히 구현할 수 있는 기능을 제공한다. 그림 25-5처럼 프로세스는 처리할 수 없는 요청을 인식하지 못한다.

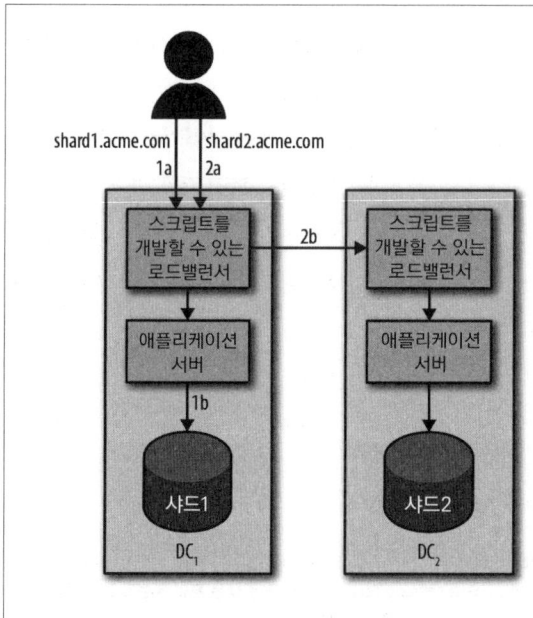

그림 25-5. 1a) 클라이언트가 샤드1에 대한 요청을 가장 가까운 데이터 센터로 전송 1b) DC1의 로드밸런서는 요청을 로컬 샤드에 프록싱 2a) 클라이언트는 샤드2에 대한 요청을 가장 가까운 데이터 센터로 전송 2b) DC1의 로드밸런서는 2단계가 로컬에서 처리되는 DC2로 요청을 프록싱

요청 라우팅 로직을 완전히 제어해 속성이나 속성의 조합(예: 호스트, URI, 클라이언트 IP)을 통해 원하는 샤드를 얻을 수 있다. 요청이 속한 샤드에 대한 통찰력을 제공하는 데이터베이스에 쿼리할 수도 있다. 라우팅에 대한 다른 접근방식을 사용하면 프로세스가 데이터 모델을 분할하는 방법에 직접적인 영향을 미친다. 예를 들어, DNS 라우팅을 사용하면 자체 도메인이 없는 데이터 모델을 분할할 수 없다. 인프라 이슈가 애플리케이션 설계에 영향을 주어서는 안 된다. 로드밸런서에 라우팅 로직을 탑재하면 올바르게 작동할 것이다.

이상적으로 애플리케이션은 자체 샤드를 최소로 인식한다. 로드밸런서의 라우팅을 사용하면 애플리케이션은 샤딩에 대해 거의 또는 전혀 인식하지 못한다. 해당 문제를 분리해놓으면 여러 애플리케이션에서 샤딩 로직을 재사용할 수 있다. 이 접근 방식의 대표적인 예가 구글의 슬라이서(Slicer)[08] 이다. 슬라이서는 애플리케이션에서 사용하는 자동 샤딩 서비스다. 핵심 컴포넌트는 구글의 프런트엔드 로드밸런서 및 RPC 프록시를 통해 요청이 특정 샤드로 라우팅되는 방법에 대한 업스트림 애플리케이션의 투명성이다. 현재 슬라이서는 현재 프로덕션 환경에서 사용 중이며 초당 7백만 건의 요청을 라우팅한다.

활용 가능성

스크립트를 사용할 수 있는 로드밸런서의 장점은 기존 기능을 재사용하는 것에서 비롯된다. 로드밸런서의 TLS(Transport Layer Security) 기능이 탁월하다면 TLS 협상 또는 상태 확인을 다시 개발할 필요가 없다. 물론 인터넷 공식 문서는 수정의 여지가 생길 수 있다. 바로 HTTP 캐싱이 좋은 예시이다. RFC는 요청이 캐시되는 방법과 시기를 변경하는 사용자 지정 캐시 제어(Cache-Control) 헤더를 확장할 수 있다.[09] 세부적인 캐시 키 제어(예: 캐시 키의 특정 쿠키 포함)를 위해 새로운 캐싱 프록시를 작성하는 대신 간단한 스크립트 로드밸런서에서 실행하면 동일한 기능을 정확히 재현할 수 있다.

또한, 로드밸런서는 라우팅과 서비스 요청에 특화되어 있다. 해당 처리를 빠르게 대량으로 수행할 수 있도록 상당한 노력이 투자되고 있다. 적은 노력으로 스크립트를 사용할 수 있는 로드밸런서에 추가된 모듈에 동일한 속성을 상속할 수 있다. 클라우드플래어의 WAF(Web Application Firewall)[10]와 쇼피파이의 Sorting Hat(L7 라우팅 계층)[11] 에서 확인할 수 있으며 둘 다 마이크로초 단위로 성능을 측정한다.

---

08 아툴 아디야(Atul Adya) 등이 "운영 체제 설계 및 구현에 관한 USENIX 콘퍼런스(Proceedings of the USENIX Conference on Operating Systems Design and Implementation)"에서 발표한 "데이터 센터 애플리케이션의 자동 샤딩 솔루션: 슬라이서(Slicer: Auto-sharding for Datacenter Applications.)" (https://bit.ly/3qXg9c1), 2016년
09 필딩(Fielding), 노팅엄(Nottingham) 등이 작성한 "하이퍼텍스트 전송 프로토콜(HTTP/1.1): 캐싱(Hypertext Transfer Protocol (HTTP/1.1): Caching)" (https://datatracker.ietf.org/doc/html/rfc7234), IETF 표준 트랙 RFC, 2014년
10 NginxConf 2014 콘퍼런스에서 존 그레이엄(John Graham)이 발표한 "NGINX에서 루아(Lua)를 활용한 낮은 지연 특성을 가진 WAF 구축 (Building a Low-Latency WAF Inside NGINX Using Lua)" (https://bit.ly/3qRHdte)
11 NginxConfig 2015 콘퍼런스에서 스콧 프란시스(Scott Francis)가 발표한 "NGINX와 루아(Lua)를 사용해 HTTP 요청 라우터 구축 (Building an HTTP Request Router with NGINX and Lua.)" (https://bit.ly/3F8FhBw)

케이스 스터디: 중단 시간

대부분 서비스는 코드를 프로덕션으로 빠르고 쉽게 배포하는 기능이 중요하다. 이를 수행할 수 있는 컴포넌트 중 하나는 무중단 배포(zero-downtime deploys)이다. 자동화가 파괴적인 유지 보수를 수행하는데 걸리는 시간을 줄일 수 있을 정도여서 중단 시간을 완전히 제거할 수는 없다.

스크립트를 사용할 수 있는 로드밸런서를 사용해 요청 일시 중지(request pausing)를 활성화/비활성화 기능을 추가하면 무중단 배포 또는 유지 보수를 해결할 수 있다. 예를 들어, 그림 25-6처럼 유지 보수 중 모든 요청에 에러가 발생하는 애플리케이션을 살펴보자.

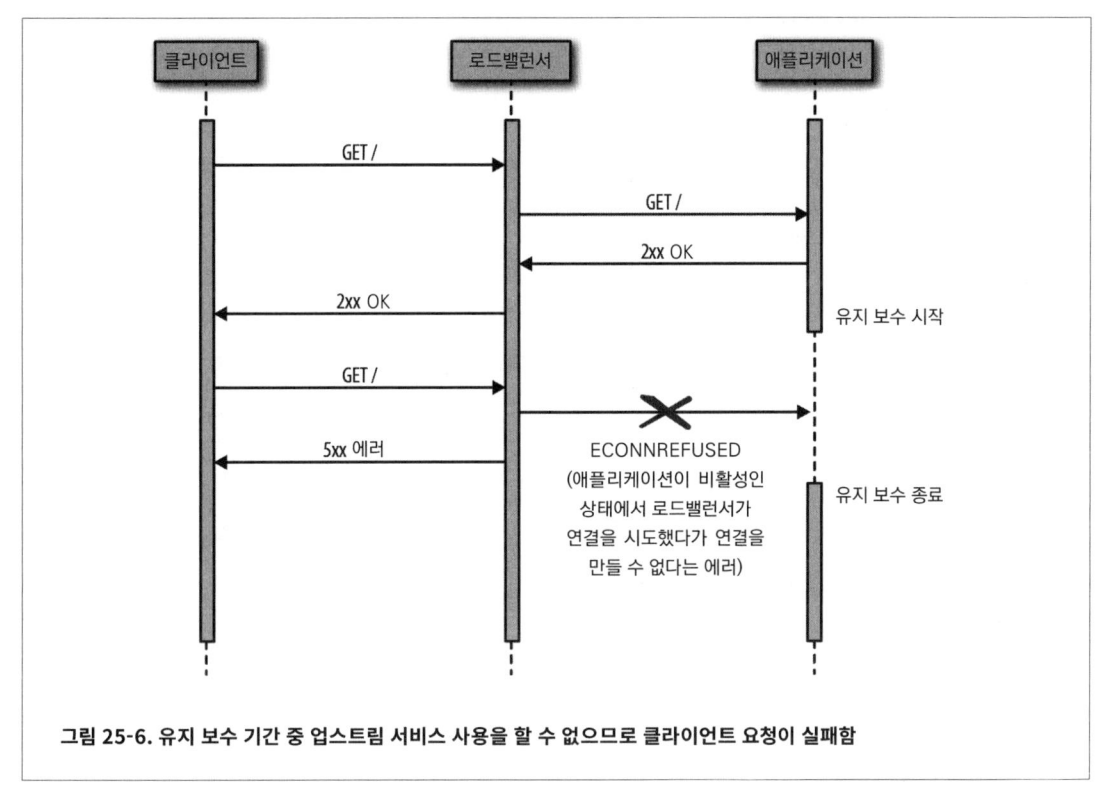

그림 25-6. 유지 보수 기간 중 업스트림 서비스 사용을 할 수 없으므로 클라이언트 요청이 실패함

요청 일시 중지는 요청을 원하는 업스트림으로 전달하기 전에 프록시가 요청을 대기시키는 것을 말한다. 요청은 지정된 시간 동안 일시 중지되거나 데이터스토어에 저장된 플래그에 의해 전환될 수 있다. 프록시가 재개되면 요청은 그림 25-7과 같이 원래 대상에게 전달된다.

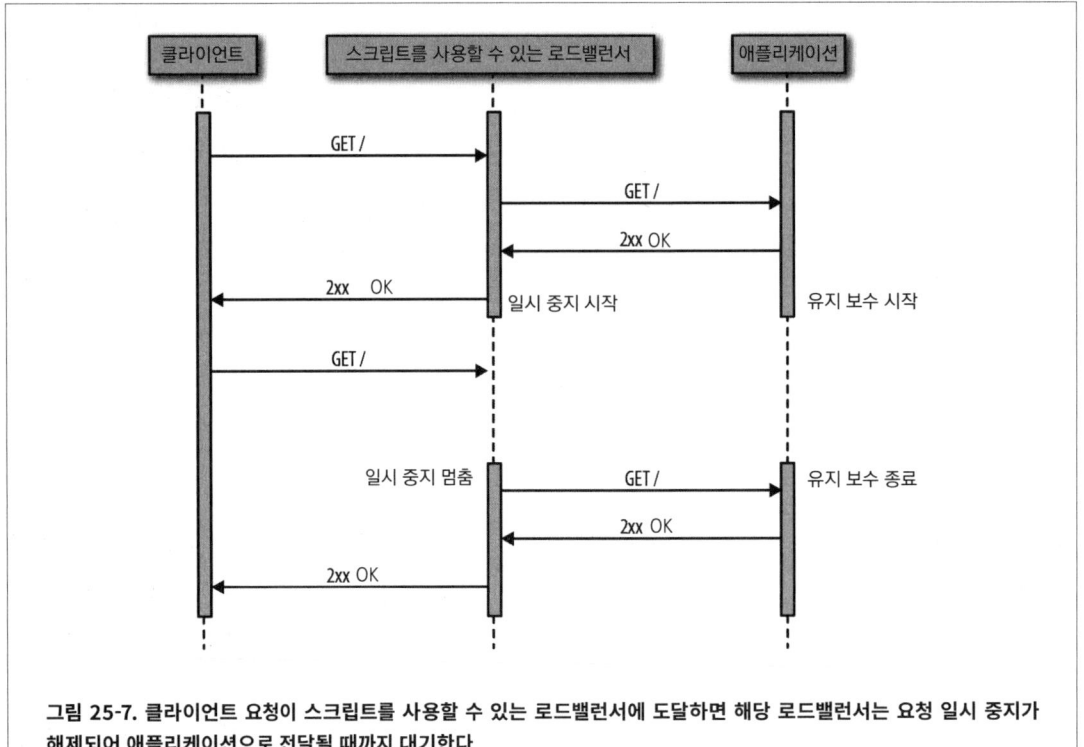

그림 25-7. 클라이언트 요청이 스크립트를 사용할 수 있는 로드밸런서에 도달하면 해당 로드밸런서는 요청 일시 중지가 해제되어 애플리케이션으로 전달될 때까지 대기한다

클라이언트는 요청에 실패하는 대신 더 느린 응답을 받는다. SLO(Service-Level Objectives)에 따라 이번 달 에러 예산 범위 내에서 유지하느냐 아니면 초과하느냐의 차이가 될 수 있다. 스크립트를 사용할 수 있는 로드밸런서는 프로그래밍 방식으로 서비스의 요청 일시 중지를 시작하고 클라이언트의 연결 여부를 추적한다. 그리고 업스트림 서비스 과부하를 피하기 위해 서비스가 온라인 상태가 되면 요청을 천천히 전달한다.

서비스 레벨 미들웨어

노동을 줄이는 것이 SRE의 핵심 원칙 중 하나이다.[12] 조직이 SRE 베스트 프랙티스를 계속 채택하면서 더 많은 팀이 티켓/운영주기를 시작하도록 프로덕트 또는 서비스 모델로 이동하고 있다.

기존의 운영 모델에서 엔지니어는 각 애플리케이션에 대한 의존성을 구축하고 운영한다. 이것의 가장 일반적인 예는 데이터베이스이다. 운영팀은 가동 중인 애플리케이션을 위해 SQL 서버를 설치하고 관리하며, 담당팀은 프로덕트 또는 서비스 모델을 통해 애플리케이션에 구애받지 않는 데이터베이스를 서비스로 구축한다. 이후 API/UI(예: 클라우드 공급업체가 제공하는 서비스) 형태로 해당 서비스가 노출된다.

---

12 벳시 베이어(Betsy Beyer) 등이 작성한 『사이트 신뢰성 엔지니어링』의 "2부. 원칙," 오라일리 출판사, 2016

물론 노동과 프로덕트-서비스 모델이 "스노우플레이크[13] 운영"보다 훨씬 낫지만 여전히 애플리케이션에 프로비저닝 서비스와 상호 운용해야 한다는 부담을 가중시킨다. 경우에 따라 배포 서비스에 오버헤드가 발생할 수 있다. 서비스를 호출하려면, 애플리케이션의 존재를 인식해야 한다. 모든 애플리케이션이 요청을 인증하기 위해 사용되는 ID 서비스를 머릿속에 그려보자. 각 애플리케이션은 ID 서비스를 알고 있어야 하고, 이에 따른 유지 보수 부담뿐 아니라 외부 서비스 호출 비용이 증가하게 된다. 스크립트를 사용할 수 있는 로드밸런서를 사용하는 프로덕트-서비스 모델만이 SRE 팀의 노동을 제거할 수 있는 유일한 방법은 아니다.

미들웨어를 사용해 구조하기

스크립트를 사용할 수 있는 로드밸런서는 일반적으로 요청을 처리하는 첫 번째 컴포넌트이기 때문에 여러 서비스에 영향을 주는 로직에 이상적이다. 해당 로드밸런서가 외부 서비스에 RPC를 호출하는 대신 요청이 프록싱되기 전에 요청에 추가된 헤더를 읽을 수 있다. 이 모델에 대해 웹 프레임워크 대부분에서 볼 수 있는 미들웨어와 유사하다고 생각할 수 있다. 서비스 레벨 미들웨어는 요청이 업스트림 애플리케이션에 도달하기 전에 요청에 따라 투명하게 작동한다. 프로덕트 개발자들은 외부 서비스 호출의 오버헤드와 복잡성에서 벗어날 수 있다.

특정 문제에서는 미들웨어가 더 자연스러운 해결책이다.[14] 예를 들어, 앞에서 언급한 ID 서비스를 생각해보자. 애플리케이션은 ID 서비스를 직접 호출하는 대신 이미 인증된 특정 헤더가 있는 모든 요청을 추정해볼 수 있다. 헤더에는 클라이언트가 가지고 있는 범위와 접근 권한이 포함될 수 있다. ID 미들웨어는 업스트림 서비스에서 외부 서비스를 호출할 때 발생하는 지연 시간과 복잡성 오버헤드를 제거한다.

서비스 레벨 미들웨어의 API

미들웨어 중 가장 사소한 것을 제외한 모든 애플리케이션에는 특정 애플리케이션별 설정(예: 특정 페이지에서 다른 캐시 키를 지정)이 필요하다. 즉각적인 해결책은 미들웨어 코드 기반으로 하드코딩 하는 것이다. 그러나 시간이 지날수록 하드코딩이 된 설정은 실제와 다를 수 있으며 쉽게 피할 수 있는 장애로 이어질 수 있다.

이런 불일치를 방지하기 위해서는 애플리케이션이 다운스트림 미들웨어와 지속해서 통신할 수 있는 명확한 API 설정이 중요하다. 사용자 정의 HTTP 요청과 응답 헤더를 설정이 전달되는

---

[13] (역자주) 스노우플레이크(Snowflake): 번역하면 "눈송이"란 뜻의 스노우플레이크는 고유한 서버 환경에서 스크립팅과 수작업 프로세스의 즉석 조합에 의존해 인프라를 구성하고 배포한다. 따라서 프로젝트를 제대로 수행하거나 신뢰할 수 있게 반복하거나 신속한 자동화가 어렵다. 또한 개발 및 프로덕션 인프라와 설정을 신속하고 일관성 있게 배포하는 능력이 없으므로 많은 문제에 봉착하곤 한다.

[14] 빅터 아가바보프(Victor Agababov) 등이 발표한 "네트워크 시스템 설계 및 구현에 관한 USENIX 콘퍼런스(Proceedings of the USENIX Conference on Operating Systems Design and Implementation)"에 "플라이휠: 구글의 모바일 웹 용 압축 프록시"(Flywheel: Google's Data Compression Proxy for the Mobile Web) (https://bit.ly/3n9eG13), 2015년

통신 버스로 사용할 수 있다. 요청/응답 흐름에 맞지 않는 데이터의 경우 대역 외 메시지 버스를 사용해 모든 로드밸런서로 상태를 전파할 수 있다.

사례 연구: WAF/Bot 완화

웹 서비스가 DDoS(Distributed Denial of Service) 공격의 대상이 되거나 자동화된 봇을 통해 악용되는 것은 시간문제일 뿐이다.[15] DDoS 공격은 심각한 중단과 함께 끔찍한 장애를 일으킬 수 있다. 사용자(사람)를 공격하는 자동화 봇이 결국 사용자를 불행하게 만든다. 각 애플리케이션에서 동일한 안티 봇(antibot) 또는 DDoS 완화 툴을 개발하는 것보다 스크립트를 사용할 수 있는 로드밸런서를 사용해 DDos 위협에 대한 보호 계층을 구축하고 모든 웹 노출 서비스에서 사용할 수 있다.[16]

클라우드플래어는 특정 계층에 웹 애플리케이션 방화벽 기능을 제공하는 비즈니스를 구축했다. 미들웨어의 모든 서비스는 OWASP(Open Web Application Security Project) 취약성, 일반 DoS 벡터, 제로 데이(zero-day) 취약점 보호와 동일한 장점을 얻는다. 요청의 위험이나 진위가 모호할 때 미들웨어는 해당 요청이 합법적인 소스에서 온 것인지 확인하기 위해 시도-응답 테스트로 경로를 재지정할 수 있다.

이전에는 애플리케이션 계층 아래의 공격으로부터 보호하기 위해 단일 패킷의 범위에 따라 결정을 내려야 했지만, 스크립트를 사용할 수 있는 로드밸런서를 사용하면서부터는 전체 트랜잭션을 분석한 후 결정을 내릴 수 있다. 이제 서비스를 안전하게 유지하면서 사용자 환경을 최적화할 수 있다. 가장 중요한 점은 클라우드플래어가 제공하는 WAF 미들웨어를 사용하면 단일 서비스로 집중할 수 있어서 여러 애플리케이션에서 장점을 얻을 수 있다.

장애 피하기

SLO를 정의할 때 종종 서비스의 내부 장애에 중점을 둔다. SLA를 거꾸로 생각해보면 정확한 SLO를 얻기 위해 서비스가 의존하는 모든 직접(예: 데이터베이스) 및 간접(예: 인터넷 라우팅) 컴포넌트를 고려해야 한다는 것이다.[17] 많은 아키텍처에서 로드밸런싱 계층은 여러 애플리케이션과 서비스에서 공유된다. 로드밸런서에서 복원력이 손상되면 모든 업스트림 애플리케이션의 SLO에 영향을 준다. 이런 현실을 고려한다면 스크립트를 사용할 수 있는 로드밸런서에서 높은 수준의 복원력을 유지하는 데 중점을 두는 것이 가장 중요하다.

---

15 스리칸스 칸둘라(Srikanth Kandula) 등이 발표한 "네트워크 시스템 설계 및 구현에 관한 USENIX 콘퍼런스(Proceedings of the USENIX Conference on Operating Systems Design and Implementation)"의 "Botz-4-Sale: 플래시 군중을 모방하는 조직적인 DDoS 공격에서 살아남기(Botz-4-Sale: Surviving Organized DDoS Attacks That Mimic Flash Crowds) (https://bit.ly/3t9XFrm)", 2005년

16 마렉 마지코위스키(Marek Majkowski)이 에니그마(Enigma)에 발표한 "DDoS 완화 파이프라인 구축(Building a DDoS Mitigation Pipeline) (https://bit.ly/3GgCPus)", 2016년

17 마이클 니가드(Michael T. Nygard)가 쓴 『RELEASE IT 성공적인 출시를 위한 소프트웨어 설계와 배치(Release It! Design and Deploy Production-Ready Software)』의 "SLA 역전", 오라일리(O'Reilly) 출판사, 2007년

스크립트를 사용할 수 있는 로드밸런서가 제공하는 수많은 장점으로 인해 로드밸런서는 로직으로 인해 쉽게 과부하가 걸릴 수 있다. 로드밸런서는 어려운 문제를 해결할 수 있는 강력한 솔루션에서 못을 박는 망치까지 다양하게 변신한다. 모든 아키텍처와 마찬가지로 스크립트를 사용할 수 있는 로드밸런서에 배포된 로직이 단일 장애 지점을 추가하거나 가용성에 부정적인 영향을 주지 않는 것이 중요하다. 스크립트를 사용할 수 있는 로드밸런서를 사용할 때 특히 위험한 함정은 상태를 잘못 관리하는 것이다. 25장의 나머지 부분에서는 엣지의 상태를 가장 잘 처리할 방법에 대해 살펴볼 것이다.

상태 정보 수집

이전 예시를 통해 스크립트를 사용할 수 있는 로드밸런서가 얼마나 강력한지 살펴봤다. 과거의 예시는 개별 요청에 중점을 뒀지만 실제로 사용자와 서비스의 상호 작용은 일반적으로 세션이라고 하는 일련의 요청을 통해 이뤄진다(예: 사용자가 매장을 탐색하고 장바구니에 상품을 추가한 후 체크아웃(checkout)[18]을 진행하는 과정).

요청에 대한 올바른 추론을 위해 해당 요청의 문맥을 알아야 한다. 로딩 속도가 느린 페이지에 대한 단일 요청은 평소처럼 비즈니스가 될 수 있지만 수 짧은 시간 안에 연속으로 100회 요청하는 것은 DoS 공격이다. 상태를 저장해 두 이벤트를 구별할 수 있는데 상태 접근 방식을 신중하게 고려해야 한다. 그렇지 않으면 단일 장애 지점을 추가하거나 복잡성을 많이 증가시켜 엣지 계층의 가용성을 빠르게 손상시킬 수 있다.

동일한 데이터베이스를 공유하는 로드밸런서의 저장 상태는 세상의 스냅샷을 나타낸다. 즉, 각각의 로드밸런서가 모든 요청에 대해 동일한 데이터베이스와 통신하고 데이터베이스가 일관된 보장을 제공한다면 우리는 세상을 완벽하게 이해할 수 있을 것이다. 프로세스, 노드, 데이터 센터의 수가 많아질수록 현실적인 오버헤드와 지연 시간 비용이 발생한다. 따라서 일관성 있고 글로벌 관점이 필요한 특정 문제에 접근하는 방법을 수정하는 것이 중요하다.

그림 25-8과 함께 스로틀링(throttling) 메커니즘 예시를 살펴보자. 스로틀링은 주어진 시간 동안 특정 제한값까지 요청을 전달하고 다음 시간까지 모든 후속 요청을 차단한다. 해당 스로틀링은 일반적으로 모든 잠재적인 스로틀링 지점 간에 공유되는 일관된 단일 정보 소스가 있어야 한다.

---

18 (역자주) 체크아웃: 결제/구매로 이어지는 프로세스를 의미

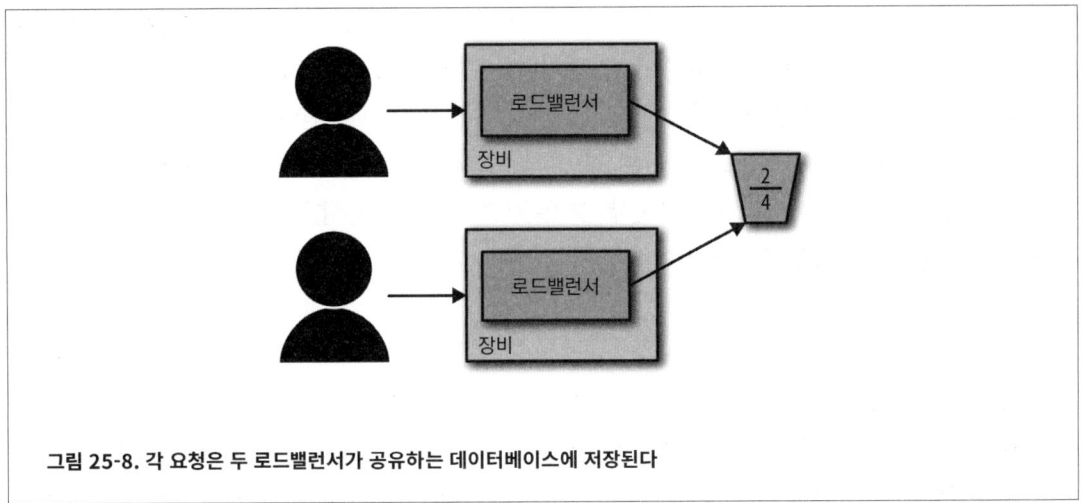

그림 25-8. 각 요청은 두 로드밸런서가 공유하는 데이터베이스에 저장된다

공유 데이터 저장소에 카운터를 저장하는 대신 그림 25-9처럼 카운터를 각 로드밸런서에 저장하되 최대 스로틀링 크기는 요청을 받는 로드밸런서의 수로 나눈다. 단일 로드밸런서가 한도에 도달하면 다른 모든 로드밸런서도 동일한 한계에 도달했을 수 있다. 정확성을 잃으면 회복력을 얻는다.

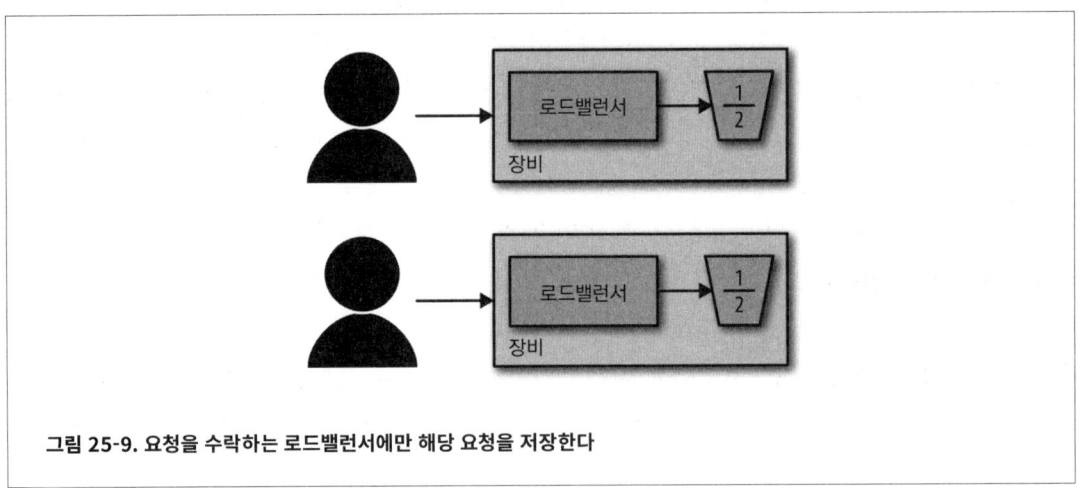

그림 25-9. 요청을 수락하는 로드밸런서에만 해당 요청을 저장한다

사례 연구: 체크아웃 큐

온라인 쇼핑 웹 사이트는 트래픽이 많은 이벤트(예: 판매)를 실행 중 서비스 장애가 발생하지 않도록 백프레셔(back pressure)를 사용해 오프라인 상점과 유사한 체크아웃 큐(checkout queues)가 있다. 쇼피파이는 유명 판매자의 대규모 선착순 할인 판매를 처리하기 위해 체크아웃 큐를 구현해야 했다. 본능적인 접근 방법은 모든 로드밸런서가 접근할 수 있는 데이터베이스에 큐를 저장하는 것이다. 큐에는 장바구니에서 체크아웃하려는 사용자의 주문이 저장된다. 아쉽게도

큐는 또 다른 잠재적 장애 원인을 추가할 뿐 아니라 복잡성도 증가시킨다.

쇼피파이는 사용자의 큐를 여러 로드밸런싱 노드 간에 공유되는 데이터베이스에 저장하는 대신 큐와 비슷하게 작동하는 우선순위 스로틀링을 구현했다. 스로틀링은 공유 데이터베이스 없이 세션 상태와 쌍을 이루는 체크아웃 큐 항목의 타임스탬프만 서명된 쿠키를 통해 각 사용자의 브라우저에 저장되었다.

각 로드밸런서는 앞에서 설명한 것과 유사한 스로틀링이 있어 사용자가 체크아웃할 수 있는 용량이 충분한지를 결정한다. 사용자가 체크아웃을 처음 시도할 때 체크아웃 타임스탬프(timestamp)가 할당된다. 서비스가 과부하 상태에 도달하면 사용자는 큐 페이지의 백그라운드 상태에서 폴링(polling)한다. 그림 25-10은 제한된 체크아웃 프로세스를 거치는 사용자의 흐름을 보여준다.

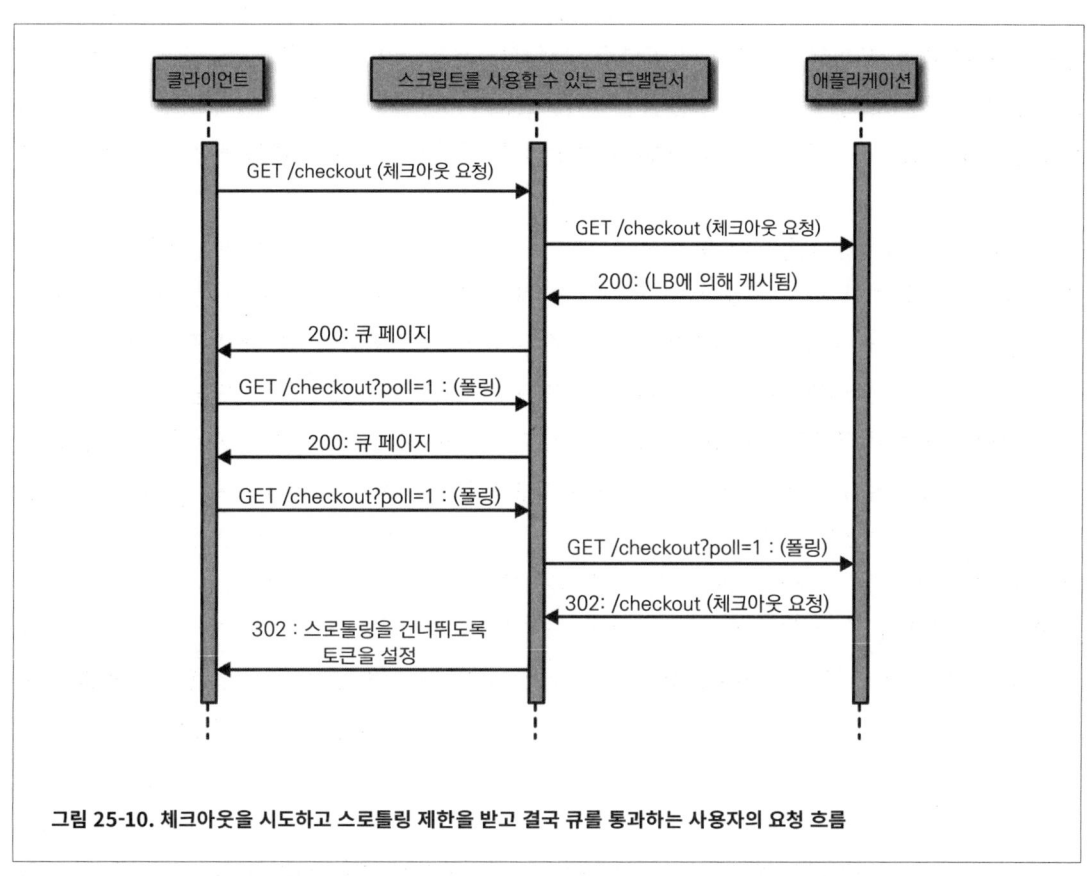

그림 25-10. 체크아웃을 시도하고 스로틀링 제한을 받고 결국 큐를 통과하는 사용자의 요청 흐름

각 폴링에서 개별 로드밸런서는 큐의 길이를 수정한다. 사용자가 체크아웃을 진행할 수 있도록 스로틀링을 통과할 수 있는지를 결정해야 한다. 따라서 내부 노드 타임스탬프를 변경함으로써 큐의 길이를 수행한다. 노드 타임스탬프는 스로틀링의 제한값을 초과하지 않으면서 스로틀링에 전달되는 요청 수를 최대화하는 것을 목표로 하는 PID[19](Pratival-Integral-Derivative, 비례-적분-미분) 컨트롤러로 수정된다. 저장 방법과 상태를 약간 바꾸면 복원력이 뛰어난 스크립트 가능한 로드밸런서에 적합한 솔루션이 제공된다.

더 읽을거리

모든 새로운 기술이 그렇듯이 스크립트를 사용할 수 있는 로드밸런서 또한 완벽하지 않다. 로드밸런싱 계층에 로직을 추가하는 것은 양날의 검이다. 복원력에 대한 노력에 집중하지 않으면 그 결과는 비참할 수밖에 없으며 지원하는 애플리케이션의 가용성은 떨어질 것이다. 새로운 솔루션의 부산물은 베스트 프랙티스에 대한 명확한 합의가 없다는 것이다.

과속 방지턱이 있다 해도 스크립트를 사용할 수 있는 로드밸런서가 복원력과 성능을 향상시킬 수 있다는 것은 논란의 여지가 없다. 스크립트를 사용할 수 있는 로드밸런서가 분수령이 되어 모든 SRE의 툴 중 공통 툴이 될 기회는 분명히 있다. 25장을 통해 확신을 갖고 여러분도 자신 있게 시도해보기를 바란다.

25장의 예시가 마음에 들었다면 좀 더 자세히 알아가기 바란다. NginxConf의 스캇 프랜시스(Scott Francis)는 "nginx와 Lua를 사용하여 HTTP 요청 라우터 구축하기"에서 오픈레스티(OpenResty)를 사용하여 Nginx에서 샤드 라우팅 레이어를 구축하는 방법에 대해 자세히 설명하고 있다. 존 그래햄 커밍(John Graham-Cumming)과 마렉 마지코위스키(Marek Majkowski)는 클라우드플래어에서 스크립트 가능한 로드밸런서를 사용하여 WAF

---

19 (역자주) PID는 응용 분야에서 가장 많이 사용되는 대표적인 형태의 제어기법이다. PID 컨트롤러는 기본적으로 피드백 컨트롤러의 형태를 가지고 있으며, 제어하고자 하는 대상의 출력값(output)을 측정한다. 이어서 참조값(reference value) 혹은 설정값(Set Point)과 비교하여 오차(error)를 계산하고, 이 오차값을 이용하여 제어에 필요한 제어값을 계산하는 구조로 되어있다. 참고: https://bit.ly/3F63U1P
20 존 그래햄 커밍(John Graham-Cumming)이 NginxConf에서 발표한 "NGINX와 Lua를 사용하여 HTTP 요청 라우터 구축하기"(Building a low-latency WAF inside NGINX using Lua) (https://bit.ly/32VzUcc), 2014년
21 마렉 마지코위스키(Marek Majkowski)이 에니그마(Enigma)에 발표한 "DDoS 완화 파이프 라인 구축"(Building a DDoS Mitigation Pipeline) (https://bit.ly/3GgCPus), 2016년
22 https://github.com/basecamp/intermission
23 에밀 스톨라스키(Emil Stolarsky)가 블로그에 게시한 "스크립트를 사용할 수 있는 로드밸런서를 사용해 고속의 대량 트래픽에서 살아남기 파트 2"(Surviving Flashes of High-Write Traffic Using Scriptable Load Balancers Part II) (https://bit.ly/3GiIS1C), 2017년
24 비벡 파냠(Vivek Panyam)의 블로그 "웹 서비스 확장: 로드밸런싱(Scaling a Web Service: Load Balancing)" (https://bit.ly/3zI01z8), 2017년
25 맷 클레인(Matt Klein)의 블로그 "최신 네트워크 로드밸런싱 및 프록시 도입(Introduction to Modern Network Load Balancing and Proxying)" (https://bit.ly/3GeOrOv), 2017년
26 토마스 A 리몬첼리(Thomas A Limoncelli) 등의 『클라우드 시스템 관리 실무: 웹 서비스를 위한 데브옵스 및 SRE 프랙티스(In Practice of Cloud System Administration: DevOps and SRE Practices for Web Services)』의 "애플리케이션 아키텍처", 보스턴에 있는 애디슨 웨슬리 프로페셔널(Addison-Wesley Professional) 출판사, 2014년

시스템을 구현하는 방법에 대해 여러 번 말해왔다.[20, 21] 요청 일시 중지의 예시로 사용한 중단(intermission)은 베이스캠프(Basecamp) 프로젝트에서 구축한 이름에서 영감을 얻었다.[22] 마지막으로 "스크립트를 사용할 수 있는 로드밸런서를 사용해 고속의 대량 트래픽에서 살아남기"[23]에서 체크아웃 큐 조절 메커니즘의 작동 방식에 대해 심도 있게 설명했다.

다음과 같이 로드밸런서에 대한 좋은 자료들을 참고하면 좋다. 비벡 파남(Vivek Panyam)의 "웹 서비스 확장: 로드밸런싱"[24], 맷 클레인(Matt Klein)의 "최신 네트워크 로드밸런싱 및 프록시 소개"[25], 토마스 리몬첼리(Thomas A Limoncelli)의 "클라우드 시스템 관리 실무: 웹 서비스를 위한 데브옵스 및 SRE 프랙티스"[26]의 "애플리케이션 아키텍처" 장을 참고하기 바란다.

에밀 스톨라스키 Emil Stolarsky

로드밸런서, 성능, DNS 툴링에 대해 열정을 가지고 일하는 인프라 엔지니어다. 불타는 그래프를 분석할 때를 빼고는 회사 근처 암벽등반 체육관에서 플룸(Flume)의 음악을 들으면서 고소공포증에 맞서 싸우는 에밀을 볼 수 있을 것이다.

CHAPTER 26

서비스 메시: 마이크로서비스의 조련사

리프트Lyft의 맷 클라인Matt Klein

지난 5~10년 동안 마이크로서비스는 분산 시스템 설계와 운영에서 큰 인기를 끌었다. 한때 최대 인터넷 기업의 인프라로만 분류되었던 과학 기술 행동(technosphere)은 이제 "불변의 컨테이너 프로비저닝 및 스케줄링", "지속적인 통합과 배포", "분산 제어", "폴리글랏(polyglot) 언어 구현" 과 같은 문구들로 활기를 띤다. 대규모 개발 팀이 마이크로서비스 아키텍처를 더 민첩하게 운영할 수 있는 것은 사실이다. 그러나 일반적으로 대규모 인터넷 회사가 분산 아키텍처를 잘 작동하게 하려고 수년 동안 수백 명의 인원을 개발과 운영 노력에 투자했던 가혹한 현실을 종종 간과하기도 한다. 신뢰성 엔지니어는 모놀리식(monolithic) 애플리케이션에서 벗어나 마이크로서비스 아키텍처를 배포하고자 할 때 발생하는 무수한 운영 문제를 어떻게 해결하면 좋을지 고민해야 한다. 이를테면, 서비스는 서로 어떻게 찾고 통신하는가? 분산 서비스는 어떻게 관찰할 수 있고 디버깅할 수 있는가? 어떤 종류의 복잡한 장애 시나리오가 발생할 수 있는가?

마이크로서비스 실무자들이 곧 알게 되는 것처럼 분산 아키텍처로 전환할 때 발생하는 대부분의 운영 문제는 결국 네트워크와 관찰 가능성(Observability) 등 두 가지 영역에 기반을 두고 있다. 단일 모놀리식 애플리케이션과 비교해 서로 연결된 분산 서비스 집합을 네트워크로 연결하고 디버깅하는 것은 단순히 규모가 더 큰 문제일 뿐이다. 이 사실이 궁극적으로 신뢰성 엔지니어에게 무엇을 의미할까? 안정적으로 운영하기 어려울 정도로 거대한 난장판인 것일까?

지난 몇 년 동안 서비스 메시(service mesh)로 가장 널리 알려진 새로운 패러다임[01]이 나타났다. 서비스 메시는 애플리케이션이 통신하는 일반 데이터를 생성해 마이크로서비스 아키텍처를 구축하고, 운영하려는 사용자에게 도움이 된다. 개발자는 분산 네트워크가 어떻게 구현되고 측정되며, 가장 중요하게는 신뢰성으로 운영되는 방식을 대부분 알지 못해도 애플리케이션을 작성할 수 있다. 26장에서는 마이크로서비스 개발자와 신뢰성 엔지니어 모두에게 아키텍처 장점뿐만 아니라 서비스 메시를 도입하는 이면에 대한 추론을 담고자 한다. 이어서 리프트에 있는 엔보이(Envoy) 기반 서비스 메시의 배포에 대한 사례 연구도 함께 살펴보도록 한다.

모놀리식 아키텍처를 제거할 준비가 되었나?

누구든지 마이크로서비스에 대해 생각하기 전에 일반적으로 그림 26-1과 같이 컴포넌트로 구성된 단일 모놀리식 애플리케이션을 생각할 것이다.

- 인터넷 로드밸런서(예: AWS(아마존 웹 서비스, Amazon Web Services), ELB(탄력적 로드밸런서, Elastic Load Balancer))
- 상태 비저장 애플리케이션 스택(예: PHP 또는 Node.js)
- 데이터베이스(예: MongoDB 또는 MySQL)

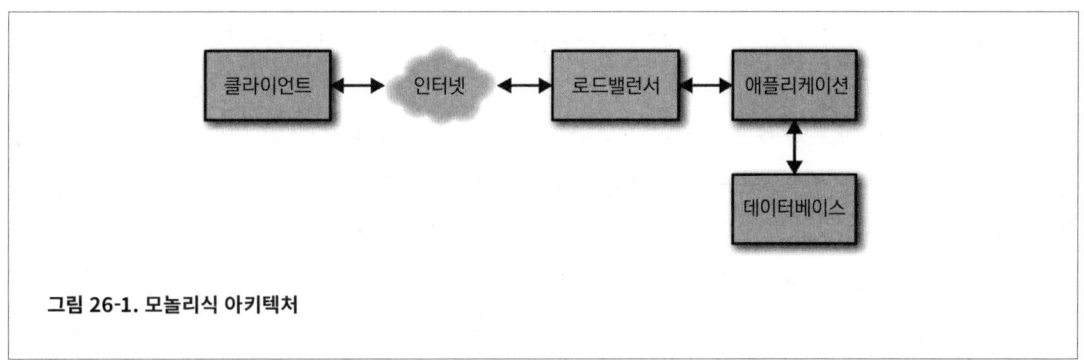

그림 26-1. 모놀리식 아키텍처

익히 널리 알려진 인터넷 애플리케이션(예: 트위터(Twitter), 세일즈포스(Salesforce), 스냅챗(Snapchat) 등)은 커질 대로 커져서 이전 목록에 있는 항목에 약간의 변형만 적용하는 것으로 높은 트래픽 부하를 처리한다. 왜 그럴까? 완전히 분산된 아키텍처에 비해 해당 서비스 아키텍처를 이해하고 운영하는 것이 훨씬 간단하기 때문이다. 26장에서는 왜 기업들이 궁극적으로 모놀리식 아키텍처에서 마이크로서비스 아키텍처로 전환하는지 자세히 설명하지 않는다. 이미 이 주제에 대한 글은 충분히 많다.[02]

그러나 네트워크와 관측 가능성의 관점에서 볼 때 기본적인 아키텍처에서도 일반적으로 볼 수 있는 운영상의 문제를 논의하는 것이 유익하다. 그 일부를 살펴보도록 하자.

네트워크 가시성 부족

그림 26-1에서 클라이언트는 로드밸런서와, 로드밸런서는 애플리케이션과, 애플리케이션은 데이터베이스와 통신해야 한다. 실제로 단순한 모놀리식 애플리케이션은 이미 네트워크와 관측 가능성이 복잡한 분산 애플리케이션이다. 문제가 발생하면 엔지니어는 문제의 원인을 어떻게 알아낼까? 사용 가능한 통계, 로깅, 추적에 의존하며 문제의 원인을 분석할 것이다. 문제는 디버깅 툴과 데이터가 미미하며, 접근은 어렵고, 모든 컴포넌트마다 다르므로 진단이 매우 어렵다.

---

01 여기서 "새로운(New)"는 매우 느슨한 의미로 사용된다. 컴퓨팅에서 새로운 것은 없다. 서비스 메시는 메인프레임과 ESB(Enter Enterprise Service Bus)로 거슬러 올라간다.
02 아마도 이 주제에 대해서는 마틴 파울러(Martin Fowler)의 글이 많이 알려져 있을 것이다. (https://martinfowler.com/microservices/)

애플리케이션 계층 연결 처리 비효율성

많은 모놀리식 웹 애플리케이션은 꽤 생산적이지만 성능은 잘 나오지 않는 애플리케이션 언어(예: 루비(Ruby), 파이썬(Python), Node.js)를 사용한다. 해당 언어들은 일반적으로 비동기 계산과 특히 네트워크 지연 시간을 잘 처리하지 못한다. 요청량이 증가하면 네트워크 중단 가능성도 커진다. 지연 시간이 발생할 때 적절한 비동기 백프레셔의 도움이 없으면 해당 언어의 플랫폼들은 문제에 빠르게 압도되어 무너질 수 있다.[03]

이렇듯 비교적 "단순한" 아키텍처에도 불구하고 실무자는 네트워크 문제와 관측 가능성(또는 관측 가능성 부족) 때문에 운영 및 신뢰성에 어려움을 겪고 있다. 모놀리식 아키텍처에서 분산 마이크로서비스 아키텍처로 전환하기로 하면(종종 타당한 이유가 있음) 초기 네트워크와 관측 가능성 문제는 거의 즉각적으로 악화된다. 실제로 네트워크 신뢰성에 대한 우려 때문에 마이크로서비스 아키텍처 배포가 중단되는 것은 드문 일이 아니다. 적절한 툴이 없으면 개발자는 네트워크나 디버깅 방법을 이해하지 못하기 때문에 네트워크를 신뢰하지 않는다. 그래서 개발자는 일반적으로 모놀리식 아키텍처에 기능을 추가해 "중요하지 않은" 일부 마이크로서비스를 실행한다. 이는 악순환이다. 어떤 의미에서는 네트워크를 신뢰할 수 있고 투명하며 운영하기 쉽게 만드는 것이 성공적인 분산 아키텍처 구축을 위한 요구 사항이다.

마이크로서비스 네트워크의 현재 상태

이쯤 되면, 한발 물러서서 IT 업계의 마이크로서비스 네트워크의 현재 상태를 살펴보는 것이 도움이 될 것이다. 높은 단계에서는 다음과 같은 컴포넌트가 관련되어 있다.

언어와 프레임워크

거의 모든 최신 애플리케이션은 폴리글랏(즉, 여러 언어를 사용)이다. 사용하는 언어를 한두 개만으로 제한할 수 있는 조직은 요즘에 거의 없다. 대신 루비, PHP, Node.js로 쓰여진 모놀리식 아키텍처를 찾는 것이 훨씬 더 일반적이며 서비스는 파이썬, 고(Go), 자바(Java), C++로 작성되었다. 각 언어에는 애플리케이션 구축 프레임워크(예: 파이썬의 Flask를 이용한 REST와 gRPC)는 물론 매우 다른 성능 특성이 제공된다.

프로토콜

최신 분산 애플리케이션은 실시간 RPC(원격 프로시저 호출)(예: gRPC, HTTP/1.1, HTTP/2), 메시징(예: 카프카(Kafka), 키네시스(Kinesis)), 캐싱(예: 레디스(Redis), 멤캐시드(memcached)), 데이터베이스(예: MySQL, MongoDB)와 관련된 많은 프로토콜로 구성된다.

---

[03] 해당 문제에 대한 일반적인 해결책은 애플리케이션과 함께 HAProxy와 같은 고성능 프록시를 설치하는 것이다. 해당 프록시 사용은 수년 동안 사용되어 왔고 어떤 의미에서는 풀 서비스 메시(full-service mesh)의 전조로 볼 수 있다.

인프라

업계 전반에 걸쳐 구축된 애플리케이션, 서비스로서의 인프라(IaaS(Infrastructure as a Service), 예: AWS EC2(Elastic Compute Cloud), GCE(Google Compute Engine)), 서비스로서의 컨테이너(CaaS(Containers as a Service), 예: AWS ECS(Elastic Container Service), GKE(Google Kubernetes Engine)), 서버리스(severless), 서비스형 함수(FaaS(Functions as a Service), 예: AWS 람다(Lambda), Google Cloud Functions) 등을 볼 수 있다.

로드밸런서

로드밸런서는 분산 아키텍처의 주요 컴포넌트이다. 로드밸런서 솔루션은 F5의 기존 하드웨어 장치와 같은 회사의 가상 장치인 주니퍼(Juniper) 뿐만 아니라 AWS ELB와 구글 클라우드 플랫폼(GCP) 내부 로드밸런싱(ILB)과 같은 클라우드 솔루션에 이르기까지 다양하다.

서비스 발견

분산된 애플리케이션은 서로를 찾아야 한다. 메커니즘은 DNS(Domain Name System)에서 컨설(Consul)과 같은 완전히 일관된 솔루션에 이르기까지 복잡하다.

분산 시스템 베스트 프랙티스

이론적으로 마이크로서비스 실무자는 지수 백오프(exponential back-off)[04] 재시도, 서킷 브레이킹(circuit breaking)[05], 속도 제한(rate limiting), 타임아웃(timeout)과 같은 베스트 프랙티스를 채택해야 한다고 한다. 실제로 이런 베스트 프랙티스의 구현은 대개 다양하거나 완전히 누락되곤 한다.

인증 및 권한

대부분의 인터넷 아키텍처는 TLS(전송 계층 보안, Transport Layer Security)와 엣지 인증을 통해 엣지 암호화를 이용하지만 구현방식은 독점적 인증에서 OAuth에 이르기까지 다양하다. 서비스 간 인증 및 권한 관련해서 아무 작업도 수행하지 않는다. 어떤 곳은 HTTP 기본 인증을 사용하지만 소수의 기업은 중앙 집중식 인증 기관인 상호 TLS와 역할 기반 액세스 제어(RBAC)를 사용하는 매우 복잡한 시스템을 사용하기도 한다.

네트워킹 라이브러리

이 모든 것을 하나로 묶으려고 노력하는 것이 모든 언어로 된 다양한 프로세스 내부의 네트워킹 라이브러리이다. 이러한 네트워킹 라이브러리는 파이썬 요청 및 PHP cURL 라이브러리와 같은 단순한 HTTP 요청 및 응답 라이브러리부터 10개 이상의 언어로 개발된 gRPC 라이브러리, JVM(Java Virtual Machine)와 복잡하지만 기능이 풍부한 피나글(Finagle)에 이르기까지 다양하다. 각 라이브러리는 앞에서 설명한 네트워크 기능 중 하나 이상을 투명하게 하려고 한다. 프로세스 내부의 네트워크 라이브러리 간의 공통점은 업그레이드의 어려움이다. 대규모 배포에는 수백 개의 서비스가 있을 텐데, 일반적으로 모든 서비스에서 라이브러리를 업그레이드하는 유일한 방법은 모두 배포하는 것이다. 이런 과정이 꽤 곤혹스럽지만 기능 업그레이드를 약화시키는 것은 아니다. 물론 보안 문제의 경우 필요한 배포 수만큼 엄청난 운영 부담으로 이어진다.

---

04 (역자주) 지수 백오프: 요청 간 지연 증가와 함께 클라이언트가 주기적으로 실패한 요청을 재시도하는 네트워크 애플리케이션의 표준 에러 처리 전략
05 (역자주) 서킷 브레이킹: 하나의 서비스에서 장애가 발생하면 장애 서비스를 호출하는 서비스는 대기 상태가 되어 연쇄적으로 장애가 차례대로 전파하는 상황에서 문제가 되는 기능, 서비스를 작동하지 않도록 함으로써 장애가 전파되지 않도록 하는 기능

관측 가능성

궁극적으로 개발자와 신뢰성 엔지니어는 전체 시스템을 운영해야 한다. 로깅, 측정 지표, 분산 추적의 조합을 통해 시스템을 운영해야 한다. 그러나 모든 컴포넌트는 일반적으로 로그, 메트릭, 추적의 다양한 조합과 형식을 출력한다(때로는 아무것도 출력하지 않는다). 이 모든 이질적인 시스템의 출력을 일관성 있는 디버깅과 운영 사례로 통합하려는 아이디어가 불가능한 것은 아니지만 극도로 어려운 일이다.

앞에서 설명한 모든 컴포넌트는 실무자 대부분에게 어떤 결과를 제공하는가? 서론에서 언급했듯이 난장판일 수 있다. 또 다른 중요한 도약으로는 이 나열된 모든 항목이 중요하지만 궁극적으로 가장 중요한 것은 관찰 가능성(Observability)이다. 내가 강조하고 싶은 것은 첫째도, 둘째도, 셋째도 모두 '관측 가능성'이다. 시스템을 쉽고 일관되게 이해할 수 없다면 불가피하게 문제가 발생할 때 디버깅은 거의 불가능하다. 이로써 분산 네트워크가 신뢰성이 없다고 애플리케이션 개발자는 이해하게 될 것이다. 분산 마이크로서비스를 성공적으로 배포하려면 배포된 모든 서비스가 일관된 기능 및 관측 가능성에 접근할 수 있어야 한다. 더 잘할 수 있는 방법이 있을까?

서비스 메시에 구조대를

앞에서 제시한 혼란스러운 네트워크 환경에서 신뢰성 엔지니어는 마이크로서비스 애플리케이션을 어떻게 제어할 수 있을까? 그리고 개발자는 어떻게 개발에 전념할 수 있을까? 이들에겐 두 가지 실제 옵션이 있다.

옵션1

조직 내에서 사용되는 언어의 수를 제한하고 필요한 모든 기능을 일관된 방식으로 캡슐화하는 극도의 복잡한 라이브러리를 도입하는 것이다. 이는 엄청난 비용이 드는 옵션이지만 구글, 페이스북, 트위터를 포함한 많은 대형 인터넷 회사들이 성공적으로 사용했다(서문에서 수 년 동안 수백 명의 사람이라고 언급했을 때 이미 많은 부분이 끝난 상태였다).

옵션2

그림 26-2처럼 모든 애플리케이션과 함께 "사이드카(sidecar)" 고성능 프록시를 배포할 것이다. 해당 프록시는 하나의 특정 언어로 한 번 개발되고 필요한 모든 기능을 캡슐화하며 개발된 언어와 관계없이 네트워크를 애플리케이션에 투명하게 만드는 것이 목표이다. 모든 애플리케이션이 사이드카 프록시와 나란히 배포되고, 애플리케이션은 프록시하고만 대화하며 해당 프록시는 그 사이에서 탐색과 통신을 담당한다. 해당 아키텍처는 이제 메시(Mesh)이다. 정확히 말하면 서비스 메시(service mesh)이다.

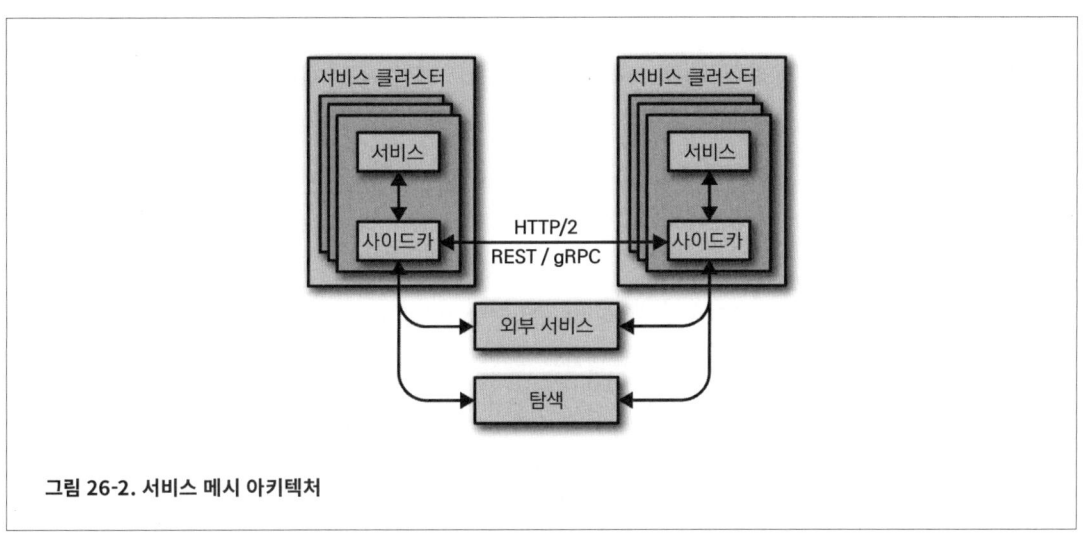

그림 26-2. 서비스 메시 아키텍처

사이드카 프록시의 장점

처음에는 사이드카 프록시 아키텍처의 장점이 무모해 보일 것이다. 시스템에 완전히 새로운 컴포넌트를 도입해 개발자의 효율성과 전반적인 신뢰성을 어떻게 높일 수 있을까?

프로세스 외 아키텍처

사이드카 프록시가 독립적인 서버라는 것은 다양하고 복잡한 기능을 구현할 수 있음을 의미한다. 그리고 해당 기능은 자바, Go, 파이썬, 하스켈(Haskell) 등 모든 애플리케이션 언어와 함께 사용할 수 있다.

고성능 코드 베이스

프록시는 독립적인 서버이기에 고성능으로 구현되는 것이 일반적이며 보통은 C/C++로 구현되는 것이 합리적이다. 성능이 낮은 언어로 작성된 애플리케이션은 여전히 고성능 솔루션에 접근할 수 있다(잠시 후 이에 대해 자세히 살펴보겠다).

플러그 지원

여러 프로토콜과 기능을 지원하기 위해 프록시를 플러그로 만들 수 있다. 예를 들어, 프록시는 HTTP 외에도 레디스(Redis)와 MongoDB를 지원할 수 있다. HTTP 및 MongoDB 트래픽에 연결 또는 요청 레벨에 따라 전역 속도 제한을 추가할 수 있다. 규모의 경제(단 하나의 코드 기반)에 따라 다양한 프로토콜과 시나리오를 지원할 수 있다.

고급 프로토콜 지원

사이드카는 많은 언어와 프레임워크보다 가장 진보된 프로토콜(예: HTTP/2, QUIC, TLS 1.3)을 더 빨리 지원할 것이다.

서비스 탐색과 액티브/패시브 상태 확인

분산 시스템은 일반적으로 여러 종류의 서비스 탐색 및 상태 확인을 사용한다. 프록시는 이 기능을 모두 구현할 수 있고 애플리케이션에서 해당 기능을 숨길 수 있다.

고급 로드밸런싱

재시도, 시간 초과, 서킷 브레이킹(circuit breaking), 속도 제한, 섀도잉(shadowing)[06], 특잇값 검출 등 일관되고 신뢰할 수 있는 구현은 중간 규모의 시스템에서 매우 중요하다. 애플리케이션이 해당 기능을 프록시로 완전히 처리할 수 있다면 애플리케이션 코드 작성이 훨씬 더 간단해지며 운영자는 모든 애플리케이션이 동일한 기능에 접근 가능함을 확신할 수 있다.

관측 가능성

이미 여러 번 설명했듯이(잠시 후 자세히 살펴보겠지만) 사이드카 프록시가 제공하는 가장 중요한 것은 일관된 관측 가능성(Observability)이다. 운영자는 분산 시스템의 모든 홉(hop)에 대해 일관된 통계, 로그, 추적에 접근할 수 있다. 관찰 가능성을 100% 적용한다면 서비스별 대시 보드와 알람의 자동 생성, 모든 서비스와 조직 전반에 걸쳐 높은 수준의 운영 일관성을 실현할 수 있다.

엣지 프록시 추가 사용

결과적으로 엣지 프록시(edge proxy)와 사이드카 프록시(sidecar proxy)가 하는 작업의 90%가 동일하다. 두 프록시에서 동일한 소프트웨어를 사용해 얻을 수 있는 운영 효율성은 높다. 특정 컴포넌트가 두 작업을 모두 수행할 수 있다면 왜 엣지 프록시와 사이드카 프록시를 모두 배포하고 모니터링하는 방법을 배워야 할까?

쉬운 배포 및 업그레이드

사이드카 프록시는 애플리케이션에 내장되지 않아 배포 및 업그레이드가 비교적 쉽다. 운영자는 몇 분 내에 모든 호스트에 새로운 바이너리 또는 프록시 구성을 배포해야 할까? 아마 아닐 것이다. 프로세스 외부에서는 가능할까? 그렇다(TLS가 각 애플리케이션에 내장되어 있을 때 보안 취약점을 패치하도록 TLS 업그레이드를 배포하는 예시를 고려하자).

이제부터는 사이드카 또는 서비스 메시 아키텍처에서 관심 갖고 보면 좋을 부분을 다룰 것이다.

최종 일관성 서비스 탐색

분산 시스템에서 서비스 탐색은 분산 프로세스가 서로를 찾는 메커니즘이다. 정적으로 구성된 IP에서 DNS, 주키퍼(Zookeeper)와 같이 완전히 일관된 리더 선정 프로토콜에 의존하는 시스템에 이르기까지 다양한 서비스 탐색이 있다. 지난 5~10년 동안 주키퍼, etcd, 컨설(Consul) 등과 같은 완전히 일관된 리더 선정 저장소를 사용하는 것이 꽤 보편화되었다.

완전하게 일관된 시스템의 문제는 특정한 사용 사례에 필요하더라도 매우 복잡하기 때문에 실행하려면 많은 생각과 주의가 필요하다. 특히 많은 양의 데이터를 가진 규모라면 더욱 그렇다. 대기업이 주키퍼 또는 etcd를 운영하는 담당팀을 두는 것이 더는 드문 일이 아니다. 완전하게

---

06 (역자주) 섀도잉: 특정 요청을 복사해 다른 서비스에 요청할 수 있다.

일관성 있는 시스템의 로직이 완전한 일관성(예: 분산 잠금(distributed lock))을 요구하지 않는 한 완전한 일관성을 사용해서는 안 된다. 그러나 역사적으로 서비스 탐색이 실제로 최종 일관성(eventually consistent) 문제(토폴로지가 최종적으로 수렴되는 한, 운영자가 모든 호스트가 다른 호스트와 같은 네트워크 뷰를 갖는지 정말로 신경을 쓰나요?)임에도 최종 일관성 저장소가 사용되었고 저장소가 다운되면 많은 장애가 발생했다.

최적의 서비스 메시 설계는 최종 일관성 서비스 탐색 시스템(eventually consistent discovery system)이 처음부터 사용된다고 가정한다. 탐색 시스템의 데이터는 액티브 및 패시브 상태 확인과 함께 교차 점검된다. 액티브(active) 상태 확인은 /healthcheck 엔드포인트(endpoint)에 HTTP 요청과 같은 대역으로 핑(ping)을 보내는 것이다. 패시브(passive) 상태 확인은 원격 엔드포인트 상태를 확인하고자 인라인 요청/응답 데이터를 모니터링하는 작업이다. 예를 들어, 한 줄에 있는 세 개의 HTTP 503 응답은 원격 엔드포인트를 사용할 수 없음을 의미한다.

표 26-1은 사이드카 프록시가 서비스 탐색 데이터와 활성 상태 확인의 조합을 사용해 백엔드 호스트의 전체 상태를 생성하는 방법을 보여준다. 활성 상태 확인은 서비스 탐색보다 신뢰성이 높은 것으로 간주된다. 즉, 서비스 탐색 데이터는 손실되었지만 활성 상태 확인은 여전히 통과 중이면 프록시가 트래픽을 라우팅할 것이다. 활성 상태 확인에 실패하고 백엔드가 서비스 탐색에 없는 경우에만 백엔드가 제거된다. 이는 서비스 탐색 데이터가 최종의 일관성을 유지하고 프로덕션에 영향을 주지 않을 수 있어서 높은 신뢰성을 제공한다.

	액티브 상태 확인 성공	액티브 상태 확인 실패
서비스 탐색 있음	경로	경로 지정하지 않음
서비스 탐색 없음	경로	경로 지정 및 제거 안 함

표 26-1. 서비스 탐색과 액티브 상태 확인표

액티브 상태와 패시브 상태 확인의 조합은 최종 일관성 검색 저장소(예: 모든 호스트가 1분에 한 번씩 캐시에 체크인(TTL, Time to Live))와 결합하면 전체의 분산 시스템에서 가장 중요한 컴포넌트에 대해 매우 높은 신뢰성을 제공한다.

관측 가능성 및 알림

이미 여러 번 설명했듯이 궁극적으로 사이드카 프록시와 서비스 메시 아키텍처가 제공하는 가장 중요한 것은 관측 가능성이다. 네트워크 계층에서 문제는 얼마든지 발생할 수 있다. 가장 중요한 것은 신뢰성 엔지니어가 가능한 한 툴을 사용해 빨리 문제를 파악하고 해결하는 것이다. 이를 위해 프록시는 다음의 기능을 제공한다.

모든 홉에 대한 일관성 통계

사이드카 프록시는 시스템의 모든 애플리케이션에 대한 수신 및 송신 트래픽을 모두 처리하기 때문에 메시의 모든 홉(hop)에는 강력한 통계 집합이 적용된다. 초당 요청 수, 초당 연결 수 등 비교적 간단한 통계부터 초당 HTTP 502수, 초당 호출 사이트 당 몽고(Mongo) 업데이트 커맨드 수 등 완전히 동적인 통계까지 다양하다.

전체 시스템에서 로그 및 추적을 결합할 수 있는 지속 요청 ID

프록시는 단일 ID가 시스템의 모든 네트워크 홉에 전파되도록 추적/요청 ID 경로를 형성할 수 있다. 이를 통해 추적을 생성, 로그 결합, 일관된 샘플링을 수행할 수 있다. (1% 샘플링된 로그는 전체 시스템에서 샘플링을 수행하고 전체 요청 흐름을 캡처하거나 완전한 무작위 샘플링보다 훨씬 유용하다.)

모든 홉에 대한 일관된 로깅

통계와 마찬가지로 모든 애플리케이션이 언어와 관계없이 같은 요청 로그를 출력한다면 사람과 툴이 데이터를 처리하고 빠르게 이해하는 편이 훨씬 더 쉽다.

전체 시스템에 대한 분산 추적

추적은 분산된 시스템 요청 흐름을 시각화하는 매우 강력한 툴이다. 그러나 일반적으로 범위, 전달 문맥 등을 생성하려면 모든 애플리케이션을 수정해야 하므로 마이크로서비스 아키텍처에 추적을 도입하는 것은 상당히 복잡하다. 서비스 메시는 애플리케이션 개입 없이 100% 추적 범위를 제공할 수 있다.

일관된 시스템 전체 알림

서비스 메시는 모든 애플리케이션 개발자가 서비스 호출 성공률, 대기 시간 등을 중심으로 기본적인 알림을 설정하는 대신 통계, 로깅, 추적을 제공해 모든 서비스에 대해 기본 알림이 자동으로 생성되게 한다. 이는 시스템 전체의 작동을 보다 쉽게 시행하고 감사(audit)할 수 있는 신뢰성 엔지니어를 위한 굉장히 강력한 툴이다.

앞에서 설명한 툴을 사용해 생성된 정보를 엔지니어에게 보여줘서 사용자 지정 자동 생성 대시 보드와 툴을 개발하면 모든 항목을 쉽게 정렬하고 문제의 원인을 파악할 수 있다. 여기에 엔지니어가 드롭다운 목록에서 소스 및 대상 서비스를 선택하고 해당 홉에 대한 통계, 추적, 로그를 볼 수 있는 "서비스 간(service to service)" 대시 보드가 포함된다. UI/UX 주제는 워낙 광범위해서 26장에서는 아쉽게 다루지 못해서 따로 다루는 책을 참고하길 바란다.

사이드카가 성능에 미치는 영향

사이드카 또는 서비스 메시 설계가 개발자와 신뢰성 엔지니어에게 엄청난 혜택을 제공한다는 것이 더욱 분명해졌다. 그러나 다음과 같은 우려를 하게 될 것이다. 성능은 어떠한가? 홉을 모두 추가하면 속도가 느려지지 않을까?

분산 시스템에 추가 홉을 추가하면 지연 시간이 늘어나고 더 많은 시스템 자원(CPU 및 RAM)을 활용할 수 있는 것은 사실이다. 이 때문에 사이드카 프록시를 효율적으로 잘 작성하는 것이 중요하다. 많은 프록시가 여전히 네이티브 C/C++로 작성된다. 그러나 성능 문제를 어느 정도 해결한 후 세부 사항을 파헤치는 것이 중요하다.

성과에 대한 논의에서 눈에 띄는 두 가지 주요 측정 지표는 다음과 같다.

처리량
단위 시간당 컴포넌트(초당 요청 수, 초당 연결 수, 초당 트랜잭션 수 등)를 통해 얼마나 많은 데이터를 푸시할 수 있는가?

꼬리 지연 시간
처리량이 증가하면 컴포넌트는 지연 시간 히스토그램의 "꼬리(tail)"에서 얼마나 수행되는가? 즉, P50에서 트랜잭션 당 지연 시간 숫자는 P99 또는 P99.9와 얼마나 다른가?

처리량도 중요하지만 실제로는 대기업에서만 중요하다. 소규모 기업의 경우 개발자의 시간이 인프라 비용보다 더 가치가 있기 때문이다. 총 소유비용(TCO)을 고려할 때 전체 처리량이 실제로 중요해지기 시작한 것은 기업이 매우 큰 규모일 때뿐이다.

대신 꼬리 지연 시간은 중소기업, 대기업 모두에게 가장 중요한 성능 지표가 된다. 꼬리 지연 시간이 높은 원인을 파악하기 어렵고, 개발자와 운영자 인지 부하로 이어지기 때문이다. 엔지니어의 시간은 조직에 가장 귀중한 자원이고, 꼬리 지연 시간 문제의 디버깅은 엔지니어 업무 중 가장 많은 시간이 소요되는 작업 중 하나이다.

결국 사이드카 프록시는 양날의 칼이 된다. 프록시는 시스템에 엄청난 양의 기능을 추가하기 때문에 성능 집약적인 애플리케이션을 제외한 모든 애플리케이션이 꼬리 지연 시간 속성이 프록시 자체의 영향을 크게 받지 않는 한 여기저기에서 밀리 초가 추가되는 것을 아무도 알아차리지 못할 것이다. 이것이 주로 프록시의 성능과 특히 꼬리 지연 속성이 중요한 이유다. 프록시가 전체 분산 시스템을 관찰하는 기준이 될 때 프록시 자체의 변동성이 크다면 어떻게 데이터를 신뢰할 수 있겠는가? 따라서 최고의 프록시는 여전히 운영 체제 및 데이터베이스와 유사한 성능 목표를 가질 수 있도록 네이티브 코드(native code)로 작성된다.

씬 라이브러리 및 문맥 전파

애플리케이션이 전혀 수행하지 않아도 서비스 메시가 애플리케이션에 제공할 수 있는 장점은 매우 크다. 그러나 26장에서는 지금까지 애플리케이션이 주로 문맥 전파와 관련해 여전히 해야 할 역할이 있다는 안타까운 현실을 간과했다.

문맥 전파는 인그레스(ingress)[07] 네트워크 호출에서 문맥을 가져와 잠재적으로 수정하고 송신 네트워크 호출로 전달하는 작업이다. 이를 수행하는 방법은 언어 또는 플랫폼에 따라 다르며 사이드카 프록시가 제공할 수 없다. 전파된 문맥에 많은 용도가 있는데 서비스 메시와 관련

---

07 (역자주) 인그레스: 서비스에 대한 외부 접근을 관리하는 API 레벨의 오브젝트이다.

된 주요 용도는 요청 ID와 추적 문맥의 전파이다. HTTP 기반 아키텍처의 경우 문맥 전파는 주로 x-request-id 및 집킨(Zipkin)의 x-b3-traceid 헤더와 같은 HTTP 헤더를 통해 수행한다. 서비스 메시 사용자는 필요한 HTTP 헤더를 쉽게 전파할 수 있도록 애플리케이션 및 언어별 씬(thin) 라이브러리를 제공해야 한다. 26장의 적용 범위를 벗어나지만 개발자들은 향후 몇 년 내에 해당 목적으로 사용하는 라이브러리가 일부 통합되길 기대하고 있다.

지금쯤 예리한 독자는 이렇게 물을 것이다. "서비스 메시가 매직이라고 하지 않았나요? 그런데 아직도 해야 할 일이 있나요?"

전체 기능이 필요하다면 개발자는 여전히 애플리케이션 계층에서 서비스 메시에 참여해야 한다. 그러나 이것은 모든 언어와 프레임워크에서 중복될 필요가 있는 코드와 기능이 현저히 적다.

설정 관리 (컨트롤 플레인 vs. 데이터 플레인)

지금까지 안정적인 마이크로서비스 아키텍처를 구축할 때 서비스 메시가 제공할 수 있는 많은 기능에 대해 살펴봤다. 전체 시스템이 어떻게 구성되는지 논의하지 않았는데 이는 상당히 복잡해질 수 있다. 먼저 몇 가지 정의를 보도록 하자.

데이터 플레인

데이터 플레인(Data plane)은 실제로 네트워크 트래픽 전달에 참여하는 시스템 일부이다. 여기에는 로드 밸런싱, 연결 풀링(pooling), 요청 및 응답 수정 등이 포함된다. 데이터 플레인은 모든 요청과 응답의 모든 데이터를 접촉한다.

컨트롤 플레인

컨트롤 플레인(Control plane)은 토폴로지를 설정하고 주어진 시간에 발생하는 상황에 대해 높은 수준의 설정을 제공하는 시스템 일부이다. 여기에 라우팅 테이블(routing table), 백엔드 호스트 등록, 트래픽 변경 규칙, 할당량(quota) 등이 포함된다. 지하철로 비유하자면, 데이터 플레인은 A 지점에서 B 지점으로 가는 실제 지하철 차량이다. 컨트롤 플레인은 때때로 트랙을 전환하고 한 번에 몇 대의 열차가 움직여야 하는지 등을 알려주는 높은 수준의 스위칭 시스템이다.

서비스 메시 아키텍처를 구축할 때 시스템의 여러 컴포넌트를 분리하는 것이 중요하다. 사이드카 프록시 자체가 데이터 플레인이다. 그러나 일반적으로 컨트롤 플레인은 꽤 일방적이어서 사용 중인 배포 및 설정 관리 시스템에 따라 달라지는 사용자 정의 설정을 얻어야 하고 해당 설정은 사이드카가 이해할 수 있는 형식으로 변환할 수 있어야 한다. 그런 다음 이 설정을 모든 사이드카 프록시에 배포해야 한다.

일반적으로 프록시에서 멀어질수록 시스템은 독단적으로 운영된다. 예를 들어, 회사가 관리하는 자체 IDC 환경에서 베어메탈(bare-metal)을 실행하는 사용자는 클라우드 공급자가 호스팅하는 CaaS(Containers as a Service) 시스템에서 실행하는 사용자와는 전혀 다른 서비스 탐색 프로세스를 가질 것이다. 사이드카 프록시/데이터 플레인의 목표는 대상으로 지정될 만한 일관된 설정 API를 제공하는 것이다. 가장 간단한 형태인 중앙 집중식 설정 생성기는 다음처럼 작동할 수 있다.

1. 데이터 플레인 변경이 필요한 전역 시스템 변경 사항을 찾는다.
2. 시스템의 모든 프록시마다 새로운 설정을 생성한다.
3. 일부 메커니즘을 통해 시스템의 모든 프록시에 설정 변경 사항을 배포한다.
4. 프록시에서 설정을 다시 읽도록 한다.

HAProxy 기반 SmartStack은 앞에서 설명한 대로 제대로 작동하며 많은 회사에서 성공적으로 구축되었다.

더욱 복잡한 사이드카 프록시는 그림 26-3처럼 동적 설정 API를 제공한다. API는 라우팅 테이블 변경, 백엔드 호스트 변경, 수신 대기할 포트 번호, 새로운 연결을 수신할 때 수행할 작업을 전달하는 데 사용된다. 그림 26-3의 아키텍처를 사용하면 중앙 제어실이 지하철 네트워크를 감독하는 것처럼(지하철 비유를 이어붙임) 중앙 집중식 관리 서비스가 모든 프록시를 통제할 수 있다. 일반적으로 중앙으로 이동할 수 있는 로직이 많을수록 시스템 관리를 더 쉽게 할 수 있다. 구체화된 API를 사용하면 각 사이드카 프록시의 부트스트랩(bootstrap) 설정이 간단해지고 기본적으로 관리 서버와 통신할 수 있다. 이후 모든 설정은 중앙에서 관리되기 때문에 설정 파일을 배포하고, 트래픽을 줄이고, 프록시를 강제로 재시작하는 등의 추가 인프라 작업을 하지 않아도 된다.

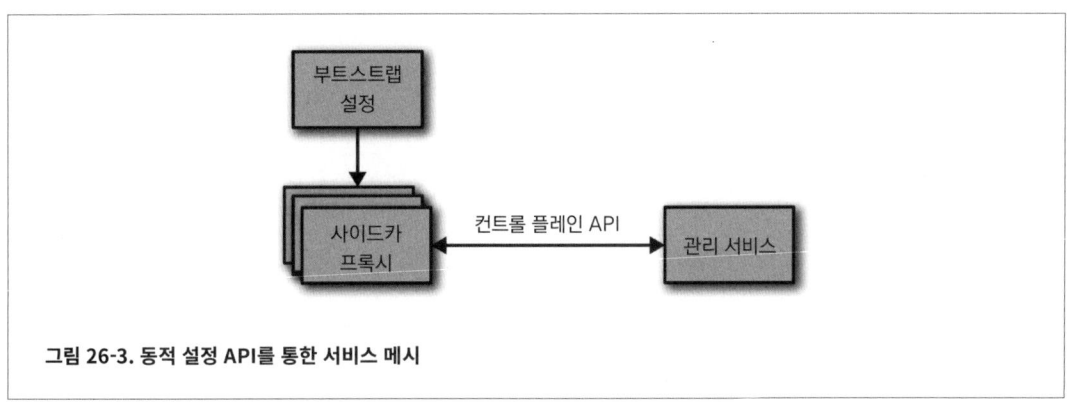

그림 26-3. 동적 설정 API를 통한 서비스 메시

리프트에서 사용 중인 서비스 메시

서비스 메시 개념이 최근 들어 마이크로서비스 커뮤니티에서 호응을 얻고 있지만 이미 여러 경쟁 솔루션과 대규모 배포 솔루션이 있다. 프록시 솔루션에는 HAProxy, NGINX, 린커드(Linkerd), 트래픽(Traefik), 엔보이가 있다. 완전한 관리형 솔루션으로는 SmartStack(HAProxy 기반)과 이스티오(Istio: 엔보이 기반, 현재 링커드(Linkerd)도 지원)가 있다. 다음은 리프트에서 모놀리식 애플리케이션에서 엔보이 기반의 완벽한 서비스 메시 아키텍처로 전환한 것에 대한 간단한 설명이다. 물론 리프트의 사례가 유일한 서비스 메시 성공 사례는 아니지만 필자는 엔보이를 만든 사람으로서 엔보이를 아주 잘 알고 있고 26장의 대부분이 일반적인 서비스 메시 아키텍처이기 때문에 이 설명에 약간의 즐거움을 보태고 싶다.

리프트에서 엔보이가 생겨난 기원과 발전

2015년 초까지 리프트는 MongoDB를 스토리지로 사용하는 모놀리식 PHP 애플리케이션과 파이썬으로 개발된 수십 개의 마이크로서비스가 존재했다. 당시 애플리케이션은 AWS 내의 단일 리전(region)에 배포되었다. 리프트는 모듈 간 의존성 제거(decoupling)와 민첩성(agility)을 향상시키려는 많은 사람의 의견과 같은 이유로 마이크로서비스 아키텍처로 전환하기로 결정했다. 그러나 앞서 설명한 모든 이유로 리프트에서는 초기 시스템 분할(decomposition)이 잘 진행되지 못했다. 당시 리프트의 네트워크는 본질적으로 안정적일 수 없었고 개발자는 네트워크 장애와 꼬리 지연 이슈를 디버깅하는 데 엄청난 어려움을 겪고 있었다. 또한 네트워크가 작업 부하를 견디기에는 많이 불안정해져서 계획된 서비스 개발이 중단되고 모놀리식 아키텍처 애플리케이션에 더 많은 기능이 추가되기도 했다. 리프트는 현재 SRE와 같은 직책이 없다. 따라서 모든 개발자는 높은 수준의 신뢰도로 서비스를 운영해야 한다.(데브옵스에 대한 IT 업계 움직임이 매우 흥미롭고 그 자체로 가치가 있다. 곧 리프트의 서비스 메시 마이그레이션과 관련된 시사점을 몇 가지 살펴보겠다.)

엔보이는 2015년 초에 개발을 시작했다. 엔보이의 목표는 리프트 개발자가 신뢰할 수 있고 궁극적으로 완전히 투명한 고성능 네트워크 솔루션을 구축하는 것이었다. 이 목표의 달성은 하룻밤 사이에 일어나지 않았다. 엔보이는 기존 AWS ELB를 더 좋은 방식으로 교체하기 위해 엣지 프록시로서 리프트에 처음 배포되었다. 즉시 향상된 관찰 가능성과 프로토콜 지원은 프로덕트 문제를 추적하고 디버깅하는 데 매우 유용했다.

리프트의 엣지 프록시로 엔보이를 배포한 후 MongoDB의 신뢰성을 높이기 위한 개발 노력이 진행됐다. MongoDB 트래픽을 검사할 수 있는 BSON(Binary JSON) 파서, 애플리케이션과 데이터베이스 간의 연결 수를 제한하는 데 도움이 될 수 있는 원시 TCP 프록시를 추가했다. 이후에는 애플리케이션과 데이터베이스 사이의 글로벌 속도 제한 기능을 추가했다. 엔보이를 사용하면 모든 애플리케이션 스택에서 해당 개선 사항을 변경 없이 사용할 수 있다.

시간이 지나면서 엔보이는 리프트의 모든 애플리케이션과 함께 사이드카로 배포되었다. 배포되는 동안 모든 중앙 집중식 로드밸런서를 제거하고 최종 일관성 서비스 탐색 시스템과 API를 구축했고 모든 엔보이 사이에 HTTP/2 메시를 배포했다. 그리고 서비스 메시가 있으면 리프트 개발자가 수많은 기능을 사용할 수 있으며 앞에서 이미 설명한 내용이다.

리프트가 엔보이를 설정하고 운영하는 방식은 시간이 지나면서 발전해 왔다. 처음에 모든 설정은 최종 일관성(eventually consistent)이 있는 배포 프로세스와 솔트(Salt)를 사용해 바이너리와 함께 직접 작성하고 배포되었다. 시간이 지나면서 파이썬과 진자(Jinja)를 사용해 템플릿 설정 및 부분적으로 생성되는 설정으로 전환을 진행했다. 이 글을 쓰는 시점에서 리프트(그리고 대부분의 엔보이 사용자)는 완전한 탐색 API가 지원하는 중앙 집중 설정 시스템에 가까워지고 있다.

리프트에 엔보이를 배포한 결과 개발자는 애플리케이션을 구축할 때 더는 네트워크를 고려하지 않게 되었다. 네트워크 문제가 발생하면 개발자는 해당 문제를 신속하게 발견하고 해결할 수 있는 툴을 갖춘다. 리프트에 배포된 엔보이는 개발자의 생산성과 전반적인 성공률을 높였고 장애에 대한 평균 복구 시간(MTTR, Mean Time to Recovery)은 줄였다.

리프트의 엔보이 운영

앞에서 얘기했듯이 리프트에는 SRE와 유사한 직책이 없다. 대신 모든 개발자는 신뢰성 엔지니어이기도 하다. 필자는 리프트에서 네트워크 팀을 이끌고 있고 엔보이 개발과 운영을 담당하고 있다. 엔보이와 같은 시스템 컴포넌트는 일반적으로 데브옵스 문화에 대해 확고한 의견이 있지만 26장에서 다루기에는 범위를 벗어나는 내용이다. 다만 시스템 개발자에게 시스템을 운영하도록 하는 것은 서비스 메시가 투명한 네트워크를 생성한다는 과대광고에 부합하게 하는 강제적인 기능이었다고 생각한다. 이와 관련해 몇 가지 더 흥미로운 항목을 다음과 같이 요약해본다.

운영 지침

기본 대시 보드, 추적, 로그, 알림 자동 생성

리프트에는 자동으로 생성된 엔보이 관련 통계, 로깅, 추적을 포함하는 모든 서비스 대시 보드가 있다. 해당 데이터로 각 서비스에 대한 알림을 자동으로 생성한다. 이 알림을 통해 모든 서비스에 대한 운영 기준이 만들어져서 문제를 훨씬 쉽게 파악하고 디버깅할 수 있다. 또한 사용자가 드롭다운 목록에서 송신 및 수신 서비스를 선택하고 해당 홉에 대한 관련 통계를 즉시 볼 수 있는 서비스 간 대시 보드가 있다. 마지막으로 서비스 메시 전체 통계를 한 곳으로 집계하고 시스템 전체 상태를 간단히 조사하는 "전역" 엔보이 대시 보드가 있다.

문서화

나는 문서화가 얼마나 중요한지, 그리고 IT 업계가 문서화 작업에 얼마나 투자하지 않는지 일일이 설명할 수 없다. 다만 데브옵스 환경에서 문서화는 정말 중요하다는 사실이다. 모든 개발자가 신뢰성 엔지니어가 될 것으로 기대하지만 실제로 해당 분야의 지식 기반은 다들 제각각이다. 특히 우리 팀은 시스템 전반의 문제를 디버그하는 데 엄청난 시간을 할애하기 때문에 개발자가 알아야 할 내용을 정리한 양질의 문서가 없다면 결국 모두 녹초가 될 것이다. 여기서 말하는 문서는 주로 리프트 전용 대시 보드, 알림, 설명서, FAQ, 설정 가이드 등에 관한 리프트 내부 엔보이 설명서와 동일하다. 또한 공개된 엔보이 문서보다 구체적이고 네트워크 경험이 없는 개발자는 더 쉽게 접근할 수 있다.

템플릿 설정 생성

엔보이 설정은 매우 복잡하다. 리프트의 개발 팀은 네트워크 팀이 제어하는 템플릿을 통해 극히 일부만 변경할 수 있는 유연성을 허용한다. 이렇게 대부분의 시스템 대부분이 일관성을 유지하고 있어서 전체적으로 이해하기 쉽다. 또한 적절하게 로컬 유연성(예: 서비스마다 사용자 정의 서킷 브레이킹을 설정)을 허용하기도 한다.

쉬운 배포와 배포 롤백을 지원하는 핫 리스타트

리프트 역시 다른 회사와 마찬가지로 현재 프로덕션 환경의 불변 컨테이너 배포 시스템에 접근할 수 없다. 엔보이는 강력한 "핫 리스타트(Hot Restart)"[08] 기능을 제공해 커넥션을 종료하지 않고 설정과 바이너리를 모두 포함해 완전한 재시작을 할 수 있다. 핫 리스타트는 쉽고 빠르게 배포 및 롤백을 진행할 수 있다.

노드에서의 디버깅을 위한 관리 엔드포인트

엔보이는 사람이 읽을 수 있고 쉽게 상호작용하도록 설계된 강력한 로컬 관리 엔드포인트를 제공한다. 항상 호스트에 로그인해서 무언가를 확인할 필요가 없는 것이 좋겠지만 실제로 신뢰성 엔지니어는 늘 이러한 작업을 수행하기 때문에 런타임 정보에 쉽게 접근하는 것은 운영 민첩성을 위해 아주 중요하다.

개발 지침

분리된 사이드카 배포 프로세스

개발 민첩성 측면에서 사이드카 프록시 모델의 장점을 실제로 실현하기 위해 모든 애플리케이션과 별개로 스테이징, 카나리, 프로덕션을 통해 엔보이를 완전히 배포할 수 있도록 허용한다. 이를 통해 애플리케이션 배포 프로세스와 무관한 새로운 기능, 수정, 디버깅 도구를 배포할 수 있다.

기술 지침

ARP 테이블

왜 ARP(Address Resolution Protocol, 주소 확인 프로토콜) 얘기를 꺼냈을까? 이는 리프트에 엔보이를 배포할 때 만났던 가장 흥미로운 버그이자 대규모의 서비스 메시를 배포할 때 알아야 하는 내용이다. ARP는 IP 주소가 다음 홉 MAC 주소(L3에서 L2)로 변환되는 과정이며 커널에는 가장 최근에 사용한 매핑을 저장하는 ARP 캐시가 포함돼있다. 일반적으로 ARP 캐시에서 스레싱(thrashing)[09]이 발생하면 캐시 항목을 플러시(flush)할 때 재확인(re-resolution)이 반복 수행되기 때문에 성능이 급격히 떨어진다. 커널 캐시 크기는 일반적으로 노드와 통신하며 아주 가까이에 있는 L2 인접 노드 수가 적은 기존의 IP 기반 네트워크에 맞게 조정된, 즉 상대적으로 작은 값이 기본 설정된다. 서비스 메시의 경우 반드시 해당되는 것은 아니다. 일부 최신 네트워크 설계는 크고 평평한 L3 IP 서브넷을 사용한다. 해당 설계에서 호스트가 서브넷의 다른 호스트와 통신할 수 있다면(특히 중간 로드밸런서를 사용하지 않는 경우) 인접 네트워크 수가 많을 것이다. 리프트에서는 이런 현실에 대응하기 위해 노드당 ARP 캐시의 기본 크기를 늘려야 했다. 리눅스의 net.ipv4.neigh.default.gc_thresh1(및 기타 관련값)과 같은 커널 매개변수를 조정하며 다른 운영체제에서도 유사한 설정이 있다.

---

08 (역자주) 핫 리스타트: 애플리케이션 실행 중인 상태에서 변경 사항을 적용할 수 있는 기능
09 (역자주) 스레싱: 페이지 부재율이 높은 상태를 의미한다.

파일 디스크립터 제한

또한 ARP 테이블 크기와 관련해 프록시가 많은 수의 메시 커넥션을 생성하므로 사이드카 프록시가 많은 수의 파일 디스크립터를 생성하도록 허용하는 것이 중요하다. 또한 엔보이는 주로 심각한 프로덕션 장애를 기반으로 OOM(Out-of-Memory) 조건과 같은 파일 디스크립터 생성 실패를 치명적인 장애와 동일하게 취급한다. 런타임에 허용되는 파일 디스크립터(file Descriptor) 수의 소진을 파악하기가 매우 어려울 수 있다. 조건(적절한 설정이라면 절대로 발생해서는 안 됨)을 치명적인 에러로 만들면 심각한 문제에 대한 가시성이 높아지고 궁극적으로 신뢰성이 향상된다.

전반적으로 리프트에서 엔보이를 통한 서비스 메시의 배포와 운영은 점진적 전달, 운영 용이성, 방금 논의한 사항들을 고려할 때 비교적 순조롭게 진행됐다.

서비스 메시의 미래

관리 시스템뿐만 아니라 양쪽 사이드카 프록시에서의 서비스 메시 개발은 향후 5년에서 10년 동안 소프트웨어 공급업체와 대규모 클라우드 공급업체 모두가 많은 투자를 진행할 것이다. 특히 애플리케이션 개발자와 신뢰성 엔지니어가 얻는 장점은 엄청나다. 엔지니어가 잘 작동하는 서비스 메시 위에 구축된 마이크로서비스를 사용하고 운영했다면 앞으로 마이크로서비스 애플리케이션 없이 애플리케이션 배포는 생각하고 싶지 않을 것이다. 거저 얻는 이득이 대단히 많기 때문이다.

더 읽을거리

- 엔보이 프록시 (https://www.envoyproxy.io/)
- 서비스 메시 데이터 플레인 vs. 컨트롤플레인 (https://bit.ly/34JcdUN)
- 이스트오(Istio) 서비스 메시 (https://istio.io/)
- 리프트의 엔보이 대시 보드 (https://bit.ly/3KaYqXl)
- 유니버설 데이터 플레인 API (https://bit.ly/3FsLFUD)
- 엔보이 사이드카 프록시를 사용한 마이크로서비스 패턴: 시리즈 (https://bit.ly/3I9bT0c)
- 최신 네트워크 로드밸런싱 및 프록시 소개 (https://bit.ly/3I550N8)
- SoA 네트워킹에서 최종적 일관성 수용 (https://bit.ly/3Fmaxx3)

맷 클라인 Matt Klein

리프트의 소프트웨어 엔지니어이며 엔보이를 처음부터 개발했다. 맷은 다양한 회사에서 15년 이상 운영 체제, 가상화, 분산 시스템, 네트워크 연구를 진행하고 시스템을 아주 쉽게 운영할 수 있도록 했다. 트위터에서 C++로 L7 엣지 프록시의 개발을 주도하고 아마존 EC2에서 고성능 컴퓨팅과 네트워크 작업을 주로 했다.

PART IV

The Human Side of SRE | SRE의 인간적인 면

- SRE 팀의 구성원을 안전하게 보호하려면 어떻게 해야 할까?
- 대부분의 신뢰성과 복원력 문제의 원인은 사람이라고 생각했지만 실제로 이에 대한 해결책이 사람이라면 어떻게 대처해야 할까? 그나저나 사람의 머릿속에는 무슨 일이 일어나고 있는 걸까?
- SRE의 정신 건강에 대해 우리가 충분히 관심을 두지 못하는 부분은 무엇일까?
- 온콜은 여러모로 끔찍하다. 이제는 멈춰야 한다.
- 사람은 복잡한 시스템과 어떤 관련이 있을까?
- 단지 컴퓨터를 개선하는 것 이상으로 SRE로서 좋은 세상을 만드는 일에 기여할 수 있을까?

토론.

나는 '이럴 때' SRE 임을 깨닫는다.

… 한밤중에 문자를 받아도 호기심조차 없는 이유는 상대가 단지 온콜 담당자라는 것을 알고 있기 때문이다.

… 내가 "안녕하세요"라고 문자를 보내면 답장은 "어, 오!"라고 온다.

… HR에서 나에게 "대체 휴일(TOIL, Time Off In Lieu)"을 준다는 얘기를 들을 때마다 잠시 혼란스러워진다.

… 나는 저녁 식사를 제대로 못 할 때마다 포스트모템을 작성한다.

… 가족과 대화할 때 "성공의 지표는 무엇인가?"라고 물어보면 다들 나를 이상하게 쳐다본다.

CHAPTER 27

SRE의 심리적 안전

페이스북Facebook의 존 루니 John Looney, 이전 직장 구글

27장의 내용은 인터컴(Intercom, https://bit.ly/3tzY5rw)과 로그인(login) 잡지에 실렸으며, SRE 청중을 위해 특별히 다시 쓰여졌다.

성공하는 팀의 기본 지표

구글에서 SRE로 일할 때 필자는 운이 좋게도 "Team Development" 그룹과 함께 전 세계를 여행할 수 있었다. 그룹의 임무는 더 나은 공동 작업을 원하는 팀에게 팀 구축 과정을 설계하고 제공하는 것이었다. 당시 업무는 아리스토텔레스 프로젝트(https://bit.ly/33BAqvL)로 출판된 연구를 기반으로 했다. 성공하는 팀의 주요 지표는 임기, 연봉, 연봉 수준이 아니라 심리적 안전이라는 것을 발견했다.

여러분 가까이에서 긴밀하게 협업하는 팀을 생각해보자. 다음의 다섯 가지 진술에 어느 정도 동의하는가?

1. 만약 내가 기회를 잡았는데 망친다면 그 기회는 나에게 불리하게 작용할 것이다.
2. 우리 팀은 문화 의식이 강해서 새로운 사람들이 합류하기 어렵다.
3. 우리 팀은 어려움을 겪고 있는 이들에게 도움을 주는 것에 느리다.
4. 나 혼자만 사용할 수 있는 기술과 재능을 팀의 목표보다 우선하지 않는다.
5. 팀의 민감한 문제에 대한 솔직한 대화는 불편하다.

위의 질문에 동의가 많을수록 "안전하지 않은" 팀으로 간주될 수 있다. 혁신이나 갈등 해결은 안전하지 않다. 도움이 필요하다고 인정하는 것 또한 안전하지 않다. 안전하지 않은 팀은 목표에 집중하고 대인관계 문제를 무시할 수만 있다면 단기간에 성과를 낼 수 있다. 안전하지 않은 팀은

변화에 저항하기 때문에 결국은 기대에 못 미치는 저조한 성과를 내거나 팀 자체가 산산조각이 날 것이다.

상상력이 풍부하고 유능하고 열정적인 대학 졸업생의 관점에서 안전하지 않은 팀이 개인에게 어떤 영향을 미치는지 주목해보자.

먼저 가상의 졸업생을 '카렌(Karen)'이라 부르도록 하자. 카렌은 분산 데이터베이스에 대한 낮은 수준의 잠금 최적화(locking optimization)를 읽고 카렌의 팀에서 온콜 중인 서비스에 적용될 수 있다는 것을 알게 되었다. 그리고 카렌은 잠금 최적화 기능이 CPU가 15% 절약할 수 있다는 테스트 결과를 보고 적극적으로 프로덕션에 적용했다. 데이터베이스 설정 파일을 변경할 때 일반적인 코드 리뷰 프로세스를 거치지 않았고 안타깝게도 데이터베이스의 하드락업(hard-lock-up)이 발생했다. 잠깐이지만 웹 사이트가 완전히 다운되었다. 다행히 경험 많은 카렌의 동료들이 문제를 발견하고 10분 안에 변경 사항을 롤백했다. 전문가들은 해당 장애를 포스트모템 회의에서 논의했다.

1. "만약 내가 기회를 잡았는데 망친다면 그 기회는 나에게 불리하게 작용할 것이다."

    포스트모템 회의에서 엔지니어링 책임자는 크지 않은 최적화를 추구하느라 다운타임(가동중지 시간)이 초래된 것을 용납할 수 없다고 주장했다. 이에 카렌은 팀원들에게 "무책임한" 사람으로 전락하게 됐다. 그래서 팀은 이런 일이 다시 일어나지 않도록 하는 방안을 제안했지만 카렌과 달리 책임자는 이 방안의 상호 작용을 잊어버렸다.

2. "우리 팀은 문화 의식이 강해서 새로운 사람들이 합류하기 어렵다."

    아무도 카렌을 지지하지 않았기 때문에 이 일이 그녀에게 미치는 영향은 더욱 커졌다. 데이터베이스 설정에 대한 코드 리뷰가 부족하다는 지적이 없었고, 누구도 무책임한 행동과 무책임한 사람으로 분류하는 차이를 강조하지 않았다. 팀은 시스템의 신뢰성에 자부심이 있었기 때문에 신규 직원의 보호보다 평판 지키는 것을 더 중요하게 여겼다. 그리고 카렌은 소속 팀과 팀의 관리자가 자신을 지지하지 않는다는 것을 알게 되었다.

3. "우리 팀은 어려움을 겪고 있는 이들에게 도움을 주는 것에 느리다."

    카렌은 "프로덕션" 시스템에 대한 온콜은 처음이어서 장애 관리, 프로덕션 처리, 분산 시스템 문제 해결 등에 대한 정식 교육을 받지 못했다. 카렌의 팀은 대부분 교육이나 신규 구성원을 위한 문서가 필요 없는 수십 년의 경력자들로 구성되어 있었다. 카렌의 팀원 대부분 운영 문서가 필요하지 않았다. 또한 카렌이 기술을 배우는 데 시간을 보내도 좋다는 안내도 없었다. 처음 카렌이 팀에 들어왔을 때 기술의 작동 방식에 더 많은 시간을 할애한 화이트보드 세션 외에 분명한 도움을 받은 일은 없었다.

카렌은 무선 호출기와 함께 남겨지는 것이 두려웠다. 대체 자신이 채용 절차를 어떻게 통과했으며 왜 아직 해고되지 않는지 의아할 따름이었다. 이를 가면 증후군(impostor syndrome, https://en.wikipedia.org/wiki/Impostor_syndrome)이라고 부른다.

4. "나 혼자만 사용할 수 있는 기술과 재능을 팀의 목표보다 우선하지 않는다."

카렌의 배경 지식은 알고리즘, 데이터 구조, 분산 컴퓨팅이었다. 카렌은 기존 시스템에 설계 결함이 있고 부하가 튀는 현상을 처리할 수 없음을 깨달았다. 팀은 계약 요금을 초과하는 사용자를 항상 비난해왔는데 이는 마치 부모가 아기에게 왜 더러운 것을 먹냐고 비난하는 것과 같다. 카렌은 자신이 운영하지 않았던 배경이 분명 팀에 도움이 될 것이라고 예상했다. 문제를 해결하려면 데이터베이스 스키마 이해, 루비(Ruby) 디버깅, C++ 성능 이해, 프로덕트 지식, 대인관계 기술을 이해해야 하는지는 늘 명확하지 않다.

카렌은 인턴 시절에 사용한 기술을 기반으로 새로운 설계안을 제안했다. 그러나 동료들은 새로운 기술에 익숙하지 않아서 카렌의 설계안은 리스크가 크다고 생각했다. 이에 무의미한 논쟁 대신 코드를 작성해 시스템을 구축하고 싶었던 카렌은 논의 없이 자신의 제안을 철회했다.

5. "팀의 민감한 문제에 대한 솔직한 대화는 불편하다."

사용자의 트래픽 급증으로 몇 시간 동안 프로덕션을 사용할 수 없게 되자 CEO는 운영 팀과의 회의를 요청했다. 많은 세부 사항들이 논의되었고, 기존의 설계로는 트래픽 급증 이슈를 결코 다룰 수 없다는 것과 카렌이 새롭게 제안했던 설계안을 언급했다. 카렌의 관리자는 엔지니어링 검토 회의에서 카렌의 설계가 이미 거절되었던 사실을 상기했고 CEO에게 카렌의 팀이라면 기존 디자인을 개선할 수 있다고 장담했다.

이후 카렌은 팀원 중 한 명과 회의에 대해 논의했다. 카렌은 관리자가 자신의 설계안이 문제의 근본 원인이라는 것을 모른다는 사실에 실망했다. 이에 동료는 지난 5년간 팀이 정말 좋은 서비스를 제공했기 때문에 관리자와 카렌의 설계에 대해 논의할 필요가 없었을 뿐이라고 말했다.

결국 카렌은 이직하기 위해 회사를 그만뒀고, 회사는 카렌의 퇴사를 아쉬워하지 않았다. 더욱이 카렌은 "무모하고, 넋두리나 하며, 권위에 문제가 있는" 사람으로 기억되었다. 카렌이 속했던 팀은 사용자 이탈을 초래한 반복적인 장애로부터 회사를 구하고도 남았을 개선된 설계안을 끝까지 반영하지 않았다.

팀에 심리적 안전을 구축하는 방법

이렇게 유망한 엔지니어들을 쫓아내고 다른 사람들이 자신의 잠재력보다 성취할 수 없게 괴롭히는 조직 운영의 특별한 점은 무엇인가?

성공하려면 강한 개발 문화 의식, 공통의 이해, 공통 가치가 필요하다는 것을 우리는 알고 있다. 문화에 대한 존중은 물론 필요에 따라 문화를 변화시킬 수 있는 개방성의 균형을 이루어야 한다. 재택근무를 원하는 팀은 인턴을 고용할 때 함께 배치해야 한다. 모든 엔지니어가 자신이 운영 중인 서비스의 온콜이 된 것을 자랑스럽게 여기는 팀이라면 장애의 잠재적 프로덕션 영향이 커질 것을 대비해 소규모 운영 중심의 엔지니어 팀을 구성해 전문화해야 한다.

사람들이 좋아하는 일과 회사가 완수해야 하는 일의 균형을 어떻게 잡을 수 있을지에 대해 신중할 필요가 있다. 우수한 관리자는 업무를 감당하는 역량이 부족해 팀의 성과를 끌어내지 못하는 엔지니어를 전출시키는 것에 적극적이다. 훌륭한 관리자일수록 엔지니어들을 적재적소에 보내고 팀의 임무를 확장해서 엔지니어 스스로 기술과 재능을 가치 있게 여기도록 잘 관리한다. 자신의 기술을 어떻게 활용해야 할지 모르는 엔지니어는 좌절하게 되고, 업무 달성을 못 할수록 실패감에 빠질 것이다.

팀 문화 존중하기

다른 사람인 척하는데 에너지를 소모하면 어떤 일이든 100%로 몰두하기 어렵다. 어디서든 무례함을 목격하면 따끔한 일침으로 사람들 스스로 돌아볼 수 있게 해야 한다. 데이비드 모리슨(David Morrison, 호주 육군참모총장)은 '과거에 여러분이 지킨 기준이 곧 여러분이 받아들이는 기준이다. (https://bit.ly/3IgXNKf)'이라는 연설은 이런 정서를 완벽하게 담고 있다.

사람들의 감정과 경험에 무심한 것은 그 사람들을 차단하는 것과 같다.

다음은 필자가 개인적으로 개입했던 예시들이다.

- 팀원 중 한 명이 팀에 새로 온 여성 PM을 환영하면서도 기술적으로는 취약할 것이라고 쉽게 단정했다. 그래서 팀원은 그 PM에게 육아 용어를 동원하면서 유치한 단어로 유머를 가장해 서비스를 설명했다. 나는 즉시 이 여성 PM이 컴퓨터 공학 박사 학위를 취득했음을 강조했다. 그러자 해당 팀원은 단지 재미있게 얘기한 것이었을 뿐 다른 의도는 없었다며 당황해했다. 의도 없이 순수한 무의식적인 편견을 구별하기란 이렇게 모호하고 어렵다.
- 사람들이 모여 이전 직책에 관한 대화를 나누다 한 구성원이 오랫동안 성공하지 못한 회사에서 일했다고 얘기했다. 이를 들은 다른 구성원이 그 구성원에게 "매우 용감한 사람"이라고 조롱하듯이 말했다. 나는 사람을 조롱하는 것은 프로답지 않은 발언이고 달갑지 않다고 지적했다. 이를 통해 대화에 참여한 모든 사람들이 넘지 말아야하는 선을 알게 되었다.
- 보통 회의는 조용하고 영리한 엔지니어보다 외향적인 사람들에 의해 진행되곤 한다. 나는 "큰 소리로" 말하는 사람들에게 다른 사람의 발언을 못 듣는 만큼 중요한 견해를 놓치고 있다고 지적했다. 모든 선임이 자신의 목소리를 내고 싶어 한다는 사실을 일일이 강조해야 했지만, 사람들은 그동안 놓쳤을 견해를 자각하게 됐다.

무례한 상황을 지켜본 모든 사람에게 이것은 존중이 결여된 모습임을 즉각적으로 그러나 예의 바르게 지적하는 것은 중요하다. 만약 누군가가 팀원들 앞에서 카렌의 책임자에게 카렌은 무책임하지 않았고 장애는 큰 문제가 아니었으며 팀의 테스트 범위를 개선하는 것이 우선이라고 상기시켰다면 정말 좋았을 것이다. 엔지니어링 리뷰의 선임 엔지니어가 캐런의 설계안을 함께 제안해 팀이 개선 사항을 수용했다면 얼마나 가치 있는 일들이 진행됐을지 상상해 보라. 사람들의 아이디어를 깎아내리려 하지 말고 개선해야 한다.

기회를 잡을 수 있는 공간 만들기

어떤 회사에서는 20%의 시간을 이야기한다. 인터콤(Intercom)이라는 회사에서는 6주간의 스프린트(https://bit.ly/34RZ7Vg) 사이에 "버퍼(buffer)" 주간이 있었다. 외부 업무에 영향을 주지 않으면서 스스로 궁금한 부분을 파고들 수 있는 시간을 얻는 것이다. 팀의 모든 구성원이 혁신할 수 있는 권한을 주고 팀 전체가 업무 자체를 벗어나도록 권장하는 것은 강력한 메시지가 있다.

다만 "혁신의 시간"만이 사람들의 기회를 잡는 유일한 시간이 아니라는 것에 주의해야 한다. 나는 "혁신의 시간"을 화요일 오후 2시 30분으로 생각하는 자동차 분야의 한 회사와 일했다. 사람들이 가치 있다고 생각하는 아이디어는 팀 디자인 리뷰에서 공유할 게 있게 해야지 그냥 무시해서는 안 된다. 좋은 아이디어라도 적합하지 않다면 그 이유에 대해 충분한 이해를 공유하는 시간을 가져야 한다.

팀이 잘하고 있는지 분명하게 얘기하기

한 엔지니어는 자신의 온콜 경험을 "박람회장의 유지보수 직원과 같다."라며 "끔찍한 장애가 발생하기 전에는 아무도 우리가 하는 일이 무엇인지 알지 못한다."고 말했다. 팀의 성공 여부를 조직 전체에 알리고, 팀원이 담당한 업무의 성과를 공유해서 고위 일부 사람들만이 주목을 받지 않도록 해야 한다.

나는 팀의 일일 스탠드업과 주간 목표 회의에서 포스트잇으로 목표를 작성하는 방식을 좋아한다. 점진적으로 하나씩 성공할 때마다 포스트잇을 "완료" 폴더로 이동시키면 성공을 눈으로 보면서 함께 환호할 수 있다. 또한 성공으로 가는 중에 영광스러운 실패를 축하할 수도 있다.

수년 전 필자가 구글의 스토리지 SRE 팀 중 한 조직을 운영할 때 구글은 기존의 구글 파일 시스템(Google File System)을 대체하기 위해 3년간의 프로젝트를 절반 가까이 진행하고 있었다. 불량 배터리, 펌웨어 버그, 열악한 툴, 테스트 되지 않은 소프트웨어, 공격적인 배포 일정, 두 번의 전력 차단으로 인해 몇 시간 만에 전체 스토리지 셀이 손실됐다. 모든 서비스에는 다른 가용 영역에 스토리지가 있었지만 필자가 속한 팀은 꼬박 3일에 걸쳐서 클러스터를 다시 구축해야 했다. 이 일이 끝난 후 우리 팀은 낙담해 사기는 떨어지고 패배감에 빠졌다. 우연히 팀 사무실을 방문한 관리자는 우리 팀이 다운돼있는 것을 보고 지난 3개월의 시간보다 이 3일 동안 새로운 스토리지 스택에 대해 더 많이 알게 되었다고 일깨워 주었다. 또한 관리자는 다들 이렇게 다운되어 있을 게 아니라 축하 행사에 참석한 것처럼 즐겁게 있어야 했다고 생각했다.

나는 근처 마트에서 값싼 스파클링 와인을 사서 다른 관리자와 함께 몇 시간 동안 큰 회의실을 예약했다. 누군가가 화이트보드에 실패를 통해 배운 것을 쓸 때마다 우린 힘차게 건배했다. 팀의 분위기는 회의실을 들어가기 전과 후에 완전히 달라졌다. 나는 카렌의 팀이 취약했던 코드 외 테스트 범위와 문서화되지 않은 가동 시간 초과에 대한 관계를 밝혀낸 것에 대해 마땅히 카렌에게 감사해야 할 일이라고 확신한다.

커뮤니케이션을 명확하게 하고 기대를 충족시키기

엔지니어는 장애가 발생할 때마다 팀에 소리 지르는 대신 장애가 무엇인지 측정하는 툴, 작동방식을 보여주는 SLO (https://bit.ly/3ryQeI9), 목표와 현실 사이에서 공간을 사용하는 문화를 구축하도록 도와야 한다. 장애를 논의할 때 사람들이 장애 여부에 관한 판단이 아니라 장애를 처리해 팀, 프로덕션, 조직 전체를 어떻게 개선했는지의 이해는 물론 모든 관련 정보를 안전하게 공유해야 한다. 운영에 대한 책임이 있는 팀들이 모여서 운영 중단과 프로세스 장애에 대해 충분히 논의해야 한다. 문제 원인에 집착해 마녀사냥 하지 말고 흥미로운 배움의 기회로 접근하는 것이 정말 중요하다.

최종 사용자의 대기 시간을 20% 증가시키는 효율성 제공 여부를 고민하던 팀이 마비되는 것을 봤다. 프로덕션 팀과의 짧은 대화를 통해 "다양한 대기 시간 단계들로 인한 예상 고객 감소"와 회사 수익에 미칠 영향에 대해 자세히 설명하는 SLO를 변경했다. 팀원 누구나 짧은 대기 시간이 하드웨어 비용보다 훨씬 더 중요하다는 것은 몇 초 만에 알 수 있었고 대신 과도하게 프로비저닝되었다.

누군가 여러분을 위해 무언가를 해줄 것으로 기대한다면 "언제" 완료할 수 있는지와 같이 구체적인 것을 요청해야 한다. 모든 사람이 나의 긴급함에 전적으로 동의할 것이라는 가정은 하지 않는 게 좋다. 약속을 놓치면 신뢰를 잃을 수 있으므로 경영진의 주요 업무는 문맥을 설정하고 구조와 명확성을 제공하는 것이다. 아마도 카렌은 팀이 신뢰성을 중요시한다고 미리 알려주고 최적화보다 신뢰성 향상에 힘써 달라고 명확히 얘기하는 관리자를 원했을 것이다.

팀이 안전함을 느끼도록 하라

심리적으로 팀이 안전하다고 느낀다면 지금 시도해볼 만한 몇 가지가 있다.

- 27장의 시작 부분에서 제시된 질문으로 짧은 설문 조사를 진행하고 해당 결과를 팀에 공유한다. 팀 외부의 신뢰할 만한 사람이 피드백을 요약해 익명화하겠다고 약속하면 수월하게 1:1 설문 조사를 할 수 있을 것이다.
- 팀에게 "안전"이란 어떤 의미인지 토론하자. 안전은 사람마다 다른 의미일 수 있어서 "안전하지 않은" 느낌이 들 때 공유할 수 있는지 확인하도록 한다. 여기서 "안전"이란 자신 있게 말하고, 팀 내 원활한 대인

관계를 맺고, 직장에서 성공하기 위해 훈련하면서 스스로 유능하다는 느낌을 의미할 수 있기 때문이다.
- 작은 행동에서부터 시작해서 존중과 명확한 의사소통의 문화를 구축하도록 한다.

심리적 안전은 매출, 판매 비용, 가동 시간만큼 중요한 핵심 비즈니스 지표로 취급해야 한다. 또한 팀의 효율성, 생산성, 직원 유지, 기타 비즈니스 지표에도 영향을 미친다. 그렇다고 심리적 안전만 최적화해서는 안 된다. 불안한 사람이라고 여겼던 사람이 팀을 그만둔다면 그만큼 팀의 지표는 올라가겠지만 이것이 성공을 의미하는 것은 아니다.

운영 팀이 다른 엔지니어링 팀보다 안전하지 않다고 느끼는 이유는 무엇일까?
운영 팀, 특히 SRE를 위험에 빠뜨리는 성격상의 특이점과 조직의 필수 요소를 살펴보자.

우리는 인터럽트(interrupt)와 정보의 홍수를 좋아한다
사람은 멀티태스킹에 약하다. 한꺼번에 여러 가지 일을 하면 작업 완료에 걸리는 시간이 두 배가 되거나 실수가 두 배가 된다.[01] 프로젝트 업무를 진행할 때 인터럽트(티켓, 온콜 등)가 많은 팀은 프로젝트 목표 달성에 실패할 것이다. 그런데도 운영은 새로운 사건들이 생길 때마다 종종 산만해지는 사람들을 끌어들인다. 한 번에 하나만 하자. 인터럽트 시간뿐만 아니라 융통성 없이 할당된 기간에 들어오는 의사소통도 포함해서 말이다.

운영 팀은 조직의 리스크와 불확실성을 관리해야 한다. 따라서 리스크에 대한 추론, 위기에 대처하는 전략, 심층 방어, 플레이 북, 장애 관리, 에스컬레이션(escalation) 정책 등을 만든다. 사람이 불확실성에 노출되면 결과적으로 "정보 격차(Information Gap)"가 발생하며 이로 인해 정보 부족에 대한 갈망으로 이어져 유용성을 놓치고 과장이 심해진다.[02] 이는 터무니없이 화려하기만 하고 이해할 수 없는 대시보드, 이메일의 급증, 경고, 자동으로 쌓이는 버그들로 정보 과부하를 초래한다. 수백 개의 버그를 할당받은 엔지니어는 고칠 수 없어도 "수정하지 않음(Won't Fix)"이라는 표시를 하고, 버그 수정을 거부한다. 이에 따른 방안으로 시스템의 모든 변경 사항을 인지하도록 개발자 메일링 리스트에 가입하는 것이다. 참신함에 대한 애정이 어린 관심은 일일이 취할 수 없는 정보의 가치 부족을 보지 못하게 한다.

정보 대부분은 실행 불가능하다는 것을 인정하자. 특히 버그, 메일 필터, 공개 채팅 애플리케이션은 확실하게 처리해야 한다. 긴급 상황이 발생하면 언제든 호출해도 괜찮다고 팀에 말해두자. 다른 작업은 긴급한 작업을 완료한 후에 얼마든지 진행할 수 있다.

---

[01] 폴 애슐리(Paul Atchley), "여러분은 한 번에 여러 가지 일을 할 수 없습니다. 그러니 그만두세요(You Can't Multitask, So Stop Trying.)." (https://bit.ly/3FGRZrE) 하버드 비즈니스 리뷰(Harvard Business Review)
[02] 조지 뢰벤슈타인(George Loewsenstein), "호기심의 심리학(The Psychology of Curiosity)" (https://bit.ly/3KvMKOZ), 심리학 게시판(Psychological Bulletin) 학술지

온콜과 운영

온콜 스트레스는 사람들을 운영 역할에서 멀어지게 한다. 흥미롭게도 24시간 7일 온종일 교대 근무는 문제가 아니다. 진짜 문제는 온콜 팀의 인력이 부족해서 교대 근무를 자주 해야 한다는 것이다. 사람들이 온콜에 많은 시간을 쏟을수록 우울증과 불안감[03]에 시달리기 쉽다. 또한 일하는 것보다 수행해야 한다는 요구 자체에 스트레스를 크게 받는다.[04] 여기서 온콜이 업무의 일부라는 사실을 받아들이는 것이 중요하다.

6명 이상의 엔지니어가 온콜 교대를 수행하게 하고 대응 시간 또는 개인 생활 축소에 대해 큰 기대를 한 사람들에게 보상 근무 면제 시간을 얻을 수 있게 한다면 스트레스를 완화할 수 있다고 본다. 작업 시간이 아닌 작업 예상 시간을 기준으로 해당 팀에 보상하도록 한다. 기본 보상 패키지에 온콜 보상을 포함하는 것 외에도 온콜 교대 근무당 당직 급여를 지급하는 조치는 고용주가 직원의 개인 시간을 중요하게 여긴다는 것을 의미한다. 사고 관리 교육이나 빈번한 '불행의 수레바퀴(Wheel of Misfortune)' 훈련도 사람들의 자신감을 높여주어 스트레스를 줄일 수 있다. 온콜 엔지니어의 우선순위는 여러 장애가 동시에 발생할 때 문제를 해결할 수 있는 사람을 찾는 것이다.[05]

인지 과부하

운영 팀은 훨씬 큰 팀에서 작성한 소프트웨어를 지원한다. 3,500명의 소프트웨어 엔지니어가 작성한 소프트웨어를 지원하는 65개의 SRE 팀이 있다. 다양한 기본 기술과 프레임워크를 사용해 여러 언어로 작성된 소프트웨어 지원에 직면한 팀은 시스템을 이해하는 데 많은 시간이 필요하며 결과적으로 시스템을 개선할 시간이 줄어든다.

복잡성을 줄이기 위해 소프트웨어 엔지니어는 점점 더 많은 추상화를 구현한다. 추상화는 헤어나기 힘든 상황일 수 있다. ORM(Object/Relational Mapper, 객체/관계 매퍼)은 데이터베이스 스키마에 대해 고민하는 시간을 줄여 개발자의 삶을 편하게 해주는 훌륭한 툴이다. 개발자가 기본 스키마를 이해하지 않아도 되므로 개발자는 ORM 변경이 프로덕션 성능에 미치는 영향을 더는 고려하지 않는다. 이제 운영 팀은 ORM 계층과 이 계층이 왜 데이터베이스에 영향을 주는지 이해해야 한다.

모놀리식 아키텍처는 마이크로서비스보다 개발과 확장이 더 쉽다. 민감하거나 복잡한 코드의 중복을 피하는 비즈니스 이유가 있을 수 있으며 조율하는 구성은 더 단순하다. 그러나 모놀리식 아키텍처는 이질적인 트래픽 클래스와 비용을 증가시키기 때문에 운영 팀이 문제를 해결하거나 용량 계획을 세우는 것을 어렵게 한다.

---

03 앤 마리 니콜(Anne-Marie Nicol)과 재키 보터릴(Jackie Botterill)의 "온콜 근무와 건강: 리뷰(On-call work and health: a review)" (https://bit.ly/354nb7r), Environ Health 학술지

04 뎃머스(J. Dettmers) 등의 "근무 시간이 길어진 작업의 가용성과 일상의 시작 분위기와 *코티솔과의 관계(Extended work availability and its relation with start-of-day mood and cortisol)" (https://bit.ly/33V42US)

(역자주) *코티솔: 부신 피질에서 생기는 스테로이드 호르몬의 일종으로서 의욕감퇴, 피로, 우울, 비만의 주범으로 일컫는다.

05 데이브 오코너(Dave O'Connor)가 발표한 "나쁜 기계(Bad Machinery)" (https://bit.ly/3tOvCOG), SREcon15 EU.

사람들 대부분은 운영 팀이 새롭게 진화하는 소프트웨어에 부담이 있다는 것을 알고 있다. 그러면서 성숙한 "안정된" 서비스의 부담은 무시한다. 이런 서비스를 수행해야 할 매력 포인트는 거의 없지만 그래도 운영 팀은 이해하고 있어야 한다. 새로운 서비스를 반복하면서 성숙한 서비스를 손상시키지 않으려면 각별한 주의가 필요하다. 팀은 개발 속도에 대한 인지 부하의 영향을 문서화하는 것이 좋다. 이는 소프트웨어의 신뢰성, 운영 팀의 사기와 행복, 조직의 장기적인 성공에 직접적이고 깊은 영향을 미친다.

기대하게 되는 미래

훌륭한 운영 팀은 업무에 자부심이 있다. 서비스에 대한 기대치가 모호하면 지나치게 조심하거나 필요 이상으로 더 많은 일을 할 것이다. 우리는 모든 서비스를 중요하게 생각하지 않는가? 그렇다면 "최고의 노력"을 다하지 않겠는가? 팀에 전달된 모든 버그를 수정해야 할까, 아니면 "미안하지만 우리 팀의 관심사가 아니다."라고 말할 수 있을까? 각 팀에서 언제까지 버그를 수정해야 하는지 노력하는 부분에 대해 SLA에 제대로 표현되어 있는가? 팀 회의할 때 팀의 가장 중요한 주제로 시작하는가 아니면 무작정 프로세스에 따르는가?

경고 알림과 SLA에 더 추가할 부분이 없는지 확인하자. 만약 여러분의 팀에서 어떤 책임을 져야 한다면 모든 사람이 동의하고 이해해야 할 충분한 이유가 있는지 확인하도록 한다.

운영 팀은 내부 구성원에 대한 심리적 안전을 평가하기 어려움

마지막으로 생각해볼 만한 얘기를 하고자 한다. 운영에 능숙한 사람들은 심리적으로 위험한 상황을 인식하는 데 어려움을 겪는다. 때때로 온콜의 스트레스를 "정상"인 줄로 알고 스스로 녹초가 되어도 악화되고 있다는 것을 모른다. 업무 중 지나친 희생을 강요하는 것은 "정상"이 되고 더 큰 희생을 기대하게 한다.[06] 창의력을 발휘하게 하는 호기심은 정보 과부하를 유발하기도 한다. 모든 것이 얼마나 끔찍한지에 대해 현실적인 관점이 있긴 해도 시스템, 소프트웨어, 함께 일하는 사람들이 더 좋아질 것이라고 강하게 낙관하곤 한다.

나는 심각한 문제에 처한 팀을 대상으로 설문 조사를 수행한 적이 있는데, 설문의 응답은 마치 모든 것이 훌륭하다는 것을 보여주고 있었다. 이렇듯 엔지니어의 인지 부조화를 발견한 경험이 있는 이들의 얘기를 듣고 싶다. 아무리 세월이 흘러도 이런 얘기는 알아갈 때마다 여전히 놀랍기만 하다.

---

06 에밀리 고켄스키(Emily Gorcenski)의 "권력의 문화(The Cult(Ure) of Strength)" (https://bit.ly/3tYK5Ye), SRECON에서 발표

더 읽을거리

- 킴 스캇(Kim Scott)의 "완전한 솔직함(Radical Candor)" (https://bit.ly/3FRUZ4G)
- 케리 패터슨(Kerry Patterson), 조셉 그레니(Joseph Grenny), 론 맥밀란(Ron McMillan), 알 스윗즐러(Al Switzler)의 "중요한 대화(Crucial Conversations)" (https://bit.ly/33IrYLt)

존 루니 John Looney

페이스북의 데이터 센터 배포 팀을 관리하는 프로덕션 엔지니어이다. 그전에는 세계에서 가장 빠르게 성장하는 기술 회사 중 하나인 인터콤(Intercom)에서 최신 SaaS 기반 인프라 플랫폼을 구축했다. 또한 랙 설계와 데이터 센터 자동화, 광고 서비스, GFS/Borg/Colossus에 이르기까지 모든 작업을 수행하는 구글의 전체 스택 SRE였다. 존은 구글 SRE 책에서 자동화에 관한 내용을 작성했고 USENIX SRECon의 운영 위원회로 활동하고 있다.

CHAPTER 28

SRE 인지 업무

Adaptive Capacity Labs의 존 올스포(John Allspaw)**와 리처드 쿡**(Richard Cook)

> … 제어 시스템이 고도화될수록 사람(운영자)의 기여가 더 중요하다는 것은 아이러니이다.
> – 베인브리지(Bainbridge), 1983.

소개

현대의 "시스템"은 하드웨어와 소프트웨어의 끊임없이 변화하는 환경 가운데 있다. 대규모 배포, 계속 기능이 변경되는 컴포넌트, 계속 변경되는 트래픽, 최신 기술을 계속 조합하면서 지속적으로 수정하는 것은 시스템을 설계, 유지 보수, 진단, 복구하는 엔지니어에게 고유한 도전이자 과제이다. 우리는 이런 과제를 탐구하고 엔지니어가 어떻게 시스템을 작동시킬 수 있는지, 특히 시스템의 작동 방식을 이해하고자 노력한다. 우리가 발견한 것은 고무적이나 한편 걱정스럽기도 하다. 연구 결과를 보면 엔지니어와 그룹에 대한 고도로 세련된 전문 지식과 그 전문 지식을 갖기 위한 새로운 메커니즘을 보여주고 있어 꽤 고무적이다. 그러나 기술과 조직이 이런 전문 지식을 효율적으로 구축할 수 있는 환경 구성이 잘 안 되어있는 경우가 많아서 우려스럽다.

    우린 동료들과 함께 SRE 업무를 수행하는 엔지니어들 그리고 그들이 직면한 문제와 접근 방법, 업무 중간에 발생한 문제를 연구해 왔다. 멀리서 보면 SRE 작업은 으레 협소한 기술력, 심지어 평범한 것으로 여겨지곤 한다. 그러나 연구해보면 SRE 작업은 종종 폭풍우가 몰아치며 때로는 위험한 작업도 있다는 것을 알 수 있었다.

    28장에서는 최신 기술과 기술 설계, 유지보수, 진단, 수리하는 엔지니어의 업무에 대해 간단히 살펴볼 것이다. SRE 작업을 수행하는 그룹과 높은 결과를 요구하는 영역(예: 항공 교통 통제) 간에 유사점이 있다. 그래서 작업을 잘 지원할 수 있는 일반적인 제안과 까다롭고 상충하는 환경에서 작업을 특성화할 수 있는 구체적인 제안으로 결론을 맺고자 한다.

SRE 엔지니어는 '무엇'을 하는가?

장애(incident)에 대응하기 위해 엔지니어가 모이는 물리적 장소와 가상의 장소에 붙여진 이름[01] (예: "전쟁실" 및 "사령부")은 장애가 폭풍 중심에 있는 것처럼 실존적이다. 하지만 폭풍 한가운데서도 신중하고 사려 깊게, (적어도 표면상으로) 발생 중인 문제를 침착하게 대처하는 엔지니어들이 있다. 이들은 특정 유형의 전문 지식을 사용해 특정 업무의 목적을 이루기 위해 일한다. 표 28-1은 문제 발생 당시 진행한 SRE 활동의 일부이다.

활동	예시
보고서와 관찰된 행동을 이벤트와 이벤트의 결과를 "설명"하는 의미있는 패턴으로 이해	장애가 보고되는 일부 위치(전부는 아님)는 네트워킹 문제 또는 소프트웨어 버전 문제를 의미할 수 있음
서비스가 계속 작동되게 하는 활동	연결된 하위 시스템 또는 컴포넌트의 압력을 줄이기 위해 더 많은 컴퓨팅 인스턴스 추가
가능한 조치 작업 과정의 가중치를 측정하며 대부분의 작업은 롤백 불가능	서버에서 튕김
시스템을 보호하기 위한 결정을 내리며 종종 하나 이상의 목표를 희생하는 의사 결정	네트워크 파티션에서 복구를 허용하도록 강제 적용, 코드에서 수정할 수 있을 때까지 느리게 실행되는 데이터베이스 쿼리 종료
필요하거나 필요할 수 있는 자원 수집 및 조치	SaaS 공급업체 기술직원과의 조정, DDoS 공격 중 트래픽 차단 또는 재라우팅
대응 처리 시 향후 병목 현상을 예측 및 방지	온콜 작업 팀의 휴식을 위한 온콜 근무 교대 계획
당면한 상황과 가능성, 향후 방향성에 대한 평가 제공	CIO와의 전화 회의, 장애에 대한 공개 웹 페이지 업데이트

표 28-1. 장애 발생 시 SRE 활동

폭풍과 마찬가지로 복잡한 시스템에서의 장애는 때때로 오랫동안 반향을 불러일으킨다. 손상 복구, 용량 복원, 향후 장애를 방지하기 위한 변경 작업은 몇 주에서 몇 달이 걸리기도 한다. 폭풍이 거세게 몰아칠 때 장애의 실제 원인을 이해하는 것은 사실상 불가능하다. 많은 조직이 여러 소스를 밝히고 식별하기 위해 장애 검토에 대한 공식 및 비공식 방법을 모두 갖추고 있다. SRE 또한 의무가 있다. 포스트모템과 관련된 참여와 작업 항목의 할당이 그 예다.

---

[01] 용어에 대한 참고사항: 이상(anomaly), 이벤트(event), 장애(incident), 사고(accident)와 같은 용어를 사용할 때 정확한 정의를 두고 격렬한 논쟁이 생길 수 있다. 기술 분야 및 여러 곳에서 해당 용어를 일관되게 사용되지 않는다. 용어들이 일관성없이 사용되고 있고 저마다 해석이 다양해서 일부 엔지니어는 정의를 명확하게 하고자 했다. 이런 노력에도 위의 용어 중 그 어떤 것도 고정된 의미가 없는 상황이다. 여기서 단어 선택으로 중대한 결과를 초래하게 되면 상황은 훨씬 더 어려워진다.

예를 들어, 일부 기술 회사는 이벤트나 이상(anomaly) 외에 장애(incident)를 처리하는 공식적인 프로세스가 있다(이벤트 대응 중에 해당 장애가 조직의 장애 임곗값을 충족하는지에 대해서 광범위하게 토론하는 것을 목격했다. 장애를 선언하면 추가 자원이 필요하고 감사 가능한 문서 추적이 생성되는 등 만만치 않은 추후 작업이 진행된다). 그 상황은 지시로만 해결될 수 없다. 그 대신 해당 용어가 문맥에서 어떻게 사용되는지 특히 용어 선택의 결과에 주의를 기울여야 한다. 28장에서는 '장애'라는 용어는 바람직하지 않은 시스템 작동과 관련된 일련의 활동을 의미한다.

표 28-1에 나타난 활동은 인지(cognitive) 활동이다. 해당 작업은 SRE의 머릿속에서 진행되며 이는 SRE의 말과 행동으로 표현된다. SRE가 하는 일을 이해하려면 SRE 업무의 인지를 이해해야한다. 복잡한 작업 영역에서 인간의 인지를 이해하는 것이 어렵지만 가능하다.

유용한 기술은 항공, 원자력, 기타 본질적으로 위험한 영역으로 분류되는 다른 분야에서 개발됐다. 표 28-1의 오른쪽에 있는 '예시'는 네트워크로 연결된 정보 기술에 한정되어 있지만 왼쪽의 '활동'은 보다 일반적이라는 점에 주목하도록 하자. 항공 교통 관제에서 중환자실에 이르기까지, 세밀한 수준의 결과를 요구하는 여러 영역에서 유사한 활동이 진행되고 있음을 발견했다(네메스(Nemeth) 외, 2004년). 다양한 영역에서 SRE와 같은 인지 작업을 수행하는 그룹들이 있다.

왜 현역 엔지니어의 인지에 관심을 가져야 하는가?

한때는 모든 중요한 측면에서 시스템을 운용, 유지보수, 복구 등을 상세하게 명세할 수 있고 잘 정의된 작업으로 축소할 수 있다고 생각된 적이 있었다. 협소하게나마 명시된 최선의 방법으로 작업을 줄일 수 있는 개념은 프레드릭 윈슬로우 테일러(Fredrick Winslow Taylor, 1856~1915)에 의해 대중화되었다. 잘 구성되어 정교하게 정리된 작업장의 아이디어는 헨리 포드(Henry Ford, 1863~1947)의 자동차 조립 라인이 가장 잘 보여주고 있다.

제2차 세계 대전 동안 특히 비행기 경험은 인간의 성과에 대한 결정론적 관점을 훼손하기 시작했다. 일부 조립 프로세스는 완전히 지정될 수 있어도 다음과 같이 운영 상황에 따라 달라진다. 즉, 문서화 절차를 넘어서는 전문 지식이 필요한 다양한 상황과 환경에 마주하게 될 것이다. 돌이켜보면 작업이 일련의 명확한 규칙으로 축소될만한 상황은 사실상 거의 없었다.

일이 제대로 진행되고, 장애가 생기면 해결하고, 장애 결과를 관리하는 데 필요한 전문 지식은 종종 난해하고, 미묘하며, 암묵적이다. 이 전문 지식이 어디에서 왔고, 어떻게 전개되며, 실무 커뮤니티에서 어떻게 지속되는지 이해하는 것(레이브(Lave)와 웽거(Wenger), 1991)은 본질적으로 야생에서의 인지 연구(허친스(Hutchins), 1995)이다.

베인브리지(Bainbridge, 1986)의 관찰에서 볼 수 있는 자동화의 아이러니가 있다. 그것은 정교함과 힘을 증가시키는 것이 전문 지식의 필요성을 줄이지 않고 오히려 증가시킨다는 것이다. 실무자의 인지가 어떻게 작용하는지 철저하고 기초적인 이해를 구축하는 것은 최신 시스템 운영에는 물론, 이런 시스템의 복잡성과 범위가 확장될수록 더욱 중요해질 것이다.

불확실성 및 시간 압박 속에서 이루어진 결정은 문서화 될 수 없다

복잡한 시스템에 인간이 참여하는 것에 대한 현대의 관점은 1970년대 아이디어와 연구실의 합류에서 비롯됐다. 1979년 3월 28일, TMI(스리마일 섬, Three Mile Island)에서 발생한 원전 사고 이후 공공연하게 드러났다. 이 사고 전에 원자력 발전소는 안전에 워낙 많은 투자를 하고 있어서 사실상 대형 사고는 일어나지 않을 것이라는 인식이 일반적이었다. 안전은 설계, 자동화 시스템, 절차로 암호화되어 있었다. 원자력 발전소 운영은 단순히 객관적이고 완벽하게 규정된 절차를 따르기만 하면 되는 것으로 간주했다. 이로써 TMI는 해당 운영 아이디어가 근본적으로 결함이 있다는 것을 보여줬다. 복잡성과 환경이 결합하면 충분히 규정되지 않은 절차와 부적절한 새로운 상황이 만들어질 수 있다. 이런 까다로운 상황에서 발전소 운영자는 특정 상황에 대한 이해를 구축하고 다양한 접근 방식의 리스크를 평가할 수 있어야 한다. 또한 발전소의 서서히 진전하는 상태를 추적하고, 이해도를 수정하고, 주의와 노력의 방향을 바꿀 수 있어야 한다.

TMI 이후 15년은 안전에 대한 복잡성, 자동화, 사람이 낼 수 있는 능력에 대해 풍부하고 격렬하게 논쟁하는 기간이었다. 이로 인한 결실로 오늘날에도 여러 생산적인 연구 실적을 만들고 있다. 헤아릴 수 있고, 채널화하고, 교육으로 없앨 수 있다는 별개의 유형으로 구분되는 "에러"라는 개념은 쉽게 무너졌다. 직장에서 SRE를 연구하기 위해 사용하는 접근 방식은 대부분 TMI로 인해 개발된 것이다.

TMI는 매 순간 복잡한 시스템에 관련된 엔지니어, 운영자, 기타 사람들이 해당 시스템의 작동 방식을 이해하고, 특히 시스템 장애가 났을 때 취해야 할 조치를 예측하는 수단과 기회가 필요함을 분명히 했다. 이것의 달성 여부는 실제 업무에서 그들의 인지를 이해할 수 있느냐에 달려있다.

복잡한 시스템에서의 과제 수행: 주요 주제

복잡한 시스템에서의 인간의 과제 수행, 복잡한 시스템의 분석, 성공/실패의 원천에 대한 광범위한 문헌이 있다. 표 28-2는 이 연구에서 나온 몇 가지 주요 주제이다. 이 표의 일부는 SRE 작업에 명백히 적용되지만 가장 확실하다 해도 실무에서 제대로 사용하려면 꼼꼼한 준비가 필요하다.

주제	예시
중요한 결정	• 불확실성, 큰 부담, 시간 압박의 조합이 의사 결정에 어떤 영향을 미치는가? • 의사결정자는 대안을 어떻게 평가하는가? • 무엇이 열심히 일하게 하는가?
센스 메이킹[02]	• 이상 징후는 어떻게 인지하는가? • 문제 해결은 어떻게 하고 있나? • 전문가들은 발전하는 상황을 어떻게 추적하는가?
여러 에이전트 간의 조정	• 협력은 어떻게 이루어지는가? • 사람과 기계는 어떻게 상호작용하는가? • 조정 비용은 어떻게 관리되는가?
탄력성	• 새로운 상황에 적응하려면 무엇이 필요한가? • 어떤 절충안이 있는가? • 자유는 어느 정도일 때 유지할 가치가 있는가?

표 28-2. 복잡한 시스템에서의 주요 주제에 대한 수행 관점

---

02 (역자주) 센스 메이킹: 더 명료하게 이해하게 하는 것

각 주제와 관련된 일반적인 결과가 있지만 대부분 특정 작업 영역에 대한 추가 조사를 위한 가이드로 구성되어 있다. 각 업무 영역은 주제마다 다르다. 한 영역에서 유용한 접근 방법이 다른 영역에서 유용할 수 있지만 도움이 되려면 항상 새로운 영역의 세부 사항에 맞는 조정을 해야 한다. 단순히 여러 도메인을 모방하는 것만으로는 원하는 결과를 얻을 수 없다. 대신 이 연구는 새로운 영역의 탐색을 구성하고 해당 영역의 실증적인 연구 결과를 해석하는 데 유용하다. 소프트웨어에서 "패턴"이 유용하게 쓰이는 방식과 비슷한데 여기서 패턴은 솔루션이 아니라 솔루션을 개발할 수 있는 프레임이다.

장애에 대한 SRE 인지 작업에 대한 관찰

장애는 복잡한 시스템의 고장을 의미한다(쿡(Cook), 1998, 2010). 고장이라고 해서 반드시 장애를 일으킨다고 할 수 없지만 결함들이 결합하면 장애로 이어질 수 있다. 그러나 복잡한 시스템 고장에 대한 이론은 SRE 작업을 포함하기에는 너무 작은 개념이다. 따라서 갑작스러운 시스템의 고장을 관리, (때로는 부분적으로) 기능 시스템의 복구와 수정, 부수적 손상을 제한하도록 즉각적인 대응 채널, 방금 일어난 일에 대한 유용한 설명을 포함한다.

모든 장애는 더 나빠질 수 있다

장애가 갑자기 시작된 것 같아도 원인을 따라가 보면 많은 분기점이 나타난다. 이 검토 결과가 형편없더라도 피상적인 검토는 해당 장애 검토 결과가 더 안 좋을 수 있다는 것을 보여줄 것이다. 장애를 미리 방지할 수 없더라도 폭풍의 중심 유리한 지점에서 SRE는 유용한 요소를 보존하거나 충격을 완화하도록 장애의 궤도를 이동시킬 기회를 얻는다. 특히 컴포넌트 작동 실패로 손상 영역이 확장되는 계단식 장애의 예시를 생각해보자. 장애 확장을 피하고자 분산 시스템의 일부를 분리할 수 있는 때도 있다. 단순히 시스템을 이용하는 사용자에게 시스템 장애가 발생했음을 알려주는 것만으로도 해당 사용자가 서비스 손실을 고려해 안전하게 종료할 수 있는 시간을 줄 수 있다.

SRE의 전문지식, 기술의 설계와 구현 방식이 시스템의 장애 피해를 줄일 수 있지만, 장애가 종종 빠르게 발생하고 피해를 줄일 시간이 적다면 SRE에게 추가적인 압박이 될 수 있다. 가장 대중적이고 세간의 이목을 끄는 장애를 심도 있게 검토해 장애 발생 당시 선택이 상황을 개선하거나 악화한 경우를 살펴볼 것이다. 이 기준에서 원자력 산업과 관련된 두 역사적 사례를 소개한다.

스리마일 섬(TMI, Three Mile Island)

스리마일 섬 사고 당시 운영자는 원자로에 유입되는 여분의 냉각수가 가압기를 채우고 원자로가 "고형화" 될 것을 우려했다. 이는 제어력 상실로 이어질 수 있는 재앙이기 때문이다.

> 결국 물흐름을 감소시켜 노심(reactor core)이 노출되었고 노심의 냉각이 중단되면서 노심이 녹아내리게 된다.

후쿠시마(FUKUSHIMA)

원자로 배관과 부품의 부식을 방지하기 위해 원자로 냉각수는 고도로 정제된다. 후쿠시마 원전사고 당시, 정전으로 원자로에 흐르는 냉각수의 흐름이 중단됐다. 운영자가 사용할 수 있는 옵션은 원자로에 오염되지 않은 물을 주입해 원자로를 영원히 사용할 수 없게 만들더라도 노심 손상을 방지하는 것이었다. 한 원자로의 운영자는 이 옵션으로 원자로를 안전하게 정지시켰다. 다른 원자로의 운영자는 순수한 물 냉각을 재가동하려 했으나 성공하지 못했다. 결국 노심은 녹았고 대량의 방사능이 누출되고 말았다.

불확실한 상황에서의 희생을 결정하는 것

범위가 명확하고, 솔루션 경로가 확실하며, 예측 가능한 복구 시간에서는 장애가 거의 발생하지 않는다. 대부분은 흥미롭게도 장애의 주된 특징은 불확실성이다. 일반적인 운영 체제는 복잡한데 장애가 발생하는 시스템은 두 배로 복잡하다. 시스템의 복잡성과 불확실성은 밀접한 관련이 있어서 복잡성이 증가할수록 불확실성 또한 증가한다.

SRE는 나쁜 대안만 있는 상황을 자주 직면한다. 손실은 이미 진행 중이고 더 큰 손실이 누적될 뿐이다. 심지어 막대한 손실이 계속 이어질 가능성이 아주 크다. 물론 나쁜 결과를 미루거나 줄일 수 있는 일시적인 조치(예: "다른 인스턴스를 시작해서 장애가 해결되는지 보고 확인합시다.")가 있는데 오히려 급격하고 고통스러운 희생을 직면하는 것이 일반적이다.

희생을 결정하는 것은 더 심각한 또 다른 손실을 피하고자 한 번의 손실을 받아들이기로 할 때 가능하다. 즉, 더 심각한 손실의 가능성을 줄이기 위해 잘 정의된 손실을 수용하는 것이 일반적이다. 이렇게 수용한 손실을 회피하는 손실보다 더 나은 경우가 대부분이다. (우즈(Woods), 2006)

장애 발생 후 검토는 희생을 결정하는 것을 명확히 할 수 있어 좋지만 해당 결정을 둘러싼 불확실성, 압박감, 상충하는 데이터를 파악하는 데는 적합하지 않다. 아이러니하게도 희생을 결정한 것이 성공해서 더 크고 위협적인 손실을 피했어도 꼭 희생을 감당해야 했냐는 비판의 소리가 크다. 손실을 회피한 후에는 더 큰 손실이 발생할 가능성이 작아 보여서 희생을 받아들이는 결정이 잘못된 생각인 것처럼 보인다. 이와 대칭으로 치명적인 장애 이후 이용 가능한 희생하는 결정을 인지하지 못하거나 이 결정을 내리지 않아도 비슷한 비판을 불러일으킬 수 있다. 희생을 결정하는 것을 보여주는 두 예시를 더 살펴보도록 하자.

> ### 뉴욕 주식 교환 장애
>
> 2015년 7월 8일, 뉴욕증권거래소(NYSE, New York Stock Exchange)는 자동 주식 시세 프로세스가 작동되지 않아 3시간 동안 거래를 중단했다. 폐쇄 당시 대부분의 자동 거래소가 작동했지만 NYSE 경영진은 모든 거래를 중단하기로 결정했다. 로이터 통신에 따르면, "오늘은 좋은 날이 아니어서 이 여파를 감당해야 하는 고객에게도 좋지 않다"라고 NYSE의 토마스 팔리 사장은 말했다. NYSE는 이후에 이와 유사한 "컴퓨터 관련 문제"에 대해 증권 거래 위원회에 1,400만 달러의 벌금을 지급했다.

> ### 나이트 캐피탈(KNIGHT CAPITAL) 붕괴
>
> 2012년 8월 1일, 무역 회사인 나이트 캐피탈(Knight Capital)은 새로 설치한 소프트웨어가 시스템의 테스트 코드와 상호작용하다가 4억 4000만 달러를 잃었다. 시스템 실행 초기부터 갑작스러운 손실이 있었다는 것을 알았고 시스템에 대한 우려가 제기됐다. 그러나 심각한 손실이 누적될 때까지 시스템 작동이 계속 허용됐다. 결국 회사는 몇 주 후 매각되었고 사실상 파산했다.

기능 시스템으로 복구

장애 및 장애 시스템 내부에서 SRE 작업을 수행하면 장애 원인과 관련된 부분을 협소하지만 깊이 알 수 있다. 이런 이해는 특히 시스템 복구 계획을 세울 때 중요하다. 장애가 발생해도 여전히 작동이 가능한 시스템은 "명목상 작동하는" 시스템과 다른 속성이 있다. 새로운 취약성과 의존성이 발생하고 복구 방법에도 종종 영향을 준다.

롤백의 복잡한 문제가 이를 여실히 보여준다. 엄격한 변경 통제(예: 금융 프로세서)를 포함해 고도로 규제하는 대규모 시스템은 변경 그룹을 함께 구현한다. 변경 통제 중 하나가 시스템의 일부가 손상되면 해당 변경 패키지를 롤백하는 것이 현명한 방안인지를 놓고 때로는 논쟁이 생긴다.

전체 변경 패키지에 대한 테스트를 거쳤기 때문에 단일 변경을 되돌리면 시스템은 테스트가 안 된 상태가 된다. 일부 조직에서는 모든 롤백에 패키지의 모든 변경 사항을 포함하도록 요구한다. 만약 패키지의 일부 변경이 긴급하게 해야 한다면 어떻게 해야 할까? 더 많은 토론과 논쟁이 있어야 할 것이다.

대규모 시스템에서 변화와 영향에 대한 불균형을 해결하기란 어려운 일이다. 특히 특정 장애를 통해 시스템에 대한 이해가 얼마나 허술하고 불완전한지 보여준 앞의 사례 경우는 더욱 그렇다. 이에 시스템 작동 방식과 복구 진행 방법을 놓고 매우 활발하게 토론을 진행해 왔다. 해당

이슈는 중요하며 심지어 실제 결과로 이어지기 때문에 SRE가 단독으로 결정하지 않는다. 28장 앞부분에서 "모든 장애는 더 악화될 수 있음"과 "불확실성 상황에서 희생을 결정하는 것"을 다룬 상황과 달리 복구 속도는 현저히 줄어들고 이해당사자들의 참여 폭이 넓어진다. SRE는 종종 제안된 복구 계획을 검토하고 이를 평가하며 SRE 관련 기술 지식이 부족한 이해 관계자에게 시스템 작동을 설명해야 하는 경우가 있다.

여기서 롤백(rollback) 개념을 유지하는 것이 어려워진다는 점에 주목한다. 분산형 시스템은 더 많은 외부 서비스와 정교한 사용 패턴을 포함하므로 "알고 있는 상태"로 되돌릴 가능성은 작아진다. 최신 분산 시스템 설계는 상태 유지에 의존하지 않는 시스템 구축의 필요성을 강조한다. 그 결과 고유한 상태가 배제된 시스템을 갖게 되었다. 이런 추세에서 소프트웨어 변경 사항을 되돌리면 시스템이 더 친숙한 모습을 띠게 될 수 있지만 그렇다고 세상이 예전처럼 복원되는 것은 아닐 것이다.

복잡한 시스템에 대한 특별한 지식

SRE가 직면한 상황은 좀처럼 간단하지 않다. 분산 시스템과 관련 자동화 설계에 내장된 장애 허용(fault-tolerance) 메커니즘은 발생하는 문제 대부분을 처리한다. 이 때문에 장애는 "가장 큰 문제" 경계를 벗어난 상황을 나타내며 여기서 인과 관계를 논하는 것은 꽤 어려운 일이다. 예를 들어, 특정 프로세스의 실패를 확인하는 간단한 관찰 이후 해당 프로세스를 수정한다고 해서 문제가 해결되는 것은 아니다. 프로세스는 단순히 다른 프로세스의 실패로 생긴 불리한 조건을 처리하지 못할 수 있기 때문이다.

다른 경우에는 이슈의 추가 전파를 완화하거나 차단하려는 조치가 의도한 대로 이슈를 포함하지 않고 이슈에 관한 새로운 시각을 제공하는 결과를 가져오기도 한다. "백프레셔"[03]와 같은 용어는 SRE가 시스템 작동에 대한 특별한 조건부 지식이 있음을 분명하게 시사한다.

조정 비용 관리

SRE 단독으로 하는 일은 거의 없다. 대규모 분산 시스템을 운영하고 지원하려면 다양하고 변화무쌍한 연결을 맺고 있는 많은 사람과의 활동이 필요하다. 장애 해결 과정에서 정보 제공자, 문제 해결사, 결과 제한자, 연락 담당자(내부, 사용자, 규제자 등) 역할을 하는 소수 또는 수백 명의 사람을 참여시킬 수 있다. 자원의 확보와 지시, 조정, 장애 경과 추적, 결과에 대처해야 하는 경우가 종종 있다. 장애 발생과 추가 진행 상태가 어떻게 될지 불확실해서 그 자체로 어려운 과제이다. 많은 조직에서는 다양한 수준의 성공으로 밀도 높고 시끄러운 장애 상황을 "관리"하려고 노력해 왔다.

---

03 백프레셔(backpressure)라는 용어는 스위치 장애로 인한 네트워크 트래픽 결함을 지칭한다. 이는 업스트림 컴포넌트에 누적되는 메시지 큐(queues) 증가로 나타났다. 요즘은 업스트림 프로세스에서 큐 증가를 초래하는 프로세스 간 통신 중단을 언급할 때 이 용어를 사용하고 있다. 큐 크기 표시는 어디에나 존재하기 때문에 큐 크기를 늘리는 것은 다운스트림 프로세스가 실패하고 있다는 일반적인 신호다.

조정 비용을 관리하는 두 가지 일반적인 방법은 분류 체계를 사용해 자원을 분류하고, 발생한 장애에 대한 공식적인 역할을 직원에게 할당하는 것이다.

분류 체계

많은 장애가 있다고 해서 사용자나 비즈니스 프로세스에 미치는 것은 아니다. 오히려 일부 장애가 큰 영향을 끼친다. 장애 해결은 비용이 많이 들고 혼란스러울 수 있다. 장애를 분류하면 조직은 자원 사용을 관리하려고 한다. 즉, 중요하다고 생각하는 장애는 더 많은 자원을 사용할 수 있지만 덜 중요한 장애는 자원을 더 적게 사용하게 되는 것이다. 그러나 진행 중인 장애의 중요도를 이해하는 것은 상당히 어렵다. 심각한 장애가 처음에는 가벼운 장애로 나타날 수 있다. 사소한 장애가 연쇄적으로 쌓이면서 심각한 장애로 커지기도 한다. 특히 자원을 수집하고 할당하는 장애 초기에 순서 척도(심각도 척도로서 1에서 5까지의 점수를 가짐)를 적용하는 것은 까다로운 일이다. 즉각적으로 사용자 영향을 기반으로 한 분류 체계는 이벤트가 일으키는 중요성이나 어려움을 반영 못 할 수도 있다.

공식적 역할 할당

일부 조직은 장애 처리를 공식적으로 담당할 것이다. 예를 들면 "장애 지휘관", "의사소통 관리자" 등이 있다. 이런 편의는 장애를 다루는 그룹 내의 권한과 책임을 설명하고 담당하는 자원들의 원활한 조정을 허용하기 위한 것이다. 이러한 공식적인 역할 접근 방법이 보통은 잘 작동하지만 그렇지 않은 때도 있다. 경험이 많은 그룹은 일을 능숙하게 하지만 경험이 없는 그룹은 고군분투한다. 좀 더 살펴보니 리더의 성공은 작업 그룹의 구성에 크게 좌우된다는 것을 알았다. 리더의 중요한 역할 중 하나는 운영에 영향을 미치는 중요한 결정에 대한 책임을 지는 것이다.

조정 비용에 대한 관리 방법이 나타난 것도 장애 관리가 어렵기 때문이다. 조정 비용의 사용을 검증하는 연구는 거의 이루어지지 않았다. 이 방법을 사용한 실제 효과는 연구하기에 좋은 영역이다.

SRE는 공동 인식 시스템에서 작동하는 인지 에이전트

SRE의 작업은 사람과 기계의 상호 작용 없이는 결코 진행될 수 없다. 이런 모든 행위자(인간과 기계)는 인지 작용제 역할을 한다. 마치 배우가 작품과 별개로 단독으로 캐릭터 분석하는 것이 불가능하듯이 모든 행위자 간의 상호 작용은 서로의 능력, 의도, 상황에 대한 이해에 바탕을 둔다. 이들은 다른 사람의 의도를 파악해 조정하고, 협조하며, 추론한다. JCS 즉 함께 공동 인식 시스템(Joint Cognitive System)을 형성한다(홀나겔(Hollnagel)과 우즈, 2006).

장애가 진행 중일 때 SRE 작업 대부분은 자동화에 대한 추론이 필요하다. 자동화는 무엇을 수행하고 있는가? 다음엔 무엇을 수행할까? 상황을 어떻게 이해하는가? 세세한 지시를 하면 어떻게 될까? 일반적으로 자동화는 강력하고 조용하며 제어하기는 어렵다(우즈, 1997). 자동화를 더 유용한 인지적 "팀 플레이어"로 만드는 노력은 주로 비행기 조종석(예: 빌링스(Billings), 1996) 또는 의료기기(예: 네메스(Nemmeth) 등, 2005)와 같은 안전에 중요한 시스템에 집중됐다. 인터넷 지향 비즈니스 시스템의 중요성이 커지면서 인터넷 영역에서는 자동화에 관한 관심이 높아졌다.

SRE 얘기를 들어보면 자동화 관련 예시들로 가득하다. 테스트하려고 배포할 때 프로덕션에 투입된 엔지니어라면 누구나 직접 경험했을 것이다. 아이러니하게도 엔지니어는 엉뚱하고 잘 맞지 않는 자동화를 보완하는 것에 너무 익숙해져서 이것이 마치 정상인 양 여긴다.[04]

자동화가 열악한 팀 플레이어라면 인간을 인지하는 에이전트(human cognitive agent)는 추가 인지 작업을 수행해 부족한 부분을 보완해야 한다. 바쁜 중에 이 작업을 해야 한다면 자동화는 "서투른" 상태다(쿡 등, 1991). 현재 장애 발생 시에 사용하려고 구축된 많은 자동화가 이렇게 서투른 품질을 갖추고 있다.

자동화를 팀 플레이어로 만드는 방법을 알고 있지만(클레인(Klein) 등, 2004), 필요한 노력과 급속한 기술 변화로 가장 중요한 시스템을 제외한 모든 시스템에서 자동화 달성하기란 어렵다. 그러나 JCS의 전반적인 성능 향상은 모든 인간의 인지 에이전트를 더 나은 팀 플레이어로 만드는 것에 달려있음은 분명하다. (클레인(Klein) 등, 2004)

교정 문제

SRE 작업은 작동 방식, 작동하지 않는 방식, 사용 가능한 개입, 해당 개입의 결과에 대한 지식에 달려있다. 여기에 일반 지식(예: 특정 운영 체제 기능에 대한 정보), 특정 지식(예: 특정 시스템의 레디스 구성 방법), 매우 다양한 지식(예: 내일로 예정된 "코드 프리징(code freezing)"[05])이 배포를 장려한다. 따라서 오늘날에는 평소보다 더 어려운 문제가 될 수 있음)이 있다.

SRE 지식이 최신인지 오래된 것인지 어떻게 알 수 있을까? 재평가를 유발하는 요인은 무엇인가? 급변하는 복잡한 세상에서 그 누구도 완벽하고 자세히 이해할 수는 없다. 현재의 견해가 누군가 수행해야 할 즉각적인 작업에 적합하다는 것을 알 수 어떻게 있을까? 이런 견해를 개선하려면 투자를 어떻게 하면 좋을까?

---

04 양복 관련 농담이 특히 잘 보여준다. 한 남자가 양복을 사러 갔는데 옷을 입어보니 팔이 너무 길었다. 이를 알아차린 남자에게 판매원은 "문제없어요. 팔꿈치에서 구부려 앞쪽으로 펴면 됩니다."라고 말했다. 그러나 재킷의 뒷면이 너무 길다는 것을 알게 된 판매원은 또 이렇게 말한다. "조금만 구부려보세요." 그러나 오른쪽 바짓가랑이가 너무 짧고 왼쪽은 너무 길다는 것을 알았다. 그러자 판매원은 "그냥 엉덩이를 조금만 돌리면, 이제 완벽해 보입니다!" 결국 그 남자는 양복을 사서 입었고 그 모습을 본 벤치에 앉은 두 할머니의 대화가 슬프도록 가관이다. "아, 저 불쌍한 남자를 좀 봐봐. 보기만 해도 참 안쓰러워 보여.", "그러게 말이야." 이윽고 이어지는 말은 "저 사람이 입은 옷은 한눈에 봐도 잘 맞지 않는단 말이지!"

05 (역자주) 코드 프리징: 개발자가 프로덕트를 만들고 마무리하는 작업에서 어떠한 추가 개발이나 추가 수정을 하지 않는 것을 말한다.

멘탈 모델

인지 연구원은 종종 시스템 작동 방식을 설명하기 위해 멘탈 모델(mental model)이라는 용어를 사용한다(겐트너(Gentner)와 스티븐스(Stevens) 1983, 논의에 대해서는 쿡 2018 참고). 일반 지식은 자연스럽게 노후화될 수 있지만 급격한 변화로 구체적인 지식이 더 빨리 노후화되는 것을 보게 된다. 그래서 엔지니어는 멘탈 모델을 업데이트한다. 컴포넌트, 하위 시스템, 네트워크, 애플리케이션의 연결과 상호 작용 방식에 대한 이해를 다양한 출처의 증거와 비교한다.

그러나 이것은 중요한 문제를 일으킨다. 엔지니어는 멘탈 모델이 언제, 얼마나 노후화되었는지 어떻게 알 수 있을까? 최신 시스템은 계속 변화한다. 새로운 코드가 배포되고 새로운 사용자는 또 새로운 방식으로 시스템에 부하를 준다. 외부 서비스는 예상대로 작동하지 않으며 미묘한 요소가 결합되어 새로운 상호 작용을 일으킨다. 이렇게 개인이 모든 변화를 따라가는 것은 불가능하다. 실제로 애자일 패러다임이 이를 반영한다. 너무 많은 변화가 일어나고 있음을 고려할 때 엔지니어는 멘탈 모델을 업데이트하기 위해 언제 시간과 노력을 들여야 하는지, 어떻게 주의를 집중해야 할지 결정하는 부분들, 이 모두가 교정의 문제이다.

우즈의 정리(Woods' Theorem)는 "시스템의 복잡성이 증가하면서 해당 시스템의 단일 에이전트 자체 모델의 정확도가 급격히 감소한다." 전체 시스템에 대한 정확하고 정밀한 멘탈 모델을 만드는 일은 노력만으로는 충분치 않다. "충분히 좋은" 부분 시스템 모델이라 해도 시스템이 바뀌면 금방 노후화된다. 개인이 할 수 있는 최선의 방법은 그 순간의 필요에 따라 충분히 정확한 멘탈 모델을 유지하는 것이다.

각 개인은 다른 사람과 달리 상당히 고유한 멘탈 모델을 갖고 있다. 이는 자산이자 문제의 원인이 되기도 한다. 조직의 다양한 멘탈 모델은 단일 모델이 제공할 수 있는 것보다 시스템 측면을 더 많이 포괄하기 때문에 자산이 된다. 그러나 멘탈 모델과 서로 겹치는 부분이 불일치하는 경우가 있어서 문제가 된다. 개별적인 멘탈 모델이 동의하지 않을 가능성이 있어서 결국 멘탈 모델 간의 불일치를 식별하고 해결해야 한다.

이 상황은 그림 28-1과 같이 표시할 수 있다(우즈 2018, 2.3절 참고). 의미심장하게도 컴퓨터 기술과의 모든 상호 작용은 화면 개체(display artifact)를 통해 발생한다. 이로써 함께 접근성을 제공하고 해당 기술의 이미지를 보여주는 "표현(representation) 선(line)"을 생성한다. 컴퓨터, 프로그램, API, 네트워크 등과 같은 기술 자체를 직접 알기란 어렵다. 그 대신 기술은 화면에 표시되는 텍스트와 이미지로 표시된다. 사람들은 키보드, 마우스 등을 사용해 기술을 접하고 영향을 평가한다. 해당 상호 작용으로 기본 기술의 구성과 기능을 유추하고, 멘탈 모델을 통해 반응을 해석한다.

대체로 사람들은 다음 그림의 "선 위(above the line)"에서 일하지만 그들의 기술은 "선 아래(below the line)"에 있다.

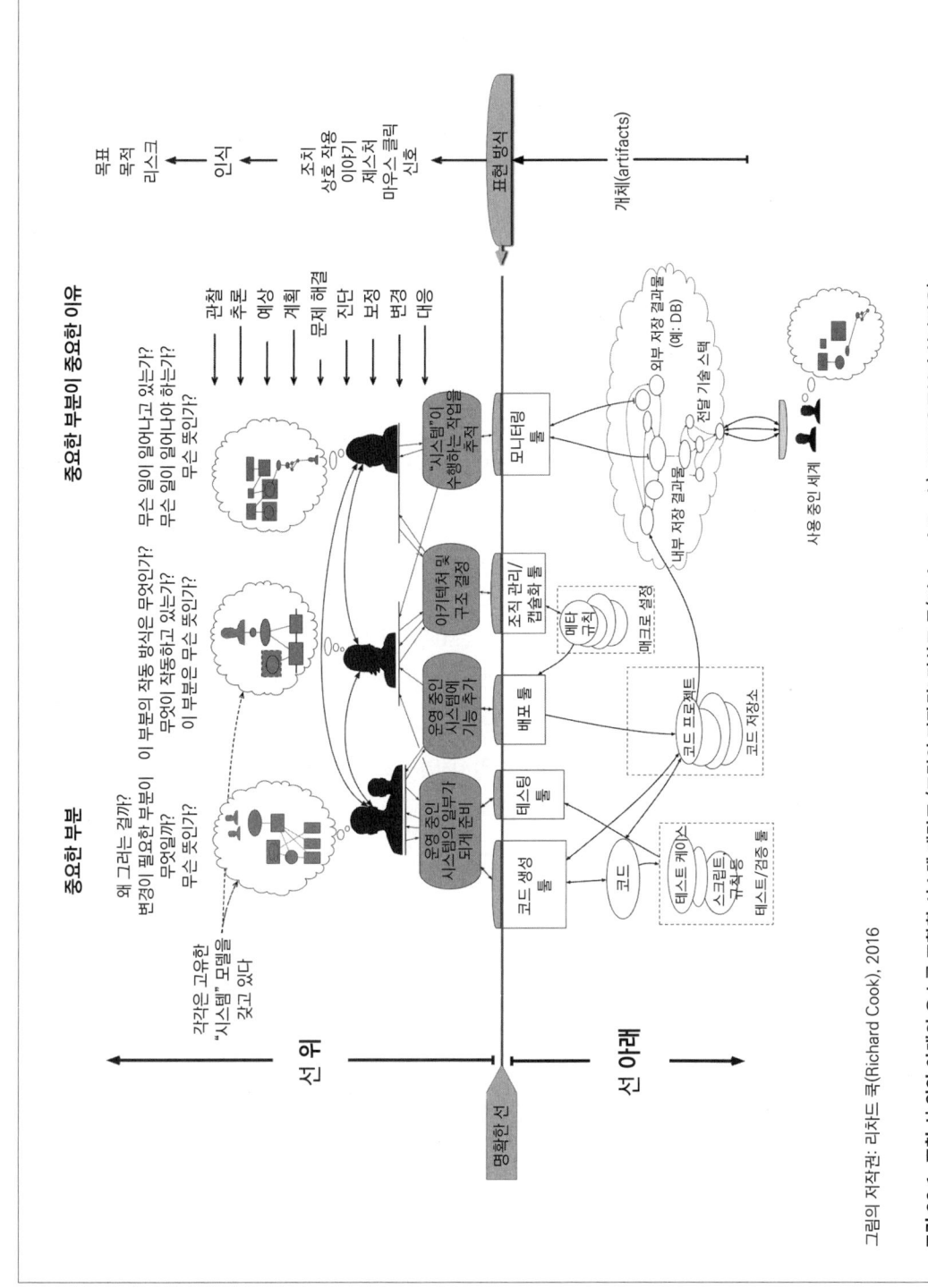

그림 28-1. 표현 선 위와 아래에 요소를 포함한 시스템 개략도 (그림의 저작권: 리차드 쿡(Richard Cook), 2016으로부터 허가받음)

장애는 개별 재교정을 발생시킨다

장애는 개인이 시스템의 비정상적인 작동을 보고 이것의 원인과 결과를 탐구하기 시작할 때 시작된다. 장애는 무엇보다도 변칙적이다. 예상과 관찰의 차이는 다음에 발생할 일의 원인뿐이다. 따라서 이 차이는 관찰자의 멘탈 모델이 시스템에서 장애가 발생한 부분으로 교정되지 않았다는 신호인 것이다. 멘탈 모델은 투박하거나 매우 정확할 수 있지만 변칙성은 정확하지 않다.

장애 대응은 대체로 시스템의 특정 부분에 대한 관찰자의 멘탈 모델을 재교정하는 프로세스이다. 변칙의 "원인"을 찾는 것은 멘탈 모델에 의해 주도되며 멘탈 모델을 업데이트하는 역할을 한다. 특히 시스템의 특정 부분에 강조점을 둬야 한다. 복잡성과 변화는 광범위한 멘탈 모델을 업데이트하려는 모든 시도를 저지할 것이다. 관찰자의 멘탈 모델 재교정은 장애에 한정되며 장애 조사 과정에 초점을 맞춘다.

전문가들이 시스템의 특정 부분에 대해 중요하지만 실패할 가능성을 이해하는 세밀하고 정확한 정신 모델이 있다고 가정해보자. 멘탈 모델을 활용해 문제를 빠르게 해결하고 미래의 요구를 충족하는 방법으로 업데이트할 수 있다. 초보자와 전문 지식이 적은 실무자가 더 투박하고 덜 정확한 멘탈 모델에서 시작해도 장애를 경험하면 해당 시스템의 특정 부분만큼은 멘탈 모델을 향상시킬 수 있을 것이다.

장애는 전문성을 키우는 플랫폼 역할도 한다. 중요한 장애에 대응할 때 실무자 혼자 수행하는 일은 거의 없다. 장애 대응에 초보자가 참여하는 것은 전문성 개발을 촉진하는 것으로 봐도 좋을 것 같다. 초보자가 숙련된 전문가와 함께 이상 징후를 관찰하면 초보자에게 멘탈 모델을 개선하는 기회를 제공하기 때문이다. 장애 처리는 일상 업무보다 더 집중하게 되는데, 일반적인 공식 훈련 수준에 멈추지 않고 실제 맞닥뜨리게 될 복잡성에 초점을 맞추고 있다.

장애는 집단 재교정을 위한 기회이다

실무자 개인이 직면한 문제는 큰 조직에서도 유사하다. 복잡한 시스템에 대한 집단적 이해가 업데이트돼야 할 때를 조직이 어떻게 알 수 있을까? 사용 가능한 자원은 제한되어 있다. 조직이 시스템의 실제 작동 방식, 취약점, 향후 예상되는 기대사항에 대한 공감을 이끌어내려면 어떤 노력과 얼마만큼의 시간을 투자해야 할까?

여기서도 장애를 이용해 관심을 집중시킬 수 있다. 장애는 문제가 있는 위치에 대한 기본 시스템의 메시지이다. 해당 장애를 광범위하게 조사하면 시스템의 실제 작동 방식에 대한 유용한 통찰력을 제공할 수 있고 조사하는 개인은 자신의 멘탈 모델을 업데이트할 수 있다. 장애는 문제가 발생한 시스템의 특정 부분을 가리키기 때문에 문제가 발생한 부분과 가장 관련성이 높은 지표이다.

조직에서 장애가 매우 유용하다는 생각이 새로운 것은 아니다. 장애 연구(우즈 등, 2010)에 따르면 오랫동안 장애의 가치를 강조해 왔으며 품질 이론은 장애와 과정 및 문제에 대한 관점을 사용하도록 권장한다(데밍(Deming), 1982). 또한 포스트모템(올스포(Allspaw), 2012)으로 시스템 및 운영에 대한 통찰력을 제공할 수 있다. 여기서 핵심 아이디어는 복잡성과 변화로 인해 기존 시스템을 "이해"하려는 광범위하고 포괄적인 노력이 사실상 비효율적이라는 것이다. 반대로 장애는 시스템에 대한 멘탈 모델이 재교정이 필요한 특정 위치를 가리킨다. 이에 장애는 노력과 관심이 어디로 가야 하는지에 대한 시기적절한 정보이다.

이런 견해가 장애 관리에 가장 많이 사용되는 접근 방식과 정반대라는 것을 인정한다. 많은 조직이 장애 정보를 수집하지만 데이터베이스 항목으로 축소되고 빠르게 잊혀진다. 장애 발생 "개수" 관리는 장애를 신속하게 해결하고 일련의 범주 축소로 보상한다. 이로써 더 깊고 철저한 조사를 위한 출발점으로 삼아 장애의 영향을 무시(또는 최소한 감소)하는 효과가 있다. 그런데도 이렇게 비싸게 구매한 장애 데이터를 너무 빨리 버리는 현실은 아이러니하다.

이 모든 것의 의미는 무엇인가?

장애는 매우 빈번하다. 많은 시스템에서 조직이 인정한 장애 비율은 하루에 고작 1~2건이다. 그러나 장애율이 훨씬 높다는 것을 알고 있다. 많은 기업이 장애에 대처하기 위해 자원을 쏟고 관심을 기울이는 등 끊임없는 투쟁을 하고 있다. 장애는 계속 발생할 것이고 시스템의 복잡성과 중요성이 증가할수록 장애 역시 증가할 가능성이 크다. 지속해서 변화하는 시스템과 환경 속에서 장애 위치, 특성, 영향 또한 변할 것이다. 그러나 장애가 귀중한 정보의 원천이 된다는 사실에는 변함이 없다.

장애는 계속될 것이다

장애가 계속 발생하는 상황은 더 나아지지 않을 것이다. 오히려 장애 해결은 더욱 어려워질 것이다. 시스템에 비즈니스 기능이 더 많이 포함되고 일상적인 비즈니스 운영이 시스템에 더 의존하면서 시스템 운영에 관한 관심이 높아지고 있다. 이러한 시스템의 복잡성은 계속 증가하고 있다. 이에 운영자가 복잡한 시스템을 잘 이해한다면 주의력을 높일 수 있고 시스템에서 무슨 일이 발생하고 있는지 누군가에 물어볼 필요가 없게 될 것이다.

다른 산업과 마찬가지로 기술 발전은 주요 장애 건수를 줄이면서 계속 발전한다. 주요 장애 발생 빈도는 줄었지만 막상 장애가 발생하면 과거보다 더 큰 영향을 미친다. 최신 시스템의 연결성과 응답성으로 인해 장애는 과거보다 더 빠르고 널리 확산된다.

대규모 시스템 개발에 관한 업계 대화의 대부분이 앞으로의 시스템이 실질적으로 "무장애"를 가정하고 있다는 점에 주목한다. 이 가정은 위험한 기술적 환상이자 고정관념일 뿐이다. 온갖 종류의 시스템, 특히 정보 기술의 시스템 역사는 이 가정을 뒷받침하지 못한다. 장애는 계속 발생하고 위협적이며 주의를 필요로 하는 일이 생길 것이다. 장애 관리에 적합한 기능을 갖춘 시스템(기술 및 조직)을 구축하지 못하는 것은 분명 잘못된 일이다.

장애는 비용에 영향을 미친다

장애 비용을 측정하기 어렵지만 분명 큰 액수일 것이다. 어림잡아 계산해 보면 주요 항공사의 하루 중단은 2억 달러 넘는 손실을 발생한다는 것을 예상할 수 있다. 그렇지만 2012년 나이트 캐피탈(Knight Capital) 붕괴와 같은 실제 손실의 비용을 계산하는 것은 현실적으로 불가능하다. 장애의 직접 비용에는 수익에 즉각적인 영향, 대응 비용 등이 포함된다. 다음의 표 28-3은 비용의 일부를 보여주고 있다.

장애	비용
중단 시간	• 수익 손실 • 서비스 페널티 지불 • 복원 노력
대응	• 장애를 대응한 직원 급여 • 장애가 발생해 직원의 주의를 전환하는 기회비용 • 장애 후 조치 항목 구현 비용
조직 오버헤드	• 장애 추적 시스템 유지 관리
규제	• 준수 보고 • 재정적 벌금 • 개발/운영에 대한 규제 간섭

표 28-3. 직접적인 장애 비용 일부

장애 비용이 확실히 많이 들지만 장애의 간접 비용 또한 적지 않다. 표 28-4는 이러한 비용의 일부를 보여준다. 평판 손상, 집중 방해, 불안정함 등 이른바 '개발 장애물'은 쉽게 정량화될 수 없다. 그런데도 이런 간접적인 장애 비용은 치명적인 피해를 줄 수 있다. 다시 말하자면 해당 비용이 아이러니한 특성이 있다. 성공적인 운영을 위한 기존 코드의 중요성이 상당해서 코드가 손상될 걱정에 코드 수정을 피한다. 해당 코드에서 발생하거나 관련된 모든 장애는 이런 두려움을 더욱 키운다. 시간이 지날수록 코드는 불안정해지고 기꺼이 문제를 해결하고자 하는 엔지니어의 수는 줄어든다.

특히 중요한 것은 취약성을 관리하려는 조직으로 인해 발생하는 개발 지연이다. "검토" 또는 "자문" 위원회는 언제가 발생할 수 있는 장애를 피하려는 바람을 조직에 반영한 것이다. 해당 메커니즘이 실제로 일부 잘못된 변화를 막을 수 있지만 그 부담이 클 수 있다. 따라서 "검토" 또는 "자문" 위원회는 귀중한 자원을 소비하고 문제 해결을 지연시키며 많은 릴리즈로 이어진다. 심지어 비밀처럼 감춰진 작업 시스템까지 생성할 수도 있다(허셔온(Hirschhorn), 1998의 61페이지).

해당 위원회에 들어가는 비용이 실재하더라도 정량화가 어렵고 관리 관점에서 벗어날 수 있다. 관리 관점에서 볼 때 장애는 시스템 성능에 대한 계획되지 않은 투자로 간주하곤 한다. 관리자의 과제는 장애에서 가장 큰 투자 수익(ROI, Return On Investment)을 얻는 방법을 찾는 것이다.

장애	비용
평판 손상	• 프로덕트 및 기업에 대한 사용자의 신뢰도 저하 • 다른 프로덕트 및 기업이 경쟁 우위를 확보 • 가격 인하에 대한 압력
조직의 집중 방해	• 경영진이 문제 해결 및 이슈 "처리"에 있어 보다 적극적인 역할을 수행 • 장애가 내부 정치적 의제로 확산되거나 형성될 수 있음
취약성 증가	• 숨겨진 취약성을 유발하거나 새로운 취약점을 발견하는 것에 대한 두려움으로 레거시 코드 또는 인프라 복구/마이그레이션/리팩토링하기를 꺼림
개발 장애물	• 새로운 상황에 적응하는 비용에 대한 불확실성 • 장애를 방지하기 위한 변경 제어 노력(CAB[06], 코드 동결 등)으로 민첩성 저하 • 기술 담당자가 경영자에 대한 신뢰를 잃거나, 암묵적 작업 관행으로 개발하거나, 회사를 그만두는 경우

표 28-4. 직접적인 장애 비용 일부

장애 패턴이 바뀐다

시스템의 복잡성과 주변 환경의 다양성이 계속 증가하고 있다. 새로운 커넥션이 생기고 오래된 커넥션은 끊어진다. 장애 패턴 또한 변할 것이다. 재무 면책 조항에는 "과거의 성과가 미래의 성과를 보장하지 않는다."라고 명시되어 있다.

장애 추적 시스템에 많은 투자를 하고 있지만 장애 추적 시스템이 향후 장애가 발생할 위치나 특성을 예측한다는 증거는 거의 없다. 대규모 시스템의 경우 관련 행정 관료제는 거의 가치를 창출하지 못한다. 대신 장애 추적 시스템이 일종의 닻과 같은 기능을 하는 것 같다. 이를테면 리더는 조직의 방향을 안전성을 향해 계속 진행하는 것이다.

특정 교정 문제와 위치를 가리키는 장애

교정 문제(28장의 "교정 문제" 부분 참고)는 근본적인 도전이다. 시스템 문제 해결, 복구 및 수정에 성공하려면 해당 시스템의 정확한 모델이 필요하다. 복잡성과 변경으로 인해 모든 시스템 모델은 결국 구식이 된다. 어떤 단일 에이전트(인간이나 기계)도 그런 시스템의 정확한 모델을 유지할 수는 없다. 그 대신 시스템 문제 해결, 복구 및 수정을 하려면 에이전트 모델의 정확도를 높이기 위한 지속적인 노력을 해야 한다.

그러나 최신 시스템의 규모는 교정을 유지하려는 일반적인 노력을 무용지물로 만든다. 아무도 최신 시스템을 구성하는 모든 코드, 모든 매뉴얼, 모든 프로토콜을 다 읽고 소화할 수 없다. 대신 가장 관련이 높은 곳에 재교정에 이용 가능한 한정된 자원을 집중해야 한다.

---

06 (역자주) CAB(Change Advisory Board): 변경 자문 위원회로서 긴급 변경을 포함해 서비스 수명주기와 관련된 모든 변경을 처리한다.

장애는 재교정이 필요한 위치를 알리는 중요한 지침이자 교정이 부족한 위치를 알리는 매우 명백한 정보이기도 하다. 그리고 재교정이 필요한 시스템 영역에 대한 지침(형식화되지 않은 지침)이다(쿡, 2017). 장애는 잘못된 기반 시스템을 교정하라는 메시지이자 교정 복구 작업을 어디에서 수행해야 할지 파악할 수 있는 가장 효율적인 수단이다.

다음에 무슨 일을 진행할까?

장애의 가치를 정확히 아는 것이 쉽진 않지만 가능하다. 장애를 통해 통찰력을 얻고 공유하는 몇 가지 유망한 접근 방법이 있다. 장애 간의 비교와 대조를 통해 장애의 가치를 알아갈 수 있다. 장애 관리와 장애 후 재구성, 분석의 많은 어려움은 혁신적 접근 방식에 잘 맞다. 교정의 필요성 관점에서 볼 때 장애의 가치는 장애로부터 배우는 방법을 익혀야 새로운 형태의 도전을 극복하고 새로운 기회를 포착하는 적응력을 개발하는 데 중요함을 강하게 시사하고 있다.

사례 모음 구축하기

SNAFU 캐쳐스 컨소시엄(SNAFU Catcher consortium)을 통해 현대 소프트웨어 조직의 사례를 파악하고 사례 모음을 식별하고 자료화를 진행했다. 우리는 의료(쿡/우즈/맥도널드(MacDonald), 1991년)와 같이 다른 분야에서 사례 모음을 자료화해본 경험이 있다. 물론 이 일에는 노력과 전문성이 필요하지만 소프트웨어 서비스 세계의 설정과 과제를 탐구하는 기초가 된다.

물론 기존의 사례는 많이 있다. 실제로 모든 기업에는 발생했던 많은 장애를 기록한 수많은 데이터가 있다. 그러나 장애 데이터를 보면 대부분 엔지니어의 성과, 문제 설명, 인지 과정에 관한 내용은 없다. 이에 대한 설명은 그림 28-1의 "선 아래"에 표현되어 있다. 그리고 이제 필요한 사례 모음은 명확하고 상세하게 특성화한 그림 28-1의 "선 위"에 표현되어 있다.

사례 모음을 통해 다양한 유형의 "장애"가 어떻게 전개되고 여러 관점에서 관리되는지 볼 수 있다. 또한 이벤트, 조직, 비즈니스 유형 등의 유사점과 차이점을 조사하는 질문을 할 수 있다. 질문의 예는 다음과 같다.

- 장애가 진행되면 관심의 흐름이 어떻게 흘러가는가? 또는 마이그레이션 되는가?
- 장애 대응 팀은 각 팀의 장점을 어떻게 설명하고 서로를 이해하고 있는가?
- 엔지니어가 명시적으로 말하지 않는 장애와 이상 현상에 대응할 때 실제로 무엇을 하는가? 다른 엔지니어는 잘 모르는 요령이나 지름길이 있는가? 어떤 툴이 유용한가? 무엇이 주의를 산만하게 하는가?
- 특정 장애를 관리할 때 시간과 결과에 대한 압력은 어떤 영향을 미치는가? 체계적인 대응(예: 장애 처리 교육, 특정 개인에게 권한 부여)은 실제로 어떻게 작동하는가?
- 팀은 애플리케이션 또는 시스템의 어떤 부분이 "리스크"하다는 것을 어떻게 인지하는가? 이 견해는 어떻게 생겨나며 얼마나 정확한가?

장애 사례 모음은 해답을 제공하지 않는다. 대신 유용할 것으로 보이는 장애 "선"을 식별하는 데 도움이 될 것이다.

SRE 작업에서 자동화를 팀 플레이어로 만드는 데 집중한다

SRE 작업 세계는 인지 에이전트로 구성된 JCS이며, 주로 사람이지만 점점 더 자동화되고 있다. JCS에서 자동화를 팀 플레이어로 만들기는 쉽지 않은 일이다(클레인(Klein) 등, 2004).

시스템에는 이미 많은 자동화가 구축되어 있고 SRE(및 기타 엔지니어)는 시스템이 어떻게 작동하고 실패하는지를 추론해 시스템 작동 방식을 이해한다. 로드 밸런서, 장애 조치, 트래픽 속도 제한 장치, 변경 사항, 기타 다수의 자동 프로세스는 시스템 작동에 필수적이다. 일부 장애는 이런 과정들의 예기치 않은 상호 작용으로 발생할 수 있는데, 특히 개별 프로세스가 작업을 올바르게 "수행"할 때 이해하기 어려울 수 있다.

최근에는 자동화를 추적하고 지시하는 자동화 계층이 새로 등장했다. 자동화 관리가 어려워서 새로운 자동화 개발이 많아질수록 SRE가 시스템을 이해하고 지시하는 게 더욱 어려워지고 있다. 이 상황은 일종의 의학적 상황과 유사하다. 병원에서 항생제를 널리 사용하면서 "병원 내 감염"을 일으키는 내성 있는 미생물 발생이 촉진되어 더욱 강력한 항생제가 개발되었다. 병원 내 자동화(Nosocomial Automation)라는 용어는 자동화 때문에 발생한 문제를 처리하기 위해 의도된 자동화를 설명하는 데 사용된다(우즈와 쿡, 1991).

SRE의 작업을 줄이려는 의도였지만 아이러니하게도 자동화는 시스템의 복잡성을 가중하고 작업을 더욱 어렵게 만들기도 했다(쿡과 우즈, 1996). 자동화 계층(예: 인공 지능)이 시스템 운영 요소에 추가되면서 SRE에게 훨씬 더 어려운 문제가 될 수 있기 때문이다. 팀플레이의 필요성이 이처럼 절실한 적은 없었다.

교정 문제 해결하기

소프트웨어 엔지니어링 팀(SRE 및 기타 엔지니어)은 시스템의 연결과 작동 방식에 대한 모델을 지속해서 구축하고 교정한다. 해당 모델을 최신 상태로 유지할 필요성은 전체 조직에 걸쳐 확장되며 특히 SRE에게는 아주 중요하다. 교정 문제는 기업의 성공에서도 매우 중요하다. SRE 교정 지원은 좁은 기술적 세부 사항에 대한 학습과 선을 넘어서는 작업을 충분히 강화하고 제한하는 등 광범위한 관계를 촉진한다.

SRE 교정에만 집중한다고 해서 기업의 성공을 보장하는 것은 아니다. SRE 작업은 기업 구조 안에서 이루어지며 SRE 인력이 제어하지 않는 자원, 지침, 목표에 따라 달라진다. SRE가 직면한 문제는 개발, 인프라, 마케팅, 사용자 지원 활동과 밀접한 관련이 있다.

장애가 교정이 필요한 곳을 가리키고 있다는 것을 기반으로 얘기하고 있다. 그러나 이것이 단지 SRE 인력에만 국한되는 것이 아니다. 장애는 시스템 작동 방식, 기능, 향후 가능성에 대해 가장 관련 깊은 경험적 데이터이다. 점점 기술 시스템이 복잡해지면서 교정의 필요성은 더욱 절실해지고 있다. 장애에 대한 경험과 장애의 의미를 조직 전체에 공유해야 한다. 시스템의 "선 위" 부분이 "선 아래" 부분에서 진전이 있으려면 장애와 그 의미에 대해 일관성 있고 적절한 기술 개발을 지원하는 환경이 필수적이다. 특히 어떤 장애가 중대한 결과를 초래했을 때 장애에서 의미를 얻으려는 시도가 격렬할 뿐만 아니라 험악한 분위기에서 일어날 가능성이 크다. 특히 관료적인 조직에서는 장애에 대한 해석을 "다각도"로 보려는 노력이 매력적으로 느껴질 수 있다. 내부 정치적 갈등은 행위자들이 장애를 그들의 목적에 맞게 만들기도 한다. 이런 상황에서 신중하게 제시된 장애 조사의 필요성은 조직적으로 훨씬 더 중요하다.

기술적으로나 조직적으로나 말단 실무자가 일하는 방식, 작업을 잘 지원하는 방법을 이해한다면 개선의 기회가 있다. 연구에 따르면 IT 업계가 과거보다 교정의 필요성을 더 잘 받아들이고 있으며 조직과 기술적 요소를 결합하는 실험이 많은 회사에서 교정이 진행되고 있다. 해당 실험은 상당히 고무적이다. 이로 인해 성과를 달성하고 싶겠지만 장애 공유의 어려움, "다각도"로 보려는 노력보다는 따르는 것처럼 보이기만 하는 동료들의 행동, 실험의 교훈을 얻을 수 있는 툴의 부족 등으로 쉽지 않다. SNAFU 캐쳐스 컨소시엄과 같이 부단한 노력을 기울이는 것을 응원하고, 환영한다.

28장에서는 SRE 세계가 직면한 어떤 특정한 문제를 없애려는 것이 아니다. 단지 상황을 분석하고 안정적이지 않은 곳을 가리키는 것이다.

여러분은 무엇을 할 수 있나?

"장애"는 중립적인 단어인 만큼 초연하고 냉철한 분석 자세를 가져야 함을 한다. 그러나 실제로 "장애"가 발생하면 강한 감정이 수반되기 마련이고 그 여파는 개인, 조직, 회사 전체에 치명적일 수 있다. 기업들이 성공을 위해 기술에 더 의존할수록 해당 기술의 붕괴는 더 큰 위협이 되고 있다. 이 이슈를 해결하려면 장애에서 살아남는 것뿐만 아니라 장애를 자원으로 활용할 수 있어야 한다. 이를 위해 약간의 프랙티스, 자원, 관리자의 참여, 용기가 필요하며 대부분 조직에서 실행할 수 있다.

경험상 추가 작업을 장려해 초기에 성공할 가능성을 높이는 4가지 활동을 제안한다.

장애 분석이 가능한 자체 내부 자원 구축

인지 능력 관련한 심층적인 조사 방안을 개발할 수 있도록 포스트모템에 대한 현재의 SRE 프랙티스를 확장하도록 한다. 확장 작업을 수행하는 엔지니어를 필요한 자원으로 인식하고 조직 외부의 다른 엔지니어와 함께 일하도록 격려한다.

보다 상세하고 심층적으로 분석할 수 있는 장애 기록을 선택

면밀히 조사한 장애가 큰 가치를 제공할 수 있다. 중간 정도의 가치를 가진 장애 기록에서 정밀 조사와 심층 분석이 더 쉬운 경우가 많다. 가치가 높은 장애는 탐색 연구가 어렵거나 위험하게 만들 수 있는 관리 및 규제적 주의를 불러일으킨다. 그러니 작게 시작하라. 철저한 분석을 통해 통찰력을 얻을 수 있다. 놀라움, 불확실성, 모호함이 포함한 사례에서 특히 보람을 느낄 수 있다. 하나의 일관성 있는 설명으로 장애를 설명하려면 장애 중에 발생한 작은 이슈를 무시하지 않는 것이 좋다. 대신 장애 대응자와 참여자의 개별적 관점을 강조하고 포착한다. 조직 내 여러 엔지니어와 토론할 수 있는 포럼을 찾아 다양한 장애 대응자가 토론에 참여하도록 독려하자.

장애 데이터 스트림을 얻는 툴링 구축 또는 조정

사후 장애를 재구성하기 위해 많은 데이터 스트림을 사용할 수 있다. 일부 데이터 일부는 사후 작업에 사용될 수 있도록 잘 구성되어 있다. 해당 데이터 스트림을 확장, 수집, 저장 등의 소소한 노력도 유용할 것이다. 대화 내용, 화상 통화, 데이터베이스 쿼리 로그, 기타 원천 데이터로 일관된 장애를 설명해야 하는 노력이 너무 크지 않다면 이 또한 유용할 것이다. 더 큰 도전은 이벤트가 발생하는 중에 명백하지 않은 수행, 특히 도움이 되지 않는 것을 기록하는 것이다. 특히 궁극적으로 쓸모없는 '혼란에 빠져 잘 이해 안 되는 장애'를 식별하고 특징짓는 것이 중요할 수 있다.

전사적으로 진행되는 포스트모템 정기회의

장애는 계획되지 않은 투자와 같다. 투자의 완전한 가치를 최대한 확보하는 것이 비즈니스 우선순위여야 한다. 장애에 대한 발표와 논의는 시스템과 이를 실행하는 조직의 공유된 멘탈 모델을 구축하는 한 가지 방법이다. 장애 후 브리핑을 여는 것 또한 조직이 학습에 대한 동기 부여를 갖도록 중요한 역할을 한다.

결론

SRE 인지 연구에 대한 기대가 크다. 조직에 대한 인지 작업을 명시적으로 만들면 선 위와 선 아래 모두에서 많은 시스템을 노출할 수 있다. 계속되는 장애의 흐름은 교정이 중요하지만 어렵다는 것을 상기시켜 준다. 장애 중 또는 장애 발생 후 SRE를 지원하기 위한 기술 및 조직적 도구에 관한 관심과 노력은 이를 이해하는 많은 사람의 열망을 보여주는 증거이다.

높은 성과와 신속함이 필요한 영역에서 사용되는 방법 및 접근 방법이 SRE 세계에서 적용될 수 있다고 확신한다. 해당 접근 방법을 적용하려면 시간과 기술이 필요하고 심약한 이들에게는 적합하지 않을 것이다. 그런데도 인지 시스템 엔지니어의 역할을 받아들이는 실무자와 연구원의 수가 점점 늘어나고 있다. 이것은 우리의 미래를 향한 좋은 징조라고 본다.

참고 문헌

1. 올스포(Allspaw, J)가 작성한 Etsy 사의 Code as Craft 블로그, 흠잡을 데 없는 포스트모템과 정의로운 문화(Blameless PostMortems and a Just Culture), https://bit.ly/3uDClvf, 2012년
2. 베인브리지(Bainbridge, L), 자동화의 아이러니. 오토매티카(Ironies of Automation. Automatica) 19(6): 775-779. 1983년
3. 빌링스(Billings, C. E.), 『항공 자동화: 인간 중심의 접근법 모색(Aviation Automation: The Search for a Human-Centered Approach)』. 플로리다 보카 레이턴(Boca Raton)에 있는 CRC 출판사, 1996년
4. 올스포, 웹 운영: 데이터를 적시에 유지(Web Operations: Keeping the Data On Time) 108-116, 『쿡(Cook, R. I.), 복잡한 시스템이 어떻게 장애를 발생시키는가(How Complex Systems Fail)』, 캘리포니아 세바토폴에 있는 오

라일리(O'Reilly) 출판사, 2010년

5. 스미스(Smith, P. J.), 호프만(Hoffman, R. R.), 인지 시스템 공학: 변화하는 세상의 미래(Cognitive Systems Engineering: The Future for a Changing World) 53-78, 『쿡(Cook, R. I.), 약물치료는 "일상적인" 작업(Medication Reconciliation is a Window into "Ordinary" Work)』, 플로리다 보카 레이턴(Boca Raton)에 있는 CRC 출판사, 2017년

6. 쿡(Cook, R. I.), 복합 시스템에 장애가 발생하는 경우(Where Complex Systems Fail), SNAFU 캐쳐스 블로그(https://bit.ly/3oEiJDi), 2017년

7. 스미스(Smith, P. J.), 호프만(Hoffman, R. R.), 인지 시스템 공학: 변화하는 세상의 미래(Cognitive Systems Engineering: The Future for a Changing World) 53-75, 『쿡(Cook, R. I.), 약물치료는 "일상적인" 작업(Medication Reconciliation is a Window into "Ordinary" Work)』, 플로리다 보카 레이턴(Boca Raton)에 있는 CRC 출판사, 2018년

8. 쿡(Cook, R. I.), 우즈(Woods, D. D.), 맥도널드(MacDonald, J. S.)의 『마취 상태에서 사람의 행동: 사례 모음(Human Performance in Anesthesia: A Corpus of Cases, Tech. Report CSEL91.003)』, 오하이오주의 콜럼버스에 있는 Cognitive Systems Engineering Laboratory 출판사

9. 쿡(Cook, R. I.)과 우즈(Woods, D. D.), 매콜리건(McColligan, E.), 호위(Howie, M. B.), 제4차 우주 작전 응용 및 연구 워크숍 프로시딩(Proceedings of the Fourth Annual Workshop on Space Operations Applications and Research (SOAR 90)) 543–546, 접근 번호 N91-20702 (https://go.nasa.gov/3GHl3jg), 높은 작업 부하, 높은 결과 사람의 성과에 대해 서투른 자동화의 인지 결과(Cognitive Consequences of Clumsy Automation on High Workload, High Consequence Human Performance), NASA의 린든 B. 존슨 우주 센터(Lyndon B. Johnson Space Center), 1991년

10. 쿡(Cook, R. I.)와 우즈(Woods D.D.)의 임상 마취 저널 8(Journal of Clinical Anesthesia 8): S29-S37, TIVA(전체 정맥 마취)의 미래를 보며 항공분야에서의 자동화가 주는 시사점(Implications of Automation Surprises in Aviation for the Future of Total Intravenous Anesthesia(TIVA))

11. 데밍(Deming, W. E.), '위기를 넘어서서(Out of the Crisis)', 매사추세츠주의 케임브리지에 있는 MIT 프레스, 1982년

12. 겐트너(Gentner, D.)와 스티븐스(Stevens, A.), 『멘탈 모델(Mental Models)』, 뉴저지주의 Lawrence Erlbaum Associates 출판사, 1983년

13. 허셔온(Hirschhorn, L.), 재작업 권한: 포스트모던 조직 리더십(Reworking Authority: Leading and Following in the Post-modern Organization(Vol. 12)). 매사추세츠주의 케임브리지에 있는 MIT 프레스, 1998년

14. 홀나겔(Hollnagel, E.)과 우즈(Woods, D. D.), 『공동 인식 시스템: 인지 시스템 엔지니어링의 기초(Joint Cognitive Systems: Foundations of Cognitive Systems Engineering)』, 플로리다 보카 레이턴(Boca Raton)에 있는 CRC 출판사, 2006년

15. 허친스(Hutchins, E.), "야생 상태의 인지(Cognition in the Wild)", 매사추세츠주의 케임브리지에 있는 MIT 프레스, 1995년

16. 클라인(Klein, G.), 우즈(Woods, D. D.), 브래드쇼(Bradshaw, J. M.), 호프만(Hoffman, R. R.), 펠토비치(Feltovich, P. J.)의 "인간과 에이전트 공동 활동에서 자동화를 "팀 플레이어"로 만들기 위한 10가지 과제 IEEE 지능형 시스템(Ten Challenges for Making Automation a "Team Player" in Joint Human-Agent Activity. IEEE Intelligent Systems)" 19(6): 91-95. [DOI: 10.1109/MIS.2004.74], 2004년

17. 레이브(Lave, J.)와 웨너(Wenger, E.)의 "모든 상황에서 배우기: 당당하게 참여(Situated Learning: Legitimate Peripheral Participation)", 영국 케임브리지 대학 출판부, 1991년

18. 네메스(Nemeth, C. P.), 쿡(Cook, R. I.), 우즈(Woods D. D.)의 "IEEE 시스템, 인간, 사이버네틱스에서의 트랙잭션, 파트 A: 시스템과 인간(IEEE Transactions on Systems, Man and Cybernetics, Part A: Systems and Humans, 34(6), 689–692)", 엉망인 세부 사항: 의료 기술 연구를 통한 통찰력(The Messy Details: Insights from the Study of Technical Work in Healthcare), 2004년
19. 저자-'네메스(Nemeth, C.), 누날리(Nunnally, M.), 오코너(O'Connor, M.), 클락(Klock, P. A.), 쿡(Cook, R.)', 편집자-'헨릭슨(Henriksen, K.), 배틀스(Battles, J. B.), 마크스(Marks, E. S.)'의 "환자 안전의 발전: 연구에서 구현까지(볼륨 1: 연구 결과)(Advances in Patient Safety: From Research to Implementation(Volume 1: Research Findings))"의 정보 기술을 사용해 안전한 팀 플레이어로 만들기: 주입 장치 사례(Making Information Technology a Team Player in Safety: The Case of Infusion Devices) (https://bit.ly/35V7zUe), 메릴랜드의 락빌(Rockville)에 있는 MD: Agency for Healthcare Research and Quality, 2005년
20. 저자-'로드(Roth, E. M.), 디패스(DePass, E. P.), 스콧(Scott, R.), 트럭슬러(Truxler, R), 스미스(Smith, S. F.), 웸플러(Wampler, J. L.)', 편집자-'스미스(Smith, P.J.)와 호프만(Hoffman, R.R.)'의 "인지 시스템 공학: 변화하는 세상을 위한 미래(Cognitive Systems Engineering: The Future for a Changing World)" 247-268, 협업 계획 시스템 설계: 공동 인지 시스템 원칙의 실행(Designing Collaborative Planning Systems: Putting Joint Cognitive Systems Principles into Practice), 플로리다 보카 레이턴(Boca Raton)에 있는 CRC 출판사, 2017년
21. 우즈(Woods, D. D.), 쿡(Cook, R. I.)의 1991년 10월 13~16일에 열린 "IEEE 시스템, 인간, 사이버네틱스 국제 콘퍼런스 프로시딩(Proceedings of the 1991 IEEE International Conference on Systems, Man and Cybernetics)"에서 "병원 자동화: 기술로 인한 복잡성과 인간의 성과(Nosocomial Automation: Technology-induced Complexity and Human Performance)", 버지니아주 샬러츠빌(Charlottesville) (https://bit.ly/3Jk6ZOp), 1991년
22. 저자-'우즈(Woods, D.D.)', 편집자-'플라난겐(Flanagan, J.), 황(Huang, T.), 존스(Jones, P.), 카시프(Kasif, S.)'의 "인간 중심의 소프트웨어 에이전트: 서투른 자동화의 교훈(Human-Centered Software Agents: Lessons from Clumsy Automation)" 288-293, "인간 중심 시스템: 정보, 상호 작용, 지능(Human Centered Systems: Information, Interactivity, and Intelligence)", 워싱턴 DC에 있는 국립 과학 재단(National Science Foundation), 1997년
23. 우즈(Woods, D.D.)의 "회복력 공학: 개념과 교훈(Resilience Engineering: Concepts and Precepts)" 21-31, 회복 탄력성의 필수 특성(Essential Characteristics of Resilience), 2006년
24. 우즈(Woods, D. D.), 데커(Dekker, S.), 쿡(Cook, R. I.), 요한슨(Johannsen, L.)의 『휴먼 에러 이야기(Behind Human Error)』, 플로리다 보카 레이턴(Boca Raton)에 있는 CRC 출판사, 2010년
25. 우즈(Woods, D.D.)의 "STELLA: 복잡성을 대처하는 SNAFU 캐쳐스 워크숍 보고서(STELLA: Report from the SNAFUcatchers Workshop on Coping With Complexity)" (https://bit.ly/3rQS4pb), 오하이오주의 콜럼버스에 있는 오하이오 주립 대학교, 2017년

존 올스포 John Allspaw

Adaptive Capacity Labs를 이끌고 있으며 Etsy의 전 CTO이다. 존 올스포는 제시 로빈스(Jessie Robbin)와 함께 Web Operations(2010, 오라일리 출판) 및 Art of Capacity Planning(2017, 오라일리 출판)의 공동저자이다.

리처드 쿡 Richard Cook

Adaptive Capacity Lab의 책임자로서 오하이오 주립 대학(Ohio State University)의 연구 과학자이다. 리처드 쿡이 가장 자주 인용하는 논문은 "복잡한 시스템이 어떻게 장애를 발생시키는가(How Complex Systems Fail)"이다.

CHAPTER 29

번아웃 이겨내기

퀀토피안Quantopian의 제임스 메이클James Meickle

내용에 대한 경고: 29장에서는 정신 장애와 삶과 업무에 미치는 영향에 대해 논한다. 또한 약물치료와 의료 시스템, 강압적 치료, 비방, 위기, 법률, 법률 제도를 다루고자 한다. 필자는 정신 건강 전문가도 아니고 변호사나 고용법 전문가도 아니다. 29장은 나의 광범위한 연구와 경험을 바탕으로 한 분석과 의견을 반영했으며 이 장을 통해 생각, 대화, 적절한 행동을 하도록 동기 부여하는 것이 목표이다. 이 글에서 언급하는 전략과 제안이 독자들 자신의 상황에 맞는지 평가하면서 보면 좋겠다. 비즈니스를 수행하는 위치와 업무의 성격에 따라 이 글에서 설명하고 있는 전략과 제안이 여러분에게 적용되는 법률을 준수하지 않을 수 있다. 해당 제안이나 조직에 적합한 전략을 구현하는 일에 관심이 있다면 충분한 전문 지식을 갖춘 다양성 및 포괄 전문가에게 포괄적 포용(inclusivity initiative)이 해당 법률을 준수하는지 확인해야 한다.

수십 년간에 걸친 연구는 광범위한 자본주의 시스템뿐만 아니라 우리의 직업이 우리를 더 아프게 하는 많은 방법을 강조해 왔다. 앞서서 일하는 직장, 개방형 사무실 계획, 심지어 인공조명으로 인한 신체적인 영향이 잘 문서화되어 있다. 많은 심리학자는 부자연스러운 근로 조건이 우리의 정신 건강에 직접적인 해를 끼치며 잦은 중단이나 동료와 사용자를 상대하는 감정 노동[01]을 수행하는 등 현대 직장의 심리적 요구도 마찬가지라는 사실에 동의한다.

SRE는 인적 요인 연구가 없었다면 현재의 형태로 존재하지 않을 것이다. 이 분야는 심리학, 산업 재해 분석 및 예방, 사이버네틱스 외에도 기타 여러 분야의 연구 결과로 정의됐다. 해당 연구 결과에 따르면 모든 운영자는 실수하기 쉽고 운영자를 비난하거나 수치스럽게 만드는 것이 개선으로 이어지지 않으며 사람의 한계를 존중하는 것을 기반으로 탄력적인 시스템을 구축해야 한다는 이해에 도달하도록 SRE에게 도움을 주었다.

이러한 한계에 대해 토론하고 관리하는 것은 SRE 베스트 프랙티스라고 할 수 있겠다. 또한

---

01 감정 노동이란 타인의 감정을 관리하는 것인데 이를테면 공격적인 상황에서도 정중하게 대응하거나 계속 미소를 지어야 하는 일이다. 그러나 감정 노동은 종종 소매 및 서비스 분야, 특히 여성에게 기대되며 별도의 보상은 없다.

지속 가능한 팀 문화를 구축하기 위해 청사진을 제공하는 번아웃 또는 영웅 문화와 같은 주제를 다루는 콘퍼런스를 자주 개최한다.02 모든 회사가 이런 베스트 프랙티스를 채택하는 것은 아니지만 정신 건강을 중시하는 문화를 구축하고자 노력하는 SRE를 보는 것은 정말 기쁜 일이다. 나는 기술적으로 존경받는 동료들이 지속 가능성과 배려를 중시하는 문화적 변화를 지지하고자 가장 자신감 있게 목소리를 내는 업계에서 일하는 것이 자랑스럽다.

> **정신 건강이란 무엇인가?**
>
> 29장에서 "정신 건강"이라는 용어를 사용해 마음과 감정의 전반적인 상태와 감정을 설명한다. 특정 진단보다는 일반적인 건강 상태를 가리킨다. 장애나 진단이 없어도 정신 건강이 안 좋아질 수 있다. 또한 정신 장애가 있다고 해서 정신 건강이 나쁘다는 것은 아니다. 정신 건강은 진단 자체로도 영향을 받지만 스트레스, 개인 생활, 대처 전략 등에 의해서도 영향을 받을 수 있다.

불행히도 많은 SRE 베스트 프랙티스는 관리가 필요한 주요 스트레스 요인으로 꼽히는 직무(예: 경고받기 또는 노동 등)를 암묵적으로 다룬다. 으레 직무상 제시되는 권장 사항을 종종 착각하는 것이 있다. 엔지니어를 무기력하게 하는 반복 작업을 자동화하거나 개선한다면 모든 엔지니어는 직장 내에서 훌륭한 정신 건강을 갖게 될 것이라고 속단하는 것이다. 이 또한 정신 장애가 있는 SRE에게는 먼 얘기로 들릴 수 있겠다. 조직의 목표로 다루는 정신 건강에 대한 논의는 반드시 필요하지만 정신 장애가 있는 엔지니어의 특정 요구가 배제된 채 논의하는 것은 반쪽짜리 토론일 뿐이다.

29장에서는 SRE 조직을 재구성해 정신 장애가 있는 사람들을 더 포용할 수 있도록 도움을 주고자 한다. 먼저 29장 전체에 걸쳐 정신 장애에 대해 실제로 쓰이는 정의를 제공하는 것으로 시작할 것이다. 이를 바탕으로 왜 정신 장애가 모든 포괄적 포용(inclusivity initiative)의 중요한 부분인지, 왜 성과가 우수한 SRE 팀은 모든 구성원이 온전한 자아가 되도록 해야 하는지에 대해 설명한다. 그리고 직원의 수명주기의 단계별 포괄성 권장 사항(및 안티 패턴)과 참고할 만한 추가 자료를 제시하는 것으로 마무리하고자 한다.

정신 장애 정의

이제부터 "정신 장애(mental disorder)"라는 용어를 정신 질환과 신경 발달 장애를 모두 포함

---

02 영웅 문화에 관한 제니퍼 데이비스(Jennifer Davis)(DevOpsDays Boston 2014, https://bit.ly/3uJ6nxA), 감정에 관한 존 소어스(John Sawers)(DevOpsDays Boston 2017, https://youtu.be/Mc5HJSsYB7A), 힘과 감정 노동에 관한 에밀리 고렌스키(Emily Gorcenski)(SREcon17 EMEA, https://bit.ly/3GLwVRd), 심리적 안전에 관한 제이미 우(Jaime Woo)(SREcon18 Americas, https://youtu.be/AttVD__QrAo)등 많은 사람이 있다.

하는 포괄적인 용어로 사용한다.[03] 이 용어는 실무자들 사이에서도 만장일치가 아니라는 점을 유념하고 정의한 것이다.

정신 질환은 생각, 감정, 행동의 변화로 인해 삶에서 고통뿐 아니라 어려움을 겪고 있다. 이 질환은 종종 사춘기에서 성인 초반까지 발생하는데 어느 연령대에도 일어날 수 있다. 이로 인한 심각성과 예후는 물론, 간간이 나타나는 증상부터 평생에 이르기까지 매우 다양하다. 정신 질환의 일반적인 예시로 우울 장애, 불안 장애, 양극성 장애(조울증), 섭식 장애 등이 있다.

정신 질환이 아닌 것은 무엇일까? 실직 상태, 슬픔을 겪게 되는 일, 일상의 스트레스 요인으로 인한 일시적 반응은 정신 질환이 아니다. 정치적 견해나 스트레스도 있지만 도발적이거나 정당화된 감정적 반응 또한 정신 질환이 아니다. 사람을 괴롭히거나 주변 사람들에게 해를 끼치지 않는 "괴짜스러운" 행동 또한 정신 질환으로 간주하지 않는다.

신경 발달 장애는 유아기부터 흔히 나타나는 특정 뇌 활동이나 영역과 관련된 인지 또는 기억의 결핍이다. 장애는 어느 한 부분에 대한 아주 특정한 결핍이나 영향을 받는 것으로 나타나곤 한다. 많은 신경 발달 장애는 높은 삶의 질과 양립할 수 있다. 그러나 사회가 적절한 편의 제공을 꺼리면 함께 지내는 사람들은 고통을 겪게 된다. 주로 학습 장애, 자폐증, 주의력 결핍/과잉 행동 장애(ADHD, Attention-Deficit/Hyperactivity Disorder)가 이 범주에 속한다.

정신 질환과 신경 발달 장애는 원인과 예후가 전혀 다르지만 직장에서는 이 둘을 집합적으로 정신 장애라고 말하는 것이 합리적이다. 두 가지 범주의 조건 모두 유사한 증상을 유발할 수 있어서 이들과 함께 사는 가족은 비슷한 숙박 시설이 필요하다는 것을 의미한다. 불행히도 정신질환자와 신경 발달 장애를 겪는 사람은 차별에 직면해 동등한 대우를 받도록 투쟁하기 위해 연합되어 있다.

어느 시점에서 봐도 인구의 약 25% 정도는 정신 장애를 갖고 있다.[04] 또한 인구의 약 50%는 일생 중 특정 시점에서 하나 이상의 정신 장애 진단을 받을만한 기준을 충족한다. 정신 건강 관련 서비스 접근성이 떨어진다는 것은 곧 대부분의 사람이 증상에 대한 진단이나 치료받는 것이 사실상 어렵다는 것을 의미한다.

다양성 대화에서 배제된 정신 장애

미국에서는 많은 사람이 암보다 정신 장애를 더 많이 앓고 있을 가능성이 있다.[05] 그러나 정신 장애가 있다고 하면 미국에서 낙인이 제대로 찍힌다. 물론 정신 장애가 있는 사람에 대한 고용

---

03 뇌졸중, 알츠하이머병, 외상성 뇌 손상 등 정신적 증상을 유발할 수 있는 뇌 질환이 많다. 물론 원인과 예후가 달라서 정신 장애로 분류되지는 않지만 직장에서 이와 비슷한 복지 혜택을 누릴 수 있다.

04 여러 출처에서 다양하게 숫자의 범위를 인용하고 있다. 구체적인 측정 대상과 방법에 따라 수명 비율이 15~70%로 보고되었다. 예를 들어, 신경 발달 장애와는 별도로 정신 질환을 연구하는 것이 일반적이다. 또한 자가보고된 증상의 비율을 모니터링하는 연구는 진단 비율을 모니터링하는 연구와는 다르다. 이 숫자에 대한 자세한 내용은 https://bit.ly/3oLq5Fm 을 참조하도록 한다.

05 일반적으로 미국인 기준에서 정신 장애로 진단받을 확률은 2분의 1이고, 암 진단을 받을 확률은 3분의 1이다(출처: https://bit.ly/34yXbl1).

차별이 불법이지만 "비정상인(crazy)은 데이트 금지"[06] 라는 농담과 정신병원을 탈출하는 공포 영화 등으로 보이지 않는 여전한 차별이 있다. 따라서 정신 장애가 가난한 사람에게 집중돼있고 그들 대부분 빈곤하다는 것은 놀라운 사실이 아니다. 심각한 정신 장애(정신분열증, 경계성 인격 장애 등)가 있는 사람들은 이런 진단으로 인한 강렬한 낙인 때문에 공공 생활을 거의 못 하고 있다.[07] 정신 장애가 있는 사람들에게는 기술 분야뿐만 아니라 거의 모든 곳에서 위기가 폭넓게 존재한다.

정신 장애가 있는 이들은 종종 대인관계의 어려움과 차별에 직면하기 때문에 대부분은 자신의 상태를 숨기려 한다. 자신의 어려움을 친구나 가족과 이야기하는 사람은 거의 없으며 보복이 염려되는 직장에서 공개하는 일은 더욱 적을 것이다. 눈으로 확인 가능한 데이터 자료가 거의 없어서 심각한 차별 사례를 발견하기가 어렵다. 이 때문에 엔지니어링 자체에서도 정신 장애를 숨겨진 포괄적 문제(inclusivity problem)로 남겨질 수밖에 없다.

정신 장애는 다양성 대화에서도 중요한데, 엔지니어링 분야에는 동등성(parity)에 도달하고자 고군분투한 다른 정체성과 순조롭게 교차할 수 있다. 여성은 정신 질환 진단을 더 자주 받는 경향이 있고 진단 비율도 다르다.[08] 인종은 특히 문화적으로 민감하고 적절한 치료 받기가 어려워서 치료받을 가능성 자체가 희박하다. LGBTQ+[09]는 종종 어린 시절에 대부분 가족 내에서 강렬한 낙인으로 일반 인구보다 최대 3배 높은 정신 질환을 겪고 있다.

그러나 정신 장애를 앓는 SRE에 대한 포용의 부족은 얼마나 만연한가? 내 경험상 엔지니어링 관리자 대부분은 정신 장애가 있는 직원을 알지 못한다. 앞서 제시한 수치를 고려하면 사실상 불가능하다. 인식과 현실 사이에서 가장 유력한 것은 엔지니어링 문화에서는 스스로 장애에 대해 이야기하는 것을 불편해한다는 점이다. 왜 그럴까? 대안이 더 나쁘기 때문이다. 더욱이 정신 장애가 있는 엔지니어가 취업하거나 직업을 계속 유지하기란 더 어렵다는 것을 그들도 알고 있다.

온전한 상태가 비즈니스 요구 사항이 아니다

정신 장애가 있는 사람에 대한 차별은 불행히도 매우 현실적이다. 단순히 개인적인 수치심 때문에 정신적인 장애를 숨기는 것이 아니다. 고용주가 알게 되면 경제적인 결과에도 영향을 준다는 것을 알기에 숨기려는 것이다. 장애라는 강렬한 낙인은 정신 장애가 있는 사람 고용을 단념시키거나 취업을 하더라도 "비밀(closeted)"[10] 상태를 유지하도록 권장하게 한다.

---

[06] 비정상(Crazy)이란 단어가 정신 장애 옹호자들에게는 욕설과 같다. 그 어떤 상황에서도 이 단어 사용은 권장하지 않는다(즉, 정신 장애가 있는 당사자가 스스로 이 단어를 쓰는 것은 문제가 되지 않는다). 그리고 정신적 장애를 부정적인 비교로 사용할 때 쓰는 다른 용어들 또한 욕설로 간주된다. 예를 들어, 정신이상(insane), 미친(nuts), 지체아(retarded) 등이 있다.

[07] 어떤 정신 장애든지 사람마다 중증도가 다르다. 따라서 장애를 심각하다고 언급하는 것은 특정 개인에 대한 진술이 아니라 인구 전반에 걸친 경향에 대한 설명이다.

[08] 예를 들어, 여성은 남성보다 우울증이나 불안증 진단을 받을 확률이 최대 2배까지 높다. (출처: https://mayocl.in/3HQvBOi)

[09] (역자주) LGBT+는 레즈비언(Lesbian), 게이(Gay), 양성애자(Bisexual), 트랜스젠더(Transgender), 성 정체성을 갈등하는 사람(Questioning), 성 소수자 전반(Questioning+)을 합쳐 부르는 줄임말이다.

[10] 비밀은 LGBTQ+ 커뮤니티에서 유래된 용어로 사회가 차별하는 자신의 정체성을 숨기는 것을 말한다. 폐쇄적인 삶을 사는 것은 심리적으로 매우 해롭지만 차별 또한 마찬가지이다. 숨길 수 있는 사람은 두 가지 나쁜 선택 중 하나를 선택해야 한다.

하지만 온전한 정신(sanity)이 비즈니스 요구 사항은 아니다. 정신 장애가 업무수행에 영향을 줄 수 있지만 정신 장애가 있는 대부분 사람의 정신적인 변화는 모든 사람에게 내재된 것보다 규모가 훨씬 작다. 따라서 적절한 지원 구조와 팀 문화가 마련되어 있다면 대부분의 정신 장애는 SRE 직책과 완전히 호환되는 관리 가능한 만성 건강 상태라고 할 수 있다. 사실, 인지적/정서적 특성을 가진 사람을 포용한다는 것은 건강한 SRE 팀임을 보여주는 강력한 지표다. SRE 조직에 정신 장애가 있는 SRE가 있다면 이를 비밀로 할 것이 아니라 낙인을 없애고 적극적으로 해당 SRE를 포용해 편의를 제공할 수 있는 문화를 구축해야 한다.

낙인은 어떻게 생겼는가? 정신 장애가 있는 사람은 종종 "신뢰할 수 없는" 사람으로 여겨진다. 만약 이들이 "정규 근무 오전 9시~오후 5시"가 어렵다면 당연히 그럴 수 있다. 자녀를 양육하거나 만성적인 신체 질환이 있거나 외부 출장이 잦은 직원에게도 적용되는 부분이기 때문이다. 유연한 일정에 대처할 수 없다는 것은 지나치게 엄격한 조직이거나 평소 조직의 상태가 그리 좋지 않다는 것, 즉 버스 팩터(bus factor)[11]임을 나타낸다. 일반적으로 서비스는 서버의 100% 가동 시간이 필요하지만 건강한 SRE 팀은 꼭 100% 가동 시간이 필요하지 않다.[12]

낙인의 또 다른 오해는 정신 장애가 있으면 지적으로나 정서적으로 어려운 작업을 처리할 수 없다고 가정하는 것이다. ADHD가 있는 직원이 체크리스트의 어느 한 단계를 놓칠 수 있지만 자동화 부족으로 비즈니스 프로세스 또한 취약해졌다. 뇌에 여러 정보를 완벽하게 저장하는 것은 어렵다. 집중력에 영향을 미치는 것이 정신 장애 때문이든 새벽 3시에 깨어있거나 배고프거나 다른 무선 호출기에서 경고가 3번이나 도착했든 간에 뇌에 정보를 완벽하게 저장하려는 모든 것(또는 이 세 가지 모두)은 결국 실패하게 될 것이다. 궁극적으로 모든 사람은 인지적/정서적 한계가 있으므로 완벽한 운영자를 기대하는 것은 실패할 수밖에 없는 전략이다.

낙인의 가장 극단적인 형태는 정신 장애가 있는 이들이 정서적 조절의 어려움으로 조증과 같은 비이성적이고 무서운 행동을 할 것으로 간주하는 것이다. 이는 정신 장애가 있다고 해서 당연히 나타나는 모습이 아니다. 실제로 일어난다 해도 급성 건강 위기로 취급되어 성공적으로 치료될 가능성이 크다. SRE의 임무는 신뢰할 수 없는 요소로부터 신뢰할 수 있는 시스템을 구축하는 것이며 특정 직원이 의료 응급 상황이더라도 실패하는 SRE 조직을 구축하는 것은 허용되지 않는다.

위로하는 마음과 기도는 확장할 수 없다

주위에 물어보면 대부분의 사람은 정신 장애가 있는 동료를 지원해주기를 원한다. 어떻게 하면 포용에 대해 제한적이지만 진전과 조화를 이뤄낼 수 있을까? 이에 대한 나의 의견은 가장 일반적인 전략이 오히려 가장 효과적이지 않다는 것이다.

---

11 특정 구성원이 버스 사고를 당해 취약해질 위기에 있는 팀이 다른 구성원에게 책임이나 지식을 과도하게 집중시키는 리스크를 의미(출처: https://bit.ly/3GT4Ya5)
12 이렇게 문구를 표현해 준 마리안 벨로티(Marianne Bellotti)에게 감사하다.

기업과 재단은 정신 장애에 대한 인식 캠페인을 장려하지만 관심이 증가할수록 늘 다른 어떤 것에 대한 대가를 치르게 된다. 일부 용감한 사람은 정신 장애에 대한 자신의 경험을 공개적으로 공유하지만 그렇다고 장애 진단을 받은 다른 사람에게 항상 도움이 되는 것은 아니다. 많은 사람은 낙인과 고정관념을 없애야 한다고 말하지만 실제로 포용에 대한 모든 장벽이 제거되는 것은 아니다. 대부분은 정신 장애가 있는 사람에 대한 차별은 잘못됐고 자신은 절대 차별하지 않겠다고 장담하지만 시스템에서는 다른 얘기가 된다. 충분히 차별적일 수 있기 때문이다. 궁극적으로 개인주의적 해결책은 시스템에서 배제된 사람을 완전히 포용할 수 없다. 사람에게 관심을 갖고 배려하는 것이 인류애를 나타내는 가장 아름다운 방법의 하나지만 포용이라고 할 수는 없다. 포용하려면 배제 정책, 접근 장애, 의도하지 않은 차별을 제거하기 위한 조직 자체의 변화가 있어야 한다.

SRE로서 모든 시간을 시스템을 생각하는데 보내는데 수동 작업이 확장될 수 없다는 사실을 잘 알고 있다. 올바른 질문으로 분석 기술을 사용해 보자. 이를테면 "정신 장애가 있는 사람을 어떻게 지원할 수 있을까?" 대신에 "어떻게 하면 정신 장애가 있는 사람과 함께 일하면서 엔지니어링 작업 환경을 더욱 포용적으로 개선할 수 있을까?"

완전한 포용 정책

이제부터는 SRE 조직이 피해야 할 안티 패턴과 포용성 패턴에 대해 자세히 살펴볼 것이다. 모든 조직은 서로 다르게 구성되어 있지만 그에 따른 편리한 공통점이 있다(직원 수명주기, 고용의 각 단계 등). 이를 기반으로 팀에서 정신 장애가 있는 사람을 더 포용할 수 있는 방법을 제안하고자 한다.

제안 중 일부는 정신 장애가 있는 사람을 배제하거나 증상을 악화시키지 않는, 즉 적대적인 직장이 되지 않도록 하는 것에 중점을 둔다. 그러나 직장에서 정신 장애가 있는 사람을 향해 적대감이 적다는 것은 누군가의 아량일 뿐이다. 다른 권장 사항은 정신 장애가 있는 사람이 포함된 사람이 소속을 느끼게 하는 데 중점을 두는 것이다. 포용은 스스로 환영받고 있다는 긍정적인 의미이며 여기에는 차이점을 포함하지만 따로 국한되지 않는다.

모든 권장 사항의 공통점은 팀, 조직, 회사가 추진할 수 있는 체계적인 변화에 초점을 맞춘다는 것이다. 권장 사항 중 상당수는 누군가 편의를 요청하기 전에 특정인을 언급하지 않고도 구현할 수 있는 정책 형태를 취한다. 즉, 특정 정신 장애에 대해 더 많이 배우거나 의사소통 방식을 바꾸는 것과 같이 스스로 취할 수 있는 대인관계에 대해서도 고려해야 한다.

해당 권장 사항의 대부분이 나만 위한 것이 아니라는 점에 유의해야 한다. 그래서 나는 권장 사항을 SRE 작업장에 적용하기 위해 정부 기관, 다양성 전문 및 포괄 전문가, 신경 다양성 자기 옹호자, 소외된 사람을 위한 활동가, 회의 주최자와 연사 등 다양한 자료를 수집했다. 그러나 내가 한 일이 조직이 매일 마음을 새롭게 하고 모두를 위해 더 나은 세상을 만들도록 노력한 것에 비하면 아무것도 아니다.

지원

지원자는 이력서를 통해 좋은 첫인상을 남길 수 있지만 채용 담당자는 채용공고를 신경 써서 잘 만드는 노력은 좀처럼 하지 않는다. 새로운 채용공고를 작성할 때 팀 전체의 피드백을 구하고 모든 팀원이 이바지할 수 있게 충분한 시간을 확보해야 한다. 다음은 여러분의 회사에 대해 지원자는 처음 듣는 내용일 수도 있다.

구인 목록에서 중요한 직무는 눈에 띄고 명확하게 작성해야 한다. 구인하는 입장에서 작성하지 말고 일반적인 주간 근무에 관한 이야기를 작성하도록 하자. 코딩에 걸리는 시간, 회의 참석, 문서 작성에 걸리는 시간은 얼마나 걸리는가? 직원이 프로젝트 관리나 사용자 인터뷰에 기여할 것으로 예상하는가? 직원은 몇 시간 동안 근무할 예정이고, 휴가는 얼마나 자주 갈 수 있는가?

구인 목록에는 보상 및 복리후생(특히 보험 및 병가)에 대한 구체적인 정보도 포함돼야 한다.[13] 면접을 마친 후에 회사가 구직자의 정신 건강에 대한 요구를 지지하지 않으면 관련된 모든 사람의 시간을 낭비한 것이나 다름없다. 구직자는 부적합한 회사나 팀을 피할 수 있도록 최대한 앞장서야 한다. 결국 모두에게 큰 이익이 될 것이다.

Joblint[14]는 채용공고에서 성별에 대한 가정이나 과도한 경쟁과 같이 문제가 될만한 언어를 검색하는 자동화 툴이다. Joblint를 사용해 모든 채용공고를 올려야 하지만 진짜 목표는 게시물을 "수정"하는 것이 아니다. 작성한 문구 중에서 Joblint가 경고한 부분과 그 이유, 팀 문화가 단어 선택에 어떤 영향을 줬는지 알려고 노력해야 한다. 단어를 수정해야 할까, 팀을 수정해야 할까?

궁극적으로 구인 시 직원에게 필요로 하는 것이 무엇이고 그 대가로 무엇을 제공할 수 있는지 솔직해야 한다. 정신 장애가 있는 사람은 자신의 필요와 한계를 잘 알고 있다. 그 때문에 이들이 올바른 선택을 하도록 여러분은 필요한 정보를 제대로 제공해야 한다.

온콜은 필수 업무인가?

특정 직무 항목을 "필수"로 구분하는 명확한 정의는 없지만 미국 평등 고용 기회위원회(EEOC)는 다음의 요소를 고려한다. 직무 수행에 필요한 기술의 정도, 직무 수행을 위해 만들어진 것인지의 여부, 다른 직원이 대신 업무수행 가능한지의 여부 등 세 가지 요소이다. 다음 중 온콜에 적용되는 항목이 있는가?

온콜 업무는 고숙련 산업에서 기술 의존도가 매우 높은 작업이기에 필수 업무인지 아닌지 질문에 분명히 "예"라고 답할 수 있다. 솔직히 누군가는 온콜을 수행해야 해서 많은 SRE 팀이 존재하는 것이다. 동시에 팀의 목표는 온콜을 끝내는 것이기에 SRE 팀은 경고 무선 호출기 로테이션과 높은 버스 팩터가 있어야 한다. 따라서 필수 업무가 맞는지 아닌지 질문에 "아니오"라고 답할 수 있다.

나는 혼합 등급(mixed rating)이 많은 SRE 팀에는 온콜이 필수지만 모든 SRE 팀이

> 무선 호출기 소지가 필수여야 할 필요는 없다고 이해하고 있다. 추가 보상이 포함된 선택 의무로 팀의 온콜 구성을 구성할 수 있는지 고려해보라. 해당 주제에 대한 자세한 내용은 리즈 프로스트(Liz Frost)의 온콜 형평성(https://bit.ly/3JqXq08)에 대한 프레젠테이션을 참조한다.

인터뷰/면접

인터뷰는 예비 직원이 구직하는 회사의 팀과 회사 문화를 자세히 살피는 시간을 갖는 시간이기도 하다. 따라서 구직자는 구직 회사 인터뷰를 통해 자신이 환영받고 있는지 포용성이 있는지를 처음으로 알아차리는 단계임을 의미한다.

회사는 인터뷰 질문과 합격 기준을 미리 정해서 면접관과 면접 대상자에게 모두 전달하도록 한다. 사전에 모든 질문을 면접 대상자에게 공유할 필요는 없지만 그 과정에서 면접관이 무엇을 기대하고 있고, 면접 대상자는 무엇을 보여줘야 하는지 명확해야 한다. 엔지니어링 분야 인터뷰 정책을 작성할 때 참고하면 좋은 예시가 있다. 18F(https://eng-hiring.18f.gov/)에서 영감을 얻기 바란다.

인터뷰 정책 작성 후에는 채용 관리자를 위한 편견 관련 교육을 시행해야 하며, 이를 위해 다양성 및 포괄성을 갖춘 전문가를 고용해야 한다. 심리학 연구에 따르면 아무리 좋은 의도를 가진 사람들조차도 무의식적으로 다른 사람에 대한 고정관념에 반복적으로 빠진다고 한다. 이런 사실을 알게 되어도 편견이나 고정관념을 떨쳐내기엔 충분하지 않다. 숙련된 전문가가 이력서를 익명화하거나 주관적 기준(예: "친화성" 및 "문화 적합성")을 피하는 방법 등 편견의 영향을 완화하기 위한 구조적 전략을 가르쳐줄 것이다.

무엇보다 인터뷰를 시험처럼 구성하지 않아야 한다. 코딩 기술 수준은 필요한 직무 자격이지만 화이트보드의 의사 코드(pseudocode)는 누구도 좋아하지 않는 언어나 편집기이며 코딩은 엔지니어링의 한 부분일 뿐이다. 이진 트리를 반전시키거나 정렬 구현과 같은 "화이트보드 친화적" 알고리즘 질문 대신 시스템 설계, 테스트 작성, 대인관계 커뮤니케이션과 같은 광범위한 기술을 테스트하는 높은 수준의 질문을 하도록 하자. 정신 장애가 있는 사람은 종종 다른 영역에 기대어 장애를 해결하기 때문에 인터뷰에서 다양한 능력을 보여줄 기회를 제공해야 한다.

"퍼즐"이나 기타 인위적인 스트레스를 유발할 수 있는 상황에서의 인터뷰는 불안 장애가 있는 사람에게 해서는 안 될 일이다.

---

13 나는 하버드 대학의 전 직원으로서 이 일을 정말 잘하고 싶다. 각 구인 목록에 급여 범위, 이용 가능한 보험 제도, 노조 조합원, 등록금, 기타 혜택을 조회할 수 있는 충분한 정보가 들어있다.

14 Joblint(http://joblint.org/)는 온라인으로 제공되고 있거나 깃허브 페이지 (https://github.com/rowanmanning/joblint/)를 로컬에서 실행할 수 있다. 해당 깃헙 프로젝트는 규칙을 더 추가할 경우 PR(Pull Request, 깃헙에서 원래 코드 개발자가 아닌 다른 개발자가 수정한 코드를 원래 코드 개발자에게 검토 후 병합을 요청하는 절차)을 받고 있다.

끔찍한 예시를 들자면 면접 대상자들이 군축 지시를 내리는 시뮬레이션 폭탄 해체 비디오 게임을 진행하는 것을 봤다. 한 번도 해본 적이 없는 비디오 게임을 능숙하게 하는 것은 직무의 공정한 표현이 아니다. 더욱이 고용 결정에 있어서 합리적인 요소는 더더욱 아니다.

보상

실제로 일하고 싶은 직장에서 더 높은 임금을 받을 수 있게 협상하기 위해 여러 구인을 제안하는 것은 엔지니어링 전통이다. 그러나 고액의 협상 또한 정신 건강과 연봉 사이에서 선택을 강요할 정도로 스트레스가 심하다. 협상이 없다면 불안, 우울증, 기타 여러 정신 장애가 있는 사람에게 편할 것이다. 그래도 협상은 공정한 보상에 대한 권리를 주장함으로써 부정적인 영향을 받는 소외 계층의 많은 다른 사람들에게 도움이 된다.

먼저 지원자의 입사를 결정하기 위해 객관적인 기준을 만드는 것부터 시작한다. 만약 구인 검토자에게 객관적인 기준과 지원자의 이력서를 제공한다면 구인 검토자에게 수천 달러 이내의 지불에 동의해야 한다. 이것은 불가능한 것이 아니다. 실제로 많은 직장(특히 정부 및 학계)에서는 직무에 따라 급여를 등급화하고 동일한 등급 내에서는 급여 차이를 이미 제한하고 있다.

구직 지원자는 구직 회사의 이전 보상금을 기반으로 급여를 바라지 않도록 주의하고 더 나은 보상금을 지급하더라도 구직 회사의 이전 보상금에 대해 알려고 하지 말아야 한다.[15] 혼란스러울 수 있지만 보상금을 알게 되면 이전의 차별을 증폭될 뿐이다. 경력 기간에 대해 작은 견해차라고 해도 평생 벌 수 있는 금액에 미치지 못하게 할 수 있다.

대기업에서 근무한다면 익명 인구 통계 및 보상 데이터를 공유하기를 권장한다.[16] 정신적 장애가 보상과 어떻게 관련이 있는지 정기적인 보고서를 게시하는 것은 회사에 책임을 부여할 뿐만 아니라 회사 전체에 걸쳐 변화를 주도하는 좋은 방법이다.

혜택

많은 구직자가 자신의 조건이 적절하게 보장되는지에 따라 취업 결정을 내리는 것은 미국의 영리 의료 시스템의 불행한 현실이다. 하지만 "적절하게"는 무엇을 의미하는가? 만성 질환이 있는 사람이라면 누구나 알 수 있듯이 모든 보험이 동일하게 만들어진 것은 아니다.

직원에게 제공할 건강 보험 계획을 확인할 때 종합적인 정신 건강 보험 혜택이 있는 의료 보험을 선택하라. 많은 보험이 "정신 건강"을 보장하긴 해도 대부분 품질이 낮거나 비용이 많이 든다. 보장되는 치료 옵션, 평생 제한 여부, 치료사 방문 및 정신의학 약물에 대한 본인 부담금이 과도하지는 않은지 면밀히 검토한다.

앞서 논의한 바와 같이 사회에서 LGBTQ+ 사람에 대한 대우는 정신 장애의 더 높은 비율을

---

[15] 많은 회사에서는 보상액에 대한 질문을 전면 금지하려고 하는 분위기이다. 미국 주(state)에 따라 불법일 수도 있기 때문이다.
[16] 물론 프라이버시 엔지니어링(privacy engineering) 원칙도 여기에 적용된다.

초래한다. 정신 건강 관리 능력은 LGBTQ+ 권리문제기도 하다. 트랜스젠더(Transgender)가 정신 장애는 아니지만 치료의 유용성은 여전히 정신 건강상 그 필요성이 절실하다. 보험 절차를 평가할 때 트랜스젠더 성향 또한 고려해야 한다. 이로 인해 필요한 절차를 배제하거나 문서 작성 요청이 지나치게 쇄도할 수 있다. 전문가에게 문의해 트랜스젠더 직원에게 가장 적합한 것이 무엇인지 알아보도록 한다. 직장의 정책은 직원이 성전환하기로 결정하는 시기와 방법에 큰 영향을 미친다는 것을 기억해야 한다.

또한 혜택이 포함되어 있더라도 다음과 같은 문제가 있다. 미국의 단일 보험자 의료 서비스 부족으로 치료받는 방법, 비용, 이 중 얼마나 보상받을 수 있는지 등 시스템이 너무 복잡해서 이해하기 어려워졌다. 정신 장애를 포함해 만성 질환을 앓고 있는 사람들은 종종 "전문 환자"라는 농담을 할 정도로 의료 시스템 탐색에 많은 시간을 투자한다. 안타깝게도 수많은 정신 장애 증상은 의료비 청구서 이해를 어렵게 만들고 이의 제기를 하려면 장시간 전화통화를 해야 할 수도 있다. 정신 장애가 있는 직원이 보험 혜택을 최대한 활용하고 치료 중단하는 일이 없도록 추가 자원을 투입하도록 한다.

정신 장애가 있는 직원은 직장 외에서도 시간을 보낼 수 있는 선택권이 있다는 것을 종종 모르고 넘어갈 때가 많다. 병가가 정신 장애에 적용될 수 있음을 명확하게 기록해야 한다. 또한 단기 장애 또는 무급 휴직과 같은 휴가 기간이 정신 장애가 있는 직원에게 얼마나 더 오래 적용될 수 있는지 문서화해야 한다.

불행히도 만성 질환을 앓고 있는 직원이 "휴가"를 사용해 건강상 필요를 채우는 경우가 있다. 특히 낙인이 싫어서 휴가 이유를 숨기고 싶어 하는 정신 장애가 있는 직원들에게는 흔한 일이다. 건강을 위해 휴가를 예약해야 하는 것은 요즘 무제한 휴가 정책[17]을 지향하는 현재 추세와 잘 맞지 않을 수 있다. 실제로 회사의 휴가 정책은 얼마나 "무제한"이며, 특정 유형의 휴가가 다른 휴가보다 더 합법적인가? 휴가 정책을 변경하기 전에 정신 장애를 겪는 사람에게 미치는 영향을 고려해야 한다. 무제한 휴가 정책을 채택하는 경우 직원이 매년 사용할 것으로 예상되는 최소 휴가 일수도 함께 검토해보자. 확신할 수 없다면 최소 휴가일을 SRE 베스트 프랙티스로 생각할 수 있다. 팀원이 중요한 서비스에 대한 단일 실패 지점인지 확인하기 위해서 팀원이 휴식을 취해야 한다.[18]

신규 직원교육

신규 직원교육을 구성할 때 정신 장애를 고려해야 하는데 앞서 설명한 정신 건강 정보 및 자원 문서를 포함한다. 기업은 신규 직원이 교류할 문화와 기존 직원을 소개하는 자리를 제공해 신규 직원이 아직 낯선 조직에서 편하게 시작할 수 있도록 도울 수 있다(좌석표나 특정 조직에서나 통용되는 농담을 제공하는 게 훨씬 비용이 적게 들 것이다).

---

17 무제한 휴가 정책은 누적 휴가 일수로 인한 회계 책임을 회피하기 때문에 빠르게 도입되었다. 이것이 본질적으로 직원 친화 정책은 아니며 증거가 제한적이긴 해도 무제한 휴가 정책 때문에 휴가 일수가 줄어들 수도 있다.

18 Thanks to Amy Tobey for this suggestion. 이런 제안을 해준 에이미 토비(Amy Tobey)에게 감사하다.

모든 신규 직원을 대상으로 설문 조사를 실시해 필요와 편의 시설에 대해 적극적으로 파악해서 신체적, 정신적 장애에 대한 편의를 제공해야 한다. 요청하는 직원에게만 편의를 제공한다면 ADA(Americans with Disabilities Act), 즉 미국 장애인법의 존재를 모르거나 정신 장애에도 적용된다는 사실을 모르는 많은 직원이 제외될 것이다. 인터뷰에서 신규 직원들에게 예를 들어, 서 무엇을 요구하는지 알아봐야 한다. 이를테면 어떤 숙소는 장비 주문 또는 사무실 개편이 필요할 수 있어서 직원이 첫 근무하기 전에 이런 대화가 중요하다. 또한 응급 상황을 대비해 비상 연락 담당자를 지정하고 직원이 연락처 공유를 원하는지 확인해야 한다.

신규 직원이 숙소 제공을 요청한다면 먼저 그 요구를 충족시키는 데 중점을 두고 "예외"가 될 만한 비슷한 상황에 있는 다른 사람을 포용하는 새로운 정책이 될 수 있는지도 검토하도록 하자. 이 사안은 숙소에 대한 수용 여부가 궁금한 미래의 직원에게도 도움이 될 것이다. 이런 과정을 통해 지속적인 개선과 함께 회사의 문화를 만들어가는 데 도움이 된다.

마지막으로 직원들을 속이지 말아야 한다. 신규 직원이 요구하는 숙박 시설 수준이 회사에서 제공할 수 있는 수준 이상이라면 이 제안의 다음 단계를 검토할 수 있도록 신규 직원에게 정직해야 한다.

근무 조건

요즘 회사에는 스트레스 요소가 다분하다. 따라서 외상 후 스트레스 장애(PTSD) 또는 ADHD가 있는 사람에게는 불필요한 소음과 방해 요소를 최소화하는 것이 매우 중요하다. 이에 개방형 사무실 계획은 스트레스 문제를 더 키울 수 있고 또 변화를 일으킬 수 있다. 사무실에서 무엇이 필요한지 직원에게 물어보는 것이 가장 좋다. 다만 요청 대부분은 소음이 차단된 곳에서 회의를 열자는 것과 시끄러운 소리가 나지 않게 해달라는 요구이며 너프 장난감 총싸움 금지 정도가 포함될 것이다.

유연한 스케줄과 원격 근무가 모두의 삶을 더 좋게 만들 수 있듯이 특히 정신 장애가 있는 사람에게는 더 중요하다. 광장 공포증이 있는 사람은 집을 떠나는 것이 아주 힘들고 빠져나올 수 없는 상황이 되면 도움받지 못할 것이라는 두려움이 크다. 심한 경우, 우울증에 빠진 사람은 오가는 출퇴근 자체에 많은 에너지가 필요하기도 하다. 직원이 일하는 장소와 시간에 따라 갖게 되는 유연성을 자세히 설명하는 공식적인 정책을 만들어보자.[19] 근무 정책은 출근, 회의 참석, 암묵적으로 겸직하게 되는 것에 대한 명확한 기대치를 설정해야 한다. 또한 사무실 직원이 원격으로 동료를 지원할 수 있도록 자신의 워크플로우 조정 방법을 문서화하는 것이 중요하다.

채용 시 직무 요건으로 명시되지 않은 한 직원 스스로 프로젝트 관리자가 될 것이라고 기대하지 말라. 실행 기능 장애(executive dysfunction)는 정신 장애에서 많이 나타나는 증상이며 "복잡한" 작업(예: 코드 작성)보다 "단순한" 작업(예: 체크리스트 작성)이 훨씬 어려운 것으로 나타날 수 있다. 작업 추적 시스템에서 작업을 실행 가능한 작업으로 나누고 적절하게 우선순위를 지정하면 직원은 자신의 기술을 제대로 사용할 수 있을 것이다.

직원이 자신의 방식대로 동료들과 어울릴 수 있게 해준다. 사회적인 팀 구성 연습은 신뢰를 쌓을 수 있지만 참여하지 않거나 참여하지 못하는 사람을 배제하는 대가를 치르게 될 것이다. 가끔 모임을 하는 것은 좋지만 "팀 내 맥주 타임"[20]만이 동료 간의 신뢰를 다지는 유일한 방법이 아니라는 것은 확실하다. 또한 이 부분을 놓쳐서 문제가 될만한 결과를 초래한다면 이것은 "선택 사항"으로 소개되어서는 안 된다. 암묵적인 사회적 기대는 많은 자폐증(autistic) 있는 사람들에게 특히 해로울 수 있다.

마지막 참고사항: 직장에서 누군가가 정신 장애에 대한 모욕이나 농담을 한다면 이는 용납될 수 없는 행동임을 알게 해야 한다. 그래도 계속한다면 해고하고 회사 내 다른 직원에게 해고 사유를 알리도록 한다. 예외가 있다면 자신의 정신 장애에 대해 농담하는 것뿐이다. 이는 많은 사람에게 괜찮은 대처 전략이 될 수 있지만 종종 우려를 사거나 심한 대접을 받게 될 수 있다. 이런 스타일의 "기분 나쁜 유머"가 직장에서 부적절하다는 것을 공식화하고, 관련 금지조항을 평등하게 적용해야 한다. 직원이 시각장애나 암에 대한 경험을 유머 하듯이 하지 않도록 할 수 있겠는가?

직무

직원에 대해 팀에서 기대하는 직무 수행 자체의 여부를 평가하기보다 직원이 이바지하는 가치를 평가한다. SRE 팀이 새로운 기술 능력을 갖춘 사람을 채용하는 것은 일반적이지만 프레젠테이션이나 문서 작성과 같은 직무를 수행할 수 있는지도 중요하다. 이상적인 SRE 팀은 팀원의 관심과 능력에 따라 업무 분담할 것인지 그리고 그 방법에 대해 토론할 수 있는 안전한 곳이어야 한다. 한 팀이라면 서로를 배려하고 돌아볼 수 있어야 할 것이다.

결과적으로 우리는 다양한 형태의 기여를 소중히 여기고 장려해야 한다. 팀은 종종 토론, 연설, 새로운 기능 릴리즈를 과대평가하면서 협업, 멘토링, 유지 보수, 문서 작업을 과소평가하는 경향이 있다. 열띤 토론에서 탁월하거나 만능 프레젠테이션을 하는 것만큼 "인상적"이지 않은 주요 이정표를 찾아내 보자. 팀에 기여하는 모든 사람이 박수를 받는 기회를 주도록 하자.

팀 의사 결정에 기여하는 것은 일상 업무와 경력 개발에 있어서 중요한 부분이기 때문에 가치 있는 일이다. 많은 팀은 적대적인 의사 결정 방식을 선택하곤 하는데 이런 방식은 어느 한쪽이 이겨야 결론이 나기 마련이다. 이런 식으로 드러난 공개적인 갈등은 대부분 사람에게 불쾌감을 주며 일부 정신 장애(예: 복잡한 외상 후 스트레스 장애(C-PTSD[21]) 또는 양극성 장애)를 유발할 수 있다. 팀이 합의나 투표와 같은 다른 의사 결정 방식에 열려 있는지 확인하도록 하자.

---

19 원격 업무 장소에 대해 제대로 토론하려면 별도의 장을 구성해야 하지만 https://bit.ly/3HWrCzN 및 https://bit.ly/3rQ7lXc 을 출발점으로 생각해보자.

20 이것은 매우 의도적인 예시이다. 알코올 섭취를 중심으로 일어난 일은 정신 장애가 있는 사람에게는 대부분 안전하지 않다. 알코올은 정신 장애 중상을 유발할 수 있고, PTSD가 있는 많은 사람은 알코올 섭취에 대해 불안감을 느끼며 많은 정신 질환은 약물 남용 장애를 일으키는 주된 리스크 요소다.

21 C-PTSD는 종종 어린 시절 장기간 학대와 방치로 인한 PTSD의 한 형태다. C-PTSD 환자는 일반적으로 전쟁터 외상이나 생존자의 죄책감과 같은 경험에서 나온 PTSD 환자와는 증상 및 유발 요인이 다르다.

그리고 대부분의 회의와 프레젠테이션을 선택 사항으로 지정하자. 스트리밍하거나 녹화하는 것이 더 좋은 방법이다. 이는 원격 직원과 다른 일정으로 참여하지 못한 직원을 포함하는 데 중요한 부분이며, 정신 장애가 있는 많은 직원에게 좋은 선택이 될 것이다.

훈련

문서화된 설명서보다 대화형 예시 코드를 선호하는 사람이 있는가 하면 그 반대의 경우도 있을 것이다. 또한 난독증이나 ADHD가 있는 프로그래머에게 예시 코드는 필수사항일 수 있다. 사람들의 선택에 따라 각자의 속도로 학습할 수 있도록 독립적인 교육 예산을 제공하고 다양한 콘텐츠를 제공하는 구독 서비스[22]를 선택하는 것이 좋을 것이다.

회사에서 멘토링 프로그램을 도입하는 것도 좋은 방법이다. 멘토는 기술과 경력 목표에 대한 전체적인 관점에서 팀 구성원이 각자 속한 팀에서 단순한 요건 충족을 넘어 성장할 수 있도록 돕는다. 그러려면 멘토는 미래에 대한 안목이 있어야 하고, 멘토와의 만남은 직속 상사와는 달리 개인적인 얘기를 나누는 시간이 되기도 한다.

소외된 사람들은 자신과 같은 경험이 있는 사람에게 멘토링 받을 때 가장 긍정적인 효과가 있다. 자신의 정신 장애를 이해하지 못하는 사람과 승진에 관해 얘기하는 것은 무의미하게 느껴질 수 있기 때문이다. 공황 장애가 있는 사람에게 "회의에서 발표하기" 목표는 망설여질 것이고 ADHD 증상이 있는 사람이 "집중력 향상하기" 목표에 도달하는 것은 아주 어려울 수 있다. 따라서 포괄적인 멘토링 프로그램은 다양한 멘토가 필요하고, 지속할 수 있도록 적절한 보상이 있어야 한다. 다양성 주도를 없애는 가장 확실한 방법은 하루의 작업량을 예상해서 그만큼 하지 못하면 무급으로 처리하겠다고 공지하거나 정서적 부담을 심하게 주는 작업을 맡게 하는 것이다.

승진

직원 대우가 좋다는 것은 직원이 성과를 인정받도록 기회를 제공한다는 뜻이다. 물론 승진 기준에 걸맞은 능력이 있는지 검토하는 것은 중요하다. 불행히도 승진 주요 기준을 보면 종종 사람을 관리하거나 조직화하고, 회의 발표, 오랜 시간 불규칙하게 근무한 이력에 중점을 두는 경우가 있다. 더욱 평등하게 접근하려면 다양한 기술(예: 관리자 vs. 개인별 기여도)에 대해 여러 승진 방향을 제공하고 성과 검토 시 다양한 기여도를 평가하는 것이다.

물론 직원이 목표를 달성하지 못하면 성과를 인정받지 못한다. 정신 장애가 있는 사람에게 스트레스받을 것 같은 업무는 부여하지 않는 등의 과도한 보호는 그 사람의 경력 향상 기회를 놓치게 할 것이다. 여러분의 선한 의도가 누군가의 경력을 방해할 수 있다는 것을 유념해서 과도한 온정주의를 피해야 한다. 무엇이 정신 장애가 있는 사람에게 최선인지 알고 있다는 착각부터 내려

---

22 이를테면 오라일리 사파리 (https://www.oreilly.com/)

놓아야 한다. 대신 업무를 결정하기 전에 동의를 구하는 것부터 시작하자. 먼저 정신 장애가 있는 사람의 업무를 확인하고 무엇이 필요한지 확인하는 등 업무가 팀과 회사에 얼마나 중요한지 솔직하게 나누도록 한다.

승진을 팀의 요구 사항으로 여기거나 시간이 지날수록 책임을 지지 않으려는 직원을 경시하지 않도록 한다. 관리자 대부분은 조직 내에서 성장하지 않은 직원은 "성장 마인드"가 부족한 것으로 보고 평가절하하는 경향이 있다. 그러나 경력에서의 성장은 단지 성장의 한 유형일 뿐이다. 정신 건강이나 능력을 고려할 때 직원은 집중할 수 있는 다른 분야를 찾는 등 얼마든지 합리적인 선택을 할 수 있다. 다른 직업을 알아보는 관심 정도의 수준으로 현재 직장에서 다른 사람의 성과를 함부로 평가하지 않아야 한다. "야망 부족"은 종종 "건강한 것이 무엇인지 아는 것"이기도 하다.

퇴사

직원의 선택이든 아니든 언젠가는 결국 팀이나 회사를 떠날 것이다. 떠나는 이유는 다양할 텐데 스트레스나 건강과 같은 민감한 주제일 수 있고 아닐 수도 있다. 퇴사하는 직원과 관련 면담을 해야 하며 이 퇴사 면담은 관리자나 멘토가 하면 안 된다. 특히 정신 장애에 대한 적절한 편의를 제공받지 못해 다른 회사로 이직하는지를 확인하려면 면담은 꼭 필요하다.

물론 정신 장애는 상태에 따라 심각할 수 있고 특히 우울증은 미국의 대표적인 장애 원인 중 하나이다. 직장에서의 편의가 더는 충분하지 않다면 병가 또는 장애에 대한 다양한 선택권을 제공해야 한다. 그럼에도 직원은 자신의 상황에 따라 퇴사를 원할 수 있으므로 최고의 해결책을 찾도록 해야 한다.

만약 어느 직원이 정신 장애로 휴가를 가게 되면 해당 직원이 회복되는 대로 직장에 복귀하도록 기회를 제공해야 한다. 그렇다고 지킬 수 없는 제안은 하지 말아야 한다. 즉, 누구라도 정신 건강이 회복되면 언제든 다시 돌아올 수 있고 복귀 후 소속감을 느낄 수 있는 문화를 구축해야 한다.

위기에 대한 참고사항

위기는 정신 질환을 정의하지 않지만 불행히도 정신 질환의 한 요소가 될 수 있다. 정신 건강의 위기는 그 사람뿐만 아니라 주변 사람들에게도 두려울 수 있다. 누구라도 불규칙하게 행동하거나 갑작스러운 성격 변화를 보이고 자신이나 다른 사람에게 위협을 가하는 행동 때문에 고민하거나 두려워하는 것은 충분히 당연한 일이다.

정신 건강 위기에 대한 가장 보편적인 대응은 경찰에 신고하는 것이다. 안타깝게도 경찰관은 정신 건강 관리 교육을 따로 받지 않는다. 또한 강압적인 심리 치료가 위기의 확대를 막을 수 있지만 종종 PTSD 또는 비자발적 헌신에 대한 법적 기록과 같은 영구적인 피해를 초래한다. 사망을 포함해 결과에 대해 납득이 가지 않는 한 섣불리 경찰에 신고하지 않는 것이 좋다. 정신 장애가 있는 사람이 경찰과 많은 상호 작용으로 사망한 사건(특히 미국)이 종종 있었다. 이것은 특히 유색인종에게 많이 발생하는 사건이다.

경찰을 부르지 않아도 되는 전략을 세우려면 사전 계획이 필요하다. 직원의 정신 건강을 존중하고 위기가 발생하지 않도록 최선을 다해야 한다. 우선 모든 직원이 전화 및 디지털 상담 서비스에 대한 정보를 이용할 수 있어야 한다. 신입 사원 교육 프로그램을 진행할 때 응급 정신 건강 연락처를 먼저 확인해놓자. 관리자가 정신 건강 위기를 인식하고 대응할 수 있도록 관리자 사전 교육도 필요하다.

위기가 발생하면 모든 선택 사항을 확인해야 한다. 신규입사자 교육 과정에서 신규입사자가 작성한 치료사, 친구, 비상 연락처에 전화할 수 있는가? 다른 직원이 자발적으로 참여해 병원에 데려갈 수 있는가? 만약 신규입사자가 혼란을 겪고 있다면 경찰에 전화하는 대신 하루 동안 사무실 문을 닫을 수 있겠는가? 불편하더라도 동의와 자율성을 늘 명심해야 한다.

모든 사람을 위한 포용

대부분 회사는 제안한 권장 사항 중 일부를 이미 구현했지만 다른 작업을 진행할 여지는 여전히 남아있다. 나는 여러분이 이 일에 더 이바지할 수 있기를 바란다. 다만 포용 정책이 단거리 경주가 아닌 마라톤이라고 생각하고 임하는 것이 좋다. 이러한 변화는 정말 필요하다. 무엇보다 건강하고 지속 가능한 일터가 될 수 있도록 이 변화에 여러분도 동참해주기를 바란다. SRE의 번아웃은 변화를 위해 활동하는 이들의 번아웃에 비하면 아무것도 아니다.

건강하고 지속 가능한 발전은 어떤 모습일까? 이 모든 일을 스스로 할 수 없다는 것을 의미할 것이다. 건강하고 지속 가능한 발전은 아직 완료되지 않은 작업을 문서화하고 추적하며 공개적으로 이야기하고 다른 사람에게 도움을 요청하는 것만큼이나 중요하다. 또한 관련 정책에 영향을 미치는 SRE 조직 외부의 팀과 관계를 구축하는 것도 중요하다. 시행하기 힘든 싸움이 될 권장 사항은 적합한 이해 관계자의 단 한 번의 이메일로 해결할 수 있다. 29장은 SRE에 대한 내용같지만, 사실은 SRE를 지원하는 인사조직(HR)의 방향도 함께 이야기하는 것이다.

건강하고 지속 가능하다는 것은 관련 제안 사항을 엄격한 정책이 아닌 대화의 출발점으로 여기는 것이다. "평범한 직원"이나 "평범한 직장"이란 없으며 항상 예외와 그럴만한 전후 사정이 있을 것이다. 따라서 정신 장애가 있는 사람이 실제로 직장에서 무엇을 원하는지 알아야 하며 여러분의 기대를 그들에게 강요하면 안 된다. 정신 장애는 누군가의 존엄성을 박탈하지 않는다. 이를테면 자신에 기대에 맞지 않으면 다른 사람을 함부로 대해도 되는 양 취급하거나 상대가 원하지 않은 도움을 강제로 제공하는 등 존엄성을 해치는 행동은 하지 않는다는 것이다. 물론 개개인의 필요 사항을 제대로 알아가고 이해하는 것은 많은 노력이 필요하지만 이미 충분히 노력했다.

결국 모든 사람을 향한 포용력은 누구에게나 도움을 준다. 우울증을 앓고 있는 직원을 돕기 위해 정책을 바꾸고 학습 장애가 있는 직원을 위해 여러 유형의 교육 자료를 제공하는 것은 추후 합류하게 될 차기 엔지니어에게도 좋은 일이다. 휴가 정책을 개선하면 입원해서 정신과 치료가 필요한 사람뿐만 아니라 아이를 갖거나 충분한 휴식이 필요한 사람들에게도 도움이 될 것이다.

실제로 직원을 포용하기 위한 이러한 노력으로 가장 많은 혜택을 받는 사람이 언젠가는 여러분이 될 수도 있다.

정신 장애 자료

만약 정신 건강 위기를 겪고 있다면 미국 국립 자살 예방 라이프라인(National Suicide Prevention Lifeline)에 연락하기 바란다. 전화(1-800-273-8255) 또는 웹 채팅(https://suicidepreventionlifeline.org/)으로 연중무휴 상담을 받을 수 있다.

트랜스젠더를 위한 트랜스 라이프라인(Trans Lifeline)은 트랜스젠더가 직원으로 근무하고 있다. (877) 565-8860 또는 온라인(https://www.translifeline.org/)으로 연락할 수 있다.

소프트웨어 엔지니어의 요구 사항에 중점을 둔 정신 건강 및 정신 장애 자료 :

- 오픈소싱(Open Sourcing) 정신 질환 (https://osmihelp.org/)
- mhprompt (http://mhprompt.org/)
- burnout.io (http://burnout.io/en/latest/furtherReading.html)

정신 건강 및 정신 장애에 대한 자료:

- 정신 질환에 대한 전국 연합(National Alliance on Mental Illness) (https://www.nami.org/)
- 미국 정신의학 협회(American Psychiatric Association) (https://bit.ly/3oSiGUM)
- 국립 정신 건강 연구소 (National Institutes of Mental Health) (https://bit.ly/3Jul36X)
- 자폐증 여성 네트워크(Autism Women's Network) (https://autismwomensnetwork.org/)
- 자폐적 자기 옹호 네트워크(Autistic Self Advocacy Network) (http://autisticadvocacy.org/)

제임스 메이클 James Meickle

모든 사람이 이용할 수 있는 알고리즘 거래를 하는 보스턴 스타트업 Quantopian의 사이트 신뢰성 엔지니어로 있다. 제임스는 NYSE 거래일에 DevOpsDays Boston에 조언하고 있으며, 오라일리(O'Reilly)의 사파리(Safari) 플랫폼에서 앤서블(Ansible)을 교육하고 있다. 남는 시간에는 요리, 공상 과학, 비디오 게임, 사탄주의(Satanism)에 전념한다.

CHAPTER 30

온콜에 대하여: 반론

마이크로소프트Microsoft**의 니알 리처드 머피**Niall Richard Murphy

우리가 익히 알고 있는 온콜은 이제 그만 종료되어야 한다. 온콜은 시스템을 계속 가동하기 위한 수단이지만 이 일을 수행하는 사람에게는 매우 해롭고, 비효율적이다.[01] 우리가 역사적으로 온콜을 제거할 수 있는 진정한 잠재력이 있음에도 여전히 온콜이 계속되는 사실은 매우 짜증 나는 일이다. 온콜일 때 무엇을 하고, 왜 해야 하는지 재평가할 시점은 이미 오래전에 지났다.

온콜의 역사는 얼마나 된 것일까? 나는 75년 전에도[02] 온콜 업무를 수행한 증거를 찾을 수 있었다. 실제로 컴퓨터와 비상사태가 모두 있는 곳에는 언제나 비상사태에서 컴퓨터를 다루는 사람이 있었다. 물론 컴퓨팅 시스템이 크게 개선되었지만[03] 시간 외 근무, 수시로 장애 업무 지원(이를 '온콜'이라고 부른다.) 관행은 컴퓨터의 시작부터 오늘날까지 근본적인 변화 없이 계속되고 있다. 그러나 궁극적으로 온콜이 문자 그대로 컴퓨팅 시작부터 비롯된 것인지 아니면 지난 수십 년의 세월에 불과한 것인지 근본적으로 확인할 필요가 있다. 온콜을 하는 가장 중요한 이유는 무엇인가? 왜 아직도 해야 하는가? 온콜이 필요하다고 보는가? 온콜 업무에 대한 참신한 대안이 있을까? SRE는 장애 대응, 프로덕션 문제에서 미션 해결, 긴급한 일에 대한 대처뿐만 아니라 개인의 자부심 또한 크게 끌어낸다. 따라서 SRE 업무에 대해 의문을 갖는 일은 거의 없다. 이것은 곧 SRE는 온콜 업무를 하지 말아야 하며 이에 따른 진정한 대안이 가능함을 분명하게 보여준다고 생각한다.

먼저 온콜에 대한 이론적 근거를 살펴보자.

---

01 예를 들어, The Conversation의 "온콜 및 불규칙한 일정이 미국 노동력에 어떤 피해를 미치는가(How on-call and irregular scheduling harm the American workforce) (https://bit.ly/3I04UHg)" 또는 "일할 때 온콜 일정 잡는 것을 그만해야 하는 이유 및 대신해야 할 일(Why You Should End On-Call Scheduling and What to Do Instead) (https://bit.ly/3LzgKKB)"에서 소득과 가정에 미치는 영향을 설명한 내용을 참고하라. 시스템 자체의 비용은 추정하기 어렵지만 "내부 직원의 실수로 일어나는 장애"는 온콜 중에 1% 이상 발생하고 있다.

02 블레츨리 파크(Bletchley Park)와 WRNS(Women's Royal Naval Service) 온콜 운영자 운영.

03 톰의 하드웨어(Tom's Hardware, https://bit.ly/3sUjPMS) 글에 따르면, 블레츨리 파크(Bletchley Park) 시대를 전후해 "대규모 시스템의 '진공관'이 매시간 고장 났다."고 한다.

온콜의 이론적 근거

많은 SRE는 온콜이 필요한 이유를 직관적으로 파악하고 있다. 즉, 시스템을 다시 작동하게 하는 것인데 이 내용은 곧 다시 설명할 것이다. 그러나 깊이 이해하려면 다른 직업군에서 온콜의 역할을 살펴보고 SRE의 고유한 아이디어에 초점을 맞추는 것이 유용하다. 의학의 예시를 살펴보자.

먼저 피해를 끼치지 말라

의학적 문맥에서 당직, 즉 온콜 중인 사람은 응급조치에 대응할 준비가 되어있는 근무자이다.[04] 응급 의학에서 제시하는 당직 의사의 역할은 적절한 전문 지식으로 치료하거나 다른 의사를 소환할 수 있는 비교적 책임이 가벼운 의사 결정자이다. 먼저 당직 의사는 환자가 A&E[05]에 있어야 하는지 아닌지 등 환자의 의학 신호를 파악하고 환자의 상태가 호전되도록 분류 심사를 수행하는 것이다. 반드시 치료하는 것은 아니다. 응급 의학 영역이 아닐뿐더러 응급 의학의 목표는 환자를 일반 병동으로 갈 수 있게 환자의 상태가 악화되지 않도록 대처하고, 생명을 위협하지 않는 범위 내에서 상황을 관리하고 안정화하는 것이다.

SRE와 평행이론

응급 의학은 확실히 업무를 중단시키는 역할을 담당한다. 문제 해결을 위해 전문가를 데려오는 광범위한 문맥은 SRE 온콜의 문맥과 정확히 일치한다. 이는 가장 확실한 대응 포인트이기도 하다. 또 다른 유사점은 분류 작업인데 SRE 문맥에서도 수행되고 있다. 즉, 일반적으로 일부 측정 지표가 임곗값에 도달하면 사람이 아닌 소프트웨어가 결정하고 담당자에게 알림을 보낸다.[06] SRE 온콜 담당자는 일부 알림이 그렇게 중요하지 않다는 판단이 들어도 딱히 다르지 않다(대체로 다양하고 동시다발적인 요구 사항과 씨름하면서 비교적 잘 정리된 치료 계획을 어떻게 하면 효율적으로 제공할 것인가. 이것은 응급 의학에서 전반적으로 당면하고 있는 과제에서 살펴볼 수 있다.).

응급 의학의 당직 교대도 비슷하다. 24시간 보다 긴 작업 교대[07]는 생리학적으로도 준비가 필요하고 당직 준비 문서가 SRE 플레이 북과 동등한 것으로 나타났다. 이 문서는 사람의 생물학적 시스템에서 알려진 여러 문제에 대응하는 방법에 대해 구체적이고 전술적인 제안 목록이다.

---

[04] 예를 들어, 당직 의사에게 호출된 후 30분 이내에 도달할 수 있음을 구체적으로 언급한 메디신넷(MedicineNet) 기사(https://bit.ly/3Hafryp) 또는 무료 의학 사전(https://bit.ly/3gUTWXn)을 참고한다.

[05] 영국/아일랜드의 "장애와 비상사태(Accident & Emergency)", 미국의 응급실(ER).

[06] 의사는 많은 자동 호출을 받는다는 점에 주목한다. 그런데 대부분 매우 낮은 품질인 것 같다. 워싱턴 포스트(Washington Post) 기사 (https://wapo.st/3LzoSdU)를 참고하도록 한다.

[07] 예를 들어, 메디컬 프로텍션 아일랜드(Medical Protection Ireland) 글(https://bit.ly/3JxKnKn) 을 보면 정크푸드를 먹지 않고, 야간 교대 근무 일주일 전에 청구서 지불하고, 야간 교대 시간에 이루어진 이중 계산 등을 재차 강조한다.

 예를 들어, 엘제비어(Elsevier) 출판사의 『온콜 정책과 프로토콜(On Call Principles and Protocols 6판)』(https://amzn.to/3oXKVRT) 도서 대부분의 장에서 특정 "하위 시스템" 장애(예: 복통, 흉통, 발작)를 다루고 있다. 발생한 사례의 80%가 전체 원인의 20%에서 발생한다는 파레토 법칙을 따른다고 한다.**08**

마지막으로 시스템이 일상적인 작업 상태로 복구되어도 만만찮은 정리 작업이 필요하다면 일반 주간 활동이나 병동 업무(ward work)에 맡길 수 있다.

SRE와의 차이점

SRE와 유사한 부분이 많지만 소프트웨어 작업은 근본적으로 다르다. SRE 온콜에서 염려되는 부분은 이미 많은 시스템이 너무 빠르게 변경된다는 점이다. 1월에 특정 시스템에 대한 온콜 작업이 6월에는 관련이 없어진다는 것이다. A&E에서는 이런 일이 잘 발생하지 않는다. 사람들의 신체와 생명을 위협하는 충격적 외상은 유전적 다양성과 환경적 요인이 다양하지만 널리 잘 알려진 징후와 진단으로 내려지곤 한다. 변화율이 특정 팀이나 업계 상황에 따라 어느 정도 변동할 수 있어도 아예 0은 아니다. 반면 소프트웨어 환경 자체는 항상 변화하고 있다(SRE 접근법은 빠른 변경이 가능하므로 충분히 예상할 수 있다).

유용한 비유를 들자면 SRE 온콜은 A&E의 당직 교대마다 완전히 새로운 유형의 사람을 상대하는 것과 같다. A&E에 막 입원한 환자의 경우를 생각해보자. 아직 상태를 알지 못하는 내부 장기 정보를 알기 위해 추가로 검사해서 문서로 작성했고, 병원에서 제대로 대처할 수 있다면 치료 계획은 매번 첫 번째 원칙에서 나와야 한다. 비상사태의 원인과 범위가 임의대로 매번**09** 새로운 상황일 수 있음을 알고 있다면 이 끝없는 품질 개선은 소프트웨어에만 있는 것 같다.

물론 이런 상황에도 불구하고 다음 시간의 온콜 교대와 이 온콜이 직면할 문제는 상당히 유사하다. 하지만 최악의 시나리오(마지막 온콜 교대 이후 거의 모든 것이 변경될 수 있음)가 발생할 수 있고 실제로 발생한다.

엔지니어 관점의 온콜을 적용하는 근본적 가정

다른 직업에서 온콜 즉 당직하는 이론적 근거는 최대한 신속하게 전문 지식과 자원을 투입해 문제를 해결하고 이후에도 이와 비슷하거나 더 큰 문제가 발생하는 것을 방지하기 위함이다.**10** 요

---

08 이 내용은 저널 기고글(https://bit.ly/3HYe6vL)에 따른 것으로 응급실 입원자의 5%가 비용의 22%를 발생시켰다고 말한다. 다른 글(https://wb.md/3GQEUww)을 보면 파레토 법칙 효과가 의학 전반에 광범위하게 걸쳐 있다고 주장하고 있다. 또 다른 글(https://bit.ly/3GWuo6X)에 따르면 약물 부작용이 700개가 넘는 사례에서 파레토 법칙과 같은 분포를 따르고 있음을 보여줬다.
09 내가 보기에 이런 상황은 소프트웨어에만 있는 특징이다. 비행기처럼 아주 복잡한 하드웨어를 다루는 산업은 복잡성 관련 문제가 발생할 수 있다. 센서의 경우 업그레이드와 관련된 잠재 문제가 발생할 수 있다. 내가 아는 한 항상 변경되는 소프트웨어의 특성을 다른 곳에서는 찾을 수 없다.
10 의료 시설의 당직은 환자 분류 기능도 겸하고 있는데 SRE에서 분류 기능은 모니터링 소프트웨어로 부분 아웃소싱한다.

즘도 프로그래밍이 된 로봇이 있어도 사람을 배치한다. 로봇이 의료진처럼 효과적으로 행동할 수 없는 복잡한 경우의 수가 여전히 많기 때문이다.[11]

그러나 로봇을 사용할 때 특정 조건에서는 복잡하지만 기계나 기계 내부에 고도로 제한된 환경에서는 현실만큼 복잡하지 않다. 실제로 온콜이 필요할 정도로 복잡하다는 주장은 데이터 센터에 적용되기도 하는데 이는 분명히 사실이 아니다.

그러나 우리는 엔지니어[12]에게 서비스를 계속 요청한다. 왜 그럴까?

노골적으로 얘기해보자면 운영 엔지니어는 종종 나쁜 이유로 대기하게 된다. 대표적인 나쁜 이유로는 문제를 본질적으로 해결하는 것보다 온콜 요청이 비용면에서 덜 들기 때문이다. 즉, 문제가 발생할 때마다 사람이 수작업하는 것이 소프트웨어를 확장하는 것보다 훨씬 저렴하다. 여전히 온콜 작업이 끔찍한 업무로 인식되고 있는 것도 나쁜 이유 중 하나이다. 따라서 온콜 업무에 대한 교육을 받지 않은 프로덕트 엔지니어는 온콜 업무수행을 매우 꺼리고 후배(운영 엔지니어)에게 전가하고 싶어 한다. 또한 매우 중요한 업무, '현장 유지' 사고방식, 프로덕션 상태에 대한 절박함 함양 등 모두 온콜을 필요로 한다는 가정이다. 그러나 이는 독단적인 교리(dogma)일 뿐이며, 오랜 시간 확고히 지켜온 신념이지만 마냥 유용한 것은 아니다.

나는 온콜에 대한 다른 접근 방식을 취해서 온콜에 대한 정당한 이유를 설명할 수 있도록 리스크 관리 언어를 사용하고자 한다. 이를 통해 사실 여부나 시간이 지나면서 변할 수 있는 신념보다 지원하는 시스템에 미치는 영향과 관련된 문제에 집중할 수 있다. 이제 온콜에 대한 정당한 이유를 다음과 같이 카테고리별로 분류해보자.

알려진 내용

알려진 버그가 있는 시스템, 버그로 인해 영향받을 시스템의 상태, 이로 인해 초래될 상황과 해결 방법을 고려해야 한다. 오늘날 많은 온콜 전문가는 이러한 상황에서 호출되는 알림에 익숙할 것이다. 여기서 짚고 넘어가야 할 질문이 있다. 왜 엔지니어는 버그를 조금도 고치려고 하지 않는 걸까? 이전에 논의한 것처럼 때로는 버그 수정이 비용면에서 적게 들 수도 있고 또 아닐 수도 있다. 일반적으로 사업주 결정을 보면 시스템을 복구하는 특정 코드 경로를 시스템의 CPU가 아닌 직원의 머리에서 실행되어야 한다고 생각하는 것 같다(아마도 사업주는 복수심으로 콜스택(call stack)를 표면화(https://bit.ly/3LPnN1S)하는게 아닌가 싶다). 이렇듯 엔지니어는 비용 때문에 온콜 상태가 되는데, 실제로 이 문제는 소프트웨어로 완벽하게 해결할 수 있다.

알려진 무지

소프트웨어 장애의 대부분은 변경 관리, 할당량 제한을 초과하는 과도한 자원 사용, 접근 제어 위반 등 외부 작업이나 이와 유사한 상호 작용에서 발생한다. 일반적으로 이런 종류의 장애는 원칙적으로 확실히 예측할 수 있다. 특히 할당량이 고갈되는 상황이 명확하지 않더라도 실무에서 경험을 쌓았다면 예측은 충분히 가능

---

[11] 많은 문제를 제쳐두고 대중을 설득하려면 이 방식이 좋은 생각이다.
[12] 보통은 운영 엔지니어에게 적용되며 때로는 프로덕트 소프트웨어 엔지니어에게도 적용되곤 한다.

하다. 예를 들어, 해당 문제는 트래픽이 급격하게 증가하거나 기타 예외적인 이벤트와 종종 관련 있다. 통계 자료를 참고하면 일반적으로 1년에 몇 차례는 트래픽 급증이 있을 것으로 예측할 수 있다. 현재 정확한 자동화 또는 스케일링이 불가능해서 엔지니어가 온콜로 대기하고 있는 것이다. 물론 이 문제는 다시 완벽하게 해결할 수 있다.

알려지지 않은 내용

이와 반대되는 이론적 입장에도 불구하고[13] 시스템과 소프트웨어에서 실제로 장애가 발생한다. 오늘날 어떤 장애는 사람의 개입 없이 자동 복구되거나 다른 방식으로 대응할 수 있다. 자동 복구가 안 되더라도 최소한 자체 파괴는 발생하지 않는다. 그러나 자동 복구가 안 되는 장애가 많고, 설상가상으로 보통 이런 장애는 시스템 자체가 변경되고 의존성 목록이 증가하는 방식으로 변화한다는 것이다. 엔지니어링 리스크 관리 언어에서 알려지지 않은 것[14]은 다음과 같다. 알지 못하는 것, 모든 것을 다 알 수 없다는 사실, 그러나 이론적 존재를 예측할 수 있다. 언제든지 시스템 장애가 발생할 수 있으므로 엔지니어는 온콜, 즉 사람만이 대비할 수 있는 상황별 대응을 준비한다. 이렇게 언제 어떻게 잘못될지 모르는 복잡성을 고려한다면 자동으로 대응하는 것은 더 어려운 일이다.

프로덕션의 지혜

이는 개념적으로 처음 두 가지 이유와 아주 유사하다. 반면 차이점은 대부분 의도된 것이다. 시스템이 실제 상황에서 어떻게 작동하는지 실체를 배울 수 있도록 엔지니어에게 시스템 온콜을 둔 것이다. 이를 통해 좋든 싫든 배울 수 있고, 분명한 것은 정보를 수집하고 개선하려면 어떤 노력을 기울여야 할지 결정하는 것이다.

SRE에 대한 직무 책임에 온콜을 없애자는 제안을 반대하는 주된 이유는 세 번째 카테고리, 즉 '알려지지 않은 내용' 때문이 분명하다.

당직(온콜)은 단순한 약처방이 아닌 응급 의학이다

그러나 실제로 엔지니어를 온콜로 두는 타당한 이유는 '프로덕션의 지혜(The Wisdom of Production)'이다. 다른 카테고리는 산만하기만 할 뿐이다.

첫 번째 카테고리 '알려진 내용'은 기계로 완벽하게 수행할 수 있는 작업을 고치려고 절차를 실행하는 것과 관련이 있다. 특정 사람이 단지 그 순간에 작업하는 것이 더 저렴하거나 더 간단할 뿐이다. 이 카테고리는 엔지니어링이 아닌 편의성, 비용 관리, 우선순위에 관한 것이다. 여기에 돈과 시간 외에는 완전한 자동화 접근 방식을 막을 수 있는 것은 아무것도 없다. 물론 돈과 시간이

---

[13] 이 각주의 목적에 맞게 반박하고 싶은 것이 있다. 장애는 불가피하고 컴퓨터의 모든 부분은 예측 불가능한 습지 위에 세워진 불안한 스택이라는 개념에 동의하지 않는다. 시스템이 항상 불안하지 않으며 수년 동안 문제없이 작동 중인 많은 종류의 소프트웨어 시스템이 있다. 실제로 머피의 첫 번째 프로덕션 법칙(Murphy's First Law of Production)을 제안할 수 있다. 이는 프로덕션에서 안정적으로 운영되는 시스템은 외부의 영향을 받지 않는 한 프로덕션에서 계속 안정적으로 운영된다. 즉, 인터넷과 단절된 많은 임베디드 시스템에만 해당하는 이야기이다. 임베디드가 아닌 시스템, 즉 인터넷 연결 시스템인 경우는 그렇지 않다. 복잡성은 장애가 발생하는 확실한 이유 중 하나지만 분명 우리가 놓치고 있는 것이 있다.
[14] 엔지니어링 리스크 관리 언어에 대한 정의(https://bit.ly/3LNfSSE)를 참고한다.

결정적으로 중요하지만 원칙적으로 장벽은 아니다. 그런데 첫 번째 카테고리는 운영 업무가 비용 센터로 취급되는 업계의 관행 때문에 수익을 창출할 수 없는 것으로 간주한다. 게다가 사업주는 수익을 내지 않는 비즈니스에 투자하지 않는다는 것을 우리는 잘 알고 있다.[15]

두 번째 카테고리 '알려진 무지'는 수동 작업에서 벗어나 더 자세한 교정을 요구받기 전에 정상 운영을 위한 자원/시간 버퍼를 사용해 일반적으로 더 많은 자원이나 제어를 통해 정상적인 처리를 일시 중지한다. 실제로 '알려진 무지' 문제를 온콜 엔지니어가 해결하기 위해 완전하게 집중하려면 작동 중인 상위 수준 시스템에 결함이 있어야 한다. 죽음의 쿼리[16] 또는 입력이 선형적으로 증가하기 시작하는 자원을 사용하는 것과 같은 애플리케이션 계층 문제는 시스템을 작동하는 프로그래밍 방식(재시작을 유발하는 것으로 밝혀진 자동 차단 쿼리, 힌트가 없는 쿼리 때문에 데이터가 없는 다른 데이터 센터로 쿼리를 보내 정상적인 성능의 저하 등)으로 다시 적용할 수 있다. 그렇다면 중요한 문제는 상위 수준 시스템의 결함이 어떻게 발생하였는지, 해당 시스템 결함을 해결할 수 있는 의미 있는 방법이 있는지다.

예를 들어, 시스템 수준의 변경 제어 문제는 상황이 심각해지고 있다. 문제가 있는 ACL(액세스 제어목록, Access Control List)을 통해 중요한 의존성에 대한 접근을 차단한다. 또는 런타임 플래그를 잘못 적용해 서버를 시작할 때 존재하지 않게 하거나 훨씬 느린 서버로 변경하는 경우가 있다. 또는 GRANT 커맨드를 실수로 실행해 GRANT를 수행하는 엔티티의 시스템에 대한 접근을 삭제하기도 한다. 이런 종류의 이슈가 자동 대응의 영역을 벗어난 것처럼 보이지만 실제 해결 방법은 카나리(canary)[17]이다. 카나리를 통해 변화에 대해 추론하기 어려운 다양한 실험을 시도하고 체계적인 방식으로 효과를 관찰할 수 있다. 그리고 핵심 시스템에서 근본적인 재작성은 필요하지 않고 활동을 분할하는 기능이 있으면 된다. 대신 우리는 일반적으로 변화를 만들고 과정을 관찰하기 위한 비용만 지불하면 된다. 만약 알려지지 않은 이슈를 누군가가 다뤄야 한다면 다른 사람도 함께하는 것이 나을지 모른다는 추론을 해본다.

그래서 카나리는 '알려지지 않은 내용' 문제로 귀결된다. 시스템에 숨어 있어서 예상하지 못한 문제는 무엇인가? 이를테면 응급 상황을 평범한 병동 의료로 전환하는 것을 방해하는 시스템 내 문제는 무엇인지 파악해야 할 것이다. 여기서 질문 하나 더, 미래의 일을 알 수 없으니 시스템 전체를 관찰하고 올바르게 대응하려면 주변에 사람이 필요한가?

---

15 예를 들어, 이 훌륭한 블로그 글(https://bit.ly/33zWeIs)을 참고한다.
16 예를 들어, 이 블로그에서 정의한 내용(https://bit.ly/34VGVur)을 참고한다.
17 나는 지금 카나리를 어떻게 설명하면 좋을지 조심스럽게 글을 쓰고 있다. 카나리에는 한계가 있다. 예를 들어, 간단한 재시도가 가능한 웹 쿼리와 달리 각 작업이 "중요한" 비-트랜잭션 환경에서는 카나리를 사용하면 안 된다. 작업은 취소할 수 없도록 상태(금전적 가치가 있는 경우)를 변경하지만 롤백은 할 수 없다. 또한 일부 트래픽이 프로세서 서브 셋으로 안전하게 라우팅 되지 않는 환경에서 카나리를 사용할 수 없다. 자체적인 문제가 있는 프로덕션 서비스 용량과 최종적으로 클라우드/코로케이션((역자주) colocation: 서버, 하드웨어, 기타 장비를 위한 물리 장비를 임대하는 사업) 공급업체 등에 타격을 주지 않는 한 카나리 운영이 더 비싸다.
그렇다고 "카나리가 모든 것을 해결할 수 있다"라고 말할 수 없다. 대신 "카나리 없이 긍정적 효과를 기대하기 어렵다"라고 말하겠다. 이 둘은 다른 내용이다. 카나리 인프라 구축에 시간과 비용을 들이는 대신 여전히 사람의 온콜에 기대고 있으나 오늘날 해결하지 못하는 다양한 문제는 카나리가 해결할 수 있을 것이라 기대하고 있다.

실제로 상황은 좀 더 미묘하다. 시스템 장애를 초래할 수 있는 모든 문제가 특정 시스템에서만 발생하는 것은 아니며 그중 일부만 발생한다. 잠재된 모든 어려움을 미리 가정할 수 없듯이 모든 문제의 해결책 또한 미리 준비할 필요가 없어서 사실 괜찮다. 대신 문제가 있는 시스템 상태(응급약이 필요한 상태)는 업무 시간 내 개입이 필요한 상태(상비약이 필요한 상태)로 변환해야 한다. 일반적으로 예상하지 못한 문제를 해결하는 것과 자체 도메인에서 소프트웨어를 구축해 예상 못 한 문제가 발생해도 탄력적으로 대응하는 것과는 분명 큰 차이가 있다. 장애 이슈도 마찬가지인데 장애 예측 모델링 프로그램이 너무 커서 일반적인 문제를 해결하는 것은 확실히 어렵다. 그러나 간단한 FOR 루프가 언제 중단될지 예측하기는 비교적 쉽다. 실제로 이런 미묘한 영향이 주요 장애로 이어져 대규모 장애가 많이 발생했다. 그러나 대부분의 사람은 애초에 왜 이런 미묘한 영향이 발생했는지 궁금해하지 않는다. 이는 부분적으로 업계 특성상 잘 알려진 구성 요소라고 해도 충분히 이해되지 않은 상태에서는 안정적인 시스템 구축이 어렵다고 생각하기 때문이다. 대신 요즘은 스타트업이든 대규모 다국적 회사든 최신 기술을 사용해 가장 성공적인 애플리케이션 계층을 바닥[18]부터 시작해 몇 번이고 다시 만든다.

이로 인해 일반적으로 마이크로서비스 아키텍처 경우, 많은 구성 요소가 실제로 구성되는 상황으로 이어진다. 다만 각 조직이 매번 첫 번째 원칙을 고수하기 때문에 단일 스택에 대해 의미 있는 업계 차원의 협력은 이뤄지지 않는다. 탄력적이고 잘 테스트 된 소프트웨어 유닛을 생성하는 서비스, 데이터 처리 등은 마치 다음과 같은 상황이다. 이를테면 건설업자가 집을 지을 때마다 첫 번째 단계에서 벽돌을 쌓아둔 상태에서, 줄지어 늘어선 집들을 지어야 하는 인부들이 점심 시간에 우연히 쌓아둔 벽돌 옆에 앉았기 때문에 필요한 만큼의 벽돌만 나눠쓰는 것과 같다.

다시 말해, 처음부터 시스템에 나쁜 영향을 미치는 이유 중 하나는 '알려지지 않은 내용'이다. 시스템과 코드가 상호 작용하는 방식의 세부 내용을 엔지니어가 잘 이해하지 못하기 때문이다. '알려지지 않은 내용'을 제대로 이해하지 못하는 이유는 엔지니어가 어리석거나 소프트웨어가 어려워서가 아니라(둘 다 사실이 아님) 각 팀이 처음부터 충분히 모든 내용을 이해해야 하기 때문이다. 잘 알려진 방식으로 작동하는 통합된 컴포넌트가 있다면 도메인을 기반으로 이러한 리스크를 상당 부분 상쇄할 수 있을 것이다. 또는 문제가 아닌 솔루션 언어로 표현하려면 안전한 클라우드 스택이나 최소한 안전한 방식으로 작동하는 클라우드 컴포넌트가 필요하다.

이 문제에 대한 또 다른 방법은 수년 동안 서비스를 진행하면서 수집한 포스트모템을 생각하는 것이다. 장애 근본 원인과 기여 요인을 충분히 살펴보면 스스로 질문을 던져볼 수 있다. 사전에 예측하지 못한 장애 비율은 어느 정도이고, 최소한의 보호 조치가 있었다면 해결 비율은 얼마나 될까? 경험상 ER의 초기 분석에 따르면 장애의 80%는 근본 원인의 20%에 의해 발생하였고 나머지는 '알려지지 않은 내용'이었다. 장애가 발생하면 안전하게 시스템을 보호하기 위해 카나리를

---

[18] 이 문맥에서 "바닥(ground)"은 POSIX libc와 같을 수 있지만 그렇지 않아야 한다.

허용해 애플리케이션 로직을 견고한 시스템 계층과 분리해 분리해서 탄력적인 시스템을 구축하면 차례로 장애를 처리할 수 있다.

반론

살펴본 장애에 대한 관찰이 모두 좋지만, 현재 맞춤형 소프트웨어는 넘쳐나고 제한된 예산으로 '알려지지 않은 내용'을 피할 가능성은 사실상 없다는 것이 결정적인 반론이다. 여전히 불확실한 미래이기 때문에 우리는 온콜에 갇혀 있다.

소프트웨어는 많은데 예산이 충분치 않더라도 거의 모든 소프트웨어는 일정 시점에서 재작성 시기를 거친다. 특히 사용하기 쉽고 일반적인 경우(HTTP 서버, 스토리지 등)를 다룬다면 클라우드 소비자를 위해 주요 신뢰성 프레임워크를 채택할 가능성은 충분히 있다. 물론 시간이 걸리겠지만 불가능한 것은 아니다.

그러나 이렇게 하면 장애 발생 시 온콜 엔지니어가 문제를 이해하고 효과적으로 해결할 수 해결하는 것을 방해할 수 있다는 반론이 있다. 따라서 업계 전반에 걸쳐 온콜을 계속해야 한다는 논리이다. 정말 그럴까? 앞에서 설명했듯이 온콜에 대한 타당성은 프로덕션의 지혜이며, 온콜을 진행하기로 선택한 것은 아주 괜찮다는 사실이다. 그러나 온콜 대응이 점점 미미해지는 SRE 인력에 이의가 있는 이들에게 제안하고 싶은 것이 있다. 응급 의학의 온콜을 벗어나서 시간에 따른 관찰과 동료의 지원이 가능한 병동 의학의 온콜로 나아가자는 것이다. 모든 소프트웨어에서 모든 장애를 제거할 수 있으리라 생각하지 않지만 적어도 오늘날 지불하고 있는 온콜 비용의 부담은 없어질 것이다.

일부 콘퍼런스의 발표자[19]는 머신러닝이 온콜의 효과적인 대안이 될 수 있다고 말한다. 이에 대해 반론의 기회를 준다면 하고 싶은 말이 있다. 무슨 일에든 대처할 수 있는 소프트웨어를 당연히 환영하지만 임의의 알려지지 않은 내용으로 장애가 발생한다면 머신러닝 소프트웨어는 작업 중인 스택을 완전히 이해하고 있어야 한다. 물론 이것은 불가능한 일이다.

마지막으로, 오늘날에는 어디회사든지 엔지니어가 사용하는 컴포넌트(카프카(Kafka), 스파크(Spark), 레디스(Redis) 등)가 존재한다. IT 업계 전반에 걸쳐 모르고 사용하는 기술 스택 이슈를 안고 있다. 물론 하나의 프레임워크나 툴을 선택해 하나의 문제를 해결할 수 있어도, 강화된 클라우드 스택에 대한 설명과 각 컴포넌트마다 알려진 훌륭한 기능이 일치하는 것이 없다. 따라서 가능한 한 많은 사용 사례가 있어야 한다. 그렇지 않으면 운에 맡겨야 할 것이다.

---

19 예를 들어, 한나 폭스웰(Hannah Foxwell)의 devopsdays의 발표 자료(https://bit.ly/3vmQpd9)를 참고한다.

온콜에 드는 인건비

온콜을 수행하는 SRE에 대한 분명한 반론은 인적 요소 분석, 인지 심리학, 스트레스가 사람에게 미치는 일반적인 영향에서 찾을 수 있을 것이다.

일반적으로 사람은 스트레스가 많은 상황에서 아주 저조한[20] 성과를 내는데 압도적으로 온콜 업무를 할 때 더욱 그렇다. 그뿐만 아니라 온콜에 관련된 개인에게 큰 비용이 드는데 이 부분을 좀 더 자세히 다뤄보려고 한다.

사실, 더 큰 그림이 있다. 온콜 비용은 사람의 희생이라는 개념뿐만 아니라 사람이 온콜을 수행하는 것보다 더 효과적인 대안은 없다는 주장을 약화한다고 많은 사람이 생각한다. 이렇게 생각하는 이유는 운영 엔지니어를 제외하면 온콜 비용에 대해 충분히 이해하지 못하기 때문이다. 게다가 사람이 수행할 수밖에 없는 "필요성"에 대한 근거와 다른 대안이 없다는 이유로 사업주는 기꺼이 비용을 지불한다. 대부분의 사람도 온콜 수행 외에는 대안이 없다고 생각하는데 운영 회의나 1:1 대화를 하지 않는 이상 온콜 비용의 윤곽이 완전히 드러나는 경우는 거의 없다. 그러나 온콜에 얼마나 큰 비용이 드는지 정확하게 알지 못한 상태에서 그 가치 여부는 알 수 없다.

우선 SRE 온콜의 일반적인 속성이 '근무 시간 외 근무 요구 사항'을 충족한다고 가정해본다. 그렇다면 개인의 성과에 따라 조직 전체에 잠재적으로 크거나 제한 없는 재무/영리적 영향을 받는다. 또한 장애가 발생하면 불가능한 숙면, 단절감, 극한의 상황, 근무 시간 외 동료의 지원을 받는 것은 어려워진다. 사실, 사람은 스트레스가 많은 상황에서 자연스럽고 순조롭게 업무를 수행할 수 없다. 그런데도 휴먼 에러(human error)에 관한 연구를 살펴보면 온콜 스트레스에 관한 연구는 드물다. 그러나 프로그래밍 자체, 체스, 원자력 발전소 붕괴 상황과 같은 산업 상황 등 유사한 영역에서 많은 선례가 있다. 궁극적으로 예시 대부분은 실제 성능에 대해 부정확하지만 현재로서는 우리가 가진 것 중 최상이다. 휴먼 에러에 관한 일반적인 연구를 보면 입력, 그래프 읽기, 시험 작성하기를 포함해 다양한 "사소한" 활동에서 0.5%~10%의 에러율을 가진다.[21] 비슷하게 커완(Kirwan)의 '실용적인 인간 신뢰도 평가 가이드(A Guide to Practical Human Reliability Assessment)'에 따르면 약 30%의 에러율을 가진 "스트레스가 많고 복잡한 비-일상적인 작업" 표를 보여준다. 데이비드 스미스(David J. Smith) 박사의 '안전성, 유지보수성, 리스크(Reliability, Maintainability, and Risk)'에 따르면 복잡한 작업의 경우는 25%, 밸브가 잘못된 위치에 있음을 알아차리는 것과 같은 "사소한" 경우는 50%의 에러율을 볼 수 있다.[22] 마이크로소프트(Microsoft)는 이 주제를 다룬 논문[23]에서 중간 순위 체스 선수들은 남은 시간이 10초에서 0초로 줄어들 때 심각한 실수를 할 가능성이 두 배 높아진다는 것을 보여준다. 이 논문의 비교표(https://bit.ly/3v5V2rH)에 따르면 특정 스트레스 요인이 없을 때 프로그래밍 배경 에러율은 1%~13%이다.

---

20 저조함에 대한 타당한 의문이 생길 것이다. 이를테면 실수나 가망 없는 상황을 포함하지 않아도 탐색, 분석 시작 등 일반적인 지연을 포함하는 개념적 해결과 비교하는 것이 있다.
21 예를 들어, 레이 팬코(Ray Panko)의 사이트에서 비교표(https://bit.ly/3JJpNqx)를 참고한다.

어떤 식으로 보더라도, 실수는 사람이 하는 것이 분명하다.

온콜 수행에 크게 미치는 또 다른 영향은 인지 편향이다. 즉, 전체적인 심리적 프레임워크를 받아들이는 상태에서 스트레스가 크다면 매우 체계적인 환경이라도 사람은 실수할 것임을 강하게 암시한다. 참고 링크(https://bit.ly/3LMPHM1)에 자세히 나와 있듯이 '생각에 관한 생각' 책을 읽고 SRE가 어떤 종류의 인지적 요인에 영향을 받는지 관련 증거는 실제로 상당히 많다. 예를 들어, 시간제한 그래프를 해석하는 문맥에서 앵커링 효과[24](https://bit.ly/36pxlQN)는 온콜 중 처리하기 곤란한 제약 조건과 상당 부분 일치한다.

그러나 앞서 논의한 대부분은 우리가 사람에 대해 보편적으로 알고 있는 내용을 지지할 뿐이다. 온콜에 대한 '두려움'만으로도 사람의 행동을 근본적으로 변화시킨다는 미묘한 효과가 있다. 모든 개발 팀은 각자의 사생활, 가족, 근무 시간 내 효율성에 영향을 미치기 때문에 온콜이라는 개념을 완전히 거부한다. 그래서 많은 팀은 "야간 근무 중" 현상 유지만 하고 실제로 문제 해결 권한이 없는 운영 팀에게 아주 만족하고 있다. 물론 개발 팀이 직접 온콜하지 않는다는 조건에 한해서다.

또한 SRE의 다양성과 포용성은 부모나 그 외의 보호자가 다른 책임과 확실하게 직접 맞닥뜨릴 만한 충돌의 상황을 의도적으로 배제한다.

실제 온콜에 대한 사람의 변화나 부작용에 대해 진지한 관심을 갖게되면 정신이 번쩍이며 관련 글을 읽게 된다. 호출될 가능성만 있어도 온콜 작업자의 피로도가 증가한다는 증거가 있다.[25] 수면 부족은 부정적인 영향뿐만 아니라 기대 수명을 단축하게 한다는 심각한 증거도 있다.[26] 마지막으로 온콜 작업자의 전반적인 내용을 담은 논문 조사는 다음과 같은 훌륭한 증거를 제시한다. 온콜 업무가 신체 건강(예: 위장 및 생식)과 정신 건강(예: 불안 및 우울증)에 다양한 영향을 끼친다는 것이다. 또한 실무자에게는 의미 있는 장점이 전혀 없다는 점은 여러 가지를 시사한다.

이 모든 것이 종종 맥빠지게 하는 온콜 경험 때문임은 말할 것도 없다. 모든 팀이 모니터링과 알림을 해야 할 만큼 열심히 관리하는 것은 아니다. 교대 근무 중인 온콜 엔지니어는 전혀 조치할 수 없는 시끄러운 알림, 실제 장애를 감지 못하는 모니터링, 미비하거나 존재하지 않는 문서, 불가피하게 일이 잘못됐을 때 비난에 대한 위축된 반응, 장애 훈련의 부족, 최악의 경우 시스템에 대한 공격을 받을 수 있다. 무엇보다도 후속 조치를 체계적으로 수행하지 못하기 때문에 마지막 온콜 교대조가 해결 못 하는 구조적인 문제는 각 교대조가 스스로 해결하고 있음을 의미한다. 어떤 회사는 별도의 금전적 보상이나 대체 휴가 없이 모든 온콜 업무를 수행한다.

---

22 충격적이지만 확실한 건 비상사태 발생 1분 이내에 제대로 작동하지 않을 확률이 90%라는 부분이다. 자세한 내용은 이 문서(https://lifetime-reliability.com/)를 참조한다.
23 애쉬튼 앤더슨(Ashton Anderson), 존 클라인버그(Jon Kleinberg), 센딜 멀라이나단(Sendhil Mullainathan)의 "완벽함을 기준으로 휴먼 에러 측정(Assessing Human Error Against a Benchmark of Perfection)"(https://bit.ly/3s7r0lq)
24 (역자주)앵커링 효과: 배가 닻을 내리면 닻과 배를 연결한 밧줄의 범위 내에서만 움직일 수 있게 고정이 된다. 이렇게 배를 고정시키는 닻을 내리듯 사람의 머릿속 특정 기준이나 숫자, 이미지를 심어 두고 판단의 범위를 제한하는 것을 '앵커링 효과'라고 부른다.
25 온콜 수행 후 피로감에 대해서는 문서(https://bit.ly/3s9aQrP)를 참고한다.
26 마크 오코넬 "매튜 워커(Matthew Walker)의 수면에 관한 리뷰 – 더 많은 수면으로 생명을 구할 수 있는 방법(Why We Sleep by Matthew Walker review – how more sleep can save your life) (https://bit.ly/3p5zgke)"

분명히 우리는 온콜을 좋아하지 않고 아주 잘하는 것도 아니다. 온콜이 삶에 해로운 것은 당연하고 가장 불쾌한 경험이 될 수 있다.

이 모든 것을 고려해 다시 묻는다. 왜 우리는 의미 있는 대안을 이야기하지 않는 걸까?

다른 영웅은 필요 없다

대안을 이야기하지 않는 이유 중 하나는 우리 때문일 것이다.

SRE의 목표는 프로덕션 환경의 프로덕트 보호이다. 프로덕션 환경에서 "단계적으로 발전"하고 프로덕션 장애를 해결하는 일에 동기 부여된 동료와 잘 어울리는 것이 중요하다. 어떤 면에서 훌륭하지만 또 다른 면에서는 감당할 만하다고 해서 끊임없이 자신을 던지는 것은 영웅주의의 부정적인 결과를 초래할 뿐 너무 무모한 일이다.

영웅주의의 나쁜 결과는 미묘하면서 거칠다. 많은 사람이 동료의 인정을 원하고 자신의 작업이 팀/지원 시스템/회사 등에 직접 좋은 영향을 끼친다는 사실에 만족감을 느낀다. 그 때문에 문제를 해결하는 영웅이 되고자 문제 개입에서부터 동료, 프로덕트 개발 팀, 매니저에게 인정받는 단계까지 그사이에 직접적인 심리적 연관성이 있다. 영웅 같은 행동을 반복하는 노골적이고 암묵적인 동기는 모두 진화할 수 있다. 아마도 회사 경영진은 영웅의 모습을 기대할 것이다. 이런 식으로 시스템을 계속 운영해왔는데 굳이 안 하는 이유가 있을까? 어떤 면에서 경영진보다 더 나쁜 것은 아마도 동료가 이런 방식을 기대하게 될 것이라는 사실이다. 특히 동료의 버튼 클릭 한 번으로 서로에게 작은 보너스를 줄 수 있는 구글의 문화에서는 더욱 그럴 것이다.

그러나 더 나쁜 것은 시간이 부족하거나 힘든 상황에서 영웅이 나타나 특정 역할을 해낼 때다. 이는 사람들이 예정된 작업을 수행하지 않고 있음을 의미한다. 이 때문에 예정 업무뿐 아니라 예정에 없는 업무수행까지 대신할 영웅이 필요하다. 당연히 팀은 할 수 있는 일을 하지만 장기간에 걸친 프로덕션 장애는 분명히 생리학적인 영향을 미치므로 누군가는 느슨한 부분을 메워야 한다. 팀의 누군가는 영향을 받기 마련인데, 영웅 문화[27]를 모델화해서 보상을 받게 하는 문화가 나머지 팀에게 나쁜 영향을 미친다는 것은 말할 것도 없다.

마지막으로, 우리가 우리 자신을 보는 방식과 다른 사람이 우리의 가치를 이해하는 방식에는 이분법이 있을 수 있다. 방금 살펴본 것처럼 SRE는 아주 진지하게 온콜을 받아들이고 잘 해내려고 노력한다. 그러나 온콜 업무를 잘한다고 승진하는 경우는 매우 드물다. 구글에 11년 동안 있으면서 온콜 업무를 잘했다고 승진한 경우를 본 적이 없다. 온콜 업무를 못 하면 승진하기 어렵지만 온콜 업무를 잘한다 해도 다른 일이 서툴면 승진 자체가 불가능했다. 앨리스 골드퍼스(Alice Goldfuss)는 2017년 모니토라마(Monitorama) 2017 콘퍼런스에서 관련 내용을 발표(https://bit.ly/34UbbGc)했다. 영웅적인 행동으로 보상을 받지만 온콜 업무수행으로 더 큰

---

27 예를 들어, SRECon 유럽 2017 콘퍼런스에서 에밀리 고켄스키(Emily Gorcenski)의 강연(https://bit.ly/3BQ6eKn)을 참고한다.

보상은 받지 못하는 것은 영 미심쩍다.

그러나 이 모든 이유가 있어도 온콜 수행 거부는 여전히 약점이 드러나는 것으로 여겨진다. 이는 어쩌면 직무 자체를 그만두지 않는 이상 온콜의 대안에 대해 생각조차 하지 않으려는 우리의 태도와 관련이 있다.

실제 솔루션

지금까지 다룬 논의의 주된 핵심을 요약하면 다음과 같다.

여러 용도로 온콜이 쓰이지만 '알려지지 않은 내용'으로 소프트웨어 장애가 발생하면 가용성 격차를 메우기 위해 온콜을 사용한다. 그리고 사람이 온콜에 능숙치 않고 온콜 자체에 대해 좋지 않다고 생각한다면, 할 수 있는 다른 것이 있는지 궁금해하고 묻는 것은 당연한 일이다.

넓게는 우리의 현재 상황을 개선하려고 노력하거나 근본적으로 새로운 것을 시도할 수도 있다. 현재를 개선하기 위해 훈련, 우선순위, 편의, 업무 조정, 업무 성과 향상으로 세분화해 보겠다.

훈련

훈련이 가장 심각한 문제 중 하나이자 이론상으로 해결하기 가장 쉬운 방법 중 하나라는 점에서 놀랍다. 일하면서 언제 훈련을 받을 것으로 예상하는지 묻는 성가신 질문 때문이다. 그러나 필자가 알기로는 컴퓨터 과학 학위 과정 중에는 온콜에 대한 학문적 수준의 치료는 어디에도 없다.[28] 혹시 틀렸다면 정정해주기 바란다. SRE 분야에 입문하는 사람은 종종 온콜에 대한 개인 견해(지지 또는 비판)나 변경할만한 준비가 전혀 없이 온콜 업무를 수행하게 된다. 온콜의 책임은 회피하고 싶고, 다른 사람도 온콜의 고통을 받는 것이 옳다는 결정은 사실 쉽고 충분히 이해할 만하다. 그러나 이는 나쁜 관계를 설정할 뿐만 아니라 결국 모두를 악화되게 만드는 구조에 이바지한다. 좋은 소식은 베스트 프랙티스가 여럿 있다는 것이다. 다만 공개적으로 공유할 수 있는 자료가 부족한 편이다. 먼저 페이저듀티(PagerDuty)의 교육 자료(https://bit.ly/3JJWl3C)는 여러분이 온콜을 모르고 있다는 가정에서 작성된 자료이다. 사이트 신뢰성 엔지니어링(Site Reliability Engineering) 책은 온콜(https://bit.ly/3t2cWJm)과 문제 해결(https://bit.ly/35jH6zk)에 대해 논의하는데 합리적인 시작점이 될 것이다. 자료들은 당연히 개선할 수 있으며 어떤 내용이든 자료는 유용할 것이고 널리 사용할 수 있는 지원이 있다.

우선순위

개선하는 데 있어서 가장 중요한 것은 실제로 개선하고자 하는 의지다. 이에 대해 신디 스리다란(Cindy Sridharan)은 논쟁의 여지가 있지만 부당한 지적이 아니라는 점에서 문화의 영역으로

---

[28] 이전에 논의한 대로 SRE는 의학과는 대조적이다.

확고히 자리 잡았다.29 이런 문맥에서 잘 운영되는 문화를 위해 프로덕트 개발자에게 우선순위를 두는 것이 중요하다. 즉, 개발자들이 실제로 더 나은 시스템을 유지하려면 온콜에 단호히 저항하는 것이 아니라 온콜을 수행하면서 시스템을 개선할 수 있는 해결책과 엔지니어링 노력에 우선순위 두는 방법을 알려주는 것이다. 소프트웨어를 운영하며 개선한 소프트웨어 모듈은 일반적으로 더 나은 소프트웨어 모듈이다.

우선순위에 대해 더 자세히 알고 싶다면 구글 SRE 책의 자동화를 설명한 장(https://bit.ly/33HmErN)을 참고한다.

그러나 만약 시스템의 작동을 가장 많이 개선하는 그룹을 프로덕트 개발자들이라고 이분법적으로 정의한다면, 시스템을 제대로 작동시키지 못하는 상황이 오면 시스템을 격리할 수 있다. 그렇다면 깨진 피드백 루프에서 좋은 결과를 얻을 수 있는 것은 아무것도 없다. 비즈니스는 성공적이어도 자원 비용, 인력 소모 비용, 민첩성 비용 등 모든 루프를 분리하는데 들어가는 비용을 지불해야 한다. 따라서 어떻게 보면 시스템을 잘 작동하게 하는 것은 SRE의 약속이다. 포스트모템 후속 조치에서도 동일하게 적용된다.

편의

온콜 담당자를 위한 편의 제공은 중요한 개선 사항이다. 많은 편의가 마련될수록 온콜을 수행하면서 겪는 부담감이 줄어들 것이고 더 많은 사람이 온콜을 수행할 것이다. 온콜 업무가 더 많아진다는 것은 더 많은 진전이 가능함을 의미한다. 더 많은 진전은 운영 업무의 소요시간을 줄이고 마침내 온콜의 어려움을 확연히 줄이는 선순환을 만들어낸다.

편의는 다음을 포함하지만 반드시 국한되지 않는다. 먼저 온콜 근무에 대한 보상, 특별히 근무 시간 외 근무에 대한 보상이다. 합리적이고 유연한 일정으로 동료를 돌보는 업무를 수행할 수 있고, 온콜 업무를 수행할 수도 있다(온콜 교대의 번거로움은 가장 간단한 업무도 벅차게 느껴질 수 있다). 그다음은 복구 및 후속 조치 지원이다. 문자 그대로 복구 업무를 할 수 없는 사람은 반발 없이 배제될 것이다.

보상

많은 사람이 여전히 온콜 보상 없이 또는 공식적인 역할 없이 일하고 있다. 기업에서 보상을 제공하지 않으면 확실히 비용을 줄일 수 있지만 너무 근시안적인 관점이다. 보상하지 않는 것은 사람

---

29 Medium.com에 신디 스리다란(Cindy Sridharan)이 작성한 "온콜 업무를 진행할 때 짜증낼 필요가 없다(On-call doesn't have to suck, https://bit.ly/3haDJh2)."를 참고한다.

에 대한 예의가 아닐뿐더러 도덕적으로 올바르지도 않다. 단기적인 비용 절감 효과가 있다 해도 비즈니스에는 좋지 않다. 대신 각 기업이 가장 적합한 모델을 선택할 수 있도록 IT 산업 전반에 걸쳐 잘 표현된 모델을 갖추어야 한다. 해당 모델을 기반으로 일하는 엔지니어는 그에 따라 선택할 수 있어야 한다. 온콜 업무에서 사람이 의무적으로 해야 하는 부분을 인정(조직 차원의 온콜 지원)하며 얻는 큰 장점은 온콜을 선택하는 엔지니어의 인력풀을 늘리고 결과적으로 팀의 다양성과 구성원의 삶에 좋은 혜택을 줄 수 있다는 것이다.

유연한 일정

일정을 유연하게 사용하려면 유연성이 부족한 원인을 해결해야 한다. 경영진은 유연한 일정을 통해 성과가 개선되고 고용이 수월해질 것이라는 확신을 가질 필요가 있다. 유연한 일정은 통계적으로 장애가 발생하는 시간에 따라 달라질 수 있다. 공식 SLA(서비스 수준 계약)는 원시 페이징(raw paging) 숫자를 낮추는 SLO(서비스 수준 목표) 기반의 경고뿐 아니라 이전에 없던 경고에 대해 협상하는 것도 경영진에게 도움이 될 수 있다. 정말로 100% 가용성인지 실제로 시도할 필요가 없다는 점을 아는 것이 좋다. 그러면서 보다 유연한 일정이 가능해진다.

복구

그동안 온콜 보상 체계의 대부분은 보상이나 대체 휴일을 사용하는 것에 초점을 맞추고 있다. 그렇지만 온콜 교대 직후에 즉시 보상이 발생하는 것은 아니다. 회사는 전날 밤, 온콜 교대 중 활동이 일정 근무 시간을 초과하면 사용 가능한 대체 휴일 조건이 아닌 오전 휴가를 제공하는 식의 다른 방안을 제시할 수 있다.

배제 반발

온콜에 대한 태도나 수행 능력과 관계없이 팀 구성원이 팀에서 안심할 수 있도록 지원하는 것은 회사 정책이라기보다는 성공적인 계통 관리의 일부분이다. 그러나 회사는 "온콜에 참여하지 않아도 보복이 없는" 정책을 채택하고 있음을 미리 알려주는 것이 직원의 다양성을 높이는 데 도움이 될 것이다.

직무 성과 향상

직무 성과는 여러 측면에서 온콜 문제를 해결하는 데 있어 가장 중요하지 않은 요소이다. 우선, 실제로 직무 성과를 없애자는 의제를 얘기하려고 하는 것은 아니다. 또한 온콜을 무난히 수행한 엔지니어의 성과가 좋지 않아도 해고까지 이어지지는 않는다. 이와 반대로 해고로 이어진다면 조직은 필요 이상으로 많은 사람을 온콜 업무자 목록에서 빼야 하고, 그 뒤에 남겨진 사람들은 번아웃 되어 퇴사까지 이어지는 소용돌이를 보게 될 것이다.

  그 대신 일반적으로 봤을 때 심각한 실수를 저지른 사람만 해고된다. 경영진이 가장 관심을 두는 것은 문제를 해결하기 위한 선의의 노력이지, 테일러리스트 스타일(Taylorist-style)[30] 체계에서 지속적으로 낮은 MTTR(평균복구 시간) 기준이 아니다. 따라서 온콜 담당자가 최선을 다한 후에 포스트모템을 작성하는 것 이상으로 더 잘 할 수 있게 하는 충분한 동기가 시스템 자체에는 없다. 그렇긴 하지만 개선할 수 있는 많은 기술이 있다.

인지적 해킹

우선, 온콜 업무 중 성능을 향상할 수 있는 인지적 "해킹"이 많이 존재한다. 예를 들어, 인상을 찌푸리는 것은 힘의 완급 조절에 도움이 될 수 있고, 결과적으로 다른 모든 것을 배제하고 특정 시나리오에 "앵커링 효과"가 발생할 가능성을 줄여준다. 존 올스포(John Allspaw)의 "흠잡을 데 없는 포스트모템" 자료(https://bit.ly/36oDMDG)는 분산 시스템에서 문제가 발생하면 실제로 무엇이 잘못되었는지에 대한 가정을 세우는데 도움이 될 것이다. 또한 문제를 직시하고 제대로 대응할 수 있는 자기성찰을 높이는 데에도 도움이 된다. 이전에 살펴본 것처럼 반응은 복잡한 진실을 찾기 위한 중요한 장애물이고 분산 시스템에서는 다른 형태의 진실은 없다.

또 다른 잠재적 해킹은 두 명이 한 조로 이루어 페어 온콜(pair on-call)을 수행하는 것이다. 다른 누군가에게 자신을 설명하고 아이디어를 명확하게 전달해야 할 때 말만으로도 내가 맞고 틀렸는지 아닌지를 알아내는데 종종 도움이 된다. 페어 온콜 교대 중 사람이 상호 작용해서 긴밀한 협력을 하고 있음을 의미하기 때문에 활성/비활성 1차/2차 교대와는 다르다(이 방식은 근무 시간에 가장 다루기 쉽고 소규모 팀으로 구성하기 어렵다). 무엇이 잘못되고 있는지에 대한 아이디어를 바탕으로 가능한 다른 아이디어로 공격적인 가설을 세우는 것이 유용할 수도 있다. 스트레스가 증가하면, 마음이 위축되는데 여러 일이 동시에 잘못될 때 특히 그렇다. 이 또한 앵커링과 같은 인지 편향 문제를 교정하는 데 도움이 된다. 마지막으로 정신없이 발생되는 장애에 효과적으로 대처(https://bit.ly/40gXOqW, 구글 SRE 책의 14장)하려면 항상 인수인계 문서를 유지하고 잘 짜여진 장애 처리 절차를 따르는 등의 훌륭한 훈련이 필요하다. 절차에 따른 광범위한 훈련에서 제공되는 "가이드 레일"은 불확실한 상황에서 장애를 올바르게 대응할 수 있도록 도와준다.

접근 방식에 근본적인 변화가 필요하다

이렇게 실질적인 권장 사항이 유용하더라도 실제 환경에서는 결코 따라잡지 못할 뭔가를 늘 추적하는 느낌이 근본적으로 불만족스러울 것이다. 하나 더 흥미로운 질문을 하자면 '장애 상황을 근본적으로 변화시키기 위해 우리가 할 수 있는 것은 무엇일까?'

물론 문제를 어떻게 특징적으로 표현하느냐에 달려있다. 소프트웨어 시스템의 핵심에 있는 중요한 갈등을 떠올려보자. 해당 이슈가 결정론적이라는 것을 알고 있지만[31] 최악의 경우 복잡성과 관련 작동이 상호 작용해서 장애로 이어지는 방식은 여전히 놀랍다.

---

[30] 프레더릭 테일러는 과학 경영 이론가이다. 프레더릭은 측정기준을 자세히 관리해 작업 상황에서 비-인간성을 없애는 성공적인 아이디어를 도입했다
[31] 어쨌든 장애는 계속 발생하고 있다..

어떻게 해야 신뢰가 생기는 걸까? 사이트 신뢰성 워크북(Site Reliability Workbook, (https://bit.ly/3ZhqbUk))에 따르면, 구글에서 발생한 장애에 대한 설문 조사를 살펴보면 장애의 거의 70%가 바이너리 푸시와 설정 푸시였다. 장애의 근본 원인 중 거의 62%가 소프트웨어 자체와 개발 프로세스였고, 약 17%는 "복잡한 시스템 작동"이었다. 이 수치를 기억하라. 분석한 장애에는 나름대로 이유가 있었다는 것 또한 기억하라.

이제부터는 SAOC(Strong-Anti-On-Call, 강력한 온콜 방지)와 WAOC(Which-Anti-On-Call, 약한 온콜 방지)를 소개하고자 한다.

강력한 온콜 안티 패턴 (SAOC, Strong-Anti-On-Call)

SAOC는 다음과 같이 실행된다.

소프트웨어 시스템은 결정적이다. 장애를 해결하는 두 가지 방법이 있는데, 장애 원인을 제거하거나 장애로 인한 심각한 영향을 방지하는 것이다. 소프트웨어 시스템이 결정적인 만큼 모든 장애 원인을 제거해도 시스템이 중단되지 않는다(SAOC는 이 두 가지를 모두 수행하는 것이 유용하다고 생각하지 않음).

소프트웨어 시스템을 구축할 때 신뢰할 수 없는 근본 원인을 요약해보자면 간단한 프로그래밍 에러, 오타, 이와 상응하는 것들이 있다. 또한 설계 에러로 인해 신뢰성이 떨어질 수 있고, 환경 이슈로 격리될 수 있다. 예를 들어, 라이브러리, 의존성, 단순히 데이터를 잘못 파싱하는 경우이다. 그리고 원격 종속성을 항상 연결할 수 있거나 항상 올바른 데이터를 반환하는 것처럼 잘못 처리할 수 있다.

앞서 논의했듯이 장애에 대해 가장 불편한 점은 장애 대부분을 완전히 피할 수 있다는 점이다. SAOC 입장은 앞에서 다룬 "엔지니어 관점의 온콜을 적용하는 근본적 가정"의 카테고리 목록에서 식별된 개별 에러가 시스템에서 발생하지 않도록 하는 것이다. 자세히 다루자면 할 얘기가 너무 많지만 좋은 소식은 변경 관리의 많은 어려움이 이미 잘 이해되고 있으며 우리가 해야 할 일은 비교적 잘 이해한 것을 더 성공적으로 구현해야 한다는 것이다.

나쁜 소식은 우리가 계속 틀리면 그럴만한 이유가 있을 수 있다는 것이다.

이것은 SAOC에게 그리 중요하지 않다. 결국 우리는 원인을 바로 잡을 것인데, 먼저 극복해야 할 장애물이 하나 있다. 그것은 시스템 내에서 시스템 장애가 발생하거나 잘못된 데이터 수집과 같이 단순한 "1단계" 상호 작용이 아니라 더 큰 상호 작용으로 인한 장애가 발생하는 경우이다.

따라서 시스템에서 복잡성을 제거해야 한다. 이를 위한 실질적인 두 가지 방법이 있다. 결정론적인 방식으로 구성된 검증되고 알려진 작동을 가진 간단한 하위 컴포넌트를 구축하는 것, 시스템을 오랫동안 실행해 신뢰성에 대해 잘못 알고 있는 부분을 확인하고 문제를 해결하는 것이다. 오늘날 IT 업계는 이 두 가지 방법을 일관되게 활용하기보다는 신뢰할 수 없는 소프트웨어를 너무 쉽게 개발하고 있다. 코드를 읽는 것보다 개발하기가 더 쉽다는 것을 소프트웨어 엔지니어는 알고 있기 때문이다.

이에 소프트웨어를 구축하는 기본 계층을 바꿀 필요가 있다고 생각한다. 오늘날 이 계층은 POSIX libc, win32 또는 이와 동등한 로직이다. 앞으로 특히 기본 계층이 다양해질 미래에는 더 높은 수준이어야 하고 더 많은 크로스 클라우드(또는 적어도 크로스 플랫폼) 기능이 있어야 한다. 서버를 개발할 때 프로덕트 개발자는 모니터링, 로깅, 위기 상황에서 부하 처리, 정상적인 성능 저하, 장애 특징을 무료로 제공해 잘 알려진 클래스를 기본적으로 사용하게 해야 한다. 나쁜 코드를 사용하는 것은 더욱 어려워져야 한다. 혁신은 오래전에 플랫폼 단계에서 벗어났다. 그러나 처음부터 다시 개발할 권리를 얻기 위해 아주 많은 돈을 지급하면서도 그 대가로 얻는 보상은 너무 적다. 그런데도 왜 처음부터 다시 개발하는 것을 용인하는지 이해하기 어렵다.

동시에 플랫폼의 나머지 부분에서 잘못된 애플리케이션 계층 로직을 격리할 수 있는 좋은 방법이 필요하다. 오늘날 IT 업계 전반에 걸쳐 격리는 본질적으로 전체 영역을 봤을 때 전혀 없는 수준부터 완전히 격리된 수준까지, 즉 여러 등급으로 분류된다. 다시 말하지만 사용하기 쉬운 기존 툴킷에 대한 얘기를 하고 있다.

따라서 SAOC는 복원력이 아니라 상호 작용의 복잡성을 제거하기 때문에 에러의 원인을 없애는 툴킷 접근법과 체계적인 접근 방법을 강조하고 있다. 이 입장에는 여러 단점이 있지만 한 가지 분명한 것은 소프트웨어 시스템이 배포된 후에만 체계적인 제거가 가능하다는 것이다. 이상적으로는 이 제거가 적용된 소프트웨어 일부만 재사용하는 것이다. 재사용되는 소프트웨어는 이미 결정적인 하위 컴포넌트로써 사용하지 않는 툴킷을 제외하고 기존의 툴킷 접근 방식을 기반으로 사용된다.

약한 온콜 안티 패턴 (WAOC, Weak-Anti-On-Call)

혹시 강력한 사례가 실용적이거나 노력할 가치가 있다는 것에 동의하지 않는다면, 미약하더라도 여전히 유용한 입장에 대해 좀 더 얘기하고 싶다.

WAOC 세계관에서는 소프트웨어가 결정적이라고 믿을 수 있지만 알려지지 않은 내용에 대해서는 성공적이고 계획적으로 반응할 수 없다. 또한 임의로 복잡한 시스템 간의 상호 작용은 어떤 종류든 간에 장애를 초래할 것이라고 확신한다. 다른 시각으로 볼 필요가 있다는 점을 제외하고는 온콜 제거하는 과정을 계속 진전시킬 수 있다.

SAOC와 달리, 응급 의학을 병동 의학으로 대체해서 없애려는 것이 아니다. 그 대신 무인 열차를 구현하려고 한다. 환경을 완전히 통제할 수 없다는 것을 알고 있지만 한 가지 유용한 반응이 있다(전체 시스템은 아니어도 개별 열차는 정지시킬 수 있다). 문제는 우리가 어디까지 열차를 정지시킬 수 있고, 운전자가 도착할 때까지 시스템 전체가 위태롭지 않을 수 있는가 이다. 따라서 해당 접근법은 사람의 개입을 막으려는 것이 아니라 "업무 시간"이 될 때까지 온콜 업무를 지연시키거나 응급 의학 영역에서 당직을 제거하려는 것이다.

WAOC 세계관에서 가장 중요한 것은 장애 방지가 아니라 장애로부터 시스템을 잘 보호하는 것이다. 눈에 띄는 점은 WAOC 위치가 이전 위치와 매우 유사하다는 것이다. 복잡성을 줄이려고 최적화하는 대신 재사용이 가능한 표준화 툴킷 소프트웨어가 필요하다. 상황에서 무엇을 배울 수 있느냐에 따라 가장 안전하게 장애를 자동으로 멈추게 할 수 있다. 일반적으로 엔지니어가 소프트웨어 시스템을 성공적으로 운영하는 것보다 장애를 안전하게 처리하는 방법에 더 많은 고민을 한다는 사실이 흥미롭다. 소위 인기 있는 개발자의 확신 없는 애매한 낙관주의로 종종 장애 사례가 무시되고 있다. 이것이 장애 처리 방법에 더 집중하게 하고, 더 많은 가이드 레일을 제공하게 한다면 엔지니어링 복원력은 더욱 성공적일 것이다.

장애를 안전하게 처리할 수 있는 세부 사항은 도메인마다 워낙 다양해서 일일이 자세히 다루는 것은 효율적이지 않다. 다만 장애를 안전하게 처리하는 핵심 원칙은 시스템 용량에 큰 영향을 주지 않으면서 치명적인 에러가 발생하는 시스템의 컴포넌트를 안전하게 제거해야 한다는 것이다. 작업자가 사무실에서 처리할 수 있는 여유도 충분히 주도록 한다. 그런 다음, 장애 도메인에서 장애 처리 목표를 달성하도록 시스템을 확장한다. 그러면 과감하게 하드웨어가 추가될 수 있다는 사실을 기반으로 안전하게 시스템을 확장할 수 있고, 최소한 인력 감축 관련 인건비를 지급하지 않아도 되며, 결국 온콜을 수행하지 않아도 된다.

WAOC와 SAOC의 결합

그렇다, 양쪽 접근 방식의 관점을 결합하는 것을 막을 수 없다. 실제로 이론적 입장은 상당히 다르지만 이미 둘 다 같은 해결책을 요구하고 있다. 예를 들면 이유는 달라도 둘 다 소프트웨어 구축을 위한 표준화된 툴킷을 요구하는 것이 그렇다.

결과적으로 IT 업계는 서비스 대부분을 구성할 수 있게 깊이 신뢰할 수 있는 하위 컴포넌트를 만들도록 노력해야 한다.[32] 이전에 설명한 클라우드 스택에 관한 내용이 공식적으로 옳다는 것을 증명할 수도 있다. 그러나 특정 사용 사례에 적합한 루비(Ruby)로 스타트업이 크게 성공할 수 있는 현실에서 루비를 제안하는 것이 비현실적이라고 생각하는 것에 동의한다. 오늘날 사용을 이끄는 것은 운영성이 아니라 프로덕트 시장의 적합성이다.

게다가 대규모 다국적 기업이 소프트웨어 운영에 대한 실제적인 문제 해결보다 무선 호출기를 사용해 시스템을 재부팅 하는 운영 엔지니어 고용이 더 저렴하다고 생각하는 한, 실질적인 변화는 없다. 진정한 변화를 위해 문제의 근원을 바로잡아야 한다. 신뢰할 수 없는 소프트웨어를 개발하기 너무 쉬운 상황을 직시해야 한다. 불가능까지는 아니어도 제대로 작동하지 않는 소프트웨어 개발은 더욱 어려워져야 한다. 그렇지 않으면 다른 어떤 것도 근본적인 변화로 이어지지 않을 것이다.

또한 클라우드 스택에서 표준화의 이점은 SAOC의 입장을 전제로 한다. 매번 회사 내부에서 별도로 에러 원인을 재발견하지 않는 이상 단계적으로 에러 원인을 제거하기가 훨씬 더 쉽다.

---

32 이런 노력이 여러분이 생각하는 것만큼 우스꽝스럽지 않다. 예로 AWS는 공식적인 방법(https://bit.ly/3t5DAkm)을 사용 중이다.

많은 사람이 단일 공격 표면을 조사한다는 것은 더 적은 사람들이 여러 공격 표면을 조사하는 것보다 훨씬 효율적이고 빨리 찾을 수 있음을 의미한다.

결론

온콜이라는 고민거리를 없애려면 IT 업계 전반의 노력이 필요하다. 제안하고 싶은 것은 소프트웨어가 최대한 적게 재작성되고 최대한 많은 사람이 사용할 수 있도록 명시적으로 설계된 툴킷을 위한 협업이다.

이렇게만 된다면 장점은 헤아릴 수 없이 많을 것이다. IT 업계의 전반적인 문화는 학교에서 가르칠 수 있을 정도로 안정적이며 비즈니스 로직 계층에 대한 일관된 접근, 기업 구성원 돌봄과 소수자를 환영하는 환경, 조직적으로 적용되는 베스트 프랙티스, 회사 간 일관된 데이터 처리 등 장점은 더 많아진다. 같은 회사에 있는 팀을, 같은 팀에 있는 동료를 너무 의식하지 말자.

불가능하게 들릴지 모르지만 본질적으로는 결합의 과제이다. 과거에 IT 업계와 사회에서는 VHS, x86 명령어 등 특이한 것에 대해 집중했지만 지금의 과제는 결합을 추진하는 것이다. 미래를 어떻게 될지 아는 사람이 지금은 당장 우리뿐일지라도 모든 사람에게 결합이 유익하기 때문이다.

니알 리차드 머피 Niall Richard Murphy
20년 넘게 인터넷 인프라 분야에서 일했고 현재 마이크로소프트의 더블린 사무실에서 애져 프로덕션 인프라 엔지니어링(Azure Production Infrastructure Engineering)의 소프트웨어 엔지니어링 이사로 있다. 니알은 회사 설립자, 작가, 포토그래퍼이며 컴퓨터 사이언스, 수학, 시 연구 학위를 갖고 있다. 니알은 사이트 신뢰성 엔지니어링(Site Reliability Engineering), 사이트 신뢰성 워크북(The Site Reliability Workbook) 공동저자이자 편집자이다.

CHAPTER 31

복잡한 시스템을 위한 애가

유나이티드 스테이츠 디지털 서비스^{United States Digital Service}에서 근무했던
마이키 디커슨^{Mikey Dickerson}, 레이어 에일프^{Layer Aleph}

2018년 3월 19일: 캘리포니아 파소 로블레스(Paso Robles). 팜하우스 모텔(Farmhouse Motel). 오토바이를 타기에는 너무 거센 비바람이 불어서 남쪽으로 우회해서 가는 바람에 하루를 허비했다. 다음 약속까지 220마일, 18시간이 남았다. 계획대로 되는 일은 절대 없다.

6년 전 나는 구글 SRE의 중간 관리자였다. 구글 스토리지에서 MySQL을 재창조하는 프로젝트를 3년 정도 진행했다. 해당 프로젝트는 거대했지만 대부분은 불필요했다. 이때 제출한 두 개의 마지막 승진 신청서는 아무도 읽지 않았는데, 당시 HR 담당자가 즐겨 쓰는 표현처럼 내가 "안장에 앉아 느슨하게 앉아"있길 바랐던 것 같다. 나를 완전히 업무에서 벗어나게 만든 큰 충돌 사건이 있었는데, 바로 오바마 대통령으로부터 healthcare.gov를 최후의 수단으로 구해달라는 요청을 받은 일이다. healthcare.gov는 다음 세대를 위한 보편적 건강 관리의 개념인 건강보험개혁법(Affordable Care Act)을 망치려 위협하는 소위 FFM(federally facilitated marketplace)으로 불리고 있다.

일명 healthcare.gov 구조 작업은 12명의 SRE가 24시간 내내 작업해야 했다. 샌프란시스코 베이 지역 출신인 그들 대부분은 그때 경험을 어떤 것과도 바꾸지 않을 것이며 다른 사람이 이와 비슷한 경험하는 것을 원하지 않는다는 것에 동의했다. 구조된 healthcare.gov는 점차 새로운 정부 기관인 미국 디지털 서비스(US Digital Service)로 성장했다. 그리고 미국 정부의 가장 완고한 IT 정책에서 자유로워지면서 대부분 문제는 크고 복잡한 단일 시스템을 다른 시스템으로 대체해보자는 시도에서 시작됐다.

첫 번째 주요 도전에 대한 언어적 단서가 있다. 이제는 누가 "IT"에 대해 얘기하는가? 물론 거대하고 무질서하게 뻗어 나가는 "기업"들이 있다. 연방정부만 해도 연간 800억 달러 이상을 "IT"에 투자하고 있다. IT 국가(The Nation of IT)라는 단어는 약 2차 세계 대전 이후에 생겼는데 모든 관료조직의 문서와 아날로그 업무 절차를 전산화로 대체하려는 발상이었다.

문서의 양식은 화면으로 대체되고, 서류함은 데이터베이스가 되었고, 메모는 이메일이 됐다. 획기적인 효율성 개선을 경험했지만 이마저도 인프라가 노후화되면서 잊혀졌고 완전히 새로운

문제들이 생겨나기 시작했다.

IT 국가의 전문 용어, 직책("CIO", "기업 아키텍트"), 기술(메인프레임, PC)은 경직화되어 인터넷에 적응하지 못한 나라의 많은 사람을 불편하게 했다. 이는 나쁜 행보로 널리 알려져 있으며 2010년대 구글이나 페이스북 사용자는 다른 나라에 속해 있는 느낌이었을 것이다. 기술 국가(The Nation of Tech)에서는 전문 유행어와 신기술이 유행한다. 또한 문화적으로 직책, 계층, 패션에 관심 없다고 주장하는데 딱히 면밀한 조사를 할 필요는 없지만 기술 국가가 기술 자체를 어떻게 보는지 이해하는 데 중요하다.

기술 국가는 IT 국가의 모든 것을 "레거시"라 부른다. IT는 모든 기술을 "유행"이라고 본다. 중간에 무언가 잃어버린 것이 있어도 핵심 문제(기술 국가와 IT 국가의 최선의 노력을 방해하는 문제)가 변하지 않는다는 사실이다. 엔지니어는 문제를 관리하는 것보다 복잡하게 만드는 것을 훨씬 더 잘한다.

나는 구글, IRS(미국 국세청), 메디케어(미국 공공의료보험 제도), 국방부, FBI, 전자 의료 기록, 수십 가지의 시스템 등 복잡한 모든 시스템에 공통된 작동이 많이 있다는 것을 확신하고 있다.

컴퓨터와 사람의 시스템은 분리될 수 없다

1967년, 멜 콘웨이(Mel Conway)는 "시스템을 설계하는 모든 조직은 조직의 커뮤니케이션 구조를 복사한 설계를 개발하도록 제한된다"라고 주장했다. 발표 이후 모든 조직은 "콘웨이 법칙"을 모욕으로 간주하고 이를 반증하고자 했다.

그러나 이 시도는 좀처럼 성공하지 못했다. 여기서 "좀처럼"은 "절대로, 나는 콘웨이 법칙에 대해 논쟁하고 싶지 않다"는 의미이다. 소프트웨어 컴포넌트가 결국 사람이 사용하는 물건처럼 배열되는 데는 여러 이유가 있다. 어느 경우든지 컴포넌트 간 인터페이스를 신중하게 정의하고, 천천히 변경하지 않으면 대규모 시스템은 작동할 수 없다. 인터페이스를 뭐라고 부르든 간에, 인터페이스는 각자가 상대방에게 무엇을 기대할지 알려주는 추상화(abstraction)에 의존하게 하는 계약이다.

어떤 시스템이 만성 기능 장애에 빠지면 기술적 문제와 사람의 문제는 필연적으로 일치한다. 상호 운용에 실패한 두 소프트웨어 컴포넌트를 보여준다면 나 역시 상호 작용하지 않는 두 팀을 보여 줄 수 있다. 이 글을 쓰기 일주일 전에 인터뷰했다. 인터뷰 대상자는 메인프레임의 DB2 데이터베이스에서 트랜잭션을 실행해야 하는 요구 사항이 있는 프로젝트를 수행하는 대규모 팀의 구성원이었다. 그는 2년 동안 아무도 이 일을 할 수 없었다고 한다. 한 명 더 인터뷰했는데 데이터베이스를 유지 보수하는 계약자 중 한 명을 어렵게 만날 수 있었다. 10분 정도 늦게 도착한 그는 근무하는 건물 곳곳을 잘 몰라서 회의실을 찾는 데 시간이 걸렸다고 한다.

"근본 원인"과 관련해 문제가 깔끔하게 해결되지 않은 시스템을 진단하도록 요청받았다고 가정해보자. 그런데 오히려 시스템 전반에서 문제가 발생하는 것 같고 어느 곳에서도 잘 작동하지 않는다면 어떻게 해야 할까. 먼저, 조직도와 시스템 흐름도를 그려 문제의 심각성을 확인해본다.

조직도와 시스템 흐름도, 둘 다 변경 가능하며 해결책은 둘 중 하나의 변화에서 발생할 수 있다는 것을 기억하라.

비응집 및 연쇄 장애

어떤 규모의 시스템이든 보험금 청구에 대한 잘못된 결정을 내리거나 고객의 청구서 수신 주소를 잘못 지정하는 등의 간단한 문제를 실수할 수 있다. 그러나 대규모 분산 시스템에서는 이런 실수가 용납될 수 없다. 시스템이 전혀 응답을 제공할 수 없는 특수한 장애 형태를 비응집(decoherence)이라고 한다.

늘 그렇듯이 사람과 소프트웨어에는 많은 예시가 있다. 분산 스토리지를 운영하는 사람은 여러 복제본, 수많은 서버, 태블릿(tablet) 서버의 비동기화 문제에 익숙하다. 이런 상황에서 쿼리 결과가 요청한 서버에 따라 달라진다면 이는 설계자가 생성하려고 하는 추상화(abstraction)를 위반하는 것이다. 일반적으로 비동기 문제에 대한 해결책은 데이터의 버전이 높으면 이기는 투표 방식을 사용하는 것이다. 소수 의견은 조용히 깊이 묻어두고 다시는 거론하지 않는다. 이론 논문은 대개 다수 의견이 "올바른" 것으로 가정한다. 사람에 대한 예시를 찾기가 훨씬 쉬울 것이다. 이 글을 쓰는 시점을 기준으로 미국 법률 시스템은 "대마초가 합법적인가"라는 질문에 선뜻 대답할 수 없다. 어느 법원에 묻느냐에 따라 달라지기 때문이다. 그래서 대답은 "그렇다"와 "아니오" 둘 다 나올 수 있다. 또한 미국 보훈처에는 수천 명의 참전용사의 생사 기록이 있다. 유권자 등록 저장에 대한 에러는 곳곳에 있으며 또한 유권자 정보가 존재하지 않는 때도 있다.

비응집에 연쇄 장애라는 것이 있다. 시스템 간 결합도(coupling)가 높으면 특정 컴포넌트에서 장애 발생 시 연결된 다른 컴포넌트에서도 장애가 발생할 수 있다. 흥미로운 것은 "연결됨"이 놀라운 정의를 많이 가질 수 있다는 사실이다. 아키텍처 다이어그램에 따라 소프트웨어 컴포넌트끼리 데이터를 교환한다. 같은 장비에서 어떤 프로세스가 실행되는지 알고 있는가? 아니면 네트워크 스위치를 공유했는가? 아니면 전원 분배 장치를 공유했는가? 기본 입출력 시스템(BIOS 버전)을 공유했는가? 여러분이 오랫동안 대규모 시스템을 책임지고 있다면 대답할 수 있을 것이다.

복잡한 시스템의 잘못된 결과를 디버깅할 때 숨어 있다가 불쑥 튀어나와 시시껄렁하게 "근본 원인"을 찾는 것만으로는 부족하다는 사실을 항상 기억해야 한다. 시스템 자체의 불일치로부터 시스템을 보호하는 에러 수정 알고리즘의 비직관적인 결과를 볼 수 있다. 이런 에러 수정 알고리즘은 의도적으로 설계된 것이다.

항상 부분 장애 상태

유지 보수하는 시스템에서 연쇄 장애가 발생해 역순으로 장애 처리를 진행하면 시스템의 여러 부분은 이미 장애 발생 전에 문제가 발생했음을 알 수 있다. 대형 시스템은 항상 부분 장애 상태에 있다. 이는 곧 MTBF(Mean Time Between Failures, 평균 장애 간격)와 MTTR(Mean Time to Repair, 평균복구 시간) 간의 상호 작용은 피할 수 없는 사실이다.

운영 그룹에서는 하드웨어 컴포넌트 수준에서 MTBF를 늘리고 MTTR을 줄이기 위해 종종 대규모 프로젝트를 수행하는 경우가 많다. 이는 "평균 시간"의 정의가 잘 되어있어서 합리성 가정이 충분히 유지되는 유일한 수준이기 때문이다. 이처럼 팀이 "책임 영역"에서 최적화하는 것은 분명 가치 있는 일이다. 그렇다 해도 전체 시스템에서 "거의 허용 가능한 수준"을 넘어서는 내결함성(fault tolerance) 증가는 다른 계층에 의해 즉시 사라지는 경향이 있다.

디스크 어레이(array)에서 3개의 디스크 동시 장애를 허용하는 분산 스토리지 시스템이 있다고 가정해보자. 일에 적극적이고 열정적인 하드웨어 팀은 디스크 어레이에 디스크가 두 개 이상 없다는 것을 "보장"하는 영리한 조치를 취한다. 1년 후에 다시 확인할 때 애플리케이션은 다시 최적화되었고 이제 1개의 디스크 장애만 견딜 수 있음을 알게 되었다. 왜 그럴까? 통계적으로 회고는 "항상" 뛰어나다는 것을 보여줬다. 오른손은 아홉을 주고 왼손은 그 아홉을 빼앗는다.

상호 작용하는 많은 팀(및 동일한 여러 시스템 컴포넌트)은 이런 주고받기식의 많은 예시를 보여줄 것이다. 사람의 책임감은 분산되기 때문에 진화의 법칙으로 이어진다. 생물학과 마찬가지로 진화는 최적의 솔루션을 만들지는 못하고 그럭저럭 괜찮은 솔루션을 만들어낸다. 시스템의 상태는 "대재앙에서 벗어난 한 번의 실패"다.

예를 들면 컬럼비아호와 챌린저호 우주왕복선 참사 사고 이후 조사에서 안전 마진(safety margin)[01]을 생성 및 소비하는 반복 방식, "대재앙과 상관없는 하나의 문제"가 눈에 띄지 않은 상태에서 점차 문제들이 누적되는 방식을 발견할 수 있었다. 이는 모든 컴포넌트가 믿을 수 없을 만큼의 신뢰도를 보장하기 위해 과도하게 구축된 복잡한 엔지니어링 작업이었다. 그리고 셔틀 시스템의 최종 안전 기록에 135편의 비행 중 2번의 치명적인 장애가 있었다.

운 좋게 새로운 애플리케이션을 출시하기 전에 설계를 검토할 수 있다면 인프라 컴포넌트가 SLA(Service-Level Agreement) 약속대로 수행될 것이라고 가정하는 계획에 주의해야 한다. 이렇게 하는 것은 기본 계층의 모든 안전 마진을 소비하는 것이다. 최소한 역사적 기록으로 남길 수 있도록 성능은 측정하고 문서로 만들면서 설계해 보길 바란다.

우선순위가 반전되는 새로운 상황

31장에서 두 번이나 엔지니어 승진에 대해 언급했는데 그냥 해본 말이 아니다. 사람의 시스템과 컴퓨터 시스템이 동일한 구조이기 때문에, 사람의 승진 구조는 시간이 지날수록 컴퓨터 시스템의 변화를 주도하는 보이지 않는 손이다. MTTR에 최적화하려는 하드웨어 유지 관리자의 의욕이 예측 가능한 이유는 이 일이 승진으로 이어지기 때문이다. 새로운 안전 마진을 최적화하고 비용을 절감하려는 스토리지 운영자의 의욕 또한 승진으로 가는 발판으로 삼는다는 점에서 충분히 예상할 수 있다.

---

01 안전 마진: 물체가 최대하중을 받을 때 추가적인 하중을 얼마나 더 견딜 수 있는가를 나타내는 값을 의미한다.

한동안 수천 명의 사람에게 생사만큼의 의미가 있는 수십 개의 엔지니어링 프로젝트를 담당하면서 나 또한 누구 못지않게 "미션(mission)"이라는 이름으로 사람을 모집했다. 미션은 여러분을 멀리 갈 수 있게 해줄 것이고, 돈이 바닥났을 때도 좋은 미션은 확실히 도움이 된다. 언젠가는 번아웃이 가장 순수한 마음을 가진 엔지니어에게도 퍼져서 삶의 질이 떨어질 것이라는 우려 때문에 소극적이 될 것이다.

기술 국가의 가치는 있는 그대로이며, 성공한 엔지니어가 할 일이 줄어들어 보상을 받는 경우는 드물다. 가치는 바로 돈으로 정의된 "삶의 질"을 남긴다. 이것이 위대한 성과로 이어지는 문화는 아니지만, 삶의 질은 기술 국가가 가진 문화이다.

결국 돈은 관료주의, 거물, 보너스, 승진 과정에 의해 관리된다. 따라서 승진 프로세스가 회사의 장기적인 행동과 관리하는 모든 시스템을 결정한다. 승진 프로세스는 무엇을 보상하는가? 회사가 주는 보상 말고 승진자 명단을 보라. 많은 승진자가 했던 행동을 모방하고 승진누락자와 관련된 행동을 하지 않을 것이다. 이렇게 진화하는 행동반경은 회사 내 리더의 명시된 어떤 의도라도 압도할 것이다.

따라서 승진 프로세스는 새로운 프로젝트를 시작할지, 아니면 옆 팀을 도울 것인지, 최신 신규 기술을 채택하는 비용을 지불할 것인지 궁금할 때마다 상담할 수 있는 신탁이 되어 버린다. 우리는 잠깐이라도 대세에 맞서볼 수는 있다. 그러나 다른 배들이 어느 방향으로 이동하는지, 표류하는 방향을 아는 것은 항상 도움이 될 것이다.

아무도 조율에 필요한 오버헤드를 예상하지 않는다

중요한 승진 프로세스의 마지막 요점을 명심하길 바란다. 어느 누구도 대규모 시스템 간 통신에 들어가는 비용을 예상하지 못한다는 점이다.

풍문에 따르면 펜타곤(미 국방부 청사)은 누구든지 건물의 어느 위치에서든 약 8분이면 다른 위치로 이동할 수 있게 설계되었다고 한다. 물론 사실인지 확신할 수 없다. 그러나 2차 세계 대전의 실존적 위기에서 건설한 것으로 대규모 조직 전체에 걸쳐 가능한 빠른 결정을 조정하기 위함이었다. 이 건물에서 가장 눈에 띄는 것은 주요 경로를 따라 40피트 너비의 복도가 있다는 것이다. 이미 건물 설계자는 얼마나 많은 사람과 물건이 운송될 것인지 충분히 알고 예상하였다는 얘기다.

미 국방부는 나에게 클러스터 내의 두 지점 간에 유선 속도로 전송할 수 있도록 내부 클러스터 네트워킹 설계를 구글 내부 설계와 비슷한 제약 조건을 요구했다. 요구 사항을 구현하느라 엄청나게 큰 비용이 들었다. 또한 클러스터에서 다른 작업을 하는 것보다 패킷 라우팅과 CPU가 훨씬 많이 필요했다.

기술 회사는 항상 새로운 툴이나 프로그래밍 언어를 도입한다. 엔지니어는 새로운 것을 배우기 위해 많게는 분기 또는 수십 시간을 할애하게 될 것이다. 바로 이유로 회사는 교육, 강의, 워크숍, 발표, 스탭 지원 등에 대한 계획을 세우게 된다. 많은 엔지니어가 다른 동료와 마찬가지로 회의, 화상 회의, 전화 통화하느라 일주일에 수십 시간을 할애한다. 나는 업무를 돕는 툴 중에 툴 사용을 효과적으로 알려주는 커리큘럼을 본 적이 없다. 특히 색다른 문화가 있는 다른 회사의 원격오피스를 도입할 때 도움이 될만한 교육이나 워크숍은 더욱 적다.

대규모 컴퓨터 시스템과 사람의 시스템에 대한 원활한 작동 방식을 담당하고 있다면 이 일에 드는 비용에 유의해야 한다. 여러분이 생각하는 것보다 여러분의 에너지를 훨씬 빠르게 소모해버릴 것이다.

healthcare.gov 시스템

이 몇 가지 아이디어가 대규모 복잡한 시스템을 유지보수하고 수정하는데 알아야 할 전부가 아니다. 때론 이 아이디어들이 간과되거나 과소평가 되는 경우가 종종 있다. 또한 SRE가 주로 보는 "복합 대규모 시스템"이라는 좁은 개념에만 이 아이디어가 국한되는 것은 아니다.

기술 국가의 SRE였던 우리 중 몇 명은 아이디어가 사실임을 발견하고 몇 년 전에 그만뒀다. 이제는 사람과 컴퓨터 시스템 간의 크고 중요한 문제를 연구하고 해결하면서 IT와 기술 사이의 불안한 경계에서 시간을 보내고 있다.

이렇게 나는 마운틴 뷰를 떠나 버지니아에 있는 고혹적인 베이지색의 사무실 공원으로 가게 되었다. 그리고 메릴랜드, 백악관 상황실에 이어 지난주는 새크라멘토에 있는 캘리포니아 아동복지 시스템을 살펴보았다. 이것이 지금 내가 샌프란시스코 베이 지역과 로스앤젤레스 사이에 있는 모텔에 있게 된 이유다. 이제 잠자리에 들어야겠다. 내일 220마일을 가려면 일찍 일어나야 하기 때문이다. 내일은 또 다른 중요한 시스템, 사람-기계 하이브리드(hybrid)가 복잡하게 얽혀 있는 시스템을 보게 될 것이다. 그나마 이 시스템은 재앙에서 한 발짝 떨어져 있다.

거기서 다시 만나길 바란다.

참여하기

대규모 복잡한 시스템 문제에 관심이 있고 어려운 문제들을 훨씬 더 편하게 해결하기 원한다면 Layer Aleph LLC, Ad Hoc LLC, Nava PBC, Truss(http://truss.works/) 중에 연락해보기를 권한다. 각 그룹은 조금씩 다르지만 모두 대재앙 같은 현장에서 종종 마주칠만한 훌륭한 사람들이 있다.

더 읽을거리

31장은 여러 참고 문헌을 참고해 작성한 것이다. 자세한 내용을 원하면 다음의 원본을 참고하기 바란다.

- 랜드 연구소(RAND Corporation)에서 1976년 출간된 앤서니 다운스(Anthony Downs)의 『내부 관료주의(Inside Bureaucracy)』 책은 절판됐지만, 아마존에서 찾을 수 있다. 이 책과 같은 제목으로 1964년에 발행된 36페이지 분량의 논문이 있으니 혼동하지 않도록 하자. 출판도서 또는 RAND에서 무료 다운로드도 좋지만 그것은 일부분에 불과하다. 한 권만 선택해야 한다면 이 책을 추천한다.

- 1970년에 출간된 조 프리먼(Jo Freeman, 일명 조린(Joreen))의 『구조 없는 횡포(The Tyranny of Structurelessness)』 책은 출간 이후 몇 년 동안 수십 군데에서 인쇄, 중쇄, 편집, 복사됐다. 현재는 jofreeman.com(http://www.jofreeman.com/)에서 정식으로 제공하고 있다. 단 한 편의 글만 읽고 싶다면 이 블로그를 추천한다.

- 1975년에 출간된 프레드 브룩스(Fred Brooks)의 '맨먼스 미신(The Mythical Man-Month)'은 콘웨이의 법칙 등을 다루고 있다.

- 1986년 발간된 챌린저 참사에 대한 '로저스 위원회(The Rogers Commission)' 보고서. 부록 F의 대부분은 리처드 파인만(Richard Feynman)의 "개인적 관찰"이다. 리처드는 위원회 구성원과 합의에 도달할 수 없었고 자신의 개인적인 내용이 장에 포함되지 않으면 보고서에서 자신의 지지를 삭제하겠다고 엄포했다.(경의를 표하며, 같은 필요성 맥락에서 홈페이지에 마이키 딕커슨(Mikey Dickerson)이 단독으로 저술한 오바마 대통령 시대 관련 내부 정책 문서가 있다. 아무도 자신이 무엇을 했는지 깨닫지 못하는 것 같다.)

- 1998년 시카고대학에서 출간한 『복잡한 시스템의 장애(How Complex Systems Fail)』 책은 온라인에서 볼 수 있다. 오라일리 벨로시티 2012(O'Reilly Velocity 2012)에서 발표한 내용으로 유튜브(YouTube)에도 있다.

- 2012년에 MIT 프레스(MIT Press)에서 출간한 낸시 르베손(Nancy Leveson)의 '더 안전한 세상을 위한 엔지니어링(Engineering a Safer World)' 논문. 르베손 교수는 30년에 걸쳐 수십 편의 "시스템 안전"에 관한 논문을 발표했고 해당 논문은 르베손 교수의 웹페이지에서 볼 수 있다. 르베손 교수는 수십 개의 기업과 정부 기관에서 자문과 워크숍을 진행했다.

- 그리고 여러분은 원자력 사고의 역사에서 찾게 될 모든 것은 흥미로울 것이다. 여기 두 개의 좋은 설문조사가 있는데, 에릭 슈로서(Eric Schlosser)의 '명령과 제어(Command and Control, 2014)'와 제임스 머하피(James Muhaffey)의 '원자력 사고(Atomic Accidents, 2015)'이다.

마이키 디커슨 Mikey Dickerson

포모나(Pomona) 대학에서 수학 학위를 취득했다. 여러 가지 다양한 일을 경험한 후 2006년에 구글(Google)의 사이트 신뢰성 엔지니어링(Site Reliability Engineering) 부서에 취직했고, 마침내 중간 관리자로 승진했다. 이렇게 모든 어린이의 꿈을 이룬 마이키는 2013년 오바마 행정부의 healthcare.gov 개선을 도울 준비가 되어있었고 2014년 8월부터 오바마 행정부 종료까지 미국 디지털 서비스(US Digital Service)를 운영하는 백악관의 제안을 수락했다.

CHAPTER 32

운영과 사회활동의 교차점

에밀리 고켄스키Emily Gorcenski와 리즈 퐁 존스Liz Fong-Jones

측정, 리스크 완화, 위기 대응, 장기간 추적 관리는 SRE에서 잘 받아들여지는 부분이며 소프트웨어 운영에서 널리 사용되고 있다. 이를 통해 문제를 조기에 파악하고 주요 서비스 지표를 측정하며 장애 관리 구조를 사용해 장애 중에 일어날 복잡성을 관리한다. 또한, 포스트모템을 작성하고 배운 내용을 토대로 향후 작업을 안내하는 설계 검토를 수행한다. 측정과 데이터에 중점을 두면 사용자가 효과적으로 서비스를 이용할 수 있다.

SRE의 협업적이고 여러 학문 분야에 걸친 접근 방식은 다양한 이해당사자를 조정하는 것을 포함한다. 복잡성에 압도되거나 번아웃되지 않도록 모든 개인이 노력해야 한다. 인적 요소 관리는 SRE가 배워야 하는 가장 중요한 기술이다.

그러나 엔지니어로서 SRE 작업은 단순히 SLO(서비스 수준 목표)를 준수하는 것만으로 끝나지 않는다. 사람에게 해를 끼치거나, 부당함을 악화시키거나, 소외된 집단을 배제하는 일에 안정적인 서비스는 구축할 이유나 유지할 가치가 없는 서비스이다.

기술은 좋든 나쁘든 세상을 바꿀 준비가 되어있고 모든 종류의 엔지니어는 자기 일이 "공익을 위한 것"이며, "삶의 질을 떨어뜨리거나 프라이버시를 침해하거나, 환경을 해치지 않는 것"[01]을 보장할 책임이 있다.

따라서 SRE로서 공정하고 공익을 위해 봉사하는 방법에 관심을 기울여야 한다. 다행히도 성공적인 사회 변화 활동에는 SRE가 전문 업무수행을 통해 연마한 것과 동일한 측정, 리스크 완화, 위기 대응, 후속 조치 관리 기술이 필요하다. 이 기술로 우리가 만드는 프로덕트, 우리가 일하는 광범위한 IT 산업, 우리가 사는 지역사회 정의를 지지하는 일에 적용할 수 있다.

32장에서는 에밀리(Emily)가 버지니아주 샬러츠빌(Charlottesville)에서 참여했던 인종차별을 반대하는 사회활동 운동이 어떻게 집단으로 조직되는지 살펴볼 것이다. 먼저 SRE와의 유

---

01 ACM 윤리강령(https://bit.ly/3JYm0Wv)

사점을 설명하고 기술과 훨씬 넓은 영역에서 우리 각자의 원칙에 따라 사회 변화에 의미 있게 참여하는 방법을 제안하고자 한다. 에밀리는 기술과 데이터 윤리 활동가의 관점에서 이 사례 연구에 접근했으며 반 흑인 인종차별의 역사가 깊은 오랜 상처가 있는 도시에 살고 있다. SRE로서 리즈(Liz)의 경력은 프로덕트 통합 및 근무조건 지지에 대한 전망을 포함하고 있고, SRE 기술은 리즈가 이 일을 더 잘할 수 있게 했다.

사전 조치, 조치, 사후 조치

> 하지만 마우시, 너의 길은 없어
> 예언은 헛된 것일 뿐
> 쥐와 인간을 위한 최상의 계획을 세웠지.
> 우리를 오로지 슬픔과 고통으로 남겨줘,
> 약속된 기쁨을 위해!
> – 로버트 번즈(Robert Burns), "쥐에게(To a Mouse)"

외부인이 봤을 때 사회활동 조직자(organizer)와 엔지니어는 딱히 공통점이 없어 보일 수 있다. 특히 역할과 책임 부분에서 그럴 것이다. 시위운동, 파업, 기타 대중 시위에 대한 언론 보도에서 몇 주 또는 몇 달간의 배후의 노동 결과를 볼 수 있다. 정치 조직은 종종 다양한 기술을 가진 경험 많은 사람의 열정에 의존하는 경우가 많다. 그러나 개발자가 운영이 필요 없는 프로덕트를 만들 수 없듯이 광범위한 기술을 갖춘 재능 있는 기획자라고 해도 모든 상황을 예견할 수 없다. 훌륭한 엔지니어와 같이 훌륭한 조직자라면 순간의 에러를 제거하기 위해 최적화하기보다 예기치 못한 장애에 가장 효과적으로 대응하는 탄력적인 구조를 구축할 것이다.

정치 조직의 워크플로우는 소프트웨어 엔지니어링의 워크플로우와 같은 관점으로 살펴볼 수 있다. 소프트웨어 엔지니어링 주기에 스프린트 계획 및 실행 준비, 개발 및 배포, 회고 단계가 포함되어 있듯이 정치 조직 또한 사전 조치, 조치, 조치 후 단계로 분류할 수 있다. 주요 소프트웨어 릴리즈와 같이 대규모 시위는 종종 주요 이벤트로 이어지는 일련의 작고 세분화된 노력으로 구축된다.

완벽한 기획

모든 노력에는 어디든 시작점이 있다. 기획은 소프트웨어나 지지 캠페인 무엇이든 간에 설계, 구축, 출시하는 데 있어 중요한 부분이다. 정치 활동은 사람, 단체, 기관, 자원을 계획, 조직, 준비, 조정하는 일에 지치지 않고 헌신한 결과물이다. 이런 이벤트의 주최 측이 직면하는 문제들(재능의 비대칭 분배, 부족한 자원(대부분 시간, 돈, 노동력), 비상사태 계획 등)이 모든 엔지니어링 관리자는 친숙할 것이다.

2017년 여름, 샬러츠빌(Charlottesville) 지역의 정치 활동가는 이런 계획에서 생기는 이런 문제들을 심각하게 인식하게 됐다. 그해 7월 8일 쿠클룩스 클랜(KKK, Ku Klux Klan) 집회와 8월 12일 "유나이트 더 라이트(Unite the Right)" 집회02 등 커뮤니티에 영향을 주게 될 두 개의 주요 집회가 열렸다. 샬러츠빌은 아주 작은 규모의 활동가 커뮤니티가 있는 버지니아주의 작은 도시이다. 이 도시에서 열릴 집회에 대해 수십 명의 사람은 비폭력 반격 시위를 계획했다. 지역사회는 8월 12일 유나이트 더 라이트 집회가 KKK 집회보다 더 크고, 더 위험하며, 잠재적으로 더 폭력적이라는 것을 알고 있었다. 그래서 지역 활동 단체들은 7월 8일 KKK 집회 준비에 시간을 거의 쓰지 않았다.

그런데도 모임 주최 측은 KKK 집회에 맞서도록 커뮤니티 자원을 신속하게 관리하고 운영을 확장했다. 기획자는 개인이 아닌 단체, 조직과 협력했고 계획 프로세스에 치우치지 않고 사람에게도 중요한 업무를 위임했다. 중요한 업무에는 음식, 물, 기타 건강 요구 사항(저혈당 및 탈수 예방) 준비하고 운반하는 작업이 있었다. 또한 체포 시 법적 지원 계획, 의료 및 정신 건강 지원 준비, 교육 자료 작성 및 배포, 활동 중 의사소통/조정 교육, 소외 지원(집회 미참석자들 지원), 소셜 미디어 모니터링, 언론 및 기존의 미디어 참여 등이 포함돼있다.

모임 주최 측의 대부분의 노력이 엔지니어링 분야와 유사하다. 릴리즈 당일에는 엔지니어를 위한 식사까지 조정하고, 법무팀이 사본과 서비스 약관을 검토할 수 있도록 한다. 그뿐만 아니라 문서 작성과 마케팅 자료를 준비하며, 내부/외부 커뮤니케이션 계획을 수립한다. 트위터 모니터링하는 직원도 채용해서 소셜 트렌드를 추적하고 버그를 식별하도록 한다. 또한 프로덕트 출시가 적절하게 보도될 수 있도록 언론과 협력한다. 이렇듯 실제로 요즘 프로젝트 관리자는 정치 활동의 주최 측과 꽤 유사한 역할을 한다.

그러나 활동가는 종종 비계층적 조직 모델을 선호한다. 관리자, 주주, 고객, 팀원이 각각 책임지는 것에 익숙한 엔지니어로서는 이상하게 보일 수 있다. 비계층 구조라고 해서 책임의 부재를 의미하는 것은 아니다. 실제로 개인 말고 조직이 구체적이고 측정 가능한 업무를 책임지면 활동가는 연대 구축 과정을 통해 업무수행을 완료할 수 있다. 이 개념의 핵심은 모든 조직이 모든 관점이나 가치를 공유하지는 않아도 고군분투하는 상황에서 조직은 일을 수행할 만큼 충분한 공통 근거를 갖는다는 암묵적인 이해다.

활동가가 쓰는 일반적인 모델은 '대변인 협의회'이다. 대변인 협의회에서 조직은 개인이 아닌 단체로서 약속에 대한 책임을 진다. 관련 조직은 각 대변인에 의해 대표되는데 대변인이 속해 있는 조직의 관심사, 요구 사항, 역량을 공유하고 다른 단체의 관심사도 받는다. 이 모델이 제대로 작동하면 일부 조직들이 충돌하더라도 우려를 표하고 최고의 선물도 제공할 수 있다. 개인보다 단체를 중심으로 책임과 행동을 구조화하면 스트레스가 많고 위험하거나 치명적인 환경에서도

---

02 (역자주) 유나이트 더 라이트(Unite the Right) 집회: 2017년 8월 11일, 12일에 개최된 백인 우월주의자, 신나치주의자 등이 주축으로 있는 극우 집회

특정 사람에게 책임을 떠넘기고 비난하는 것을 피할 수 있다. 중요한 것은 자율성을 강화하고 사람들이 가장 신뢰하는 사람들과 가장 긴밀하게 협력할 수 있다는 것이다.

단체 구성의 원칙

2008년 미네소타주 세인트 폴에서 열린 공화당 전당대회 반대 시위를 조직한 활동가는 여러 단체도 공동의 목표를 향해 일하도록 장려하는 운영 원칙을 만들었다. 현재 세인트 폴 원칙(St. Paul Principles)[03]으로 알려진 이 원칙은 연립정부의 구축을 돕기 위해 노력하고 있다. 비록 다양한 사람이 시위를 시작한 이들의 정책에 동의하지 않을 수 있지만, 세인트 폴 원칙을 통해 일반적으로 스트레스가 많고 갈등이 심한 시나리오를 대비하도록 일종의 가드레일을 제공한다. 네 가지 원칙은 다음과 같다.

- 연대는 다양한 전술과 다른 단체의 계획을 존중하는 것에 기반에 둘 것이다.
- 시간이나 공간의 분리가 유지되도록 행동과 전술이 조직될 것이다.
- 토론이나 비판은 동료 활동가와 집회에 대한 대중과 언론의 비난을 피해 해당 운동 내부에서 존재할 것이다.
- 우리는 감시, 침입, 혼란, 폭력을 포함해 반대 의견에 대한 국가의 탄압을 반대한다. 따라서 활동가 및 다른 사람들에 관한 법 집행 활동을 돕지 않기로 동의한다.

SRE로 운영하는 서비스 대부분은 시위자가 직면한 상황만큼 생사를 좌우할 정도는 아니지만 여전히 우리가 살고 있는 세계에 막대한 영향을 끼치고 있다. 그래서 우리는 마찬가지로 심리적 안전성(27장 참고)을 확보하고, 팀 간의 신뢰를 구축하는 것을 포함해 혼란스러운 상황을 어떻게 통제할 것인지 계획해왔다.

원칙 1과 2 (인터페이스 및 장애 명령)

SRE는 처음 두 원칙을 SRE의 이해와 동등한 것으로 해석할 수 있는데, 팀은 상대 팀의 책임과 계획의 범위를 존중해야 한다는 것이다. 장애 관리 시 각 개인에게 특정 범위의 권한이 부여되고, 참여 매개변수를 벗어난 임의의 작업은 금지된다. 이는 조직에서 종종 리스크를 방지하기 위해 전술과 행동을 물리적으로 분리하는 것을 의미한다.

---

[03] 2014년 런던에 있는 제드 북스(Zed Books)에서 출간된 다아시, 스티븐(D'Arcy, Steven)의 "들리지 않는 언어들: 전투적인 시위가 민주주의에 좋은 이유(Languages of the Unheard: Why Militant Protest Is Good for Democracy)"

모델-뷰-컨트롤러(Model-View-Controller) 패러다임, 가상 머신, 컨테이너, 마이크로서비스는 모두 이 주제에서 매우 구체적인 변형이다. SRE는 시스템 간의 명확한 인터페이스, 시스템에 대한 SLO를 정의한다. 또한 각 컴포넌트가 특정한 역할을 갖게 해서 얽혀 있는 상호의존성을 피하거나 구현 세부 사항에 의존한다. 운영 원칙은 장애를 격려하는 것이다.

원칙 3과 4 (비난하지 않는 회고와 심리적 안전)

원칙 3과 4에서 SRE의 유사점은 장애 후의 접근 방식과 장애 중간과 이후에 있을 포스트모템과 비난 없는 상호 작용에 어떻게 접근할 것인가에 있다. 비난할 만한 행동을 피하고 미래의 장애를 예방할 수 있도록 건설적인 논의를 유지하는 데 동의해야 한다. 건설적인 협업 분위기가 조성되지 않으면 동료들은 서로 신뢰하지 못하고 결국 실패할 것이다.

원칙 3은 사람이 외부 세계에 민감하다는 현실을 인정하고 있다. 팀, 연대(coalition), 회사, 커뮤니티는 주요 집회를 주도하면서 민감한 현실을 인식해야 한다. 일이 잘 안 풀릴 때도 목표는 연대하는 것이다. 팀원과 동료가 보여준 선의의 헌신을 기리는 태도가 필요하다. 실제로 원칙 3을 유지한다는 것은 장애의 규모가 더 커져서 근본 문제를 비공개로 유지하기가 더 어렵기 전에 애초부터 논의를 자주 해야 한다는 것을 의미한다. 이것이 매우 불쾌한 과정이 될 수 있고, 공간 구성하는 일에도 많은 관계가 분열된 적이 있다. 대인관계의 갈등 관리는 누구에게나 어려운 일이다.

활동가는 본격적인 행보 전에 대인관계 갈등 관리가 정말 중요하다. 정치 활동에서 인생을 바꾸기도 하며 최악의 경우에는 생명을 잃기도 한다. 활동가는 서로를 신뢰하고 또 서로에게 책임을 져야 한다. 제대로 된 준비는 역할을 명확하게 해서 개별적으로 혼란스러운 상황이 악화되지 않도록 자신의 책임에 집중할 수 있도록 한다.

위기관리: 문제 발생 시 대응

최고의 기획과 최선의 의도가 있어도 현실은 그야말로 엉망이다. 실제 기획의 목적은 예측 가능한 결과가 있는 일련의 규정대로 행동하는 것이 아니다. 가장 유리한 결과를 내도록 역동적인 시나리오를 추진하는 습관, 의도, 신뢰를 구축하는 것이다.

혼란에 대처하기: 7월 8일 KKK 집회 대응

7월 8일 샬러츠빌에서는 약 2천 명의 커뮤니티 구성원들이 저스티스 공원(Justice Park)에 도착했다. KKK의 로얄 화이트 나이트(Loyal White Knight) 회원 50여 명이 샬러츠빌 커뮤니티에 가져온 편견과 증오의 메시지에 반대하고자 모인 것이다. 문제는 이러한 반대 시위대의 대다수는 기획 회의에 참석하지 않았고 집회를 위한 훈련도 하지 않았다. 그 결과 주최 측은 시위대의 행동과 대응을 조정할 수 없었다. 반대 시위대는 기술적인 측면에서 봤을 때 SRE 프로세스의 고객과도 같은데 종종 이해할 수 없고 실망스러운 행동 패턴을 보여줬다. 그러나 이런 행동이 완전히 예측 불가능한 것은 아니었다.

지역 활동가는 역할을 나눠서 커뮤니티의 대응을 준비하고 분노와 폭력성이 잠재해있는 군중을 관리한 경험을 살렸다. 활동가는 사람이 휴대할 현수막과 표지판을 준비하고 자원봉사자는 사회 정의와 활동주의 요소를 설명하는 교육 자료를 배포했다. 구호를 외치는 리더는 무더운 여름날에 사람들이 폭력적으로 변하지 않도록 많은 이들이 오랜 시간 모여 있지 않도록 이끌었다.

이어서 활동가는 시민 불복종 계획을 세웠다. 입구 앞에서 연이어 팔짱을 끼고 서서 KKK가 공원에 진입하는 것을 물리적으로 차단할 준비를 했다. 이는 불법이지만 비폭력 저항 행위인 봉쇄는 사회 정의 운동의 오랜 전통이다. 지역 주최 측만으로 블로킹 임무를 수행하는 것은 어려워서 열정적인 반대 시위대가 피켓 시위에 참여하도록 독려했다. 이로써 커뮤니티는 시민 불복종 계획을 효과적으로 실현할 수 있었다.[04]

7월 8일의 반대 시위는 평화롭고 효과적으로 시작했다. 오후 어느 시점까지만 해도 거의 모든 것이 계획대로 완벽하게 작동하고 있었다.[05] 미디어 팀은 인터뷰를, 교육 및 홍보 팀은 자료배포와 사회 정의와 샬러츠빌의 인종 역사에 관한 대화를, 간식 팀은 사람들에게 단백질 바와 생수를 배급하고 있었다. 큰 사고 없이 계획대로 잘 진행되는 것처럼 보였다.

그러나 KKK가 떠난 후 무장한 경찰은 군중을 공격하고 불법 집회라고 선언했다. 평화로웠던 군중을 상대로 경찰은 최루탄을 발사했고 시위 근처에 있던 구경꾼, 언론인, 경찰관 등이 부상을 당했다. 주최 측은 고조되는 긴장감으로 통제 불능의 상황이 되지 않도록 신속히 선회해야 했다. 그러나 부상으로 움직일 수 없는 시위대가 진압 경찰의 경로에 있었다. 이날 일찍감치 체포된 사람은 풀려난 즉시 혼란한 시위대로 찾아와 친구와 사랑하는 사람을 찾고 있었다. 무슨 상황인지 알려고 할수록 사람들은 불확실한 정보들로 혼란스러워질 뿐이었다.

위의 상황은 위기에 처한 시스템을 경험한 SRE라면 익숙할 것이다. SRE는 겉보기에 순조로워 보이는 작업에서도 갑자기 장애가 발생하는 일을 종종 겪는다. 경고가 울리면 온콜 대기자에게 폭풍 같은 안내메시지가 쏟아지고 장애 대응이 빨라진다. 문제를 해결할 때까지 시간을 멈출 수 없으므로 시스템 장애가 길어질수록 사용자들은 더욱 실망하게 된다.

위기 대응 관리는 그 자체로 기술이다. 성공적으로 위기에서 벗어나려면 정보를 분류하고 업무 우선순위를 정해서 의사소통을 처리하는 능력이 중요하다. 샬러츠빌시에서 의뢰한 사후 조치 보고서[06]를 보면 기관 간의 의사소통 부족과 불명확한 지휘부 등 경찰 대응과 관련된 문제들을 확인할 수 있다. 당시 제대로 된 감독이 없었고 경찰 간부는 상부 허락 없이 군중에게 최루탄 3발을 투입하라는 명령을 내렸다. 이 결정에 대한 상부와 대면 질의에서 경찰 간부는 다음과 같이 말했다. "내가 최루탄 발사 명령을 내린 것이 맞다. 당시에 꼭 해야 했던 일이다!"

---

04 이날 23건의 체포가 있었고 대부분은 봉쇄 조치와 관련됐다. 현지 흑인 활동가가 공공 통행을 방해한 혐의로 무죄 판결을 받은 뒤 나머지 방해 혐의는 취하됐다. 정의를 추구할 때 체포될 위험을 알고도 경미한 법은 어기려고 했던 시도는 자랑스러운 유산과도 같다. 그렇게 함으로써 사람들은 인종적 불의와 백인 우월주의 테러 앞에서 예의와 질서는 무의미한 미덕임을 인정하게 된다.
05 경험이 풍부한 SRE는 이 글을 읽고 아마도 "아…." 하고 있을 것이다.
06 최종 보고서: 2017년, 버지니아 샬러츠빌에서 있었던 시위 사건의 검토 (https://bit.ly/3IKbiCR)

경찰 간부의 의도와 다르게 이 결정의 영향은 오래 지속됐다. 군중에 있던 세 명의 시위대는 유독 가스를 피하려고 티셔츠와 두건으로 얼굴을 가렸는데 중범죄로 구분되는 복면 혐의로 체포되기도 했다.[07]

이렇게 7월 8일의 KKK 집회는 적절한 대응과 부적절한 대응의 차이를 확연하게 보여준다. 활동가는 빠르게 확대되는 시나리오를 처리하고 사람들에게 의료지원은 물론 최루탄으로부터 노약자를 보호하고 체포된 사람들을 지원했다. 반면 경찰의 대응은 원활하지 않은 의사소통과 시시각각 변하는 현장의 정보를 처리하지 못하는 능력 부족을 보여줬다.

최악의 상황에 대비하기: 우익 연대의 테러 대처

"유나이트 더 라이트" 집회 중에 제임스 알렉스 필즈(James Alex Fields)가 자신의 자동차[08]로 반대 시위대를 공격해 샬러츠빌 주민인 헤더 헤이어(Heather Heyer)가 사망하고, 35명이 부상자가 발생하는 비극적인 백인 우월주의 테러 사건이 있었다.

이 공격은 반파시스트 군중이 집회에서 몇 블록 떨어진 SE 4번가(Fourth Street SE)를 행진할 때 발생했다. 해당 행진은 수 시간 동안 계속된 잔인한 거리 폭력으로 당국이 집회를 중단하자 이를 축하하는 일종의 "승리 행진"이었다. 충분히 예상되는 인파에 SE 4번가는 온종일 폐쇄될 예정이었다. 모든 차량 통행이 차단되고 보행자들에게 개방되어야 했기 때문에 SE 4번가 도로 폐쇄 소식은 집회 전에 널리 알려졌다. 지역 활동가는 공격 직전에 안전을 위해 교통이 개방된 워터가(Water Street)에서 벗어나 SE 4번가로 이동해 경찰의 잠재적인 진압을 피하려고 했다.

비록 이 사건이 헤더 헤이어의 죽음과 전국적으로 주말 내내 노골적인 나치 이미지로 도배된 뉴스가 되었지만 대중이 간과한 일부 이야기가 있다. 필즈가 공격한 군중에는 이전에 더 극적이고, 혼란스럽고, 폭력적인 사건을 겪어본 경험 많은 정치 활동가들이 있었다.

사건 직후 부상자 수십 명이 길바닥에 쓰러져 있었다. 숙련된 의료진들은 즉시 응급 치료를 시행했고, 다른 활동가는 구급차와 응급 구조대원이 신속히 진입할 수 있도록 길 터주는 것을 도왔다. 물론 그 순간에 다른 조치들도 마찬가지로 중요했다.

이를테면 이 공격으로 손상된 차량 중 한 대에는 어린아이들이 있었는데 군중 속에 있던 유치원 교사는 그들의 부모가 치료받는 동안 아이들과 함께 있어 주고 보호해줬다. SE 4번가 근처에 있던 성직자들은 트라우마와 혼란 속에 있을 사람들에게 달려갔다. 그리고 활동가는 대형 현수막과 표지판을 사용해 부상자를 안전하게 보호할 수 있는 "치료의 벽"을 만들었다. 이러한 대처와 서로의 신뢰가 없었다면 공격의 여파는 훨씬 심각했을 것이다.

굳이 SRE가 민간 민병대와 신나치 테러범과의 무력 교전을 준비할 필요는 없지만 유사점을

---

07 복면 혐의에 대한 세 가지 중범죄 혐의는 후에 연방 법원에 의해 취하됐다. 화학 무기 사용을 고려해서 경찰이 화학 물질 배치에 대한 예상 대응 관련 충분한 훈련을 받았다면 이러한 체포는 피할 수 있었을 것이다.

08 이 글을 쓰는 현재를 기준으로 필즈(Fields)는 1급 살인과 8건의 가중 악질 상해 혐의로 기소됐다. 필즈는 2018년 말 재판을 기다리고 있고, 법정에서 유죄가 입증될 때까지는 무죄로 추정된다.

쉽게 도출할 수 있다. 기업의 성패는 약속을 이행하는 능력에 달려있다. 특히 중요한 서비스의 실패는 수백만 또는 수십억 달러의 생산성 손실로 이어질 수 있다. "사물인터넷(IoT, Internet of Things)"의 지속적인 개발은 의료, 운송 등 공간에 연결된 기술을 통합하고 있다. 세부적인 설명 없이 신뢰성 자체로도 생사가 갈리는 결과로 이어지는 상황에 맞게 환경을 구성할 수 있다. 그리고 위기 상황을 잘 다루기 위해서는 장애 관리 프로토콜과 사전에 구축한 안전장치 형태의 적절한 계획과 준비가 필요하다.

"유나이트 더 라이트" 집회에 대한 제3자 검토에서 조사관은 SE 4번가에 단 한 명의 경찰학교 자원만 있었음을 알게 됐다. 경찰이 불법 집회라고 선포하고 공원을 정리했을 때 집회 참가자와 반대 시위대는 4번가 방향으로 가서 해산할 수밖에 없었다. 경찰관은 사람들의 안전을 우려해 집회가 있던 지역을 떠나도록 요청했다. 이로 인해 4번가의 입구는 사실상 보호받지 못했다. 샬러츠빌시 공공사업부는 폐쇄된 거리에 견고한 물리적 장벽이 필요하다고 판단해 덤프트럭과 스쿨버스를 제공했다. 그러나 집회를 기획한 시 관계자는 아무런 반응을 보이지 않았다.

2017년 여름 샬러츠빌에서 있었던 정치적 사건을 통해 대비태세의 중요성을 깊이 새겨야 한다. 모든 결과를 예측할 수 없지만 개인은 가능한 결과에 대한 준비와 계획을 할 수 있다. 또한 이를 통해 나쁜 상황이 훨씬 더 악화되는 것을 막을 수 있다는 것을 기억해야 한다. 위기는 신뢰의 틀을 구축하고 다양한 기술을 가진 개인에 의해 계획되고 관리된다. 위기를 초래한 실패를 살펴보면 신뢰 부족과 원활하지 않은 소통이 특징이다. 잠재적인 모든 위기에 대해 계획을 세우는 것은 불가능할 수 있다. 그러나 위기가 불가피하게 발생할 때 특히 정치적 집회나 소프트웨어 릴리즈 등 가까운 미래의 확정 날짜를 알고 있다면 위기를 완화하고 대응 전략을 마련하는 것은 얼마든지 가능하다.

신뢰의 당연한 귀결은 용서다

혼란스러운 상황은 당연히 스트레스가 많다. 스트레스 관리를 위해 어느 정도 통제력 포기는 필요하다. 문제 분류 작업은 궁극적으로 지금 해결해야 할 문제와 나중에 해결할 수 있는 문제를 나누고 어떤 문제는 전혀 해결할 수 없음을 인정하는 것이다. 이런 분류 작업이 엔지니어에게는 심정적으로 어려울 수 있다. 엔지니어 대부분은 충분한 시간이 주어지면 어느 문제든 해결할 수 있다고 여기고 있어서 해결하지 못한 문제를 포기하지 못하는 경우가 많다. 잡초 같은 문제 해결에 깊이 빠져 있으면 어떤 것을 조정하고 계획해야 할지 인지하는 것이 어려워진다.

기본적으로 위기는 단순하게도 시간과 관심의 부족이다. 위기 환경에서는 무엇보다 최적화하는 작업이 중요하다. 스트레스 때문에 잘못된 결정을 하면서 비롯된 시간 비용은 이 결정에 투자한 시간뿐만 아니라 이로 인한 피해를 완화하고 손실된 시간을 최소화하도록 올바른 경로로 바꾸는데 소요되는 추가 시간을 포함해 측정한다.

활동가들은 위기관리 비용을 세인트 폴(St. Paul) 원리에서 인정했다. 여기에 시공간의 분리를 유지하기 위해 사용되는 행동과 전략을 구축한다. 정치적 행위상 정당하지 못한 시간이나 장소에서 정당한 행위를 수행하는 것이 가능한데, 정치 운동에서 생사의 갈림길에 직면했을 때는 특히 그렇다. 계획한 조치가 잘못되면 피해를 최소화하고 영향을 최대화하는 방법을 선택해야 한다. 해당 행동의 결과를 공유하지 않고 사람들을 위험에 빠뜨리는 것은 정치 운동에 아무런 도움이 되지 않는다.

궁극적으로 성공적인 분류는 자신이 가진 전문 지식의 한계를 인식하고 다양한 기술을 갖춘 사람으로 구성된 팀을 보유하느냐에 달려있다. 모든 활동가가 의사일 수 없고, 모든 의료진이 언론인일 수 없으며 또 언론인이라고 해서 무조건 체포되는 것도 아니다. 신뢰가 중요하다.

대규모 운영 장애 관리 방법을 생각해보자. 장애의 각 주체(장애 지휘관, 의사소통 책임자, 운영 책임자)는 서로 다른 역할을 하며 더욱 전문화된 장애 대응자를 추가로 위임하고 조정할 수 있다. 장애 지휘 시스템 플레이 북에 따라 여러 팀이나 회사에서 수백 명이 조직될 수 있다. 이들은 시스템 장애를 식별하고, 피해를 복구하며, 유사한 장애를 대비하는 과정에서 중요한 임무를 수행한다. 모든 담당자는 각자의 일에 집중할 수 있도록 서로 신뢰해야 한다.

피카드(Picard)의 가르침대로[09] 실수를 하지 않아도 여전히 실패할 수 있다. 사회 정의를 추구하는 것만큼 더 진실한 것은 없다. 억압은 성공의 비밀을 풀기 위해 올바른 결정을 내리지 못한 사람들의 결과가 아니다. 오히려 특권과 권력을 거부하는 의도적이고 패턴화된 노력의 결과이다. 정보는 제한적이고 혼란스러운 순간에 내린 결정은 결국 완전한 진실이 드러나면 올바른 결정으로 보이지 않을 것이다. 분류 환경에서는 마땅한 자격이 없는 사람과 물건은 뒤처지고 결국 협력자, 사용자, 동료, 고객, 안전, 데이터, 자유, 돈을 잃을 것이다. 위기는 모든 사람과 모든 것이 아무 탈 없이 드러날 수 없는 상태이다.

혼란 속에서도 서로를 용서할 수 있음을 받아들이고 이를 중요시해야 한다. 용서가 없다면 진정으로 신뢰를 얻을 수 없다. 상황이 나빠지면 누구나 실수를 저지를 수 있다. 즉, 실수를 용서하는 것이 바로 지속가능성의 핵심이며 용서는 우리가 확신하고 행동할 수 있게 해준다. 용서가 없다면 대책 없이 얼어붙거나 경솔하게 행동할 수 있다. 회고에서 흠잡을 데 없다는 정도로는 충분하지 않다. 우리에게 있는 최고의 재능으로 자유롭게 행동할 수 있어야 한다.

우리 자신의 역사를 쓰기: 무슨 일이 일어났는지 아는 것

위기에 대한 일반적인 관점은 위기가 끝날 때 진짜 일이 시작된다는 것이다. 위기는 이전에 알려지지 않은 결함을 드러나게 한다. 이런 점에서 모든 사용자는 QA 분석가이기도 하다. 마찬가지로 모든 활동가는 역사가라고 할 수 있다. 정치 관련 운동에 대한 진짜 이야기는 신문이나 역사책에서 사실상 언급되지 않기 때문이다.

SRE로 일하면서 단 한 번의 위기만 경험한다면 굉장히 이례적인 일이고 운이 좋은 경우다. SRE 또는 주최자로서 경력을 쌓고 싶다면 주요 사건 또는 장애를 알고 있어야 한다. 주요 사건/

---

09 '스타트렉 시즌2(Star Trek: The Next Generation)'의 에피소드 21, "최고의 성과(Peak Performance)"

장애 발생 이후 며칠, 몇 주, 몇 달 동안 어떻게 대응하고 반영하고 있는지는 일을 계획하고 실행하는 것 못지않게 중요하다. 회고 분석은 생산적인 피드백 주기를 설정하는 데 필요한 단계로써 "루프를 닫고[10]" 다음 위기에 대비하도록 행동을 교육하고 알리는 데 도움을 준다.

샬러츠빌 검토: 할당 및 책임 회피

샬러츠빌 사건을 그 당시 활동가와 경찰 당국은 어떻게 대했을까? 2017년 여름 백인우월주의 집회에 이어 샬러츠빌시는 시의 집회 처리에 대해 제3자 검토를 의뢰했다. 이 검토는 반경찰이나 반국가 감정이 없는 검사 출신의 전직 미국 변호사가 진행했다. 검토 결과는 샬러츠빌시와 경찰의 사건 처리 방식을 비판하고 있다.

검토 보고서를 보면 특히 경찰의 훈련과 준비에 관련해 32장의 앞부분에서 다룬 많은 문제를 정확히 짚어냈다. 다음은 7월 8일 집회 관련 보고서 내용이다.[11]

> 안타깝게도 샬러츠빌시의 경찰서를 돕기 위해 '다른 3개의 법 집행 기관'에서 인력을 파견했지만 잘 통합되지 않았다. KKK 집회에 대한 각 기관 접근 방식 간의 단절은 7월 8일 훨씬 전에 시작됐다. KKK 집회의 진압 규칙을 상세히 설명하는 전체 공동 교육은 없었다. 버지니아주 경찰서와 샬러츠빌시의 경찰서는 7월 8일 별도의 운영 계획에 따라 움직였다. 샬러츠빌시의 경찰서는 버지니아주 경찰서에 운영 계획을 공유했지만 버지니아주 경찰서는 샬러츠빌 시의 경찰서에 운영 계획을 공개하지 않았다. 샬러츠빌시의 경찰관과 버지니아주 경찰관은 특정 구역에서 함께 근무하도록 배정됐지만 정작 7월 8일 이전에 따로 만나지도 않았고 어떤 의사소통도 없었다. 이런 진행으로 집회하는 동안 운영 응집력과 효과를 저하시키고, 사실상 준비는 실패한 것이 됐다.

7월 8일의 일이 그해 여름의 유일한 사건이었다면 이런 실패는 곧 사그라들었을 것이다. 그러나 경찰은 이 실패로부터 배우지 못했기 때문에 결국 8월 12일 집회는 헤더 헤어의 죽음과 35명의 부상자가 발생하는 큰 혼란을 초래했다. 조사 보고서[12]를 인용하자면 다음과 같다.

> "유나이트 더 라이트" 집회의 주최자는 제시된 도전을 충분히 인식하지 못했다. 그래서인지 명백한 자료가 있어도 참고하거나 다른 이의 조언이나 도움을 요청하지 않았다. 그들은 "무엇을 모르고 있었는지 몰랐." 라고 진술했고 결국 집회 준비는 한없이 부족하기만 했다. 이전 집회들과 "유나이트 더 라이트" 집회가 명백하게 유사함에도 샬러츠빌시의 경찰서는 8월 12일 집회를 기획한 다른 관할 구역의 관리자들과 충분히

---

10 (역자주) 루프를 닫고: 장애나 사건에 대한 피드백을 대응하는 마지막 수행 작업을 의미
11 최종 보고서: 버지니아 샬러츠빌에서 있었던 2017년 시위 사건의 제3자 검토(Independent Review of the 2017 Protest Events), 66페이지 (https://bit.ly/3MnRC9W)
12 최종 보고서: 버지니아 샬러츠빌에서 있었던 2017년 시위 사건의 제3자 검토(Independent Review of the 2017 Protest Events), 153페이지 (https://bit.ly/3MnRC9W)

협의하지 않았다. 물론 간단한 논의가 있었지만 다른 관할 지역의 운영 계획에서 배운 교훈을 통합하려고 시도하지 않았다. 샬러츠빌시의 경찰서는 다른 관할 지역을 방문하거나 유사한 사건에 대한 다른 부서의 운영 계획을 얻거나 경험이 많은 사람과 "유나이트 더 라이트" 집회에 대한 의견을 나누지 않았다. 즉, 이 실패는 엄청난 기회를 놓친 것을 의미한다.

제대로 기능하지 못하는 환경에서 일하는 엔지니어라면 실패에서 배울 기회를 놓치는 위와 같은 상황을 단번에 알아볼 수 있을 것이다. 즉, 책임을 지지 않으려는 문화에서 한 집단이 자신의 실패를 받아들이거나 해결할 수 없다면 실패는 계속 반복될 것이다. 경찰은 7월 8일에 발생한 일에 대한 부실한 준비나 그 어떤 잘못도 인정하지 않았다. 그 결과 경찰은 7월 8일부터 8월 12일까지 잘못을 바로잡아 고치는 과정에 참여하지 못하게 된 것이다.

잘못된 책임을 넘어서: 비난 대신 수용하기

최근에 엔지니어링 분야는 비난 없는 회고 개념을 채택했다. 목표는 엔지니어 개개인을 희생양이 되지 않도록 하는 것이다. 물론 회고에서 비난이 없다고 해서 앞으로도 책임이 없다는 것이 아니다. 따라서 같은 장애를 또 반복하지 않도록 스스로 회고할 때 장애 내용과 결함을 충분히 파악하고 있어야 한다. 또한 학습을 위해서는 다른 사람의 실패로부터 배우는 능력이 필요하다. 비난 없는 회고를 진행하는 엔지니어링 팀은 신뢰와 지속가능성을 쌓으면서 실패로부터 배울 수 있다.

이는 정치 조직과 사회활동 공동체가 엔지니어링 분야에서 배워야 할 영역이기도 하다. 많은 활동가 커뮤니티에서는 어려움을 겪고 있는데, 특히 사회 정의 추구에 대한 이해관계가 세밀해지면서 공동체, 조직, 개인 간의 분열이 점점 깊어지고 있다. 프랜시스 리(Francis Lee)는 다음과 같이 말했다.[13]

> '블랙 라이브스 매터(Black Lives Matter)' 공동 창립자인 알리샤 가르자(Alicia Garza)는 한데 모인 명석하고 열정적인 주최자들에게 폭발적인 연설을 했다. 알리샤는 새로운 활동가에 대한 불신과 비판을 제쳐두고, 그들이 우리 주최자에게 상처 주고 실망하게 할 수 있다는 사실을 받아들여야 한다고 촉구했다. 억압에 대한 최신 분석이 없거나 우리와 같은 언어를 사용하지 않는다는 이유로 새로운 활동가를 막아서는 안 된다. 우리가 대중을 향한 억압을 없애는데 필요한 대중 운동을 구축해야 한다면 이 운동에는 우리와는 다른 사람들, 우리가 완전히 동의할 수 없는 사람들, 우리와 갈등을 겪는 사람들이 포함되어야 한다.

지속가능성과 치유는 모든 사람이 동일한 견해를 밝히게 해야 한다는 의미가 아니다. 나와 함께 하는 다른 사람의 목표, 투쟁, 기대를 존중해야 함을 의미한다. 서로의 목표가 같다면 다른 사

---

[13] 2017년에 7월 13일에 작성한 Autostraddle 사이트, "사회 정의라는 이름의 교회에서 나를 제명해 주세요(Excommunicate Me from the Church of Social Justice)" (https://bit.ly/3Kk8exC)

람의 승리를 축하하기는 당연히 쉽다. 그러나 결과가 나에게 유리하지 않을 때 동료나 다른 사람의 실패를 비난하지 않는 것은 어렵다. 지속해서 성장하려면 기꺼이 불편을 감수해야 한다.

이렇듯 차선의 방법을 인정하고 받아들여야 한다. 과거에 다르게 행동했다면 상황은 더 나아질 것이라는 의미하며, 통제할 수 없는 요인의 피해를 완화하려 할수록 해당 요인은 궁극적으로 통제 밖에 있음을 의미하기도 한다. 회복의 목적은 단순히 위기를 피하려는 것이 아니라 다음 위기를 잘 대처할 수 있게 준비하는 것이다. 따라서 신뢰와 용서는 지금도 앞으로도 중요하다.

타 서비스에 대한 의존성이 높은 클라우드 환경에서 신뢰와 용서의 원칙은 디지털 비즈니스의 기능에서 특히 중요하다. 최선을 다해 장애를 처리하는 엔지니어를 신뢰하지 않으면서 장애와 관련 없는 이해 관계자에게 장애 업데이트 소식을 적극적으로 공유하라는 요구는 근본적인 문제 해결을 늦추게 할 뿐이다. 이에 투명성과 용서는 기술 파트너를 안심시키는 핵심 초석이 되었다. 투명성과 용서라는 두 키워드에는 서비스 장애의 원인 파악은 물론 완화 조치가 시행되면 같은 장애는 발생하지 않을 것이라는 메시지를 담고 있기 때문이다. 완벽한 시스템이 있을 수 없는 만큼 공감은 상호 연결된 시스템을 구축하는 가장 좋은 방법이다. #hugops는 고객, 공급업체, 경쟁 업체 간에 자주 언급되는 단어이다. 정확히는 이 단어가 우리의 인류애를 강조하고 있고, 언제든지 장애를 해결하는 중대한 역할을 해내기 때문이다

롱테일: 행동을 변화로 바꾸다

활동주의는 도착보다는 여행 그 자체이다.
― 그레이스 리 보그스(Grace Lee Boggs)

IT 산업은 지속적이고 장기적인 목표를 가지고 더 나은 프로덕트와 서비스를 구축하고자 노력한다. 이 과정에서 노동, 온콜 교대, 릴리즈는 필요한 단계지만 릴리즈 자체를 일반 엔지니어 경력의 존재인 양 취급하는 것은 비겁하다. 사회 정의에 힘쓰는 활동가의 목표는 대개 의도적인 행동, 지속적인 성장, 충실한 낙관론을 가지고 시간이 걸리더라도 정의를 향해 나아가는 것이다. 실제로 계획되거나 즉흥적인 행동 모두가 사회 운동에 이바지한 의미 있는 일들의 부분에 불과하다. 활동가는 상호 지원하고, 사랑으로 아껴주며, 보호하는 것을 기반으로 공동체를 육성하고 성장시키는 일에 대부분 시간을 쓴다.

여기서 상호 지원, 사랑, 보호는 아마도 지속 가능한 활동주의에서 가장 중요한 부분일 것이다. 이 시기에는 스스로 누구인지 알아가는 시간을 갖게 된다. 큰 사건이 특히 큰 장애가 일어나면 의심과 죄책감, 누군가에게 비난을 돌리고 싶은 충동에 시달린다. 더군다나 장애 이전의 미숙했던 관계는 더욱 긴장되거나 깨질 수 있다.

장애 이후에는 계속 유지하고 싶은 관계, 회복이 필요한 관계, 강화해야 할 관계, 단절해야 하는 관계 등을 점검하는 것이 필요하다. 그렇다고 신뢰가 깨졌다는 사실이 가치나 능력이 부족

하다는 것은 아니다. 때로는 잘못을 바로잡을 시점을 넘겨 신뢰가 깨지기도 한다. 이미 깨어진 관계는 다음 위기에서 회복되기가 힘들며 오히려 내적 긴장을 유발해 함께 힘을 합쳐야 할 때 서로가 부딪힐 것이다. 가뜩이나 안 좋은 때에 장애를 악화시키는 리스크를 감수하기보다 위기가 있는 중에 일시적 중단은 어려운 진실을 해결하는 것이 더 나을 수 있다.

반면에 이 중단은 어떻게 보면 휴식시간으로 볼 수 있는데 이미 잘 소통하는 관계를 더욱 돈독하게 하는 훌륭한 기회를 제공한다. 팀이 위기를 잘 대처해준다면 대인관계의 어떤 요인이 강하고 갈등을 일으키는지 돌아보고 개선하고자 노력하는 것은 가치 있는 투자이다. 이런 강점이 기반이 되면 위기 대처는 물론 더 많은 영역에서 영향을 미칠 수 있으며 베스트 프랙티스 공유를 통해 회복력은 강화된다.

2017년 여름의 집회 여파로 활동가들의 관계 일부는 절대 회복되지 않을 것이고 또 다른 관계는 훨씬 강화되었을 것이다. 모든 징후로 보아 샬러츠빌은 백인 우월주의자 활동의 표적으로 남을 것이다. 활동은 계속되고 커뮤니티는 계속 발전하려면 효과적인 신뢰 모델과 관계를 구축해야 한다.

신뢰 모델을 구축하는 한 가지 방법은 비교적 안정적인 기간에 새로운 사람을 업무에 통합하는 것이다. 요령을 터득하는 후배 팀원, 새로운 팀이나 새로운 역할에 합류하는 베테랑을 포함해 새로운 사람을 영입하면서 지속적인 훈련을 통해 기술을 향상시킨다. "배움의 가장 좋은 방법은 가르치는 것"이라는 옛 속담은 사실이다. 가르침은 새로운 관점으로 업무를 회고할 기회를 준다.

또한 가르침은 다른 진리에 가까이 가도록 해준다. 활동가, 엔지니어, 주최자, 관리자 등 모든 사람은 불완전하다. 그 때문에 항상 자신의 약점을 예의주시하고, 주요 사건들 사이의 휴식시간(또는 시스템 가동중지 시간)은 약점을 조사할 수 있는 좋은 시간이다.

궁극적으로 휴식시간(또는 가동 중지 시간)을 가장 잘 활용하는 것이 다음에 벌어질 일들을 대비하는 것이다. 다음에 발생할 위기, 다음에 있을 릴리즈, 그다음의 조치가 항상 있을 것이다. 현상 유지에 만족해서는 안 된다. 사회 정의 세계에서 현상 유지는 불의와 불평등을 안고 사는 것을 의미한다. 기술 세계에서 현상 유지는 기능이 충분히 빨리 전달되지 않거나 장애 대응 능력이 약해지고 운영 부하를 줄이는 데 진전이 없음을 의미한다. 시스템이 탄력을 받기 위해 완료해야 할 포스트모템 항목이 항상 있다. 기본 설정은 오랜 학습으로 인한 혼돈의 분리이다. 따라서 짧은 혼란으로 간간이 이뤄지는 안정성이 아니라는 것을 분명히 해야 한다.

물론 휴식시간(또는 가동중지 시간) 활용은 받아들이기 어려운 제안일 수 있고 지치게 할 수 있는데 궁극적으로 교대 근무라고 보면 된다. 휴식을 취하거나 관여하고 싶은 욕구를 자제하거나 행동을 통제하는 등의 모든 것을 알 수 있게 해야 한다. 우리가 업무를 잘 수행했다면 다른 사람도 해당 업무수행을 할 수 있음을 가늠할 수 있다. 전력을 다해 장기적인 성공을 거둔 움직임이나 조직은 없다.

회사 내에서 행동과 변화

모든 행동이 거리에서 시위하는 것처럼 보이는 것은 아니다. SRE는 기술자이자 동료, 고객, 전 세계 이익을 위해 사용할 수 있는 영향력이 있다. 간단하게는 약간의 공격(microaggression)을 제거하기 위해 기술 문서를 수정하거나 광범위한 사용자 가용성을 측정하기 위한 서비스 수준 지표를 수정하는 변경 등을 포함한다. 더 복잡한 경우에는 소프트웨어의 설계 및 출시 프로세스에서 신뢰할 수 있는 조언자로서 프로덕트 옹호 활동이 포함된다. 그러나 처음에 이런 내용을 듣지 못했다면 어떻게 될까?

만약 회사의 프로덕트, 정책, 근로 조건에서 형평성 문제를 해결하려고 할 때 동료나 경영진의 반대에 직면한다면, 여러분이 형평성을 옹호하는 데 도움이 되는 중요한 고려사항이 있다.

첫째, 회사에서 일어나는 일에 귀 기울여야 한다. 쉽게 고칠 수 있는 일도 너무 늦게 늦어버리면 선뜻 손대기조차 어려워질 때가 많기 때문이다. 릴리즈된 프로덕트와 비교해봐도 아직 고려 중이거나 구현되지 않은 프로덕트를 변경하기가 훨씬 쉽다. 그러니 동료가 말하는 감정적이고 이성적인 내용을 경청하자. 동료의 우려 사항을 경청하고 공감을 원하는지 아니면 문제 해결을 원하는지 파악해야 한다. 함께 결속하고 연대를 형성해 폭넓은 집단의 목소리를 낼 수 있다.

둘째, 건설적인 문제 해결에 관여하는 것과 별도로 분리될 수 있어야 한다. 각자의 자리가 있지만 리더십으로 건설적인 문제를 해결할 때는 감정적인 부분은 최소화해야 한다. 개인적인 감정이 분출될 것 같으면 중립적으로 옹호할 수 있는 동료를 찾는다. 소송이나 언론에서 부메랑이 되어 자신에게 돌아올 만한 후회할 말은 피하자. 위험을 무릅쓰고 열심히 일하는 것에 대해 직접적인 책임을 질 필요는 없다.

셋째, 우려 사항을 조율할 수 있는 적임자를 찾아냈는지 확인한다. 여러분이 동의하지 않는 문제를 작업하는 것은 사람이나 팀이 아닐 수도 있다. 아무런 준비가 안 된 사람에게 피드백을 전달하는 것은 팀에게 좌절감을 안겨줄 뿐이다. 따라서 누가 의사결정자인지 파악해야 한다. 올바른 의사 결정자를 찾았으면 적어도 처음에는 회사와 사용자의 최대 이익을 위해 선의로 행동할 것이다. 이후에는 잠재적으로 공리 또는 우선순위를 가지고 있다고 가정한다. 의사결정자가 누구 말을 귀담아듣는지 아는 것도 중요하다. 그래야 여러분과 동맹을 맺도록 설득할 수 있기 때문이다. 또한 의사결정자의 신뢰를 유지하고 긍정적인 업무 관계로 발전시키도록 하자. 훗날 협업하는 관계로 확대될 가능성이 충분하다. 수백 가지의 대화를 나누기보다 악의적인 방관자들의 방해를 피하고자 우려를 대신하는 소수의 연락 담당자가 있는지 확인하는 것이 중요하다. 방관자들의 방해에 휘둘리지 않도록 하자.

넷째, 의사 결정자의 선택에 미친 영향이 무엇인지 파악하고 의사 결정의 변수를 직접 변경하려는 언어로 여러분의 우려 사항을 설명한다. 타인의 논리에 대한 여러분의 직감은 그저 순진하고 전혀 엉뚱한 것일지도 모른다. 그러니 존재하지 않는 허수아비 같은 존재에 논쟁할 필요가 없다.

결정과 목표에 대한 문맥을 이해하는 것이 중요하다. 우려 사항을 해결하려면 누가 어떤 상황에서 영향을 받는지, 회사의 프로덕트와 특정한 상호 작용으로 어떤 부정적인 결과를 초래하는지, 이로 인한 피해가 무엇인지 설명해야 한다. 그리고 덜 해로운 선택으로도 회사의 목표를 달성할 수 있음을 보여준다.

모든 방법이 실패한다면 포기하기 전에 시도해볼 수 있는 선택 사항이 있다. 신중한 신중하고 간결하게 적은 직원 탄원서/공개서한은 경영진의 관심을 끄는 데 효과적일 수 있을 것이다. 공개적으로 반대하는 회사의 5% 미만에 고용주가 내부 반대 의견을 용인하는 경우에만 효과가 있다. 언론과의 대화로 신뢰와 일의 진척이 훼손되지 않도록 주의하자. 정보 유출은 부정적인 언론을 일으킬 수 있고 이로 인한 방어적인 태도는 아무런 개선 없이 현상 유지만 고집하게 할 뿐이다. 이 최후의 전술이 성공하지 못하면 행동으로 의사표시를 할 수 있다.

변화는 오랜 시간이 걸릴 수 있으므로 활동을 지속할 수 있게 하는 것은 정말 중요하다. 번아웃은 관리해야 한다. 압박감을 조성하려고 투입된 초반의 집중력은 장기적인 목표를 성공적으로 달성하기 위해 일하는 그룹에 힘을 실어줄 수 있다. 따라서 일단 승인되면 작업 그룹은 신뢰와 약간의 숨통을 터줘야 한다. 협상은 상호 합의된 해결책이 완료될 때까지 기밀로 유지하는 것이 성공에 더 도움이 될 것이다.

1:1 면담을 통한 조용한 해결이나 대중의 압력이 없는 작업 그룹 구성 또는 강제기능에 의한 큰 위기 등 직원의 발언권은 회사 프로덕트가 엔지니어링 윤리를 준수하도록 보장하는 방법이다. SRE가 프로덕트 및 관리는 물론 다른 SRE를 이해 관계자로서 능숙하게 처리할 수 있는 의사소통과 에스컬레이션(escalation) 기술은 내부 활동을 수행하는 데 아주 유용하다. 신뢰성에 대한 우려, 윤리적 이유로 릴리즈를 미루는 뿌리 깊은 문화를 지지하는 관행으로부터 작은 진전이다. 이것은 IT 산업과 사회를 위해 할 수 있는 최소한의 일이다.

결론

SRE는 고객이 프로덕트를 사용하도록 하는 것에 관심이 있다. 그러나 프로덕트의 사회적 영향이나 사용자가 프로덕트를 최대한 효과적으로 활용하도록 고려하기보다는 기술적인 측면으로만 SRE 스스로를 제한하는 경우가 많다. 이에 SLO는 모든 사용자의 경험을 고려하고 산업 전반에 걸쳐 긍정적인 경험을 제공해야 한다.

기술을 사회활동에 적용하면 세상을 더 정의로운 곳으로 만들 수 있다. 또한, 사용자는 여러분이 만든 프로덕트에 더욱 동등하게 접근할 수 있다. 또한, 서비스 수준 지표가 빠르고 대기 시간이 짧은 인터넷 연결을 통해 실무 사용자뿐만 아니라 모든 사용자의 경험을 종합적으로 측정하면 간소하게 시작할 수 있다. 여러분의 활동 범위를 확장한다면 여러분이 이바지한 프로덕트의 형평성을 주장할 수 있다. 만약 사회 운동에 참여하기로 했다면 여러분의 SRE 기술은 유용하게 쓰일 것이다.

에밀리 고켄스키 Emily Gorcenski

버지니아주의 샬러츠빌 출신의 데이터 과학자이자 반인종차별주의 활동가이며 현재 베를린에 거주하고 있다. 에밀리는 기술, 규제, 사회에 열정이 열정적이며 트랜스젠더 권리를 적극적으로 옹호하고 있다.

리즈 퐁 존스 Liz Fong-Jones

뉴욕 브루클린과 캘리포니아 샌프란시스코에서 14년 이상의 경력이 있는 개발자 옹호자, 활동가, SRE이다. 리즈는 아내, 아내의 연인, 사모예드/골든 리트리버 견간의 혼종견과 함께 산다. 여가 시간에는 클래식 피아노를 연주하고, EVE 온라인 게임의 동맹을 이끌며 트랜스젠더 평등 센터(National Center for Transgender Equality)의 이사로서 트랜스젠더 권리를 옹호하고 있다.

CHAPTER 33

맺음말

> 계속해요, 계속해요. 우리는 시간이 너무 많고 할 일은 거의 없어. 부딪히고 뒤집어 봐요.
> - 윌리 웡카(Willy Wonka) 역의 진 와일더(Gene Wilder)

나는 이 책이 여기서 끝나지 않기를 바란다.

그 대신 일시 정지인 것처럼 있자. "집에 갈 필요는 없지만 여기에서 머물 수는 없다."라는 순간처럼 있어 보자.

책에서 다룬 논의를 계속할 것인가의 여부는 이제 여러분에게 달려있다.

이 책에서 흥미로웠거나 빠진 내용이 있다면 동료와 미래의 실무자와 얘기를 나누도록 하자. 그리고 그 내용을 SREcon 콘퍼런스에서 발표해 주길 바란다. 트위터(@otterbook의 DM은 항상 열려있다!) 및 여러 소셜 미디어를 통해 나와 SRE 커뮤니티 회원에게 언제든지 연락하고 여러분을 소개해주기 바란다. SRE에 관한 책을 써도 좋고 오페라를 작곡하거나 감정을 표현하는 춤을 만드는 것도 좋다. 그게 무엇이든 여러분 스스로 이바지할 수 있는 것은 얼마든지 있다. 우리는 여러분이 필요하다.

이 책을 읽어줘서 고맙다. 여러분과 대화하는 날이 오기를 기대한다.

INDEX

찾아보기

ㄱ

가드레일 013, 017
가면 증후군 167, 209
가상 복구 부채 041
가용성 011, 128, 258, 271, 338, 433
가치 흐름 지도 150, 152
감마 분포 341
감사자 158, 246
감시자 관찰 270
감정 데이터 320
강한 격리 262
강화 학습 277, 279
개념 증명 046, 130
개발 장애물 450
개별 직접책임권자 265
개인 식별 정보 058, 248
개인적 멘탈 151
객체 삭제 흐름 268
거버넌스 377
검색 알고리즘 280
검증 268
검증 적용 범위 269
게이트키퍼 356
겜바로 가기 151
격리 262
결정적 291
결함 주입 266
경계성 인격 장애 461
경고 신뢰성 엔지니어링 368
경력 정체 142
계정 탈퇴 시 콘텐츠 제거 자동화 060
고장 난 디스크 260
골리앗 089
골키퍼 090
공식적 역할 할당 444
공유 아키텍처 234
공유 오브젝트 잠금 255
공유 원본 서버 056
공유 측정 지표 380
공존 184
과도한 운영 지원 비용 142
과도한 재작업 145
과도한 프로비저닝 019
과학 기술 행동 408

관찰 가능성 408, 412
광역 방화벽 050
교차 기능 팀 153
구글 개발자 인프라 168
구글 닥스 장애 218
구글 웹 서버 167
구글 파일 시스템 328
구매 046
구조 품질 데이터 320
구축 045
궁극적 일관성 246
규모의 경제 187
근본 원인 분석 036
글레이셔 249
글로벌 IT 시스템 장애 349
기능 품질 데이터 측정 320
기능 프로토타입 046
기대치 136
기묘한 이야기 219
기본 리졸버 057
기본 이미지 구축 388
기술 모임 073
기술 신뢰성 213
기술 지도력 026
기업의 노동 143
기울기 하강법 281, 292, 293
기획 리더 329
긴 리드 타임 088
깊이 우선 탐색 280
꼬리 지연 시간 417

ㄴ

나쁜 습관 091
나이브 베이즈 분류기 302
나이트캐피탈 442, 450
내구성 258, 261, 271
내구성 마르코프 모델 260
내비게이션 타이밍 058
너비 우선 탐색 280
네트워크 운영 센터 195
넥서스 174
노동 140, 162
노이즈 플로어 368
논리적 격리 263

논리적 전체 및 증분 백업 251
누적 밀도 함수 340
뉴런 282, 294
뉴욕 주식 교환 장애 442
느린 업무 결과 145
능동적인 학습 325

ㄷ

다양한 툴박스 250
다운타임 033
다크 런치 373
단계 함수 282
단위 테스트 348
단일 근본 원인 352
단일 진실 공급원 096
단일 코드 저장소 173
단일 테넌트 074
데드록 엠파이어 326
데브옵스 116, 346, 381
데브옵스 무브먼트 145
데브옵스 엔지니어 181
데브옵스 핸드북 166
데비안 174
데이터 마이닝 287
데이터 무결성 문제 255
데이터베이스 242, 409
데이터베이스 신뢰성 엔지니어 243
데이터베이스 신뢰성 엔지니어링 257
데이터 보호 243
데이터 센터 / 엔드 포인트 선택 자동화 060
데이터 품질 248
데이터 플레인 418
도요타 프로덕션 시스템 149
동적 설정 API 419
동적으로 업데이트 013
동적 프로퍼티 013
드라이런 247
디스크 스크러버 269, 270
디스크 어레이(Disk Array) 014
디스크의 연간 고장률 261
디스크 장애 272
디프로비저닝 355
딥러닝 280
딥마인드 280, 301
또라이 제로 조직 210

ㄹ

라우팅 398
라우팅 테이블 418
래킹 355

래퍼 247
레고 마인드스톰 325
레드/블랙 013
레젝스 골프 326
레퍼런스 체크 024
로고 프로그래밍 325
로그 조인 파이프라인 332
로깅 060, 416
로덕션 준비 검토 프로세스 310
로드밸런서 392, 393, 398, 411
롤백 443
롤백 테스트 255
롤아웃 330
루비 064, 073
리더십 213
리두 로그 259
리드 타임 370
리소스 타이밍 API 058
리전 224, 260
리팩토링 318
린 낭비 분류 152
린 제조 무브먼트 144
린커드 419
릴리즈 엔지니어링 388

ㅁ

마르코프 260
마르코프 체인 260
마스터 서비스 계약 055
마이그레이션 255
마크다운 312
매출 증가 150
머신러닝 280, 281, 284
멋지게 만드는 단계 205
멘탈 모델 446, 448
멘토십 026
멤캐시드 074
역등성 푸시 369
모니터링, 지표, KPI 354
모델 T 221
모델 검증 225
모의 장애 대응 363
몰입 325
무결성 248
무정전 전원공급 시스템의 장애 349
무중단 배포 399
문맥 010
문서화 073, 306
문화 인터뷰 027
물리 저장소 노드 268

물리적 격리 262
물리적 전체 백업 250
물리적 증분 백업 250
미국 장애인법 468
미니맥스 279
민첩성 420
밀집함 128

ㅂ

바이너리 푸시 489
바이트 코드 계측 284
반동기 복제 259
배포 자동화 243
백업 246, 258
백프레셔 443
버스 팩터 462
번아웃 142
벌크헤드 015
베어 메탈 101
베어메탈 418
베이지안 추론 277
변경 제어 위원회 372
변칙성 448
병목 현상 145, 146
보안 156, 232
보조 기울기 하강 그래프 298
복구 041, 247, 250, 252, 267, 268, 374, 487
복잡성 218, 221
복잡한 외상 후 스트레스 장애 469
볼륨 249, 250
볼트 158
봇 096
부채 복구 040
부트스트랩 204, 207, 419
부하 과잉 366
부하 테스트 183
분류 279, 444
분산 시스템 026, 411
분산 아키텍처 408
분산 잠금 415
분산 제어 408
분산 추적 416
분산 컴퓨팅의 장애 349
분할 사고 344
분할 정복법 127
불변 인프라 369, 384
불변의 컨테이너 프로비저닝 및 스케줄링 408
불변 인프라 369
불행의 수레바퀴 326, 433
브라운 필드 377

브루트 포스 280
블랙박스 060, 103
블랙스완 273
블루/그린 013, 387
비가역성 222
비기능적인 요구 사항 331
비난을 넘어서서 351
비동기 복제 259
비상 절차 266
비용의 무게 044
비정상 탐지 279
비즈니스 데브옵스 180
비즈니스 지표 432
비지도 학습 277, 279
비효율적 333
빅테이블 102
빈도주의 추론 277
빠른 속성 013
빠른 통합 테스트 256

ㅅ

사용자 행동 320
사이드카 416
사이드카 412
사이드카 413, 414, 422, 423
사이킷-런 277
사이트 신뢰성 348, 360
사이트 액셀러레이터 050
사일로 061,144, 151, 177, 189, 242
사전/사후 산출물 테스트 177
사전 인터뷰 채팅 024
삭제 코딩 259
상태 검사 097
상태 비저장 애플리케이션 스택 409
생산성 432
섀드 인식 라우팅 395
섀도잉 414
서로에서 배우기 076
서버리스 411
서버 사이드 인클루드 049
서버의 수명주기 204
서비스 메시 408, 412
서비스 발견 411
서비스 신뢰성 계층 069
서비스 피라미드 204
서킷 브레이킹 411, 414
선순환 036
선형 대수학 294
설계 관문 370
설정 관리 369

설정 관리 데이터베이스 093
성능 128, 354, 384, 489
셀레늄 055
셀프서비스 052, 155, 156, 157, 207
소프트웨어 개발 수명주기 376
속도 제한 411, 414
손실 함수 297
수직 확장 222
수평 확장 222
순응 엔지니어링 103
순추천 사용자 지수 150
순환 신경망 284
스냅샷 249
스노우플레이크 108, 242, 401
스레싱 422
스로틀링 403
스리마일 섬 440
스모크 점퍼 367
스케일 012
스케일 다운 220
스코어카드 016
스쿼드 092, 094
스큐 테스트 265
스태거드 롤아웃 013
스태킹 355
스택 오버플로우 182, 306
스텔라 보고서 352
스토리지 영역 네트워크 014
스프라이트 056
스핀네이커 013, 017, 158
승인 테스트 108
시간 할당량 338
시그모이드 282, 290, 291
시스템 관리자 137
시스템 분할 420
시스템 지식 026
시장 지향 팀 153
신경망 282, 284
실시간 푸시 API 057
실용적인 인간 신뢰도 평가 가이드 482
실제 사용자 모니터링 051
실패율 260
심리적 안전 426
심층 강화 학습 280
심층 분석 026
심층 신경망 284
씬 라이브러리 418

ㅇ

아나콘다 277
아리스토텔레스 프로젝트 426
아마존 AWS 장애 218
아마존의 리더십 원칙 119
아이리스 354
아이볼 네트워크 058
아카마이 056
아카이브 246
아키텍처 질문 026
아티팩토리 174
아파치 카프카 074
안티패턴 144, 360
알파고 280
애미네이터 389
애자일 181, 183, 218, 222
애플 iCloud 장애 218
애플리케이션 배포 389
애플리케이션 에러 248
애플리케이션 쿼리 라우팅 396
액티브 상태 확인 415
앤서블 177, 189
에러 112
에러 복구 테스트 256
에러 예산 011, 031, 075, 161, 162, 356
에러율 482
에반젤리즘 238
에이전트 데이터 284
엑사바이트 259
엔보이 408, 419, 421
엔지니어링 파산 143
엣시 077
엣지 네트워크 거점 058
엣지 프록시 414
엣지 호스트 056
역전파 292
역할 기반 액세스 제어 236, 411
연속 테스트 177
열 가지 철학 119
영웅 031
모니터링 056
예산 161, 377
오너십 184
오브젝트 저장소 250, 251
오탐 028
오토스케일링 220
오프라인 저장소 249
오픈레스티 393
온보딩 018, 090
온보딩 부트캠프 211

온콜 032, 071, 078, 086, 087, 116, 213, 214, 324, 354, 433, 464, 474, 488, 489, 490
외부 의존성 127
외상 후 스트레스 장애 468
요청 일시 중지 399
요청 크기 128
용량 123, 146, 354
용서 509
우선순위 모델 206
우울증 433
우즈의 정리 446
운영 간소화 385
운영 격리 264
운영 비용 046, 354
운영자의 피로도 271
운영 체제 및 하드웨어 에러 248
윈스톤 158
응답 시간 128, 136, 150
의사 결정 트리 282, 287, 288, 289
의존성 376, 420
이벤트 자동 복구 183
이스티오(Istio) 419
이중화 시스템 350
익스트림 프로그래밍 221
인공 뉴런 282
인그레스 417
인덱스 검색자 270
인메모리 캐시 220
인증서 갱신 자동화 060
인지 433, 438, 454
인프라와 운영 트라이브 095
일류 시민 050
일반 DoS 벡터 402
임상시험 227
입출력 블록 249

ㅈ

자기 주도적 학습 325
자동 디스크 개선 프로세스 272
자동 탐지 039
자동화 060, 234, 245, 271, 453
자바 스트러스 프레임워크 173
자폐증 460, 469
잠금 최적화 427
장기간의 취약점 공격 387
장단기 메모리 네트워크 282
장애 061, 089, 150, 262, 324, 327, 346, 349, 354, 355, 385, 402, 437, 440, 454
장애 관리 템플릿 116
장애 수정 시간 038

장애 영향 범위 013
장애 조치 메커니즘 271
장애 지휘관 329
장애 허용 443
장애 확인 시간 037
장애 회피 015
재시도 414
저장소 감시자 270
저크 209
적시 문맥 017
전자 코딩 284
전체 리전 224
전체 쿼럼 259
전화 화면 인터뷰 024, 025
정규 분포 341
정보 불일치 146
정상 상태 225
정신 건강 459
정신분열증 461
정신 장애 459
정족수 합의 263
제로 데이 취약점 402
젠킨스 101, 189
종합 모니터링 051, 054
좋은 문서 307
주의력 결핍/과잉 행동 장애 460
주키퍼 263, 414
지능형 에이전트 277
지도 학습 277
지라 095
지수 백오프 재시도 411
지원 티켓 379
진자 420
집킨 418

ㅊ

채용 022, 023, 024, 028, 248
챗옵스 180
체리 픽 330
체크리스트 130
체크아웃 큐 404, 405
총 소유비용 417
최소의 기능을 가진 프로덕트 046
최우선 고객 062
최종 일관성 415, 420
최종 일관성 서비스 탐색 시스템 415
출시 준비 검토 171

ㅋ

카나리 013, 016, 055, 132, 373, 389, 479
카산드라 074
카오스 몽키 222, 376, 385
카오스 선언문 224, 225
카오스 엔지니어링 103, 180, 218, 225, 226, 375
카오스 콩 224
카타 149, 150
칸반 164
캐시 제어 398
컨설 414
컨테이너화 207
컨텍스트 경로 056
컨트롤 루프 070
컨트롤 플레인 418
켄트 벡 221
코너 케이스 266
코드로서의 인프라 257
코드 리뷰 095
코드 프리징 445
코바야시 마루 327
콘웨이 법칙 075, 190, 495
쿠버네티스 186
퀀텀 대비 분위수 339
크론잡 095
클라우드 시스템 관리 관행 172
클라이언트 사이드 인클루드 049
클러스터링 279
클릭-투-플레이 089
클린곤 전함 327

ㅌ

타불라 라사 079
테라폼 177
테스트 057, 247, 251, 266, 318
테이크-홈 024, 027
테이프 저장소 249
테일러리스트 스타일 488
테크니컬 라이터 307
텐서보드 294
텐서 수학 294
텐서플로우 277, 294, 298
템플릿 075, 316
통합 모니터링 056
통합 환경 구축 251
퇴사 471
툴링 013, 059, 145, 146
트래픽 112, 271, 284, 393, 418
트래픽(Traefik) 419

트랜스젠더 473
티켓 기반 요청 157
티켓 기반 요청 대기열 147
티켓 시스템 147, 368
틱택토 퍼즐 279
팀 역량 142
팀의 최소 인원 206

ㅍ

파라미터화 247
파레토 분포 341
파일 디스크립터 제한 423
패러데이 케이지 199
패커 389
퍼널 014
펄스 202
페어링 세션 073
페어 코딩 370
페어 프로그래밍 218
페이스북 장애 218
평가 024
포괄적 포용 459
포기 비용 048
포드 221
포스트모템 033, 072, 180, 245, 310, 334, 427, 455, 488
포워드 프록시/로드 밸런서 050
포장지 계약 109
폴리글랏 408, 410
폴링 405
푸시 모델 012
풀 API 060
프라이버시 엔지니어링 230, 232
프레임워크 016, 235
프로덕션 공학 381
프로덕션 엔지니어링 031, 068, 194
프로덕션의 지혜 478
프로덕션 클러스터 노드의 정기적인 교체 251
프로덕션 회의 333
프로메테우스 071, 076
프로비저닝 095, 243, 355
프로세스 불일치 146
프로젝트 운영 비용 046, 048
프로토콜 410
프록시 392
프록시젠 393
플레이북 055, 310, 321, 327
피드백 루프 013
피어링 058
피크 시간 123
필요한 계층 204

ㅎ

하드락업 427
하시코프 389
학습 실패 비용 332
할당량 418
합성곱 신경망 284
합성 데이터 284
합의 프로토콜 259
핫 리스타트 422
핵심 결과 377
핸드오프 146, 155, 169
핸드오프 준비 검토 171
행렬 수학 294
헤로쿠 066
헤비사이드 290
현장 인터뷰 024, 025
호출 스택 284
혼란의 벽 187
혼잡 이슈 051
확률밀도함수 340
회귀 279
회로 015
회색 장애 349
휴먼 에러 364, 482
히스토그램 342, 344
히스트릭스 015

1% 푸시 373
3S(Speed at Scale, Safety) 103
18F 465
99.9% 업타임 338

A

ACL 479
ADA 468
ADHD 468
AFR 261
Alien 100
API 레벨의 추상화 247
APM 솔루션 054
Apollo 100
AppOps 195, 196, 197, 198
ARP 422, 423
ASCIIdoc 315
ATC 202
Autoscaling Group 017
AWS 250, 409, 411, 420

B

BOFH 209
Boto 177
BSON(Binary JSON) 420

C

CaaS 418
Caffe 285
CAMS 189
CapEx 154
Catchpoint 054, 057
CD 055, 346
CDN 017
CDN/DSA 049
CI/CD 177
CI 055, 101, 346
CNAME 096
Consul 411
Content Delivery Network 017

D

DBRE 243, 248, 254, 255, 256
DDoS 392, 402
DDoS 완화 툴 402
DNS 050, 096
DNS를 통한 라우팅 요청 395
DocBook 315
DRI 홉 039
DRIs engaged per Bridge 039

E

ELB 409
EngPlay 311, 313, 314, 321
ESI 049
etcd 414

F

FBAR 198, 202, 207
Finagle 071

G

g3doc 311, 313, 314
GCE 411
GDPR 058
GKE 411
Gomez 057
google3 312
Google Cloud Functions 411
GPU 281
GRANT 479
graphviz 288
gRPC 411

H

HAL 9000 277
HAProxy 419
healthcheck 415
Helios 101
Heroic 100
Howdown 315
HTTP/2 420
HTTP 기본 인증 411
HTTP 캐싱 398

I

ICS 363
ID 미들웨어 401
ID 서비스 401
ILB 411
IMOC 078, 103
Incident Manager On Call 078
innodb_max_dirty_pages_pct 259
ITIL/ITSM 178
IT 국가 494

J

Joblint 464
JVM 411

K

Keras 285
Keynote 054, 057
KPI 037, 347

L

L7 202
LDAP 128
LGBTQ+ 461
libspotify 084
LuaJIT 393

M

Mnist 298
MongoDB 420
moob 100
MTTD 141
MTTF 260, 261, 374
MTTR 260, 261, 270, 374, 421, 488

N

net.ipv4.neigh.default.gc_thresh1 422
nginScript 393
NGINX 419
NOC 360
NumPy 294

O

OaaS 159
OAuth 411
OECD 지침 240
OOM 423
OpEx 154
ORM 433
OWASP 취약성 402

P

PaaS 186
PCI DSS 158, 171
PE 194, 195, 198, 201, 202, 203, 204, 205, 207, 209, 210, 211, 212, 213, 214
Percona Server for MySQL 074
PE 기초 212
PE 모델 213
Photon 332
PID 컨트롤러 406
Pingdom 057
Piper 313
PrinciplesofChaos.org 224
ProdEng 068
provgun 095, 100
provisioning gun 095
Push on Green 168, 169

Q

QoS 336

R

RabbitMQ 074
RAID 014, 263, 271
RAID 250
RBAC 236
Resnet 298
RPM 저장소 174
RST 315
RUM 054, 058
RUM 비콘 058

S

SaaS 185
SAOC 489
SA 095
Scratch 290
SDLC 182
sklearn 288
SkLearn 285
SLA 044, 100, 119,120, 122, 124, 126, 128, 136, 138,
    251, 311, 336, 339, 341, 353, 434, 487
SLA 협상 055
SLI 053, 119, 124, 161, 162
SLO 033, 053, 055, 103, 120, 137, 138, 161,162, 246,
    324, 336, 340, 341, 344, 345, 347, 353, 378, 380,
    381, 487, 502
S.M.A.R.T. 270
SmartStack 419
SNAFU 캐쳐스 컨소시엄 452
Sorting Hat 398
SPA 051
SPOF 210
SRE 213
SRE 강의실 331
SRE 깔때기 024
SRE 측정 지표 대시 보드 039
SRE 프랙티스 454
SRO 198, 197, 207
Strong-Anti-On-Call 489
SWE 192, 194, 195, 196, 200, 201, 202, 203, 204, 205,
    207, 210, 211, 212, 214, 254

T

TDD 218, 348
TensorFlow 285
Testing Grouplet 168, 169
Theano 285
Thousand Eyes 057
Time Warner 058
TLS 398, 411
Torch 285
TSDB 100
TTL 415

W

WAF/Bot 완화 402
WAF 398, 402
WAOC 490

X

x-b3-traceid 418
XP 222
x-request-id 418

Z

zonextgen 100

엮은이

데이비드 N. 블랭크-에델만 David N. Blank-Edelman은 대규모 멀티 플랫폼 환경의 SRE/데브옵스/시스템 운영 분야에서 30년 이상 경력을 쌓았다. 현재 사이트 신뢰성 엔지니어링에 중점을 둔 COA Cloud Operations Advocate로 마이크로소프트에서 근무하고 있다. 그는 USENIX가 전 세계적으로 호스팅 한 SREcon 콘퍼런스의 공동 창립자이며 오라일리 출판사에서 출간한 책 『Automating Systems Administration with Perl』의 저자이다.(https://bit.ly/3uKJhVK)

옮긴이

김용환은 현재 카카오에서 평범한 개발자로 일하고 있다. 40대 후반이 된 지금도 개발 업무를 할 수 있는 것은 훌륭한 IT 책들과 아낌없이 정보를 공유해 준 인터넷 블로그, 스택 오버플로우의 도움이 컸다고 여긴다. 그래서 자신은 물론, 누군가에게 도움이 될 수 있을 것이라는 믿음으로 책의 번역을 시작했다. 네이버와 카카오에서 일하면서 겪었던 수많은 장애 처리와 개발·운영 경험이 이 책을 번역하는 데 도움이 되었으며 우리나라에 훌륭한 IT 엔지니어링 문화(그리고 SRE 문화)를 가진 회사가 많이 나왔으면 하는 바람으로 번역을 진행했다. 『Redis 핵심정리』, 『앤서블 시작과 실행』을 포함해 어느덧 17번째 책이 되었다. 번역한 책 중 『빅데이터 분석을 위한 스칼라와 스파크 대용량』은 '대한민국학술원 2019년 우수학술도서'에 선정된 바 있다. 최근에는 좋은 책이 인생을 풍요롭게 하는 데 도움을 준다는 생각에 심리학, 철학, 역사 관련 책을 통해 인사이트를 얻으려 노력하고 있다.

박지현은 기획자에서 개발자로, 테스트 엔지니어에서 IT 전문 출판 편집장으로 IT 분야 전반의 다양한 업무를 수행했으며 테스팅 분야의 국내외 세미나·콘퍼런스를 기획하고 총괄했다. 계간지 「테스터즈인사이트」의 편집장을 시작으로 『개발자도 알아야 할 소프트웨어 테스팅 실무』, 『위험천만 테스팅』, 『문제로 배우는 소프트웨어 테스팅』, 『소프트웨어 테스트 실무 가이드』, 『ISO/IEC/IEEE 29119 국제표준해설서』 등 SW 테스팅 분야 전문 도서를 맡아 진행했다. 지금도 실무 최전방에서 밀려드는 업무와 씨름하고 있는 엔지니어들에게 도움이 되는 책에 관심을 갖고 있다.

세상을 바꾼
빅테크 SRE 챌린지
세계적인 기업들의 SRE 사례집

SEEKING SRE
Korean-language edition copyright © 2023 Pixelhouse

초판 1쇄 펴냄 2023년 5월 15일

엮음 데이비드 N. 블랭크-에델만
옮김 김용환, 박지현
편집 이정해, 김혁준
용지 이지포스트
디자인 디자인정해
인쇄 우일인쇄공사

펴낸곳 픽셀하우스
등록 2006년 1월 20일 제319-2006-1호
주소 서울시 강남구 논현로 26길 42, B1 studio
전화 02 825 3633
팩스 02 2179 9911
웹사이트 www.pixelhouse.co.kr
이메일 pixelhouse@naver.com

* Authorized Korean translation of the English Edition of Seeking SRE, ISBN 9781491978863
  © 2018 David N. Blank-Edelman
* This translation is published and sold by perimssion of O'Reilly Media, Inc., which owns or controls all rights to publish and sell the same.

* 이 책의 한국어판 저작권은 대니홍 에이전시를 통한 저작권사와의 독점 계약으로 픽셀하우스에 있습니다.
* 저작권법에 의해 한국 내에서 보호를 받는 저작물이므로 무단전재와 복제를 금합니다.

ISBN 978-89-98940-23-2 (93000)
정가 44,000원

표지 설명

책 표지의 동물은 회색 대나무 여우원숭이 또는 회색 부드러운 여우원숭이로 알려진
동부 작은 대나무 여우원숭이(Hapalemur griseus)다. 아프리카 마다가스카르 섬이 본래 서식지다.
이 여우원숭이는 영장류와 다소 비슷하지만 마다가스카르가 아프리카 대륙에서 분리된 후 독립적으로 진화했다.
진화 분기점은 약 5,800만 년에서 6,300만 년 전으로 추정된다.
이 여우원숭이는 회색 털을 가지고 있고 몸의 크기는 약 28cm이다(게다가 꼬리 길이가 30~38cm 정도 된다).
주로 죽순(75~90%)을 먹고 과일, 꽃, 기타 식물로 보충한다. 이 여우원숭이는 눈과 손을 함께 잘 사용하고
민첩하여 울창한 대나무 숲에서 줄기 사이를 이동할 때 수직으로 도약한다.
동부 작은 대나무 여우원숭이는 공중 포식자, 지상 포식자, 짝짓기 준비, 식별에 대한 뚜렷한 요구가 있고 야생에서 광범위한
발성을 사용한다. 일반적으로 수컷 한 마리와 암컷 여러 마리, 새끼로 이루어진 6~9마리가 무리 지어 산다.
암컷은 보통 1년에 한 마리의 새끼를 낳고 4개월 후에 젖을 뗀다. 새끼를 입에 물거나 등에 싣고 옮기지만 먹이를 찾아 떠나는
동안 새끼를 대나무 숲에 잠시 숨겨 두는 경우가 더 많다.
몇몇 원숭이 개체군은 실제로 삼림 벌채의 혜택을 보기도 한다. 대나무가 주로 개간된 땅에서 다시 번성하기 때문이다.
그러나 대나무 여우원숭이는 애완동물로 거래되고 있어서 과도한 사냥 위협을 늘 받고 있다.

오라일리(O'Reilly) 출판사의 책표지에는 멸종 위기의 동물이 등장한다. 이 동물들은 모두 소중한 존재이다.
여러분이 멸종 위기의 동물을 도와줄 수 있는 방법에 대해 자세히 알기 원한다면 animals.oreilly.com에 접속하면 된다.
표지 이미지는 『Natural History of Animals』에 수록된 그림이다.